PROACTIVE B2B MARKETING MANAGEMENT

선제적 B2B 마케팅 관리

이 성 호

Business & Management Books
비앤엠북스

PREFACE

머리말

글로벌 B2B 마케팅을 펼치는 국내 대기업 임원진과 관리자에 대한 Executive Education Course를 개발하고 강의/토론해 온 저자의 경험이 본 저서 집필의 계기이다. 수출 중심 국가인 대한민국 경제의 관점에서 우리나라 기업의 성과를 증진하기 위해서는 혁신 추진과 판로 개척의 발전은 당면 과제이다. 판로(표적시장 고객 기업과 고객에 대한 핵심적 가치제안 내용)는 고객의 니즈와 제품 · 서비스의 혁신 및 품질 같은 우리 기업의 능력에 따라 달라질 수밖에 없다.

그런데 판로를 다루는 B2B 비즈니스 전략과 마케팅의 주요 내용은 학문적 · 실무적 관점에서 선진국, 특히 미국을 중심으로 진화, 발전되어 오고 있다. 양적으로 많은 논의가 진전된 가운데, B2B 마케팅은 기업의 비즈니스 혁신과 밀접한 관계를 맺고 있다는 관찰을 토대로 본서를 개념화하였다. 비즈니스 혁신과 B2B 마케팅전략 영역 관련 연구의 흐름은 별개로는 잘 진행됐지만, 통합적 관점에서는 아직도 많은 발전을 요구하고 있다. 나아가 우리나라 기업의 관점에서 혁신과 B2B 마케팅전략의 내용은 학문적 · 실무적으로 중요한 관리적 시사점을 제공하고 있지 못하다. 예를 들어 삼성전자 등 삼성그룹, LG그룹 등 국내 굴지의 대기업도 조직적으로는 B2B 비즈니스 총괄, B2B 영업 총괄 조직을 만들어 꽤 오래전부터 B2B 마케팅을 특별히 강조해 오고 있는데 그 내용이 얼마나 체계적으로 잘 정리되어 있는지 잘 모르겠다. 아마도 제품력 자체를 B2B 마케팅으로 생각하고 있을 가능성이 높아 보인다.

이러한 배경에서 비즈니스 혁신을 생각한 B2B 마케팅 내용의 탐구는 매우 시의적절하고 중요하다. 탐구 내용은 한국 상황에서 수집한 사례 자료를 바탕으로 시작되었지만, 한국적 맥락을 벗어나 일반화 가능성이 높은 내용의 틀(frame)로 진화시키는 것을 목표로 삼았다.

요약하면 본서는 비즈니스 혁신 유형, 즉 활용(exploitation) 혁신과 탐색(exploration) 혁신에 따라 유효한 B2B 마케팅전략의 핵심 내용을 맞춤화하여 도출하였다. 개괄적으로 신규 비즈니스 · 시장을 창출하는 혁신(시장개척형 혁신: market-driving innovation)에 적합한 B2B 마케팅전략 내용과 기존 비즈니스/시장을 발전시키는 혁신(시장지향적 혁신: market-driven innovation)에 적절한 B2B 마케팅전략 내용을 구분하여 도출하였다.

선제적 B2B 마케팅의 기초와 혁신(1부)에서는 B2B 관계마케팅전략의 유형을 도출하고 선제적 B2B 마케팅을 정의하며(경쟁보다 심지어 고객이 말하기 이전에 빨리 움직이는 체계적 마케팅 · 영업) 주요 구성 요인(key building blocks)을 도출하였다. 그리고 본서의 이론적 토대가 되는 내용을 4장(혁신의 개념과 유형)에서 설명하였다.

그 이후 선제적 B2B 마케팅 모델의 주요 구성 요인으로 내용을 구성하였다: 마켓 센싱, 마케팅 · 영업전략, 고객대면 영업활동, 영업 · 마케팅효과성 관리.

첫 번째 구성 요인인 마켓 센싱(2부의 5장과 6장)에서는 전통적 마켓 센싱뿐만 아니라 탐색 혁신 · 시장개척형 마케팅을 위한 마켓 센싱 내용을 별도로 제시하였다.

두 번째 구성 요인인 마케팅 및 영업전략(3부)에서도 전통적 STP 전략(7장)과 제품 · 가격관리(9장)뿐만 아니라 시장개척형 마케팅 관련 내용을 별도로 포함하였다. 특히 B2B 가치창출 마케팅전략(8장)은 시장지향적 전략과 시장개척형 전략으로 구분하여 기업에 대한 관리적 시사점과 함께 그 내용을 설명 · 제시하였다.

세 번째 구성 요인인 고객대면 영업활동(4부)에서도 이러한 주요 주장을 반영하여 시장지향적 전략에 적합한 고객가치제안 전달과 시장개척형 전략에 적절한 가치제안 전달 내용을 담고 영업 전문직의 효과적 판매활동을 논의하였다(10장).

그리고 마지막 구성 요인인 마케팅 · 영업효과성 관리(5부)에서는 영업 · 마케팅조직, 영업 · 마케팅활동 프로세스, 영업 · 마케팅 인적자원관리(HRM)로 구성된 영업효과성 관리(11장)와 마케팅 · 영업의 통제(12장)를 고찰하였다.

학문적 증거와 주장을 많이 담아서 내용이 건조하고 흥미롭지 않을 수 있다. 본 내용을 실무적으로 다시 정리, 흥미롭게 제시하는 비즈니스맨을 위한 실무서 작업은 별도로 진행해야 할 것 같다. 미래지향적인 B2B 마케팅의 학문적 · 경영관리적 내용에 관심이 많은 강의자 · 연구자와 학생에게 도움이 되는 서적이기를 바란다.

2024. 8.
전농동 연구실에서
저자 이성호

CONTENTS

목 차

1부 선제적 B2B 마케팅 기초와 혁신

1장 _ B2B 마케팅의 개괄 — 5

1절. B2B 마켓과 B2B 마케팅의 주요 특징 / 5
2절. B2B 마케팅 프로세스와 수주사업 맥락의 선제적 B2B 마케팅 프로세스 / 15
3절. 특급호텔 C 사례를 통한 선제적 B2B 마케팅 프로세스 개괄 / 17
4절. B2B 마케팅의 주요 이론적 발전 / 33

2장 _ B2B 관계마케팅전략 유형 — 45

1절. 전략의 의미와 위계 / 46
2절. 기업그룹전략과 마케팅 시사점 / 49
3절. 비즈니스전략과 마케팅 시사점 / 56
4절. 기능통합계획과 마케팅 협업 / 62
5절. 비즈니스모델과 기업역량의 구분 / 69
6절. B2B 관계마케팅전략의 유형 / 74

3장 _ 선제적 B2B 마케팅의 주요 구성요인 — 81

1절. 고전적 사례 / 81
2절. 대표적 B2B 기업의 마케팅 프레임워크 / 82
3절. 선제적 B2B 마케팅 프로세스와 체계적 영업력 / 89

4장 _ 혁신의 개념과 유형 — 103

1절. 성장과 혁신 / 103
2절. 활용역량/시장지향적 마케팅역량 혁신 및 탐색역량/
시장개척형 마케팅역량 혁신 / 113
3절. 혁신 사업기회의 발견: 시장지향적 및 시장개척형 마케팅혁신 / 122
4절. 양손잡이 조직과 조직 정렬 / 134

2 부 마켓 센싱(시장지식 및 정보관리)

5장 _ 마켓 센싱(시장지식 및 정보관리) Ⅰ 147

사례(1): 水資源 분석과 시사점 / 147

1절. 시장지식의 개념, 필요성 및 기업의 마켓 센싱 역량 / 152

2절. 시장환경 및 시장 분석 / 154

사례(2): 기업 C의 경쟁 및 자사 분석 / 167

3절. 경쟁 및 자사 분석 / 173

4절. 시장/고객 요구조건과 자사역량의 적합성 분석과 포트폴리오 분석과 전략 / 183

5절. 탐색혁신, 시장개척형 마케팅을 위한 마켓 센싱 / 189

6장 _ 마켓 센싱(시장지식 및 정보관리) Ⅱ 199

사례: EPC 비즈니스 시장에서의 고객 센싱 / 199

1절. 비즈니스 구매행동 모델 / 201

2절. 비즈니스 구매자의 구매프로세스와 의사결정 규칙 / 207

3절. 구매센터 의사결정 매트릭스 분석 / 216

4절. 탐색혁신, 시장개척형 마케팅을 위한 마켓 센싱 / 223

3 부 마케팅 및 영업전략

7장 _ 시장세분화, 표적시장 선정 및 포지셔닝 235

사례(1): 쉬운 시장세분화 연습 / 236

사례(2): 가상 B2B 기업의 시장세분화 사례 / 237

1절. STP 전략의 개념 / 238

2절. B2B 시장세분화 / 241

3절. B2B 시장 표적시장선정 전략 및 포지셔닝 / 254

4절. 시장개척형 마케팅을 위한 세분시장 발견 / 277

8장 _ B2B 가치창출 전략 283

1절. 관계지향성의 범위 / 284

2절. B2B 가치창출전략 유형 / 286

3절. 활용형 혁신과 시장지향적 가치창출전략(가치증진전략) / 290

4절. 탐색형 혁신과 시장개척형 가치창출전략(가치창조전략) / 293

9장 _ 제품 및 가격관리 301

사례: B2B 에너지기업 사례 / 301

1절. 마케팅 실행의 의의 / 305

2절. 제품 및 가격관리 / 313
3절. 신제품개발(NPD: New Product Development) / 335

4 부 고객대면 영업활동

10장 _ 고객가치제안 전달 영업활동 —— 349
고전 사례: 왕들의 우물 및 버드나무 잎 에피소드 / 349
적소(niche) 사례: Best Friend's Home / 350
1절. 고객가치제안의 의의와 구성 / 351
2절. 고객가치제안의 전달 / 364
3절. 효과적 판매활동 / 375

5 부 마케팅 및 영업효과성관리

11장 _ 영업효과성 관리 —— 389
영업활동관리에 관한 가상 사례: S사의 수주영업 스토리 / 389
1절. 영업효과성 관리의 개념 / 392
2절. 핵심고객관리(KAM: Key Account Management) / 393
3절. PAM (Spec-In) 셀링 / 406
4절. 영업(마케팅)조직 관리 / 416
5절. 영업(마케팅)활동 프로세스 관리 / 421
6절. 영업(마케팅) 인적자원관리(HRM: Human Resources Management) / 424

12장 _ 선제적 B2B 마케팅의 통제 —— 437
마케팅(영업) 통제 주제 토픽 소개 가상 사례 / 437
마케팅 통제 비유 사례 / 440
1절. PAM 통제 / 448
2절. 고객 만족과 마케팅자산 / 459
3절. 마케팅 ROI 및 마케팅 자원의 최적 배분 / 481
4절. 시장개척형 PAM의 성과 측정과 통제 / 485

맺음말 —— 491

찾아보기 —— 493

PART 1

선제적 B2B 마케팅 기초와 혁신

기존의 B2B 마케팅 개념에서는 제품과 서비스가 개발된 상태에서 시장과 고객의 니즈를 탐색하고 마케팅하는 시장지향적 접근방법(market-driven approach)이 주로 연구되었다. 본 저서는 통합적 문헌고찰을 토대로 B2B 마케터(마케팅 기업)의 역량과 고객기업의 니즈에 따라 B2B 마케팅 접근방법이 달라져야 함을 제시하였다. 고객기업은 존속과 성장을 위해 사업혁신을 추구한다. 문헌고찰을 토대로 혁신을 두 가지 유형(탐색형/가치창조/시장개척형 혁신 및 활용형/가치증진/시장지향적 혁신)으로 구분하고 각 유형별로 유효한 B2B 마케팅전략의 핵심 내용을 맞춤화하여 도출하였다. 상황에 따라 다른 종류의 B2B 마케팅 접근방법을 다루면서, 구체적으로 B2B 마케팅 프로세스에서 신규 비즈니스/시장을 창출하는 혁신(가치창조 또는 시장개척 혁신: market-driving innovation)에 적합한 B2B 마케팅전략 내용과 기존 비즈니스/시장을 발전시키는 혁신(가치증진 또는 시장지향 혁신: market-driven innovation)에 적절한 B2B 마케팅전략 내용을 구분하여 도출하였다.

먼저 1장에서는 B2B 마케팅에 대해서 개괄적으로 살펴본다. 특히 선제적 B2B 마케팅 개념에 대해 고찰하고, B2B 마케팅의 주요 이론적 발전에 대해 설명한다. 2장에서는 기업전략과 기업역량에 대해 살펴본 후, 이를 토대로 3부에서 자세히 설명될 관계마케팅전략의 주요 유형에 대해 간략히 설명한다. 3장에서는 선제적 B2B 마케팅을 정의하고 주요 구성요인을 제시한다. 4장은 B2B 마케팅전략의 큰 구분에 중요한 변수인 고객기업이 추구하는 비즈니스 혁신 개념에 대해 고찰한다.

■ 선제적 B2B 마케팅의 구조

1장을 시작하기 전 본서의 구성에 대해 개괄적으로 설명한다. 먼저 선제적 B2B 마케팅(Proactive B2B Marketing) 개념에 대해 간략하게 설명한다. 본서는 고객기업이 추구하는 비즈니스 혁신전략 유형에 초점을 맞춰 B2B 마케팅을 시장개척형(market-driving) 마케팅과 시장지향적(market-driven) 마케팅으로 구분하여 제시하는데 두 종류 마케팅에 공통적인 개념이 바로 선제성(proactiveness)이다. 선제적 마케팅은 학계보다는 실무에서 더 흔히 사용되고 있다. 선제성의 의미는 첫째 빠른 스피드로 경쟁보다 빨리, 경우에 따라선, 고객이 미처 그 중요성을 인식하기도 전에 빨리 움직여서 고객과의 관계 활동을 전개하는 것에 있다. 두 번째는 마케팅 및 영업활동의 체계성을 의미한다. 체계적인 마케팅 및 영업력은 B2B 마케팅 프로세스별 주요 요인으로 구성된다. 본 서적은 이 프로세스 단계를 고려하여 구성하였다.

1부(선제적 B2B 마케팅 기초와 혁신)에서는 선제적 B2B 마케팅의 기본 개념들과 함께 혁신 개념을 학습한다. 1장에서는 먼저 선제적 B2B 마케팅이 무엇인지를 개괄적으로 고찰한다. 또한 본서가 근거로 삼은 B2B 마케팅 연구의 주요 이론적 발전을 살펴본다. 2장에서는 기업전략의 의미와 종류, 기업역량의 의미와 종류를 고찰하고 이를 바탕으로 B2B 관계마케팅전략의 유형을 제시한다. 3장에서는 선제적 B2B 마케팅의 개념과 주요 구성요인들을 설명한다. 4장에서는 문헌고찰을 토대로 혁신을 두 가지 유형(탐색형/가치창조/시장개척형 혁신 및 활용형/가치증진/시장지향적 혁신)으로 구분하고 각 유형별로 유효한 B2B 마케팅전략을 살펴본다.

2부(마켓 센싱)에서는 B2B 마케팅 프로세스의 첫 번째 단계인 마켓 센싱에 대해 검토한다. 고객에게 전달할 가치(즉, 우리의 사업기회)의 이해 및 발견을 위해 수행되어야 할 주요 활동들을 다룬다. 5장과 6장에서는 고객에게 가치를 창조하여 전달하기 위한 우리 비즈니스 기회 도출을 위한 선제적 마켓 센싱의 역할과 개념을 상세히 학습한다. 먼저 5장에서는 기업과 비즈니스가 나가야 할 방향을 설정하는 데 있어 변화하는 환경에 대한 감(感)을 잡는 거시적 환경 센싱과 시장환경분석과 경쟁 및 자사 센싱에 관해 학습한다. 6장에서는 마케팅 활동의 핵심은 고객에 대한 이해라는 전제하에 고객이 원하는 본원적 욕구(needs), 구체적 욕구(wants), 가치(value)를 정확히 알아내는 고객 센싱을 학습하며, 그중에서도 구매센터 의사결정 매트릭스 분석(buying center decision matrix analysis)에 초점을 맞춘다. 나아가 본서의 주요 주장인 혁신 유형에 따른 마켓 센싱 이슈도 검토한다.

3부(마케팅 및 영업전략)에서는 고객에게 전달한 가치를 어떠한 방향으로 창출할 것인지에 관한 고객에 대한 가치 창출(creating value) 단계의 주요 활동들을 살펴본다. 7장에서는 마켓 센싱에 기반하여 선제적 B2B 마케팅전략의 꽃이라 불리는 STP(시장세분화 segmentation, 타깃팅 targeting 및 포지셔닝 positioning) 전략을 고찰한다. 8장에서는 가치창출전략(value creation strategy)을 혁신 유형에 따라 적합한 B2B 마케팅전략으로 구분하여 설명한다. 9장에서는 B2B 마켓 중심으로 제품 및 가격관리 이슈들을 제시한다.

4부(고객대면 영업활동)의 10장에서는 가치창출 B2B 마케팅전략을 구체적으로 구현하는 고객가치제안 전달 영업활동에 대해 고찰한다. 그리고 학계의 주요 연구결과를 토대로 효과적 판매활동(effective selling behaviors)을 살펴본다. 5부(마케팅 · 영업효과성 관리)의 11장에서는 선제적 B2B 마케팅 개념에 따라 고객과 소통하는 영업활동관리와 KAM (Key Account Management: 핵심고객관리)을 학습한다. 영업(마케팅)의 조직구조, 관리 프로세스 및 영업인적자원관리로 구성되는 영업효과성관리(salesforce effectiveness management)를 고찰한다. 12장에서는 고객에 대한 가치 창조와 전달을 지속적으로 잘 하기 위해 선제적 B2B 마케팅전략의 수립과 실행 이후 성과를 측정, 평가하고 통제하는 과정과 개념을 학습한다. 그리고 관리하기 매우 어려운 시장개척형 B2B 마케팅의 통제 이슈도 살펴본다.

나아가 각 장이 끝날 때마다 학습내용을 응용하면서 수행할 수 있는 과제가 제시된다. 학문적 이론의 토대와 함께 우리나라를 대표하는 기업 현장을 목격한 경험을 바탕으로 여러분의 실제적 선제적 B2B 마케팅활동 수행능력을 크게 향상시킬 수 있는 목적과 믿음을 가지고 본서를 마련했다.

제1장

B2B 마케팅의 개괄

이번 장에서는 선제적 B2B 마케팅의 핵심 내용을 전체적으로 개괄한다. 보다 효과적 학습을 위해 여러분이 쉽게 이해할 수 있는 사례로 선제적 B2B 마케팅이 무엇을 의미하는지 살펴본다. 이러한 구체적인 사례 상황을 통해 여러분은 선제적 B2B 마케팅 개념과 프로세스의 의미와 주요 특징들을 자연스럽게 이해할 수 있을 것이며, 여러분이 일하고 있거나 일할 회사의 비즈니스를 위해서 현재와 미래에는 어떤 종류의 선제적 B2B 마케팅 활동이 필요할지를 생각할 수 있을 것이다. 구체적으로 이번 장에서는 먼저 B2B 마켓과 선제적 B2B 마케팅 프로세스의 주요 특징에 대해 살펴본다. 둘째, 가상 호텔의 B2B 마케팅 상황 사례를 상정하여 선제적 B2B 마케팅을 수동적 반응 마케팅과 대비하여 설명한다. 마지막으로 본서가 토대로 삼은 B2B 마케팅 연구의 주요 이론적 발전을 고찰한다.

1절. B2B 마켓과 B2B 마케팅의 주요 특징

1.1. B2B 마켓

여러분은 B2B 마켓에 대해서 어느 정도 알고 있을 것이다. B2B 마켓이란 B2B(Business to Business)라는 단어에서 알 수 있듯이 기업과 기업 간의 거래가 일어나는 마켓을 말한다. 이와 달리 여러분들이 흔히 물건을 구매하는 것과 같이 개인소비자와 기업 간의 거래가 일어나는 마켓을 B2C(Business to Consumer) 마켓이라고 한다. B2C와 B2B 시장의 가장 큰 차이점은 바로 구매의 주체에 있다. 구매의 주체가 개인이나 가정일 경우 B2C이지만 구매의 주체가 조직일 경우 B2B 마켓이 된다. B2B 마켓에서 제품을 구매하는 주체는 당연히 조직 구매자이다. 예를 들어, 우리나라 중공업을 대표하는 사업과 제품들로 발전 사업과 관련 제품들을 생각해보자. 이러한 사업과 제품들을 필요로 하는 구매 주체는 정부, 전력청(발주처)과 사업개발자 등일 것이다. 즉 B2B 마켓은 자신의 최종 제품을 완성하기 위해 구매하는 제조업체, 재판매업자, 정부, 기타 다양한 기관들로 구성된다.

북미산업분류 시스템(North American Industry Classification System)은 비즈니스 활동을 분류하는 정부시스템이다(https://www.census.gov/naics/). '발전소' 같은 검색어를 입력하면 다음과 같은 표준산업분류(SIC: Standard Industry Classification) 코드가 뜬다: '1629 Heavy Construction, Not Elsewhere Classified,' '3462 Iron and Steel Forgings,' '3531 Construction Machinery and Equipment,' '5084 Industrial Machinery and Equipment,' '5087 Service Establishment Equipment and Supplies'. 즉 대부분의 국가는 이와 같은 표준산업분류를 사용하고 있으며, 다양한 업체들은 이 분류에 소속되어 있다. 우리나라의 경우 한국표준산업분류를 참조하기 바란다(https://upjong.co.kr/korean-standard-industry-classification/). 이에 따라 B2B 비즈니스의 해당 마켓에서의 첫 번째 작업은 이러한 분류 디렉토리 정보를 활용하여 가망고객, 잠재적 경쟁자, 잠재적 협업 파트너 등을 파악하는 일일 것이다.

B2B 구매자는 다른 제품과 서비스를 제조하거나, 재판매하거나, 기관의 활동을 수행하기 위해 제품과 서비스를 구매한다. 표준산업분류(SIC) 코드에 따르면 모든 기업들과 기관고객은 아래 그림 1-1 처럼 분류된다. 예를 들어 우리나라의 대기업 B2B 제조업체

그림 1-1 B2B 고객의 다양한 형태[1)]

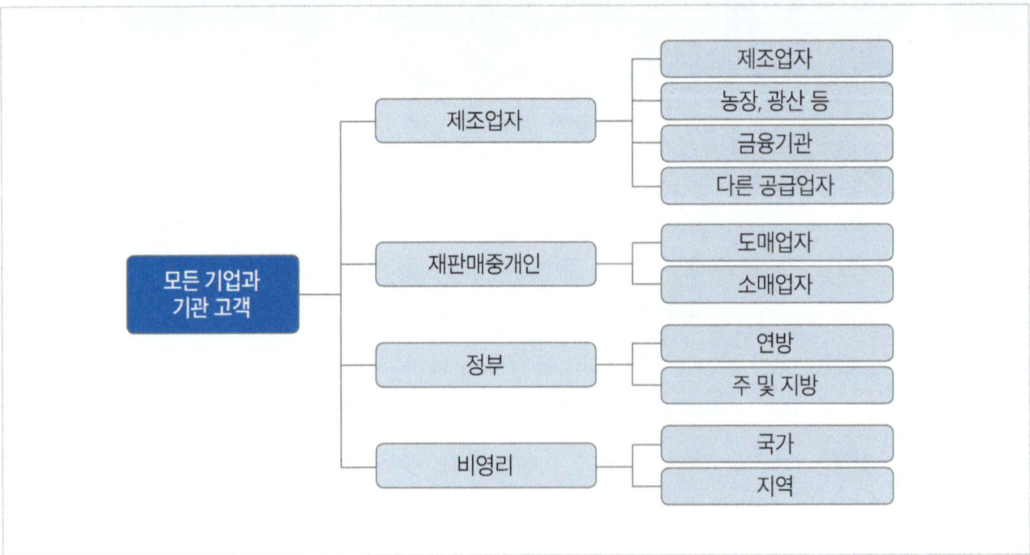

들은 제조업자, 금융기관, 다른 공급업자, 재판매중개인, 여러 형태의 정부 등과 B2B 거래를 하고 있다.

또한, 그림 1-2 를 보면 B2B와 B2C 마켓의 경계를 이해할 수 있을 것이다. 우리나라의 많은 기계회사, 전자회사들과 중공업 회사들의 경우 부품 및 구성품(Part & Component) 공급업자 역할을 하는 사업부도 있으며, 완제품 또는 건설 등과 같이 세트제품 공급업자(Set Supplier) 역할을 하는 사업부도 있다. 물론 화학회사의 경우 원자재나 주요 소재의 공급업자 역할을 한다.

그림 1-2 B2B 및 B2C 마켓의 경계[2)]

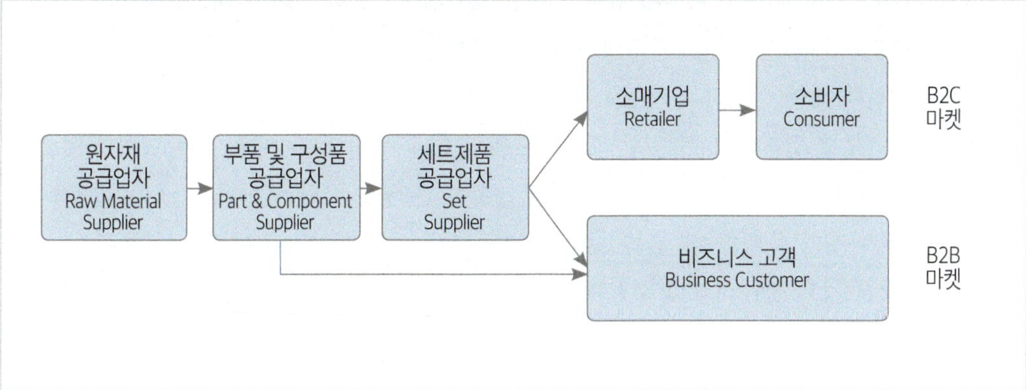

1.2. B2B 마케팅의 주요 특징

기업, 정부 혹은 비영리 단체 등 다양한 조직들이 그들의 최종 고객에게 생산하여 판매하는 제품과 서비스를 만드는 데 필요한 제품과 서비스를 이러한 조직에 마케팅하는 것이 B2B 마케팅이다. 그러면 B2B 마케팅의 주요 특징으로 어떤 것들이 있을까? 주요 특징은 시장 구조 및 수요(market structure and demand)의 특성, 구매단위의 특성(the nature of buying unit), 구매의사결정 프로세스(the buying decision process), 관계마케팅(relationship marketing), 토털 마케팅의 필요성(the need for total markeing), 마케팅 믹스의 비교(marketing mix comparisons) 등의 측면에서 살펴볼 수 있다.[3)]

1) 채서일, 이성호(2017), Marketing, 6판, 비앤엠북스.
2) 김영찬, 강우성(2020), B2B2C 마케팅 전략, 학현사.
3) 장대련(2009), B2B Marketing(비투비 마케팅), 북넷.

(1) 시장구조 및 수요(market structure and demand)

비즈니스 마케터는 보통 B2C 마케터에 비해서 숫자는 훨씬 적지만 규모는 훨씬 큰 구매자와 상대한다. 통상적으로 비즈니즈 마켓에서는 몇 개의 구매자가 대부분의 구매를 차지하고, 이들 구매자들은 B2C 마켓에 비해 지리적으로 더 집중되어 있다. 또한 비즈니즈 마켓의 수요는 파생 수요(derived demand)이다. 즉 비즈니즈 마켓의 수요는 궁극적으로 최종 고객의 수요로부터 파생됨을 의미한다. 이에 따라 B2B 마케터들은 때로는 기업 고객의 수요를 늘리기 위하여 때로는 자신의 제품을 최종소비자에 직접 커뮤니케이트하는 경우도 있다. 이러한 활동을 본원적 수요 창출(primary demand creation)이라고 한다.

파생 수요의 예로 다음과 같은 상황을 생각할 수 있다. 먼저 스마트폰에 대한 수요가 증가하면(최종 고객의 수요), 카메라 모듈에 대한 수요가 증가하며(B2B 제품의 수요), 이는 광학 칩에 대한 수요의 증가(B2B 제품의 수요)로 연결된다. 또 국가의 경제 개발 속도는 전기 수요를 결정하고 이는 발전소 수요에 영향을 주게 된다. 나아가 반도체 산업은 AI 등 다양한 산업들의 발전에 의한 파생 수요에 큰 영향을 받는 산업이다. 이런 맥락에서 B2B 마켓의 수요를 예측(forecasting)할 때는 파생 수요 요인을 고려해야 한다.

많은 경우 B2B 마켓의 수요는 가격에 대한 탄력성이 B2C 마켓에 비해 낮다. 다시 말해, 많은 기업 제품에 대한 전체 수요는 가격 변동에는 B2C 마켓에 비해 상대적으로 영향을 받지 않는 편이다. 특히 기간이 짧을 때에는 더 그렇다. 그러나 비즈니즈 마켓의 수요는 변동이 심하다. 많은 제품과 서비스에 대한 기업의 수요는 소비자 제품과 서비스보다 더 큰 폭으로 더 빠르게 변동하는 경향이 있다. 즉 비즈니즈 마켓의 전체 수요는 가격 변동에 크게 영향을 받지 않는 반면, 개별 경쟁 제품들에 대한 수요는 가격 변동에 민감한 편이다.

(2) 구매단위의 특성(the nature of buying unit): 구매센터(buying center)

B2C 마켓의 소비자 구매와 비교하여, 기업의 구매의사결정과정에는 더 많은 참여자와 더 전문적(professional) 구매 활동이 수반된다. 종종 더 나은 구매를 위해 전문적으로 훈련 받은 구매 에이전트가 기업 구매를 수행하기도 한다. 또 구매가 복잡할수록 의사결정과정에 여러 사람이 다양한 역할을 수행하며 참여할 가능성이 높아진다. 이렇게 구매와 관련된 사람들과 역할을 구매센터(buying center)라고 부른다. 구매센터는 구매의사결정과 목표를 함께 정하며, 또한 구매의사결정에 따르는 위험을 함께 공유하는 사람들과 역할들의 집합을 말한다. 구매센터의 규모는 다양하지만 B2B 산업의 통계에 따르면 4명 이상이 의사결정에 참여하며, 한 건의 구매에 따른 모든 의사결정과정에 참여하

는 사람들의 수는 최대 20명 이상까지 될 수도 있다고 한다.

개인이 구매활동을 할 때는 구매의 필요성을 느끼고 제품을 비교 분석하고 결정하는 것을 대부분 혼자서 처리한다. 그러나 기업이 구매할 때는 구매하려는 제품이나 기술에 따라서 그림 1-3 처럼 구매 부서, 품질 비교 부서, 사용 부서 등이 따로 있기 때문에 구매를 완성하기 위해서 구매기업 내부의 여러 사람이 의사결정에 참여하게 된다. 다시 말해 구매 프로세스(buying process)에 참여하는 원안에 있는 모든 사람들 또는 역할들의 집합을 구매센터라고 한다. 한 가지 주의할 점은 구매 상황에 따라 구매센터의 모습은 매우 다양하게 나타난다는 점이다. 예를 들어, 간단하거나 반복적으로 일어나는 구매의 경우에는 한 사람이 구매센터의 다양한 역할을 하기도 한다.

그림 1-3 구매센터[4]

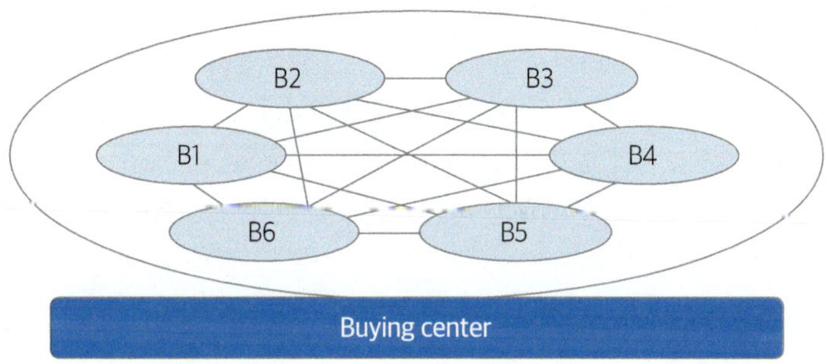

구매센터를 구성하고 있는 멤버/역할들은 구매제안자(initiators), 사용자(users), 영향자(influencers), 의사결정자(deciders), 승인자(approvers), 구매자(buyers), 문지기 역할을 하는 사람(gatekeepers)으로서의 역할 또는 역할들을 수행한다. 각각의 역할은 표 1-1 에 설명되어 있다.

구매센터는 한 가지 이상의 구매 기준을 적용할 가능성이 높다. 또한 구매센터의 누가 주요 의사결정자인지를 파악하고 접근하는 것은 무척 어려운 일이다. 즉 마케터는 구매센터에 대응하는 셀링센터(selling center: 판매와 관련하여 여러 사람들이 다양한 역할을 수행하는 개념)를 구성해서 판매 활동을 수행해야 할 것이다. 이러한 구매센터와 관련된 분석은 6장의 마켓 센싱에서 더 상세히 다룰 것이다. 많은 비즈니스 바이어(business buyer)가 구매 기능을, 지속적인 관계를 중요시하는 '공급 관리' 혹은 '공급자 개발' 기능으로 업그레이드하고 있는 추세이다.

4) Ibid.

표 1-1 구매센터의 역할들[5]

구분	역할
구매제안자 (Initiators)	제품이나 서비스의 구매를 요청하는 역할
사용자 (Users)	제품이나 서비스를 직접 사용할 사람으로 구매를 제안하고 제품의 명세(specification)를 명확하게 하는 역할
영향자 (Influencers)	제품을 직접 구매하거나 사용하지는 않지만 제품의 품질이나 기술력 정도를 비교하여 구매의사결정 프로세스에 영향을 미치는 역할
의사결정자 (Deciders)	최종적으로 무엇을 구매할지 결정하는 역할
승인자 (Approvers)	의사결정자나 구매자가 했던 활동들에 대하여 승인하는 역할
구매자 (Buyers)	공급자를 선택하고 구매조직을 조정할 공식적 권한을 가진 사람들로 제품 명세(product specification)를 만드는 데 도움을 주며 중요한 역할은 공급기업의 선정과 협상이다.
문지기 (Gatekeepers)	판매기업이 구매센터 구성원에게 접근하는 것을 막을 수 있는 권한을 가진 사람들로 구매담당자, 접수대 근무요원, 전화 교환원 등을 말한다.

(3) 구매의사결정 프로세스(the buying decision process): 구매의 공식성(formality)

비즈니스 바이어(구매기업)는 B2C 마켓의 개인 구매자보다 더 복잡한 구매의사결정과정에 직면한다. 비즈니스 구매는 종종 큰 액수의 금액, 복잡한 기술 · 경제적 고려, 구매 조직의 다양한 단계에서 많은 사람들과의 상호 작용을 수반하기 때문이다. 이에 따라 기업의 구매프로세스는 소비자 구매프로세스와 달리 매우 정형화되고 공식적(formal) 절차로 진행된다. 조직의 구매프로세스는 구매에 관련한 문제를 인식하고(problem recognition), 구매 필요를 기술하고(need description), 이 필요를 더 구체화하고(need specification), 구체화된 필요를 충족시켜줄 만한 공급자를 탐색하고(supplier search), 제안요청서(RFP: Request for Proposal)를 전달하고 제안서(proposal)를 접수하고(receive tenders), 공급자의 제안서를 평가하여 공급자를 선정하고(select supplier), 계약 및 주문을 처리하고(order routine), 그 이후 사항들을 정리하는(feedback) 단계로 이루어진다.

따라서 B2B 마케터는 구매자의 구매프로세스의 초반에 관여해야 할 필요가 있으며, 바로 이 점이 선제적 B2B 마케팅이 강조하는 사항이다(그림 1-4 참조). 구매자의 프로세스에 대한 관여가 늦으면 그만큼 비즈니스 기회 획득의 가능성은 감소한다. 선제적

5) 장대련(2009), B2B Marketing(비투비 마케팅), 북넷.

B2B 마케팅의 핵심 활동은 고객사의 제안 요청 전 단계(pre-RFP, Request For Proposal)[6]에서 고객을 컨택하고, 상호작용하면서 고객을 설득하는 데에 있으며, 이러한 제안요청서 이전 단계(pre-RFP)에서의 스펙인(spec-in)[7] 활동이 매우 중요하다.

그림 1-4 B2B 구매의사결정프로세스[8]

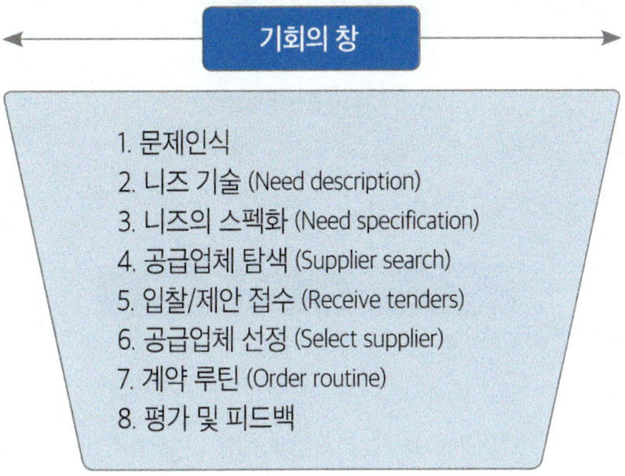

(4) 관계마케팅(relationship marketing)

기업의 구매프로세스에서 구매자와 판매자는 종종 서로에게 많이 의존하게 된다. 즉 많은 고객사들은 신뢰할 수 있는 공급자를 찾는다. 고객사가 자신의 제품을 만드는 데 있어 필요한 부품(parts), 구성품(components) 등을 적절하고 신뢰성 높게 공급할 수 있는 공급업자와의 협력 네트워크를 체계적으로 구성하고자 한다. 즉 B2C 소비재 마케팅은 주로 거래 기반 경향이 높은 반면, 비즈니스 마케팅은 관계 기반 경향이 높은 편이다.

대형수주사업을 하는 기업의 경우 제안요청서 이전 단계의 선행적 마케팅 활동에서 발주기관, 정부기관, 의회, 언론 등의 여러 상하 직급의 많은 다양한 사람들과 친밀한

6) RFP는 조달 프로세스의 초기 단계에서 구매자가 공급자들에게 특정 제품 또는 서비스에 관한 제안서 접수 초청을 요청하는 것을 의미한다. 이러한 제안요청 프로세스는 구매의사결정의 구조를 형성하며, 구매 및 조달의 위험과 혜택을 조기에 발견할 수 있도록 한다. 제안요청서는 정도의 차이는 있겠지만 공급자 제안의 명확한 구조와 형식을 결정하게 된다. 효과적인 제안요청서는 구매자의 전략, 장단기 사업목표, 그리고 공급자가 제안 방향과 방안을 기획하는 데 도움이 되는 상세한 정보와 통찰력을 제공한다. 제안요청과 비슷한 요청으로 견적요청과 정보요청이 있다(출처: http://en.wikipedia.org/wiki/Request_for_proposalsts, 2023년 10월 13일 접속)

7) spec-in은 비즈니스 실무 용어로 specification in의 약자이며 우리가 유리한 스펙이 구매기업의 의사결정과정에서 중요한 역할을 할 수 있도록 하는 영업활동 일체를 의미한다.

8) 장대련(2009), B2B Marketing(비투비 마케팅), 북넷.

관계를 형성하기 위하여 각고의 노력을 기울인다. 즉 B2B 마케팅은 과거에 비해 현재에는 점차 관계 기반의 마케팅(relationship-based marketing)의 방향으로 진화하고 있다. 다음 두 개의 그림을 비교하면 알 수 있을 것이다(그림 1-5와 그림 1-6 참조).

그림 1-5 전통적인 판매자 및 구매자 관계[9]

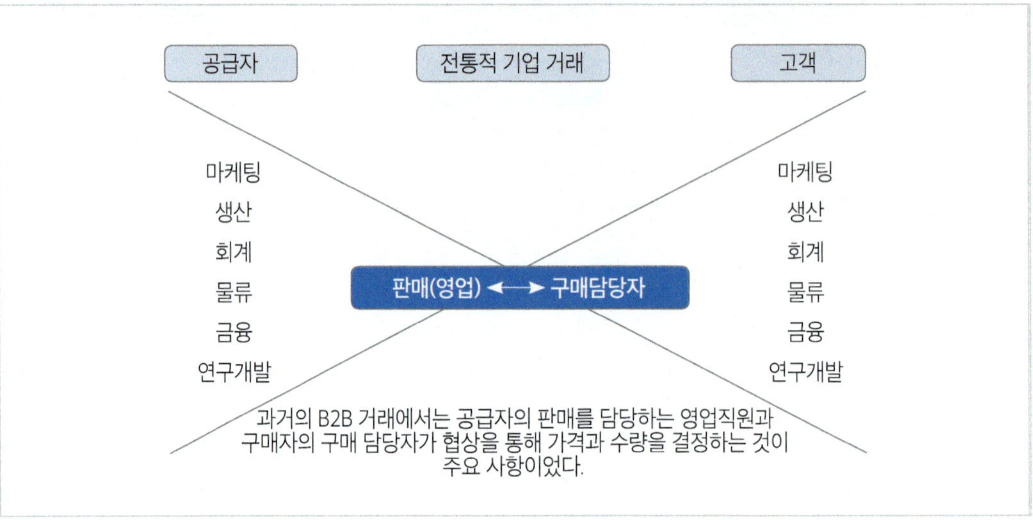

그림 1-6 현대적 공급자 및 고객 관계[10]

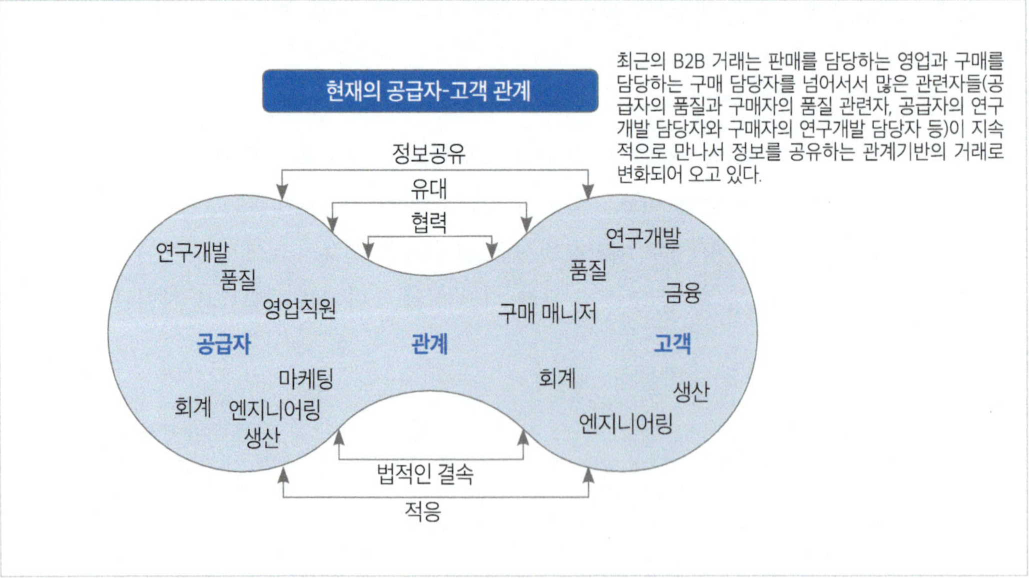

9) 한상린(2011), B2B 마케팅: 마켓 센싱에서 성과 측정까지, 21세기북스.
10) Ibid.

관계 기반 경향이 높은 경우 비수익적 동기(non-profit motives)가 작용하는 경우도 꽤 있다. 예를 들어 공급의 확보가 중요한 경우, 우정과 신뢰가 중요하게 작동하는 경우, 또는 정무적 판단이 작동하는 경우가 있을 수 있다. 즉 비즈니스 마케팅에서는 전략적 제휴와 네트워크(strategic alliances and networks)가 중요한 전략 수단으로 작동하게 되는 경우가 많다. 이러한 내용과 비슷하게 비즈니스 마케팅의 경우 장기적 이익을 위해 단기적 손실을 감수하는 경우도 많다. 중요한 전략적 원자재 구매 확보가 그 예가 될 수 있다.

(5) 토털 마케팅의 필요성(the need for total marketing)

선제적 B2B 마케팅의 원칙은 고객에게 경쟁보다 우월한 가치를 가진 제품을 제공하기 위하여 마케팅 부서만이 아니라 기업의 모든 비즈니스 기능이 선행적 마케팅을 수행하는 것이다. 즉 선제적 B2B 마케팅의 원칙을 잘 수행하기 위해서는 기업은 토털 마케팅(total marketing)을 수행해야 한다.

B2B 마케팅과 B2C 마케팅을 시각적으로 표현하면 **그림 1-7**과 같다. B2C 마케팅에서는 경쟁자들이 고객을 확보하기 위해 경쟁하고, 고객은 몇 개의 기업 또는 제품을 거래의 고려 대상으로 생각한다. 이에 비해 B2B 마케팅에서 판매자 조직과 구매자 조직 간의 관계는 복잡하고 복합적이다. 판매 기업 내에서는 부문 간 협력이 중요 핵심 요인으로 작동한다. 한편으로는 판매할 제품의 중요 가치 요소를 결정하기 위하여 구매센터의 니즈를 파악해야 한다. 이런 맥락에서 B2B기업의 모든 비즈니스 기능의 축적된 활동을 토털 마케팅이라고 한다.

그림 1-7 B2C 마케팅과 B2B 마케팅의 시각적 비교[11)]

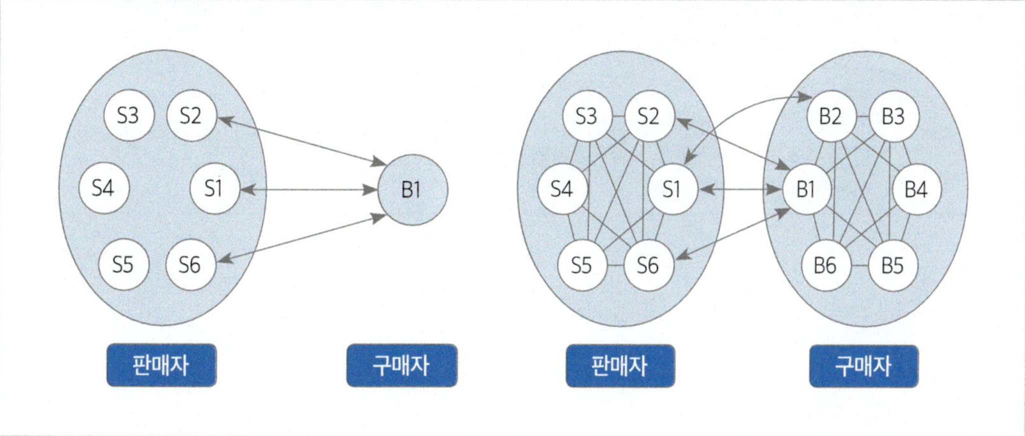

11) 장대련(2009), B2B Marketing(비투비 마케팅), 북넷.

B2B 기업이 토털 마케팅을 실행하기 위해서는 다음의 사항들을 고려할 필요가 있다. 첫째, 기업 전 부서의 관여가 보장되어야 한다. 마케팅, 생산, 연구개발, 기술 지원 등이 고객가치제안을 충족시키기 위하여 조율될 필요가 있다. 둘째, 전체적 품질관리가 보장되어야 한다. 이 목표를 달성하기 위하여 내부 운영의 수월성(operational excellence) 추구와 하부 공급업자 또는 유통에 대한 효율적, 효과적 관리가 중요하다. 셋째, 고객에 대한 서비스 관리를 체크하고 통제해야 한다.

(6) 마케팅믹스의 비교(marketing mix comparison)

B2B 마케팅은 마케팅 프로그램(믹스)의 계획과 실행에 있어서 B2C 마케팅과 차이가 있다. **표 1-2**는 비즈니스 마켓과 소비재 마켓의 마케팅 믹스를 비교하며 일반적인 차이를 세부적으로 제시하고 있다.[12)]

표 1-2 비즈니스 마켓과 소비재 마켓의 마케팅 믹스 비교

구분	비즈니스 마켓 (Business Market)	소비재 마켓 (Consumer Market)
시장 세분화	• 기업 또는 비즈니스 규모와 구매기업의 산업 같은 기업 특유의 변수를 활용하는 경향	• 보통 인구통계적 특성, 성격, 라이프스타일(lifestyle) 변수를 주로 활용
제품 정책	• 제품 포지셔닝이 보통 기능/특징에 근거를 둠. • 제품이 더 고객 맞춤형으로 개발됨.	• 제품 포지셔닝이 종종 심리적 특성에 근거함. • 제품이 더 표준화된 방식으로 개발됨.
유통 채널	• 고객접근을 위하여 직접 영업 판매조직을 일반적으로 광범위하게 사용함.	• 고객 접근을 위하여 일반적으로 도매업자 및 소매업자 같은 간접채널을 활용함.
가격 책정	• 가격 책정이 보통 고객 니즈와 경쟁 상황에 맞추어져 있음. • 협상 및 합리적인 가격 책정이 일반적임.	• 가격 책정이 일반적으로 표준화되어 있고 할인 및 수량 추가 제공 등을 활용함. • 감정적 및 충동적 요소가 가격 인식에 영향을 줌.
판촉 및 광고	• 제품 브랜드를 잘 사용하지 않는 편임. • 일부 제조업자는 제품 정보 혹은 기업 이미지 전달을 위해 광고를 사용함.	• 수요와 브랜드 차별화를 위해 일반적으로 광고가 광범위하게 사용됨.

12) 한상린(2011), B2B 마케팅: 마켓 센싱에서 성과 측정까지, 21세기북스.

2절. B2B 마케팅 프로세스와 수주사업에서의 선제적 B2B 마케팅 프로세스

본 절에서는 B2B 마케팅 프로세스를 제시한다. 그리고 수주사업 맥락에서 선제적 B2B 마케팅 프로세스를 일반적 B2B 마케팅 프로세스와 대비하여 설명한다.

2.1. B2B 마케팅 프로세스(B2B marketing process)

B2B 마케팅 프로세스는 크게 4 단계로 구성되어 있다. 처음 단계인 ① 가치의 이해와 발견(value identification) 단계는 잠재고객기업 시장과 산업에서 고객들의 목표와 전략 방향에 대한 이해를 기반으로 거시적 환경 분석뿐만 아니라, 고객, 경쟁 및 자사에 대한 센싱(정보 수집, 획득, 분석 활동)을 포함하고 있으며 이러한 센싱을 통해 고객으로부터의 사업 기회와 우리가 고객에게 제공할 수 있는 가치에 대한 아이디어를 찾는 단계이다.

이 단계의 활동들 다음에 기업은 ② 가치 창출(value creation) 활동들을 실시하여야 한다. 이는 전 단계에서 찾은 사업 기회(business opportunity)에 맞추어 전체 시장을 세분화하고, 우리가 집중적으로 공략할 표적시장(target market)을 선정하여, 이 시장에서 우리가 차지하고 싶은 목표 포지션(position)을 정하게 된다. B2B 마케팅에서도 이러한 의사결정을 위한 활동인 STP(시장세분화, 타깃팅 및 포지셔닝) 전략의 선정이 중요하다. 또한 이러한 STP 분석에 의해 도출한 우리의 포지셔닝 전략을 구체화해야 한다. 가치 이해 및 발견과 가치 창출 단계는 바로 마케팅전략과 영업전략을 수립하는(plan) 단계로 이해하면 된다.

이러한 계획 수립 이후에는 마케팅 및 영업전략의 실행(do) 단계가 필요한데, 이 실행 단계를 ③ 가치 전달(value delivery) 단계라 한다. 고객에게 경쟁에 대비해 우월한 가치를 제안하고 설득하는 방법(고객이 왜 우리 제품을 선택해야 하는가)인 고객가치제안(customer value proposition)을 결정하며 효과적인 고객 설득 및 판매 활동을 통해 판매 또는 수주 등의 계약을 이뤄내야 한다. 그 이후 고객가치제안을 이행하며 실제로 사업을 수행해야 한다. 이러한 가치 전달 단계는 고객의 요구 수준과 자사의 현재 제품 · 서비스 역량 간에 차이가 있는지를 분석하고 만약 차이가 있다면 이러한 차이를 줄이기 위한 신제품 개발(new product development)을 하는 활동을 포함하고 있으며, 제안요청서 이전(pre-RFP) 단계, 즉, 처음 고객을 컨택하고 사업 개발(business development)을 모두 반영하여 사업을 수행하는 것도 포함한다. 예를 들어 수주 사업의 경우, 가치 전달 단계는 사실 두 단계로 이루어져 있다. 가치 이해 및 발견과 가치 창출 단계에서 수립한 마케팅 및 영업전략을 실행에 옮겨 수주 노력을 실행하는 단계와 수주가 성공하여 계약을 하면 실제적으로 사업을 수행하는 단계로 구성되어 있다.

끝으로 사업 수행 후의 단계를 ④ 가치 유지 및 지속(value sustainment) 단계라고 한다. 지금까지의 전략 수립과 실행 과정에서 문제점들이 있는지를 평가하고 수정하는 단계로 이 단계를 B2B 마케팅의 통제(control) 단계라 한다. 이 단계 활동들의 목적은 전략의 수립과 실행 과정을 지속적으로 업그레이드시켜 고객에게 제공하는 가치를 지속화하고, 고객과의 관계를 심화시키고 우리의 브랜드 명성(brand reputation)을 증진시켜 미래의 사업경쟁력을 지속화하고자 하는 것이다.

지금까지 B2B 마케팅 프로세스 전반에 대해 살펴보았다. 지금부터는 수주 사업의 특성을 가진 입찰 프로세스(bidding process) 상황에서 이 프로세스가 어떻게 전개될 때 선제적 B2B 마케팅 프로세스(proactive B2B marketing process)라고 할 수 있는지를 살펴보겠다.

2.2. 수주사업 맥락의 선제적 B2B 마케팅 프로세스(proactive marketing process)

B2B 마켓의 수주 사업은 일반적으로 경쟁입찰 방식으로 진행됨에 따라 입찰(bidding) 프로세스를 거친다(그림 1-8 참조). 입찰 프로세스는 고객이 ① 제안요청서를 잠재 공급 참여 기업들에게 제공함에 따라 기업은 제안요청서에 기반을 둔 ② 제안서(proposal)를 제출하여 입찰에 참여하며, 그중 ③-1 고객이 판단하기에 가장 적합하다고 판단할 수 있는 기업을 선택한다. 물론, 수주에 실패한 기업들은 다시 ③-2 타 고객 기업의 제안요청서가 나오기를 기다려야 할 것이다. 고객에게 선정된 기업은 고객에게 ④ 제품 혹은 서비스를 만들어 전달하며, ⑤ 지속적 애프터서비스 활동을 수행하게 된다. 그러나 이

그림 1-8 수주사업에서의 일반적 비즈니스 마케팅 프로세스

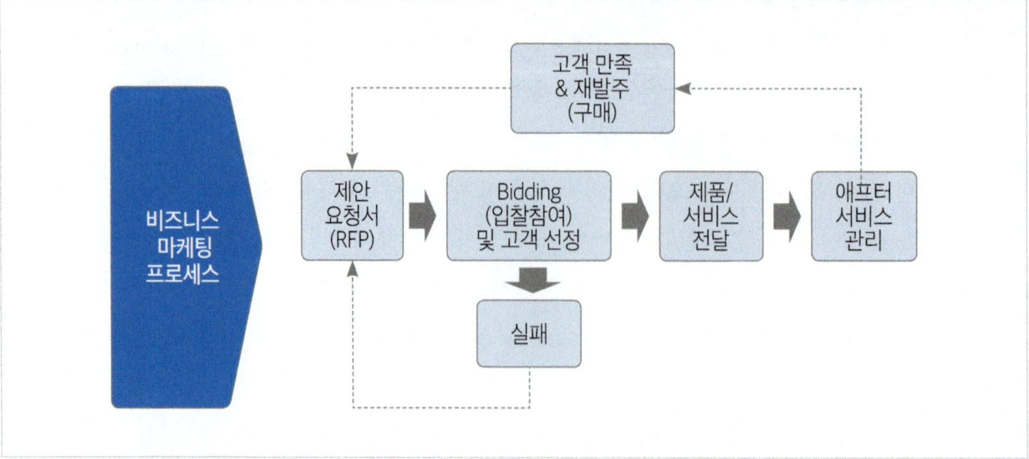

그림 1-9 수주사업에서의 선제적 B2B 마케팅 접근방법

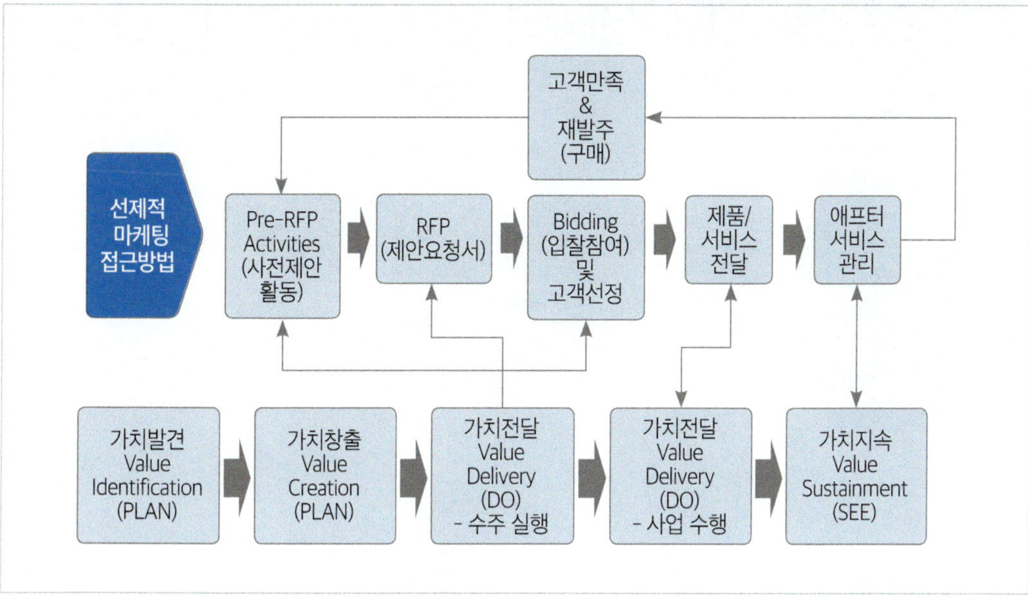

러한 입찰 프로세스는 일반적인 마케팅 입찰 프로세스이며 선제적 B2B 마케팅 개념에서는 조금 다른 방식으로 입찰 프로세스에 접근하게 된다.

그림 1-9 를 보면 선제적 B2B 마케팅의 경우, 입찰 프로세스에서 제안요청서 단계 이전의 활동(pre-RFP activities)을 중요하게 여긴다. 즉 가치 이해 및 발견과 가치 창출 단계들의 활동들로 수주를 위한 마케팅전략을 수립한 후, 제안요청서 이전 단계부터 수주 마케팅전략을 수행하며, 이와 일관된 활동들을 제안요청서 준비 작업 및 입찰 참여 단계에 지속적으로 실행해 나간다(가치 전달 단계의 수주 실행). 이러한 노력으로 수주에 성공하면 사업을 수행하고(가치 전달 단계의 사업 수행), 수행 후 고객을 관리하는 작업을 지속해 나간다(가치 유지 및 지속).

3절. 특급호텔 C 사례를 통한 선제적 B2B 마케팅 프로세스 개괄

지금까지 학습한 내용을 바탕으로 많은 사람들이 쉽게 이해할 수 있는 B2B 마켓 상황의 호텔 사례를 통해서 선제적 B2B 마케팅 프로세스를 좀 더 상세히 살펴보도록 한다. 그림 1-10 은 수주사업에서 일반적인 수동적 · 반응적 마케팅 프로세스(reactive marketing process)와 선제적 B2B 마케팅 프로세스를 비교하여 보여주고 있다.

그림 1-10 수주사업에서의 수동적/반응적 B2B 마케팅 및 선제적 B2B 마케팅 접근방법

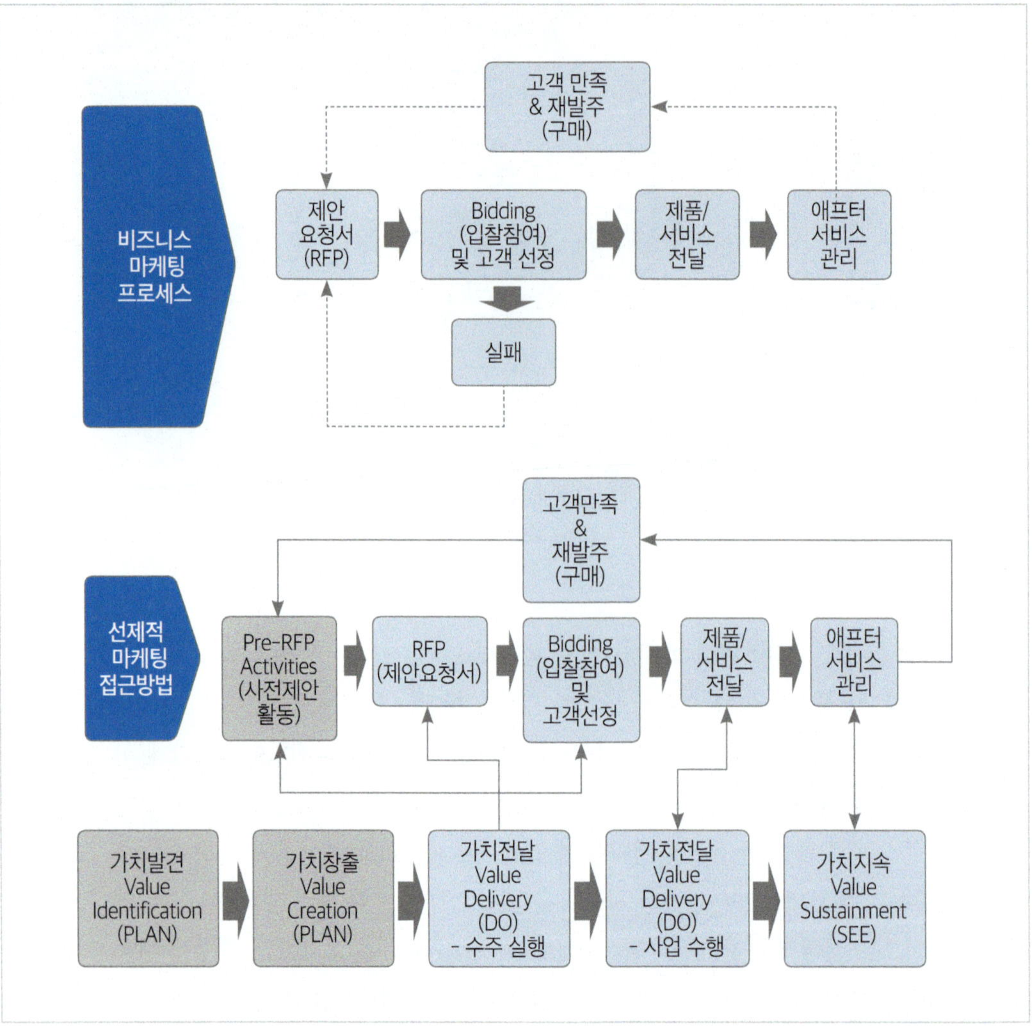

고객에게 경쟁보다 우월한 가치를 제공하기 위한 전략 기획 · 수립(planning) 과정, 그리고 이에 의한 제안요청서 이전(pre-RFP) 단계에서의 마케팅 활동을 강조하는 것이 선제적 B2B 마케팅의 가장 큰 특징이다. 기업 고객을 상대로 B2B 마케팅을 하는 호텔 산업도 이러한 입찰 프로세스를 밟는 수주사업의 특징을 가지고 있는 사업 분야가 있다. 지금부터 여러분이 쉽게 이해할 수 있는 호텔의 B2B 마케팅 상황을 상정하여 선제적 B2B 마케팅(proactive B2B marketing)과 수동적 · 반응적 마케팅(reactive B2B marketing)의 주요 차이점에 대해 학습하고자 한다.

3.1. 가치 이해 및 발견(기획·수립) (value identification, plan)

특급호텔 C의 마케팅 본부장으로 새로 부임한 스콧 잭슨은 기업고객을 상대로 한 새로운 마케팅전략을 수립하기 전 비즈니스 기회와 위협을 발견하기 위해 먼저 서울지역 특급 호텔의 기업고객 마켓에 대한 센싱을 실시했다. 이 마켓은 치열한 경쟁 속에서도 꾸준히 성장해오고 있었다. 특히 마켓의 주요 구성원인 기업고객에 대한 센싱을 수행하고 그 결과를 종합하여 고객분석을 실시하였다. 분석 결과, 서울 특급호텔의 기업고객은 대체로 품격 중시 집단, 업무 중시 집단, 가격 중시 집단으로 구분되어 있음을 알게 되었다.

품격 중시 집단은 주로 호텔의 이미지와 객실이나 서비스의 품격을 중요하게 생각하며, 가격은 크게 신경 쓰지 않는다는 특징을 가지고 있었다. 업무 중시 집단은 호텔을 선택함에 있어 그 호텔이 자신의 업무를 보는 데 얼마나 도움이 되는지를 중요하게 생각하고 있었다. 예컨대, 호텔의 입지가 자신이 방문하고자 하는 곳과 가까운지, 호텔 안에 비즈니스 센터가 잘 준비되어 있는지 등을 중요한 호텔 선택 기준으로 삼았다. 이들도 호텔의 가격에는 민감해하지 않는 편이었다. 그리고, 가격 중시 집단은 전술한 두 집단과는 달리 저렴한 가격을 중심으로 호텔을 선택하는 고객들로 구성되어 있었다. 이러한 집단의 특성은 다음의 **표 1-3**처럼 정리되었다.

표 1-3 특급 호텔의 기업고객 유형 분류

구분	호텔 선택 기준	비고
품격 중시 집단	• 호텔 이미지 • 직원 친절도 • 품질: 객실, 서비스, 식음료	• 가격은 중요하게 생각하지 않음
업무 중시 집단	• 업무 보기 편한 정도: 호텔 입지, 업무관련시설 만족도	• 가격은 중요하게 생각하지 않음
가격 중시 집단	• 저렴한 가격: 객실, 식음료	–

출처: 호텔 전문가 인터뷰 및 관련 팀 분석 자료

고객분석 다음으로 기업고객을 놓고 경쟁을 벌이고 있는 서울 시내 특급호텔의 경쟁분석을 실시하였다. 서울 시내에는 대략 7개 정도의 오성급 경쟁 특급호텔이 있었다. 이 호텔들은 이미지와 가격대를 기준으로 크게 4가지 부류의 호텔로 구분되었다. 호텔 A의 경우, 독보적인 고품격 이미지를 인정받는 호텔이다. 가격대 역시 특급호텔 중에서도 높은 편에 속해 있었다. '진짜 특급'이라고 하는 호텔이었다. 두 번째 부류에 해당하는 호텔에는 B와 C가 있었다. 호텔 C를 포함해서 이 호텔들은 호텔 A보다는 못하지만, 상당한 수준의 고품격 이미지를 인정받고 있으며, 호텔 A보다는 저렴한 가격을 제공하고 있었다. 흔히, '특급 2군'이라고 불린다. 세 번째 부류에 해당하는 호텔 D는 특급호텔들 중에서 중간 정도의 고품격 이미지를 가지고 있으나, 워낙 입지가 좋아서 가장 높은 가격대를 구사하고 있는 다소 독특한 성격의 특급호텔이다. 많은 사람들이 '입지 특급'으로 분류하는 호텔이었다. 끝으로 E~G 호텔로 구성되는 상대적으로 이미지가 대중적이고 가격대도 낮은 편에 속하는 호텔들이 있었다. '특급 3군'에 해당하는 호텔들이다. 다음의 **그림 1-11**은 이러한 경쟁 상황을 나타내고 있다.

그림 1-11 서울 시내 특급호텔 간 경쟁관계

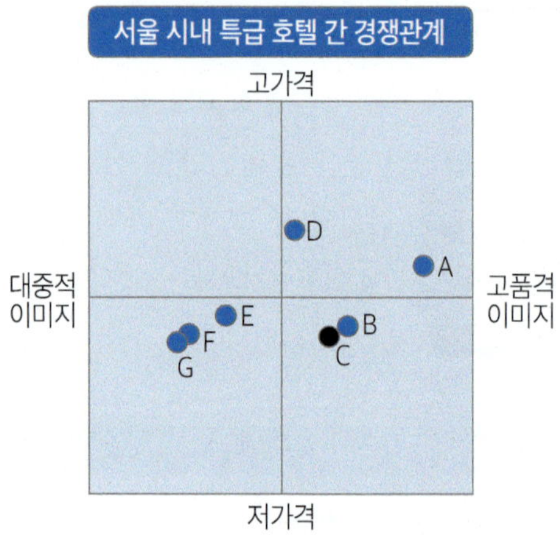

출처: 윤유식 외(2009), 호텔경영학연구 수정인용

고객분석과 경쟁분석을 마친 후, 스콧 본부장은 자신의 호텔 C에 대한 시장에서 현재의 포지션을 들여다보았다. 호텔 C는 서울 시내 특급호텔 중에서 '특급 2군'으로 분류되는 '어중간한' 호텔이었다. '진짜 특급'에 비하면 이미지가 좋지 않고, '입지 특급'에 비하면 입지와 가격대가 밀렸다. 더구나 '특급 3군'보다는 이미지가 좋지만, 가격을 놓고 보면 그다지 실익도 없었다. 이미지와 가격대 면에서 경쟁 호텔들을 압도할 수 없는 호텔 C는 '뭔가 특별한 것'이 없는 한 쉽지 않은 상황 속에 있었다. **그림 1-12**는 이러한 호텔 C의 상황을 표현하고 있다.

그림 1-12 호텔 C의 현재 포지션

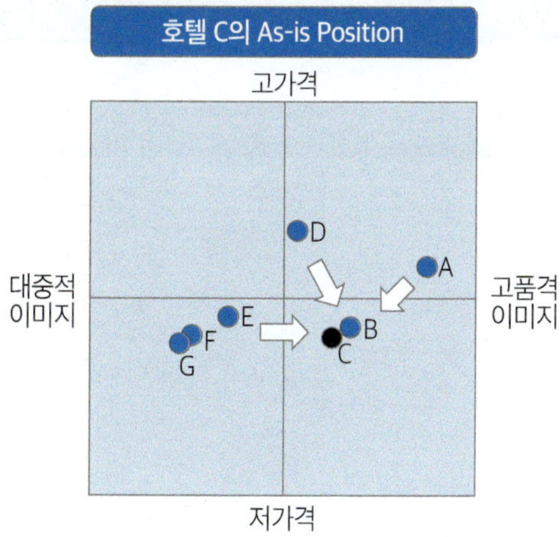

3.2. 가치 창출(기획·수립) (value creation, plan)

호텔 C의 마케팅 본부장 스콧 잭슨은 가치 이해 및 발견 단계에서 수행한 3C(고객 센싱, 경쟁 및 자사분석) 분석 결과를 심도 있게 검토하면서 호텔 C의 B2B 마케팅전략을 새롭게 수립해 나갔다. 마케팅전략 수립의 첫 번째 과제는 누구를 표적시장(target market)으로 정할 것인지에 관한 의사결정이었다. 그는 고급 호텔을 이용하는 기업 고객들의 세 가지 유형 중에서, 일단 품격 중시 집단과 업무 중시 집단을 표적시장으로 결정했다. 두 그룹 모두 가격에 그다지 민감하지 않은 것과 더 나아가 이들 집단은 서비스 품질과 업무에 대한 지원 수준을 바탕으로 호텔을 선택한다는 것을 감안하여 이들의 본원적 · 구체적 욕구(needs와 wants)를 충족시키고자 했다.

마케팅전략 수립의 두 번째 과제는 품격 중시 집단과 업무 중시 집단의 고객들을 대상으로 경쟁 호텔과 어떻게 경쟁할지를 결정하는 것이었다. 다시 말해, 이들 고객들에 대한 호텔 C의 고객가치제안(customer value proposition)을 어떻게 설정할지에 관한 의사결정을 해야 했다. 스콧은 서비스품질과 업무편의성으로 경쟁하기로 결정한다. 특히, 업무편의성에서는 타의 추종을 불허하는 수준을 지향하기로 했다. 이 두 가지 사항들은 표적시장 고객의 욕구와도 잘 부합되고, 호텔 C의 마케팅 본부가 물론 더 보완하고 증진시켜야 하지만 충분히 실행할 수 있는 역량을 가지고 있다고 판단했다. 호텔의 이미지는 표적시장 고객들을 지속적으로 만족시키다 보면 자연스럽게 개선될 수 있을 것이라고 생각했다. 스콧이 원하는 이러한 경쟁 구도와 이에 따른 호텔 C의 미래 기대 포지션(to-be position)은 다음 **그림 1-13**에 나타나 있다.

그림 1-13 호텔 C의 미래 포지션

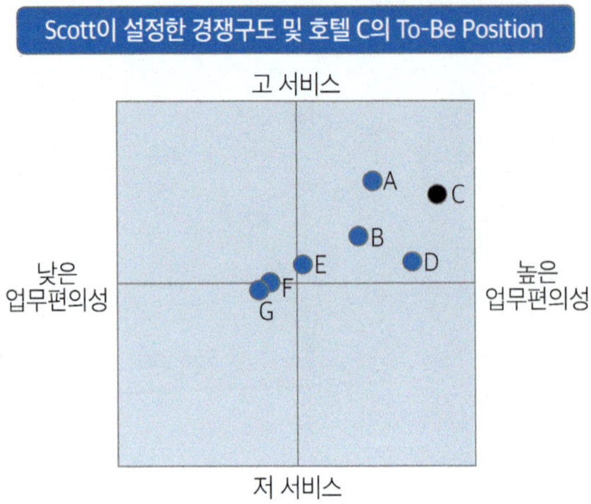

3.3. 가치 전달(실행) (value delivery, do)

■ **선제적 B2B 마케팅 실행 플랜**

스콧의 C 호텔은 입지도, 이미지도 다소 어정쩡한 '특급 2군'에 속해 있다. 분명한 것은 가만히 앉아 있으면, '특급 2군'임에도 불구하고 C호텔을 선택해주는 고마운 기업고객을 기다리는 수밖에 없다는 것이다. 스콧은 품격과 업무를 중시하는 기업고객들에게 서비스품질과 업무편의성으로 승부하는 전략을 선택했다.

스콧이 실제 고객의 행동을 변화시키고 싶었다. 다시 말해, 그는 현재 고객의 행동을 있는 그대로 받아들이는 대신 고객에게 선제적으로 다가가 고객의 반응을 변화시키고자 했다. 남은 문제는 이러한 계획의 선제적 B2B 마케팅을 어떻게 실행할 것인가였다.

요약하면, 선제적 B2B 마케팅의 주안점은 고객 및 경쟁의 행동 변화에 초점을 둔 마케팅전략의 수립에서부터 출발하며 특히 고객의 관점에서 전략을 수립하고 실행해야 하는 점이다. 즉 선제적 B2B 마케팅은 고객이 요구사항을 제시하기를 기다리지 않고, 고객이 어떤 요구를 가지고 있고, 이를 해결하려면 어떻게 해야 할지를 고객과 함께 고민하면서 고객의 요구사항을 함께 발견하고 해결해 나가는 마케팅 접근법이다.

(1) 제안요청서 이전(pre-RFP) 단계: 선제적 B2B 마케팅의 가장 중요한 실행은 제안 요청서 이전의 사전마케팅 활동으로 시작

스콧은 품격 중시 집단과 업무 중시 집단 중 최우선의 구체적 표적시장 고객으로 외국계 기업고객들을 선정하였다. 이 기업들은 호텔로부터 받는 서비스의 폭과 업무지원 활동을 가장 중요하게 생각할 뿐만 아니라, 이들이 호텔 서비스에 만족할 경우 고객당 수익도 증가할 것으로 예측되었다.

이에 따라 스콧과 마케팅팀은 가장 먼저 외국계 기업의 호텔 선택이 어떻게 이루어지는지를 조사하였다. 외국계 기업의 호텔 이용은 주로 본사 경영진의 정기적, 그리고 간헐적 지사 방문과 지사가 주최하는 다양한 이벤트들과 관련되어 있었다. 그렇다면 누가 호텔 선택에 관한 의사결정을 하느냐를 알아내야 했다. 조사 결과, 외국계 기업의

그림 1-14 호텔 C의 제안요청서 이전 단계 활동들

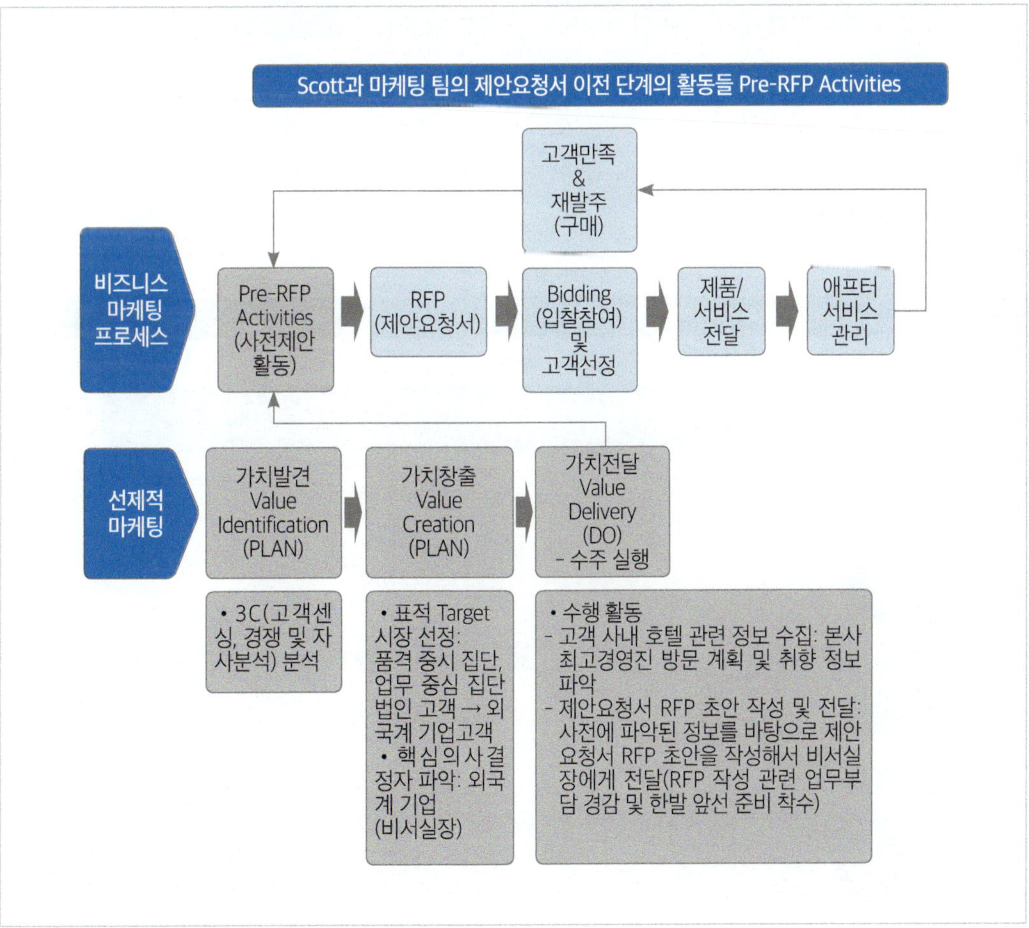

경우는 비서실장(executive secretary)이 핵심 의사결정자임을 알아내었다. 이들은 본사 경영진과 지사장의 취향을 알고 있고, 호텔의 준비상태를 실제로 점검하는 사람들이었다. 이에 따라 스콧과 마케팅팀은 자연스럽게 비서실장 인맥을 구축하고, 이들의 본원적·구체적 욕구와 고민을 알기 위해 지속적으로 노력했다. 이러한 정보 파악 노력 결과 스콧은 비서실장들이 호텔 선정을 위한 제안요청서(RFP)를 준비하면서 많은 중압감을 느끼는 것을 알게 되었다. 스콧은 경쟁 호텔의 마케팅 매니저들이 그들의 기업고객들이 제안요청서를 만드는 과정을 잘 모르고 있다는 사실을 다행스럽게 여겼다.

즉 스콧과 그 팀원들은 제안요청서가 뜨지 않는 시기에도 외국계 기업의 임원 비서들과의 미팅으로 매우 바빴다. 이들을 만나서 언제 본사 임원진이 사업차 서울에 오게 되는지, 와서 무슨 업무를 보게 될지, 그리고 그들의 취향과 요구사항 등을 알아보았다. 그리고 비서실장의 입장에서 필요한 사항들을 정리해서 제안요청서를 준비할 때 참고하라고 건네주면서 비서들이 놓치기 쉬운 세부사항들과 연관된 자료들을 챙겨주었다. 물론 스콧과 팀원들은 이러한 자료를 준비하기 위해 많은 시간을 투입했었다. 제안요청서 이전 단계에 스콧과 마케팅팀이 수행한 활동들은 그림 1-14와 같다.

이에 반해, 사실 대부분 기업의 비즈니스 마케팅 관리자들은 자신들의 업무는 제안요청서가 나온 다음에 시작된다고 생각하고 있었다. 즉 대부분의 기업고객 마케팅 관리자들은 제안요청서가 뜨지 않을 때를 휴식 기간으로 인식하고 있었다. 이러한 인식은 그림 1-15와 같다.

그림 1-15 제안요청서 이전 단계 경쟁호텔 마케팅팀의 인식과 활동

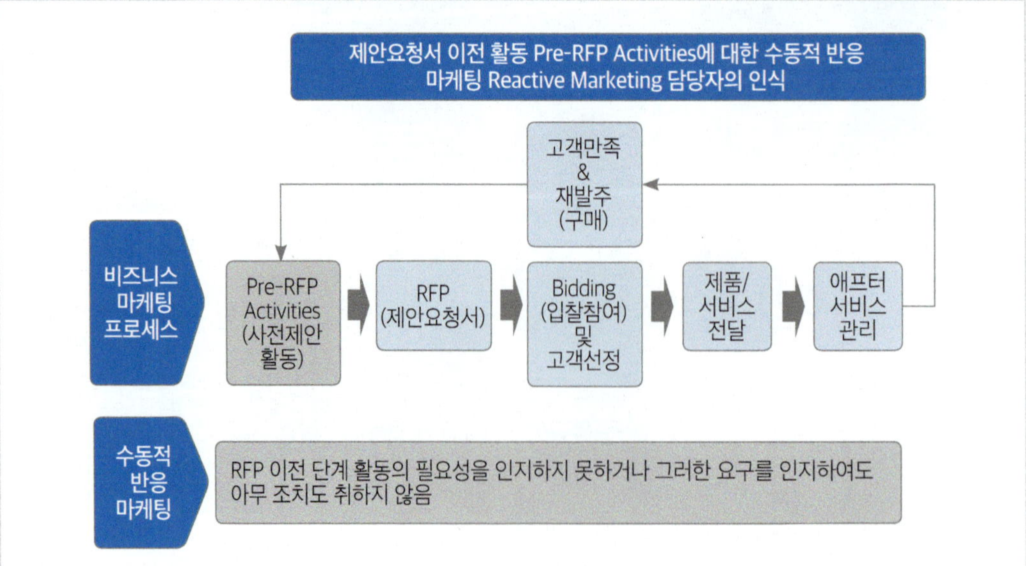

(2) 제안서 준비(proposal preparation) 단계: 고객이 말하지 않은 필요와 욕구 발견과 충족

스콧은 외국계 기업의 최고경영진이 호텔에서 객실 서비스보다 폭넓은 서비스 요구를 가지고 있다는 점을 잘 알게 되었다. 이에 따라 제안요청서가 공고되었을 때 스콧은 평소에 비서실장을 통해 파악한 정보를 바탕으로 제안요청서에서 구체적으로 언급하지 못한 부분에 관해서도 준비를 시작하였다. 예컨대, 다리가 불편해서 승용차보다는 SUV 탑승을 선호하는 본사 회장을 위해 캐딜락 캐스캐이드를 제안하는 준비를 했다. 물론 기사는 영어에 능통한 사람으로 준비했다. 이러한 제안요청서 준비 사항들을 표현하면 그림 1-16과 같다.

그림 1-16 호텔 C의 제안서 준비

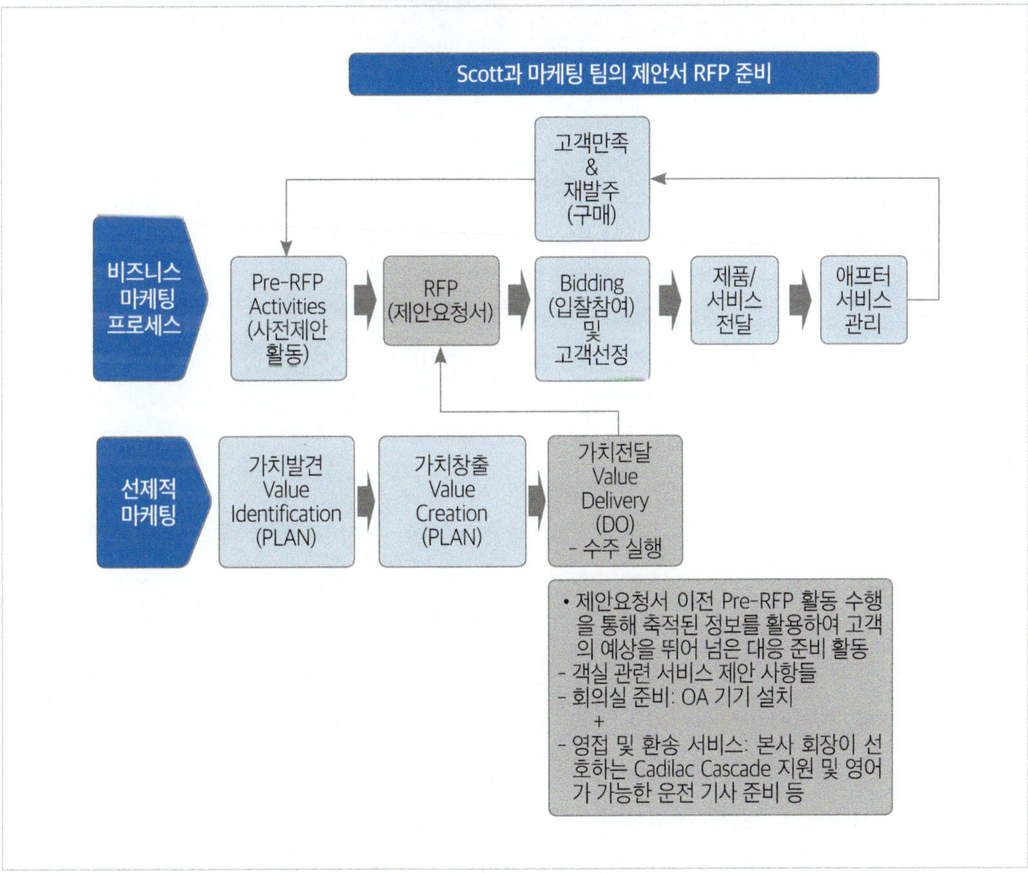

이에 반해, 수동적 · 반응적 마케팅에 의지하는 기업고객 마케팅 관리자들은 모든 것을 제안요청서에 의존한다. 대부분의 기업 고객 제안서는 객실 서비스를 중심으로 준

비된다. 몇 개의 ○○급 객실을, 언제부터 언제까지 예약하고, 회의실을 준비하는 것이 주요 내용이다. 나머지는 그때그때 호텔에 머무르면서 해결하는 것이 보통이다. 그러다 보니 제안요청서에 객실 서비스가 아닌 것이 나오면 당황할 수밖에 없을 것이다. 예컨대, 공항 영접 및 환송 서비스를 요구하는 제안요청서를 보게 되면 무슨 차량을 제안해야 할지 고민하게 된다. 이러한 상황을 표현하면 그림 1-17과 같다.

그림 1-17 경쟁호텔들의 제안서 준비

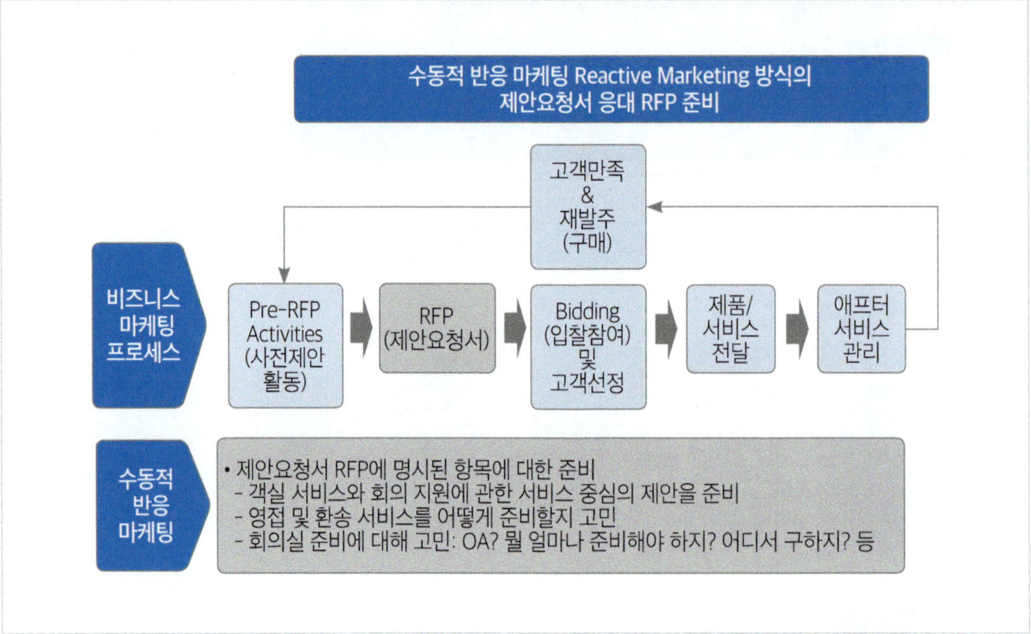

(3) 입찰(bidding) 단계: 고객 필요와 욕구에 대한 깊은 이해를 바탕으로 한 전사적 반응 시스템의 준비

스콧과 마케팅팀은 제안요청 이전 기간 동안 비서실장과의 관계 구축을 통해 파악한 정보를 통해 제안요청서의 내용은 물론 제안요청서의 배경도 철저하게 이해하고 있었다. 이러한 이해를 바탕으로 스콧의 C 호텔은 한층 더 섬세한 제안들을 할 수 있었다. 어떤 내용들은 제안요청서에서도 자세히 언급되지 않은 것들이었다. 예컨대 스콧의 제안서는 본사 경영진과 지사 관계자들이 회의할 공간 바로 옆에서 식사를 할 수 있도록 준비하겠다는 내용을 담고 있었다. 업무편의성을 극대화하기 위한 모든 준비를 제안한 것의 한 사례였으며 기타 사항들은 그림 1-18에 나타나 있다. 이러한 입찰 지원 노력은 자연스럽게 스콧의 C 호텔이 고객의 요구에 민감하게 반응하여 경쟁호텔들보다 더 섬세하고 충실한 서비스를 제공할 것이라는 기대와 평가로 이어졌다.

그림 1-18 **호텔 C의 입찰 참여**

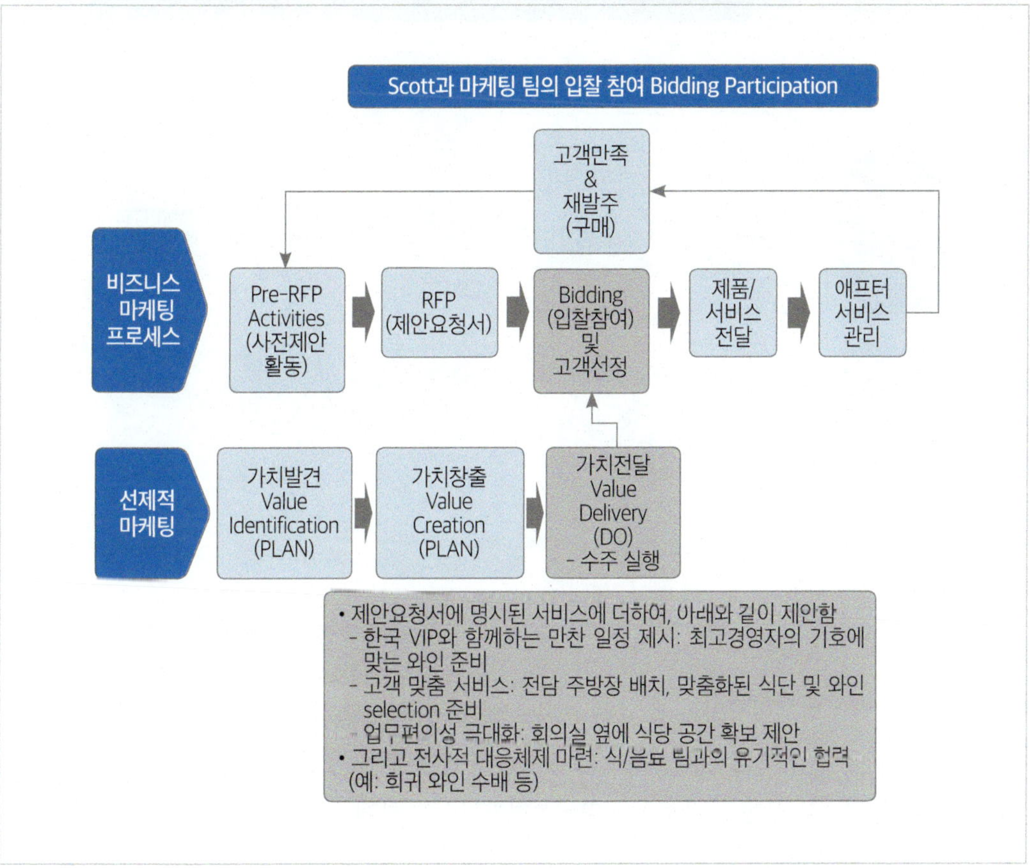

이에 반해 수동적 · 반응적 마케팅에 의존하는 마케팅 관리자들은 제안요청서에 충실히 응대하는 것이 최선이라고 생각한다. 그래서 최고급 벤츠를 생각하지만, 기사의 외국어 능력 수준까지는 미처 생각하지 못한다. 회의실에 빔 프로젝터는 준비하지만, 노트북 등 110V용 전자제품을 가지고 올 미국 본사 인력들을 위한 변압기 등의 조처는 준비하지 못한다. 물론 이 점은 비서실장이 제안요청서에 담지 못한 사항이기도 하다. 이러한 예를 표현하면 **그림 1-19** 와 같다.

그림 1-19 경쟁 호텔들의 입찰 참여

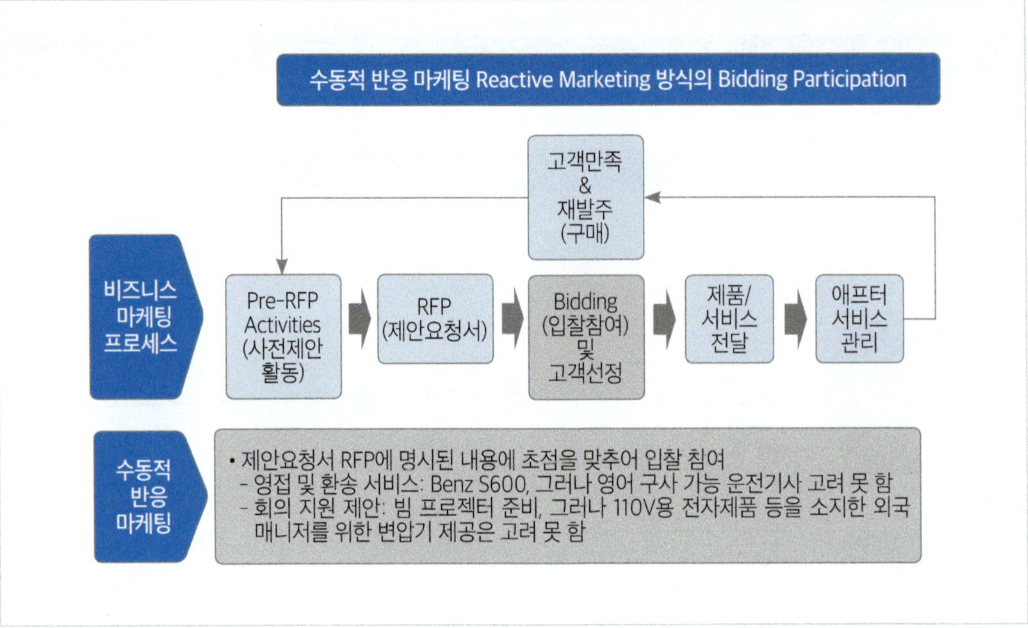

(4) 사업 수행(business delivery) 단계: 완벽한 실행계획과 현장적응성의 발휘

스콧과 마케팅팀의 한발 앞선 준비로 인해 경쟁 호텔 가운데 C 호텔이 사업을 수주하게 되었다. 선제적 B2B 마케팅의 수행은 수주 사업을 수행함에 있어서도 물 흐르는 듯한 서비스는 물론 감탄스러운 임기응변까지 가능하게 해주었다. 스콧과 마케팅팀은 사업을 수행하면서 외국계 기업의 최고경영진이 한국에서 겪을 수 있는 사소한 불편에 대해서도 언제나 대응할 수 있는 준비에 최선을 다하였다. 아시아의 다른 나라에서는 준비되지 않았던 와인인 '샤토페트뤼스'를 서울에서 맛보는 최고경영자의 평가는 향후의 비즈니스 기회와 호텔 C의 명성 구축(reputation building)에도 호의적 영향을 미칠 것으로 보인다. 사실 '샤토페트뤼스'는 C 호텔에서는 평소에 준비해 놓지 않는 초고가 와인이었다. 본사 회장 일행이 주문하리라는 보장도 없는 상황에서, 식음료 본부장도 아닌 마케팅 본부장 스콧이 이 이 와인을 준비하려면 상당한 노력이 필요했을 것이다. 식음료 본부장을 설득해야 하고, 그에 상응하는 예산을 재무 파트로부터 승인받아야 하기 때문이다. 준비할 것이 어디 와인뿐이었을까? 하지만 고객의 취향을 철저하게 미리 연구한 스콧은 꼭 필요한 사항에 대해서는 준비를 아끼지 않았다. 그 결과 고객은 크게 만족했고, 스콧은 이번에도 최고의 객단가를 기록하게 되었다. 비서실장은 흡족해하는 본사 회장의 표정을 보며 안도의 한숨을 쉬게 된다. 그리고 속으로 다음과 같이 생각한다. '역시 호텔 C야, 역시 스콧이야!' 이러한 상황을 정리하면 그림 1-20과 같다.

그림 1-20 호텔 C의 사업 수행

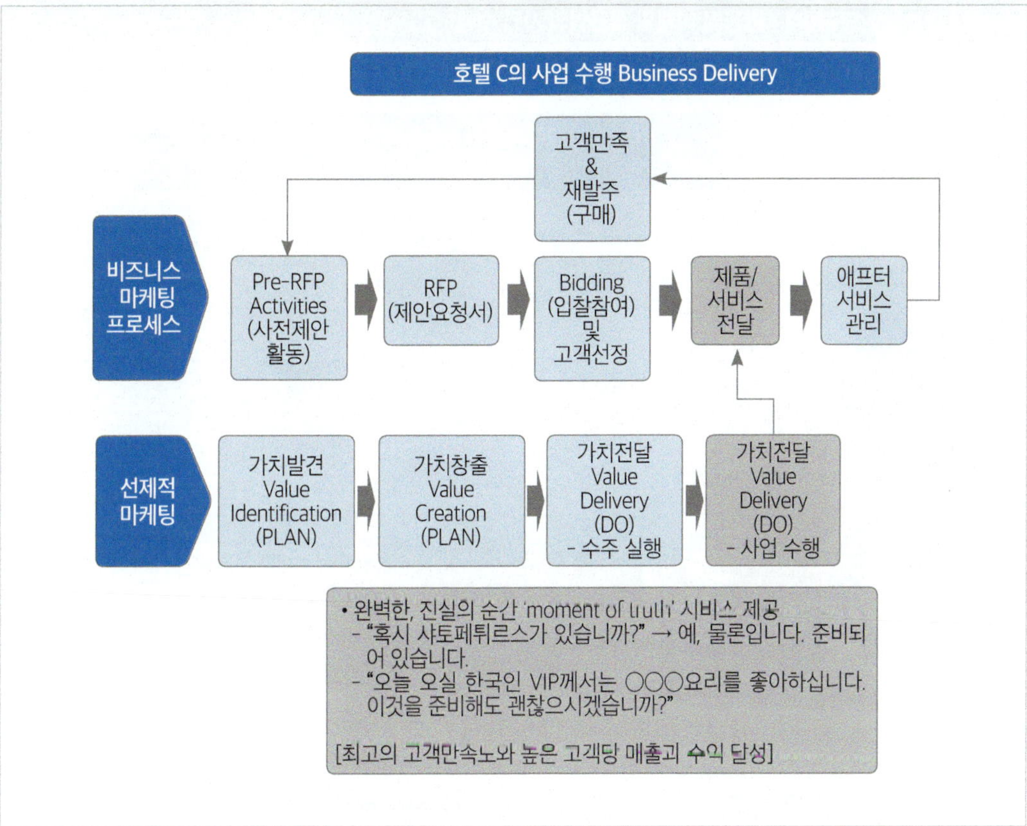

사실 수동적 · 반응적 마케팅에 의존하는 기업은 선제적 B2B 마케팅을 활용하는 기업에 비해 사업을 수주할 확률이 낮을 것이다. 그럼에도 선제적 B2B 마케팅을 수행하는 호텔이 없어 수동적 · 반응적 마케팅에 의존하는 한 호텔이 사업을 수주했다고 가정해 보자. 사업을 수주하지만, 수동적 · 반응적 마케팅에 의존하는 기업이 사업을 수행할 때 종종 어려운 상황을 맞을 수 있을 것이다. 고객이 제안요청서에 언급되지 않았던 요구를 하는 경우 때때로 난처한 순간에 직면할 수 있다. 예를 들어 본사에서 한국을 방문한 본사의 회장이 한국 VIP와의 저녁 식사 중 '샤토페트뤼스'와 같은 최고급 와인을 주문하는 경우이다. 한 병에 600만 원(3,300유로 혹은 5,370달러)을 호가하는 이 와인은 아주 특별한 경우를 제외하고 최고급 호텔에서도 잘 준비하지 않는다. 사전에 고객에 대한 철저한 이해가 없다면 쉽게 준비하기 어려운 와인이다. 회장이 원하는 와인이 준비되지 않았던 호텔을 선택한 비서실장은 매우 곤혹스러워할 것이다. 본사 회장 역시 다시 해당 호텔을 찾고 싶지는 않을 것이다. 이러한 상황을 표현하면 **그림 1-21**과 같다.

그림 1-21 수동적 · 반응적 마케팅 접근법의 사업 수행

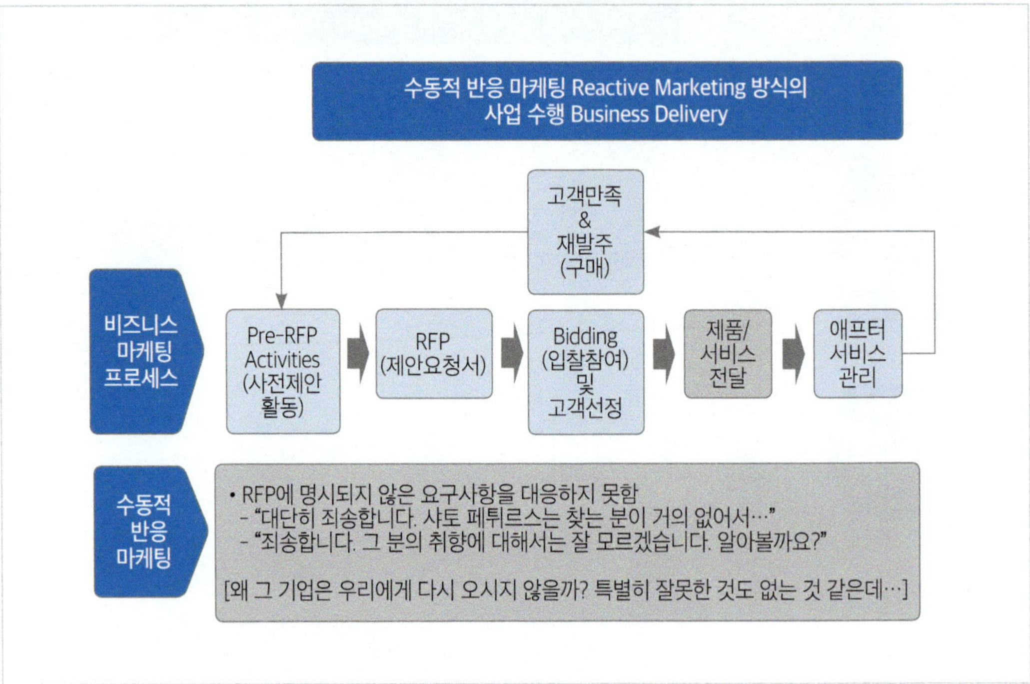

3.4. 가치 유지 및 지속(통제) (value sustainment, see)

■ **애프터서비스 관리 단계는 곧 관계 구축 및 관리**

선제적 B2B 마케팅을 수행하는 기업은 사업을 수주 · 수행하고 거래가 종료된 이후에도 긴장을 늦추지 않는다. 거래에 대한 만족 정도가 결정되는 것은 거래가 종료된 이후라는 것을 알기 때문이다. 고객만족도 점검, 다음 제안요청서에 대한 정보 수집 등 유능한 마케터는 거래 완료 이후에도 여전히 바쁘다.

매년 11월이 되면 스콧은 1년 동안 자신을 도와준 외국계 기업의 비서실장들을 강원도의 스키장으로 초대해서 감사 표시를 한다. 이 자리를 통해 다음 사업에 대한 준비를 하는 것은 물론 인맥 넓히기의 장으로도 활용한다. 스키 여행에 초대할 때 비서실장들에게 스콧이 꼭 하는 말이 있다. "아는 비서실장님 있으시면 꼭 모시고 와주세요"라고. 이러한 상황을 정리하면 **그림 1-22**와 같다.

그림 1-22 **호텔 C의 애프터서비스 관리**

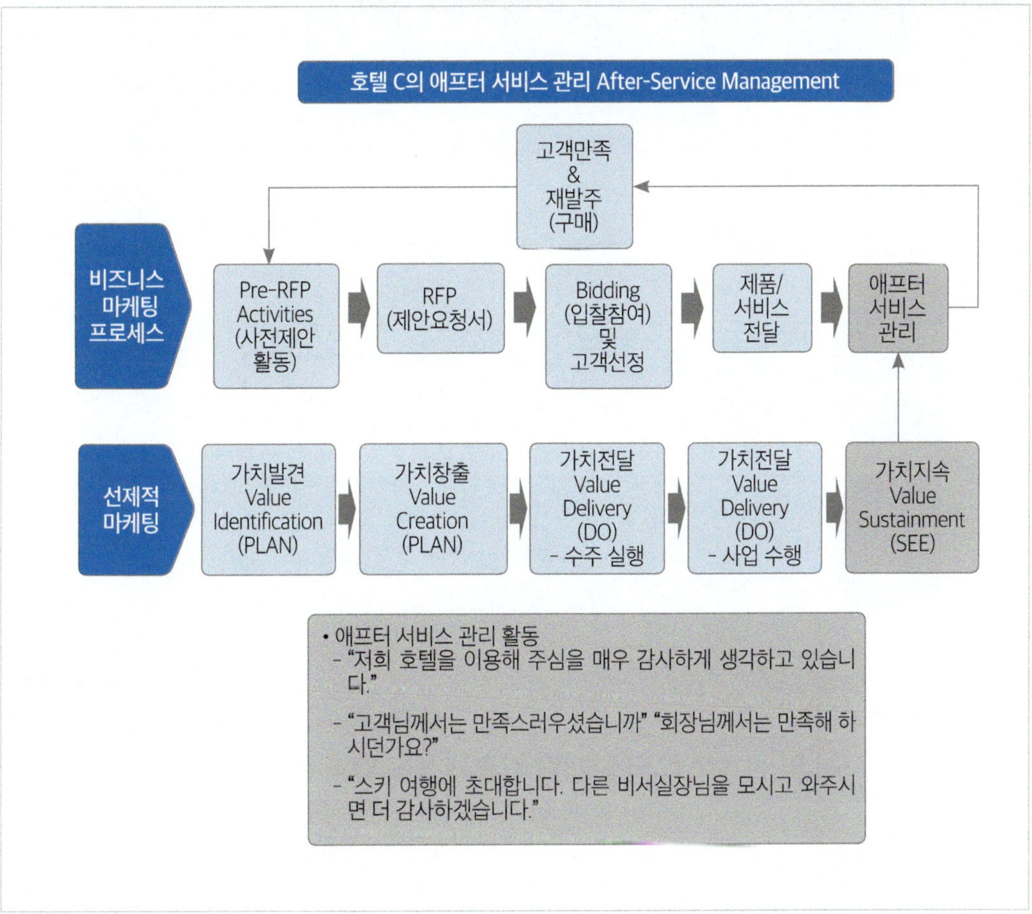

수동적 · 반응적 마케팅에 의존하는 마케터들도 사업을 수행한 후 사후관리를 안 하는 것은 아니다. 다만 별 효과 없는 요식행위에 지나지 않는 사후관리가 문제일 것이다. 이들의 전형적인 사후관리는 절기에 맞추어서 연하장을 보내거나 안부 전화하기 정도일 것이다. 연하장은 읽어본 후 곧바로 쓰레기통으로 가기 일쑤이다. 바쁜 일과시간에 걸려 오는 안부 전화는 귀찮게 느껴지는 경우가 많다. 물론 이마저도 안 하는 호텔 마케팅 관리자들은 더 성의가 없어 보일 것이다. 이러한 상황을 표현하면 **그림 1-23**과 같다.

그림 1-23 수동적 · 반응적 마케팅 접근방식의 애프터서비스 관리

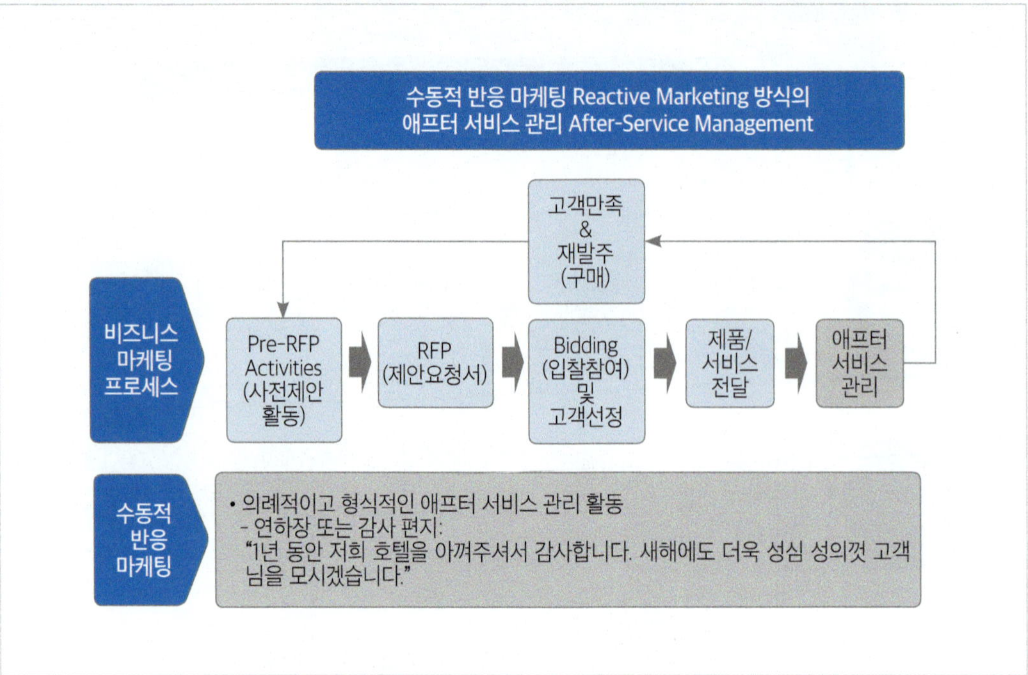

3.5. 사례 및 선제적 B2B 마케팅 프로세스 요약

지금까지 이해하기 쉬운 호텔의 B2B 사업의 경쟁입찰 과정을 상정하고 선제적 B2B 마케팅을 수행하는 기업과 그렇지 않은 기업, 즉, 수동적 · 반응적 마케팅을 수행하는 기업의 활동 차이를 입찰 과정별로 살펴보았다.

사업별로 고객이 원하는 본원적 · 구체적 욕구와 가치의 구체적인 내용은 다르겠지만, 선제적 B2B 마케팅의 원칙과 핵심 내용은 많은 B2B 사업에 적용될 수 있음을 명심할 필요가 있다. 예를 들면, 반도체나 배터리 등 주요 부품 및 구성품 사업, 세트 공급자 사업, 발전 사업, 건설 사업, 조선 사업, 무기 입찰 사업, 각종 시스템 입찰 사업, 기업공개(IPO) 주간사 · 자문사 사업, 기업인수합병(M&A) 주간사 · 자문사 사업 등의 투자은행(IB) 사업 등 그 범위는 무궁무진하다.

산업에 상관없이 적용되어야 할 선제적 B2B 마케팅 원칙의 핵심 내용은 다음과 같다.

- 마켓 센싱(고객 센싱, 경쟁 및 자사분석)을 잘 해야 비즈니스와 관련된 기회와 위협을 잘 파악할 수 있다(가치의 이해 및 발견 단계).
- 또한, 고객의 본원적 · 구체적 욕구와 가치를 잘 파악하는 고객센싱 활동을 잘 수행하면서 경쟁과 우리의 역량을 고려해야, 표적시장 선정과 포지셔닝 그리고 고객

가치제안의 방향(마케팅전략 방향)을 잘 설정할 수 있다(가치 창출 단계).

- 설정된 전략 방향을 감안하여 표적시장 고객에 대한 더 상세한 본원적·구체적 욕구와 가치를 파악해야 표적고객의 관점에서 경쟁사에 비해 우월한 가치를 담은 제안을 할 수 있다. 특히 이러한 활동들은 고객의 제안요청서 이전 단계에서 수행되어야 한다(사업수주 활동의 가치 전달 단계).
- 사업 수주 후 고객에게 가치를 전달할 수 있도록 사업을 잘 수행해야 한다(사업수행 활동의 가치 전달 단계).
- 사업 수행 후 지속적으로 신경 써야 하는 부분은 고객과의 관계 구축 및 유지이다. 그래야 향후의 비즈니스 기회를 다시 확보할 수 있으며, 또한 우리 기업의 명성을 쌓을 수 있기 때문이다(가치의 유지 및 지속).

4절. B2B 마케팅의 주요 이론적 발전

B2B 마케팅의 이론적 논의와 연구 흐름은 너무나 광범위하다. 이곳에서는 본서의 핵심주제인 혁신과 B2B 마케팅전략의 주요 주장들(main propositions) 도출과 관련된 주요 이론적 발전(key theoretical developments)을 정리하여 제시하기로 하고, 다른 이론 및 실증적 증거들은 그때그때 본서의 적절한 위치에 소개하기로 한다. 큰 흐름인 가치 기반의 마케팅 관점(value-based marketing perspective), 구매기업과 공급기업의 관계 이론들(buyer-supplier relationships), 그리고 관계마케팅(relationship marketing)의 주요 발견들에 관하여 논의한다.

4.1. 가치 기반의 마케팅 관점(value-based marketing perspective)

이번 장에서 소개하였던 가치 기반 중심의 B2B 마케팅 프로세스(가치의 이해와 발견, 가치창출전략, 가치전달, 가치의 유지와 지속화) 개념은 B2B 마케팅 영역에서도 공유되어 오고 있다. 대표적으로 Oliva(2022)는 가치 기반의 B2B 마케팅 프레임워크를 제시하였다.[13] 그림 1-24 에서 나타나듯이, 가치의 이해(build value understanding) 단계가 첫 번째 단계로 이 단계에서의 검토 내용들은 시장과 가치의 정의(define markets and value), 고객분

13) Oliva, R. A. (2022), "A high-level overview: a value-based perspective on the practice of business-to-business(B2B) marketing," in Business-to-Business Marketing, eds. G. L. Lilien, J. A. Petersen, and S. Wuyts, in association with the institute for the study of business markets, 2nd ed., Edward Elgar, 13-38.

석(analyze customers), 경쟁(군) 분석(analyze competitors/category), 가치사슬의 이해(understand value chains), 자사역량 분석(know company competences)으로 구성된다.

그림 1-24 ISBM 연구소의 Value Delivery Framework

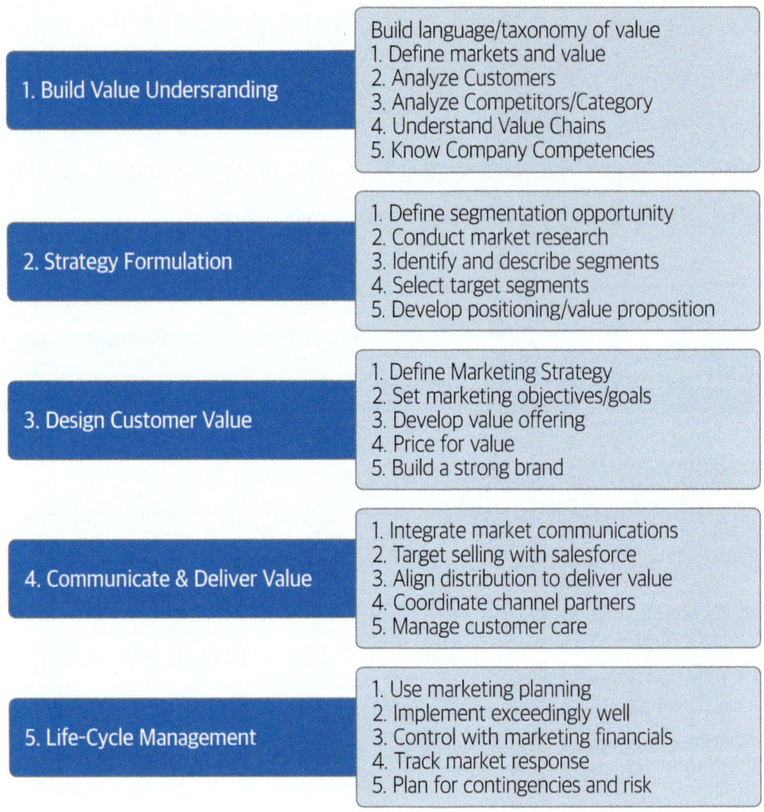

출처: Oliva, R. A. (2022)의 Figure 2.1. - 각주 13) 참조

두 번째 단계는 전략 수립(strategy formulation) 단계로 이 단계의 검토 내용은 시장세분화 기회의 정의(define segmentation opportunity), 시장조사의 수행(conduct market research), 세분군의 발견과 서술(identify and describe segments), 표적시장세분군의 선정(select target segments), 포지셔닝 및 가치제안의 개발(develop positioning/value propositions)로 구성된다.

세 번째 단계는 고객가치의 디자인(design customer value) 단계로 여기에서는 마케팅전략의 정의(define marketing strategy), 마케팅 목표와 목적의 설정(set marketing objectives/goals), 가치 오퍼링의 개발(develop value offering), 가치 기반의 가격 결정(price for value), 강력한

브랜드 개발(build a strong brand)을 검토한다.

네 번째 단계는 가치의 소통과 전달(communicate & deliver value) 단계로 통합적 마케팅 커뮤니케이션 수행(integrate market communications), 영업력으로 판매목표 달성 수행(target selling with salesforce), 가치전달을 위한 유통의 정렬(align distribution to deliver value), 유통채널파트너와의 협력과 조정(coordinate channel partners), 고객관리(manage customer care)를 검토한다.

마지막 단계는 라이프사이클 관리(life-cycle management) 단계로 이 단계의 검토 내용은 마케팅 기획의 활용(use marketing planning), 완벽한 마케팅 실행(implement exceedingly well), 마케팅 성과평가 및 통제(control with marketing financials), 시장 반응의 추적(track market response), 그리고 우발 상황 및 위험에 대한 계획(plan for contingencies and risk)으로 구성된다.

즉 본서가 제시하는 가치 기반 중심의 B2B 마케팅 프로세스는 학문적 증거와 주장에 토대를 두고 있다. 또한 이 프로세스는 비즈니스 실무에도 적용되어 사용되고 있음을 3장에서 살펴볼 것이다.

4.2. 구매기업과 공급기업의 관계 이론들(buyer-supplier relationships)

B2B 기업 관계에서 구매기업과 공급기업의 관계들은 B2B 마케팅연구 영역에서 매우 중요하고 많이 다뤄온 주제이다. 여기에서는 실증적 일반화(empirical generalization)가 이뤄진 주요 연구들을 간략히 살펴본다.

(1) Tuli & Bharadwaj(2007)의 고객-기업 관계에 대한 메타분석연구[14)]

이 메타분석연구 결과에 따르면, 고객기업과 공급기업의 B2B 관계 만족에 영향을 미치는 주요 요인들로는 서로 간의 신뢰(trust, 효과강도 = .64), 몰입(commitment, 효과강도 = .41)과 의존성(dependence, 효과강도 = .34)이다. 고객기업과 공급기업의 B2B 관계 갈등은 신뢰(trust, 효과강도 = –.69), 몰입(commitment, 효과강도 = –.57)에 의해 감소된다.

서로에 대한 신뢰는 협력(cooperation, 효과강도 = .55)과 거래 특유 투자(다른 대안에 사용할 수 없는 서로에 대한 투자, transaction-specific investments, 효과강도 = .26)에 의해 증진된다. 서로에 대한 몰입은 신뢰(trust, 효과강도 = .59), 의존성(dependence, 효과강도 = .31)과 거래 특유

14) Tuli, K. & S. Bharadwaj(2007), “Theory and methodological artifacts in customer-firm relationships: A meta-analytical review and integrative extension,” Working Paper, Emory University, Goizueta Business School, Atlanta, Ga.

투자(transaction-specific investments, 효과강도 = .35)에 의해 증진되는 반면, 환경적 불확실성은 몰입을 감소시키는 영향을 미친다(environmental uncertainty, 효과강도 = −.16).

본 연구는 26,828개의 B2B 관계를 연구한 102개의 연구결과를 메타분석했기 때문에 일반화 가능성이 높다 할 수 있다. B2B 관계에 대한 만족과 지속의향은 관계적 요인들에 의해 좌우되며 환경적 요인의 영향은 미미함을 알 수 있다.

그림 1-25 Tuli & Bharadwaj(2007)의 고객-기업 관계에 대한 메타분석연구 결과

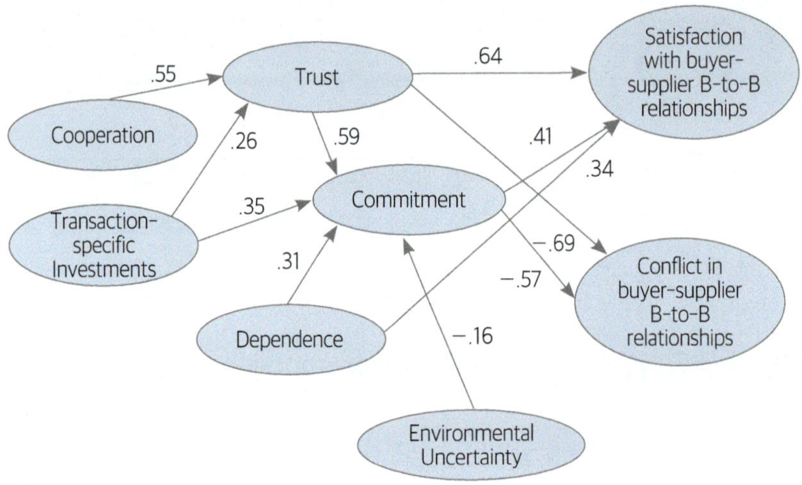

출처: Tuli & Bharadway(2007) - 각주 14) 참조

(2) Tuli, Kohli, & Bharadwaj(2007)의 고객에 대한 솔루션 관련 연구[15)]

본 연구는 고객에 대한 솔루션에 대한 개념을 다시 생각하게 한다(그림 1-26 참조). 지금까지 고객에 대한 솔루션은 제품 중심적(product-centric) 관점에서 생각되어 왔다(제품과 서비스의 맞춤화 및 통합화). 그러나 B2B 관계의 중요성을 감안할 때 공급기업과 고객기업의 관계적 협업 프로세스(고객기업의 요구 정의 단계 − 맞춤화 및 통합화 단계 − 협업 실행 − 실행 후의 지원)로 생각하는 것이 바람직하다는 주장은 특정 조건(역량이 높은 공급기업과 고객기업의 관계)에서는 타당할 것이다.

15) Tuli, K. A. K. Kohli, & S. Bharadwaj(2007), "Rethinking customer solutions: From product bundles to relational processes," Journal of Marketing, 71(3), 1-17.

그림 1-26 Tuli, Kohli, & Bharadwaj(2007)의 고객 솔루션에 대한 현재와 제안된 관점

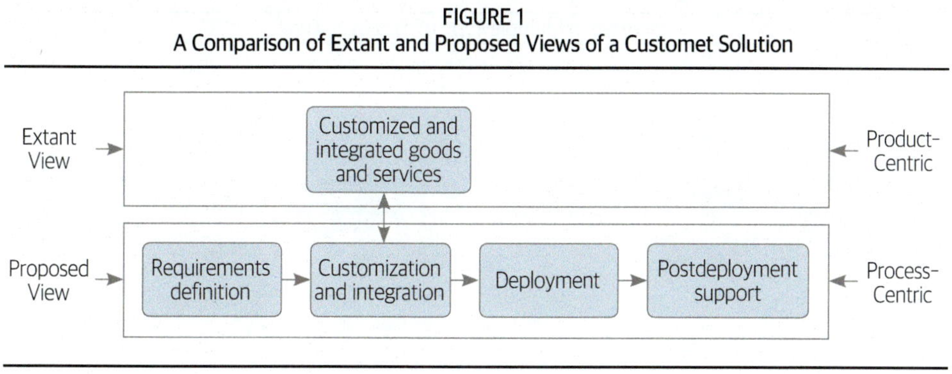

출처: Tuli, Kohli, & Bharadway(2007)의 Figure 1 - 각주 15) 참조

(3) Tuli, Bharadwaj & Kohli(2010)의 기업 간 복수유형의 관계 효과 연구[16)]

본 연구는 **그림 1-6** 에서 살펴보았던 현대적 공급기업과 고객기업의 관계 효과 및 토털 마케팅에 대한 근거를 제공하고 있다. 시간의 흐름에 따라 기업 간 복수유형의 관계 정도가 증진되었을 때와 감소하였을 경우 매출 증진 및 변동 감소의 변화를 살펴보았는데, 전반적으로 관계 정도가 더 심화될 때 긍정적 실증 효과를 발견하였다(**그림 1-27** 참조).

16) Tuli, K., S. Bharadwaj, & A. K. Kohli(2010), "Ties that bind: The impact of multiple types of ties with a customer on sales growth and sales volatility," Journal of Marketing Research, 47(1), 36-50.

그림 1-27 Tuli, Bharadwaj, & Kohli(2010)의 기업 간 복수유형의 관계 효과 연구

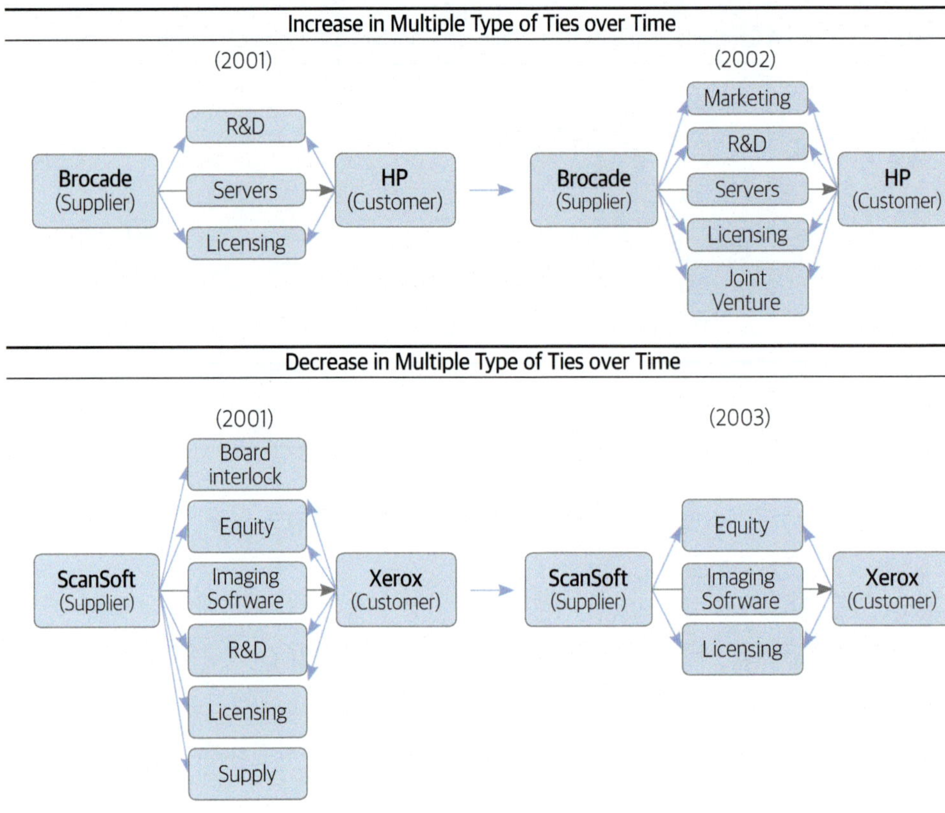

출처: Tuli, Bharadway & Kohli(2010) - 각주 16) 참조

4.3. 관계마케팅 연구의 주요 발견(major findings of relationship marketing research)

(1) Palmatier 등(2006)의 관계마케팅 활동 및 효과에 대한 메타연구 결과[17)]

20,000개의 공급판매기업과 고객기업의 관계를 대상으로 메타분석한 Palmatier 등의 연구(2006) 결과에 따르면 B2B 기업 관계의 긍정적 결과에 효과가 높은 관계마케팅 활동은 역시 서로에 대한 신뢰(trust)와 몰입(commitment)이다(그림 1-28 참조). 이러한 관계적 요인들이 고객충성도에 미치는 효과강도는 .52로 매우 높았으며, 객관적 비즈니스 성과에 미치는 효과강도도 .35였다.

17) Palmatier, R. W., R. P. Dant, D. Grewal, & K. R. Evans(2006), "Factors influencing the effectiveness of relationship marketing: A meta-analysis," Journal of Marketing, 70(4), 136-53.

그림 1-28 Palmatier 등(2006)의 관계마케팅 활동들과 효과에 대한 메타연구 결과

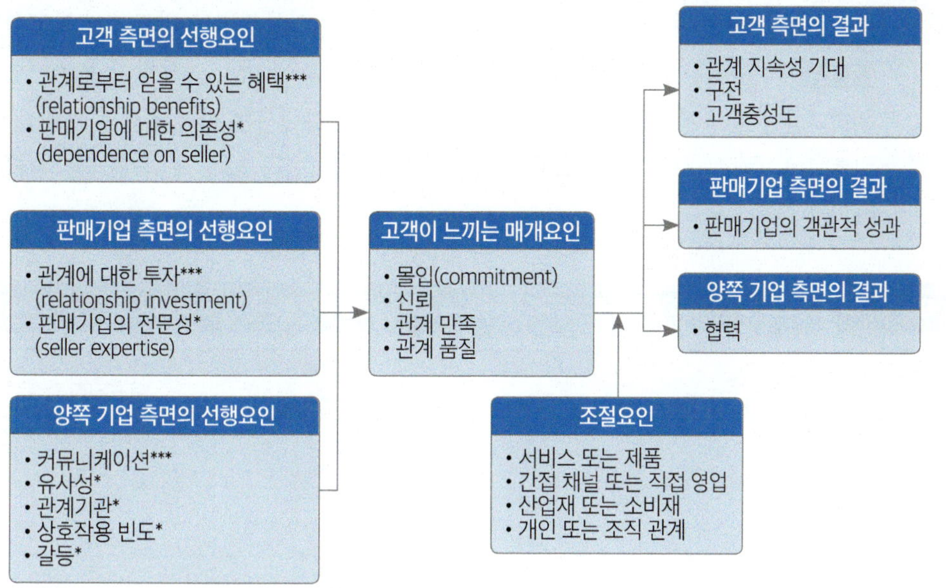

출처: Palmatier et al. (2006) - 각주 17) 참조

또한 고객기업의 경우 관계로부터 얻을 수 있는 혜택(relationship benefits)이 높다고 인식할 때, 판매기업의 경우 관계에 대한 투자(relationship investment)를 많이 하거나 판매기업의 전문성(seller expertise)이 높을 때, 그리고 양쪽 기업의 커뮤니케이션이 늘어날수록 고객기업과 판매기업의 관계에 대한 신뢰, 몰입, 만족과 품질이 증진되고 긍정적 효과가 나타나는 것으로 보고되었다(그림 1-28 참조). 전반적으로 관계마케팅의 긍정적 효과는 강력한 것으로 볼 수 있다.

(2) 고객기업이 항상 관계를 원하는 것은 아니라는 연구들

먼저 Palmatier 등(2008)은 고객기업의 높은 관계지향성(relationship orientation)에 영향을 미치는 변수들로 기업들의 관계성향 또는 자세(relationship proneness), 제품에 대한 고객의 의존성(product dependence), 제품범주에 대한 고객의 관여도가 높을 때(category involvement), 관계의 단계가 진척되었을 경우(relationship stage), 영업사원 역량(salesperson competence), 그리고 업계 규범(industry norms)이 발견되었다.[18] 즉 고객기업은 항상 높은

18) Palmatier, R. W., Scheer, L. K., Evans, K. R., & Arnold, T. J. (2008), "Achieving relationship marketing effectiveness in business-to-business exchanges," Journal of the Academy of Marketing Science, 36, 174-190.

관계를 원하는 것은 아니다.

관계마케팅의 성과가 국가문화에 따라 차이가 있음을 보고한 Samaha 등(2014)[19]은 미국을 1로 보았을 때 관계가 성과에 미치는 정도를 국가문화별로 비교하여 보고하였다(**표 1-4** 참조). 예를 들어 중국은 미국보다 관계가 성과에 미치는 영향이 100% 높았고, 우리나라는 14% 정도, 네덜란드와 노르웨이 국가문화에서는 미국보다 성과에 대한 관계효과가 37%나 낮게 보고되었다. 역시 모든 고객기업이 항상 높은 관계를 원하지는 않는다.

표 1-4 Samaha 등(2014)의 관계마케팅과 성과 간의 관계에 대한 국가문화비교 연구

국가	성과		
	추정효과	순위	미국대비
Australia	.32	20	−12%
Belgium	.26	23	−27%
Brazil	.46	6	28%
Canada	.36	15	−2%
China	.73	1	100%
France	.30	22	−17%
Great Britain	.41	11	12%
Germany	.32	18	−11%
Indonesia	.65	2	79%
India	.62	3	71%
Iran	.47	5	30%
Italy	.33	17	−9%
Japan	.41	10	13%
South Korea	.41	9	14%
Mexico	.55	4	50%
Netherlands	.23	24	−37%
Norway	.23	25	−37%
Poland	.35	16	−3%
Russia	.44	8	20%
Saudi Arabia	.45	7	25%
Spain	.31	21	−14%
Sweden	.32	19	−12%
Switzerland	.36	14	−1%
Turkey	.40	12	11%
USA	.36	13	0%
국가 평균	**.40**		**11%**

출처: Samaha et al. (2014) - 각주 19) 참조

19) Samaha, S. A., Beck, J. T., & Palmatier, R. W. (2014), "The role of culture in international relationship marketing," Journal of Marketing, 78(5), 78-98.

한편 Reinartz & Kumar(2002)[20]는 고객과의 관계기간과 고객수익성은 관련이 있기도 하지만, 약한 경우들도 많음을 지적하여 두 변수 간의 관계가 비교적 독립적임을 밝혔다(그림 1-29 참조).

그림 1-29 Reinartz & Kumar(2002)의 고객과의 관계기간과 수익성의 연관성 연구

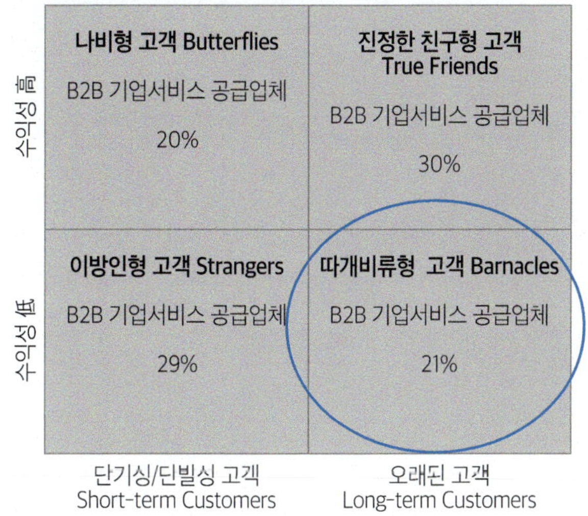

출처: Reinartz & Kumar(2002) – 각주 20) 참조

또한 Thomas 등(2004)[21]은 고객을 바라볼 때 유지비용도 중요함을 제시하는 연구결과를 보여주었다(그림 1-30 참조). 즉 모든 고객들과의 관계를 획득하고 유지하는 것이 바람직하지 않음을 시사하고 있다.

20) Reinartz, W. & V. Kumar(2002), "The mismanagement of customer loyalty," Harvard Business Review, 80(7), 86-94.

21) Thomas, J. S., R. C. Blattberg, & E. J. Fox(2004), "Recapturing lost customers," Journal of Marketing Research, 41(1), 31-45.

그림 1-30 Thomas 등(2004)의 획득비용과 유지비용에 기반한 고객 유형 연구

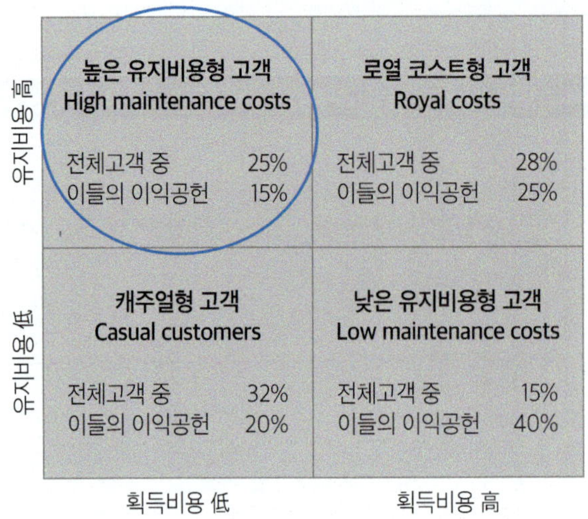

출처: Thomas et al. (2004) – 각주 21) 참조

이 장의 요약

이번 장의 주요 내용을 요약하면 다음과 같다.

- B2B 마켓의 주요한 특징으로는 파생수요, 구매센터, 그리고 정형화되고 공식적인 구매의사결정, 토털 마케팅이 있다.
- B2B 마케팅 프로세스는 가치의 이해 및 발견, 가치의 창출, 가치의 전달, 그리고 가치의 유지 및 지속 단계로 진행되어야 한다.
- 선제적 B2B 마케팅의 핵심적 활동들은 마켓 센싱(market sensing)의 효과적 수행과 이에 의해 STP 전략 및 고객가치제안을 잘 설정하는 것이다. 특히 고객을 대응하는 활동들을 제안요청서 이전(pre-RFP) 또는 고객이 필요나 욕구를 말하기 이전 단계에서 선제적으로 수행하며 표적 고객을 설득하는 스펙인(spec-in: 고객이 구매 기준 및 명세 만드는 것을 설득하는 업계 용어로 specification-in의 약자) 활동을 벌이는 것이 매우 중요하다.
- B2B 마케팅의 주요 이론적 발전을 살펴본 결과, 가치 기반의 마케팅 프로세스가 중요하며, 구매기업과 판매기업 간의 관계적 요인인 신뢰와 몰입 등이 중요함을 학습하였다. 그러나 항상 고객과 기업 간의 관계가 중요하거나 고객기업이 항상 높은 관계를 원하는 것은 아님에 따라 어떠한 조건에서 어떠한 관계를 추구하여야 할지에 관해 추후의 장에서 고민하기로 한다.

핵심 용어

B2B 마켓, B2B 마케팅, 구매센터(buying center), 파생수요(derived demand), 관계마케팅(relationship marketing), 토털 마케팅(total marketing), 구매의 공식성(formality), 구매의 표준운영절차(purchasing SOP: Standard Operating Procedure), 구매의사결정프로세스, 가치기반의 B2B 마케팅(value-based B2B marketing), 가치의 이해와 발견(value identification), 마켓 센싱(market sensing), 고객센싱, 경쟁 및 자사분석, 가치의 창출(value creation), 시장세분화/표적시장선정전략/포지셔닝(STP: Segmentation, Targeting, Positioning), 가치의 전달(value delivery), 고객가치제안(customer value proposition), 효과적 판매활동(effective selling behaviors), 영업효과성관리(sales effectiveness management), 가치의 유지 및 지속화(value sustainment), B2B 마케팅의 통제(control of B2B marketing), 가치 기반의 마케팅 관점(value-based marketing perspective), 구매기업과 공급기업의 관계 이론들(buyer-supplier relationships), 관계마케팅 연구의 주요 발견(major findings of relationship marketing research)

생각 및 토론 과제

1. 특정 산업의 한 제품 또는 사업을 선정하여 다음 질문에 대해 생각하시오.

그 제품에 대한 마케팅 프로세스를 이번 학습에서 배운 단계별로 구분해서 서술하고(가치의 이해 및 발견, 가치의 창출, 가치의 전달, 가치의 유지 및 지속), 서술한 프로세스가 선제적 B2B 마케팅 프로세스와 수동적 반응 마케팅 프로세스 중 어디와 더 가까운지 설명하시오. 그런 후, 향후 중점적으로 발전되어야 할 단계의 활동들에 대해 생각하시오.

2. 특정 사업을 정한 후, 다음 문제를 생각하시오.

고객의 제안요청서 이전(pre-RFP) 단계에서 수행하는 고객 스펙인(spec-in) 활동의 현재 상황을 기술한 후, 이러한 활동들을 잘 하기 위해 필요한 모든 사항들을 동료들과 토론, 정리해 보시오.

제 2 장

B2B 관계마케팅전략 유형

B2B 관계마케팅전략 유형은 고객기업의 전략과 역량, 그리고 우리기업의 전략과 역량이 교차하는 지점에서 결정될 수 있다. 이에 따라 이번 장에서는 고객기업과 우리기업의 관점을 감안하며 기업의 목표 달성을 위한 전략들을 검토하고 그중 마케팅전략의 역할을 살펴본다. 일반적으로 마케팅은 한 product-market을 대상으로 달성하고자 하는 목표와 전략을 다룬다. 이러한 product-market별 목표와 전략을 사업부(business unit)별로 총괄, 조정하면 이것이 또한 사업부 목표 및 전략이 된다. 나아가 사업부별 목표와 전략을 통합, 조정하면 전사의 목표와 전략 방향이 된다. 즉 복수사업조직을 가지고 있는 corporate 수준의 전사적 전략, 사업부 전략(비즈니스 수준의 경쟁전략), product-market별 전략은 top-down 그리고 bottom-up의 정렬화 과정을 통하여 수립되고 실행된다. 이후, 전략의 수립과 실행을 한눈에 보고 검토하는 비즈니스모델의 개념을 살펴본다. 비즈니스모델의 framework에 연계하여 기업역량을 쉽게 이해하도록 한다. 그후 전략과 역량의 이해를 토대로 B2B 관계마케팅전략의 유형을 도출하여 설명하는 것이 본장의 목적이다.

■ 선제적 B2B 마케팅은 기업의 전사적 전략 강조 사항

많은 B2B 기업이 선제적 B2B 마케팅을 강조하는 것은 전사적 차원에서의 주요 전략 추진사항 중 하나가 되어야 할 것이다. 예를 들어 대규모 수주사업을 전개하는 대한민국을 대표하는 플랜트, 조선 및 엔지니어링 기업들은 꽤 오래전부터 글로벌시장에서 global top-tier player의 포지션 확보를 위해 기술 역량의 확충, 신제품 개발, 운영의 수월성(operational excellence)을 추구하여 빠른 속도로 수주와 매출을 증대시켜 오고 있다. 이와 더불어 마케팅과 영업의 방향도 고객에게 선제적으로 다가가 경쟁보다 우월한 가치를 제공하기 위해 선제적 B2B 마케팅 노력을 경주하여 좋은 성과를 내고 있다.

선제적 B2B 마케팅 노력을 강화하기 위하여 회사는 먼저 영업인력을 고객기업의 시장지역에 전진 배치시켜 선제적 B2B 마케팅을 위한 마켓 정보 센싱과 선제적 영업(proactive selling) 노력을 증진시켜야 할 것이다. 나아가 고객에게 경쟁보다 우월한 가치를 제공하는 제품개발 및 사업수행을 위해 기업은 마케팅/영업, 제품개발 및 사업수행 간의 연결고리를 강화시켜야 할 것이다. 즉 선제적 B2B 마케팅을 추진하는 목표는 수주성공률의 증진과 동시에 수주사업 이익률의 증진이라 할 수 있다. 다시 말하면 선제적 B2B 마케팅의 목표는 양적(量的) 성장 못지않게 사업의 질적(質的) 성장을 추구하는 것이다. 질적 성장은 수주사업 이익률의 증진을 추구하는 것인데, 이를 위해선 기업의 product-market별로 사업(즉, 고객) 선택(selection), 나아가 고품질을 유지하면서 원가를 통제할 수 있는 제품모델의 개발 등과 같은 제품개발 노력이 중요할 것이다.

1절. 전략의 의미와 위계

1.1. 전략의 의미

(1) 전략이란?

전략이란 용어는 1960년대부터 유행어가 되었지만, 매우 다양한 정의가 있다. 많은 정의 중에서도 다음의 정의는 전략 개념의 핵심을 담고 있다:

> "전략이란 현재 목표 및 계획된 목표, 자원의 확보와 배분, 기업과 외부환경(시장, 경쟁, 기타 환경요인) 간의 상호작용에 관한 근본적인 패턴을 의미한다(A strategy is a fundamental pattern of present and planned objectives, resource deployments, and interactions of an organization with markets, competitors, and other environmental factors)."[1)]

물론 학자에 따라서 목표를 전략과 분리하는 경우도 있지만 목표 또한 환경요인, 경쟁 등과 같은 다른 전략요인에 의해 영향을 받음을 감안할 때 목표도 전략의 구성요인으로 처리하는 것이 바람직하다. 즉 전략적 계획과정은 목표 설정 단계와 설정된 목

1) Walker Jr., O. C. & J. W. Mullins(2011), Marketing Strategy: A Decision-Focused Approach, 7th ed., McGraw-Hill, p. 6.

표를 달성하기 위한 자원 확보와 배분의 단계로 구성되어 있다. 이러한 정의에 따르면, 전략은 다음의 사항들을 명시적으로 포함해야 한다: a) What: 전략이 달성해야 할 objectives, b) Where: 집중할 산업(시장)과 product-markets, c) How: 외부환경의 변화(기회와 위협)에 대처하고, 경쟁우위를 확보하기 위해 각 product-market에 어떠한 자원과 활동을 배분할 것인가.

(2) 전략의 구성요인들

잘 수립된 전략은 다음의 구성요인들을 담고 있어야 한다.

① 범위(scope): 범위는 기업의 비즈니스 영역을 말한다. 구체적으로 현재 경쟁하고 있거나 향후 진입할 산업(시장)의 수와 형태, 제품라인과 시장세분군(market segments)을 의미한다. 기업 비즈니스 영역에 관한 의사결정은 기업의 미션(존재이유)에 대한 기업경영진의 관점을 나타내는 것이다. 즉 기업 비즈니스 영역과 범위에 관한 핵심 내용은 '우리의 비즈니스는 무엇인가(what is our business)' 그리고 '우리의 비즈니스는 무엇이어야 하는가(what should be our business)'로 표현될 수 있다. 우리나라 기업에서는 이를 '業의 개념'이라고 부른다.

② 목적과 목표(goals & objectives): 전략은 성과 차원, 예를 들어 매출성장률(volume growth), 이익(profit), 투자수익률(return on investment)에서 특정 시점까지 달성할 미래의 모습을 구체적으로 명시해야 한다. 이러한 목표는 각 product-market 수준, 각 사업부 수준, 전사적인 수준마다 설정된다. 목표는 사업수행 후 성과평가기준이 되며, 성과평가기준에 관한 내용은 12장에서 상세히 살펴본다. 목표는 구체적으로 계량화되어 표시되는 반면, 목적은 정성적으로 표현된다. 예를 들어 'global leader in power'가 기업 목적으로 표현된다.

③ 자원 확보 및 배분(resource deployments): 재무적, 인적 자원 등을 무한으로 보유하고 있는 기업은 없다. 전략을 수립한다는 것은 어떻게 자원을 확보하고 보유한 자원을 각 사업부(business), 각 product-market, 나아가 각 사업부나 product-market의 기능적 부서와 활동에 어떻게 배분할 것인지를 결정하는 것이다.

④ 지속적 경쟁우위의 발견(identification of a sustainable competitive advantage): 어떠한 수준의 전략이라고 해도 매우 중요한 구성요인은 각 사업부 또는 product-market 영역에서 기업이 어떻게 경쟁할 것인가(how the organization will compete)를 명시하는 것이다. 현재 그리고 잠재 경쟁에 비교하여 차별적 우위를 어떻게 개발하고 지속할 것

인가를 의미한다. 이를 결정하기 위해서는 각 사업부 또는 product-market에서 사업 기회는 어디에 있는지, 경쟁과 비교하여 자사가 가지고 있는 차별적 역량이나 강점이 무엇인지를 끊임없이 검토해야 한다.

⑤ 시너지(synergy): 기업의 비즈니스들, product-markets, 자원의 확보와 배분, 역량들이 서로 보완적으로 도움을 줄 때 시너지가 존재한다. 시너지가 있을 때, 기업의 전체 성과는 각 사업부 성과의 총합보다 많음을 의미한다. 즉 'the whole becomes greater than the sum of its parts'라는 문장이 시너지를 나타낸다.

1.2. 전략의 위계(hierarchy of strategies)

명시적이든 암묵적이든 전략은 조금 전 학습했던 요인들로 구성된다. 많은 기업은 한 개의 전략을 가지고 있는 것이 아니라 기업의 서로 다른 수준에서 전략을 구상하고 이러한 전략들은 서로 위계를 가지고 연동되어 있다. 예를 들어 기업그룹의 전사적 전략 계획의 일부인 전사적 목표는 각 사업부별, 지역별 목표와 연동되어 있다.

전략은 의사결정이 이루어지는 수준에 따라 구분하며, 기업 차원, 사업 차원, 기능 차원 수준에서 수립, 실행된다. 복수 사업부를 가지고 있는 대부분의 대기업은 기업그룹의 전사적 전략(corporate strategy), 비즈니스 전략(business-level strategy), 그리고 특정 product-market에 집중하는 기능적 전략들(functional strategies)의 위계를 가지고 있다(그림 2-1 참조).

그림 2-1 전략의 위계(hierarchy of strategies)

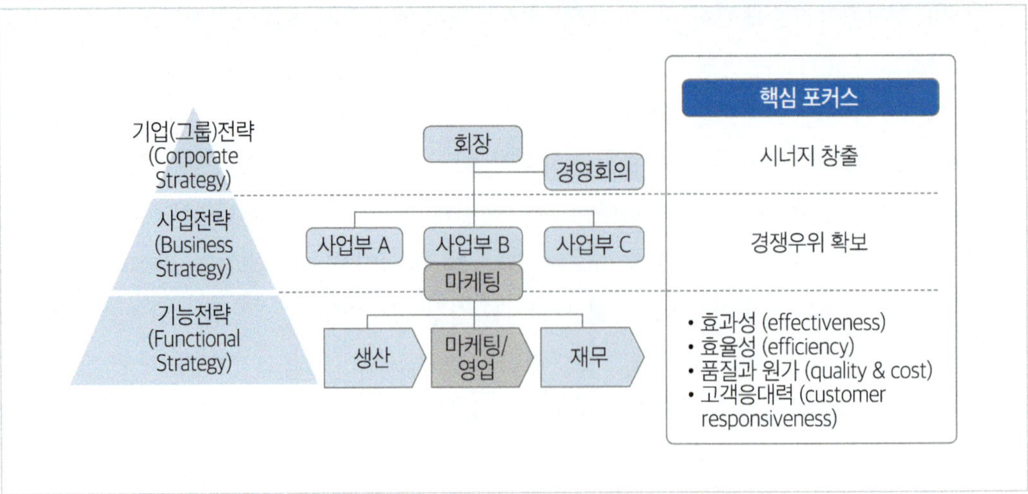

마케팅전략은 보통 특정 product-market을 대상으로 수립된다. 그림 2-1 에서 볼 수 있듯이, 특정 product-market에 대한 마케팅전략은 그 product-market이 소속되어 있는 사업부(business unit)의 목표와 기업그룹의 전사적 목표를 달성하는 데에 공헌해야 한다. 또한 특정 product-market에 대한 마케팅/영업전략은 다른 기능적 전략(R&D 전략계획, HR 전략계획, operation 전략계획 등)과 함께 사업부 전략(사업부의 경쟁전략)을 구성한다. 나아가 사업부 목표와 전략은 전사적 목표와 전략을 달성하는 데에 공헌해야 한다.

B2B 마케팅 맥락을 감안할 때 고객기업의 전략을 이해하고, 우리기업의 전략을 알아야 우리가 고객에게 접근하여 가치를 창출하고 전달하는 마케팅 활동들을 수행할 수 있다. 이러한 이해의 맥락을 바탕으로 각 수준의 전략을 살펴보도록 한다.

2절. 기업그룹전략(corporate strategy)과 마케팅 시사점

2.1. 業의 개념(scope)

기업그룹의 전사적 전략을 담당하는 기업의 최고경영층(top management)은 기업의 생존과 지속적 성장을 위해 자회사를 포함하여 복수 사업부의 전략과 활동들을 조율한다. 먼저 業의 개념(scope)과 관련된 전사 수준 전략 이슈를 살펴본다.

① **기업그룹 전략 수립의 첫 번째 중요 이슈는 전사 차원에서 업의 개념(scope)을 정의하고, 환경변화에 따라 이를 지속적으로 업데이트하는 것이다.** 기업 비즈니스 영역과 범위에 관한 핵심내용은 '우리의 비즈니스는 무엇인가(what is our business)' 그리고 '우리의 비즈니스는 무엇이어야 하는가(what should be our business)'라는 질문으로 표현되는데, 이 질문들에 대한 답을 찾는 것은 기업이 지속적 성장을 위하여 어떤 비즈니스를 강화, 확대, 또는 축소시켜야 하는가를 끊임없이 검토하고 이에 따른 자원 확보와 배분 결정을 실행하는 것을 말한다. 예를 들어 Apple의 스티브 잡스는 과거 'PC maker'라는 협의적 業의 정의를 바꿔 '디지털 기기에 가치를 부가하고 통합하고 통제하는 디지털 허브의 지배자(serving as the preferred "hub" to control, integrate, and add value to digital devices)'로 비즈니스 영역을 다시 정했다.[2)]

② **어떤 비즈니스를 강화, 확대, 축소하는가에 관한 의사결정, 즉, 업의 개념을 변화시키면서 정의하는 구체적 과정과 내용은 기업발전전략(corporate development**

2) 채서일, 이성호(2017), Marketing, 6판, 비앤엠북스.

strategy)에 담는다. 먼저 D 기업의 예를 들어 과거 추진했던 기업발전전략 내용들을 살펴보겠다. 그 당시 IR 자료에 따르면, 이 기업의 중장기 중점 추진전략 내용이 공표되었다. 이 중 한 예, 즉, 고수익 발전기자재 사업확대전략에 대해 더 알아보겠다. 고수익 발전기자재 사업확대전략이 수립된 배경을 살펴보면 해당 시장의 매력도(market attractiveness)가 높게 평가되었다. 그 당시 발전 EPC 시장의 경우, 많은 건설사들이 사업에 참여하고 있어 잠재적 신규 고객(potential new customer)으로부터의 비즈니스 기회가 높을 것이라고 판단하였다. 경쟁 벤치마킹 결과, 선진사의 매출 구성 또한 수익성이 높은 기자재와 관련 서비스사업을 중심으로 이루어져 있음을 알게 되었다. 다음으로 발전기자재 공급업자(자사 및 경쟁사)의 역량(예: 타 EPC 사업자에게 기자재를 공급하기 위한 핵심 enabler로는 발전주기기에 대한 기술 역량이 있음)을 고려해야 하는데 D 기업은 영국의 B 기업과 체코의 S. Power 인수를 통해 그러한 기술을 확보하는 것으로 분석되었다. 즉 시장(고객), 경쟁, 자사의 역량을 고려하여 발전기자재사업을 확대하는 전략방향을 설정하였다.

③ **기업발전전략은 기업이 어떻게 지속적으로 성장할 수 있는가를 다룬다.** 기업발전전략의 대표적인 모델은 Ans-off의 product/market grid frame이다(그림 2-2 참조). 시장침투(market penetration)는 현재의 제품을 현재의 고객에게 더 많이 판매하는 것, 즉, 기존의 시장에서 우리의 시장점유율(market share)을 더욱 증진시키는 방안이다. 시장개발(market development)은 현재 제품에 대한 새로운 시장을 발견하고 개발하는 것이다. 즉, 지역시장을 확장하거나, 새로운 고객 segments를 추구하는 방안이다. 신제품개발(new product development)은 현재시장에 수정되거나 새로운 제품을 제공하는 것이다. 다각화(diversification)는 새로운 제품으로 새로운 시장에서 사업을 시작하는 것이다. 이러한 다각화 방안에는 수직통합(vertical integration) 전략이 있다. 비즈니스 가치사슬에서 현재 담당하고 있는 value 이외 후방의 value인 supplier 부품 사업으로 확장하는 후방통합(backward integration), 또는 전방의 value인 distributor 사업 등으로 확장하는 전방통합(forward integration)이 있다. 또한 기존의 비즈니스와 관련된 비즈니스로 진출하는 관련 다각화 전략(concentric diversification), 관련이 없는 비즈니스로 진출하는 비관련 다각화 전략(conglomerate diversification)이 있다. 특히 다각화에서 신제품개발을 추진하는 방법으로는 자체 R&D 수행, 제휴, 기업 또는 기업의 사업부 인수합병(merger & acquisition)이 있다.

④ **기업그룹전략에 대한 마케팅 시사점(1):** 전략수립과정 예시를 생각하면, 외부환경의 트렌드와 관련된 기회와 위협 요인, 잠재 고객기업의 니즈, 경쟁 동향, 그리고 자사의 역량을 고려하였다. 이러한 전략수립과정은 마케팅전략 수립과정(value identification) 단계, 그중에서도 마켓 센싱의 대표적 내용에 해당한다. 즉 마케팅전략 수립내용은 기

업이 지속적 성장을 위해 업의 개념(scope)에 대한 변화가능성을 지속적으로 모니터링 하는 데에 결정적으로 공헌할 수 있음을 알 수 있다.

그림 2-2 제품/시장 그리드 Frame[3)]

제품/시장 그리드 Frame

적극적 공격전략	현재시장	신 시장
현재제품	시장 침투 (Market Share)	시장개발 (Market Share)
신 제품	신제품 개발 (마진)	다각화 (성장)

⑤ **기업그룹전략에 대한 마케팅 시사점(2):** 기업과 사업의 성장을 위한 마케팅전략의 주요 frame인 제품/시장 그리드 frame은 기업발전전략 방향을 정하는 데 큰 공헌을 하고 있다.

2.2. 기업그룹전략의 목표(objectives)

① **전사 수준에서 설정된 공식 목표들은 기업의 사업부와 종업원의 활동을 특정한 성과 차원 달성을 위해 이끄는 의사결정 기준(criteria) 역할을 한다. 이러한 목표들은 사업수행 후 사업의 실제 성과를 평가하는 기준 역할도 한다.** 유용한 기준 역할을 위해선 전사적 목표들(corporate objectives)은 구체적이어야 하고 측정가능해야 한다. 즉 각 목표는 추구하는 성과 차원(performance dimension), 정의된 평가 측정치(measure or index), 달성할 수 있는 목표 또는 장애수준(target or hurdle level), 목표 달성 기간(time frame)을 명시해야 한다. 특히 단기적인 비즈니스 수준 전략 및 마케팅전략 목표를 설정할 때에는 위의 요건 외에 두 가지 요건을 더 고려해야 한다: ⓐ 비즈니스전략 및 마케팅전략 목표와 상위 수준의 전략 및 목표 간의 관련성, ⓑ 비즈니스전략 및 마케팅전략 목표의 달성가능성.

3) Ibid.

어떠한 전략 수준이든 이러한 명확한 목표의 요건을 나타내는 말로 SMART라는 약자 용어를 사용하기도 한다. SMART는 Specific(구체적), Measurable(측정 가능한), Attainable(달성 가능한), Relevant(전략 수행과의 관련성이 높게), Time-bound(명시된 기간)의 약자이다. 표 2-1 은 전사전략 수준, 비즈니스전략 수준 및 마케팅전략 수준의 목표를 구체적으로 표현하는 성과 차원과 측정치의 예를 보여주고 있다.

표 2-1 전사전략, 비즈니스전략, 마케팅전략 수준의 목표 관련 성과차원과 측정치[4]

성과 차원	성과측정치의 예
성장	매출액, 매출량, 매출변화율
경쟁강도	시장점유율(market share), 브랜드 인지도, 브랜드 선호도
혁신성	신제품 매출액, 전체 매출 중 지난 5년간 새롭게 진입한 product-market 매출의 구성비율, 새로운(제조) 프로세스로부터의 원가 절감비율
수익성	수익액, 매출 대비 수익 비율, 공헌마진(contribution margin), ROI(Return On Investment), RONA(Return On Net Assets), ROE(Return On Equity)
자원이용효율	가동률(percent capacity utilization), 매출 대비 고정자산 비율
주주에 대한 공헌	주당수익률(earnings per share), 주가수익률(price/earnings ratio)
고객에 대한 공헌	경쟁 대비 가격, 제품품질, 고객만족, 고객유지율, 고객충성도
종업원에 대한 공헌	임금 수준, 후생 복지, 인적 개발, 승진, 고용 안정 및 이직률
사회에 대한 공헌	자선 및 커뮤니티 기관에 대한 기부, 고용 성장률

② **전사전략의 최종목표는 흔히 주주가치(shareholder value)의 극대화로 표현된다. 그러나 이 최종목표는 비즈니스전략 및 마케팅전략의 수행에 적절한 가이드라인을 제공하지 못할 수 있다. 이에 따라 전사전략 수준의 목표를 비즈니스전략 수준 및 마케팅전략 수준 목표로 내림(cascading)에 있어 마케팅적 사고방식이 필요하다.** 상장회사의 top executive 대부분은 기업의 최종목표는 주주의 경제적 이익(배당과 주가 평가로 측정)을 증진시켜야 한다고 믿고 있다. 이를 위해 top management는 기업의 다양한 이해관계자들(stakeholders)의 관심을 균형 있게 만족시켜야 한다. 예를 들어 경쟁력 있는 임금 수준을 요구하는 종업원을, 경쟁력 있는 수준의 좋은 품질의 제품을 요구하는 고객들을, 지급기일에 현금을 원하는 공급업자와 채권자를, 배당과 미래의 배당을 나타내는 높은 주가수준을 요구하는 주주들을 만족시켜야 한다. 쉬운 일이 아니지만, 기업은 지속하는 주체(going concern)로서 현재의 business operation으로부터 현금을 창출하는 능력의 증

4) Ibid.

진을 위해 노력하며, 동시에 미래의 현금창출력 증진을 위한 투자와 역량 증진을 위해서도 노력해야 한다. 특히 미래의 현금창출력 기대와 예측에 따라 투자 financing이 달려 있다.

따라서 top management의 주요 목표는 주주에게 가치제공을 보장하는 충분한 미래의 cash flow를 창출케 하는 capital investments, 기업 인수 및 합병, 그리고 탄탄한 주요 business 전략을 추구하는 것이다. 이에 따라 많은 기업은 전사 수준에서 주주가치를 증진시키는 명확한 목표를 설정하며, 이러한 목표는 주로 자본수익률(return on shareholder equity), 주가상승, 주당수익률(earnings per share), 그리고 최근 들어서는 경제적 부가가치(economic value added) 또는 시가총액 부가가치(market value added)로 나타나고 있다. 예를 들어 기업의 시가총액 부가가치는 기업의 채무와 시가총액의 합에서 자본투자(capital investments)를 뺀 금액으로 이 금액을 해당 기업이 창출한 부(wealth)의 가치로 본다.[5)]

그러나 불행하게도 이러한 상위 목표로서 기업의 주주가치 목표들(shareholder value objectives)은 해당 기업의 manager에게 적절한 business 전략의 방향타 역할을 제공하지 못하며, business 성과측정의 기준(benchmarks) 역할을 하기에도 적절하지 않다. 예를 들어 선동적인 회계성과측정치인 주당수익률(earnings per share)이나 ROI(Return On Investment)는 해당 기업의 주주가치에 항상 연계되지 않기도 하다. 이러한 재무적 주주가치 기업목표들에 대한 협소한 초점은 경우에 따라 기업의 manager가 그 기업이 제공하는 고객가치와 그 기업의 경쟁우위를 증진시키거나 유지하는 데에 방해가 될 수도 있다. 물론 장기적으로는 재무적 주주가치와 그 기업이 제공하는 고객가치는 수렴할 것이다. 해당 기업이 고객을 만족시키고 유지하지 못하는 경우는 주주에게 가치를 제공하지 못하는 것이기 때문이다. 그럼에도 불구하고 단기적, 재무적 주주가치를 증진시키는 활동과 비용절감 활동이 해당 기업의 제품 및 서비스 품질과 고객가치를 감소시키지 않도록 주의해야 한다.

③ **기업그룹전략에 대한 마케팅 시사점(3):** 기업목표를 설정함에 있어 경쟁 대비 해당 기업의 제품품질, 해당 기업이 제공하는 고객가치를 고려하는 마케팅적 사고방식이 장려되고 있다. 특히 복수의 사업부를 가지고 있는 기업의 경우, 기업목표는 기업의 사업부나 제품군을 고려한 하부단위의 목표(sub-objectives)로 구성하여 설정해야 할 것이다. 이러한 해당 사업부나 제품군 분야의 하위 목표(sub-objectives)는 해당 산업/시장의 매력도, 기업의 경쟁적 포지션, 그 기업의 자원배분 의사결정에 따라 결정되어야 할 것이다.

5) Walker Jr., O. C. & J. W. Mullins(2011), Marketing Strategy: A Decision-Focused Approach, 7th ed., McGraw-Hill.

예를 들어 D 발전기업의 경우 발전사업부, 산업사업부, 주단사업부, 건설사업부와 파워 서비스사업부에 대한 목표가 달리 설정되었다.

2.3. 자원배분(allocation of resources)

① **기업이 지속적으로 성장할 수 있는 기업발전전략(corporate development strategy)은 기업의 사업 포트폴리오에 대한 자원배분 의사결정에 의해 실행된다.** 사업 포트폴리오 분석을 통해서 경영진들은 다양한 각 사업부의 사업매력도와 경쟁력을 토대로 각 사업부가 얼마나 많은 자원을 필요로 하는지를 결정한다. 가장 잘 알려진 포트폴리오 계획 방법은 보스턴 컨설팅그룹(BCG)의 BCG 성장-점유율 매트릭스와 GE 매트릭스 모델이다.[6]

② **기업그룹전략에 대한 마케팅 시사점(4):** 각 사업부가 속해 있는 시장(산업) 매력도와 각 사업부가 속해 있는 시장 또는 산업에서의 경쟁적 위치(상대적 경쟁력)를 고려하는 비즈니스 포트폴리오를 분석하는 것은 대표적 마케팅 사고방식이라 할 수 있다. 이에 따라 마케팅적 사고 및 분석 방법은 기업전략의 자원배분 의사결정에 공헌하고 있다.

③ **기업의 자원배분은 기업의 사업포트폴리오에 대한 자원배분 의사결정뿐만 아니라 복수의 사업부가 공유하는 기능(대표적 예로 기업 R&D 기능)에 대한 자원배분 의사결정을 포함하고 있으며, 이러한 기술역량의 고도화를 위한 자원배분은 기업의 미래 성장동력 확보를 위한 중요한 의사결정 사항이다.** 우리나라를 대표하는 B2B 기업들의 경우 공통적으로는 자체 R&D, 제휴, M&A의 본격적 수행을 통해 top-tier 기업 수준의 사업 관련 핵심기술을 확보하여, 새로운 시장에 새로운 제품을 진입시키는 다각화(diversification), 신제품개발(new product development)과 시장개발(market development)로 기업발전전략(corporate development strategy)을 추구해오고 있다. 이 기업들은 자신들의 성장전략에 따른 자원배분을 해오고 있는 것이다.

2.4. 경쟁우위의 원천(sources of competitive advantage)

경쟁전략은 고객친밀성/수월성(customer excellence/intimacy) 전략, 운영수월성/효율성(operational excellence) 전략, 제품챔피언/수월성(product champion/excellence) 전략 외에도 포터의 원가우위(low-cost advantage) 전략, 차별화(differentiation) 전략, 틈새시장에 집중하는 집중(focus) 전략(low-cost advantage에 의한 focus 또는 차별화 advantage에 의한 focus 전략)이 있

6) 채서일, 이성호(2017), Marketing, 6판, 비앤엠북스.

다.[7] 물론 운영수월성 전략은 원가우위 전략과 일맥상통하고, 고객친밀성 전략과 제품 챔피언 전략은 차별화 전략과 유사하다.

즉 경쟁우위의 원천은 각 사업부가 해당 시장(고객 및 경쟁) 환경에 적합하게 추구하는 경쟁전략에 포함되어 있다. 물론 전사 수준에서의 경쟁우위 원천은 각 비즈니스 경쟁전략이 추구하는 경쟁우위 원천의 합으로 볼 수 있다. 예를 들어 D 기업 발전사업부의 각 사업부문의 경쟁전략을 간략히 살펴보도록 한다.

- 시장 전망 및 대응 전략(Power 사업부): 주요 시장환경 변화를 고려해 화력 사업의 경우 인도와 중동/아시아 지역 경쟁전략의 방향이, 풍력 사업의 경우에는 유럽과 미주 시장환경 변화에 따라 그 지역에서의 경쟁전략의 방향이, 그리고 원자력 사업의 경우에는 각 해당 지역시장에 대해 한국형 원전 수출 확대 및 서비스 사업을 강화하는 경쟁전략의 방향을 설정하였다.
- 시장 전망 및 대응 전략(Water 사업부): 주요 시장환경 변화를 고려해 Thermal business의 경우 중동의 복합담수발전사업(IWPP) 발주 확대에 따라 운영비 절감과 발전 및 담수 간의 configuration 최적화 기술을 확보하는 운영수월성 및 제품챔피언 전략 방향을 준비하였다. 역삼투압담수(RO) business의 경우에는 지역 특화된 RO Product 개발과 차별화된 사업모델을 구축하는 고객친밀성 및 제품챔피언 전략 방향을 수립했다.

즉 해당 business와 지역시장에 따라 그 구체적 내용은 달라질 수 있지만, operational excellence, product champion 및 customer intimacy의 조합이 경쟁우위의 원천이 될 것이며, 이러한 각 business 경쟁우위의 원천을 담은 경쟁전략을 일목요연하게 정리하여 총합한 것이 전사수준의 경쟁전략 방향이다.

2.5. 시너지의 원천(sources of synergy)

시너지(synergy)란 기업의 비즈니스들, product-markets, 자원의 확보와 배분, 역량들이 서로 보완적으로 도움을 줄 때 존재한다는 것을 학습했다. 이러한 시너지가 있을 때, 기업의 전체적 성과는 각 business 성과의 총합보다 많음을 의미하며, 기업그룹전략의 핵심 초점은 시너지의 창출이다(그림 2-1 참조). 즉 각 기업이 독립적으로 사업을 하는 경우보다 기업들을 그룹으로 묶어 사업들을 추구하는 경우 명확한 이점이 있어야 기업그룹 전략의 타당성이 확보되는 것이다.

예를 들어 D 기업의 IR 자료를 보면 다음과 같은 문구들이 나와 있었다: 지속적인 기

7) 채서일, 이성호(2017), Marketing, 6판, 비앤엠북스.

술 확보 및 사업화 체계의 upgrade, 고부가 업무 집중을 위한 업무 프로세스의 고도화, 인재 육성 체계의 개선. 이러한 이슈들이 기업 내의 business 간에 공유할 수 있는 자원, 기술 등에 대한 시너지 고려 사항인 것이다.

지금까지 업의 개념(scope), 목표(objectives), 자원배분(allocation of resources), 경쟁우위의 원천(allocation of resources), 그리고 시너지의 원천(sources of synergy)에 관련된 전사수준의 전략과 마케팅 시사점을 살펴보았다.

3절. 비즈니스 전략과 마케팅 시사점

3.1. 사업부(business unit)의 결정

전사 수준 기업그룹전략에서 살펴본 구성요인인 업의 개념(scope), 목표(objectives), 자원배분(allocation of resources), 경쟁우위의 원천(allocation of resources), 그리고 시너지의 원천(sources of synergy)은 비즈니스 수준에서도 동일하다. 비즈니스 수준의 전략은 업의 개념(scope)이 훨씬 단순화된 측면에서 차이가 있다고 할 수 있으며, 비즈니스전략의 핵심 포커스는 경쟁우위의 창출과 유지(경쟁 대비 높은 수준의 사업/영업이익의 확보)이다. 이미 살펴보았던 D 기업의 부문별(발전, 산업[water], 주단 등의 부문) 전략이 비즈니스전략의 예이다.

먼저 사업부(business unit)의 조직화에 관한 의사결정에 도움이 되는 기준들을 살펴본다. 이론에 따르면 전략적 사업부 조직을 결정할 때 고려해야 할 이상적인 기준들은 다음과 같다[8] : ⓐ 몇 개의 관련 기술로 사업을 전개할 수 있는 동질적 성격의 시장을 커버하는가(a homeogenous set of markets to serve with a limited set of related technologies), ⓑ 제품-시장(product-market)의 독자적 set(a unique set of product-markets), 즉, 기업그룹 내의 사업부가 독자적인 제품으로 market을 커버하는가. 다시 말해 해당 기업그룹에서 서로 다른 사업부가 비슷한 제품으로 같은 고객에게 접근할 가능성이 낮은가, ⓒ 성과를 위한 자원(resource) 요인에 대한 통제가 가능한가(control over those factors necessary for successful performance). 물론 공유자원을 활용하겠지만, 사업부마다 생산, R&D 및 엔지니어링, 마케팅 등을 사업부가 독자적으로 수행하는가, ⓓ 수익성에 대한 책임을 부여할 수 있는

8) Walker Jr., O. C. & J. W. Mullins(2011), Marketing Strategy: A Decision-Focused Approach, 7th ed., McGraw-Hill.

가(responsibility for their own profitability).

사실 이 같은 이론적 기준들을 전부 만족시키면서 사업부를 조직하는 일은 결코 쉽지 않다. 이에 따라 전략적 사업부(strategic business unit)를 디자인할 때 주로 고려하는 실무적 기준으로 다음과 같은 세 가지를 주로 사용한다[9] : ⓐ 기술적 호환성(technical compatibility) - 즉 비슷한 생산시설과 엔지니어링 스킬 같은 제품기술과 operation 기술이 유사한 기준으로 사업부를 디자인, ⓑ 표적시장 고객 니즈와 이들이 원하는 제품혜택(product benefits)을 제공할 수 있는 기준으로 사업부를 디자인, ⓒ 특성이나 행동패턴이 비슷한 고객들을 serve할 수 있도록 사업부를 디자인.

이러한 사업부 조직화 담론을 토대로 할 때, 과거 D 기업은 다음과 같은 기준들과 함께 시장환경의 변화, 성장전략의 수행 등을 고려하여 발전(power)사업부와 EPC(Engineering, Procurement,& Construction) 사업부로 조직 디자인을 변경했다: ⓐ 제품-시장(product-market)의 독자적인 set(a unique set of product-markets), 즉, 기업 내의 사업부가 각기 독자적인 제품으로 market을 커버하는가, ⓑ 성과를 위한 자원요인에 대한 통제가 가능한가(control over those factors necessary for successful performance), 즉, 공유 자원을 활용하겠지만, 사업부마다 생산, R&D 및 엔지니어링, 마케팅 등을 독자적으로 수행하는가, ⓒ 수익성에 대한 책임을 부여할 수 있는가(responsibility for their own profitability), ⓓ 표적시장 고객 니즈와 이들이 원하는 제품 혜택(product benefits)을 제공할 수 있도록 사업부를 디자인, ⓔ 특성이나 행동 패턴이 비슷한 고객들을 serve할 수 있도록 사업부를 디자인. 다시 말해, 기업은 미래 환경 및 전략의 변화에 따라 항상 변화가능성을 모니터링하면서 시장지향적 조직이 되도록 노력해야 한다.

3.2. 비즈니스전략의 주요 내용

비즈니스전략의 주요 내용은 사업부의 목표(objectives), 사업부의 경쟁전략 내용, 사업부 내의 product-market 간 그리고 기능(function) 간 자원배분이다. 이 내용들을 간단한 질문들로 표현하면 다음과 같다: 사업부가 달성할 목표는? 해당 산업의 product-markets에서 타겟으로 삼는 주요 product markets는? 어떻게 경쟁할 것인가? 즉 고객에 대해 경쟁자 대비 우리 포지션을 어떻게 정하고 인식시킬 것인가?

이곳에서의 핵심 초점은 '주어진 산업 내의 어디에서 어떻게 경쟁하여 목표를 달성할 것인가'이다. 앞서 살펴보았듯이 전사 수준의 전략 목표(objectives)는 사업부 목표들의 총합으로 구성되고 결정된다. 즉 실질적인 경쟁은 대기업 간에만 있는 것이 아니다. 특정

9) Ibid.

시장에서 개별 사업단위에 따라 경쟁이 일어난다. 따라서 각각의 개별 사업단위별로 경쟁전략(고유의 비즈니스전략과 마케팅전략 계획)을 개발해야 한다.

또한 어떻게 경쟁할까에 대한 의사결정이 비즈니스전략의 방향이라고 한다면, 이를 실행하는 것은 기능적 전략(functional area strategies)과 프로그램들(비즈니스의 각 function들이 진행하는 마케팅전략과 실행 프로그램, 제품개발 전략 및 실행 프로그램, SCM 전략과 실행 프로그램 등)이 있다. 그리고 이 전략과 프로그램들을 뒷받침하기 위해서 회사의 자원과 역량(인적 자원, 기술 자원, 자본, 기타 경영 know-how 등)을 확보하고 배분하는 의사결정이 전략의 실행 사항이다. 지금까지 살펴본 비즈니스전략을 도식화하면 다음 **그림 2-3**과 같다.

그림 2-3 비즈니스전략의 도식화[10]

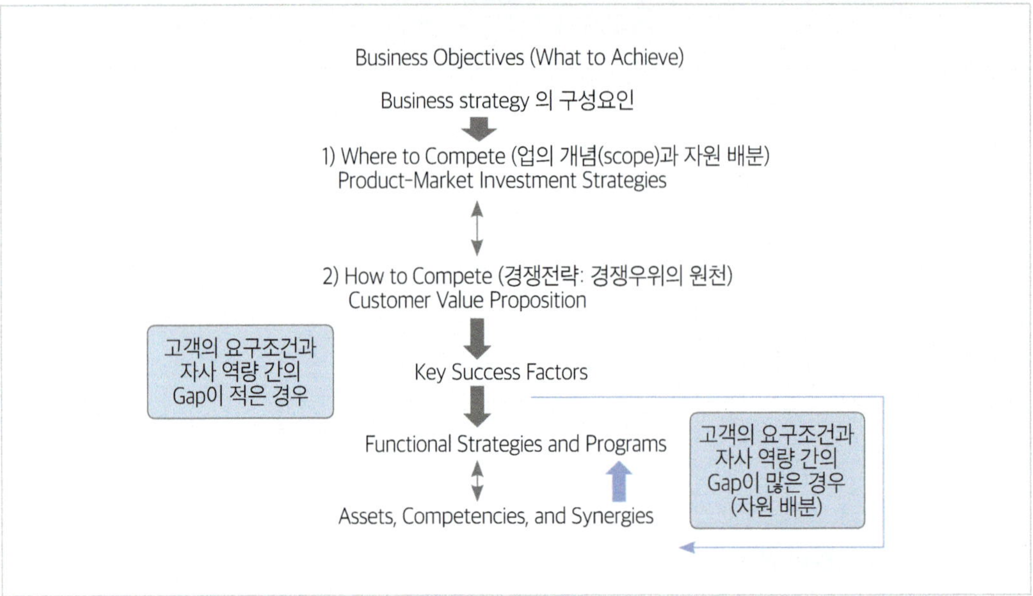

(1) 어디에서 경쟁할 것인가(where to compete)

Where to compete는 업의 개념(scope)과 자원배분에 관한 사항이며, 전사수준의 기업 그룹전략에서 학습했다. 즉 사업부 내에서도 지속적인 성장을 위해 세부 비즈니스 또는 제품 포트폴리오에 대한 의사결정이 필요하다. 포트폴리오에 대해 다시 한번 간단히 살펴보면, BCG 매트릭스(cash cow, dog, star, problem child/question mark)와 같은 분석을 토대로 비즈니스/제품에 대한 투자의사결정(investment decision)을 내려야 하며, Ans-off의 제품-시장 그리드 frame에 따른 성장전략(market penetration, new product development, market

10) Aaker, D. A., & C. Moorman(2023), Strategic Market Management, John Wiley & Sons.

development, diversification)에 대해 결정해야 한다. 즉 시장매력도가 얼마나 높은지 얼마만큼의 자원을 필요로 하는지에 따라서 각각의 비즈니스나 제품-시장에 따라 적합한 경쟁전략을 설정해야 한다.

기능(function)의 통합 및 자원 분배 역시, 포트폴리오 분석에 기반하여 가장 시장성이 높다고 평가되는 제품 혹은 매력도가 높은 시장을 기준으로 시행되어야 한다. 예를 들어서 살펴보겠다. 만약 포트폴리오 분석을 통해서 발전 plant 분야가 가장 시장성이 높은 제품이며 인도 시장이 가장 높은 매력도를 가진 시장이라고 판단되었다고 가정해보자. 그렇다면 그에 맞는 전략을 설정해야 할 것이다. 즉 새로운 시장에 현재 제품을 가지고 진입해야 하는 상황이라 판단할 수 있으며, 이를 위해서는 신시장개발(market development) 전략을 사용해야 한다. 이를 위해 기업이 기능(function)을 통합해야 한다면 어떠한 기능이 가장 중요한 위치를 차지할 것이라 판단되는가? 아마 마케팅 기능이 가장 중요할 것이다. 그 이유는 새로운 시장에 대한 마켓 센싱을 통해서 시장을 정확히 분석해야 제대로 된 전략을 설정할 수 있기 때문이다. 따라서 마케팅 기능에 가장 많은 자원이 분배될 가능성이 높으며, 통합의 중심이 될 가능성이 높을 것이다. 그 이후 마켓 센싱 및 분석 결과를 바탕으로 각 기능의 중요도를 판단하여 통합을 진행해야 할 것이다. 만약 지금 자사의 제품이 시장의 요구조건과 맞지 않지만 시장에 맞는 제품은 개발할 능력이 충분하다고 판단된다면, R&D function이 기능 간 통합에서 중요한 위치를 차지하고 역할을 수행해야 할 것이다.

(2) 어떻게(무엇으로) 경쟁할 것인가(how to compete)

How to compete는 경쟁전략의 방향, 즉, 경쟁우위의 원천을 결정하는 것이다. 물론 이러한 경쟁전략을 실행하는 것은 사업부의 기능전략(functional strategies)과 프로그램들을 디자인하여 실행하는 것이다. 이러한 경쟁우위의 원천 결정과 경쟁전략의 방향을 위해서 기업은 먼저 무엇을 발견해야 할 것인가? 그것은 바로 어떠한 요인이 사업부 목표를 달성하는데 주요성공요인(KSF: Key Success Factor)인지를 도출해야 한다. 이렇게 발견한 KSFs를 통해서 기업은 고객에 대한 가치제안(value proposition)을 정하고, 개발하고 전달하게 된다(그림 2-3 참조).

가장 중요한 것은 바로 고객가치제안(CVP: Customer Value Proposition), 즉 고객에게 적절한 가치를 제공하는 것인데, CVP는 사업부 기능 간 조율/통합의 방향이 되는 것이다. 다시 말해, 기업의 사업부는 표적시장 고객에게 최적의 CVP를 창조하고 전달하기 위해서 KSFs를 찾아야 하며, 이렇게 찾은 KSFs를 중심으로 각 기능을 조율(coordinate)해야 한다.

예를 통해 살펴보면, 사업 포트폴리오 고도화 및 기술 역량 고도화를 위해서 D 기업의 사업부가 찾은 전략 및 KSF는 바로 고부가가치 원천기술 획득이었다. 이러한 고부가가치 원천기술을 획득하기 위해 우선 D 기업 사업부의 각 기능은 어떠한 활동을 수행해야 할 것인가? 먼저 마케팅 기능은 시장, 고객, 그리고 기술 동향에 관한 분석을 통해서 전략의 방향성을 설정하고 어떠한 제품 R&D를 할지 파악하게 되며, R&D 관리자는 이러한 R&D가 어떻게 가능한지를 판단하며, 가능하다면 기업그룹전략 수준의 관리자 중 재경담당자(finance manager)에게 개발에 필요한 가용자원을 요청하게 된다. 이때, 기술 지원(technical service)과 제조관리자(manufacturing managers)는 이러한 새로운 제품의 개발과 생산 가능성을 평가해야 할 것이다. 결국 CVP를 중심으로 각 부서와 기능들의 역할이 결정되어야 할 것이다.

또 다른 예로 D 기업 Water 사업부의 경우도 마찬가지로 고객의 선호(preference)가 어디에 있는지 센싱하여 시장에서의 목표 포지션을 정한 후 Water 사업부의 R&D가 MED 방식 또는 역삼투압 방식(RO)의 기술 역량을 증진하여, 다양한 제품을 구성하고 제안함으로써 시장에서 경쟁할 수 있을 것이다. 그렇다면 시장을 공략하는 가장 효과적인 방법은 무엇이며, 어떻게 해야 할 것인가? 이를 위해 선제적 B2B 마케팅 활동이 가능한 부분, 바로 RFP 전 단계(pre-RFP stage)부터 적극적으로 움직여야 한다. 아울러 Value(QCD의 조합: quality, cost, delivery)를 감안하여 기술 및 제품개발 역량 증진과 동시에 운영상의 수월성(operational excellence)을 추구하여 우리의 차별적인 역량과 스킬을 확보해야 할 것이다.

그림 2-3을 보면 경쟁우위는 표적시장고객의 요구조건과 자사역량의 적합성(fit) 정도에 의해 결정됨을 알 수 있다. 다시 말해 경쟁우위를 결정하는 큰 요인들은 시장(산업) 관련 요인들(industry/market level factors)과 기업 관련 요인들(firm level factors)로 구성된다(표 2-2 참조). 많은 학문적, 실무의 증거에 기반하면 기업 비즈니스의 경쟁우위에 대해 시장 관련 요인보다는 기업 관련 요인, 즉, 기업 역량/경쟁력 요인이 더 큰 영향을 미치는 것으로 파악되고 있지만, 시장 관련 요인을 간과해서는 안 될 것이다.

표 2-2 경쟁우위 결정하는 시장 관련 요인과 기업 관련 요인

시장(산업) 관련 요인의 예	기업 관련 요인의 예
• 시황에 따라 바뀌기도 하지만, 고객과 공급자 간 갑과 을이 명확한 업종이다. • A 그룹 고객군의 경우 암묵적이지만, 시장가격이라는 관습적 수준의 가격을 요구하는 편이다. • 시장 수요가 포화 상태이므로… • 공급자 측면의 경쟁사는 A, B, C, D, E, F 등이 있는데, B와 C가 합병하고 D가 F를 인수합병해서, 향후 경쟁 구도가 많이 달라질 것 같다.	• 자체의 R&D 역량으로 다양한 제품을 개발하는 등 수직계열화를 한 회사는… • 영업의 접경 지역에서 내부 경쟁이 일어나고 있었던 것이죠. 그래서… • 동일 품질이면 고객은 싼 것을 좋아하는데, 우리 입장에서는 가격 이외의 다른 부분을 부각시키려 함. • B사의 경우 60여 가지 제품이 있는데… • 기술제안 영업 중이며… 수의계약을… 전세계적으로 OOOO 제품에 대한 영업조직을 가지고 있는 곳은… • 빅 프로젝트를 대비하여 TFT(task force team)을 구성하여…

(3) 비즈니스전략 수준에서 마케팅의 역할과 시사점

비즈니스 수준의 전략 구성요인, 즉, where to compete(업의 개념과 자원 배분)와 how to compete(경쟁우위의 원천)를 고민하는 것 자체가 마케팅적 사고방식이다. 특히 마켓 센싱을 통해 신업(시장)의 KSFs를 발견하고 CVP를 구성하는 일은 마케팅전략 수립의 내용과 동일한 것이다. 이렇듯 마케팅은 비즈니스 수준의 전략을 수립하는 데에 큰 공헌을 하는 것이다. 예를 들어, GE의 전 CEO인 Jack Welch는 각 사업부의 운영 임원들에게 다음의 질문을 했다[11] : 당신이 맡은 비즈니스 분야의 글로벌 경쟁 환경을 설명해보시오, 최근 2년 동안 당신의 경쟁자는 무엇을 하였는가? 같은 기간 당신은 시장에서 경쟁자에게 무엇을 하였는가? 경쟁자가 미래에 어떻게 당신을 공격할 것이라고 생각하는가? 그것을 뛰어넘기 위한 당신의 계획은 무엇인가?

따라서 마케팅 기능/직무는 비즈니스 수준의 전략 수립에서도 고객과 경쟁자 및 특정 시장 segment에서의 경쟁을 위한 회사의 차별적 스킬과 자원(시장 중심 관점에서의 내부 자원과 역량 분석)에 대한 자세하고 완전한 분석을 통해 비즈니스전략 개발에 공헌하게 된다. 또한 마케팅은 외부와의 연결고리이다. 마케팅 기능/직무는 시장에서의 기회를 찾아서 내부의 부서들/기능들에게 그 기회 정보를 적시에 잘 제공해주어야 한다. 이러한 마케팅의 공헌을 고려하여 우리는 향후 마켓 센싱(환경분석, 고객분석, 경쟁 및 자사분석)과 이를 활용하여 구체적 마케팅전략을 수립하는 STP의 내용을 심도 있게 학습할 것이다.

11) Noel M. Tichy and Stratford Sherman(1993), Control Your Destiny or Someone Else Will, New York: Doubleday, p. 26; Jack Welch and John A. Byrne(2001), Jack: Straight form the Gut, New York: Warner Books.

4절. 기능통합기획(functionally integrated planning)과 마케팅 협업[12)]

4.1. 기능적 전략(functional strategy)

기업전략의 위계에서 기능적 전략(functional strategy)에 대해 살펴본다. 사업부 수준의 비즈니스전략이 수립되면, 각 사업부의 기능들은 이 전략을 실행하는 역할을 수행하게 된다(그림 2-1 참조).

마케팅 기능(function)은 사업부 내의 특정 product-market 프로젝트 X에 대한 마케팅 전략을 수립하고 실행하며, 운영(operation) 및 R&D function도 전략의 수행을 위해 각기 제 역할을 하고, 사업부 내의 인적자원관리 기능(HR function) 또한 해당 프로젝트 X에 대한 전략적 인적자원 계획을 수립하고 실행한다. 즉 전사 수준과 사업부 수준에서 현재(As-Is)와 미래(To-Be)의 사업 포지셔닝 방향에 대한 큰 그림을 그렸다면, 사업부 수준의 각 기능은 이러한 목표 포지셔닝 전략을 어떻게 구체적으로 실행할지에 대한 전략을 구상하게 된다. 이 단계에서 사업부는 다음과 같은 주요 질문을 생각하게 된다. 사업부의 비즈니스전략을 수행하기 위해 각 function 간에 가장 효과적이고 효율적인 자원 배분 방법은 무엇인가? 이러한 사업부의 고민사항을 마케팅 기능 관점에서 정리하면, 핵심 초점(focus)은 특정 제품-시장 내에서 사업부의 목표 달성을 위한 다양한 마케팅 자원과 활동(예: pre-RFP 활동들 그리고 RFP 활동들의 종류와 자원배분)을 배분하고 조정하는 것이다.

기능적 전략(functional level strategy) 수준에서 마케팅은 마켓 센싱 활동, 고객 segmentation과 targeting 작업과 포지셔닝 전략방향 설정 작업을 잘 수행해야 한다. 그리고 이렇게 분석한 시장기회에 관한 상세한 정보를 내부의 다른 기능에게 잘 제공해야 한다. 즉 R&D, 제조가 제품개발을 제대로 할 수 있게 도와야 하고 이를 바탕으로 경쟁력 있는 가치제안(value proposition)을 만들어 영업/판매 기능(selling function)을 수행해야 한다.

앞서 전사 수준의 전략과 비즈니스 수준의 전략에 마케팅이 공헌하는 것이 크다는 것을 살펴보았다. 나아가 실질적으로 특정 product-market에서 어떻게 경쟁할까를 실행하는 기능적 전략(functional strategies)으로서 산업 내 특정 제품-시장 내에서의 목표 달성을 위한 마케팅 자원과 활동의 배분 및 조정도 학습했다. 그런데 기업그룹과 사업부의 목표 달성 및 성과 창출을 위해 마케팅이 중요하지만, 그 성과는 모든 기능 간의 소

12) Hutt, M. D., T. W. Speh, & D. Hoffman(2024), Business Marketing Management, 13th ed., Cengage.

통(communication)과 협업이 결정적이라는 점을 지금부터 고찰한다.

4.2. 기능 간 갈등(conflicts)

전략들(strategies)을 수행하는 데 있어 많은 협업(collaboration)이 빈번히 일어나는데 각 기능 간 협업을 어떻게 관리할 수 있을까? 물론 기능들을 전략에 맞게 통합하여 관리하는 것이 가장 좋은 방법이다. 우선 특정 기준을 토대로 기능들을 통합해야 할 것이다. 그 기준은 바로 ① 어떤 제품-시장에 집중할 것인가와 ② 고객에게 어떠한 가치를 제공할 것인가로 생각해볼 수 있다. 즉 선택한 표적시장의 고객이 원하는 가치를 얼마나 정확하게 제안할 수 있는가가 기준이라 생각하면 된다.

그러나 이러한 기능통합계획(functionally integrated planning) 과정에는 문제점들이 존재할 수밖에 없다. 어떠한 문제점들이 존재할까? 쉽게 생각하면, 하나의 부서나 기능이 아니기 때문에 각 부서 간 각 기능 간의 충돌이 있을 수 있는데, 이는 자연스러운 현상이다. 특히 선제적 B2B 마케팅전략 방향을 정하고 이를 수행하는 과정에서 흔히 여러 functions의 결합 혹은 협업이 자주 발생될 수 있음을 유념해야 한다. 이에 따라, 다양한 functions이 협업을 통해 하나의 전략을 수행해야 하기 때문에, function 간에 생각의 차이와 이익(self-interest) 등에 따라 갈등이 발생할 수 있다.

이러한 통합과정에서 발생할 수 있는 문제점에는 어떤 것들이 있는지를 두 가지 측면에서 살펴보고 어떠한 방식으로 해결할 수 있는지를 파악해 보기로 한다.

(1) 세계관 관점(thought-world views)

우선 세계관 관점(thought-world views)란 무엇일까? 이는 생각의 범위에 따른 관점의 차이를 말한다. 다시 말해 조직의 각 사업부 또는 각 기능은 하부문화(sub-culture)를 가지고 있다. 이러한 하부문화는 보통 서로 다른 가치, 믿음, 그리고 목적으로 나타나는 것이 일반적이다. 이에 따라 서로 다른 하부문화 사람들은 서로 다른 생각의 범위 혹은 한계를 가지고 있으며 자기 문화 세계관 관점에 따라 생각하고 행동하게 된다.

그렇다면 세계관 관점의 차이로 인해 어떠한 문제점들이 발생할까? 각 function은 서로 다른 관점을 가지고 그들의 전략을 수립하고 이행함에 따라, 협업을 했음에도 불구하고 각 function은 자신들 위주의 주장을 할 것이며, 이는 각 function이 유기적으로 움직이는 것을 방해함으로써 기업이나 사업부의 목표의 달성 가능성을 낮추게 될 수 있다. 간단한 예를 통해 살펴보면, 마케팅 관리자는 시장 기회와 경쟁자에 초점을 맞추어 전략을 설정하고 이행하려 하며, 그와 달리 R&D 관리자는 기술적 정교화나 혁신에 가치를 두어 전략을 정하고 이행하려 할 것이다. 이러한 차이가 지속적으로 진전되면, 아마 협업을 통한 전사적 목표 달성은 힘들어질 것이다.

(2) 영역 보존 이슈(turfs issues)

갈등(conflict)이 일어나는 또 다른 이유는 바로 자기 이익(self-interest)에만 집중하는 영역 보존 이슈(turf issue)가 있다. 각 functions의 생각의 범위 혹은 자기 이익(self-interest)에 위협 혹은 침범의 가능성이 존재할 때, 각 기능의 관리자는 이러한 전략적 변화에 저항하고자 하는 행위를 하는데 이를 영역 보존 이슈(turfs issues)라 한다. 즉 자신의 영역(turf)에 누군가가 침범해 옴으로써 자신들의 입지가 줄어들 것을 걱정하게 되는 것이다. 즉 개별적 주체이며 명예와 힘을 가지고 있다고 정의할 수 있는 사업부 산하 하부(sub-unit) 조직의 일원은 전략적 의사결정에 의해 자신의 영역이 대체되는 것을 보고 싶지 않을 것이다.

예를 들어, R&D function의 경우 기존에 자신의 의사결정에 의해서 개발의 방향을 설정하고 연구를 진행했었다. 그런데 만일 마케팅 기능이 R&D의 개발 방향을 제시하면 R&D 기능은 이에 대해 자신의 영역이 침범당하는 일로 받아들일 수 있다. 결국 마케팅 기능의 이러한 개입은 자신들의 권력을 나누는 것으로 판단할 수 있으며, 이러한 개입에 R&D function은 자연스레 저항하게 될 것이다.

(3) 집단행동 관점(collective action perspective)

그렇다면, 이러한 문제들을 해결하는 방법은 무엇일까? 우선 생각할 수 있는 것은 협상과 타협을 통해서 각 function의 화합을 추구하는 것이다. 즉 기업의 구성원이 참여하여 자신들의 목적, 목표 및 전략을 공유함으로써 이러한 문제를 해결할 수 있을 것이다. 이러한 방식을 집단행동 관점(collective action perspective)이라 하며 기업 혹은 사업부의 각 기능이 전체적으로 동일한 목적, 목표 및 전략을 기준으로 행동하는 것을 의미한다. 이러한 집단행동 관점은 일반적으로 다음과 같은 네 가지의 전략적 의사결정에 대해 참여와 공유 관점을 강조한다: ① 기능적 영역을 아우르는 의사결정을 하는 경우(특히 marketing, manufacturing, R&D가 관련된 경우), ② 장기적 목표(objectives)와 관련된 이슈를 논의하는 경우, ③ 전략적 사업부와 제품-마켓에 관한 자원배분을 논의하는 경우, ④ 전사전략, 기술전략, 전략적 제휴 파트너(alliance partner)에 관한 의사결정을 논의하는 경우.

부서 간의 영역 보존 이슈(turf issues)와 세계관 관점(thought-world views)을 집단행동 관점(collective action perspective)을 통해서 해결한 Fortune 500 기업군에 속한 두 회사의 마케팅 본부장의 경험을 살펴보겠다.[13]

ⓐ A 기업의 마케팅 본부장

"과거 A 기업의 R&D 의사결정은 R&D 부문이 자율성과 전권을 가지고 진행했었습니다. 물론 성공한 사례도 많았지만, 시장의 요구와 멀어진 R&D 사례가 많아지고 있었지요. 그래서 이 점이 전사적으로 이슈가 되고 있었습니다. 이러한 갈등과 마찰의 시점에서 마케팅 부문은 다음 사항을 강조했습니다. 회사 그리고 사업부는 보다 시장지향적(market-based)이어야 함에 관한 의제를 강조한 것이지요… 많은 참여와 공유의 논의 끝에 향후 R&D 의사결정은 공식적이든 비공식적이든 계속 진행하기 위해선 마케팅 부문의 승인이 필요하게 되었습니다."

ⓑ B 기업의 마케팅 본부장

"과거 우리기업의 철학은 기술(technology)이 모든 비즈니스 프로세스를 리딩한다고 생각했습니다. 많은 참여와 공유의 논의 끝에 현재 우리기업의 철학은 기술이 시장(marketplace)과 협업한다고 생각합니다. 많은 제도적 장치와 활동들이 있었지만, 중요한 점은 마케팅 인력이 기술 인력과 팀으로 일을 한다는 점입니다."

4.3. 범기능적 협업(cross-functional collaboration)

보다 시장지향적 조직이 되기 위한 조건으로 고객지향성(customer orientation), 경쟁지향성(competitor orientation), 그리고 부서 간 협력(inter-departmental collaboration)이 필요하다.[14] 즉 선제적 B2B 마케팅전략의 수립과 실행은 기능을 넘나드는(cross-functional) 결합을 매우 중시한다. 다시 말해 마케팅과 다른 주요 비즈니스 기능 간의 상호 관계를 검토하여 비즈니스를 수행해야 하는 점을 강조한다. 선제적 B2B 마케팅 개념은 마케팅은 조직 전반에 퍼져있어야 한다(pervasive)는 개념과 기업의 마케팅은 마케팅과 영업 function만이 수행하는 것이 아니라 필요한 모든 function이 수행하는 토털 마케팅(total marketing)이 되어야 함을 강조하는 것이다.

이러한 개념에 기반을 두어 마케팅 function이 아닌 기업의 타 function인 제조

13) Ibid.
14) Narver , J. C. & S. F. Slater(1990), "The effect of market orientation on business profitability," Journal of Marketing, 54, 20-35.

(manufacturing) function, R&D function, logistics function, technical service function 등이 기업 및 사업부에 공헌하는 고유의 활동 예들과 함께 이들 function이 고유의 역할을 잘 수행할 수 있도록 마케팅 및 영업 function이 지원해야 하는 활동의 예들을 나타내면 그림 2-4와 같다.

그림 2-4 범기능적 협업(cross-functional collaboration)[15)]

Function	Business Unit 전략에 대한 공헌사항	마케팅 및 영업이 지원할 사항
Manufacturing	• 마케팅할 제품 용량, 다양성, 품질에 대한 결정 • 비즈니스 마케터가 시장 변화나 경쟁적 needs에 대한 빠른 반응 속도	• 정확하고 적시의 판매 예측
R&D	• 신제품 개발 과정에서 중요한 기술 방향 제시 • 경쟁력 있는 기술 유지	• 시장과 경쟁 트렌드에 대한 데이터 • 타깃 세그먼트에서 요구되는 제품 특징에 대한 마케팅 조사
Logistics	• 고객에게 적시에 도달할 수송 제공 • 적시의 주문 추적 및 배송 현황 리포트 개발	• 정확하고 적시의 판매 예측 • 고객 및 세그먼트에서 요구되는 배송 서비스
Technical service	• 설치 및 트레이닝 교육과 같은 판매 후 활동 실행 • 고객 문제 해결안 제공	• 고객별 구체적인 목표와 계획 • 판매 과정 중 고객과 맺은 구체적인 계약 내용

4.4. 마케팅 협업(collaboration led by marketing)

기업이나 사업부의 마케팅 기능이 주도적으로 협업을 추진하는 데에 도움이 되는 개념과 tool을 정리하고자 한다. 첫 번째로 마케팅전략센터(marketing strategy center) 개념을 제시하고, 두 번째로 책임분담차트(responsibility charting) 도구를 소개한다.

(1) 마케팅전략센터(marketing strategy center)

이러한 기능통합기획(functionally integrated planning)은 각 기능 관리자 간 협의를 통해서 관리하는 것이 좋을까, 아니면 좀 더 조직적으로 관리하는 것이 좋을까? 좀 더 조직적으로 관리하는 것이 각 functions이 유기적으로 목적의 달성가능성을 증진시킬 것이라 판단할 수 있다. 즉 유기적으로 function 사이의 갈등이 조정하며 마케팅 의사결정 및

15) Hutt, M.D., T. W. Speh, & D. Hoffman(2024), Business Marketing Management, 13th ed., Cengage.

전략 수립/수행을 위해 기업들은 마케팅전략센터(marketing strategy center)를 통해서 관리하는 것이 일반적이다. 그렇다면, 마케팅전략센터의 개념은 무엇일까?

마케팅전략센터란 비즈니스 마케팅 의사결정과정에 포함되는 멤버들로 구성된 조직을 의미한다. ① 이들은 다양한 상황에서, 마케팅전략개발에 관한 의사결정프로세스를 전개하는 역할을 한다. ② 그렇지만 이러한 마케팅전략센터의 구성은 조직도에 따라 엄격하게 규정되어 있기보다는 상황에 따라 유기적으로 변화된다. 그 이유는 각 function이 위계를 가지기보다는 수평적으로 유지됨으로써 좀 더 빠른 대응이 가능하기 때문이다. ③ 즉 더 상세한 전략적 대처 상황이 필요하면 그에 따라 전략센터의 구성이 달라질 수 있다. 마케팅전략센터는 고객의 구매센터(buying center)와 동일선상에 위치한다고 할 수 있다. 즉 마케팅전략센터는 다른 function 간의 독립성을 효과적으로 유지하며 전략을 전개하기 위해 존재한다.

이러한 마케팅전략센터의 특징을 살펴보면, ① 우선 비즈니스 마켓의 중요한 이슈 중 하나는 부서 간 갈등을 최소화하는 것인데, 이러한 갈등은 개인적, 조직적 목표에 의해서 생겨나기 때문에 지속적인 관리가 필요하다. ② 또한 조직 목표는 다른 기능적 분야에 따라 달라질 것이다. 그 이유는 다양한 기능적 영역(functional area)은 서로 상이하며 독특한 지향성(orientations) 또는 세계관(thought-worlds)을 가지고 있기 때문이다. 예를 들어 마케팅 관리자는 매출, 이익, 시장점유율에 근거하여 평가되지만, 제품 관리자는 제조 효율성, 원가 효율성에 따라 평가된다. 또한 R&D 관리자는 장기적 목표에 초점을 맞추지만, 고객서비스 관리자는 즉각적인 것들을 강조할 것이다. ③ 마지막으로 전략계획은 기능적 영역의 협상/교섭 프로세스를 통해 수립되기 때문에 갈등관리, 협력강화, 전략 개발 및 조정은 마케팅 관리자의 기본적 책무라 할 수 있다. 결국 마케팅전략센터는 목적을 달성하기 위해서 functions 간의 불협화음이 생기지 않도록 지속적으로 관리를 이행해야 할 것이다.

(2) 책임분담차트(responsibility charting)

마케팅전략센터가 구성되기만 해서는 별 효과가 없을 것이다. 즉 functions 간의 통합을 위해 마케팅전략센터가 전략을 수립하고 실행할 때, 유용하게 사용될 수 있는 tool을 살펴보겠다. 책임분담차트(responsibility charting) tool은 의사결정 역할을 명확히 하고 비즈니스 마케팅 의사결정의 다기능적인 특성을 강조한다. 즉 어떠한 function에서 어떠한 역할과 책임(responsibility)을 가지는지 정리하여 좀 더 명확한 관리를 도와주는 수단이다. 책임분담차트에서 비즈니스 의사결정 참여자들은 다음과 같은 역할을 맡는다.

- 책임(Responsible)(R): 이 역할을 맡은 매니저는 해당 이슈에 대한 주도권을 갖고, 상황분석, 대안수립, 논의, 초기 제안수립, 의사결정 촉진의 역할을 맡는다.
- 승인(Approve)(A): 이 역할을 맡은 매니저는 의사결정을 수락하거나 거절하는 권한을 가지고 있다.
- 자문(Consult)(C): 이 역할을 맡은 매니저는 전문가적 의견을 제공한다.
- 실행(Implement)(M): 이 역할을 맡은 매니저는 결정사항에 대해 실행 의무를 가지고 있다.
- 알림(Inform)(I): 이 역할을 맡은 매니저는 결정사항을 알리고 공유하는 역할을 담당한다.

마케팅 의사결정에 있어서 기능의 통합적 참여를 위해 책임분담차트를 작성하는 것이 매우 큰 도움이 될 것이다. 제품, 가격, 로지스틱스 등 마케팅의 세부 영역에 대해 마케팅 부서뿐만 아니라 제조, R&D 등의 기능의 참여에 대해 누가 책임을 갖는지, 승인해야 할 사람이나 파트는 어디인지, 자문하고, 수행하며 알리는 곳은 어디인지 체크하는 것이다. 이러한 책임분담차트를 도식화하면 다음의 그림 2-5와 같다.

그림 2-5 마케팅 의사결정에 대한 기능 간 참여: 예시적인 책임분담차트[16)]

Organizational functions / Decision areas	Marketing	Manufacturing	R&D	Logistics	Tech. Services	SBU Manager	Corp. Level Manager
Product Design specifications Performance character Reliability							
Price List/Discount							
Tech. Services Customer training							
Logistics Inventory Customer service level							
Sales Force Training							
Advertising & Persuasion Message development							
Channel Selection							

Decision role vocabulary: R=Responsibility; A=Approval; C=Consult; M=Implement; I=Inform, X=No Role

16) Ibid.

그림 2-5 에서 볼 수 있듯이 마케팅, 제조, R&D, 로지스틱스, 기술서비스, 전략사업부 관리자, 전사수준 관리자 같은 각 영역의 대표들은 마케팅 영역의 의사결정과정에서 복수의 역할을 담당하는 경우가 많다. 예를 들어 우리나라를 대표하는 B2B 기업의 경우 마케팅 관리자는 각 마케팅 영역(product, price, tech. services, logistics, sales force, advertising & persuasion, channel)에 책임(R: responsibility)이 있고, 제품라인 확장에 대한 의사결정에 대해서는 승인(A: approve)의 역할을 할 수 있을 것이다. 또한 제조 관리자와 기술서비스 관리자는 해당 사업의 신기술 개발 과정 동안 컨설팅을 할 수 있을 것이며, 서비스 제공 전략의 실행 책임을 맡을 수도 있을 것이다. 이는 앞서 설명한 C(consult)와 R(responsibility)의 두 역할을 맡게 되는 것이다. 또한 각 사업관리자들은 R&D에 관해 consult한 후에 마케팅 관리자가 책임지는 부분의 결정에 대해 수락하거나 거절할 수 있는 승인 역할을 할 수도 있다. 따라서 책임분담차트는 각 영역의 대표들과 마케팅 영역 간의 협업(collaboration)을 증진시키는 데 도움이 되는 명확한 지식(explicit knowledge) 도구로서 마케팅전략 실행을 효과적으로 만드는 데 공헌할 수 있을 것이다.

5절. 비즈니스모델과 기업역량의 구분[17)]

지금까지 전략의 의미와 위계, 기업그룹전략 수준의 전략 내용과 마케팅 시사점, 비즈니스 수준의 전략 내용과 마케팅 시사점, 기능통합계획과 마케팅 협업에 관해 고찰했다. 고객기업의 전략과 우리기업의 전략을 알아야 마케팅 접근방법을 도출할 수 있다. 5절에서는 비즈니스 수준 전략에서 전략의 수립과 실행을 한눈에 볼 수 있도록 도식화하여 점검하고 변화를 도모하는 실무 중심의 주요 도구인 비즈니스모델을 살펴본다. 고객기업의 비즈니스모델과 우리기업의 비즈니스모델을 알아야 고객기업에 대한 마케팅 접근법을 도출할 수 있다. 또한 비즈니스모델은 시장에 대한 마케팅모델과 우리의 자원, 역량, 비즈니스 프로세스를 다룬 인프라모델을 포함하고 있어 매우 유용한 도구이기 때문에 고찰할 필요가 있다. 나아가 기업의 역량을 평가할 때 비즈니스모델 관점이 큰 도움이 되기 때문에 살펴보는 것이다.

17) 채서일, 이성호(2017), Marketing, 6판, 비앤엠북스.

5.1. 비즈니스모델의 이해

비즈니스모델은 기업이 추구하는 모든 전략이 전체적으로 어떻게 작용하여 경쟁우위와 우월한 성과를 가져오는지에 대한 개념이다.[18] 한편 알렉산더 오스터왈더가 실무적으로 비즈니스모델을 구성하는 실무서를 발간했는데, 그 내용을 살펴보면 다음과 같다. 그림 2-6처럼 비즈니스모델 구성을 위해서는 아홉 가지 빌딩 블록(building blocks)을 생각해야 한다.

그림 2-6 비즈니스모델로 사업 전체 바라보기[19]

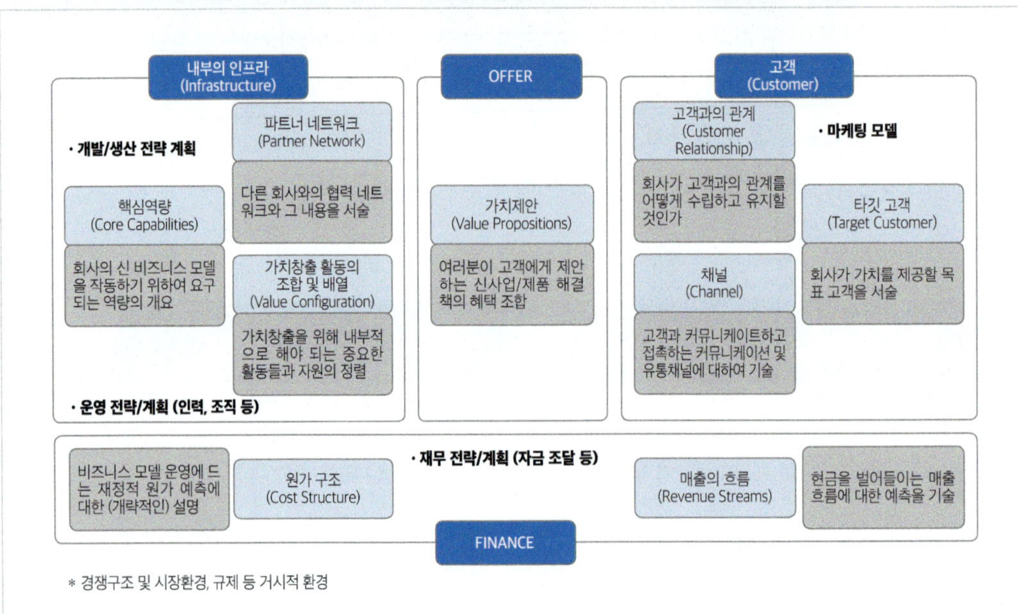

표적시장 고객과 고객세분군, 가치제안, 채널, 고객과의 관계, 수입 및 매출의 흐름, 핵심 자원과 역량, 핵심 파트너십, 핵심 활동을 포함한 가치창출 활동의 조합과 배열, 원가구조, 이 아홉 가지 구성요소들을 잘 생각하여 더 쉽게 제시해 보면 비즈니스모델은 크게 네 가지 묶음의 하부모델로 재정리할 수 있다.[20] 첫 번째 요인은 고객 요인으로 마케팅모델을 의미한다. 즉 어떠한 표적고객(군)을 상대로 어떠한 관계를 만들어 가며 그들에게 가치를 전달하기 위한 유통과 커뮤니케이션은 어떻게 하여 매출의 흐름을 만

18) Jones, G. R. & C. W. L. Hill(2013), Theory of Strategic Managment, 10th ed., International ed., South-Western CENGAGE Learning.

19) 알렉산더 오스터왈더, 예스 피그누어, 팀 클락(2011), 비즈니스모델의 탄생, 유효상 역, 타임비즈 내용을 바탕으로 구성함.

20) 이 설명은 본서의 저자가 만든 것임.

들어낼 것인가를 도출하는 것이다. 마케팅의 핵심 내용을 간결하게 표시한 것이며, 수입과 관련된 내용이다. 특히, 고객과의 관계를 어떻게 수립하고 유지할 것인가는 구체적으로 제품이나 서비스의 재구매 주기에 따라 그 유형이 달라진다. 자주 구매하는 소비재나 비내구재의 경우와 자동차와 같이 한 번 사면 한참 있다가 재구매하는 내구재의 경우 고객과의 관계는 다를 것이다. 소비재나 비내구재의 경우에는 제품과 서비스가 소비자의 고려상표군 내에 있어야 하므로 지속해서 상기 광고가 중요할 것이다. 내구재의 경우 등장한 마케팅 비즈니스모델이 전통적인 면도기-면도날 모델이다. 또한 렌탈이나 리스 서비스가 대표적인 예이다. 고객과의 관계 유형을 고려할 때 꿈의 제품과 서비스로 볼 수 있는 예가 바로 스마트폰과 통신서비스이다. 이렇게 비싼 제품을 자주 구매하게 하려면 짧은 시간 안에 신제품을 도입하고, 이를 마케팅 하기 위한 제조사와 통신사의 제휴 요금상품 프로그램으로 S전자와 통신서비스 회사는 엄청난 수입을 만들어내고 있다.

두 번째 요인은 바로 오퍼(상품과 서비스를 통합적으로 지칭한 용어)의 가치제안이다. 가치제안은 마케팅모델의 방향을 그리고 내부 인프라모델(어떻게 가치제안을 만들어내는가)의 방향도 정리한 것으로 마케팅모델과 내부 인프라모델이 만나는 교차점이다. 즉 가치제안은 비즈니스모델 구성의 핵심요인이다. 도대체 우리 오퍼가 표적고객 시장을 대상으로 어떠한 차별적 가치를 고객에게 제공하느냐의 이슈이다.

세 번째 요인은 내부의 인프라(infrastructure)모델로 명명했다. 즉 제공해야 할 가치제안을 우리가 어떻게 만들 것인가를 의미한다. 주안점은 경쟁보다 효율적, 효과적으로 이 오퍼를 만들어야 한다는 것이다. 인프라는 크게 두 가지 의사결정과 관련되는데, 먼저 오퍼개발, 생산전략과 계획이 중요한 의사결정이고, 두 번째는 인력과 조직 등 운영전략과 계획 의사결정이다. 오퍼개발, 생산전략과 계획은 이 오퍼를 효율적, 효과적으로 만들기 위해 우리기업이 맡아야 하는 부분(핵심역량과 활동), 전략적으로 아웃소싱하는 등 핵심파트너의 개발과 활용(이 부분을 최근에는 생태계 구성이라고도 한다) 부분을 결정하고 이러한 가치창출 활동을 잘 조합하여 배열해야 한다. 즉 이러한 인프라 모델은 앞에서 설명한 투자와 원가 그리고 비용구조와 직결된다.

네 번째 요인은 매출흐름, 원가구조, 투자 등을 고려하여 현금흐름의 관리와 자금조달 의사결정을 하는 재무전략과 계획이다.

다만 한 가지 주의할 점은 비즈니스모델 그림 밖에는 항상 환경요인들이 영향을 미치고 있음을 고려해야 한다. 우리가 비즈니스모델을 만드는 데 있어 경쟁요인, 시장 환경, 나아가 거시적 환경요인들이 어떠한 영향을 미치는지를 항상 염두에 둬야 한다.

이러한 비즈니스모델의 구성은 관리자의 머릿속에 기업이 추구하는 일체의 전략이 전체적으로 어떻게 작용하여 경쟁우위와 우월한 성과를 가져오는지에 대한 개념을 간결하게 형상화하는 역할을 함으로써 관리자가 다양한 전략대안을 깊게 생각하고 도출하여 전략을 수립하고 실행하는 역량을 증진해 줄 수 있을 것이다. 이러한 비즈니스모델은 기업 전체의 관점에서 마케팅 바라보기를 제시한다. 즉 마케팅모델은 마케팅부서만의 일이 아님을 다시 한번 염두에 둬야 하고, 가치제안을 만드는 내부 인프라 그리고 재무와 밀접하게 연계되어 있음을 고려하여 마케팅전략을 수립하고 실행해야 한다. B2B 마케팅 관점에선 고객기업의 비즈니스모델을 잘 이해하고 있어야 고객기업에게 가치를 창출하는 마케팅 접근방법을 도출할 수 있을 것이다. 또한 우리기업의 차별적 가치제안을 도출하는 데에도 도움을 줄 것이다. 고객기업이나 우리기업의 역량을 고찰함에도 비즈니스모델 구성요인을 바탕으로 하면 도움이 된다. 지금부터 기업역량의 구분을 살펴본다.

5.2. 기업역량의 구분

고객기업의 역량과 우리기업의 역량에 따라 고객에 대한 우리의 B2B 마케팅 접근방법이 달라져야 할 것이다. 다음 절에서 이를 논의하기 위해 여기에서는 기업역량에 대해 간략히 알아본다. 기업의 내부 능력이란 경영관리의 여러 기능, 즉 마케팅, R&D, 제조, 재무 및 인사 등의 경영관리에서 경쟁자와 비교해 더 효율적인 능력을 갖춘 것을 말한다. 이러한 내부 능력 중 가장 중요한 개념이 핵심역량(core competence)인데, 자원준거론(resource-based view) 학파의 주장과 VRINE(Valuable, Rare, In-imitable, Non-substitutable, Exploitable) 분석 frame에 근거하여 발전되어왔다.[21] 시장에서 가치가 있다고 인정받고, 희귀하고, 모방이 어렵고, 대체가 어렵고, 활용하여 수익을 창출할 수 있는 기업의 자산과 활동을 핵심역량이라 할 수 있는데, 원래는 핵심기술역량을 의미했다가 현재는 VRINE 조건을 갖춘 역량으로 확장되었다. 즉 기업의 핵심역량은 지속적 경쟁우위(경쟁 또는 시장평균보다 높은 영업이익률)로 연결된다.

기업역량의 구분은 글로벌 경영컨설팅 기업들의 frame을 고찰하여 도출하였다. 그림 2-7은 기업의 다양한 역량과 자산을 제시하고 있다. 먼저 기업의 운영역량(operating capabilities)은 공급사슬관리 역량, 생산 및 운영관리 역량, 개발 및 혁신관리 역량, 마케팅 및 영업관리 역량, 그리고 고객관리 역량으로 구성된다. 이러한 운영역량은 기업의 가치사슬 프로세스 단계별로 개념화되고 있는데 기업내부(back-office) 활동들 – 고객대

21) 채서일, 이성호(2017), Marketing, 6판, 비앤엠북스; Prahalad, C. K., & G. Hamel(1990), "The core competence," Harvard Business Review, May-June.

면(customer facing) 활동들로 구성되어 있다. 이러한 개념화는 비즈니스모델의 내부인프라 모델 – 가치제안 – 마케팅모델과는 일맥상통하고 있다. 나아가 공급사슬관리 역량과 생산 및 운영관리 역량은 원가우위의 경쟁우위 원천과 개발 및 혁신관리 역량은 우월한 혁신이라는 경쟁우위 원천과 마케팅 및 영업관리 역량과 고객관리 역량은 충성도 높은 고객이라는 경쟁우위 원천과 연결된다.

또한 운영역량보다 추상적 차원에 관리역량(management capabilities)이 존재하는데, 이 역량은 시너지를 갖춘 사업포트폴리오 관리 역량(이의 하부 역량으로 사업포트폴리오 관리 및 재무자원관리 역량, M&A/조인트 벤처/파트너십 추진 및 관리 역량, 규제관리 역량, 사업부 전략과 자원배분관리 역량이 있음) 그리고 효과적 조직과 프로세스 운영 관리 역량으로 구성된다. 즉 관리역량 또한 경쟁우위로 연계된다.

운영역량과 관리역량이 축적되고 잘 활용되면 기업 특유의 독특한 자산(proprietary assets)이 창출된다. 내부인프라 모델 측면에선 유형자산, 규모의 자산, 그리고 가치제안/제품과 서비스 오퍼링 측면에선 기술 및 특허자산, 그리고 고객대면/마케팅 모델에선 브랜드자산과 고객기반자산이 창출될 수 있다. 이러한 역량구분의 이해를 토대로 고객기업의 비즈니스모델과 수익 창출에 도움을 주는 방향으로 가치제안을 개발하여 전달하는 B2B 마케팅전략을 수행할 수 있다. 이러한 수행이 우리기업의 비즈니스모델의 핵심 내용이 되는 것이다. 이러한 이해를 바탕으로 다음 절에서 B2B 관계마케팅전략의 유형을 도출, 제시한다.

그림 2-7 기업의 다양한 역량과 자산[22)]

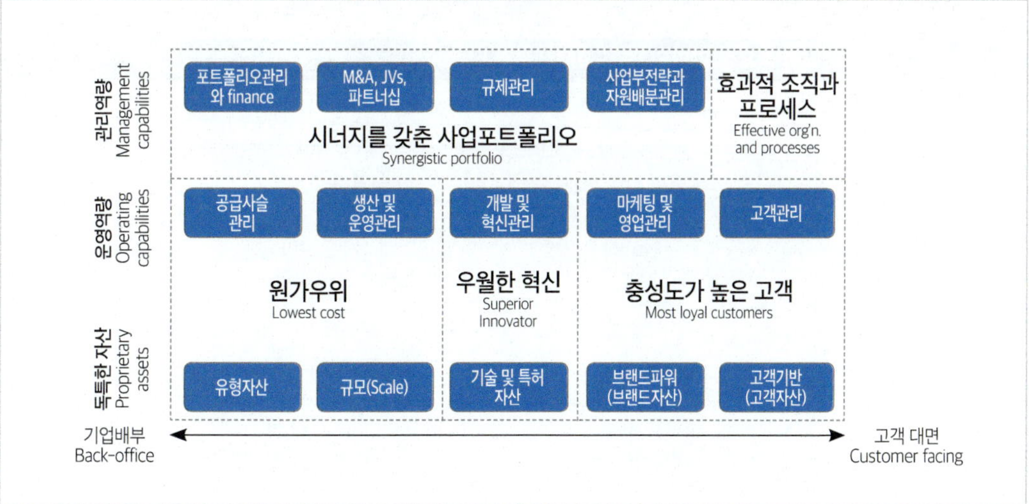

22) 글로벌 컨설팅 기업들의 frame을 토대로 도출하여 도식화함.

6절. B2B 관계마케팅전략의 유형

1장에서 B2B 마케팅의 주요 이론적 발전을 살펴보았다. 그 결과, 가치 기반의 마케팅 프로세스가 중요하며, 구매기업과 판매기업 간의 관계적 요인인 신뢰와 몰입 등이 중요함을 학습하였다. 그러나 항상 고객과 기업 간의 관계가 중요하거나 고객기업이 항상 높은 관계를 원하지는 않았다. 특히 그림 1-29와 그림 1-30을 보면 오래된 고객 또는 획득비용이 낮은 고객이 우리에게 수익을 창출해주지 않음도 알 수 있었다. 즉 고객관점의 중요성을 감안하는 것이 B2B 마케팅전략의 출발점이어야 할 것이다.

6.1. 고객관점의 중요성

과거 고객관계관리(CRM: Customer Relationship Management)의 중요성이 인식되면서 B2B 마케팅에서도 고객의 전략적 중요성에 따라 고객세분화를 추구하고 마케팅을 전개하자는 주장이 제시되기도 했다. 그림 2-8은 판매기업에 대한 고객기업의 충성도와 고객기업을 관리하는 고객유지 및 거래비용에 따라 고객을 세분화하여 효과적으로 관리하는 것이 바람직하다는 주장을 제시하고 있다. 그런데 이러한 frame은 우리기업의 관점에서 도출된 것이다. 과연 고객기업의 입장, 즉 고객기업이 판매기업을 보는 관점이 감안되었는가? 즉 그림 2-8과 같은 frame은 B2B 마케팅을 효과적으로 전개하기에는 부족함을 알 수 있다.

그림 2-8 전략적 중요성 기반의 B2B 고객세분화 Frame[23)]

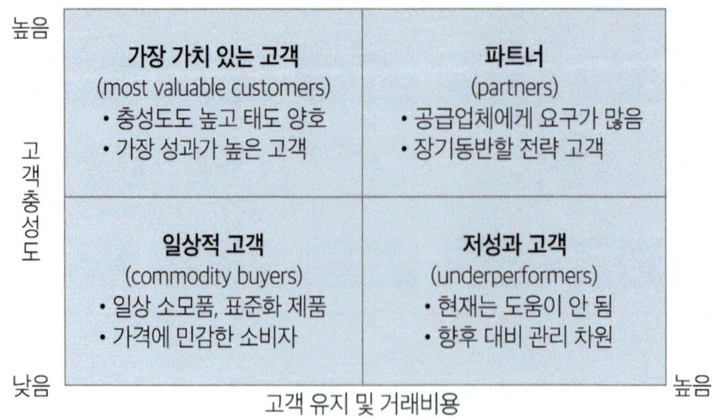

한편 고객기업이 판매기업을 바라보는 관점을 알아보기 위해서는 고객기업의 어떠한 기능 또는 직무를 고찰하는 것이 좋을까? 판매에 대비되는 기능은 구매 기능임을 감안할 때 고객기업의 구매전략 기획을 검토하면 답이 나올 듯하다. 구매전략 컨설팅으로 유명한 글로벌 컨설팅 기업은 A. T. Kearney이다. 이 회사의 전문가들이 효과적인 구매전략계획을 위해 자신의 구매전략 frame을 책으로 발간하였는데, 핵심 frame은 그림 2-9와 같다.

이 Frame에 따르면 고객기업의 구매전략 방향은 고객기업의 역량(demand power)과 판매공급기업의 역량(supply power)에 따라 결정된다. 두 기업의 역량 및 파워가 낮은 경우에는 구매기업은 품목의 지출관리에만 신경을 쓴다. 즉 품목이 구매기업에게 그리 중요한 것이 아니기 때문이다. 공급기업의 역량이 높고, 구매기업은 그 힘을 발휘하기 어려울 때(대체할 만한 공급기업이 없는 경우) 구매기업은 수요의 특성을 변화시킬 가능성(예: 국가 간 협력정책의 간접적 도움으로 구매 순서를 바꾸거나 공동연구센터를 만듦)을 계속 검토하게 된다. 이 경우는 공급기업이 슈퍼 乙로 불리는 경우인데, 세계 최대의 거의 유일한 극자외선 노광장비 공급사인 ASML이 예가 될 수 있다.

그림 2-9 A. T. Kearney의 Purchasing Chessboard™[24]

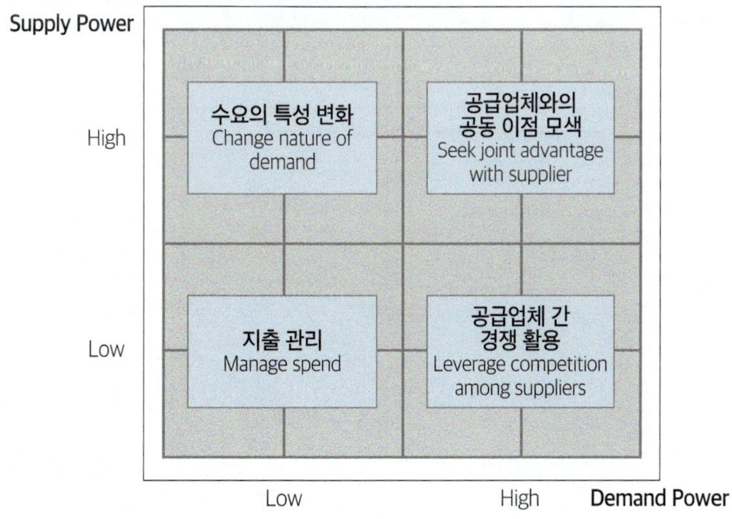

23) Narayandas, D. (2005), "Building loyalty in business markets," Harvard Business Review, 83(9), 131-139.

24) Schuh, C., J. L. Raudabaugh, R. Kromoser, M. F. Strohmer, A. Triplat, A., & J. Pearce(2017), The Purchasing Chessboard®, Springer, New York.

구매기업과 공급기업의 관계 대부분은 구매기업이 甲이고, 공급기업은 乙인 경우이다. 이 경우 고객기업의 구매전략 방향은 공급업체 간 경쟁을 활용하여 고객기업은 이익을 추구하는 것이다. 흔한 경우는 아니지만, 구매기업 甲과 공급기업 甲이 만나게 되면 거래 대신 관계를 추구하는 경향을 보이며 구매기업은 소수의 유능한 공급기업과 공동의 이익을 모색하는 것이 고객기업 구매전략 방향이다. 이 Frame이 B2B 마케팅에 제공하는 시사점은 무엇일까를 고찰해보기로 한다.

6.2. B2B 관계마케팅전략의 유형

A. T. Kearney의 Purchasing Chessboard는 4사분면으로 구매전략의 개괄적 방향을 제시할 뿐만 아니라 더 상세한 구매전술로 64개 구매전술을 제시하고 있다.[25] 과연 판매기업은 고객기업에 대해 64개의 판매/영업전술을 마련하고 있을까? 즉 고객기업의 구매전략이 판매기업의 판매/영업전략보다 훨씬 더 정교하게 발전되어 있음을 알 수 있다. 그러니 고객기업을 제대로 공략하는 B2B 마케팅전략 수립과 실행이 어려웠을 것이다.

결국 B2B 관계마케팅전략의 유형은 두 가지 질문에 의해 도출될 수 있다. 첫째, 고객이 원하는 것은 무엇인가? 둘째, 우리가 제공할 수 있는 가치는 무엇이어야 하는가? 즉

그림 2-10 B2B 관계마케팅전략 유형

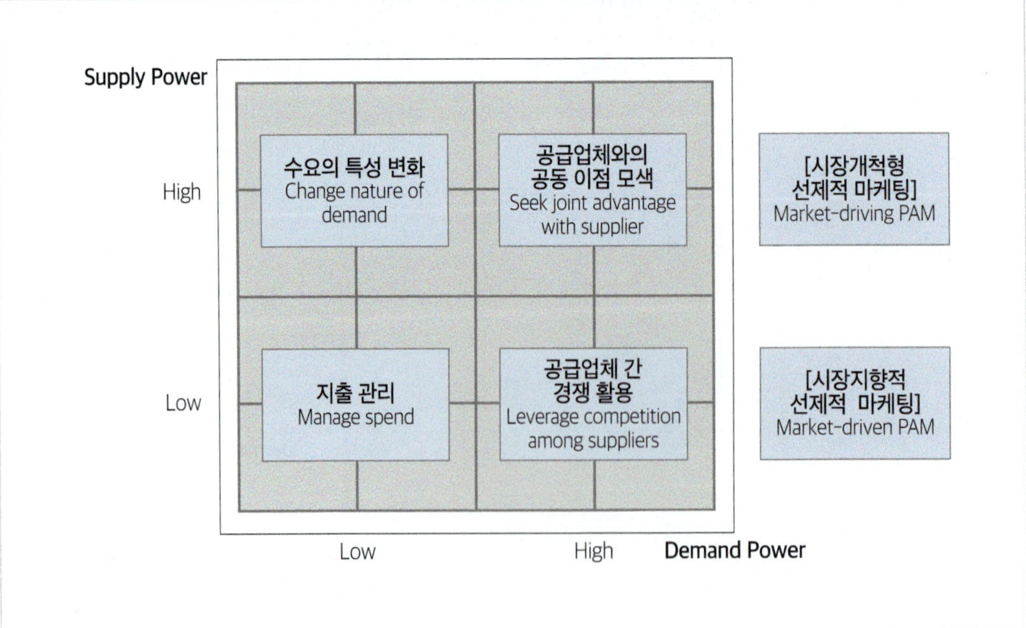

25) Ibid.

첫째 질문은 고객기업의 역량에 따른 구매전략의 방향을 이해하여야 한다는 시사점을 제시한다. 두 번째 질문은 우리의 power 또는 역량에 따라 우리기업의 B2B 관계마케팅전략 방향이 결정될 수 있다는 함의점을 준다. 정리하면 고객이 원하는 가치, 그리고 우리가 줄 수 있는 가치에 따라 고객기업과의 관계마케팅전략 유형을 결정할 수 있을 것이다.

상세한 유형과 내용은 4장, 8장 그리고 10장에서 정교화하여 제시한다. 이곳에서는 그림 2-9에 기반하여 그림 2-10과 같은 B2B 관계마케팅전략의 유형을 제시한다.

B2B 관계마케팅전략 유형은 시장개척형 선제적 마케팅(market-driving PAM: proactive marketing)과 시장지향적 선제적 마케팅(market-driven PAM: proactive marketing)으로 구분할 수 있다. 이러한 마케팅 유형에 대한 논의는 꽤 오래전에 시작했지만 아주 정교화된 모델이나 연구는 최근에야 등장하고 있다.[26] 시장개척형 B2B 관계마케팅전략 유형은 고객기업과 공급기업의 역량과 파워가 둘 다 높아 공동 이점을 추구하고자 할 때 유효할 것이다(그림 2-10 참조). 고객기업 자신도 잘 모르는 자신의 니즈, 가치, 방향의 발견과 이를 위한 해결 노력을 고객기업과 공급기업이 협력하여 만들어 나가는 것을 의미한다. 해결책, 제품, 서비스가 아직 본격적으로 시장에 없는 상태에서 공동의 노력으로 혁신적인 가치를 창조하는 마케팅전략 유형을 의미한다. 테슬러가 고급/고성능 전기치를 창조하는데 이를 위해 공동으로 함께 노력해 온 파트너 공급기업이 전개한 B2B 관계마케팅전략이나 아마존이 클라우딩 컴퓨팅 사업인 아마존 웹서비스 비즈니스를 창조하며 함께 노력한 공급기업의 관계마케팅전략이 시장개척형 유형에 해당하는 예라 할 수 있다. 최근 Open AI의 샘 알트먼이 한국을 방문하여 S 전자를 방문하는 등 공동으로 AI 반도체 칩 개발을 논의하는 경우도 이러한 유형이 시작되는 예로 볼 수 있다.

이에 비해 고객기업의 역량과 파워가 공급기업에 비해 높을 때 시장지향적 B2B 관계마케팅전략 유형이 타당할 것이다(그림 2-10 참조). 이러한 시장지향적 B2B 관계마케팅 유형은 시장에서 흔히 발견되며 고객기업은 자신들이 나가야 할 방향은 비교적 명확히 알고 있는 경우가 많다. 고객기업은 자신이 원하는 방향대로 공급기업이 해결책, 제품, 서비스를 경쟁력 있게 개발하여 제공해주기를 원하고 있는 것이며, 이러한 유형에 해당하는 예들은 많은 산업에서 흔히 발견될 수 있다.

이러한 B2B 관계마케팅전략 유형은 결국 고객기업의 비즈니스가 추구하는 현재의 전략과 미래의 전략적 의도(strategic intent)에 의해 결정될 수 있다. 물론 이러한 전략과

26) Jaworski, B., A. K. Kohli, & A. Sahay(2000), "Market-driven versus driving markets," Journal of the Academy of Marketing Science, 28(1), 45-54; Tang, T. Y., S. K. Zhang, & J. Peng(2021), "The value of marketing innovation: market-driven versus market-driving," Journal of Business Research, 126, 88-98.

의도에 판매기업의 노력도 영향을 미칠 수 있다. 즉 공급기업의 관계마케팅전략이 나가는 방향은 고객기업의 혁신이 어떤 방향으로 추구되고 있는가에 달려 있다. 이에 따라 관계마케팅전략 유형의 개념과 내용을 정교화하기 위해서는 기업의 비즈니스 혁신전략과 그 유형을 심도 있게 고찰할 필요가 있으며, 이러한 노력은 4장에서 시도한다.

결국 이러한 관계마케팅전략 유형에 따라 다른 방식의 마케팅 접근방법과 내용들이 마련되어야 한다는 것이 본서의 주요 주장(main proposition)인데, 본서는 이러한 내용들을 처음으로 제시하는 서적이며 상세한 관련 내용들은 뒤의 장들에서 논의 · 제시한다.

이 장의 요약

이번 장의 주요 내용을 요약하면 다음과 같다.

- 전략의 구성요인들은 범위(업의 개념, scope), 목적과 목표(objectives), 자원 확보 및 배분(resource deployment), 지속적 경쟁우위의 발견(sustainable competitive advantage), 그리고 시너지(synergy)에 관한 것이다.
- 기업전략들의 위계는 전사 수준의 기업그룹전략(corporate strategy), 비즈니스 수준의 비즈니스전략(business level strategy), 기능적 전략(functional strategy)으로 구성된다.
- 전사 및 사업부 수준의 전략을 학습하는 이유는 각 product-market 수준에서의 마케팅전략은 그 자체적인 내용도 중요하지만, 상위 전략에 영향을 받으므로 상위 전략을 이해하고 있어야 효과적, 효율적 마케팅전략을 수립하고 실행할 수 있기 때문이다.
- 전사수준 전략의 최종 목표는 주주가치(shareholder value)의 극대화라고 하지만, 이 최종 목표는 비즈니스전략 및 마케팅전략의 수행에 적절한 가이드라인을 제공하지 못한다. 이에 따라 전사 수준의 목표를 비즈니스전략 및 마케팅전략의 목표로 연결해서 생각하는 마케팅적 사고방식이 필요하다.
- 비즈니스전략의 주요 구성요인, 즉, where to compete(업의 개념과 자원 배분)와 how to compete(경쟁우위의 원천)를 고민하는 것 자체가 마케팅적 사고방식이다. 특히 마켓 센싱에 기반하여 산업(시장)에서의 KSFs를 발견하고 CVP를 구성하는 것은 마케팅전략 수립 내용과 동일하다. 이렇듯 마케팅은 비즈니스전략을 수립하는 데에 큰 공헌을 한다.
- 기능적 전략수준에서 마케팅은 마켓 센싱 활동, 고객세분화 및 표적시장 선정과 포지셔닝 전략방향 설정 작업을 잘 수행해야 한다. 이렇게 분석한 시장기회에 관한 상세한 정보를 내부의 다른 function에게 잘 제공해야 한다. 그래야 R&D, 제조가(신)제품개발을 제대로 할 수 있게 도와야 하고 이를 바탕으로 경쟁력 있는 가치제안을 만들어 판매 기능을 수행해야 한다.
- 기업의 각 사업부나 기능은 각각의 세계관(thought-worlds)이 다르기 때문에 부서 간에 갈등과 영역마찰

(turfs)이 생기는 것은 자연스러운 일이다. 중요한 것은 이러한 갈등을 어떻게 조화롭게 해결하는가 하는 점이다. 이에 따라 전략의 통합(integration)수행 특성을 감안할 때 회사의 전략수립은 회사의 구성원이 참여하여 공유하는 접근방식인 집단행동관점(collective action perspective)이 바람직하다. 그래야 전략이 잘 실행될 수 있기 때문이다.

- 이러한 맥락에서, 마케팅과 관련 기능 간 협업(collaboration)을 증진시키는 데 도움이 되는 개념으로 기업이나 사업부의 마케팅전략의 수립과 실행을 담당하는 멤버들로 구성된 마케팅전략센터(marketing strategy center) 개념이 있다. 더 나아가 협업을 증진시킬 수 있는 tool로 책임분담차트(responsibility charting)를 학습했다. 이러한 책임분담차트는 마케팅전략의 효과적인 실행 활동으로 연결될 수 있다.
- 고객기업의 전략과 우리기업의 전략을 알아야 마케팅 접근방법을 도출할 수 있다. 전략의 수립과 실행을 한눈에 볼 수 있도록 도식화하여 점검하고 변화를 도모하는 실무 중심의 주요 도구인 비즈니스모델을 살펴보았다. 고객기업의 비즈니스모델과 우리기업의 비즈니스모델을 알아야 고객기업에 대한 마케팅 접근법을 도출할 수 있다. 또한 비즈니스모델은 시장에 대한 마케팅모델과 우리의 자원, 역량, 비즈니스 프로세스를 다룬 인프라모델을 포함하고 있어 매우 유용한 도구이기 때문에 기업의 역량을 평가할 때 도움이 된다. 기업역량은 운영역량 측면, 관리역량 측면에서 살펴볼 수 있으며, 역량이 축적되어 독특한 기업자산을 창조한다.
- 고객이 원하는 가치 또는 역량 및 파워 그리고 우리기업이 줄 수 있는 가치 또는 역량 및 파워에 따라 B2B 관계마케팅진략유형을 도출할 수 있다. B2B 관계마케팅전략 유형은 시장개척형 선제적 마케팅(market-driving PAM: proactive marketing)과 시장지향적 선제적 마케팅(market-driven PAM: proactive marketing)으로 구분할 수 있다.

핵심 용어

전략의 구성요인, 전략의 위계, 전사수준의 기업그룹전략, 사업부수준의 비즈니스전략, 기능전략, 경쟁우위, 시너지, 기업발전전략(corporate development strategy), 제품/시장 그리드 Frame, 어디에서 경쟁할 것인가(where to compete), 어떻게 경쟁할 것인가(how to compete), 기능간 갈등, 범기능적 협업(cross-functional collaboration), 마케팅전략센터(marketing strategy center), 책임분담차트(responsibility charting), 비즈니스모델, 기업역량, 운영역량, 관리역량, 독특한 자산, 구매 Chessboard, B2B 관계마케팅전략유형, 시장개척형 선제적 마케팅(market-driving proactive marketing), 시장지향적 선제적 마케팅(market-driven proactive marketing)

생각 및 토론 과제

1. 다음의 과제는 이번 장에서 학습한 기업전략들의 개념을 여러분 기업의 비즈니스 맥락에서 간단하게 응용하는 과제이다.

(1) 본인이 소속한 사업부에서 특정 product-market의 마케팅전략의 주요 내용을 제시하시오.

(2) 이러한 특정 product-market의 마케팅전략의 주요 내용이 사업부 비즈니스전략과 어떻게 연계되는지를 논의하시오.

(3) 이러한 특정 product-market의 마케팅전략의 주요 내용이 사업부의 관련 기능전략들과 어떻게 연계되는지를 논의하시오.

2. 여러분이 소속된 기업에서 여러분이 참여하는 특정 프로젝트를 생각하시오.

(1) 이 프로젝트에 있어서 주요 의사결정 사항들을 제시하시오.

(2) 각 의사결정사항에 있어서 현재 관점에서 여러분이 속한 기능과 관련 기능들의 책임분담차트(responsibility charting)를 완성하시오.

(3) 책임분담차트 완성 결과 발견한 개선 포인트는 무엇인가?

(4) 마지막으로 책임분담차트의 유용성을 평가하시오.

3. 여러분 기업의 주요 역량 및 비즈니스모델과 주요 고객기업의 역량 및 비즈니스모델을 제시하시오.

4. 본장에서 학습한 내용을 토대로 여러분 기업에서 현재 사용하고 있는 B2B 마케팅전략유형은 시장개척형인지 시장지향적인지 논의하시오. 그리고 난 후, 향후 도입되거나 변화하여야 할 관계마케팅전략유형과 해당 내용을 정리하여 제시하시오.

제 3 장

선제적 B2B 마케팅의 주요 구성요인

1장에서 선제적 B2B 마케팅에 관해 개괄적으로 간략하게 살펴보았다. 시장과 고객의 니즈를 빨리 발견하여 경쟁보다 경우에 따라선 고객보다도 빨리 고객에게 접근하는 마케팅을 전개하여 성과를 얻는 선제적 B2B 마케팅에 관해 설명했다. 2장에서는 고객기업의 전략과 역량, 그리고 우리기업의 전략과 역량이 교차하는 지점에서 선제적 B2B 마케팅 전략의 유형을 시장개척형(market-driving)과 시장지향적(market-driven)으로 구분하여 제시하였다. 이번 장에서는 선제적 B2B 마케팅의 주요 구성요인(key building blocks)에 대해 알아본다. 먼저 고전적 B2B 기업의 사례를 통해 선제적 B2B 마케팅의 개념을 살펴본 후, 현대적 기업의 B2B 마케팅 프레임워크를 고찰한다. 그런 후 이와 일관된 학계의 개념을 토대로 선제적 B2B 마케팅의 주요 구성요인을 제시한다.

1절. 고전적 사례

1.1. 클래식 기업의 B2B 마케팅 사례 스토리[1)]

Thomas Watson은 미국 I 기업의 비즈니스 타깃을 아주 오래전부터 고민하였다. 구체적으로 고객침투율(client penetration), 고객개발률(client development), 고객성장률(client growth)을 기준으로 비즈니스 타깃을 설정했다. 이때가 1924년이니 I 기업은 B2B 마케팅의 원조 기업이라 할 수 있다. 나아가 이 기업은 R. L. Polk Company의 도시 맵, 디렉토리, 기타 기업 고유 데이터를 사용하여 구체적 잠재 기업고객들(customer accounts)을

1) Anderson, J. C., J. A. Narus, and D. Narayandas(2009), Business Market Management, 3rd ed., Pearson International Edition.

찾아냈는데 그 당시 대략 2만 개 정도의 고객기업들을 발견했다고 한다.

이러한 역사와 문화를 가진 이 I 기업은 1960~1970년대 고객친밀성(customer intimacy)의 대표적 기업이 되었다. 그런데 고객들은 I 기업의 제품을 최고의 제품으로 여기지도 않았으며, 최적의 가격을 제공한다고 생각하지 않았다. 그래도 고객들은 I 기업의 제품들을 선택했다. I 기업은 고객들에게 토털 솔루션(total solution)을 친밀한(고객이 원하는) 방식으로 전달했는데 이 점이 바로 I 기업의 핵심 가치제안(value proposition)이었다.

자신의 제품이 더 우월하다고 생각한 경쟁기업 D는 I 기업의 영업맨과 서비스맨들을 적극적으로 스카우트했다. 그러나 D 기업이 자신들이 생각했던 목적과 성과를 달성하지 못했다.

1.2. 선제적 B2B 마케팅의 핵심 초점

살펴봤던 I 기업의 고객 성과가 좋았으며, 그 성과가 오랫동안 유지되었던 이유는 무엇일까? 힌트는 토털 솔루션이라는 말에 있다. 토털 솔루션은, 지금까지 학습한 개념 중에는 1장의 토털 마케팅 내용, 1장의 C 호텔 사례 내용과 가장 비슷한 개념이라고 생각할 수 있다. 본서는 고객을 위한 토털 솔루션을 제공하는 B2B 마케팅 프로세스를 상세히 살펴보는 것이다. 특히 B2B 마케팅전략 및 영업전략 중심으로 선제적 마케팅을 살펴볼 것이다.

나아가 I 기업 사례 스토리에서 유추할 수 있듯이 유능한 영업맨의 역할과 역량은 중요할 것이다. 본서는 이를 당연하게 간주하면서 대신 개인 역량보다는 B2B 마케팅의 조직 마케팅 역량을 탐구하는 것을 핵심 초점으로 삼고자 한다. 다음에서는 대표적 B2B 기업이 제시했던 B2B 마케팅 프레임워크와 그 내용을 살펴보기로 한다.

2절. 대표적 B2B 기업의 마케팅 프레임워크

2.1. B2B 마케팅 파워의 의미와 범위[2)]

미국의 대표적 기업들 중 하나인 G 기업은 수월한 역량으로 글로벌 마켓의 다양한 사업 영역에서 탁월한 성과를 보여왔다. 오래전부터 이 기업은 뛰어난 R&D를 바탕으

2) Comstock et al. (2010), “Unleashing the power of marketing,” Harvard Business Review, Oct.

로 한 기술역량과 제품역량으로 명성이 높은 기업이었다. 이 기업은 이 영역뿐만 아니라 마케팅 영역에서의 우수한 역량으로도 유명했는데, 다양한 사업 영역에도 적용될 수 있는 B2B 마케팅 모델을 개발하여 사용하고 있다고 한다.

이 모델에 따르면 자신 조직의 B2B 마케팅 파워는 크게 전략과 개발 역량(commercial essentials)과 Go-to-Market 활동 역량으로 구성된다(그림 3-1 참조). 이 중 전략과 개발 역량은 다시 전략과 혁신 분야의 역량(strategy & innovation), 브랜딩과 커뮤니케이션 분야의 역량(branding & communications), 새로운 기술 분야의 역량(new world skills), 그리고 사업화/상용화 분야의 역량(commercial activation)이라는 4개 분야의 역량으로 구성된다. 그리고 Go-to-Market 활동 역량은 다시 시장지식 역량(market knowledge), 세분화 및 표적시장선정 역량(segmentation & targeting), 가치창출 및 가격 관련 역량(value creation & pricing), 영업효과성 역량(salesforce effectiveness)으로 구성된다.

그림 3-1 G 기업의 B2B 마케팅 파워

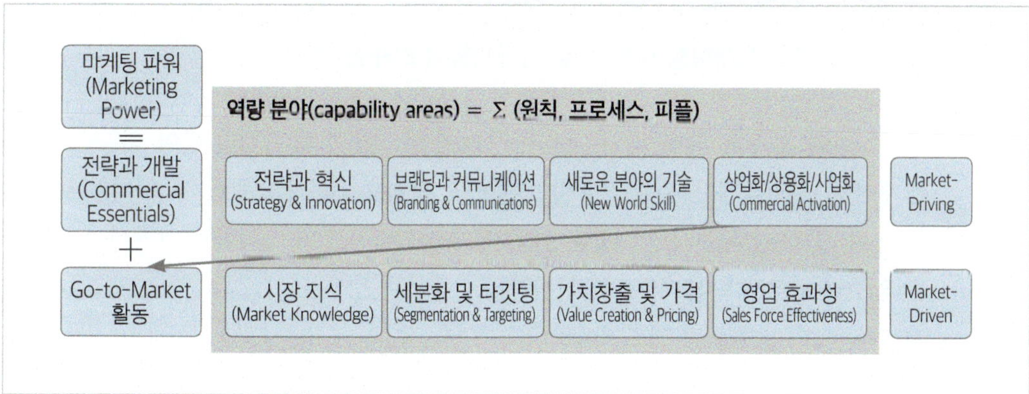

각 분야의 역량은 마케팅 내용의 원칙(principle), 마케팅 프로세스(process), 그리고 마케팅 인력(people)으로 구성되는 것으로 개념화하고 있다. Comstock 등(2010)은 세부 분야의 역량 내용까지는 제시하지 않았고 시장지식 역량에 대한 프로세스와 원칙 내용을 예로 제시하였다. 이에 따르면 시장지식은 기업을 둘러싼 외부환경의 트렌드와 영향요인 발견, 마켓 지식과 데이터의 수집 및 관리, 그리고 시장분석/경쟁분석/고객분석의 세부 프로세스로 구성된다. 나아가 외부환경의 트렌드와 영향요인 발견 원칙과 프로세스는 다시 다음과 같은 세부 내용으로 구성된다: 시장에 영향을 미치는 계획 또는 입안 가능성이 있는 법과 규제 이슈를 포함한 정책환경 및 규제환경의 이해/경제환경(예: 글로벌 시장에 대한 불경기 및 재정위기의 영향력 등) 분석/새로운 고객 욕구, 기술, 제품으로 연계될 수 있는 사회적 변화에 대한 이해와 적용/협회, 고객, 파트너 등과 같은 비즈니스에 영향을 미치는 기타 영향요인 분석.

그림 3-1 을 살펴보면 전략과 개발 분야 역량은 2장에서 제시한 시장개척형(market-driving) 비즈니스와 마케팅 역량과, Go-to-Market 활동 분야 역량은 시장지향적(market-driven) 비즈니스와 마케팅 역량과 일맥상통하는 것으로 볼 수 있다. 이 두 구분에 대해서 조금 더 살펴본다.

2.2. 시장개척형 마케팅과 시장지향적 마케팅

G 기업의 전략 및 개발 역량의 핵심은 새로운 시장을 창조하는 데에 있다. 그만큼 어려운 일이고 마케팅 역량도 중요하겠지만 기술 역량, 재무 역량 등 다른 역량이 더 중요하고, 고위험-고성과(high risk, high return) 분야 역량이라고 할 수 있다. 반면 Go-to-Market 분야 역량은 많은 마케팅전략이 강조하는 시장(고객)-제품 적합성을 잘 맞추는 역량이 중요할 것이다.

(1) G 기업의 시장개척형 마케팅 및 시장지향적 마케팅

Comstock 등(2010)의 G 기업 내용과 사례에 따르면 전략과 개발 분야 역량 또는 시장개척형 마케팅 역량 분야에서 비즈니스 및 인력(people)의 역할은 두 가지로 설명되고 있다. ① 가장 혁신적인 역할은 **선동자(instigators)** 비즈니스 역할로 과거에는 존재하지 않았던 새로운 혁신제품으로 신시장을 창출하는 경우(new-to-the world innovation)로 제시된다. G 기업그룹 중 헬스케어 기업은 'Quiet Care Home Sensing System'이라는 신제품을 미국에서 출시했는데 혼자 또는 부부만 단출하게 사는 미국의 고령화 시장세분군, 미국의 의료보험시스템인 메디케어 시스템, 그리고 새로운 센서기술을 결합하여 비교적 건강한 노인 세분군 고객으로 하여금 메디케어 혜택으로 이 상품을 선택하게 하였다. 즉 G 헬스케어 기업은 고객의 집에 센서를 설치하고 고객이 집에 있는데 일정 시간 동안 움직임이 포착되지 않을 경우 확인 콜을 하여 고객의 상태를 체크하고 병원의 응급치료시스템과 연결하는 서비스상품을 개발하여 새로운 시장을 만들었는데 상당히 성공한 것으로 보고되었다. 그 외 빅데이터 관련 신사업과 3D 프린팅 사업 등으로 새로운 시장을 창조하기 위해 노력하고 있는데 큰 성과가 보고되지는 않고 있다.

② 두 번째 혁신적 역할은 **혁신자(innovators)** 비즈니스 역할로 기존시장에서 새로운 세분시장을 창조하는 경우로 설명되었다. G 기업그룹 중 애비에이션(aviation)기업은 과거에 수익성 조건 때문에 진입하지 않았던 소형 비행기 엔진시장에 진입한 사

례를 소개하였다. 결국 요즈음 개념으로 설명하면 BMI(Business Model Innovation)로 Air Taxi Operators(항공택시운영업) 라는 소형 세분시장에 선택적으로 진입했다. 이들에게 엔진을 공급하여 판매하는 대신 맞춤형으로 엔진을 디자인해서 제공하고 서비스 O&M(Operation & Maintenance)을 제공하는 my Engines 구독모델로 이 세분군 시장에 진입했고 보고 당시까지는 성과를 만족스럽게 평가한다는 의견을 제시했다.

이에 비해 Go-to-Market 활동 마케팅 역량 또는 시장지향적 역량 분야에서 두 비즈니스 및 인력의 역할은 두 가지로 설명된다. ③ 첫 번째 시장지향적 역할로는 **통합자(integrators)** 비즈니스 역할로 현재의 중요시장군에서 경쟁력 있는 비즈니스 및 마케팅/영업 전략을 펼치는 내용들을 제시하였다. 대표적으로 발전에너지 사업분야의 G 파워, G 헬스케어에서 주요 시장고객군의 표적시장 고객을 상대로 주요 기자재를 마케팅하여 수주 등의 계약하는 사례들을 제시하며, 고객 니즈 충족을 위한 다양한 세부 직무분야의 조정(coordniation), 협업(collaboration; 필요에 따라서 다른 기업들과의 협업과 파트너십 포함) 등 마치 전쟁작전상황실(war-room) 같은 상황을 비유로 설명하고 있다. ④ 두 번째 시장지향적 역할에서 중요한 비즈니스 역량은 **실행자(implementers)**로 표현하고 사업 수행의 중요성을 제시하며 고객 기대와 실제 성과와의 차이가 생기지 않도록 하는 운영탁월성(operational excellence)과 마케팅/영업 기능의 협업이 중요함을 강조하고 있다.

G 기업은 해당 논문에서 학계에서 큰 도움을 받을 만한 내용이 없어서 스스로 B2B 마케팅 모델을 개발했다고 한다.[3] 물론 실무에 도움을 줄 수 있는 수준으로 시장개척형 및 시장지향적 마케팅 모델의 세부 내용이 미흡했던 것은 사실이나, 개념적 차원에선 관련 내용들이 마케팅 문헌에 존재하고 있었다. 다음에서 이러한 마케팅 학계의 개념적 논의를 소개한다.

(2) 시장지향적 마케팅 및 시장개척형 마케팅에 대한 학계의 개념적 설명[4]

시장지향적 마케팅 역량 및 시장개척형 마케팅 역량에 대한 설명은 4장에서 논의하고, 여기에서는 G 기업이 소개했던 시장지향적 마케팅 및 시장개척형 마케팅에 해당하는 학계의 근본적 · 고전적 개념 설명을 소개한다.

시장지향적 마케팅 개념에 대해 먼저 설명한다. 그림 3-2의 사례 1.1 그림에서 빗살무늬는 고객선호가 균일하게 분포하고 있는 상황을 나타낸다. 소비자나 고객이 이 제품에 대한 사전 경험이나 지식이 없어서 X 특성과 Y 특성으로 구성되는 제품에 대한

---

3) Ibid.

4) Dickson, P. R. & J. L. Ginter(1987), "Market segmentation, product differentiation, and marketing strategy," Journal of Marketing, 51(2), 1-10.

선호 공간 어디에나 수요가 비슷하게 존재할 수 있음을 의미한다. 이 시장수요 공간에서 세 기업/제품 a, b, c는 시장위치에 비슷하게 존재하고 있다. 이 경우 세 기업은 전체 시장을 거의 균일하게 1/3씩 나눠 가질 것이다. 이러한 상황에서 a 기업이 시장점유율을 증진시키려는 목적을 가지고 시장을 잘 분석했다고 가정하자. 현재는 a, b, c 제품이 대동소이한데 만약 a 기업이 Y 특성을 증진시키는 변화를 추구하여 a' 위치로 움직인다면 시장의 상단 시장 거의 전부를 a'가 차지할 수 있고, b와 c 기업은 시장 하단 부분을 나눠야 하니 이들의 시장점유율은 줄어들 것이다. 이러한 상황 때문에 '차별화가 중요하다' 또는 '선택과 집중이 중요하다'와 같은 고전적 경영 조언들이 등장했을 것이다. 이러한 조언이 유효하기 위해서는 차별화 또는 선택과 집중한 세분군 영역에 고객 니즈와 수요가 존재해야 한다는 것이 필요조건임을 명심할 필요가 있다.

그림 3-2의 사례 1.2 그림의 상황 역시 고객선호가 비슷한 경우이다. 1.1과 달리 이 경우에는 고객 선호/수요는 시장 어느 공간에나 있지 않고, I로 표시한 시장 영역에만 존재하는 경우이다. 현재 a, b, c 기업과 I 시장수요와의 거리는 비슷해서 아마도 이 세 기업은 I 시장에서 비슷한 판매성과를 보일 것이다. 1.1과 비슷하게 a 기업이 시장분석을 통해 시장의 니즈와 수요를 발견하고 a'로 움직인다고 하자. 이 경우, a'가 이득을 보는 것은 사례 1.1과 비슷하나, 이 경우에는 훨씬 더 큰 이익을 얻을 수 있고, b와 c는 매우 손실이 클 것이다. 왜냐하면 b와 c의 경우에는 시장 수요와 니즈가 너무 멀어서 만족시킬 만한 소비자와 고객이 거의 없기 때문이다. 결국 그림 3-2의 시장지향적 마케팅은 고객 니즈와 수요를 발견하는 마켓 센싱과 소비자 니즈/수요 대비 경쟁과의 차별화를 유지하는 경쟁분석 마켓 센싱이 가장 중요하고 제품 개발 및 론칭 등 그 이후의

그림 3-2 고객선호가 비슷한 상황에서의 시장지향적 마케팅

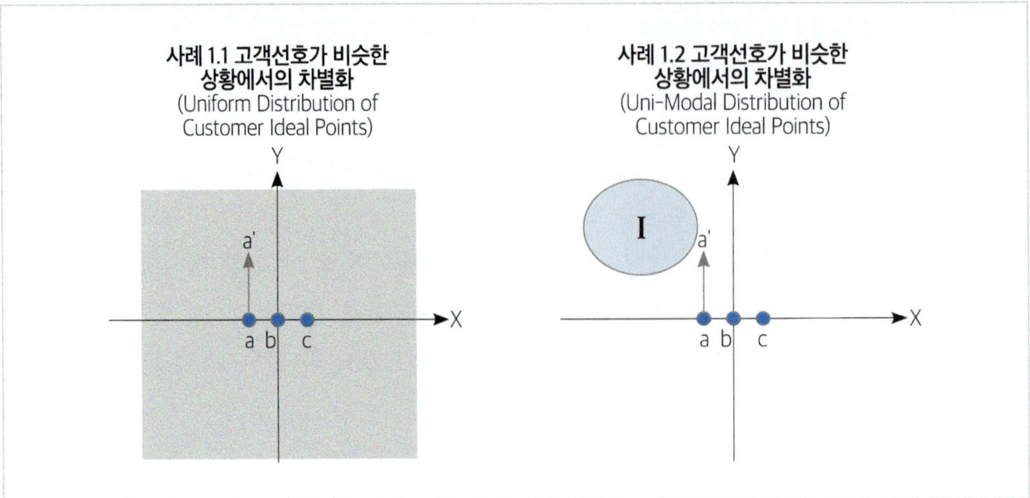

활동이 중요함을 시사하고 있다.

그림 3-3 역시 시장지향적 마케팅을 나타내는 상황이다. 사례 2는 그림 3-2 의 사례 1.1 상황의 시장이 진화하는 경우라 할 수 있다. 경쟁제품의 차별화가 잘 진행되고 이에 따른 고객 니즈/수요가 같이 분화되어 시장세분화가 일어난 경우를 상정하고 있다. 비슷한 제품을 만들어 시장에 공급했던 a, b, c 기업이 마켓 센싱을 통해 각기 세분시장 1, 2, 3을 표적시장으로 선택하여 마케팅을 하는 상황을 표현하고 있다. 이 경우는 시장세분화와 제품차별화가 잘 작동하는 균형 상태(equilibrium)를 표현하고 있다. 물론 현실에서 이러한 균형 상태는 오래 유지되지 않을 것이다. 성장의 증거를 보여주기 위해 각 기업은 자신들이 차지하고 있는 세분시장 외에 다른 세분시장(들)을 상대로 마케팅을 전개할 가능성이 높기 때문이다. 결국 그림 3-2 의 시사점과 비슷하게 시장지향적 마케팅은 고객 니즈와 수요를 발견하는 마켓 센싱과 소비자 니즈/수요 대비 경쟁과의 차별화를 유지하는 경쟁분석 마켓 센싱, 그리고 세분화 및 표적시장 STP 전략이 중요함을 시사하고 있다.

그림 3-3 고객선호가 다른 상황에서의 시장지향적 마케팅

사례 2 고객선호가 다른 상황에서의 차별화
(Multi-Modal Distribution of Customer Ideal Points: Market Segments)

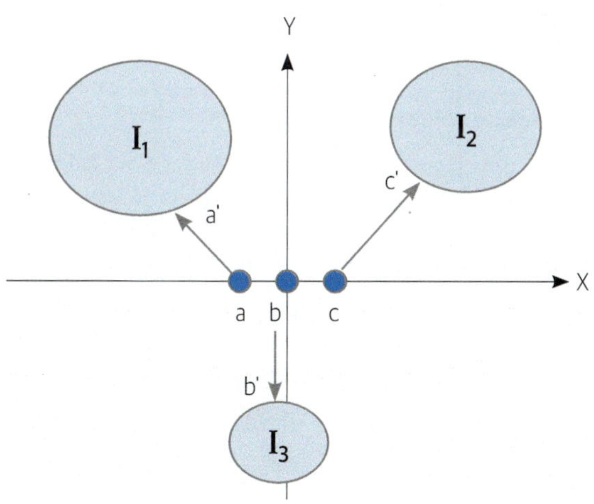

그림 3-4 는 시장개척형(market-driving) 마케팅 상황을 보여주고 있다. 제일 먼저 감안해야 하는 점은 기업의 움직임을 나타내는 화살표의 방향이다. 그림 3-2 와 그림 3-3 의 경우에는 기업이 고객 니즈와 수요가 있는 시장이나 세분시장 쪽으로 움직이는 화살표

가 표시되어 있다. 반면 그림 3-4의 경우에는 a 기업을 중심으로 자신이 움직이는 화살표가 아니라 시장의 니즈와 수요를 기업의 위치 쪽으로 오게 하는 화살표가 표시되어 있다. 결국 자신의 능력(특히 신기술 및 신제품 역량)으로 아직 고객이 인식하고 있지는 못하지만, 기업의 노력으로 시장/고객의 수요를 변화시킴(demand modification)을 나타내고 있다. 상황 3은 고객선호가 비슷한 상황에서의 수요함수 변화는 거의 새로운 시장을 창출하는 경우를 보여주고 있고, 상황 4의 수요함수 변화는 새로운 세분시장의 창출 내지는 세분시장의 변화를 나타내고 있다.

그림 3-4 시장개척형 마케팅

상황 3 고객선호가 비슷한 상황에서의 수요함수 변화
(Uniform Distribution of Customer Ideal Points)

상황 4 고객선호가 다른 상황에서의 수요함수 변화
(Multi-Modal Distribution of Customer Ideal Points: Market Segments)

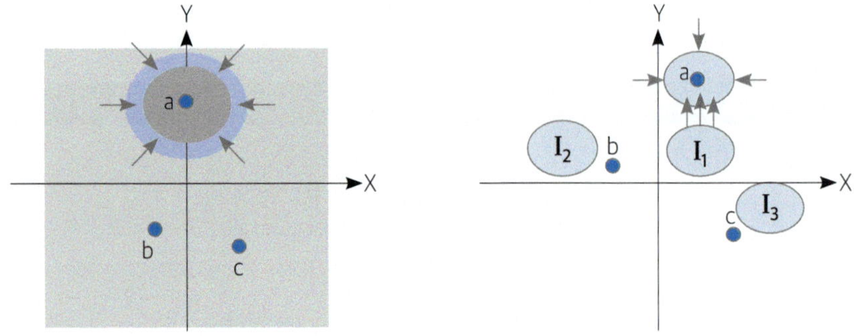

지금까지 시장지향적 마케팅 및 시장개척형 마케팅에 대한 학계의 개념적 설명을 살펴보았다. 두 상황 모두에서 마켓 센싱, 마케팅 및 영업전략 등이 중요함을 알 수 있었다. 물론 G 기업은 전략과 개발 분야 역량, 즉 시장개척형 마케팅 역량과 관련하여 전략과 혁신, 새로운 분야의 기술, 사업화 등을 강조한 반면 마케팅 관련 내용은 그리 강조하며 설명하지는 않았다. 그런데 마케팅 프로세스나 주요 구성요인들이 시장개척형이나 시장지향적 마케팅에 따라 달라져야 할 이유는 없다. 다만 세부 단계에서 수행되어야 하는 세부 활동 내용(예: 시장지향적 마켓 센싱과 시장개척형 마켓 센싱 등)은 달라져야 할 것이다. 이러한 주장(proposition)을 바탕으로 다음에서는 지금까지의 논의를 토대로 선제적 B2B 마케팅 프로세스와 주요 구성요인(key building blocks)에 대해 설명한다.

3절. 선제적 B2B 마케팅 프로세스와 체계적 영업력

3.1. 선제적 마케팅 프로세스

1장에서 선제적 B2B 마케팅의 주요 개념으로 선제성(proactiveness)을 강조했다. 특히 경쟁뿐만 아니라 고객도 미처 생각하지 못했던 잠재적/암묵적 니즈를 발견하여 제시하는 경우를 B2B 맥락의 호텔 수주 마케팅/영업의 가상 사례를 통해 소개하였다. 학문적으로는 공식적으로 선제적 B2B 마케팅(PAM: Proactive [B2B] Marketing)이라는 용어를 흔히 사용하지는 않지만 마케팅이나 영업 실무에서는 이러한 내용을 강조해오고 있다.[5] 다음의 그림 3-5 는 수주 비즈니스 상황에서 선제적 B2B 마케팅의 프로세스를 제시하고 있다.

먼저 수주 상황에서 전체 비즈니스 마케팅 프로세스를 나타내고 있다. 고객의 제안요청서(RFP)에 응해 제안서를 준비하여 입찰(bidding)에 참여한다. 수주에 성공하면 사업실행(business delivery)을 수행한다. 그 이후 사업에 대한 고객의 성과평가가 있고 애프터서비스 활동을 수행한다. 선제적 B2B 마케팅 활동의 가장 중요한 단계는 수주 이전 고객과의 상호작용 활동(pre-RFP) 임을 강조했었다. 이를 바탕으로 경쟁력 있는 내용으로 제안서 준비로 입찰 마케팅 활동을 수행하게 된다. B2B 사업은 혼자 하는 것이 아니기 때문에 공급사슬관리상의 파트너링과 공급사슬관리(SCM: Supply Chain Management) 활동 수준과 제품개발관리(PDM: Product Development Management) 활동수준은 입찰과 실행 성과에 결정적 영향을 미친다. 실행성과는 공급/판매 기업의 브랜드 파워(brand equity)에 영향을 미치고 그 브랜드 파워는 다음의 제안서 요청 비즈니스에도 영향을 미친다. 실행성과와 애프터서비스 활동은 고객만족(CS: Customer Satisfaction)에, 고객만족은 브랜드파워와 고개관계관리(CRM: Customer Relationship Management)에 영향을 미쳐 다음 비즈니스 단계에도 영향을 미친다.

이러한 선제적 마케팅 프로세스가 제대로 작동한다는 것은 바로 각 프로세스 단계 활동이 얼마나 체계적으로 일어나고 있는가를 의미한다. 이번 장 G 기업 사례의 경우 Go-to-Market 활동 영역의 주요 내용이 마케팅 활동과 내용의 체계성을 의미함을 알아보았다. 다음에서는 이를 간단히 정리한 후, 학계에서 제시한 일관된 내용 또한 함께 고찰한다.

5) 예들로 다음과 같은 서적을 제시함: Miller, W. (2009), ProActive Sales Managment, 2nd ed., AMACOM; 김용기(2015), 최강영업대표, 한스미디어.

그림 3-5 선제적 B2B 마케팅 프로세스

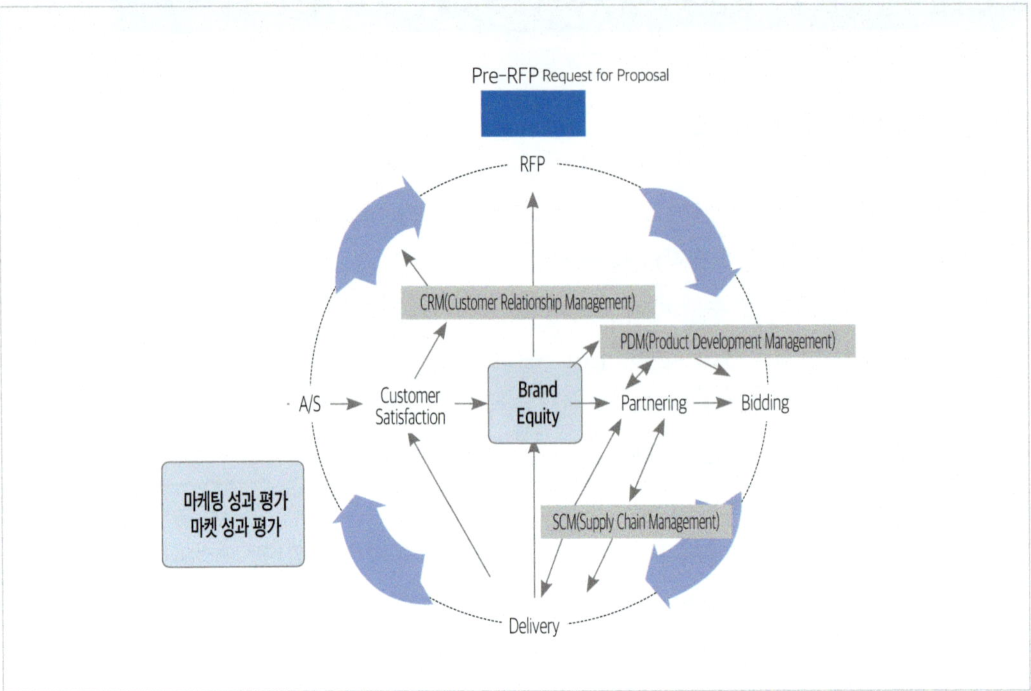

3.2. 선제적 마케팅의 주요 구성요인(key building blocks of proactive marketing)

지금까지 살펴본 내용을 토대로 하여 선제적 마케팅을 간략히 정의하면 '선제적으로, 그리고 체계적으로 수행하는 마케팅'이라 할 수 있다. G 기업의 B2B 마케팅 모델(그림 3-1 참조)의 'Go-to-Market' 마케팅활동 구성요인 개념과 학계 모델[6]의 통합적 고찰을 기반으로 본서는 아래와 같은 주요 구성요인(key building blocks)으로 이루어진 선제적 B2B 마케팅역량 모델을 제시한다. 참고로 Homburg 등(2012)은 자신의 영업탁월성(sales excellence) 모델 저서에 체계적 영업관리(systematic sales management)라는 부제를 달았다. 즉 선제적 B2B 마케팅은 **선제적으로 움직이는 체계적 마케팅/영업력에 의한 마케팅 활동이라 할 수 있다.**

6) Homburg, C., H. Schäfer, & J. Schneider(2012), Sales Excellence, Springer.

(1) 선제적 B2B 마케팅역량 모델

그림 3-6 선제적 B2B 마케팅의 주요 구성요인

마켓 센싱(market sensing & intelligence)
마케팅/영업전략(marketing & sales strategy) : STP와 가치창출(value creation) 전략
고객관계관리를 위한 가치제안 전달 대면영업활동(value proposition delivery & effective selling behaviors for CRM)
마케팅/영업효과성관리(marketing/salesforce effectiveness management)

① 마켓 센싱(market sensing & intelligence): 마케팅 활동은 마켓 센싱으로부터 시작된다. 거시환경, 시장환경 및 구조분석, 경쟁사분석과 자사분석, 고객센싱, 고객구매의사결정 과정 분석 등으로 이루어지는 마켓 센싱이 잘 되어야 효과적인 마케팅 및 영업전략 수립 등이 잘 이루어질 수 있다. 5장과 6장에서 상세히 살펴보며, 시장지향적 마켓 센싱 활동 외에도 기존 문헌에서 많이 논의되지는 않았지만 중요한 시장개척형 마켓 센싱도 고찰한다. 아래 **표 3-1**은 기업의 마켓 센싱 역량을 평가하는 데 도움이 되는 내용들을 나타내고 있다.[7]

표 3-1 마켓/영업 센싱 역량 평가 항목들

마케팅/영업을 위한 마켓 센싱 및 정보 관리(market sensing & information management)	
정보 이해의 Basis	우리 사업부의 영업은 영업 관련 정보를 담고 있는 통합적 정보 시스템을 가지고 있다.
	… 의 정보 시스템에 있는 영업 관련 정보는 항상 Up-To-Date되게 관리되고 있다.
	… 의 정보 시스템은 사용자에게 수많은 정보를 던지는 방식이 아니라 사용자가 원하는 대로 정보가 사용될 수 있도록 구축되어 있다.
	… 의 정보 시스템은 언제, 어느 곳에서도 쉽게 Access가 된다.
	… 의 정보 시스템은 사용자가 요구하는 방식을 고려하여 정기적으로, 적응적으로 변화되어 오고 있다.
	… 의 정보 시스템은 사용자에 의해 수용될 수 있도록 체계적으로 관리되고 있다.

7) Ibid.

마케팅/영업을 위한 마켓 센싱 및 정보 관리(market sensing & information management)	
	… 은 관련 직원이 영업 정보 시스템을 잘 사용할 수 있도록 체계적으로 교육과 훈련을 실시하고 있다.
	… 은 직원이 영업정보시스템을 활용하고 유지, 관리할 수 있도록 하는 적절한 인센티브 시스템을 활용하고 있다.
고객 관련 정보 – The Unknown factor	우리 사업부의 영업정보시스템은 고객에 대한 기본 데이터(예: 이름, 컨택정보, 세분군소속 정보 등)를 광범위하게 구축하고 Up-To-Date하게 관리하고 있다.
	… 은 고객의 매출 Potential에 대한 의미 있는 정보를 담고 있다.
	… 은 고객의 매출 Potential이 높은 경우 사업부마다의 교차 판매 가능성에 대한 정보를 체계적으로 분석한 것을 담고 있다.
	우리 사업부의 영업정보시스템은 고객의 니즈와 기대사항에 대한 정보를 정기적으로 체계적으로 분석한 정보를 담고 있다.
	… 은 고객별(또는 고객세분군별)로 사업 기회 개발과 관련된 원가 정보를 정기적, 체계적으로 분석한 정보를 담고 있다.
	… 은 핵심 고객(Key Customer)에 대하여 고객 비즈니스 전체에 대한 우리의 점유(Customer Share) 관련정보를 담고 있다.
	… 은 고객의 구조(즉, 고객의 중요성)를 분석하기 위해 고객 포트폴리오 측면에서 고객을 정기적으로 분석한 정보를 담고 있다.
	… 은 우리의 영업자원 사용이 고객 포트폴리오의 고객의 중요도 위치와 관련하여 적합한지에 관해 분석한 정보를 담고 있다.
	… 은 고객세분군(또는 고객)별로 공헌 마진을 정기적으로 산정한 정보를 담고 있다.
	… 은 고객세분군(또는 고객)별로 고객 관련 고정비를 감안한 공헌 마진을 산정한 정보를 담고 있다.
	… 은 고객세분군(또는 고객)별로 장기적 수익 측정치(예: Customer Lifetime Value와 같은 예측치)를 분석한 정보를 담고 있다,
	… 은 고객 만족도에 대한 정기적 측정 및 분석 정보를 담고 있다.
	… 은 고객 만족도와 관련한 분석에서 고객 Retention 가능성에 대해 분석한 추가적 정보를 담고 있다.
	… 은 제품, 서비스 등 세부이슈별 고객 만족도와 우리 회사에 대한 전반적 만족도에 대해 분석한 정보를 담고 있다.
	... 은 고객 만족도를 분석한 정보를 다룰 때 우리의 핵심 타깃고객에 대해 별도로 분석한 정보를 담고 있다.
	… 은 내부 프로세스의 증진을 위해 내부 고객 만족도를 조사하여 체계적으로 분석한 정보를 담고 있다.
경쟁 관련 정보 – Know Your Opponent	우리 사업부의 영업정보시스템은 잠재적 측면까지 고려하여 경쟁자를 명확히 파악한 정보를 담고 있다.
	… 은 경쟁자에 대한 기본 데이터(예: 소유 구조, 조직 구조, Key Managers 등)를 광범위하게 구축하고 Up-To-Date하게 관리하고 있다.
	… 은 경쟁자의 마켓 포지션(예: 마켓 쉐어, 재무 및 이익 정보, 고객 만족도 등)에 관한 정보를 광범위하게 구축하고 Up-To-Date하게 관리하고 있다.

마케팅/영업을 위한 마켓 센싱 및 정보 관리(market sensing & information management)	
	… 은 경쟁자의 자원(예: 영업/서비스 인력의 양과 질, 재무적 영업 자원 등)에 관한 정보를 광범위하게 구축하고 Up-To-Date하게 관리하고 있다.
	… 은 경쟁자의 영업전략(예: 타깃, 타깃세분군, 고객 컨택 및 관계 개발 타임 스케줄 등)에 관한 정보를 광범위하게 구축하고 Up-To-Date하게 관리하고 있다.
	… 은 경쟁자의 시장개발 노력(예: 비즈니스 활동 기록, 서비스 및 제품 Range, Price Positioning, 영업 및 판촉 관련 활동 등)에 관한 정보를 광범위하게 구축하고 Up-To- Date하게 관리하고 있다.
	우리 사업부의 영업은 경쟁자 정보를 수집, 분석, 가공하여 적재적소에 뿌려주는 역할 (예: Competitor Profiles)을 담당하는 개인 또는 팀을 가지고 있다.
마켓 관련 정보 – Trend를 일찍 발견	우리 사업부의 영업정보시스템은 시장에서 우리의 포지션과 관련된 변화(예: 우리 Market Share의 변화, 우리의 인지도와 이미지 관련 변화 등)에 대한 정보를 구축하고 Up-To-Date하게 관리하고 있다.
	… 은 시장에서 우리 경쟁자 행동의 변화(예: 새로운 경쟁자의 진입, 기존 경쟁자의 Exit 등)에 대한 정보를 구축하고 Up-To-Date하게 관리하고 있다.
	… 은 시장에서 우리 고객 행동의 변화(예: 고객 관련 정보의 변화, 조직 구조와 의사결정팀의 변화, 고객 행동 변화 등)에 대한 정보를 구축하고 Up-To-Date하게 관리하고 있다.
	… 은 일반적인 시장 변화(예: 시장 성장률, 경제 환경 등)에 대한 정보를 구축하고 Up-To-Date하게 관리하고 있다.
내부 프로세스 관련 정보	… 은 고객개발 활동(예: 고객개발 활동과 고객개발 간의 관계, 고객개발 활동의 Cost 등)의 질적인 정보와 향후 증진 방향에 대한 정보 분석을 정기적, 체계적으로 해서 그 결과를 담고 있다.
	… 은 경쟁입찰 활동(예: 입찰 준비기간, 비용, 정확도, 입찰 준비와 예상 성공[Hit] Possibility 등)의 질적인 정보와 향후 증진방향에 대한 정보 분석을 정기적, 체계적으로 진행하여 그 결과를 담고 있다.
	… 은 수행활동(예: 고객과의 Trouble 이력, 납기 관련 이슈들, 품질 관련 이슈들, 고객에 대한 서비스 기록 등)상의 질적인 정보와 향후 증진방향에 대해 정기적, 체계적으로 분석된 정보를 Access할 수 있다.
CRM 및 Computer-Aided System 활용	우리 사업부의 영업은 영업프로세스를 전문화하는 데 도움을 주는 Computer-Aided
	시스템 또는 CRM 시스템을 운영하고 있다.
	… 은 고객 컨택 준비 및 고객에 대한 Follow-Up Sales Call을 하는 데 도움을 주는 Computer-Aided 시스템 또는 CRM 시스템을 운영하고 있다.
	… 은 고객과의 Sales Talk 준비를 하는 데 도움을 주는 Computer-Aided 시스템 또는 CRM 시스템(예: 제품 Presentation 모듈, 제품 Configuration 또는 Costing 정보 마련 등)을 운영하고 있다.
	… 은 입찰제안 준비를 하는 데 도움을 주는 Computer-Aided 시스템 또는 CRM 시스템(예: 여러 Text 모듈, 산술 모듈, 그래픽 모듈 등)을 운영하고 있다.

② 마케팅 및 영업전략(market sensing & intelligence): 선제적 B2B 마케팅은 마켓 센싱 등을 바탕으로 마케팅전략과 영업전략을 수립해야 한다. 마케팅전략 및 영업전략 구성요인 중 가장 중요한 내용은 STP 전략과 가치창출(value creation) 전략의 수립이다. 7장, 8장

과 9장에서 상세히 살펴보며, B2B 가치창출전략(8장)에서 시장개척형 전략과 시장지향적 전략을 구분하여 그 내용을 제시한다. 아래 **표 3-2**는 기업의 마케팅 및 영업전략 역량을 평가하는 데 도움이 되는 내용들을 나타내고 있다.[8)]

표 3-2 마케팅/영업전략 역량 평가 항목들

마케팅/영업전략(marketing & sales strategy)	
고객: 마케팅/영업전략의 Focus	우리 사업부의 마케팅/영업은 고객집단을 명확히 정의하고 이들을 개발해 왔다.
	… 고객의 근본적인 Needs에 대해 정확히 이해하고 있다.
	… 고객에게 제공하는 혜택 또는 가치를 명확히 정의하고 있다.
	… 고객세분군을 명확히 도출하여 활용하고 있다.
	… 고객세분군의 근거가 되는 고객 행동의 차이점을 명확히 파악하여 활용하고 있다.
	… 고객세분군 정보를 다른 사업부와 공유하며 일하고 있다.
	… 고객세분군별 Needs를 근거로 세분군별로 적합한 영업활동을 하며 시장을 개발하고 있다.
	… 우리에게 아군과 같은 관계를 가진 고객을 명확히 정의하고 있다.
	… 고객 Retention을 위한 Tools와 자원을 명확히 정의하고 있다.
	… 명확한 고객별 수익성 분석을 통해 고객 Retention 관리를 하고 있다.
경쟁우위 Faster, Higher, Further	우리 사업부 마케팅/영업은 마케팅/영업지향적인 관점에서 우리의 경쟁우위를 명확히 정의하고 소통해 오고 있다.
	… 정의된 경쟁우위를 성취하기 위해 모든 마케팅/영업활동을 일관되게 Align하고 있다.
가격 정책 – The Price is Right…	… 우리가 성취하기 위해 노력하는 가격 포지셔닝을 명확히 정의하고 이 포지셔닝과 일관된 영업활동을 해오고 있다.
	… 가격 결정 시 고객이 받는 혜택(가치)과 고객의 지불의향을 세밀하게 고려하고 있다.
	… 고객세분군별로 다른 기준에 의해 가격을 차별적으로 가져가는 가능성을 검토하여 활용하고 있다.
	… 가격차별화의 기준을 명확히 정의하고 있다.
	… 제품 이외에 서비스 비즈니스 가능성과 그에 대한 가격전략을 적절히 수립하여 활용하고 있다.
	… 가격 할인을 할 경우 명확한 기준을 설정하여 활용하고 있다.
	… 경쟁 입찰 참여 시 가격만을 유일한 경쟁의 무기로 활용하지 않는다.
	… 지역에 맞는 제품/서비스 차별화를 고려하면서 동시에 글로벌 비즈니스를 고려하여 가격정책의 조화를 고려하고 있다.

8) Ibid.

마케팅/영업전략(marketing & sales strategy)	
마케팅/영업전략 – 계속 마케팅/영업전략의 목표 설정 틀 – 목표치와 자원	우리 사업부 마케팅/영업은 마케팅/영업전략 수립 시 중장기 관점에서 달성해야 할 매출 목표치를 지역별/고객세분군별 등으로 상세하게 정량화하여 수립하고 있다.
	… 마케팅/영업전략 수립 시 중 · 장기 관점에서 달성해야 할 시장점유율(Market Share) 목표치를 지역별/고객세분군별 등으로 상세하게 정량화하여 수립하고 있다.
	… 마케팅/영업전략 수립 시 기준년도에 비교해 우리가 목표로 하는 가격 수준 목표치를 지역별/고객세분군별 등으로 상세하게 정량화하여 수립하고 있다.
	… 정량화된 마케팅/영업 목표치를 달성하기 위해 모든 영업활동을 일관되게 Align하고 있다.
	… 정량화된 마케팅/영업 목표치를 달성하기 위해 영업자원(영업인력과 기타 자원) – 양적 기준 및 질적 기준 포함 – 을 정의하고 모니터링하고 있다.
	… 잉여의 마케팅/영업자원(또는 마케팅/영업자원의 Slack)이 특정 부문에 있는지 여부를 지속적으로 모니터링하고 있다.
	… 마케팅/영업자원(예: 본사 영업팀, 본사 영업지원팀, Field Sales Force 등)별 목표와 역할을 명확히 정의하고 있다.
	… 마케팅/영업자원을 Deploy할 때 현재 시장 또는 신규 시장(또는 신규고객 개발 및 기존고객 유지 등) 영업에의 가중치(Weigh)를 명확히 정의하고 있다.

③ 고객관계관리를 위한 영업활동(value proposition delivery & effective selling behaviors for CRM): 선제적 B2B 마케팅은 마켓 센싱 등을 바탕으로 마케팅전략과 영업전략을 수립한 후 마케팅과 영업을 실행하게 된다. 이 구성요인을 위해서 10장에서 고객가치제안 전달 영업활동을 살펴볼 것이다. 이곳에서도 시장개척형 전략과 시장지향적 선택에 적합한 가치제안 영업활동 유형을 구분하여 그 내용을 제시한다. 아래 **표 3-3**은 기업의 고객관계관리를 위한 영업활동 역량을 평가하는 데 도움이 되는 내용들을 나타내고 있다.[9]

표 3-3 고객관계관리를 위한 영업활동 역량 평가 항목들

고객관계관리를 위한 영업활동(CRM-based selling behaviors)	
영업인력의 특성 – Know-it-Alls, Socializers, and All-rounders	우리 사업부 영업은 고객 컨택을 즐거워하는 영업인력을 선발하여 활용하고 있다.
	… 은 건강한 낙관주의(Optimism) 마인드셋을 가지고 자신의 업무를 대하는 영업인력을 선발하여 활용하고 있다.
	… 은 고객과 진정으로 공감할 수 있는 능력을 가진(예: 고객의 관점에서 생각하고 세상을 볼 수 있는) 영업인력을 선발하여 활용하고 있다.
	… 은 건강한 자긍심(예: 우리 사업부, 회사역량에 대한 확신 등)을 가진 영업인력을 선발하여 활용하고 있다.

9) Ibid.

고객관계관리를 위한 영업활동(CRM-based selling behaviors)	
	… 은 언어소통(verbal communication) 능력(예: 심플하고 정확하게 우리의 입장을 표현하는 능력, 고객에 대해 잘 질문할 수 있는 능력 등)이 뛰어난 영업인력을 선발하여 활용하고 있다.
	… 은 비언어적 소통(non-verbal communication) 능력(예: 적절한 body language의 사용 및 고객 body language의 지각 등)이 뛰어난 영업인력을 선발, 활용하고 있다.
영업인력의 특성 – Know-it -Alls, Socializers, and All-rounders	우리 사업부 영업은 고객의 소리를 적극적으로 청취할 수 있는 영업인력을 선발하여 활용하고 있다.
	… 은 항상 고객을 Friendly하게 응대할 수 있는 영업사원을 선발하여 활용하고 있다.
	… 은 고객의 형태와 상황에 맞춰 Flexible하게 영업행동을 적응할 수 있는 영업사원을 선발하여 활용하고 있다.
	… 은 Team Play를 할 수 있는 영업인력을 선발하여 활용하고 있다.
	… 은 자신의 일을 관리할 수 있는(예: Time Management, 우선순위 정하기, 정보 Filing 및 System 활용 등) 영업사원을 선발하여 활용하고 있다.
	... 은 제품지식(우리 제품뿐만 아니라 경쟁 제품까지)이 많은 영업인력을 선발하여 활용하고 있다.
	… 은 고객을 잘 알고 이해할 수 있는(에: 그들의 니즈, 그들의 가치 사슬 프로세스, 그들의 제품 사용 측면 등) 영업인력을 선발하여 활용하고 있다.
	… 은 시장 지식(예: 우리 회사의 포지션 또는 마켓 트렌드를 이해)이 많은 영업인력을 선발하여 활용하고 있다.
	… 은 Solid한 비즈니스 지식(예: 우리가 하는 의사결정의 Cost Impact, 우리회사 내부의 원가 구조 등)이 가지고 있는 영업인력을 선발하여 활용하고 있다.
	… 은 영업의 프로세스를 성공적으로 관리할 수 있고 경험에 기반하여 고객에 대해 적응적 영업행위를 할 수 있는 영업인력을 선발하여 활용하고 있다.
고객 retention 관리 – Making the Customer a “Fan”	우리 사업부의 고객 Retention 관리는 고객이 우리에게 주는 가치를 고려하여 Retention 자원과 수단을 할당하여 활용하고 있다.
	… 는 고객별로 Effective하고 Efficient한 수단을 항상 모니터링하고 분석하여 Retention 수단을 활용하고 있다.
	… 는 고객별로 제공할 수 있는 Value-Add Service를 정의하기 위해 체계적인 분석을 실시하고 있다.
	… 는 제품 관련 서비스 사업 기회를 적극적으로 마케팅 및 영업하고 있다.
	… 는 고객에게 제공하는 서비스 등의 Monetary 가치와 Cost 정보를 적절하게 고지하고 있다.
	... 의 고객 Retention 관리는 서비스 지향성의 중요한 역할을 인식하는 조직 문화 속에서 이루어지고 있다.
	... 는 서비스/영업 부문에 매우 역량 있는 인력을 선발하여 활용하고 있다.
	… 는 적절한 인센티브 시스템으로 서비스 지향성 활동을 보상하고 있다.
	… 는 정기적으로 서비스 사업의 수익성을 모니터링하고 있다.
	… 는 서비스 사업 부문에 있어서 적절한 품질 측정과 관리 수단을 활용하고 있다.
	… 는 서비스 사업 부문의 R&R을 명확히 정의하고 있다.

고객관계관리를 위한 영업활동(CRM-based selling behaviors)	
	… 는 고객의 불평과 불만 관리에 있어 회사 전체 차원에서 표준화된 정의를 만들어 잘 활용하고 있다.
	… 는 고객의 불평을 어디서 어떻게 접수하여 이를 어떻게 처리해야 되는지에 대해 명확한 정의를 내리고 있다.
	… 는 고객의 불평 Resolution에 대한 책임 소재를 명확히 정의하고 있다.
	… 는 고객의 불평을 처리하는 데 있어 종업원으로 하여금 건설적인 태도를 견지하도록 많은 노력을 기울이고 있다.
Key Account Manage-ment(KAM) – The Close Coopera-tion with Important Customers	우리 사업부는 Proactive 주요고객관리(KAM: Key Account Management) 활동(예: key accounts의 선정, key account와의 협력/협업 Initiation, key account에 대한 우리 내부의 협업 활동 평가 측정치 등)을 전개하고 있다.
	… 는 KAM 프로그램/시스템(예: key accounts의 분석, 타깃고객의 정의, 성과 리뷰 등)을 활용하고 있다.
	… 는 Key Accounts에 따라 관련 기능(예: 마케팅, 로지스틱스, 기술 등)에 경험이 많은 Key Account 관리자들을 선발하여 활용하고 있다.
	… 는 적극적/외향적 성격과 사회적 능력(social competence)이 뛰어난 Key Account 관리자들을 선발하여 활용하고 있다.
	… 는 영업뿐만 아니라 광범위한 선문적(professional) 역량을 가진 Key Account 관리자들을 선발하여 활용하고 있다.
	… 는 직무 수행을 위해 내부 커뮤니케이션에 의한 자원 확보, 자원 관리 역량을 가진 Key Account 관리자들을 선발하여 활용하고 있다.
	… 는 KeyAccount 관리자들의 경우에는 상대적으로 성과지향적인 보상시스템을 디자인하여 활용하고 있다.
	… 는 Key Account 관리자들이 Top Management Team의 지원을 받을 수 있는 시스템을 만들기 위해 노력하고 있다.
Relation ship Modeling – The Business Relation ship Under Control	우리 사업부는 고객과의 비즈니스 관계의 전형적(typical) 개발에 관하여 분석과 문서화(documentation)를 해오고 있다.
	… 는 고객과의 비즈니스 개발이 전형적인 경우에서 벗어나는 경우 이에 대해 지속적으로 모니터링하고 있다.
	… 는 고객과의 비즈니스 개발이 전형적인 경우에서 벗어나는 경우 가용할 수 있는 수단들에 대해 정의를 하고 있다.
	… 는 적극적/외향적 성격과 사회적 능력(social competence)이 뛰어난 Key Account 관리자들을 선발하여 활용하고 있다.

④ 마케팅/영업효과성관리(marketing/salesforce effectiveness management): 선제적 B2B 마케팅은 마케팅전략과 영업전략의 수립과 실행 후 항상 그 효과성을 관리해야 한다. 이 구성요인을 위해서 11장에서 영업 조직구조, 영업관리 프로세스, 영업 인적자원관리에 대

해 살펴보고, 12장에서 마케팅의 통제를 고찰한다. 아래 **표 3-4**는 마케팅/영업효과성관리 역량을 평가하는 데 도움이 되는 내용들을 나타내고 있다.[10]

표 3-4 마케팅/영업효과성관리 역량 평가 항목들

마케팅/영업효과성관리(marketing/salesforce effectiveness management)	
마케팅/영업 조직 – 조직구조와 프로세스의 성공적 설계	우리 사업부 마케팅/영업은 마케팅/영업 조직구조를 디자인할 때 서로 다른 조직구조(예: 제품 중심, 지역 중심)의 장점과 단점을 잘 고려하면서 변화를 추구해 오고 있다.
	… 마케팅/영업조직구조를 디자인할 때 고객관련 사항들(customer-related aspects)을 충분히 고려해 오고 있다.
	… 마케팅/영업 관련 인터페이스 문제들을 줄이기 위한 조직구조 관련 수단들(예: 부서 간의 지리적 거리 줄이기, coordination committees, cross-function teams 등)을 충분히 활용하고 있다.
	… 마케팅/영업 관련 인터페이스 문제들을 줄이기 위한 프로세스 관련 수단들(예: R&R의 명확한 조정, 협업 기준의 명확한 정의 등)을 충분히 활용하고 있다.
	… 마케팅/영업 관련 인터페이스 문제들을 줄이기 위한 인적자원관리 관련 수단들(예: job rotation, training courses 등)을 충분히 활용하고 있다.
	… 마케팅/영업 관련 인터페이스 문제들을 줄이기 위한 기업/조직문화 관련 수단들(예: 정보와 소통 교류를 위한 informational contacts zone 설치, '내부고객 원칙'의 마련 및 배포 등)을 충분히 활용하고 있다.
	… 마케팅/영업 팀별로 명확한 목표치를 수립하고 있다.
	… 마케팅/영업사원의 성과를 평가할 때 team work의 성공 정도를 고려하고 있다.
	… 마케팅/영업 조직의 관료화(bureaucracy)를 방지하려고 노력하고 있다(예: 책임과 권한의 이양(delegation); 과도한 규제(over-regulation)의 방지).
	... 은 고객이 질문(문제)이 있어 우리와 소통해야 하는 경우 고객에 대한 우리의 Contact Points를 명확하게 정의하고 있다.
	… 은 고객이 질문(문제)이 있어 우리와 소통해야 하는 경우 고객에 대한 우리의 Contact Points를 고객에게 명확하게 알려주고 있다.
	… 은 고객 Contact Points가 제대로 작동하고 있는지 꾸준히 모니터링과 체크를 하고 있다.
	… 은 고객 Contact Points에 역량 있는 직원을 배치하고 있다.
마케팅/영업 기획 및 통제 – 이상과 현실의 조화	우리 사업부 마케팅/영업은 마케팅/영업기획 시 수립된 전략의 내용을 활용하고 있다.
	… 마케팅/영업기획 시 "정량적(hard)" 목표치(매출액 등)와 "정성적(soft)" 목표치(고객 만족 등)를 균형적으로 활용하여 그 내용을 담고 있다.
	우리 사업부의 마케팅/영업기획은 제품 축과 고객(또는 고객세분군) 축을 다 잘 고려하고 있다.
	... Counter-Flow 원칙을 활용하고 있다. 즉 Top-down으로 설정된 마케팅/영업 목표를 Bottom-up에서 Challenge하는 방법을 마케팅/영업 기획 시 활용하고 있다.

10) Ibid.

마케팅/영업효과성관리(marketing/salesforce effectiveness management)	
	... Top-down 방식과 Bottom-up 방식을 주의 깊게 통합하는 방식으로 기획하고 있다.
	... 연차별 기획을 세분화시켜 분기별 또는 반기별 기획을 수립하여 활용하고 있다.
	… 기획과 실적치의 Variance Gap을 상세히 분석하고 있다.
	… 외부적 원인들로 인해 급하게 마련된 Variance Justification을 수용하지 않는 원칙을 가지고 있다.
	… 은 적절한 시간과 노력을 들여 마련되고 있다.
	… 기획 프로세스 시 많지는 않더라도 의미가 있는 Key Indicators 발견과 변화에 초점을 집중하고 있다.
	… 기획의 틀 변화에 맞춰 정기적으로 기획내용을 변화시키는 적응노력을 하고 있다.
영업 인적 자원 관리	우리 사업부의 마케팅/영업은 인력 선발 시 명확한 Job Specification을 고려하여 활용하고 있다.
	… 직무 포지션에 대한 Job Specification 마련을 위해 상세한 직무(Task)분석을 해서 활용하고 있다.
	… Excellent한 마케팅/영업맨선발을 위해 인적자원 마케팅을 활용하고 있다.
	... 다양한 수단들(예: 개인 인터뷰 개발, 공식적 테스트의 개발 등)을 활용해 마케팅/영업인력의 선발을 지원하고 있다.
	… 마케팅/영업전략에서 논의한 마케팅/영업인력에 대한 훈련(training)과 추가 역량 개발 계획을 도출, 구체화시켜 실행하고 있다.
	… 마케팅/영업인 개인별 교육 및 추가 역량 개발의 필요성을 분석하고 있다.
	… 개인역량 개발에 대한 목표 측정치를 명확하게 정의하고 있다.
	… 개인역량 개발에 대한 목표 측정치를 정기적으로 모니터링하고 있다.
	… 성과지향적 리더십을 갖춘 마케팅/영업관리자를 고용하고 있다.
	… 종업원 지향적 리더십을 갖춘 마케팅/영업관리자를 고용하고 있다.
	… 고객지향적 리더십을 갖춘 마케팅/영업관리자를 고용하고 있다.
	… 개인 역량 및 활동의 통제 차원에서 마케팅/영업관리자와 마케팅/영업인력에 대한 목표치 동의원칙(Agreement)을 설정하여 활용하고 있다.
	… 마케팅/영업의 목표 동의(target agreement) 마련에 있어 정확하되 도전적(challenging)이고 현실적인 목표치 마련을 위해 노력하고 있다.
	… 마케팅/영업의 목표 동의(target agreement) 내용에 대한 이해와 수용을 명확히 하고 있다.
	… 연도마다 프로세스를 거쳐 관리자와 마케팅/영업인력의 목표치 성과를 평가하고 있다.
	... 마케팅/영업관리자와 마케팅/영업 인력에 대해 성과 기반의 보상시스템을 활용하고 있다.
	… 성과 기반의 보상시스템에 있어 그 평가기준(criteria)이 회사의 중장기적 전략 방향과 일관되어 있는지를 항상 체크한다.
	… 성과 기반의 보상시스템 평가기준(criteria)에 있어 "정량적(hard)" 목표 측정치(예: 매출액)와 "정성적(soft)" 목표 측정치(예: 고객만족도)가 균형 있게 반영되도록 노력하고 있다.
	… 성과 기반의 보상시스템 평가기준에 있어 경제적 실적 목표 측정치뿐만 아니라 고객, 내부 프로세스, 학습과 개발 관련 목표 측정치가 균형 있게 반영되도록 노력하고 있다.

마케팅/영업효과성관리(marketing/salesforce effectiveness management)	
	… 성과 기반의 보상시스템 평가기준에 있어 경제적 실적 목표 측정치뿐만 아니라 행동 관련 목표 측정치(고객, 내부 프로세스, 학습과 개발 관련 행동 측정치)가 균형 있게 반영되도록 노력하고 있다.
	… 성과 기반의 보상시스템 운영에 있어 보완적 효과(예: 고객만족도가 떨어져도 실적 측정치가 이를 완전히 보완할 수 있음)의 발생을 막기 위해 최대한 노력하고 있다.
마케팅/영업 조직문화	… 고객을 우리 모든 활동과 생각에 중심에 두는 마케팅/영업 조직의 문화를 가지고 있다.

(2) 조직의 선제적 B2B 마케팅역량 평가

지금까지 선제적 B2B 마케팅역량 모델과 그 주요 구성요인에 대해 살펴보았다. 이러한 구성요인 역량 모델을 활용하면 조직의 선제적 B2B 마케팅역량도 평가할 수 있다. Homburg 등[11]은 역량의 수준과 구성에 따라 4가지 형태의 B2B 마케팅 역량 조직 유형을 제시하였다(그림 3-7 참조).

제일 바람직한 조직은 '챔피언형' B2B 마케팅/영업 조직이다. 4개의 구성요인 역량이 전부 균형적으로 높은 조직을 의미한다. 제일 안타깝고 낮은 성과가 예상되는 조직은

그림 3-7 선제적 B2B 마케팅역량의 수준과 구성에 따른 역량 조직 유형

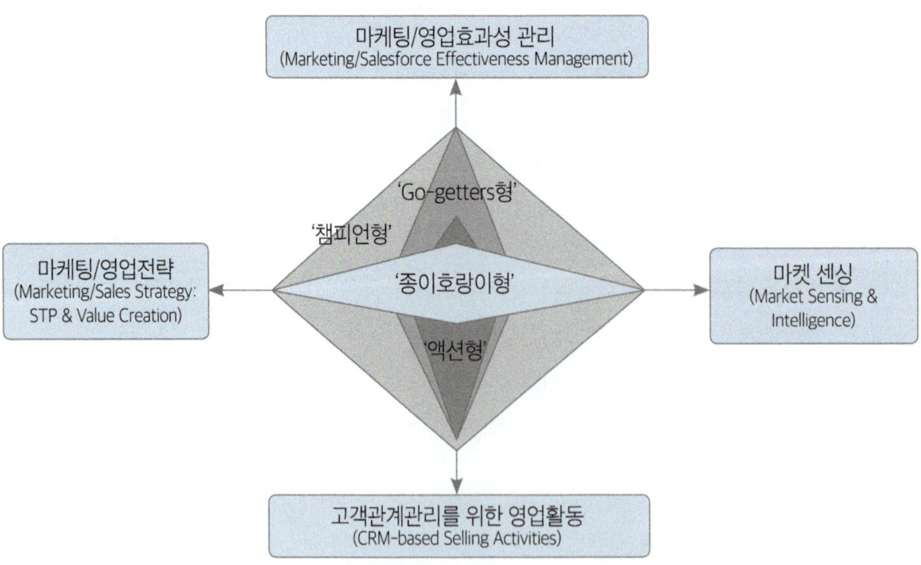

11) Ibid.

'종이호랑이형' 조직이다. 마켓 센싱과 전략은 괜찮은 편이지만, 영업활동과 마케팅/영업효과성관리 즉 실행력이 낮은 조직이다. 나머지 두 유형의 조직은 영업활동 실행역량이 높은 'Go-getters형' 조직과 '액션형' 조직이다. 'Go-getters형' 조직은 영업활동 실행역량뿐만 아니라 마케팅/영업조직의 영업관리능력이 뛰어난 반면, '액션형' 조직은 조직의 관리능력보다는 마케팅/영업 담당 개인 역량에 의존하는 조직이다. 이러한 모델은 여러분 조직의 B2B 마케팅/영업 역량 진단과 변화 방향 도출에도 유용한 도움을 줄 수 있을 것이다. 혁신에 관한 논의를 다루는 4장 이후의 장들은 본 구성요인별로 제시, 설명될 것이다.

이 장의 요약

이번 장의 주요 내용을 요약하면 다음과 같다.

- 선제적 B2B 마케팅의 간략한 정의는 선제적으로 움직이는 체계적 마케팅/영업 역량에 의한 마케팅 활동이라 할 수 있다.
- 시장지향적 마케팅을 위해선 고객 니즈와 수요를 발견하는 마켓 센싱과 소비자 니즈/수요 대비 경쟁과의 차별화를 유지하는 경쟁분석 마켓 센싱, 그리고 세분화 및 표적시장 STP 전략이 중요하다.
- 시장개척형 마케팅의 경우 아직 고객이 인식하지 못하고 있지만, 기업 자신의 능력(특히 신기술 및 신제품 역량)으로 시장/고객의 수요를 변화시키는 것이다(demand modification).
- 선제적 B2B 마케팅의 주요 구성요인으로는 마켓 센싱, 마케팅/영업전략, 고객관계관리를 위한 가치제안 전달 대면영업활동, 마케팅/영업효과성관리가 있다. 시장개척형이나 시장지향적 B2B 마케팅 프로세스는 동일하며 각 단계의 내용과 활동에 차이가 있는데 이는 뒤의 장들에서 제시될 것이다.
- 각 요인의 수준과 구성에 따라 서로 다른 B2B 마케팅 역량 조직 유형을 생각할 수 있다.
  - '챔피언형' B2B 마케팅/영업 조직은 4개의 구성요인 역량이 전부 균형적으로 높은 조직을 의미한다.
  - '종이호랑이형' 조직은 마켓 센싱과 전략은 괜찮은 편이지만, 영업활동과 마케팅/영업효과성관리 즉 실행력이 낮은 조직이다.
  - 'Go-getters형' 조직은 영업활동 실행역량뿐만 아니라 마케팅/영업조직의 영업관리능력이 뛰어난 반면, '액션형' 조직은 조직의 관리능력보다는 마케팅/영업 담당 개인 역량에 의존하는 조직이다.

핵심 용어

조직의 B2B 마케팅 역량, 선동자(instigators) 비즈니스 역할, 혁신자(innovators) 비즈니스 역할, 통합자(integrators) 비즈니스 역할, 실행자(implementers) 비즈니스 역할, 마켓 센싱(market sensing & intelligence), 마케팅/영업전략(marketing & sales strategy), 고객관계관리를 위한 영업활동(CRM-based effective selling behaviors), 마케팅/영업효과성관리(marketing/salesforce effectiveness management), 챔피언형 마케팅/영업역량 조직, 종이호랑이형 마케팅/영업역량 조직, Go-getters형 마케팅/영업역량 조직, 액션형 마케팅/영업역량 조직

생각 및 토론 과제

1. 다음의 과제는 이번 장에서 학습한 기업전략들의 개념을 여러분 기업의 비즈니스 맥락에서 간단하게 응용하는 과제이다.

(1) 본인이 소속한 사업부 관점에서 본장이 제시한 세부 개념들을 바탕으로 마켓 센싱, 마케팅/영업전략, 고객관계관리를 위한 가치제안 전달 대면영업활동, 마케팅/영업효과성관리 부문의 능력을 측정, 평가하시오.

(2) (1)의 평가결과를 바탕으로 본인의 사업부는 챔피언형, 종이호랑이형, Go-getters형, 액션형 마케팅/영업역량 조직 중 어디에 해당하는지 설명하시오.

(3) 향후 어떠한 조직으로의 변화가 바람직한지를 제시하고 구체적으로 향상시켜야 할 능력에 대해 논의하시오.

2. 여러분이 소속된 기업의 B2B 마케팅 사례들 중 시장개척형 사례 한 개와 시장지향적 사례 한 개를 제시하고 관련 함의점을 논의하시오.

제 4 장

혁신의 개념과 유형

2장에서는 비즈니스전략에서 마케팅은 where to compete와 how to compete 의사결정에 중요한 공헌과 역할을 해야 함을 살펴보았다. 나아가 고객의 니즈/가치와 공급기업의 역량에 따라 B2B 관계마케팅전략을 시장지향적 마케팅 전략 유형과 시장개척형 마케팅 전략 유형으로 구분하여 제시하였다. 이번 장에서는 기업의 생존과 성장을 위한 가장 중요한 기업역량은 혁신임을 감안함과 동시에 비즈니스 혁신과 마케팅 혁신이 밀접한 관계를 갖는다는 문헌고찰을 토대로 혁신과 마케팅의 관계를 심층 탐구하고자 한다. 먼저 성장과 혁신 개념에 대해 고찰한다. 그리고 주요 기업역량 유형과 마케팅역량 유형에 따른 혁신에 대하여 살펴본다. 그런 후, 새로운 사업기회의 발견을 시장지향적 마케팅 혁신과 시장개척형 마케팅 혁신과 연관하여 살펴본다. 마지막으로 양손잡이 조직과 조직 정렬과 같은 조직 혁신 이슈를 설명한다.

1절. 성장과 혁신

이번 절에서는 먼저 혁신의 다양한 정의와 성장이론의 관점을 살펴본다. 그리고 혁신 유형과 시장성장의 관계를 고찰한 후, 비즈니스 시사점이 높은 혁신 유형을 이해하는 것이 중요함을 설명한다.

1.1. 혁신에 대한 다양한 정의

(1) 혁신 개념

먼저 기업과 비즈니스 맥락에서 혁신을 살펴본다. 최근 기업의 핵심역량으로 혁신에 대한 관심이 높아지고 있다. 세계 경제성장의 둔화, 시장경쟁의 심화, 시장상황의 급속한 환경변화, 갈수록 까다로워지는 고객의 필요와 욕구 등 다양한 변화에 관해 적절히 대응하고 시장경쟁력을 확보하기 위해서는 기업 스스로 관련된 모든 영역에서 끊임없이 움직이고, 발전하고, 개선해야 하는 상황이다. 기업이 혁신에 성공하지 못한다는 것은 다른 경쟁자와의 차별화가 어렵다는 것을 의미한다. 이것은 결국 기업의 이윤추구가 어려워지는 것을 말하며 궁극적으로는 기업의 생존 자체가 위협받는다. 고객은 새로움과 차별화에 대한 프리미엄을 지급할 용의가 있다는 것을 고려하면 혁신은 기업의 부가가치를 높이고, 기업은 이러한 혁신을 통해 지속가능한 경영을 추구할 수 있다. 따라서 기업은 환경변화에 대응함과 동시에 지속적 경쟁우위를 획득하는 데 생존의 원동력이 되는 혁신을 무엇보다 우선시해야 한다. 그러나 혁신을 추구한다고 하는 많은 기업도 성공적인 혁신을 이루려 할 때 잘못된 방향으로 가는 경우가 허다하다. 대부분 기업은 여전히 성공을 위한 체계적 계획 없이 혁신에 접근하고 있으며, 과거의 전략을 답습하고 이를 개선하는 데 그치고 있는 것이 사실이다.

혁신은 보는 관점에 따라 다양하게 정의할 수 있으나 기존의 지식, 제품, 고객요구, 시장 등에서 근본적으로 부족한 점을 발견해 새롭고 더 생산적인 것으로 '변화'시키는 것이다. 기업 입장에서 혁신은 제품이나 기술 분야뿐 아니라 마케팅 · 투자 · 관리 과정의 전 범위에서 일어나는 변화를 포함하는 개념으로, 오늘날과 같이 대부분의 시장이 성숙기에 접어들고 있는 시점에서 기업의 생존 자체를 위해 꼭 필요한 개념이자 실천해야 하는 활동이다. 기업의 혁신은 혁신의 대상에 따라 크게 두 가지로 구분한다. 제품, 기술, 마케팅, 투자 등 사업에 관한 기업의 혁신을 **비즈니스 혁신**(Business innovation)이라고 하며 사업을 추진하고 실행하는 관리 과정에 관한 기업의 혁신을 **관리 혁신**(Management innovation)이라고 한다. 관리 혁신은 변화관리로도 불리며, 조직영역에서 많이 탐구한다.

그렇다면 비즈니스 혁신이란 무엇이며, 기업은 어떻게 혁신에 접근해야 할까? 비즈니스 혁신은 기업의 수익과 고객의 만족 중 어느 하나가 적어지지 않으면서 둘의 합이 더 커지는 파레토 최적(Pareto Optimum)을 달성할 수 있는 변화가 되어야 한다. 따라서 기업은 수익을 창출하는 구조인 비즈니스모델(Business model)을 통해 혁신에 접근해야 한다. 기업은 재무적 관점 · 전략적 마케팅, 제품 및 서비스 개발 그리고 운영적 관점을 적절히 배합한 비즈니스모델의 혁신을 통해 기업의 기회와 위협에 대한 정보를 받고, 기업이 현재 처한 문제의 원인과 혁신해야 할 요점을 쉽게 파악하며, 미래 수익의 흐름을 예상할 수 있다. 비즈니스모델의 개념은 2장에서 살펴보았다.

비즈니스모델의 혁신을 달성하기 위해서는 비즈니스모델 성공을 위한 요소인 수입, 비용, 투자와 자본비용, 지속성 등을 중심으로 부족한 점을 파악한 후에 누가, 언제, 어떻게, 어디서의 원칙에 기반을 둔 분석을 통해 개선방향을 설정해야 할 것이다. 기업은 혁신을 이끄는 좋은 비즈니스의 성공요인에 대해 좋지 않은 징후들을 발견하면서 비즈니스모델 혁신에 대한 필요성을 인식하게 된다. 그 징후를 보면 다음과 같다. 첫째, 수입 측면에서는 과거 방식을 통해 단기적인 수입은 있으나 미래 수입원이 개발되고 있지 않으며, 기업의 핵심역량을 차별적으로 유지할 수 없어 경쟁사들이 쉽게 기업의 수입모델을 모방할 수 있는 경우다. 둘째, 비용 측면에서 기업의 매출과 비용이 함께 증가할 때다. 특히, 경쟁 관련 비용이 갑자기 상승하는 경우다. 셋째, 투자 측면에서는 시장은 급변하는데 투자가 변하지 않을 때이며, 넷째, 지속성 측면에서 경쟁우위를 지키기가 어렵고, 시장 자체가 사라질 위기에 처한 경우이다. 따라서 기업은 이들요인에 대해 철저한 분석을 바탕으로 비즈니스모델 혁신의 방향을 찾아야 할 것이다.

지금부터는 혁신에 대한 다양한 정의에 관해 고찰한다. 발명왕 토머스 에디슨(Thomas Edison)은 전구의 발명을 통해 세계에 근본적 혁신을 가져왔다. 그렇다면 운송시스템 발달이나 대도시 출현 등과 같이 인류 행위의 방식을 근본적으로 변화시키는 계기를 만드는 것도 혁신일 것이다. 학계에서는 혁신을 다음과 같이 정의하고 있다. 드러커(Peter Drucker)는 혁신을 기존의 지식, 제품, 고객요구, 시장 등에서 부족한 점을 발견해 새롭고 훨씬 더 생산적인 것으로 변화시키는 일이라고 정의하였다.[1] 슘페터(Joseph Schumpeter)는 혁신을 새로운 생산요소의 결합으로 설명하며, 새로운 재화, 새로운 생산방식, 새로운 시장의 개척, 새로운 원료와 자재의 출현, 새로운 조직의 실현이라는 다섯 가지 방식으로 혁신이 나타난다고 하였다. 그리고 이러한 새로운 과정이 창조적 파괴(creative destruction)이며, 이 창조적 파괴가 자본주의의 핵심 개념이다.[2] 하멜(Gary Hamel)에 따르면 경영관리혁신이란 경영 원칙과 과정의 혁신이며 경영자의 역할과 실무를 궁극적으로 바꾸어놓는 것이다.[3]

한편 미국마케팅협회(AMA: American Marketing Association)에서는 혁신을 다음과 같이 정의한다. 혁신은 새로운 제품, 아이디어나 서비스를 시장에 소개하는 것이다. 로버트슨(Robertson)에 의하면 관련 시장 내에 현존하는 제품과 매우 다르거나 최소한 소비자가 다르다고 인지하는 새로운 제품과 관계된 것이다. 여기서 말하는 새로운 제품이란 크레스트 민트(Crest mint) 치약이나 미켈롭(Michelob) 맥주의 연속적인 혁신을 뜻할 수도 있고, 전구의 발명이나 컴퓨터나 인터넷의 등장처럼 단절적인 혁신을 뜻하기도 한다.

경영학의 많은 분야가 혁신을 연구함에 따라 혁신의 개념은 다양할 수밖에 없다. 혁

---

1) Drucker, P. F. (1985), Innovation and Entrepreneurship, Harper Business.
2) Schumpeter, J. A. (1942), Capitalism, Socialism and Democracy, New York: Harper and Brothers, p.42.
3) Hamel, G. (2006), "The why, what, and how of management innovation," Harvard Business Review, 84(2), 72-84.

신의 개념이 다양한 것처럼 혁신의 형태도 다양하다. 소비자의 소비패턴을 완전히 바꾸는 급진적 변화도 혁신이지만, 기업의 제품이나 프로세스의 개선도 혁신이다. 또 전화라는 카테고리에서 카폰과 휴대폰, 스마트폰이 생겨나고, 자동차라는 카테고리에서 하이브리드 자동차, 전기차 등이 새로운 카테고리로 생겨나는 동적 혁신도 생각할 수 있다. 즉 기업에게 혁신이란 제품이나 기술 분야뿐 아니라 마케팅 · 투자 · 관리 과정의 모든 범위에서 일어나는 변화를 말한다. 기업의 혁신은 더는 선택의 문제가 아니며, 생존과 성장을 위해 끊임없이 실행해야 할 대상이다. 기업은 항상 다가올 미래의 변화에 수동적으로 끌려갈 것인지 혁신을 통해 미래를 이끌고 시장을 창조해갈 것인지 결정해야 한다. 이에 대한 답은 기업에서 추진하는 혁신의 방향과 실행에 달렸다.

(2) 혁신 유형

급진적 혁신과 점진적 혁신은 마케팅 영역에서 혁신을 구분할 때 가장 많이 사용하는 분류로, 혁신의 급진성을 기준으로 구분한다.[4] 전략, 구조와 기능적인 면 그리고 소비자 인식 등에 있어서 기업이나 제품의 변화 정도가 얼마나 큰가에 따라 구분하는 방법이다. 기존 분야에서 벗어나 새로운 분야를 개척하고 기업에 전체적인 변화를 가져오는 급진적 혁신(Radical innovation)과 기존 방식을 확장하거나 개선하는 점진적 혁신(Incremental innovation)으로 나눌 수 있다. 급진적 혁신은 변화의 규모가 크고 급속도로 발생하므로 많은 조직구성요소가 짧은 시간 내에 큰 영향을 받는다. 반면에 점진적 혁신은 완만한 속도로 변화하므로 기업의 구성요소나 조직원들이 개별적이거나 작은 규모로 변화하면서 장시간에 걸쳐 서서히 혁신을 실행한다.

미래 기업의 조건으로 혁신을 제시한 크리스텐슨(Clayton M. Christensen) 교수는 혁신을 존속적 혁신(Sustaining Innovation)과 파괴적 혁신(Disruptive Innovation)의 두 가지 유형으로 분류하였다.[5] 존속적 혁신은 현재 고객이 요구하는 기술이나 서비스의 특성을 계속 증

---

4) Chandy, R. K., & Tellis, G. J. (1998), Organizing for radical product innovation: The overlooked role of willingness to cannibalize, Journal of Marketing Research, 35(4), 474-487; Chandy, R. K., & Tellis, G. J. (2000), The incumbent's curse? Incumbency, size, and radical product innovation, Journal of Marketing, 64(2), 1-17.

5) 전략경영 분야의 권위자 크리스텐슨(Christensen)이 제시한 파급력 높은 파괴적 혁신(disruptive innovation) 개념의 본질은 소비자 관점에서의 혁신이라는 점을 감안할 때 파괴적 혁신 개념은 기술돌파구적 혁신보다 시장돌파구적 혁신과 매우 유사한 개념이다(Benner & Tushman, 2003; Christensen, 1997; Christensen & Bower, 1996; Christensen & Raynor, 2003; Christensen, Scott, & Roth, 2004). 파괴적 혁신 개념은 low-end disruption(저가격에서 시작하여 시장을 파괴시키는 제품혁신), new market disruption(새로운 소비자군을 목표로 하거나 새로운 사용 용도나 소구점을 제시해 시장을 파괴시키는 제품혁신)을 거쳐 최근에는 비즈니스모델 혁신이라는 개념으로 진화해오고 있다. 즉 크리스텐슨의 초기 연구들은 기술의 새로움 정도도 다루었지만, 최근의 입장은 시장(즉, 고객 인식과 행동)을 파괴한다는 의미에서의 혁신이 파괴적 혁신임을 강조하고 있으며 이러한 입장은 Christensen et al. (2004)와 Anthny et al. (2008)에서 확인할 수 있다. 또 이러한

진하는 혁신이지만, 파괴적 혁신은 현존하는 시장이 요구하는 기능과는 다른 차별화된 요소로 잠재해 있던 소비자층을 깨우는 것을 말한다. 기업이 존속적 혁신을 달성하려면 기존 고객의 필요와 욕구에 초점을 맞춰야 하고, 파괴적 혁신으로 시장을 개척하고자 한다면 새롭게 부상할 미래 잠재고객의 필요와 욕구를 찾아내야 한다.

B2B의 산업재 소비자나 B2C의 개인소비자의 필요와 욕구에 대응하기 위해 새로운 제품이나 서비스를 개발하거나 도입하는 것이 제품 혁신이다. 일반 유선전화만 사용하던 통신시장에서 휴대폰과 스마트폰이 새롭게 등장한 것도 제품 혁신이며, 조리하는 라면시장에서 즉석 컵라면을 개발한 것도 제품 혁신이다. 또 롯데 빼빼로가 아몬드 빼빼로와 누드 빼빼로, 딸기 빼빼로 등을 출시하고, 매일유업이 상하목장 63℃ 저온살균 우유를 개발한 것도 혁신의 정도는 낮지만, 넓게 보면 제품 혁신이다. 프로세스 혁신은 조직 내의 제품이나 서비스 운영에 새로운 요소들을 도입하는 것을 말한다. 과거에는 기능 중심의 조직이 업무를 수행하는 단위였지만, 현재는 탈(脫) 조직적으로 광범위하게 조직을 횡단하는 프로세스가 업무흐름의 중심이 되고 있다. 이에 따라 원재료 구매와 생산 등을 더 효율적으로 계획하고, 제품과 서비스를 소비자에게 전달하는 과정에서 새로운 요소들을 투입해 업무흐름을 효과적으로 개선하는 것을 말한다.

기술 혁신은 제품이나 서비스, 업무 프로세스에 신기술이나 발전한 기술을 도입하여 관련 활동을 개선하거나 획기적으로 변화시키는 것을 말한다. 이 혁신은 제품과 서비스, 조직의 업무와 활동까지 직접 연관되며, 기술의 발달로 인해 터치가 가능한 스마트폰의 개발이나 기업 업무에 고객관리시스템을 도입한 것 등을 예로 들 수 있다.

관리적 혁신은 조직의 구조 재편성과 운용방법 개선 등의 프로세스 변화를 말한다. 이 혁신은 조직의 목표달성을 위한 조직구성원들의 상호작용과 관련되며, 더 신속하고 효율적인 업무진행과 관리 그리고 의사결정을 위해 조직을 재구성하고, 각 구성원이 역할을 확인하며, 기업 성과가 향상되는 방향으로 계속 관리하는 것으로 변화관리(change management)라고도 부른다.

시장돌파구적 혁신은 최근의 서적 《Reverse Innovation》에 실린 인도 시장에서의 GE 헬스케어 사례 등 여덟 개의 글로벌 회사 사례와도 일맥상통한다; Anthony, S. D., Johnson, M. W., Sinfield, J. V., and Altman, E. J. (2008), The Innovator's Guide to Growth: Putting Disruptive Innovation to Work, Harvard Business Review Press (《파괴적 혁신 실행 매뉴얼》, 이성호·김길선 역, 옥당, 2011); Benner, M. J. and Tushman, M. L. (2003), Exploitation, exploration, and process management: The productivity dilemma revisited," Academy of Management Review, 28(2), 238-256; Christensen, C. M., & Bower, J. L. (1996), Customer power, strategic investment, and the failure of leading firms, Strategic Management Journal, 17(3), 197-218; Christensen, C. M. (1997), The Innovator's Dilemma: When New Technologies Cause Great Firms to Fail, Boston: Harvard Business School Press; Christensen, C. M., & Raynor, M. (2003), The Innovator's solution, Boston: Harvard Business School Press; Christensen, C. M., Anthony, S., & Erik, R. (2004), I Seeing What's Next, Boston: Harvard Business School Press; Govindarajan, V., & Trimble, C. (2012), Reverse Innovation, Harvard Business Review Press.

이렇게 다양한 혁신 유형이 공통적으로 시사하는 바는 무엇일까? 지금 현재 산업 내에서 아니면 새로운 산업에서 지속적으로 성장하자는 것이다. 이에 따라 성장이론 관점을 살펴본다.

1.2. 성장이론의 관점

성장을 위해 기업은 지속적으로 신규 사업기회를 평가, 선정, 실행한다. 그 평가과정은 ① 후보사업에 대한 아이디어 발굴 단계, ② 관련 시장매력도 분석 단계, ③ 사업(핵심역량) 연관도 분석 단계, ④ 신규사업 아이템 선정 및 실행 단계로 구성된다(그림 4-1 참조). 후보사업에 대한 아이디어 발굴 단계의 주요 의사결정은 첫째 어떤 경우에 신규사업을 고려해야 하는가와 둘째 후보사업의 범위를 어떻게 결정할 것인가가 있다. 첫 번째 의사결정에 대해 정형화된 이론은 없다. 컨설팅전문가 Zook(2007)는 기업의 숨겨진 자산을 활용해 핵심사업을 새롭게 갱신하면서 끊임없이 수익성 있는 성장을 추진하라는 교훈을 제시했다.[6] 현재의 핵심역량이 아니라 새로운 핵심역량이 될 수 있는 잠재자산과 능력을 잘 찾아서 성장을 추진하라는 교훈이다.

두 번째 의사결정에 대해서는 핵심역량 중심으로 신규사업을 찾으라는 교훈이 많다. 그런데 핵심역량에만 집착할 경우, 만약 우리의 핵심역량과 관련성은 없지만 우리의 기존사업을 위협하는 사업이 등장한다면 어떻게 대처할 것인가라는 문제에 부딪힐 수 있다. 즉 핵심역량이 만병통치약은 아니다.

새로운 사업기회 관련 시장매력도 분석과 사업(핵심역량) 연관도 분석 단계에서 첫 번째 유용한 프레임워크는 Porter의 접근방법이다. 산업매력도, 진입비용, 기존사업(역량)과의 시너지를 점검하는 세 가지의 테스트는 상당히 유용한 방법이지만, 이 테스트가 신규사업기회 평가의 충분조건이 되지는 않을 것이다. **새롭게 등장하는 산업(시장)의 경우 5 Forces 모델은 적용하기 어렵다.** 사업(핵심역량) 연관도 분석의 경우 Gold & Campbell(1998)은 시너지의 유형과 추구가치를 잘 제시했으며, 가치사슬을 통해 핵심역량을 파악하라는 교훈은 유용하다.[7] 두 번째 프레임워크는 블루오션과 같은 접근방법이다. ERRC에 의한 가치혁신, 가치곡선 같은 전략(가치) 캔버스 분석이 도움이 될 수 있다. 세 번째 접근방법은 신사업을 찾을 때 소비자/기술 매트릭스 접근방법이다. 기존소비자-기존기술, 기존소비자-신기술, 신규소비자-기존기술, 신소비자-신기술 범주의 구

6) Zook, C. (2007), Unstoppable: finding hidden assets to renew the core and fuel profitable growth, Harvard Business Press.

7) Goold, M., & Campbell, A. (1998), Desperately seeking synergy, Harvard Business Review, 76(5), 131-143.

분으로 기회를 찾는 접근방법(opportunity-based strategy)의 등장(예: 크리스텐슨의 파괴적 혁신)은 기존의 자원(시장) 기반의 접근방법(resource-based strategy)을 보완해준다. 신규사업기회를 기존핵심사업 지원(support) 사업기회, 기존핵심사업 파생(derivatives) 사업기회, 기존기술의 새로운 소비자 플랫폼 적용(platform), 완전히 새로운 돌파구적 혁신(breakthrough) 사업기회로 나누어 추구하는 혁신은 중요한 역할을 한다.

이러한 단계를 거쳐 신규사업 아이템을 선정하고, 신규사업 진입방식의 유형(내부 개발, M&A, 또는 제휴)과 유형별 장단점 분석을 통해 실행에 옮긴다.

그림 4-1 성장이론의 관점으로 본 신규사업기회 평가과정

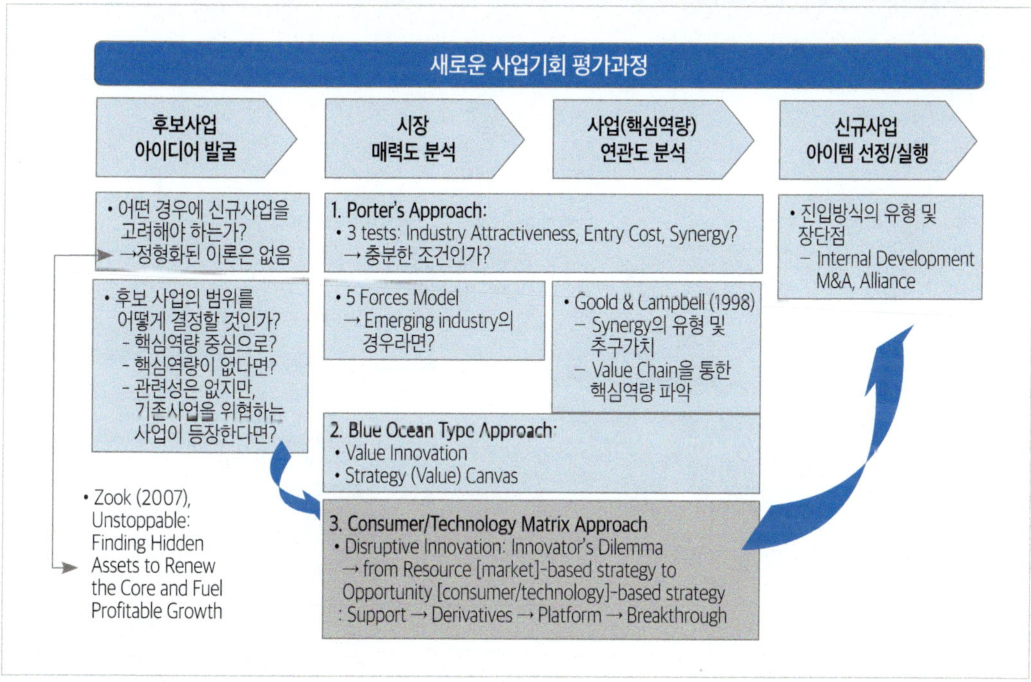

1.3. 혁신 유형과 시장성장(market potential)의 관계

제품 또는 산업라이프사이클(Product or Industry Life Cycle)은 시장이 형성된 후, 기간은 차이가 있겠지만 성공할 경우, 일반적으로 성장을 거쳐 성숙기에 진입하고 쇠퇴기를 맞는다는 변화 패턴을 보여준다. PLC는 일반적으로 제품유형(product type) 수준에서 그 변화패턴을 잘 설명한다. 그림 4-2는 혁신 유형과 시장성장(market potential)의 관계를 보여주고 있다. 새로운 기술에 의한 제품은 티핑포인트(tipping point: 성장의 변곡점)에 이를 때까지는 별 주목을 끌지는 못하지만 그 이후 지속적 혁신(continuous or sustaining innovation)

에 의해 시장은 좀더 성장하다 성숙기로 들어간다. 그런데 크리스텐슨의 파괴적 혁신(특히, low-end disruption)은 기존기술(기존기술의 응용; 예를 들어 저렴하게, 적게, 사용하기 편리하게)로 새로운 소비자세분시장을 창출하며 시장성장을 더 견인할 수 있다. 메인프레임 컴퓨터 대신 마이크로 컴퓨터, 진공관 TV 대신 솔리드 스테이트 TV, 만년필 대신 볼펜의 등장으로 인한 시장성장이 그 예에 해당한다. 이에 비해 완전히 기초가 다른 신기술로 새로운 소비자시장을 개발하는 경우를 불연속적 혁신(discontinuous innovation)은 새로운 PLC를 만드는 것으로 볼 수 있다. 그림 4-2처럼 디지털 사진기술, 평면 패널 TV, 올레드 TV 등이 그 예가 된다. 결국 시장이 최대한 성장하기 위해선 파괴적 혁신(disruptive innovation) 또는 불연속적 혁신(discontinuous innovation)이 일어나야 한다.

그림 4-2 혁신 유형과 시장성장(Market Potential)의 관계

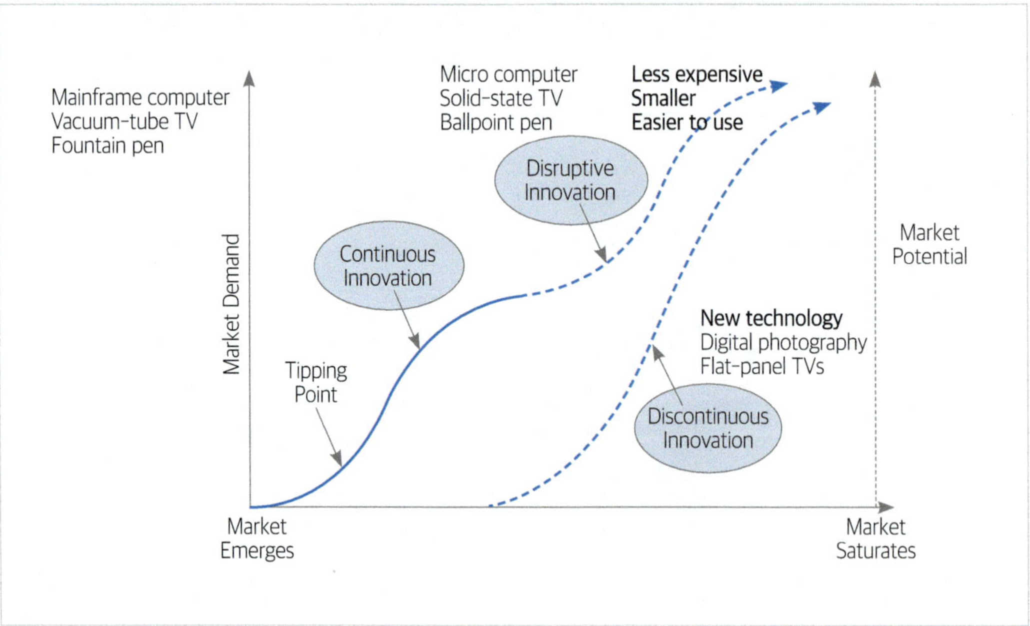

1.4. 혁신 유형 이해의 중요성

수많은 혁신 유형에 관한 기존연구가 존재하지만, 비즈니스 시사점이 높은 혁신 유형을 탐색하고 정리한 결과를 그림 4-3에 정리하여 제시하였다. 혁신전략의 목표, 방향, 사업 포트폴리오, 혁신/성장 추구의 범위와 한계 등을 고려하여 혁신 유형을 도출했다. 앞서 설명한 소비자/기술 매트릭스로 신규 사업기회를 찾는 전략/접근방법(opportunity-based strategy)과 일관된 유형이다.

그림 4-3 **본 저서의 혁신 유형**

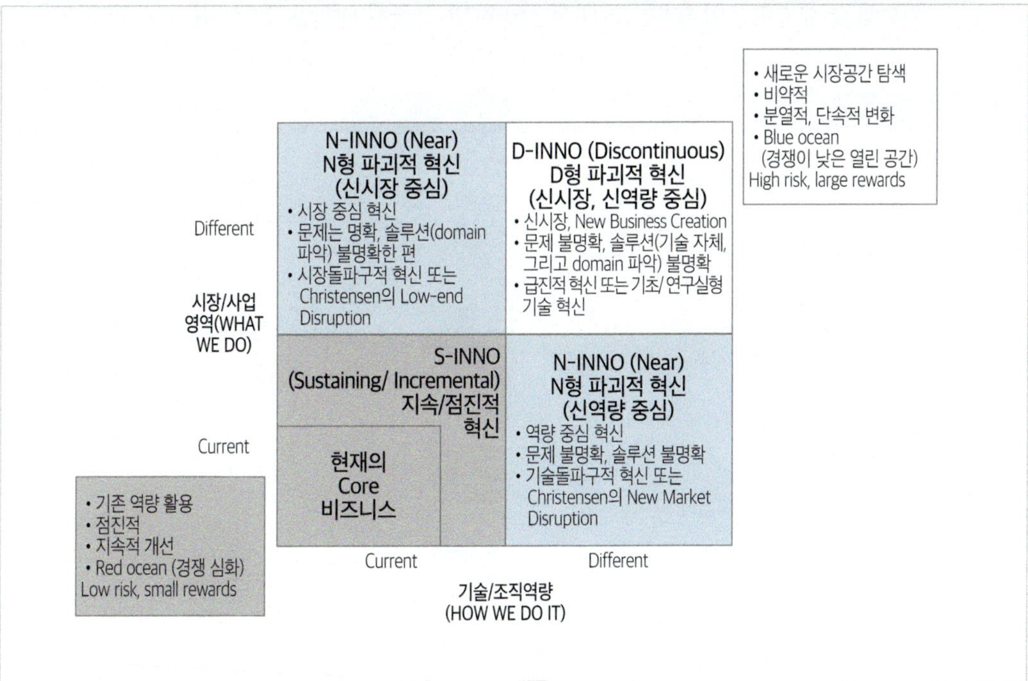

현재의 핵심 비즈니스에 비해 혁신 유형은 시장/사업영역(what we do)과 기술/조직역량(how we do it)을 기준으로 세 단계 정도로 구분될 수 있다: S형 혁신; N형 혁신; D형 혁신. S형 혁신(Sustaining or incremental Innovation)은 지속적/점진적 혁신으로 시장/사업영역과 기술/조직역량은 현재 사업이나 제품과 거의 비슷하다. 다음 단계의 N형 혁신은 신시장 중심의 N형과 신역량 중심의 N형 두 개 type으로 구성된다. 신시장 중심의 N형 파괴적 혁신은 기술/조직역량은 큰 변화는 없지만, 새로운 시장/고객 영역을 목표로 한다. 이 혁신은 시장중심이고, 해결해야 할 문제는 명확하나 솔루션은 아직 명확하지 않은 경우이다. 시장돌파구적 혁신(Market-based breakthrough) 또는 크리스텐슨의 Low-end 파괴적 혁신과 비슷한 혁신 개념이다. 신역량 중심의 N형 파괴적 혁신은 시장/고객 영역은 거의 그대로인지만, 새로운 기술/조직역량으로 혁신을 추구한다. 이 혁신은 역량 중심이고, 문제나 솔루션 모두 명확하지 않은 경우이다. 기술돌파구적 혁신(Technology-based breakthrough) 또는 크리스텐슨의 New market 파괴적 혁신과 비슷한 개념이다. 마지막 단계의 혁신은 혁신 정도가 가장 높은 D형(Discontinuous) 파괴적 혁신이다. 이 혁신은 새로운 시장과 새로운 비즈니스를 창조하는 혁신이다. 이 경우는 해결해야 할 문제나 솔루션이 모두 불명확하다. 급진적 혁신(Radical innovation or New-to-the world innovation) 또는 기초/원천기술/연구실형 기술혁신과 비슷한 개념이다. 새로운 시장공간을 탐색하는 만큼 기존 비즈니스/제품에 비해 비약적, 분열적, 단속적 변화를 추구하며, 그만큼 위험하고 실패확률이 높다. 그 대신 성공하면 성공에 대한 보상/성과는 매우 크다.

그림 4-4 **시장/조직역량 기반 혁신 유형의 예**[8]

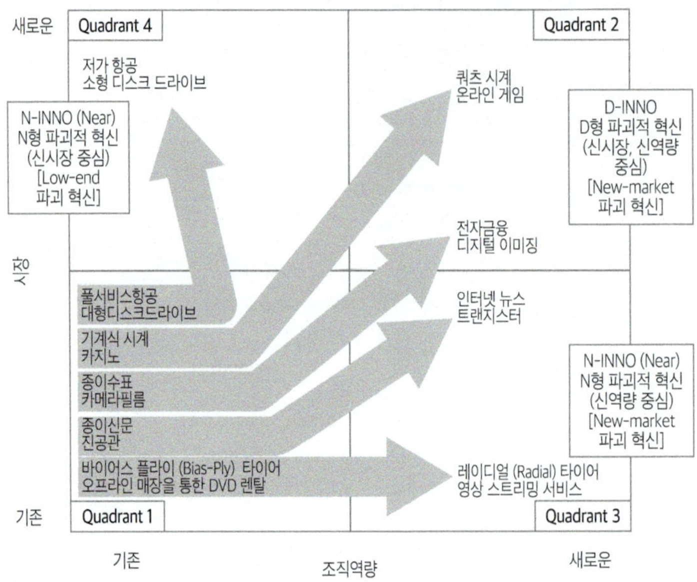

그림 4-4는 N형 혁신(신시장 중심 및 신역량 중심)과 D형 혁신의 다양한 예를 보여주고 있다. 나아가 그림 4-5는 15년에 걸친 후지필름의 놀라운 혁신 사례를 보여주고 있다. 특히 후지필름의 사례는 시장(업)의 파괴가 어디에서 왔든, 어떤 힘들이 파괴적 트렌드를 drive하고 있든 상관없이, 도전기업을 방어하고 새로운 성장시장을 지배하는 좋은 방법은 이중의 파괴적 혁신(N형과 D형)의 동시 추진이라는 점을 시사하고 있다.

우리는 지금까지 설명한 혁신 유형의 개념을 바탕으로 사업기회의 발견과 사업 아이디어의 개발과 평가 그리고 역량개발과 실행을 위한 조직 이슈를 고찰할 것이다.[9] N형 혁신은 시장지향적(market-driven) 마케팅 혁신과 일관된 개념이고, D형 혁신은 시장개

8) O'Reilly III, C. A., & Tushman, M. L. (2021), Lead and Disrupt: How to Solve the Innovator's Dilemma, Stanford University Press.

9) Ibid.; Johnson, M. W. (2018), Reinvent Your Business Model: How to Seize the White Space for Transformative Growth, Harvard Business Press; Anthony, S. D., Gilbert, C. G., & Johnson, M. W. (2017), Dual Transformation: How to Reposition Today's Business while Creating the Future, Harvard Business Review Press; Satell, G. (2017), Mapping Innovation: A Playbook for Navigating a Disruptive Age, 2, New York, NY: McGraw-Hill Education.

그림 4-5 시장/조직역량 기반 혁신 유형의 예: 후지필름 사례

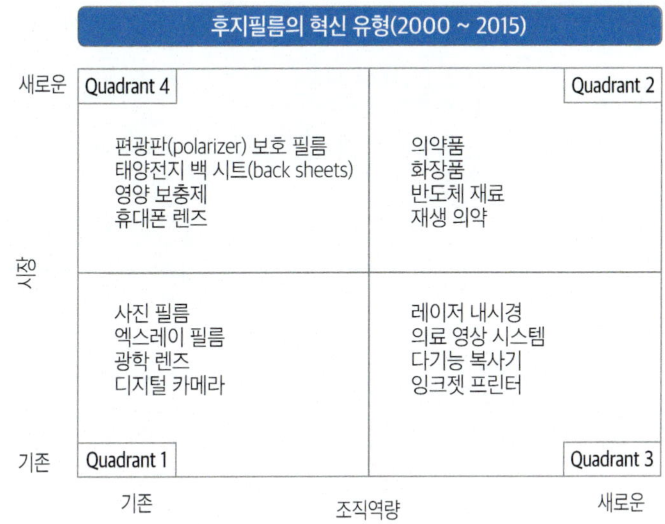

척형(market-driving) 마케팅 혁신과 일관된 개념으로 볼 수 있다.[10] 이에 대해서는 뒤에서 더 살펴보기로 하고, 다음 절에서는 전략경영 영역의 혁신 유형과 역량 유형 그리고 마케팅 영역의 역량 유형에 관해 먼저 고찰한다.

2절. 활용역량/시장지향적 마케팅역량 혁신 및 탐색역량/시장개척형 마케팅역량 혁신

활용역량과 시장지향적 마케팅역량은 일관된 개념이다. 활용역량은 기업내부에서 외부로의 관점으로 비즈니스를 바라보는 반면, 시장지향적 마케팅역량은 외부에서 기업내부로의 관점으로 비즈니스를 추진하는 관점이다. 이를 살펴보고, 탐색역량과 시장개척형 마케팅역량을 고찰한다. 마지막으로 최근 발표된 연구의 시장지향적 마케팅혁신과 시장개척형 마케팅혁신에 대하여 탐구한다.

10) Tang, T. Y., Zhang, S. K., & Peng, J. (2021), The value of marketing innovation: Market-driven versus market-driving, Journal of Business Research, 126, 88-98.

그림 4-6 활용/시장지향적 마케팅역량과 탐색/시장개척형 마케팅역량[11]

'양손잡이'조직전략	활용형전략(활용 역량>탐색 역량)	탐색형 전략(탐색 역량>활용 역량)
특성에 따른 역량 유형	활용(Expliting) 역량 [보유 핵심 역량 활용]	탐색(Expliting) 역량 [신규 역량 탐색·개발]
비즈니스 추진 관점: 기업내부(Inside) → 시장(Out)	자원기반관점의 역량활용 **2분면** (Resource-based View) • 정태적 핵심 역량 (지속가능한 경쟁우위: sustainable competitive advantage) • 내부 효율성(efficiency) • 프로세스의 안정화(replicability)	동태적 역량 탐색·개발 **1분면** (Dynamic Capability View) • 동태적 핵심 역량 (변화하는 경쟁우위: transient competitive advantage) • 사업/시장 기회와 역량 간의 적합성 • 효과성(effectiveness)
비즈니스 추진 관점: 시장(Outside) → 기업내부(In)	시장지향관점의 역량활용 **3분면** (Capabilites of Market-driven Organizations) • 마켓 센싱 • 고객 연동(customer linking) • 채널 관계(channel bonding) • 기술 모니터링(technology monitoring)	적응적 마케팅 역량 탐색·개발 **4분면** (Adaptive Marketing Capabilities) • 경계를 게을리하지 않는 시장학습 (vigilant market learning) • 적응적 시장실험(adaptive market experimentation) • 오픈 마케팅(open marketing)

2.1. 활용역량/시장지향적 마케팅역량(exploiting capability & market-driven marketing capability)에 의한 혁신

포터(Michael E. Porter)의 경쟁전략(원가우위, 차별화, 집중화)이나 고객이 원하는 가치 제공 전략(운영의 탁월성, 제품리더십, 고객친밀감)의 핵심은 표적시장을 고려하되 자사의 핵심 자원과 역량을 활용해 비즈니스 · 제품 · 서비스를 포지셔닝하라는 것이다. 이 전략을 포함하여 주류 경영전략은 고전경제학자 리카르도(David Ricardo)의 비교우위론에 뿌리를 두고 있으며,[12] 이러한 접근방법을 자원기반의 경영전략(resource-based view of management strategy)이라고 한다.

그림 4-6에 기업의 역량 유형이 나타나 있다. 활용역량(exploiting capability)은 이미 개발하여 보유하고 있는 핵심역량(core competence)을 활용하는 능력을 뜻한다. 이 역량에 대한 이론적 접근을 자원기반 관점의 역량 활용(resource-based view)라고 하는데 이는 기업내부(inside) → 시장(out)이라는 비즈니스 추진 관점에서 접근된다(그림 4-6의 2분면). 이

11) Day, G. S. (2011), Closing the marketing capabilities gap, Journal of Marketing, 75(4), 183-195의 내용을 토대로 만듦.

12) Makadok, R. (2001), Toward a synthesis of the resource-based and dynamic-capability views of rent creation, Strategic Management Journal, 22(5), 387-402.

경우 기업은 보유하고 있는 핵심역량을 활용해 제품/서비스를 개발하고 이를 시장에 마케팅한다. 대표적인 예로 혼다가 소형엔진 기술 및 제조 핵심역량으로 소형오토바이, 소형자동차 등의 시장을 잘 공략한 것을 들 수 있다. 비즈니스전략 · 경쟁전략은 이러한 비즈니스 추진 관점 이슈들(지속가능한 경쟁우위(sustainable competitive advantage), 내부효율성, 프로세스의 안정화 등)을 중요하게 여겼다.

또한 활용역량은 시장(outside) → 기업내부(in)이라는 비즈니스 추진 관점에서도 접근될 수도 있다. 기업은 시장(고객과 경쟁) 환경의 필요와 요구조건을 토대로 성공가능성이 높은 기회들을 잘 파악하고 이 중에서 자사의 핵심역량을 활용해 공략할 수 있는 기회를 선택하여 제품 · 서비스를 만들어 이를 시장에 마케팅한다. 많은 마케팅 성공 사례가 해당된다. 마케팅전략은 이러한 비즈니스 추진 관점 이슈들(마켓 센싱, 고객 연동, 채널 관계, 기술 모니터링 등)을 중요하게 여겼으며, 이러한 접근을 시장지향조직의 역량 활용(capabilities of market-driven organizations)이라고 한다(그림 4-6의 3분면).[13] 즉 이 역량은 시장지향적 마케팅역량(market-driven marketing capability)이라고 하는데, 조지 데이는 이 역량을 사업부 전체의 조직 수준 역량으로 수행해야 함을 강조했다.

비즈니스 추진 관점에서만 차이가 있지 자원기반 관점과 시장지향 관점은 보유하고 있는 핵심역량을 활용한다는 공통점을 가지고 있고 이러한 측면에서 서의 동일한 개념으로 생각해도 된다.

시장지향적(market-driven) 조직의 역량은 그림 4-7과 같이 outside-in 프로세스, spanning 프로세스, inside-out 프로세스로 구성되는 역량 중 마켓 센싱, 고객 연동(customer linking), 채널 관계(channel bonding)와 spanning 프로세스가 특히 중요함을 강조했다. 또한 다음과 같은 질문을 중요하게 생각하는 조직이 시장지향적인 혁신을 이룰 가능성이 높을 것이다:

- 조직 내에서 다음 같은 수집 정보를 바탕으로 허심탄회하게 질문을 던질 수 있는가(Open-minded inquiry)? : 정보에 대한 적극적인 스캐닝(Top-down & Bottom-up), 벤치마킹: 주요 경쟁자는? ; 업의 경계를 넘어선 Best Practice Process; 직접 경험(Continuous experimentation and improvement)
- 정보가 synergistic하게 흘러서 생산, 영업, 엔지니어링, R&D, 재무 등 관련 기능에 잘 공유되고 있는가?
- 상호 공유된 멘털모델로 정보들을 해석하고 있는가?
- 조직이 Memory를 가지고 있는가?

13) Day, G. S. (1994), The capabilities of market-driven organizations, Journal of Marketing, 58(4), 37-52.

그림 4-7 시장지향적 조직의 역량(Capabilities of Market-driven Organization)[14]

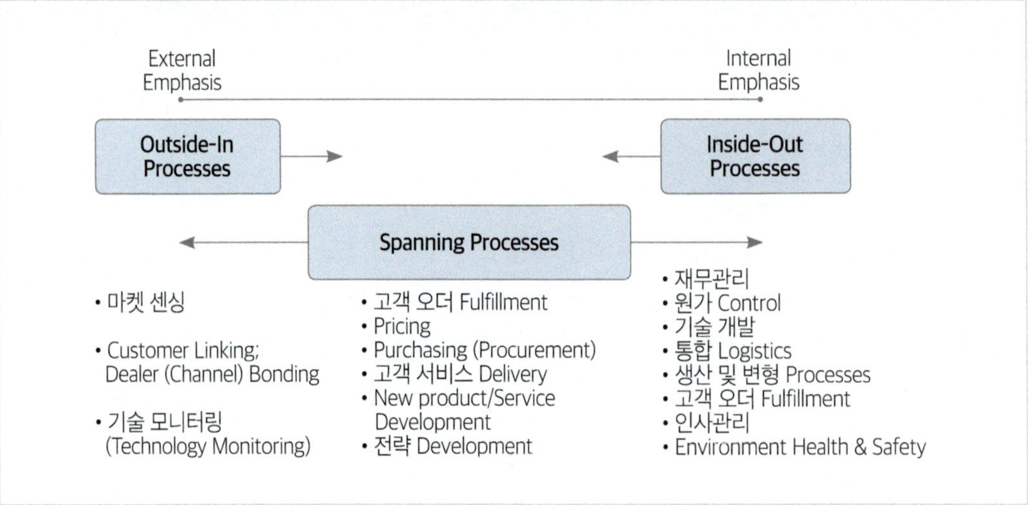

2.2. 탐색역량/시장개척형 마케팅역량(exploring capability & market-driving marketing capability)에 의한 혁신

그림 4-6에 탐색역량이 나타나 있다. 탐색역량(exploring capability)은 비즈니스 시장기회를 위해 신규 역량을 탐색·개발(그 후 물론 활용)하는 능력을 뜻한다. 탐색역량은 환경변화에 동태적으로 반응하는 것, 즉 새로운 기회를 발견하고 이 기회에 적합한 경쟁력을 만들어서 실행하는 탐색을 강조한다. 반면 활용역량은 '선택과 집중', 즉 기존의 핵심 역량을 최대한 활용하는 것을 강조한다. 탐색역량의 첫 번째 종류는 동적 역량(dynamic capability)이다(그림 4-6의 1분면). 1990년대 말부터 동적 역량 관점의 전략 개념이 강조되기 시작했는데, 이 개념의 뿌리는 혁신을 강조하며 창조적 파괴를 주창한 오스트리아 경제학자 슘페터(Joseph A. Schumpeter)의 주장에 기반을 두고 있다. 가장 강조하는 주안점은 급변하는 환경을 잘 파악해 비즈니스 기회를 발견하고 이에 요구되는 역량을 개발해 새로운 가치를 창출하는 비즈니스를 펼치라는 것이다. 즉 자원기반의 경영전략이 핵심 역량의 활용을 더 강조했다면, 동적 역량을 토대로 한 경영전략은 새로운 환경이 요구하는 신규 역량의 탐색과 개발에 더 초점을 맞춘다.

티스(Teece)에 따르면 동적 역량이란 환경변화에 맞춰 내·외부자원을 통합하고 육성하며 재편하는 역량이다.[15] 기업은 동태적인 관점에서 핵심역량을 수정하고 변화해 나

14) Ibid.
15) Teece, D. J. (2009), Dynamic Capabilities and Strategic Management, Oxford University Press; Teece, D. J. and Shuen, A. (1997), Dynamic capabilities and strategic management, Strategic Management

가야 한다. 예컨대 애플은 기술과 선도적인 통찰로 PC 시장을 창출했지만, 변화하는 환경에 적응하지 못해(동적 역량이 부족해) 위기를 맞았다. IBM은 몰락 직전에 동적 역량을 구축하는 전략으로 회생했다. 중대형 컴퓨터시장이 축소한다는 것을 늦게 알았지만, 이를 분석한 후 새로운 서비스 기회를 잡기 위해 기술과 인적 자원, 핵심 역량을 재구성해 제품 중심 기업에서 서비스 중심 기업으로 재빠르게 탈바꿈했다. 나아가 티스는 동적 역량은 세 가지 프로세스를 거치면서 만들어진다고 보았다(그림 4-8 참조). 우선 환경의 작고 많은 시그널을 읽어서 새로운 기회를 발견하는 Sensing 프로세스에 기반을 두고, 자원과 핵심 역량을 재편해 새로운 기회에 적합한 경쟁력을 빠르게 기르는 Seizing 과정에서 비즈니스 모델을 도출하고, 이를 실행하는 데 적합한 조직을 디자인해 비즈니스를 수행하고 경제적 성과를 얻는 Transforming 과정을 거치면서 기업의 동적 역량은 증진한다. 기업은 이러한 방식으로 동적 역량을 구축해 계속 변화하는 환경에 맞게 변신하며 신규 비즈니스 또는 기존 비즈니스를 새롭게 펼쳐나가야 한다.

그림 4-8 동적 역량의 구성요인[16]

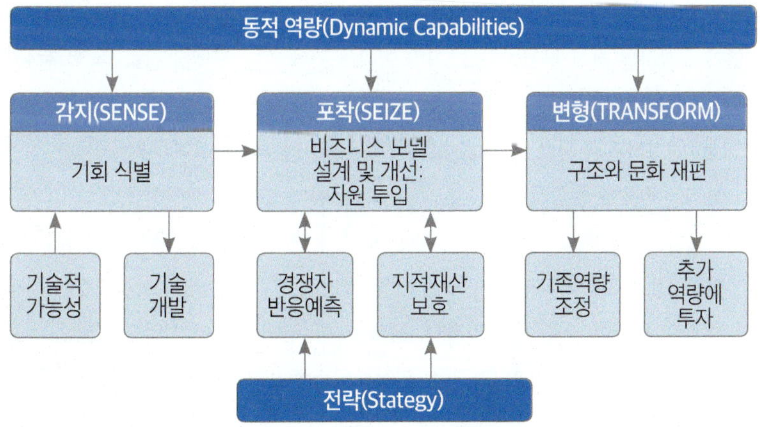

탐색역량의 두 번째 종류는 데이(George S. Day)가 제시한 적응적 마케팅역량(adaptive marketing capabilities)이다(그림 4-6의 4분면).[17] 동적 역량은 기업내부(inside) → 시장(out)이라는 비즈니스 추진 관점인 반면(비즈니스 · 경쟁전략 관점), 적응적 마케팅역량은 시장

Journal, 18(7), 509-533.

16) Ibid.

17) Day, G. S. (2011), Closing the marketing capabilities gap, Journal of Marketing, 75(4), 183-195.

(outside) → 기업내부(in)라는 비즈니스 추진 관점이다(마케팅전략 관점). 나아가 동적 역량은 아무리 새로움을 강조해도 기존의 자원을 고려하여 새로움을 추구하는 Inside-out의 관점이지만, 적응적 마케팅 역량은 기존의 자원을 고려하지 말고 시장과 고객에 근거해 Outside에서 요구하는 새로운 비즈니스 기회를 발견하여 추구하는 Outside-in 관점이다. 이러한 측면에서 보면 적응적 마케팅역량 개념이 슘페터가 말한 창조적 파괴와 더 가깝다고 할 수 있다. 즉 적응적 마케팅역량이 토대로 하는 Outside-in 관점의 동태성은 어떠한 선입견과 조건도 생각하지 말고 고객을 중심에 두고 새로운 기회를 발견 · 추구하는 것을 절대적으로 강조한다. 이러한 관점을 역설한 대표적 기업가 중 한 명이 바로 아마존 창업자 · 회장인 제프 베조스(Jeff Bezos)다. 베조스는 아마존이 구축한 클라우드 컴퓨팅 네트워크에 관한 고객 접속을 기반으로 킨들(Kindle) 같은 더 편리한 독서경험을 제공함으로써 웹 서비스에 관한 고객 니즈를 창출 · 충족한 사례를 '앞뒤를 바꿔서 일하는(working backward)' 사고방식이라고 명명하며, 이 방식을 다음과 같이 설명하고 있다(아마존 웹 서비스 비즈니스는 B2B 마켓에서 더 큰 성공을 거둠).[18] 삼성의 이건희 회장이 과거 신경영을 주창하며 강조했던 "마누라, 자식만 빼놓고 다 바꿔"라는 철학과 비슷한 대목이다.

> "우리가 잘하는 것이 무엇이지, 그러한 역량과 스킬로 또 무엇을 잘할 수 있을까를 묻지 말고 누가 우리의 고객인가를 먼저 생각해야 한다. 고객들이 필요로 하는 것은 무엇일까? 그리고 그것을 발견하면 우리가 그 일을 할 수 있는 스킬을 가졌든 못 가졌든 어떠한 방법을 마련해서라도 그 필요를 충족시키겠다고 마음먹어야 한다. 그리고 시간이 얼마나 걸리든 우리는 필요한 스킬을 학습해서 갖추면 되는 것이다. 내가 관찰한 바로는 많은 경영자가 최적의 비즈니스 접근방식을 자신의 기업이 잘하는 핵심 역량과 스킬로 뜨개질하는 것으로 생각하는 것 같다. 이러한 방식이 맞을 수도 있지만, 문제는 여러분이 여러분 기업의 역량과 스킬 세트에 새로운 것을 계속 추가하지 못할 경우, 여러분도 모르는 사이 세상은 여러분에게서 멀어진다는 점이다."

그림 4-9는 새로운 시장을 창조하기 위한 필요한 시장개척형 마케팅역량(적응적 마케팅역량)의 구성요인과 역할을 나타내고 있다. 먼저 ⓐ 경계를 게을리하지 않는 시장학습(vigilant market learning)이 첫 번째 요인이다. 이는 기존의 시장조사들을 넘어서서 시장이 진화될 미래를 예측하고 어떠한 가치의 조합이 고객에게 새로운 가치를 줄 수 있을지를 알아내는 역량을 의미한다. 애플은 사용 용이성이 높고, Music Store/Software/휴

18) Lyons, D. (2010), The consumer is always right, Newsweek, January, 4, p.85.

대용 플레이어를 담아놓은 심플 시스템인 iPOD를 창조했다. 또한 소비자들이 다른 뮤직 플레이어를 사용할 때 직면하는 문제점들을 제거하고 디지털 뮤직 경험을 간소화시킨 iPhone을 창조했다. 시장조사를 맹신하지 않는 사고의 훈련, 엉뚱한 아이디어가 처음부터 사장(死藏)되지 않고 발산될 수 있는 긍정적, 개방적인 평가문화를 확산하고, 인간으로서의 소비자를 진정으로 이해하려는 사고방식의 노력이 필요하다. 그래야 소비자에게 새로운 가치를 디자인(설계)할 수 있을 것이다(design new value for consumers).

두 번째 요인은 ⓑ 적응적 시장 실험(adaptive market experimentation)이다. 현재와 미래의 경영환경을 보면, 인간의 소비행동 그리고 미래 시장은 예측하기 힘들고, 다양한 경영환경요인들은 변화하고 있다. 이런 환경에서 제품, 브랜드, 기업의 노력은 '미리 완벽하게 계획된' 방식으로 실현되기 어렵다. 따라서 기업은 small scale로 많은 실천, 즉 pilot action을 취하고 그 결과를 취합하여 향후의 전략을 수정해 나가는 '적응적, 실험적' 도전정신을 강화해야 할 것이다. 애플은 2004년 모토롤라와 협업하여 Music Phone ROKR Phone을 탄생시켰다. 그런데 이 과제는 처절한 실패로 끝났다. 이러한 실패경험에서 학습한 애플은 구매 프로세스의 혁신과 제품차별화로 iPhone 프로젝트를 추진하여 성공했다. 실패로부터 배우면서 소비자에게 새로운 가치를 주기 위해 앞으로 나가는 적응적 시장 실험(adaptive market experimentation)은 다름 아닌 기업의 내부구성원에게 '새로운 가치'를 창출하기 위한 인내를 배양토록 하는 것이라 할 수 있다(nurture new value for employees).

세 번째 요인은 ⓒ 오픈 마케팅(open marketing)으로 Chesbrough가 개방형 비즈니스 모델의 중요성을 소개한 이래 고객에게 새로운 가치를 제공하기 위해 기업이 다양한 파트너와 협력해야 함을 강조한다. 전술한 두 가지의 요구조건(vigilant market learning과 adaptive market experimentation)을 실행하기 위해, 기업은 다양한 마케팅 파트너와 '새로운 가치'를 co-build해야 할 것이다. 다양한 마케팅 파트너는 다음과 같다: 다양한 소비자 그룹, 마케팅 컨설팅회사, 광고대행사, 다양한 종류의 시장조사 파트너(특히 database 분석과 social media text 분석 파트너 등), 실험 파트너 등과 시장학습과 실험을 협력해야 할 것이다. 오픈 마케팅은 새로운 가치창출을 공동디자인(co-design)하는 것이다(co-build new value with relevant marketing partners).

그림 4-9 시장개척형 마케팅역량(적응적 마케팅역량)[19]

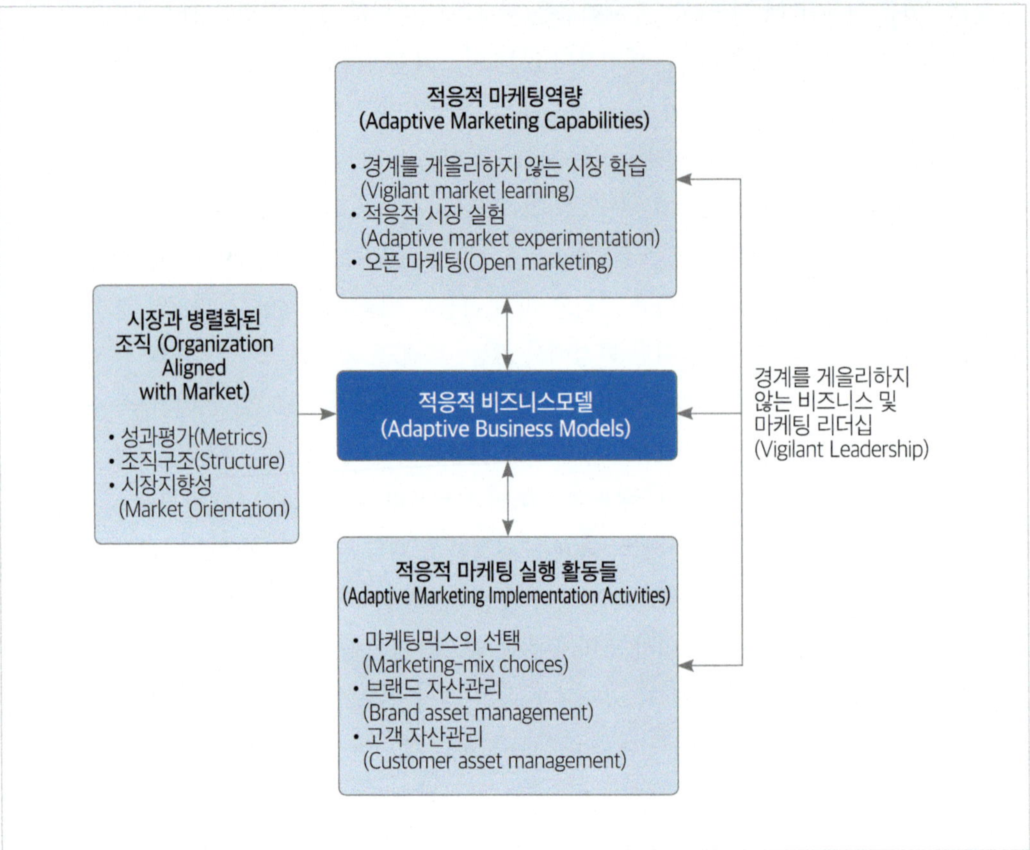

2.3. 시장지향적 마케팅혁신과 시장개척형 마케팅혁신

마케팅에서의 혁신(marketing innovation)은 기존 시장에 존재하지 않는 새로운 방법이나 아이디어를 도입해 마케팅 활동을 전개하는 것을 말한다. 혁신의 대상에 해당하는 마케팅 활동과 프로세스는 고객 발굴과 관리, 고객에 관한 가치제안, 마케팅믹스 등이다.[20]

최근 시장지향적 마케팅혁신(market-driven marketing innovation)과 시장개척형 마케팅혁신(market-driving marketing innovation)이 기업가치에 미치는 실증연구가 등장했는데, 마케팅혁신에 대한 기존 문헌의 정의를 다음과 같이 제시하고 있다.[21] 마케팅혁신이란 제품

19) Day, G. S. (2011), Closing the marketing capabilities gap, Journal of Marketing, 75(4), 183-195.
20) 채서일, 이성호 (2017), Marketing, 6판, 비앤엠북스.
21) Tang, Tanya Ya, Shaoling Katee Zhang, and Jianping Peng (2021), The value of marketing innovation: Market-driven versus market-driving, Journal of Business Research, 126, 88-98.

을 마케팅하기 위해 제품 포장, 배치, 판촉 또는 가격 책정에 상당한 변화를 수반하지만 핵심 제품에는 어떠한 변화도 유발하지 않는 새로운 마케팅 방법의 구현이다(marketing innovation is the implementation of new marketing methods that involve significant changes in product packaging, placement, promotions, or pricing to market a product, but do not invoke any changes in the core product).[22]

표 4-1 시장지향적 마케팅혁신과 시장개척형 마케팅혁신의 차이점[23]

Level	Dimensions	Market-Driven Merketing innovation	Market-Driving Marketing innovation
Customer	Target customer segments Customer needs Changing Customer behavior/preference	Existing Expressed No	New Latent Yes
Product	Innovativeness Business system employed Learning	Incremental Existing Exploitation	Radical New Exploration
Market	Changing competitor behavior/proference Changing industry structure	No No	Yes Yes

비즈니스전략과 마케팅전략의 공통점을 감안할 때 핵심제품의 변화는 마케팅혁신의 대상이 아니라는 정의는 마케팅혁신의 정의를 너무 좁게 내리는 것이다. 이처럼 해당 연구는 마케팅혁신의 범위를 시장지향적 혁신과 시장개척형 혁신으로 구분하는 등 넓게 정의하고(표 4-1 참조) 연구를 진행하여 각 혁신이 현금흐름 특성(변화속도, 변동성, 현재 현금흐름 수준, 미래현금흐름 수준)으로 측정되는 기업가치를 탐구했다. 즉 시장지향적 마케팅혁신은 그림 4-3의 N형 파괴적 혁신(신시장 중심 또는 신역량중심)과 같은 개념이고, 시장개척형 마케팅혁신은 D형 파괴적 혁신(신시장, 신역량 중심)과 같은 개념이다. 마케팅혁신은 비즈니스혁신(비즈니스모델 혁신)의 마케팅모델과 동일한 개념이며, 기업내부/인프라 모델은 아무래도 비즈니스혁신의 중요 구성요인으로 개념화하면 될 것이다.

활용/탐색역량과 시장지향적/시장개척형 마케팅역량에 의한 혁신 개념을 그림 4-10에 요약했다. 전략경영영역과 전략적마케팅영역의 문헌이, 전문용어는 다르게 사용하더라도, 일관된 개념을 제시하고 있다. 조직학습 측면에서의 활용, 전략경영영역의 핵심역량, 전략적마케팅영역의 시장지향적 조직의 역량과 시장지향적 마케팅혁신이 유사한 개념이다. 또한 조직학습 측면에서의 탐색, 전략경영의 동적역량, 전략적마케팅영역의 시장개척형 마케팅혁신과 적응적 마케팅역량이 같은 종류의 개념이다. 기타 마켓

22) Ibid., p.88.
23) Ibid., p.91의 Table2.

센싱에 관한 사항은 5장과 6장에 제시한다.

그림 4-10 활용/탐색역량과 시장지향적/시장개척형 마케팅역량에 의한 혁신 요약

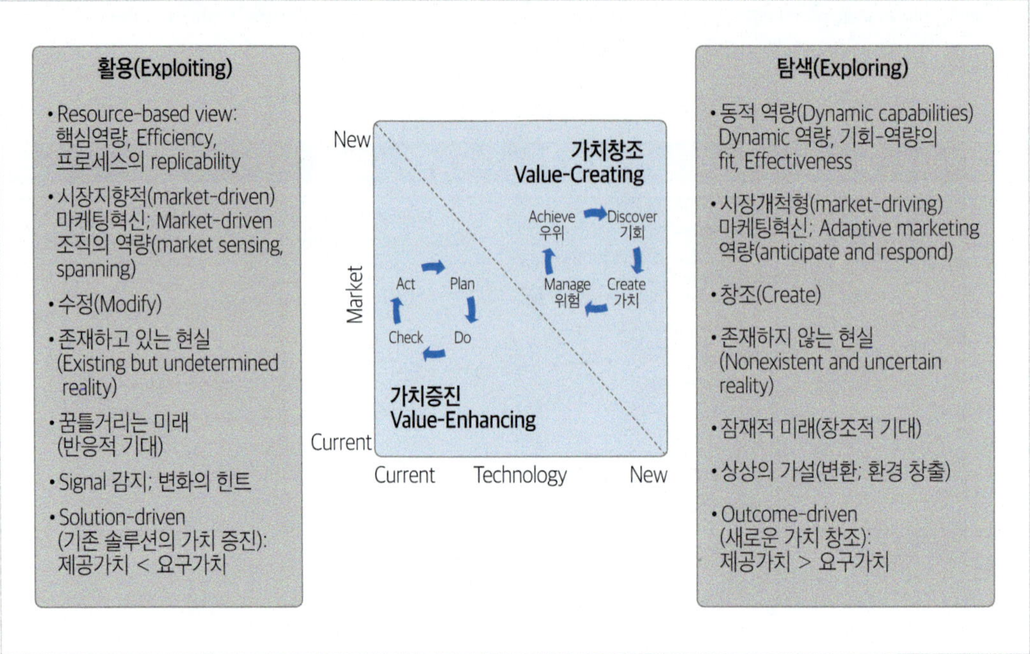

3절. 혁신 사업기회의 발견: 시장지향적 및 시장개척형 마케팅혁신

3절과 4절은 N형 파괴적 혁신(시장지향적 마케팅혁신)과 D형 파괴적 혁신(시장개척형 마케팅혁신)을 위한 사업기회를 발견하는 방법을 고찰한다. 사업 아이디어를 개발하고 평가하는 내용은 이에 도움이 되는 실무 reference를 제시한다. 내용이 학문적 검토를 토대로 도출되었지만, 이 내용을 비즈니스 현장에서 적용하고 활용하는 방법은 지극히 실무적이다. 이에 따라 3절은 다른 절과 달리 매우 실무적으로 해당 내용을 제시한다.

3.1. 혁신 전략의 전제 이해

혁신 추진 프로세스는 그림 4-11 에 제시했다. N형 혁신과 D형 혁신을 위한 사업기회를 발견하기 전에 혁신의 목표, 범위, 태도, 자원 등을 포함한 혁신 전략의 전제를 이해하고자 한다.

그림 4-11 혁신 추진(수립 및 실행) 프로세스

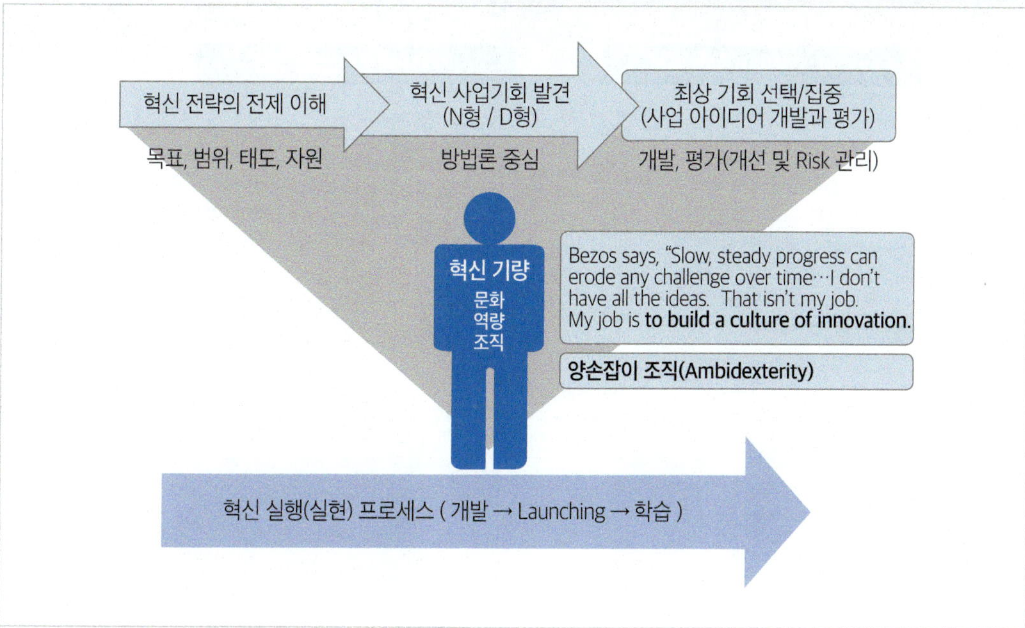

(1) 성장목표와 성장격차 분석

혁신 전략은 성장목표와 성장격차를 분석하면서 시작된다(그림 4-12 참조). 성장목표와 격차를 몇 년 계획을 고려하며 달성하기 위하여 혁신에 의한 성장작전계획, 즉 혁신사업 포트폴리오(기존의 Core 비즈니스혁신, S형 혁신, N형 혁신, D형 혁신)계획을 수립한다. 이 계획에 따라 혁신계획 실행을 위한 자원배분 계획을 세우고 수행함으로써 이 과정 경험을 통달하면서 역량을 개발한다. 자원배분의 %는 예시적이지만, 많은 자료가 이 정도의 목표와 자원배분을 제시한다: Core 비즈니스와 S형 혁신(70%); N형 혁신(20%); D형 혁신(10%). 물론 계획이 실행되고 시간이 흐름에 따라 이 비율은 당연히 변할 것이다.

그림 4-12 성장목표와 성장격차분석

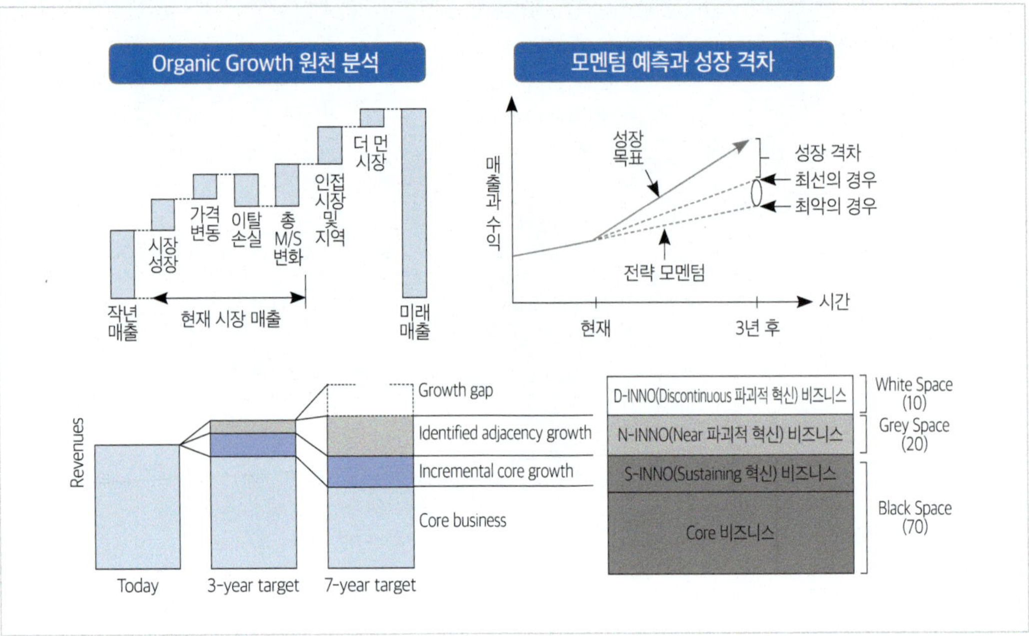

(2) 시장의 파괴가능성 이해

시장의 파괴가능성은 그림 4-13에 나타나 있다. 시장의 파괴가능성 또한 혁신에 의한 성장작전계획, 즉 혁신사업 포트폴리오(기존의 Core 비즈니스혁신, S형 혁신, N형 혁신, D형 혁신)계획과 혁신계획 실행을 위한 자원배분 계획에 영향을 미침에 따라 이를 분석하여 계획에 반영하는 것이 바람직하다.

그림 4-13 시장의 파괴 가능성

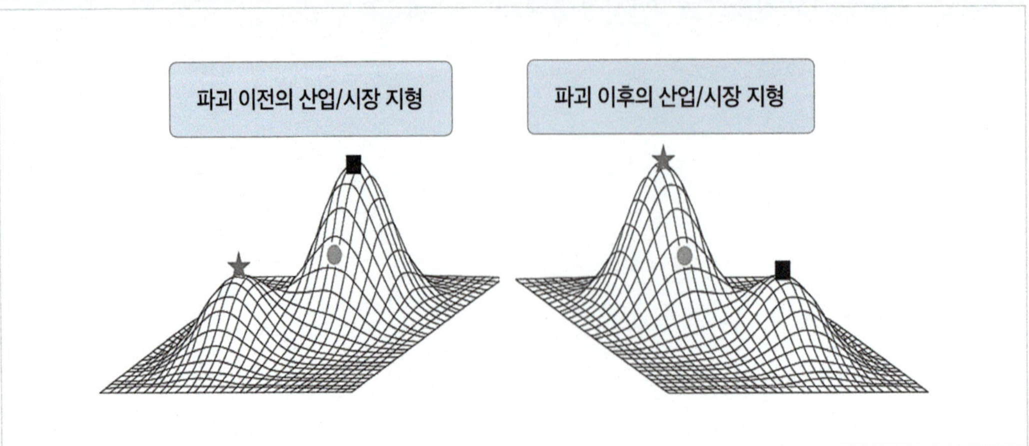

시장의 파괴가능성 평가방법은 **표 4-2**와 같다.

표 4-2 시장의 파괴가능성 평가방법

파괴 징후에 대한 조기 경보 사인(Early Warning Signs) - 파괴가능성 평가방법				
단계	**사인/징후(Sign)**	**Low risk (파괴가능성 낮음)**	**Moderate risk (파괴가능성 중간)**	**High risk (파괴가능성 높음)**
1 단계 : 상황(맥락)	고객 충성도 (Customer loyalty)	안정적 또는 증가하는 편	점차 감소하는 편	급하게 감소
	벤처 투자 (Venture investment)	거의 없음	Seed 및 초기 투자활동 활발	성장을 위한 투자 활동 활발
2 단계 : 촉매 역할	정책 및 규제 변화 (Policy changes)	거의 없음	고려 또는 논의 중	점차 실행되고 있는 중
	산업/시장 진입 활동 (Industry entrant activity)	거의 없음	시장의 Low-end나 변죽에서 성장이 일어나고 있음	시장의 메인스트림으로 진입하거나 이미 진입
	고객 습관 변화 (Customer habit shift)	고객 습관 잘 변하지 않음	시장의 변죽에서 변화 일어나고 있음	시장의 메인스트림에서 변화가 일어나고 있음
3 단계 : Impact (영향)	비즈니스 모델 혁신	진입자가 현재 모델을 적합하게 따름	진입자가 새로운 모델을 실험	진입자가 성공적으로 다른 비즈니스 모델을 실행
	수익 마진 (Profit margins)	안정적 또는 증가하는 편	점차 감소 또는 원가관리에 의해 증가	빠르게 감소

(3) 혁신성장 추구범위(혁신사업 포트폴리오) 결정

다음으로 **표 4-3**과 같은 혁신사업 포트폴리오 목표를 결정하면서 혁신성장 작전계획을 수립한다.

표 4-3 시장의 파괴가능성 평가방법

Ⅰ. 현재의Core 비즈니스 활동	Ⅰ-1. S-INNO (Sustaining)사업 = 지속적 / 점진적 혁신	Ⅱ-1. N-INNO (Near) 사업 = N형 파괴적 혁신 (신시장 중심)	Ⅱ-2. N-INNO (Near) 사업 = N형 파괴적 혁신 (신역량 중심)	Yr. 1	Yr. 2	Yr. 3	3년차 기대 성과	3년차 목표 성과	성장 격차	Ⅲ. D-INNO (Discontinuous) 사업 = D형 파괴적 혁신(신시장/신역량 중심)
현재의 영업이익	현재의 핵심 비즈니스 확장: 예) 신규 고객, 신규 지역, 신규 채널 등	추진 사업과제 개수 (#1, #2, ...)	추진 사업과제 개수 (#1, #2, ...)							추진 사업과제 개수
3년간의 성장률 (예측)		사업별 예상 영업이익	사업별 예상 영업이익							사업별 예상 영업이익
3년간의 예상 영업이익 (현재의 핵심 비즈니스)	3년간의 예상 영업이익 (incremental core)	예상 성공률	예상 성공률							예상 성공률
		3년 예상 영업이익 (near growth)	3년 예상 영업이익 (near growth)							3년 예상 영업이익 (near growth)
비고										

■ 3년차 성장 목표성과 ________ ■ 3년차 성장 기대성과 ________ ■ 성장 격차 ________

(4) 기존(핵심) 비즈니스와 자산에 대한 관리와 통제

기존의 핵심비즈니스와 자산에 대한 관리와 통제가 철저해야 이 자산을 바탕으로 혁신성장의 추진이 가능하다. 예를 들어 미국 델타항공사는 2005년 자회사인 저가항공사 Song 비즈니스의 정규노선을 흡수통합했다. 이 과정에서 유동성 확보를 위해 Atlantic Southeast Airlines을 매각했다. 그런데 불행하게도 델타의 기존 핵심비즈니스는 새로운 성장비즈니스를 뒷받침할 만큼 단단한 기반 위에 있지 못했다. 그렇다면 제대로 관리되고 있는지를 알기 위해선 무엇을 봐야 하는가? 성장률뿐만 아니라 매출증가율과 이익증가율을 동종업계 평균과 비교해서 평가해야 할 것이다. 창조적 파괴(creative destruction)의 주요 예는 다음과 같다.[24] 1980년대 초반의 Intel은 Andy Grove와 Gordon Moore에 의해, 1988년의 Duracell은 KKR (Kohlberg Kravis Roberts) 사모펀드에 의해 실적이 저조한 비즈니스와 자산 정리에 대한 의사결정이 이루어지고, 이러한 정리는 성장추진의 기반이 되었다.

(5) 혁신전략에 대한 태도와 문화

그림 4-14는 본 연구저서의 혁신유형과 함께 추진방법이 같이 나타나 있다. 이 추진방법은 해당기업이 가지고 있는 혁신전략에 대한 태도와 문화를 반영하고 있는데 내부

그림 4-14 혁신전략에 대한 태도와 문화

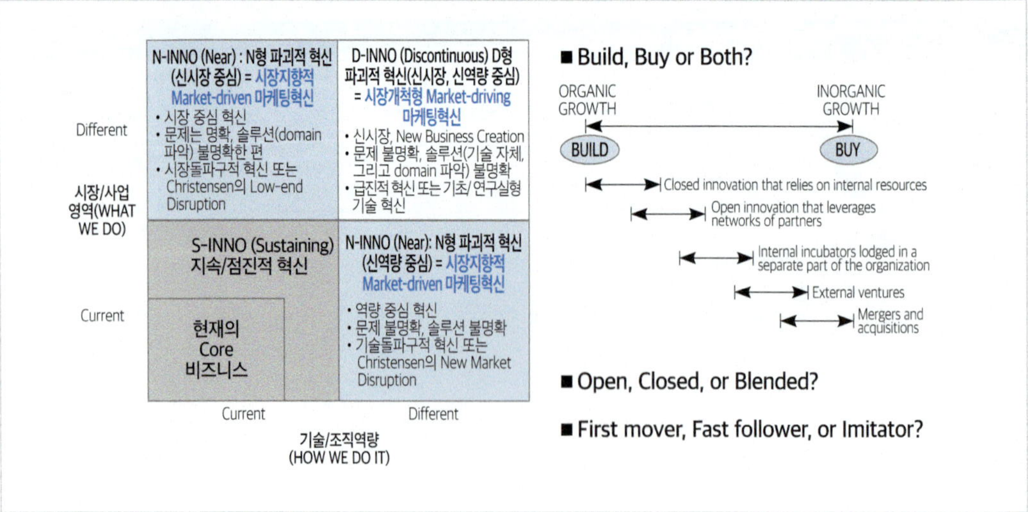

24) Foster, R., & Kaplan, S. (2011), Creative Destruction: Why companies that are built to last underperform the market - and how to successfully transform them, Currency.

개발과 외부의 기업에 대한 M&A, 개방형 혁신의 반영 정도, 선도자/추종자 등의 시장/제품 진입시기에 관한 의사결정 또한 매우 중요하다.

3.2. 혁신(N형과 D형 혁신) 사업기회 발견

이 절에서는 N형(시장지향적[market-driven] 마케팅) 혁신과 D형(시장개척형[market-driving] 마케팅) 혁신 유형별로 사업기회를 발견할 때 유용한 방법론을 소개한다. 먼저 크리스텐슨의 파괴적 혁신이론을 고찰한다.[25] 그 후, 본 연구저서의 구체적 혁신모델을 제시하고 설명한다. 마지막으로 혁신 유형별로 사업기회 발견에 유용한 방법론을 간략하게 소개한다.

(1) 파괴적 혁신이론의 진화

크리스텐슨(1997)은 《혁신기업의 딜레마》라는 책을 발간하면서 Low-end 파괴적 혁신의 개념과 다양한 사례를 설명하였다. 그림 4-15 처럼 신규사업자는 고사양 프리미엄 제품에 불필요한 비용을 지불하지 않으려는 고객에게 '성능을 단순화해 싼 가격에 제공'하는 혁신이다. 수익률도 낮고, 시장크기도 작아서 선도기업이 무시하게 되는 그 '틈

그림 4-15 파괴적 혁신이론의 진화: Low-end 파괴적 혁신[26]

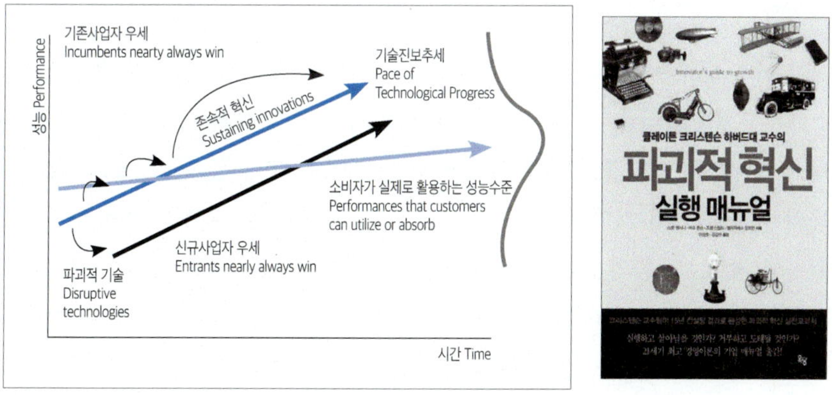

25) 스콧 앤서니, 마크 존슨, 조셉 신필드, 엘리자베스 알트먼(2011), 파괴적 혁신 실행 매뉴얼, 이성호, 김길선 역, 옥당; Christensen, C. M. (1997), The Innovator's Dilemma: When New Technologies Cause Great Firms to Fail, Harvard Business Review Press; Christensen, C., & Raynor, M. (2003), The Innovator's Solution: Creating and Sustaining Successful Growth, Harvard Business Review Press.

26) Ibid.

새'를 신생기업은 저가로 진입해 공략하기 시작한 후, 시간이 흐름에 따라 신규기업이 시장의 대중적 평균 니즈를 맞추고 선도기업은 소비자의 니즈와 멀어지는 기술진보로 인해 신규기업에게 시장에서의 우위를 빼앗긴다는 이론과 많은 증거가 제시되었다.

그림 4-16 은 철강산업에서 전기로 미니밀 방식이 고부가제품을 좇아와서 시장을 장악하는 모습을 보여주고 있다.

그림 4-16 파괴적 혁신이론의 진화: Low-end 파괴적 혁신 철강업 사례[27]

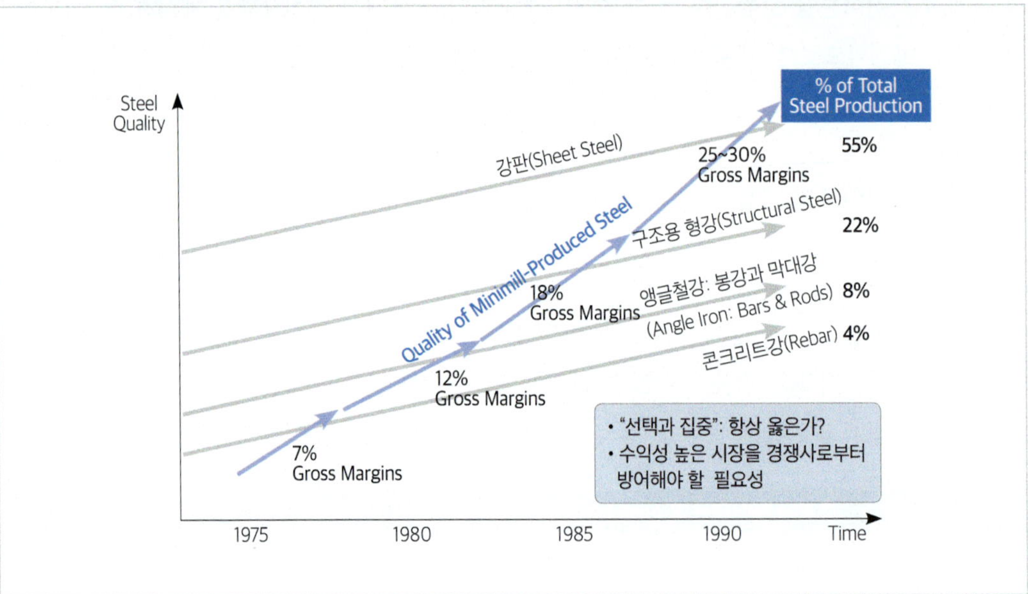

그 이후 Low-end 파괴적 혁신 이론이 설명하지 못하는 사례들이 등장함에 따라 크리스텐슨은 그림 4-17 과 같은 New Market 파괴적 혁신 이론을 추가로 제시하였다. Sony의 트랜지스터 포터블 라디오, Cannon의 Desktop Photocopier, Intel의 Microprocessor 등의 예를 들면서 기업이 상품성능축을 간편성(simplicity), 휴대의 용이성(portability), 제품원가(product cost) 등의 축으로 전환하면서 비소비자(non-consumers) 또는 비소비 사용상황(non-consuming occasions) 세분시장을 대상으로 새로운 시장을 개발한다는 이론이다.

27) Ibid.

그림 4-17 파괴적 혁신이론의 진화: New Market 파괴적 혁신[28]

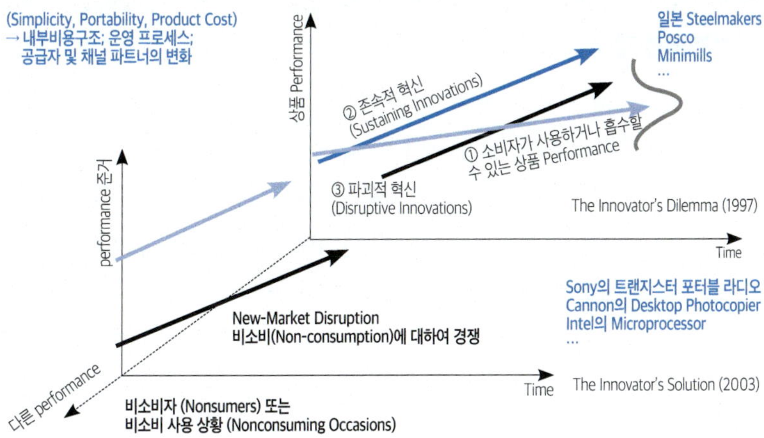

이에 따라 크리스텐슨은 이론의 이름을 파괴적 비즈니스모델 혁신이론으로 변경하고 그림 4-18 까지 세 가지의 혁신 관점과 유형을 설명했다: 존속적 혁신 관점(Sustaining innovation); Low-end 파괴적 혁신 관점(Low-end disruptive innovation); 신시장 파괴적 혁신 렌즈(New market disruptive innovation).

그림 4-18 파괴적 혁신이론의 진화: 파괴적 비즈니스모델 혁신[29]

구분	존속적 혁신 렌즈 (Sustaining inno.)	Low-end 파괴 혁신 렌즈 (Low-end disruptive inno.)	New market 파괴 혁신 렌즈 (New market disruptive inno.)
상품/서비스의 목표 성과	시장의 High-end 고객(요구조건이 가장 高)이 높이 평가하는 수준의 속성	메인스트림 시장의 Low-end 고객을 만족시킬 수 있는 수준의 성과	전통적 속성의 수준은 낮으나 새로운 속성의 수준은 증진 - 주로 Simplicity와 Convenience
Target Customers와 Market Application	증진된 속성에 대하여 지불의 향이 있는 메인스트림 시장의 High-end 고객	메인스트림 시장에서 과잉충족(Overserved)되고 있는 Low-end 고객	비소비자 또는 비소비상황을 Target으로
비즈니스 모델에 대한 영향력 (프로세스와 비용 구조)	기존의 프로세스와 비용구조 개선에 의한 이익 마진 유지 또는 증진; 기존 자원의 효율적 활용	저가격/저마진으로 성과를 창출해야 하는 요구 조건으로 인하여 새로운 프로세스와 재무적 접근방법이 요구	저가격/저마진으로 성과를 창출해야 하는 요구 조건으로 인하여 새로운 프로세스와재무적 접근방법이 요구

28) Ibid.
29) Ibid.

(2) 본 저서의 구체적 혁신모델

지금까지의 검토, 논의와 그림 4-3 을 바탕으로 본 저서가 주장하는 혁신모델을 구체화하여 그림 4-19 에 제시하였다. 혁신모델은 먼저 두 축을 중심으로 크게는 S형 지속적/점진적 혁신, N형 혁신 및 D형 혁신 유형으로 구분하여 제시하였다. S형 혁신의 경우 딜레마에 빠지지 않도록 주의하며 현재 시장에서 경쟁력을 최대한 효과적으로 유지하는 것이 중요하다. 다음 유형인 N형 혁신은 시장지향적 마케팅혁신(market-driven marketing innovation)으로 신시장 중심형과 신역량 중심형으로 구분하여 제시했다. 신시장 중심의 N형 혁신은 분명히 새로운 세분시장으로 확장하는 것인데 기본적인 기술/조직역량이 새로운 것은 아니기 때문에 전체적인 시장의 대세 전환을 만들기는 힘들다. 이에 비해 신역량 중심의 N형 혁신은 새로운 기술 및 조직역량의 효용에 따라 대세 전환으로 진행하는 혁신이다. 그리고 급진형 D형 혁신(radical innovation or new-to-the world innovation)은 개발 시간은 다양하지만 결국은 새로운 시장을 창출하는 혁신을 의미하고 새로운 성장 기업의 등장과 성장을 시사한다.

그림 4-19 본 저서의 혁신모델

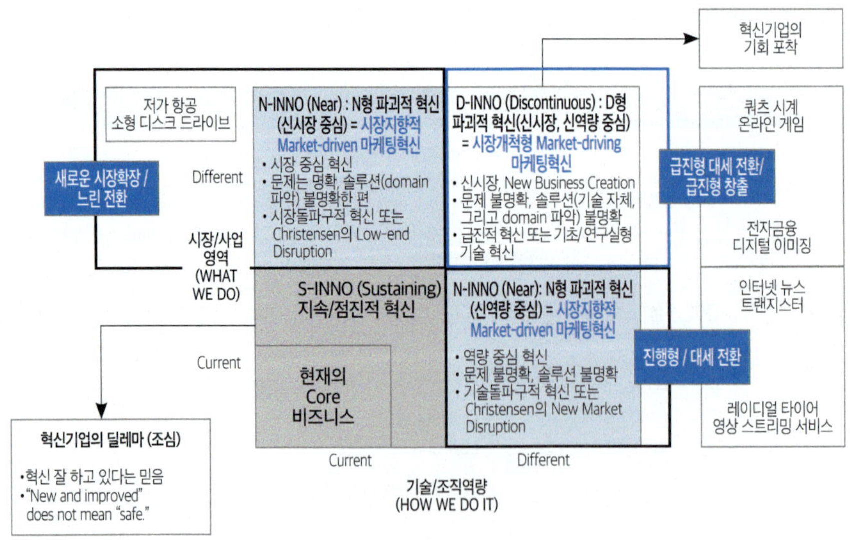

그림 4-20 에서는 우리의 혁신모델의 축을 설명하고 있다. 시장/사업영역은 What We Do라는 축으로 소비자 세분시장뿐만 아니라 전략의 중요한 한 축인 "where to

compete"를 의미한다. 기술/조직역량은 How We Do It이라는 축으로 전략의 중요한 다른 축인 "how to compete"를 의미한다.

그림 4-20 혁신모델의 축 설명

WHAT = "Where to compete"	HOW = "How to compete"
• 시장 Segment (제품 및 고객 Segs) • 지역 Segment (areas, regions, or countries in which a firm competes in a coordinated fashion) • 수요 산업 (or related businesses in which the firm competes in a coordinated fashion) • 수직적 value chain 영역 (or activities typically performed in-house or by independent suppliers) = "make or buy" • 비즈니스 모델 혁신	• 원가우위 vs. 차별화 전략 vs. 블루오션 전략 • 고객가치제안 및 가치딜리버리 모델의 refresh • 비즈니스 모델 혁신
시장/사업 영역 - 누가(Who) 무엇을(What) 구매, 사용에 Focus	기술/조직역량 - 언제(When), 어디서(Where), 어떻게 (How) 구매, 사용에 Focus

(3) 혁신 유형별 사업기회 발견 방법론

복잡하지만 **표 4-4**에 혁신 유형별로 사업기회를 발견하는 방법론을 요약 정리하여 제시하였다.

① 신시장 중심의 N형 파괴적/시장지향적 혁신의 방법론

먼저 새로운 시장확장 및 대세로는 느린 전환이 예상되는 신시장 중심의 N형 시장지향적 혁신의 경우에는 새로운 세분시장을 발견하는 주요한 방법론 개념으로 과잉충족(overshooting) 고객분석이 있다.[30] 과잉충족 고객 세분시장이란 현재의 제품/서비스에 대하여, 더 이상의 필요와 욕구를 느끼지 않을 정도로, 이미 지나치게 좋게 인식하는 특정 세분시장을 의미한다. 좀더 상세한 설명은 7장의 4절에 제시하였다.

30) Anthony, S. D., Gilbert, C. G., & Johnson, M. W. (2017), Dual Transformation: How to Reposition Today's Business while Creating the Future, Harvard Business Review Press; 스콧 앤서니, 마크 존슨, 조셉 신필드, 엘리자베스 알트먼(2011), 파괴적 혁신 실행 매뉴얼, 이성호, 김길선 역, 옥당; Osterwalder, A., Y. Pigneur, G. Bernarda, & A. Smith (2015), Value Proposition Design: How to Create Products and Services Customers Want, Strategyzer, Wiley; 알렉산더 오스터왈더, 예스 피그누어(2011), 비즈니스모델의 탄생, 유효상 역, 타임비즈.

② 신시장/신역량 중심의 D형 파괴적/시장개척형 혁신의 방법론

급진형(radical) 대세 전환 또는 급진형 시장창출이 예상되는 신시장/신역량 중심의 D형 시장개척형 혁신의 경우에는 새로운 사업기회를 발견하는 주요한 방법론 개념으로 비소비(사람, 맥락) 분석과 소비제약요인 분석이 있다.[31] 좀더 상세한 설명은 7장의 4절에 제시하였다.

표 4-4 혁신 유형별 사업기회 발견 방법론

5W 1H	N형 파괴적 혁신 (신시장 중심) 새로운 시장확장 / 느린 전환	N형 파괴적 혁신 (신역량 중심) 진행형 / 대세 전환	D형 파괴적 혁신 (신시장, 신역량 중심) 급진형 대세 전환 / 창출
사례	• Big 디스크 드라이브 → 소형 드라이브 • Full 서비스 항공 → 저가형 항공	• Adobe: 패키지 소프트웨어 회사 → 구독모델 → 클라우드 서비스 • Netflix: 렌털 → 구독모델; DVDs → 스트리밍	• Singpost: 우편배달 → Logistics 서비스 • Amazon: Retailer (bookstore → online superstore) → Online platform → 클라우드 컴퓨팅 리더
누가 WHO	우리에게 새로운 고객/시장이	우리 고객이	우리에겐 또는 경쟁자 모두에게 새로운 고객/시장에게
무엇을 WHAT	그 고객 입장에서 새로운 What (Value)을 [가치 그 자체의 What을]	똑같은 가치(Value)인데	새로운 What(Value)이 [가치 그 자체의 What]
어떻게 (HOW) 언제 (WHEN) 어디서 (WHERE)	–	새롭게 전달되어서, 즉 가치제안의 새로운 How 때문에 = Gain 증가 (편리해서/접근성, 시간 제약요인 해결) and/or Pain 감소(저렴해서)	또한 새롭게 전달되어서, 즉 가치제안의 새로운 How 때문에 = Gain 증가 (편리해서 /접근성, 시간 제약요인 해결) and/or Pain 감소(저렴해서)
구매/사용한다 (WHY)	구매/사용한다 (고객의 과제(Jobs-to-be done) 해결 = 富 또는 스킬 등 관련 제약요인 해결)	구매/사용한다 (고객의 과제(Jobs-to-be done) 해결 = 싸서, 빨라서, 편리해서, 품격 있어서, 재미 있어서 등 접근성과 시간 등 관련 제약요인 해결)	구매/사용한다 (고객의 과제(Jobs-to-be done) 해결 = 싸서, 빨라서, 편리해서, 품격 있어서, 재미 있어서 등 접근성과 시간 등 관련 제약요인 해결)
Key Success Process	1) 고객의 해결 과제(Customers' Jobs-to-be done) 파악 [신역량 중심] = 기존 고객/시장을 대상으로 Gain 증가(편리해서, 빨라서, 품격 있어서, 재미 있어서, 접근성, 시간 제약요인 등 해결) and/or Pain 감소(저렴해서) [신시장 중심] = Low-end target (Local, Global)을 위한 과제 명확화 = 저렴하면서 본원적 기능 작동하는 오퍼링 제공 2) 고객 과제 해결 (고객가치제안 전달)하는 비즈니스 모델 혁신 3) 새로운 성과 metrics 결정하고 활용/모니터링 4) 공격적 실행		1) 시장 제약요인 파악 [스킬 요인, 부족한 富 요인, 불편한 접근성 요인, 불편한 시간 요인] 2) 소비 장벽 해결(= 고객의 해결과제)할 수 있는 구체적 대안 도출 분석 3) 반복적 비즈니스 모델 개발 및 실험 4) 제휴 파트너, 필요할 경우 M&A, 새로운 인재 확보

③ 신역량 중심의 N형 파괴적/시장지향적 혁신의 방법론

새로운 기술과 조직역량으로 시장의 대세를 전환하는 것이 예상되는 신역량 중심의 N형 시장지향적 혁신의 경우에는 새로운 사업기회를 발견하는 주요한 방법론 개념으로 고객의 해결과제(customers' jobs-to-be done) 분석이 있다.[32] 고객은 활동/생활 속에서 발견하는 과제를 해결하기 위해 제품과 서비스를 "고용"(사용)한다는 것이다. 예를 들어 Intuit 사의 QuickBooks 소프트웨어의 경우 소기업 오너가 필요로 하는 중요한 해결과제는 현금이 모자라지 않도록 현금관리를 확실하게 해 주는 것으로 파악했다. 그래서

31) Ibid.
32) Ibid.

이 기업의 QuickBooks 소프트웨어는 이를 쉽게 해결하도록 하는 것을 주 목적으로 삼았다. 이 같은 Intuit의 제품 이전에는 연필과 종이, 엑셀을 사용하는 방법들이 있었을 텐데 이러한 방법들은 만족스러운 방법이 아니었을 것이다. 한편, 전문가용 회계 소프트웨어는 지나치게 좋고 불필요한 특성이 너무 많았다. 즉 소기업을 운영하는 세분시장 고객은 QuickBooks를 사용함으로써 다른 방법보다 자신의 해결과제를 더 원활히 처리할 수 있었고 이에 따라 QuickBooks 사용은 이 카테고리에서 대세로 자리 잡게 되었다. 사실 해결과제 중심의 관점은 고객의 근본적인 욕구(wants)와 갈망(desires)을 파악하고자 하는 필요에 기반을 둔 고객 분류(needs-based segmentation)의 관점과 매우 유사하다. 미세하지만 중요한 차이점은 다음과 같다고 주장한다.[33] 해결과제 중심의 관점은 고객의 과제를 둘러싼 환경(또는 맥락)에 더 초점을 두는 반면, 필요 중심의 관점은 고객 자체에 더 맞춘다는 것이다. 이에 따라 몇몇 필요 중심의 분석은 근본적인 "왜"라는 질문을 하는 데 실패하기도 한다. 만약 필요의 뿌리와 근본을 이해하지 못한다면 잘못된 문제를 목표 해결과제로 삼을 수 있는 위험이 존재한다는 것이다. 그런데 저자 경험에 따르면 고객의 필요를 철저히 분석하는 회사들은 매우 중요하고 실행 가능한 통찰력을 얻고, 또한 필요 기반의 분석을 해결과제 중심의 사고방식으로 보완하는 것을 매우 쉽게 수행한다. 즉 고객의 근본적인 니즈-혜택 분석(예: 6장과 10장의 수단-목적 연쇄모형 분석: Means-End Chain Analysis)으로 이러한 분석을 해도 된다.

고객의 해결과제 분석을 위해 먼저 해결과제 유형을 이해해야 한다. 이는 10장의 1절 CVP(Customer Value Proposition) 유형으로 비교적 상세히 설명했으니 참고하기 바란다. 그리고 유용한 실무적 분석 도구로 Value 캔버스 분석이 있다.[34] 5장과 10장에 ERRC 및 가치곡선 분석을 설명했으니 참고하기 바란다. B2B 고객해결과제는 8장에 제시하여 Vendor, VAS, Strategic Partner 유형의 과제 해결전략 방안과 10장의 차이점 강조형 및 공감중심형 전략 전달/수행 방법을 상세히 제시하였다. 실무적 템플렛 방식의 Tool의 경우 Osterwalder 등(2015)이 상당히 유용한 방법론을 제시했으니 참고하면 좋을 것이다.[35]

■ 사업 아이디어의 개발과 평가

이 영역은 사업추진 기업과 컨설팅 기업별 다양한 수단과 템플렛을 사용하고 있는 실무 중심의 의사결정이다. 이에 따라 도움이 되는 참고문헌 목록을 다음과 같이 제시한다.

33) Ibid.
34) Kim, W. Chan and R. Mauborgne(2005), Blue Ocean Strategy, Harvard Business School.
35) Osterwalder, A., Y. Pigneur, G. Bernarda, & A. Smith(2015), Value Proposition Design: How to Create Products and Services Customers Want, Strategyzer, Wiley.

- 알렉산더 오스터왈더, 예스 피그누어(2011), 비즈니스모델의 탄생, 유효상 역, 타임비즈.
- 알렉산더 오스터왈더, 예스 피그누어, 프레더릭 에티엠블, 앨런 스미스(2021), 최강 기업의 탄생(The Invincible Company): 세계 최고의 상품, 서비스, 기업에게서 배우는 비즈니스 모델 전략, 유정석 역, 비즈니스북스.
- 스콧 앤서니, 마크 존슨, 조셉 신필드, 엘리자베스 알트먼(2011), 파괴적 혁신 실행 매뉴얼, 이성호, 김길선 역, 옥당.
- Anthony, S. D., Gilbert, C. G., & Johnson, M. W. (2017), Dual transformation: How to reposition today's business while creating the future, Harvard Business Review Press.
- Johnson, M. W. (2018), Reinvent your business model: How to seize the white space for transformative growth, Harvard Business Press.
- O'Reilly III, C. A., & Tushman, M. L. (2021), Lead and disrupt: How to solve the innovator's dilemma, Stanford University Press.
- Osterwalder, A., Y. Pigneur, G. Bernarda, & A. Smith (2015), Value proposition design: How to create products and services customers want, Strategyzer, Wiley.
- Satell, G. (2017), Mapping innovation: A playbook for navigating a disruptive age (Vol. 21), New York, NY: McGraw-Hill Education.

4절. 양손잡이 조직과 조직 정렬

소비자-기술 또는 시장/사업영역-기술/조직역량 같은 **사업기회 기반 전략**이 혁신 성장을 위해 등장하고 발전된 것은 꽤 오래전이다. 최근에 오면서 이를 실행/실현/구현하기 위한 조직적 이슈가 매우 중요하게 등장했다. 이 이슈 검토의 초기에는 크리스텐슨 교수가 '새 술은 새 부대에 담는다'와 같은 말처럼 파괴적 혁신 수행 조직은 spin-off시키고 최고경영층 리더가 자원배분에 신경을 써야 한다는 사례/일화 기반의 주장을 펼쳤다.[36] 그런데 양손잡이 조직(ambidexterity; ambidextrous organization)이라는 개념이 더 체계적인 실행조직방법으로 등장했다.[37] 여기에서는 혁신 사업 수행 조직의 진화와 혁신 사

36) Christensen, C. M. (1997), The Innovator's Dilemma: When New Technologies Cause Great Firms to Fail, Harvard Business Review Press; Christensen, C., & Raynor, M. (2003), The Innovator's Solution: Creating and Sustaining Successful Growth, Harvard Business Review Press.

37) O'Reilly III, C. A., & Tushman, M. L. (2021), Lead and Disrupt: How to Solve the Innovator's Dilemma,

업에 대한 조직구조 모델을 고찰한다.

4.1. 혁신 사업 수행 조직의 진화

O'Reilly III & Tushman(2021)은 그림 4-21 과 같은 질문을 제시한다.[38] (B) 기업들은 한때 시장을 주름잡았던 대표적 성공기업이지만 활용(exploitation)/핵심역량 비즈니스에만 초점을 맞추다 쇠퇴한 경우이다. 반면 (A) 기업들은 변신을 거듭하며 활용역량과 탐색(exploration)/동적역량 비즈니스의 균형 성장을 성취한 경우이다.

그림 4-21 기업 흥망성쇠의 예

(A) 아래 회사들의 공통점은 무엇인가요?

GKN	Brother	Ball Corp
J&J	Toyota	Hearst
Siemens	R.R. Donnelley	Nokia
AMEX	Ingram	P&G
Corning	FMC	IBM
Smith & Nephew	Nucor	Goodrich
W.R Grace	NCR	Vivendi
3M	Harris	Armstrong
Nintendo	Kirin	DSM

(B) 그렇다면 이 회사들의 공통점은 무엇인가요?

Rubbermaid	Firestone	Kanebo
Kodak	Polaroid	Sears
SSIH/Asuag	Deluxe Printing	Philips
Smith Corona	Bethlehem Steel	RCA
DEC	Control Data	Xerox
Westinghouse	LEGO	Memorex
Siebel Systems	ICI	Syntex
Karstadt	Radio Shack	Compaq
Circuit City	Merrill Lynch	GM

전략과 조직 정렬(organizational alignment: 핵심 성공요인, 인적 자원, 문화, 공식적 조직화)의 적합성(fit)이 높아야 기업 비즈니스는 성공할 확률이 높다. (B) 기업들이 쇠퇴의 길로 들어선 것은 탐색역량을 발휘하지 못했기 때문인데, 이에 대한 이유는 성공 신드롬의 위험(구조적 관성 및 문화적 관성) 때문이라는 것이다(그림 4-22 참조).[39]

Stanford University Press.

38) Ibid.

39) Ibid.

그림 4-22 혁신 유형 사업 특성과 조직의 정렬

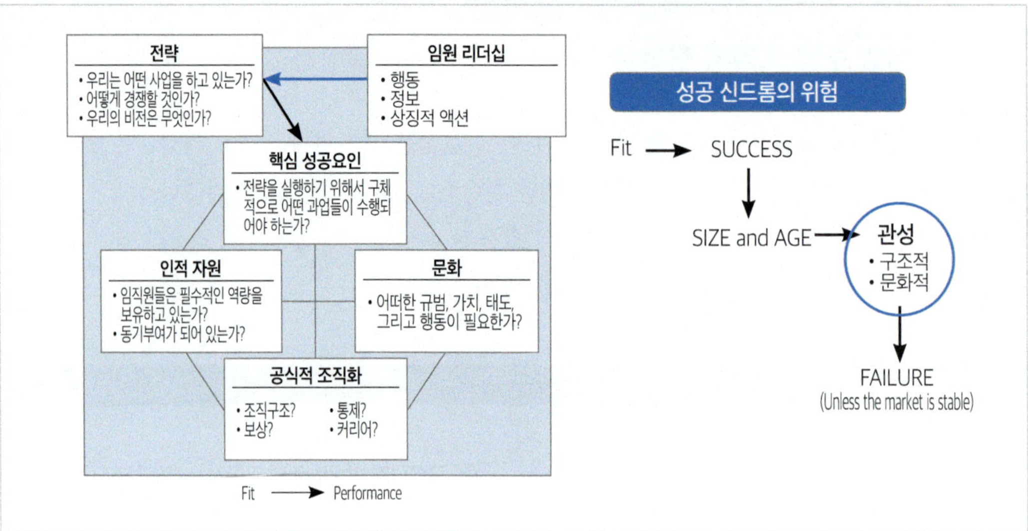

그림 4-23은 전략과 조직 정렬(organizational alignment)이 혁신 비즈니스 유형별로 다른 예를 보여주고 있다.[40] SAP 기업의 경우 전통적인 활용역량 비즈니스인 ERP 디자인 사업에 요구되는 조직 정렬 내용과 새로운 탐색역량 비즈니스인 SaaS(Software as a Service) 사업에 적합한 조직 정렬 내용이 다름을 보여주고 있다.

그림 4-23 혁신 유형 사업 특성과 조직의 정렬 사례: SAP

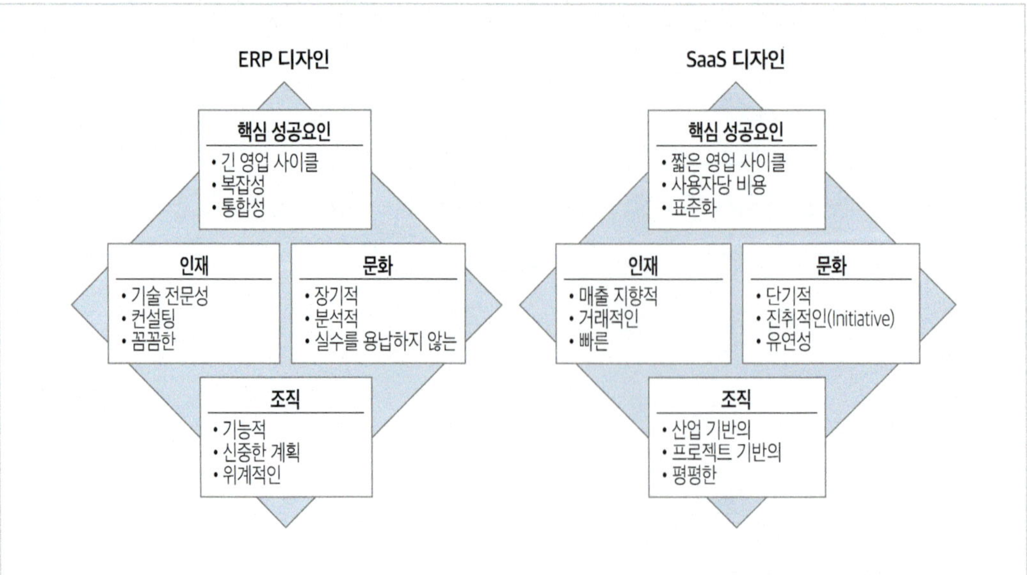

40) Ibid.

그림 4-24는 탐색 비즈니스 조직이 중요시하는 특성이 비즈니스가 성장해서 활용 비즈니스가 되면서 조직 특성이 달라짐을 보여주고 있다.[41] 그리고 아마존 기업의 탐색 사업 및 활용 사업의 진화 사례를 연도별(1994년~2005년)로 제시하고 있다. 즉 아마존은 탐색 사업과 활용 사업을 동시에 추진하는 양손잡이 조직의 대표적 기업이다.

그림 4-24 조직의 진화 모델과 아마존 사례

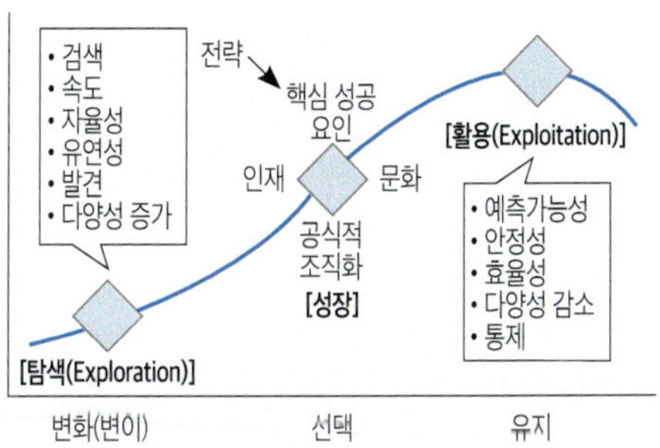

아마존의 혁신 사업 = Explore; Exploit

혁신 단계 & 유형		내용
1단계: 1994 - 2000		
#1	Explore	인터넷 서점
#2	Exploit	리뷰(후기 서비스) 제공으로 소비자의 구매 의사결정을 도움
#3	Exploit	창고를 세워 많은 물류량을 처리할 수 있도록 함
#4	Exploit	원활한 주문처리를 위해 기술에 투자함
#5	Exploit	마케팅을 위해 다양한 제휴 프로그램을 만듦
#6	Explore	SWAT 팀 - 음악 및 DVD 판매를 위해
#7	Exploit	아마존 창고로부터의 물류 배송 및 저장을 용이하게 하기 위해 외부와 파트너십 체결
#8	Exploit	더 넓은 제품군의 유통을 위해 보다 정교한 기술을 개발
#9	Explore	eBay와 경쟁하기 위해 경매 사업 시작
#10	Explore	닷컴(ex. Pets.com)에 대한 투자
2단계: 2000 - 2005		
#11	Exploit	다른 소매상인들을 위한 플랫폼을 오픈함
#12	Exploit	주문처리를 핵심 역량으로 선정; 향상된 주문처리 능력; 다른 소매상에게도 가능한 주문처리
#13	Explore	Amazon Prime 멤버십 론칭 - 회원들에게 무료 배송 서비스 제공
3단계: 2005		
#14	Explore	Palo Alto에 자회사 A9 설립하여 검색엔진 사업 시작
#15	Explore	광고 서비스 (ClickRiver)
#16	Explore	크라우드 소싱 (mTurk)
#17	Explore	소비재 개발을 위해 Cupertino에 Lab126 설립
#18	Explore	영상 스트리밍 (Amazon Instant Video)
#19	Explore	개발자 플랫폼 (elastic cloud computing, EC2)
#20	Exploit	클라우드 스토리지 서비스 (S3)
#21	Explore	클라우드 컴퓨팅 (Amazon Web Services) - EC2, S3 및 타 프로그래밍 복합 서비스
#22	Exploit	제품 범주를 넓히기 위해 인수 진행 (ex. Zappos, Diapers.com)
#23	Explore	영화 및 영상 제작 (Amazon Studios)
#24	Exploit	Mayday - 새로운 고객 지원 서비스
#25	Explore	Amazon 스마트폰 - the Fire

4.2. 혁신 사업에 대한 조직구조 모델

O'Reilly III & Tushman(2021)은 그림 4-25와 같이 언제 양손잡이 조직이 필요한가에 관한 조직구조 모델을 보여주고 있다.[42] 핵심 비즈니스 자산 활용이 많고 비즈니스의 전략적 중요도가 높을 때 양손잡이 조직이 유효하다. 2영역의 경우에는 기존 사업부나 외주 조직이 비즈니스를 수행하는 것이 효과적이다. 기존 자산/역량 활용이 낮을 때(특성이 상당히 다른 비즈니스) 그리고 비즈니스의 전략적 중요도가 높은 3영역의 경우에는 독립적인 사업부가 일을 수행한다. 많은 경우 성장이 된 신규 비즈니스를 M&A로 획득한 경우 3영역과 같은 조직구조로 비즈니스를 수행하는 것이 바람직하다.

41) Ibid.
42) Ibid.

그리고 기존 자산/역량 활용이 낮고 아직 비즈니스의 전략적 중요도가 낮을 때에는 탐색 비즈니스를 소규모 스핀-오프된 조직에서 시작하는 경우가 많을 것이다. 즉 내부적으로 탐색혁신 비즈니스를 추구할 경우 1영역으로 수행하다가 이 비즈니스의 성과가 긍정적으로 나오면서 성장하는 경우 정규/공식 조직으로 다시 편입 또는 환승하여 4영역의 양손잡이 조직으로 비즈니스를 수행하는 경우가 바람직할 것이다.

O'Reilly III & Tushman(2021)은 1영역 비즈니스 수행활동의 초점을 Ideation이라 하고, 우상향(4영역 쪽으로)하면서 수행활동의 초점을 Incubation(조직자원과 자본의 투입 증가)이라 한다. 그리고 4영역 쪽으로 진입하는 경우 수행활동 초점을 Scaling이라고 명명하고 설명을 제시하고 있다. 이와 비슷하게, 알렉산더 오스터왈더 등(2021)은 탐색 비즈니스를 수행하다가 활용 비즈니스 방향으로 성장해가면서 중간 정도에 환승 영역과 이 영역에서의 가이던스 이슈를 다음과 같이 제시한다.[43] 탐색 프로젝트를 이익 혹은 손실을 내는 사업부와 통합할지(예: 2영역의 기존사업부 조직), 새로운 사업부로 신설할지(예: 3영역의 독립적인 사업부 조직 또는 4영역의 양손잡이 조직)를 관리해야 한다.

그림 4-25 혁신 사업에 대한 조직구조 모델

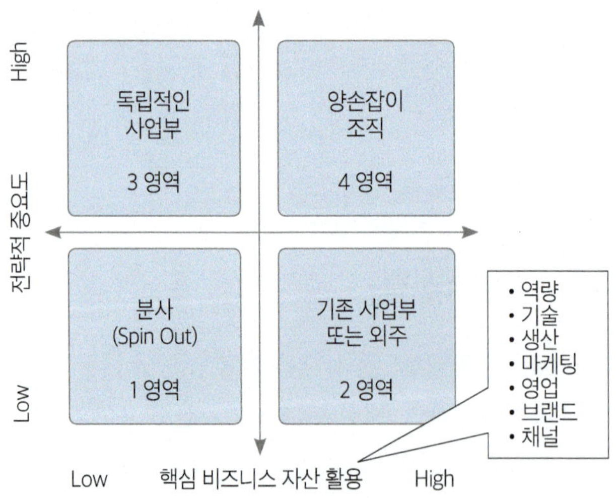

43) 알렉산더 오스터왈더, 예스 피그누어, 프레더릭 에티엠블, 앨런 스미스(2021), 최강 기업의 탄생(The Invincible Company): 세계 최고의 상품, 서비스, 기업에게서 배우는 비즈니스 모델 전략, 유정식 역, 비즈니스북스.

한편 탐색 비즈니스 또는 탐색 프로젝트는 스타트업/벤처 조직에서 시작하는 경우가 많을 것이다. 즉 **그림 4-25**의 1영역에 해당한다고 볼 수 있다. 이 경우 Sarasvathy 교수는 의사결정 방식이 특이한 실현화(effectuation) 원칙을 제시하고 수많은 벤처 및 기업가 사례들을 보여주었다.[44] 이 원칙은 이성적/인과론적 의사결정 방식(causation)과 대비되어 실현화 방식으로 **표 4-5**에 설명되어 있다. 또한 실형화 원칙은 린(Lean) 방식의 사업 수행, 실험 및 테스트 방식의 사업 수행과 일관된 논리 원칙이라 할 수 있다. 즉 실현화 원칙의 의사결정 방식은 탐색 혁신 비즈니스의 소규모 실행에 적합한 것이라 볼 수 있다.

표 4-5 실현화(effectuation) 의사결정 원칙

의사결정 영역 이슈	이성적 · 인과론적 접근 (Causation)	실현화 접근(Effectuation)
목표와 수단 간의 관계	목표가 먼저 결정되고 그 목표를 달성하기 위한 수단을 강구	**손 안에 든 새 한 마리의 원칙(the bird-in-hand principle) =** 이용가능 자원과 수단 (who I am, what I know, and whom I know)을 창의적으로 활용하여 달성 가능한 세부목표 설정
투자	최적의 전략(optimal strategies)을 선택하여 성과 극대화 (maximizing returns)	**감당할 만한 손실 원칙(the affordable-loss principle) =** 먼저 어느 정도의 손실을 감당할 수 있을지를 정하고 부족하지만 이에 상응하는 수단을 창의적으로 활용하여 새로운 목표와 수단을 설정 · 강구
불확실성(uncertainty)과 상황변화(contingencies)에 대한 관점	불확실성을 최대한 피하거나 상황 변화에도 불구하고 미리 결정된 목표 달성을 위하여 최대한 노력하는 것을 강조	**레모네이드 원칙(the lemonade principle) =** 불확실성 증가에 의한 상황변화를 잠재적 기회 발생으로 인식하고 처한 상황을 최대한 활용하여 기회를 획득하고자 하는 노력과 활동을 함
중요한 이해관계자에 대한 관점	경쟁자: 시장점유율 등 성과 및 경쟁우위 획득을 위한 중요한 이해관계자	**크레이시 퀼드 원칙(the crazy-quilt principle) =** 불확실성 제거, 시장 창출, 진입장벽을 만들기 위해 고객, 투자자, 유통업자 등 주요 외부 이해관계자와의 협력, 즉 제휴(alliances)와 사전적 몰입(pre-commitments)을 강조
미래에 대한 예측과 통제	미래의 불확실성을 감소시키기 위해 정확한 예측이 중요하고 미래는 예측할 수 있는 만큼 통제 가능	**비행기 안의 조종사 원칙(the-pilot-in-the plane principle; non-predictive control)** = 불확실한 환경의 미래는 예측이 불가능한 만큼 이런 경우 미래 예측은 필요가 없으며 통제 가능한 만큼 미래를 생각하고 통제력을 발휘 · 유지하는 것이 중요

실현화 의사결정 원칙으로 시작한 탐색 혁신 비즈니스가 성공하여 성장하면(예: 탐색에서 활용으로 환승하는 영역으로 성장; Ideation에서 Incubation 및 Scaling 방향으로 성장) 실현화 방식이 아닌 이성적/합리적 인과론적 의사결정 접근으로 전환하는 것이 바람직할 것이다(**표 4-5** 참조; **그림 4-26** 참조). 그러면서 활용 비즈니스로 진입하여 또 지속적으로 성장을 유지해야 할 것이다.

44) Sarasvathy, S. D. (2009), Effectuation: Elements of Entrepreneurial Expertise, Edward Elgar Publishing; Read, S., Sarasvathy, S., Dew, N., & Wiltbank, R. (2016), Effectual Entrepreneurship, Routledge.

그림 4-26 조직 자원, 기업가의 경험에 적합한 의사결정 접근체계[45]

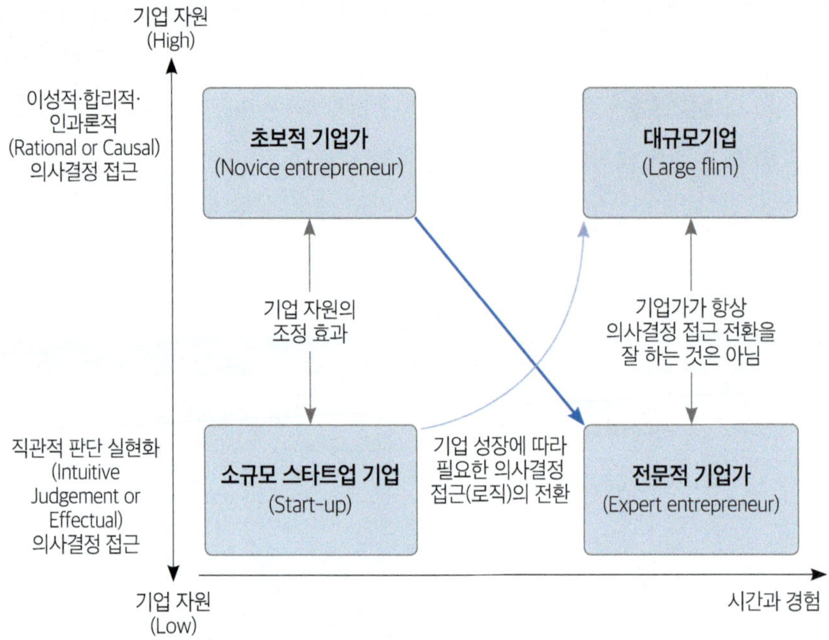

출처: Sarasvathy, S.D.(2008), Effectuation, Edward Elgar, p.134의 도표 6.1을 토대로 작성함.

45) 이성호, 김상순(2018), 올바른 마음과 능숙한 손으로 - 바른세상병원의 미션 기반 전략, Asan Entrepreneurship Review, 4(3), https://asan-aer.org/archives/273.

이 장의 요약

이번 장의 내용을 요약하면 다음과 같다.

- 혁신은 보는 관점에 따라 다양하게 정의할 수 있으나 근본적으로 기존의 지식, 제품, 고객요구, 시장 등에서 부족한 점을 발견해 새롭고 더 생산적인 것으로 '변화'시키는 것이다.
- 급진적 혁신과 점진적 혁신은 마케팅 영역에서 혁신을 구분할 때 가장 많이 사용하는 분류로, 혁신의 급진성을 기준으로 구분한다.
- 존속적 혁신은 현재 고객이 요구하는 기술이나 서비스의 특성을 계속 증진하는 혁신이지만, 파괴적 혁신은 현존하는 시장이 요구하는 기능과는 다른 차별화된 요소로 잠재해 있던 소비자층을 깨우는 것을 말한다. 기업이 존속적 혁신을 달성하려면 기존 고객의 필요와 욕구에 초점을 맞춰야 하고, 파괴적 혁신으로 시장을 개척하고자 한다면 새롭게 부상할 미래 잠재고객의 필요와 욕구를 찾아내야 한다.
- 기존소비자-기존기술, 기존소비자-신기술, 신규소비자-기존기술, 신소비자-신기술 범주의 구분으로 기회를 찾는 접근방법(opportunity-based strategy)의 등장(예: 크리스텐슨의 파괴적 혁신)은 기존의 자원(시장) 기반의 접근방법(resource-based strategy)을 보완해준다.
- 결국 시장이 최대한 성장하기 위해선 파괴적 혁신(disruptive innovation) 또는 불연속적 혁신(discontinuous innovation)이 일어나야 한다.
  S형 혁신(Sustaining or incremental Innovation)은 지속적/점진적 혁신으로 시장/사업영역과 기술/조직역량은 현재 사업이나 제품과 거의 비슷하다.
- 신시장 중심의 N형 파괴적 혁신은 기술/조직역량은 큰 변화는 없지만, 새로운 시장/고객 영역을 목표로 한다. 신역량 중심의 N형 파괴적 혁신은 시장/고객 영역은 거의 그대로인지만, 새로운 기술/조직역량으로 혁신을 추구한다.
- D형(Discontinuous) 파괴적 혁신은 새로운 시장과 새로운 비즈니스를 창조하는 혁신이다.
- 활용역량(exploiting capability)은 이미 개발하여 보유하고 있는 핵심역량(core competence)을 활용하는 능력이다. 활용역량은 시장(outside) → 기업내부(in)이라는 비즈니스 추진 관점에서도 접근될 수도 있다. 마케팅전략은 이러한 비즈니스 추진 관점 이슈들(마켓 센싱, 고객 연동, 채널 관계, 기술 모니터링 등)을 중요하게 여겼으며, 이러한 접근을 시장지향조직의 역량 활용(capabilities of market-driven organizations)이라고 한다.
- 탐색역량(exploring capability)은 비즈니스 시장기회를 위해 신규 역량을 탐색 · 개발(그 후 물론 활용)하는 능력을 뜻한다. 탐색역량은 동적 역량에 기반을 두고 있는데, 동적 역량이란 환경변화에 맞춰 내 · 외부자원을 통합하고 육성하며 재편하는 역량이다. 탐색역량은 또 적응적 마케팅역량(adaptive marketing capabilities)라고 한다. 동적 역량은 기업내부(inside) → 시장(out)이라는 비즈니스 추진 관

점인 반면(비즈니스 · 경쟁전략 관점), 적응적 마케팅역량은 시장(outside) → 기업내부(in)라는 비즈니스 추진 관점이다(마케팅전략 관점).

- 적응적 마케팅역량(시장개척형 마케팅역량)은 경계를 게을리하지 않는 시장학습, 적응적 시장실험 및 오픈마케팅으로 구성된다.
- 시장지향적 마케팅혁신은 N형 파괴적 혁신(신시장 중심)과 같은 개념이고, 시장개척형 마케팅혁신은 D형 파괴적 혁신(신시장, 신역량 중심)과 같은 개념이다.
- 혁신 추진 프로세스는 혁신 전략의 전제 이해, 혁신 사업기회 발견, 최상기회의 선택과 집중을 통해 실행된다.
- 혁신 전략의 전제는 성장목표와 성장격차 분석, 시장의 파괴가능성 이해, 혁신사업 포트폴리오 결정, 혁신전략에 대한 태도와 문화의 영향을 포함한다.
- 크리스텐슨의 파괴적 비즈니스모델 혁신은 존속적 혁신 관점, Low-end 파괴적 혁신 관점, New Market 파괴적 혁신 관점에서 이해될 수 있다.
- 신시장 중심의 N형 파괴적/시장지향적 혁신의 사업기회 방법론으로는 과잉충족 고객분석이 있다.
- 신역량 중심의 N형 파괴적/시장지향적 혁신의 사업기회 방법론으로는 고객의 해결과제 분석과 Value 캔버스 분석이 있다.
- 신시장/신역량 중심의 D형 파괴적/시장개척형 혁신의 사업기회 방법론으로는 비소비(사람, 맥락) 분석과 시장 제약요인 분석이 있다.
- 양손잡이 조직은 변신을 거듭하며 활용(exploitation)/핵심역량과 탐색(exploration)/동적역량 비즈니스의 균형 성장을 성취하는 조직을 갖춘 기업을 뜻한다.
- 전략과 조직 정렬(organizational alignment: 핵심 성공요인, 인적 자원, 문화, 공식적 조직화)의 적합성(fit)이 높아야 기업 비즈니스는 성공할 확률이 높다.
- 성공신드롬이란 성공이 조직의 구조적 및 문화적 관성을 가져와서 비즈니스가 쇠퇴되는 위험을 뜻한다.
- 양손잡이 조직은 핵심 비즈니스 자산 활용이 많고 신규 비즈니스의 전략적 중요도가 높은 경우 혁신사업 조직구조 모델로 바람직하다.
- 실현화 원칙의 의사결정 방식은 탐색 혁신 비즈니스의 소규모 실행에 적합할 것이다.

핵심 용어

급진적 혁신(radical innovation)과 점진적 혁신(incremental innovation), 존속적 혁신(sustaining innovation)과 파괴적 혁신(disruptive innovation), 소비자-기술 매트릭스(consumer-techonology matrix), 기회 기반의 성장전략(opportunity-based strategy), 불연속적 혁신(discontinuous innovation), 시장/사업영역, 기술/조직역량, 신시장 중심의 N형 파괴적/시장지향적 혁신, 신역량 중심의 N형 파괴적/시장지향적 혁신, 신시장/신역량 중심의 D형 파괴적/시장개척형 혁신, 활용역량(exploiting capability), 핵심역량(core competence), 기업내부(Inside) → 시장(out)의 비즈니스 추진 관점, 시장(Outside) → 기업내부(In) 비즈니스 추진 관점, 시장지향조직의 역량(capabilities of market-driven organizations), 탐색역량(exploring capability), 동적역량(dynamic capability), 적응적 마케팅역량(adaptive marketing capabilities), 시장지향적 마케팅역량, 시장개척형 마케팅역량, 경계를 게을리하지 않는 시장학습(vigilant market learning), 적응적 시장실험(adpative market experimentation), 오픈마케팅(open marketing), 혁신 전략의 전제 이해, 성장목표와 성장격차, 시장의 파괴가능성, 혁신사업 포트폴리오, 혁신전략에 대한 태도와 문화, 파괴적 비즈니스모델 혁신, 과잉충족 고객분석, 고객의 해결과제 분석, Value 캔버스 분석, 비소비(사람, 맥락) 분석, 시장 제약요인 분석, 양손잡이 조직(ambidextrous organization), 조직 정렬(organizational alignment), 성공신드롬, 혁신 사업 조직구조 모델, 실현화(effectuation)

생각 및 토론 과제

1. 여러분 사업부 조직이 추진하는 혁신 유형과 혁신 포트폴리오를 조사하여 설명하시오.

2. 여러분 사업부 조직의 활용 및 핵심역량은 무엇인지 도출하고 그 수준을 경쟁 대비 평가하시오.

3. 여러분 사업부 조직의 탐색 및 동적역량은 무엇인지 도출하고 그 수준을 경쟁 대비 평가하시오.

4. 혁신 유형별로 검토하시오.

(1) 여러분 사업부 조직의 S형 존속적 혁신, 신시장 중심의 N형 파괴적/시장지향적 혁신, 신역량 중심의 N형 파괴적/시장지향적 혁신, 신시장/신역량 중심의 D형 파괴적/시장개척형 혁신 중 해당하는 사항들은 전부 설명하시오.

(2) 그리고 각 혁신 유형별로 주로 사용하는 사업기회 발견 방법론을 조사하여 사례와 함께 제시하고 평가하시오.

5. 여러분 사업부의 혁신 유형별 조직 정렬을 정리하여 설명하시오. 그리고 성공신드롬 위험을 평가하여 제시하시오. 귀 기업은 양손잡이 조직을 사용하고 있는지 조사하여 설명하시오. 양손잡이 조직을 사용하지 않는 경우 어떠한 혁신 사업 수행 조직을 사용하고 있는지 설명하시오.

PART 2

마켓 센싱 (시장지식 및 정보관리)

2부에서는 3장에서 제시했던 선제적 B2B 마케팅 구성요인들 중 첫 번째 요인인 마켓 센싱에 대해 고찰한다. 마켓 센싱에 대한 내용이 방대하여 두 장에 걸쳐 학습한다. 5장에서는 먼저 시장지향적 마케팅에서 주로 분석되는 내용들 즉 시장환경분석과 시장분석, 경쟁 및 자사분석, 시장/고객 요구조건과 자사역량의 적합성 분석과 포트폴리오 분석을 설명한다. 그런 후, 기존문헌에서 많이 논의되지 않은 개념인 탐색혁신, 즉, 시장개척형 마케팅을 위한 마켓 센싱 개념들과 방법들을 제시한다. 6장에서는 미시적인 과업환경인 B2B 고객분석과 B2B 고객구매의사결정과정 분석을 알아본다. 나아가 고객관점에서에서의 탐색혁신(시장개척형 마케팅을 위한 마켓 센싱) 이슈들을 소개한다.

파생수요라는 B2B 시장의 특성과 선제적 B2B 마케팅 개념을 감안할 때 마켓 센싱은 판매자가 속한 마켓뿐만 아니라 고객기업의 시장(산업) 분석을 염두에 두어야 한다. 이 점을 감안할 때 B2B 마켓 센싱은 B2C에 비해 훨씬 더 복잡하고 어렵다는 점을 명심할 필요가 있다.

제 5 장

마켓 센싱(시장지식 및 정보관리) I

먼저 시장환경분석에 대한 사례를 제시한 후, 시장지식이란 무엇이며 왜 필요한가를 살펴보고 기업의 마켓 센싱 역량의 의미를 고찰한다. 그리고 시장환경분석과 시장분석을 설명한다. 그런 후 경쟁 및 자사분석에 대한 사례를 제시하고, 경쟁 및 자사분석과 관리적 시사점을 학습한다. 마지막으로 시장개척형 마케팅을 위한 마켓 센싱 내용들을 제시한다.

■ 사례(1): 水 資源 분석과 시사점

다음은 수자원에 관한 간략한 리포트와 뉴스 내용이다. "2030년까지 전 세계의 물 수요는 현재의 4,500 km^3에서 6,900 km^3로 증가할 것으로 추산되고 있다. 현재 확보가 가능한 공급량보다 무려 40%를 초과하는 양이다. 이는 전 세계를 154개 지역으로 구분하고 지역별 수요와 공급의 격차를 모두 합산한 수치인데, 일부 지역의 경우 더욱 극심한 물 부족이 예상되고 있다. 나아가 세계 인구의 1/3은 물 공급량이 50% 이상 부족한 유역에 거주하게 될 것으로 보인다. 이러한 현상은 물 사용량이 증가함에 따라 가속화될 전망을 보인다."[1)]

과거 자료에 따르면 환경부, 국토교통부, 해양수산부 및 산업통상자원부는 2015년까지 우리나라가 글로벌 물 산업 강국으로 도약하기 위한 종합적 추진계획을 2006년 2월 14일 국무회의 의결을 거쳐 최종 확정하였다. 따라서 정부도 글로벌 물 산업 강국을 위한 '물 산업 육성방안'을 통해 국내 물 산업 규모를 20조 원 이상으로 확대하고, 세계 10위권 물 전문기업을 육성하여 국내외 시장을 주도한다는 계획을 추진 중이다.[2)]

이러한 자료의 정보는 관련 기업의 미래에 어떠한 영향을 미칠까? 기업은 미래의 환

1) UN report(2010), World water crisis worsen by corruption, repression.
2) 국정브리핑(2006.02.14), http://news.naver.com/main/read.nhn?mode=LSD&mid=sec&sid1=001&oid=078&aid=0000022 023.

경 변화를 잘 파악해야 적절한 대응을 할 수 있다. 물 관련 사업을 수행하고 있는 기업은 위와 같은 환경 변화에 대한 정보를 정확히 파악하고 판단하면서 변화에 대응해 나갈 것이다. 이들 기업은 예를 들어 담수 사업, O&M(Operation & Management), 나아가 폐수처리 관련 기술과 같은 새로운 기술과 제품 개발을 위하여 많은 노력을 경주하고 있다. 이는 새로운 기술의 발전이 물 산업 전반의 구조를 바꿀 수 있다는 거시분석에 따라 위협요인에 대처하기 위한 방안이었을 것이다. 즉 기업들은 거시환경의 변화를 지속적으로 파악해야(macro sensing) 새롭게 나타나는 사업기회를 놓치지 않고 적절히 대응하여 전략의 방향을 설정할 수 있다. 다른 한편으로는 기업에 부정적으로 영향을 미치는 요인을 파악하여 위협을 줄일 수 있는 전략을 수립하고 실행해야 할 것이다.

또 다른 자료를 하나 보자. 본 자료는 한 담수산업의 기업 A가 시장 확대를 위해 거시환경분석(macro sensing)을 진행한 결과를 정리한 것이다.[3] 우선 담수 기업 A는 시장 확대를 위한 지역 선정을 위해 자신들의 기준으로 크게 두 가지 측면에서 지역을 나누었다. 하나는 세계 물보유 현황 자료이고, 또 하나는 세계 물부족 현황 자료이다(그림 5-1 참조). 이를 통해 현재 물이 부족한 국가들을 파악했다.

그림 5-1 세계 물보유 현황(왼쪽)과 세계 물부족 현황(오른쪽)

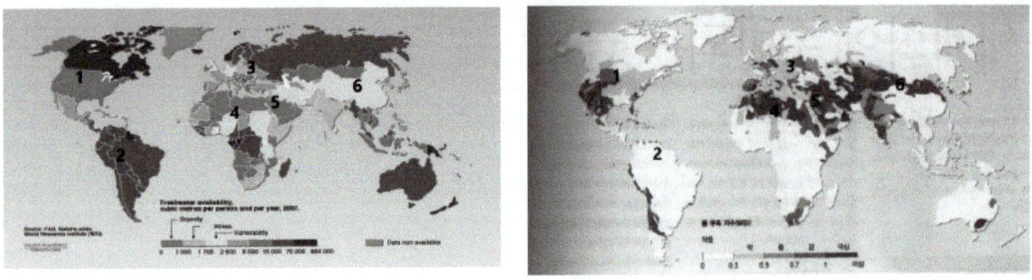

기업 A는 향후 진입할 신규 시장을 선정하기 위해 두 개의 평가 항목을 통해 마켓 포텐셜(market potential)을 파악했다. 담수 사업에 초점을 맞춘 기업 A는 세계 물부족 현황에 0.7의 가중치를 부여했으며, 세계 물보유 현황에는 0.3의 가중치를 부가하여 시장의 매력도를 평가했다. 그 결과, 인도 및 중동 시장인 R5는 5점으로 가장 높은 평가를 받았으며, 아프리카 시장인 R4는 4.4점으로 두 번째로 높은 점수를 얻었다. 또한 북미시장인 R1과 중국 및 동북아 시장인 R6는 4점으로 세 번째로 높은 점수를 받았다. 이에 따라 기업 A는 6개의 시장 중 R1(북미), R4(아프리카), R5(인도 및 중동), R6(중국 및 동북아) 이 4

3) 본 자료는 학습목적을 위해 여러 2차 자료를 바탕으로 만든 것임.

개 지역이 market potential이 높다고 판단했다.

표 5-1 세계 수자원 요인에 대한 macro market potential 평가표

평가 항목	A. 가중치	평가척도	지역별 점수 1(북미)	2(남미)	3(유럽)	4(아프리카)	5(인도및 중동)	6(중국및 동북아)	R1(북미) (A*1)	R2(남미) (A*2)	R3(유럽) (A*3)	R4(아프리카) (A*4)	R5(인도및 중동) (A*5)	R6(중국및 동북아) (A*6)
세계 물 보유 현황	(0.3)	1 2 3 4 5 아주 적다 보통이다 아주 많다	(4)	(5)	(3)	(3)	(5)	(4)	(1.2)	(1.5)	(0.9)	(0.9)	(1.5)	(1.2)
세계 물 부족 현황	(0.7)	1 2 3 4 5 아주 적다 보통이다 아주 많다	(4)	(2)	(4)	(5)	(5)	(4)	(2.8)	(1.4)	(2.8)	(3.6)	(3.5)	(2.8)
소계	(1)								(4)	(2.9)	(3.7)	(4.4)	(5)	(4)

이러한 센싱 결과를 바탕으로, 기업 A는 이미 진출해 있는 중동 시장(R5)을 제외하고, 북미(R1), 아프리카(R4), 중국 및 동북아(R6)를 선택하였고, 추가적인 거시 환경요인들을 분석해서 좀 더 잠재력이 있는 한 지역을 선택하기로 했다.

각 평가항목에 가중치를 부여해서 시장을 평가한 결과 북미 지역은 2.3, 아프리카 지역은 3.5, 중국 및 동북아 지역은 2.9의 market potential 평가 점수를 획득했다(표 5-2 참조). 결국 가장 평가점수가 높은 아프리카 지역이 가장 시장 포텐셜이 높은 지역으로 평가되어 이 지역에 좀 더 초점을 맞추기로 결정했다.

표 5-2 지역별 수자원 요인에 대한 상세 market potential 평가표

평가 항목	A.가중치	평가 척도	지역별 점수 R1(북미)	R4(아프리카)	R6(중국/동북아)	R1 (A*1)	R4 (A*2)	R6 (A*3)
인구통계 사회문화적 기회	(0.1)	1 2 3 4 5 아주 적다 보통이다 아주 많다	(4)	(4)	(4)	(0.4)	(0.4)	(0.4)
자연환경적 위협요인	(0.2)		(3)	(4)	(2)	(0.6)	(0.8)	(0.4)
경제적 기회요인	(0.2)		(3)	(3)	(4)	(0.6)	(0.6)	(0.8)
기술적 위협요인	(0.3)		(1)	(5)	(3)	(0.3)	(1.5)	(0.9)
정치/법률적 위협요인	(0.2)		(2)	(1)	(2)	(0.4)	(0.2)	(0.4)
소계	(1)					(2.3)	(3.5)	(2.9)

아프리카의 물부족 상황이 지역적으로 많은 차이가 나는 점을 감안하여 기업 A는 아

프리카를 다시 3개의 지역으로 나누어 살펴보았다(그림 5-2 참조). 아프리카 지역을 크게 3개의 지역(알제리와 이집트로 구성된 T1 지역, 에티오피아와 케냐로 구성된 T2 지역, 남아프리카공화국으로 구성된 T3 지역)으로 나누어 검토한 결과, T1 및 T3 지역, 그리고 T2 지역의 순으로 물에 대한 잠재수요가 큰 것으로 파악되었다(표 5-3 참조).

그림 5-2 아프리카 시장의 세부 지역시장 영역

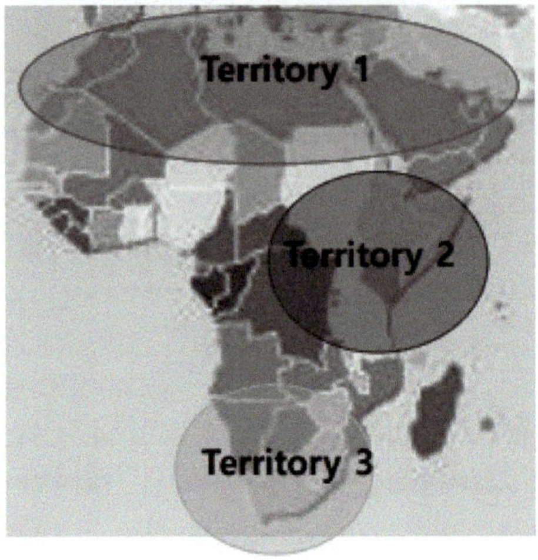

표 5-3 아프리카 지역별 수자원 요인에 대한 거시적 market potential 평가표

평가 항목	A.가중치	평가 척도	지역별 점수			T1 (북부) (A*1)	T2 (중동부) (A*2)	T3 (유럽) (A*3)
			T 1	T 2	T 3			
세계 물 보유 현황	(0.3)	1 2 3 4 5 아주 적다 보통이다 아주 많다	(5)	(4)	(4)	(1.5)	(1.2)	(1.2)
세계 물 부족 현황	(0.7)	1 2 3 4 5 아주 적다 보통이다 아주 많다	(5)	(4)	(5)	(3.5)	(2.8)	(3.5)
소계	(1)					(5.0)	(4.0)	(4.8)

물론 잠재수요로 판단한 시장 포텐셜 측면에선 T1 지역과 T3 지역이 유망하게 보이지만, 실질적 비즈니스 수행가능성인 비즈니스 잠재력(business potential)을 살펴보기 위해선 각 지역의 경제적 상황 및 정치적 상황에 관한 거시환경 분석(macro analysis)을 더 진행할 필요가 있었다. 거시환경분석요인들 중, 경제요인과 정치/법률적요인을 심층적으

표 5-4 아프리카 지역별 거시적 business potential 평가

구분		GDP (억 달러)	인구 (백만 명)	수입시장 (억 달러)	정치의 안정성
Territory 1	알제리	1,101 (10.6%)	33 (3.6%)	210 (8.2%)	상대적으로 높은 편
	이집트	1,079 (10.4%)	75 (8.3%)	324 (12.7%)	낮음
Territory 2	에티오피아	273.9 (2.6%)	78 (8.6%)	45 (1.8%)	낮음
	케냐	307 (2.9%)	38 (4.2%)	68 (2.6%)	높음
Territory 3	남아공	2,552 (24.5%)	42 (4.7%)	697 (27.3%)	높음
5개국 비중		6,180 (59.4%)	281 (31.0%)	1,620 (63.5%)	보통
아프리카 전체		10,411 (100%)	905 (100%)	2,550 (100%)	보통

로 검토하였다(**표 5-4** 참조). T2 지역은 물산업 수요에 대한 잠재력도 낮았지만, 세부분석결과 경제적 잠재력도 상대적으로 너무 낮아 더 이상 분석하지 않기로 했다. 이에 따라 T1 지역과 T3 지역 상황에 대해 상세히 살펴보겠다(**표 5-5** 참조).

표 5-5 아프리카 세부 지역별 상세 market potential 평가

평가 항목		A.가중치	평가 척도	아프리카의 가 지역별 점수		T1 (A*1)	T3 (A*3)
				T1	T3		
인구통계 사회문화	인구	(0.1)	1 2 3 4 5 아주 낮다 보통이다 아주 높다	(5)	(3)	(0.5)	(0.3)
경제	GDP	(0.3)		(4)	(5)	(1.2)	(1.5)
	수입 시장	(0.2)		(4)	(5)	(0.8)	(1)
정치/법률	정치 안정성	(0.3)		(2)	(4)	(0.6)	(1.2)
	법률 편의성	(0.1)		(3)	(4)	(0.3)	(0.4)
소계		(1)				(3.4)	(4.4)

우선 T1은 알제리와 이집트가 포함된 지역이다. T1 지역은 2,180억 달러의 GDP를 보이고 있으며, 이는 아프리카 전체의 21%를 차지한다. 전체 수입시장은 아프리카 전체의 20.9%에 해당하는 534억 달러이다. T1 지역은 아프리카 전체 지역과 대비해 보았을

때 상대적으로 높은 경제수준을 가지고 있는 것으로 파악되었다. 또 인구는 1억 8백만 명 정도로 아프리카 전체 인구의 12% 정도의 수준이기 때문에 비즈니스 잠재력(business potential)이 높다고 판단할 수 있다. 하지만 이집트의 민주화 운동 사건 등 정치적 안정성 문제가 타지역에 비해 낮은 편이라고 판단되고 있었다. T3 지역은 남아프리카 공화국이다. 남아프리카 공화국은 T1 지역 대비 높은 경제수준을 보여주고 있었다. GDP 역시 2,552억 달러로 전체 아프리카의 24.5%라는 높은 수준을 보이고 있으며, 수입시장 역시 697억 달러로 전체 아프리카 수입시장의 27.3%라는 높은 수입량을 보여주었다. 남아프리카 공화국의 인구는 상대적으로 적지만, 남아공 월드컵을 통해서 인프라스트럭처의 지속적 확충 등 수요는 다른 지역에 비해 높은 편이라고 판단되었다. 또한 아프리카의 다른 지역과는 상대적으로 중동발 민주화 운동의 영향을 적게 받는 편이며 그에 따라 정치적으로 안정적인 모습을 보이고 있는 것으로 분석되었다.

지금까지의 분석과정은 한 기업이 거시환경요인 분석을 통해 향후 성장이 있을 것으로 기대되는 시장을 선정하는 과정을 소개한 것이다. 어떠한 요인들이 분석되었을까? 자연환경 요인인 세계 물보유 현황과 세계 물부족 현황을 시작으로 GDP, 수입시장 등의 경제적 요인, 총 인구수와 같은 인구통계적 요인, 내전, 민주화 운동과 같은 정치적 요인 등이 거시환경분석(macro sensing) 과정을 통해 분석되었다. 이 사례를 통해 알 수 있듯이 거시환경분석은 비즈니스나 마케팅의 미래 성장전략 수립에 대한 감(感)을 잡기 위해 진행된다. 즉 매크로 센싱을 하는 이유는 기업이 세상 돌아가는 일에 관심을 가져야 하는 이유로 생각하면 쉽게 이해할 수 있을 것이다. 인간도 세상이 돌아가는 상황을 판단하지 못하면 당연히 도태되듯이 기업도 환경에 대한 분석 없이는 장기적으로 생존과 성장이 불가능할 것이다. 특히 거시환경은 국가나 사회, 기업 모두에게 영향을 미치기 때문에 기업 입장에서는 일반적으로 통제가 불가능한 요인이다. 그럼에도 불구하고 거시환경은 중·장기적으로 기업의 활동에 중대한 영향을 미칠 수 있기 때문에, 거시환경에 대한 분석은 기업의 미래 전략을 수립하는 데 매우 중요하다.

1절. 시장지식의 개념, 필요성 및 기업의 마켓 센싱 역량

1.1. 시장지식의 개념과 필요성

수자원 분석 사례에서 환경분석을 제대로 하지 않으면 기업의 생존과 성장이 불가함을 이해하였다. 2005년 도입된 세계에서 가장 큰 여행기로 '하늘 위의 호텔'이란 별명을 지닌 초대형 여객기 에어버스 A380은 1천 기 이상을 판매할 수 있을 것으로 예상했지만, 250여 기 생산에 그치며 2019년 단종을 선언하고 2021년 12월 마지막 비행기를 생산하여 인도하였다.[4] 에어버스 A380은 세계 최대, 최고급의 여객기임에도 불구하고 왜 단종되었을까?

한편 1999년 설립된 세일즈포스 닷컴은 고객관계관리(CRM)를 주로 제공하는 클라우드 컴퓨팅 서비스(SaaS: Software as a Service) 기업이다. 소규모였던 이 기업은 성장을 거듭하여 2012년 오라클, SAP을 제치고 업계 1위로 올라선 후 현재까지 시장점유율 1위를 지키고 있다. Interbrand Best Global Brands 2022 순위에서도 전체 36위를 차지했다. 2020년 기준으로 포춘(Fortune) 500대 기업 중 96%가 세일즈포스 솔루션을 이용하고 있다고 했다. 이 기업의 창업자 마크 베니호프는 "이제 기업들은 더 이상 복잡하고 비싼 설치용 기업용 소프트웨어를 사용하지 않을 것이며, 웹에서 쉽게 빌려 쓰는 서비스의 형태로 소프트웨어를 제공해야 한다"고 역설해 왔다.[5]

이렇듯 기업의 시장지식 획득, 해석 및 대응에 따라 기업의 흥망성쇠가 달라질 것이다. 시장지식에는 매우 다양한 종류의 정보와 지식이 있다. 거시환경 또는 외부환경, 시장환경(시장구조와 수요), 경쟁환경(경쟁자 및 자사분석), 고객분석 등을 이해하는 것을 시장을 이해하는 것이라 하고 이 이해는 마케팅/영업전략 의사결정의 토대가 된다(그림 5-3 참조).

그림 5-3 마켓 센싱의 기본 Framework[6]

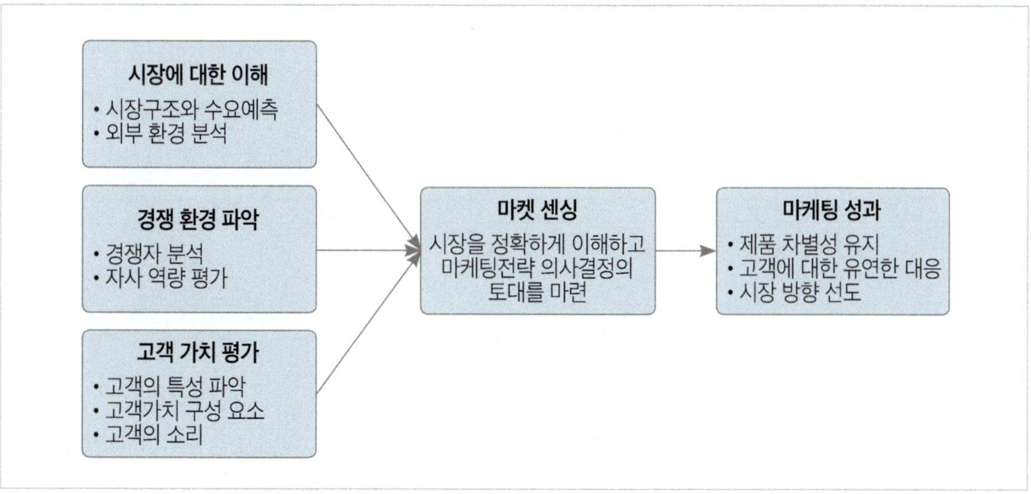

4) https://www.yna.co.kr/view/AKR20211217030600009
5) https://namu.wiki/w/%EC%84%B8%EC%9D%BC%EC%A6%88%ED%8F%AC%EC%8A%A4
6) 한상린(2011), B2B마케팅(비투비마케팅), 21세기북스.

1.2. 기업의 마켓 센싱 역량(market sensing capability)

시장에 대해 정확히 이해하고, 시장에 대한 예리한 감각을 가질 때 효과적인 B2B 마케팅이 가능하다. 기업의 마켓 센싱 역량(market sensing capability)은 시장에서 일어나는 일들에 대해 체계적으로 분석하고 학습하며, 시장의 중요한 변화를 알아내는 능력을 일컫는다.[7] 즉 기업은 시장중심적으로 움직여야 하고 변화하여야 하는데, 4장에서 살펴보았듯이 기업은 시장지향적 방법으로 비즈니스를 수행하는 조직의 역량과 시장개척형 방법으로 비즈니스를 추구하는 조직의 역량을 균형적으로 이루는 양손잡이 조직이 되어야 기업의 생존을 유지하면서 지속적으로 성장할 수 있을 것이다.

나아가 시장지식 능력(market knowledge competence)이 높고 외부(시장)로부터 내부로 변화를 강조하는 문화(outside-in organizational culture)가 조성되어 있는 조직/기업의 마켓 센싱 역량이 높았고 이러한 역량은 가치창출(value creation)로 연결되는 것으로 밝혀졌다.[8]

2절. 시장환경 및 시장 분석

거시환경 또는 시장환경 분석은 변화하는 환경에 대한 감을 잡아 회사와 비즈니스가 나가야 할 방향을 설정하는 데 도움을 준다. 즉 거시환경분석과 시장분석을 통해 도출된 결과를 살펴보고 이를 분석해서 기업의 입장에서 기회인지, 위협 요인인지 파악하는 일련의 과정이다. 이러한 분석은 기업의 전략방향 설정에 도움을 주고 미래에 대한 대비를 가능케 한다.

2.1. 거시환경분석: 시장을 둘러싼 환경분석

두 가지 측면에서 거시환경분석을 살펴볼 것이다. 첫째, 거시환경요인에는 어떤 것들이 있으며, 기업 비즈니스에 어떠한 영향을 미치는지를 알아본다. 둘째, 거시환경요인

7) Day, G. S. (1994), "The capabilities of market-driven organizations," Journal of Marketing, 58(4), 37-52.
8) Bharadwaj, N. & Y. Dong(2014), "Toward further understanding the market-sensing capability - value creation relationship," Journal of Product Innovation Management, 31(4), 799-813.

의 영향에 대한 대응 프레임(frame)에 대해 살펴본다.

(1) 거시환경요인과 그 영향

일반적으로 센싱(sensing)하는 거시환경요인들로는 인구통계적/사회문화적 요인(Social: 변화를 주도하는 사회환경 트렌드와 문화환경(가치관, 종교, 신념, 예술 등) 트렌드는 무엇이며, 이러한 변화가 얼마나 빠르게 진행되고 있는가?), 기술적 요인(Technology: 현재와 향후의 핵심기술은?), 경제적 요인(Economic: 국내외 경제환경[경기, 물가, 이자율, 환율, 실업률, 성장률 등]이 어떻게 변화하고 있는가?), 자연환경 요인(Environment)과 정치/법률적 요인(Political & Law: 정치변화와 같은 정치적 요인과 규제, 세금 등의 법적/제도적 요인)들이 있으며 약자로 STEEP 분석이라고도 한다. 이제부터 각 요인들에 대한 세부 사항들을 살펴보도록 한다.

① 인구통계적/사회문화적 요인

거시환경요인	주요 항목	내 용	영 향
인구통계학적/ 시회문화적 요인	인구, 연령별 인종, 성별, 가치관, 신념	전체/연령별/지역별 인구구조의 변화. 연령/인종/성별의 변화, 가치관/신념/종교 등에 따른 요인들	B2B상황에서 인구통계학적/사회문화적 요인의 중요도는 상대적으로 낮은 편임

인구통계적/사회문화적 요인은 B2B 상황에서 상대적으로 중요시되는 요인은 아니다. 그런데 이러한 요인들은 기술 환경과 같은 다른 요인들과 복합적으로 비즈니스 환경에 영향을 미칠 수 있다. 예를 들어, 한국 도시의 아파트 단지는 도시로 인구가 집중됨에 따라 블록(block) 단위로 개발된 도시계획의 결과이다. 이러한 인구통계적/사회문화적 요인의 산물인 구획 도시화는 새로운 기술과 접목이 되기도 한다. 예를 들어 바로 소규모 단위의 발전 need이다. 이에 따라 구획된 지역에 한정적으로 전력을 공급하는 설비를 개발하는 기술이 발전되고 있다.

또한 인구통계적 요인들은 경제적 요인과 상관관계가 매우 높기에 경제적 요인과 함께 파악할 필요가 있다. 예를 들어, 아래의 그래프는 각 도시별 전력 사용량을 보여주고 있다.

지역별 전력사용량(단위: KW)

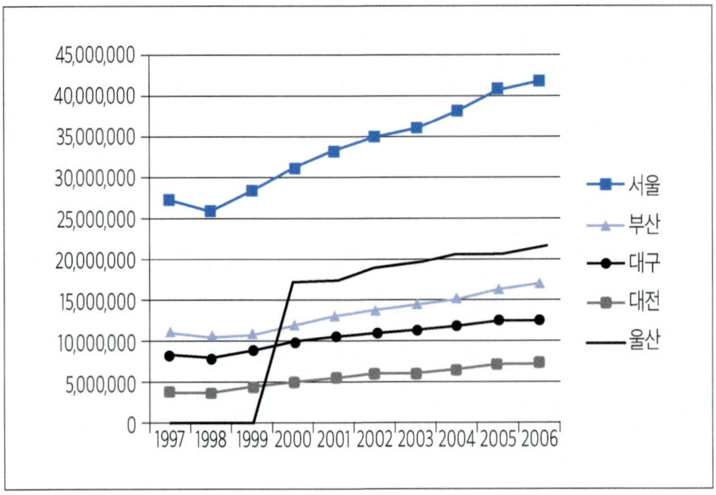

이에 따르면 서울의 전력사용량이 매우 높다. 서울은 타지역에 비해 인구가 많고, 다양한 인프라 기반이 잘 갖추어져 있으며, 경제 수준이 타지역보다 높다. 이를 반대로 생각해 보면, 인구통계적 요인에 기초하여 인프라 기반이 확충되고, 결과적으로 타지역에 비해 경제 수준이 높아지는 계기로 작용할 것이다. 이처럼 인구통계요인은 경제적 요인을 통해 간접적으로 B2B 환경에 영향을 미친다. 또 하나 주목할 것은 울산의 그래프 상승률이 2000년도에 급격히 올라간 점이다. 이는 인구통계적 요인의 증가와 경제 성장률의 상관관계가 발전전력 사용량 증가의 원인이 되었음을 알려주는 예이다.

사회문화적 요인은 경제 및 기술 환경 또는 자연환경 요인과 복합적으로 기업경영환경에 영향을 미칠 수 있다. 예를 들어 우리나라를 비롯해서 프랑스와 일본은 경제나 원자력 발전의 상대적 효율성 같은 기술 요인 때문에 원자력 발전에 대한 국민적 수용도가 높은 편이었다. 이에 비해 쓰리마일 사고와 체르노빌 사고를 겪은 미국과 러시아는 원자력 발전에 대한 수용성이 거의 바닥이었다. 일본은 대지진(자연환경 요인)으로 인해 원전사고(기술 요인)가 일어나면서 원전 수용성과 수요에 치명타를 미치는 영향을 가져왔다. 이러한 자연환경 요인은 많은 국민들의 원전 수용성 인식(사회문화적 요인)에 지대한 영향을 미치고 있다.

② 자연환경적 요인

거시환경요인	주요 항목	내 용	영 향
자연환경적 요인	온난화, 지진, 폭우, 폭설	기업활동에 의해 영향을 받거나 기업활동의 투입요소로 사용되는 자연 자원의 변화	발전 및 에너지 분야에 많은 영향을 미치는 요인

자연환경적 요인은 환경, 담수, 플랜트, 발전 산업 등과 같은 B2B 상황에 많은 영향을 미치는 요인 중 하나이다. 도입 사례에서처럼, 세계 물수요가 점점 증가하는 데 비해 공급은 부족한 것을 알 수 있으며 향후 물부족은 더 심각해질 것이라 예측하고 있다. 이것은 기후온난화에 따른 기상 모델과 물순환 체계의 변화라는 자연환경의 변화에 원인을 두고 있다. 기업은 이러한 상황을 판단하여 어떻게 변화에 대응해 나가야 하는지 감(感)을 잡을 수 있을 것이다. 또 다른 예로, 일본 지진 이후, 원전에 대한 대체 수요로 M 중공업은 가스터빈 발전소 보급을 확대하기 위해 준비해오고 있다. 지진이라는 자연환경 요인의 변화에 따라 기업 비즈니스 환경과 행동이 변화되고 있다.

나아가 자연환경적 요인들의 영향에서 고려해야 중요한 사항은 바로 인접한 산업의 상황을 센싱하는 것이다. 예를 들어, 최근 자동차 산업은 연비를 줄이는 것에서 나아가 전기 자동차의 개발처럼 새로운 대체 동력원을 찾아 발전시키는 것에 초점을 맞추고 있다. 아래 그림을 통해 알 수 있듯이 세계 석유생산량은 시간이 흐르면서 점차 줄어들고 있고, 또 내연기관 엔진(combustion engine)이 환경에 미치는 영향을 파악하면서 새로운 동력원을 찾으려고 노력하고 있다. 또 다른 예로 발전 사업 역시 다른 인접 산업 동향에 대한 센싱을 게을리하지 말아야 할 것이다. 특히 자연환경적 요인들은 쉽게 통제

세계지역별 석유생산량의 변화 예

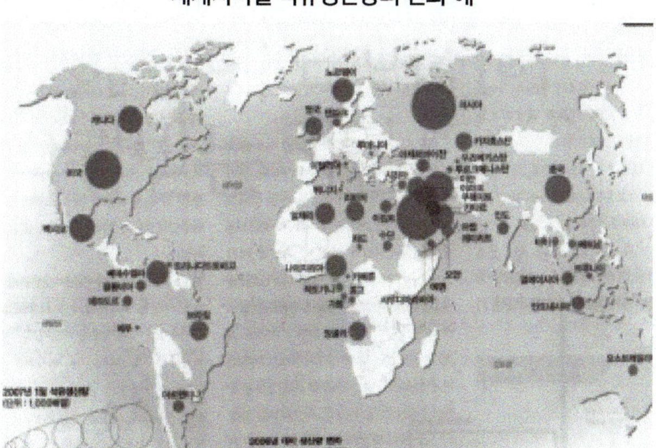

할 수 없는 요인들이기 때문에, 타 산업의 동향을 센싱(sensing)하는 것이 기업의 전략방향을 생각하는 데에도 도움이 될 것이다.

③ 경제적 요인

거시환경요인	주요 항목	내 용	영 향
경제적 요인	경기, 인플레이션, 소득수준, 경상수지의 변화	국내외의 전반적인 경제 상황 즉, 경기, 인플레이션, 소득수준, 경상수지의 변화	B2B 상황에서 많은 영향을 주는 요인으로 인구통계학적 요인과 높은 Correlation을 갖음

기업의 마케팅 노력에 따라 제품의 수요가 증감할 수 있지만, 수요는 국내·외의 경제 상황에 의해 많은 영향을 받는다. 예를 들어, 인플레이션의 발생은 가격 수준의 상승을 의미하고 즉각적으로 기업 활동에 영향을 미친다. 또 이는 가계소득을 감소시켜 소비를 위축시키기 때문에, 기업 활동에 부정적 영향을 미친다. 발전, 플랜트, 담수 사업 등과 같은 글로벌 시장의 B2B 비즈니스 상황에서는 환율 역시 굉장히 중요한 경제적 요인이다. 초기 수주를 받을 당시의 원-달러 환율이 1,300원이었고 지금은 만약 1,000원으로 변했다고 하면, 기업이윤에 큰 영향을 미친다.

앞에서 울산의 전력사용량이 2000년도에 급증했던 이유는 울산지역 기업의 판매가 활성화되고, 그에 따른 설비나 직원 수가 확충되었으며, 이로 인해 인구가 유입되면서 지역 경제를 활성화시켰기 때문이다. 이렇게 증가된 전력사용량은 지역 입장에서 더 많은 발전시설의 수요를 가져온다. 즉 인구통계적 변화에서 비롯된 경제적 요인의 변화를 미리 파악하고 예측한다면 국내 시장에서의 발전사업전략을 미리 수립하는 데 도움이 될 것이다. 또 다른 예로는 경제 수준이 높은 국가와 낮은 국가의 발전소 수주의 요구조건에도 많은 차이가 있을 수 있다. 예를 들어, 사우디아라비아의 경우 높은 품질의 발전소를 원하는 데 비해, 베트남의 경우에는 낮은 가격의 발전소를 원할 수 있다. 이처럼 기업은 경제적 상황들과 각 시장의 경제 수준 등을 적절히 파악하고 분석하여, 전략 방향을 모색해야 한다.

④ 기술적 요인

거시환경요인	주요 항목	내 용	영 향
기술적 요인	기술 혁신, 특허, 정보시스템, IT 등	자사가 속한 산업의 기술적 변화를 파악	경쟁이라는 측면에 많은 영향을 미치는 요인

기업은 자사의 제품이 고객 요구에 뒤처지는 것을 막고 혁신적인 제품을 개발하기 위해 자사가 속해있는 산업의 기술적 변화를 파악해야 한다. 이러한 기술적 요인은 거시환경요인 중 예외적으로 기업이 통제할 수 있는 요인이다. 즉 이 요인에 대해서는 기업이 선제적(proactive)으로 대응할 수 있기 때문에 변화를 감지하는 것이 중요하다. 예를 들어, 담수화 사업에 초점을 맞춘 기업이 성장을 거듭해 나가고 있는데, 이때 심각하지 않은 폐수를 식수 수준의 물로 저렴한 가격에 정수하는 기술이 개발되었다고 가정해보자. 그렇다면 이 기술은 담수 사업에 분명히 영향을 미칠 수 있다. 따라서 새로운 기술개발에 대해서 미리 알고 더 적극적으로 개발한다면, 기회가 왔을 때 더 저렴한 단가의 설비를 개발한 기업이 사업기회를 획득할 수 있을 것이다. 또 다른 예를 살펴보겠다. 지금까지 담수 사업에서는 다단증발법(MSF: Multi-Stage Flash) 방식의 기술이 중요했다. 그러나 이 방식 외에 다중효용방식(MED: Multi-Effect Distillation)과 역삼투법(RO: Reverse Osmosis) 방식의 기술과 복합 방식의 기술이 이 시장에서는 중요한 유형으로 등장했고, 기업들은 이러한 기술 환경의 변화에 적응하기 위해 지속적인 노력을 해오고 있다. 이처럼 동종 산업의 현재 경쟁과 미래 경쟁 환경을 감안할 때 기업은 산업의 기술 변화에 선제적으로(proactive) 대응하여 현재의 경쟁우위를 유지하고 향후에도 더 우월한 경쟁우위 포지션을 차지하기 위해 노력해야 할 것이다.

⑤ 정치/법률적 요인

거시환경요인	주요 항목	내 용	영 향
정치/법률적 요인	정책, 경제 정책, 법률 및 규제, 조세제도	국제 정치환경 및 정부의 정책의 변화, 법률적 규제의 변화	정부의 규제나 정책의 변경은 기업경영환경에 직접적으로 영향을 미침

도입 사례에서 제시했던 물 산업을 육성하기 위한 정부의 기술 개발 관련 정책 상황을 기억해보자. 정부의 정책이 변화하게 되면, 기업은 변화를 빠르게 파악해서 향후 전략 방향을 설정해야 한다. 관련 기업은 이러한 정책 변화에 빠르게 대응하여 현재 관련 부처의 중점추진 R&D 프로젝트 사업에 참여하는 것을 적극적으로 고려해야 한다. 이렇게 정치/법률적 요인들 역시 미리 파악하고 대비하는 것이 선제적 센싱(proactive sensing)이다. 또한 인도 발전소 건설의 예를 통해서 법률적 요인의 중요성과 영향을 알아보겠다. 인도 정부는 최근 자국민 고용과 기술 인력의 양성, 인도 현지 제조설비의 건설을 수주 요구조건으로 하는 사항을 법제화하였다. 만일 이 사실을 법제화 발표 이전부터 알고 준비한 기업과 그렇지 않은 기업이 있다면, 분명히 준비사항에 차이가 있

을 것이다. 당연히 선제적(proactive)으로 대응한 기업은 새로운 법률에 대처하는 전략방향을 미리 고민하고 검토할 수 있었을 것이다. 법률적 요인들 역시 기술 요인이나 정치적 요인들처럼 상당 수준 예측가능한 관련 단서들이 존재한다. 이 단서들을 주기적으로 파악하고 이에 대응하면 향후 기업 전략방향 설정이 경쟁사보다 앞서 나갈 수 있을 것이다.

또 다른 예로 최근 미국 정부의 강력한 인센티브 제공과 지정학적 · 정치적 고려 필요성 증대, 스마트팩토리 기술 등의 발전으로 인해 미국, 유럽 등 선진국에 공장을 짓는 시장접근형 오프쇼어링, 우방국에 공장을 짓는 프렌드쇼어링(friend-shoring), 멕시코나 동유럽과 같이 선진국과 인접한 저임금 국가에 공장을 짓는 니어쇼어링(near-shoring)이 증가함으로써 글로벌 가치사슬의 구조적인 대격변이 진행되고 있다.[9] 중국에 대한 미국의 정치적 압력이 주요 산업의 세계 지도를 크게 바꾸고 있음에 따라 우리나라 기업들도 이러한 정치경제적 환경변화에 매우 시의적절하게 적응해야 할 것이다.

(2) 거시환경요인 영향에 대한 대응 Frame

지금까지 살펴본 많은 거시환경요인들은 일반적으로 통제불가능한 요인들이기 때문에 반응적(reactive)으로 대응할 수밖에 없을 것이다. 반면 기술적 요인과 정치적/법률적 요인들은 사전에 판단할 수 있는 단서들을 통해서 선제적(proactive)으로 판단하고 대응할 수 있다. 즉 이러한 요인들을 적절히 파악하고 분석하여, 각 요인들이 기업에게 기회(opportunity)가 될지 아니면 위협(threat)이 될지 파악하여 대응해 나가야 할 것이다.

그림 5-4 는 거시환경요인의 영향에 대한 기업의 대응에 도움을 주는 프레임(frame)이다. 가로축은 영향력(impact)으로 환경요인이 관련 기업들에게 미치는 영향의 정도/강도를 나타낸다. 세로축은 불확실성(uncertainty)으로 환경변화의 불확실한 정도를 의미한다. 먼저 A와 C 영역은 거시환경요인이 기업에 미치는 영향력이 적기 때문에 거시환경요인의 발생가능성, 즉, 불확실성의 여부에 상관없이 변화가 발생했을 때 반응적(reactive)으로 대응하면 될 것이다. 즉 그리 신경을 안 써도 되는 경우이다.

그렇다면 거시환경요인의 영향이 B에 해당하는 경우는 거시환경요인이 어떠한 방향으로 나타날지 매우 불확실한 경우이다. 그러나 발생할 경우 기업경영에 미치는 영향이 매우 클 것이다. 예를 들어 발전에 대한 대체 동력원(예: 원자력, 태양광이나 풍력 같은 신재생 등)이 어떻게 전개될 것인가 생각해 보자. 이 경우에는 기업이 거시환경요인의 영향에 대해 발생할 수 있는 여러 가지의 시나리오를 준비해야 할 것이다. 즉 시나리오별

9) 송재용 등(2023), 패러다임 대전환. 한국 기업 전략 패러다임을 완전히 바꿔라, 도서출판 자의누리.

그림 5-4 거시환경요인 영향에 대한 대응 Frame

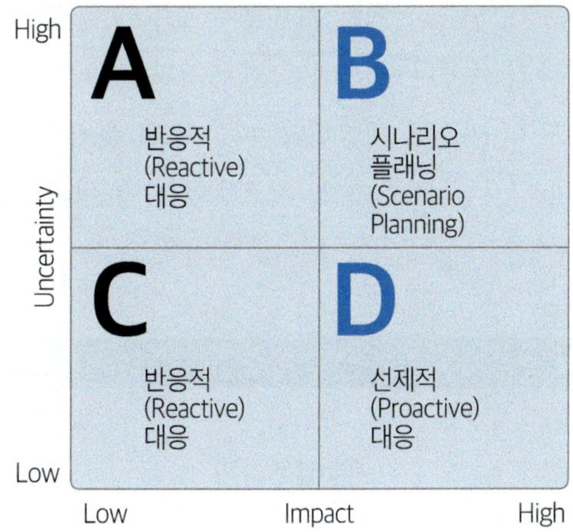

로 대응책을 마련하는 일이 필요할 것이다.

마지막으로 거시환경요인의 영향이 D에 해당하는 경우는 거시환경요인의 영향이 매우 확실하게 예견이 되고 기업에 미치는 영향도 큰 경우이다. 예를 들면 기술 동향의 변화, 정치/법률적 요인 등이 해당될 수 있고, 여기에는 사전에 센싱할 수 있는 단서들이 존재할 것이다. 따라서 기업은 거시환경 센싱을 통해서 항상 변화에 주목하고 선제적(proactive)으로 그에 따른 대비를 해 나가야 할 것이다.

2.2. 시장 분석

이제 광의의 관점에서의 시장(산업)에 대한 분석에 관해 학습한다. 우리 사업이 속해 있거나 진출해 있는 시장(산업)이 매력적인가를 분석하는 것이다. 광의의 관점에서의 시장(산업)의 의미를 명확히 하기 위해서 먼저 시장의 정의부터 살펴보겠다.

(1) 시장의 정의

시장은 다양한 관점에서 정의될 수 있다. 장소 관점에서 시장은 공급자가 구매자에게 상품과 서비스를 판매하는 곳이다. 중동시장, 동남아시장, 인도시장 등이 그 예가 된다. 고객을 중시하는 마케팅의 시각에서는 "고객(구매자)들의 집합"으로 시장을 이해한다. 이 관점에서의 예는 각 프로젝트의 발주처와 잠재 발주처가 B2B 기업의 시장이라 할 수 있다. 좀 더 넓게 보면 시장은 "구매자들과 이들과의 거래에 필요한 모든 주체들의 집합체"라고 할 수 있다. 공급자인 '기업'은 물론 공급자와 구매자 사이의 거래를 성사시키고 관리하는 데 필요한 제반 기관들이 모두 포함된다. 예를 들어 시장을 관리하는 공공 및 민간 관리 주체나 운송업자, 금융기관, 사회간접자본처럼 거래에 수반되는 다양한 지원 주체들이 여기에 포함된다. 따라서 큰 틀에서 시장이란 "공급자와 구매자가 거래를 하는 데 필요한 모든 주체, 시스템의 집합"이라고 할 수 있으며 최근에는 이를 시장(산업) 생태계(eco-system)라는 용어를 사용하고 있다(그림 5-5 참조).

그림 5-5 시장의 정의

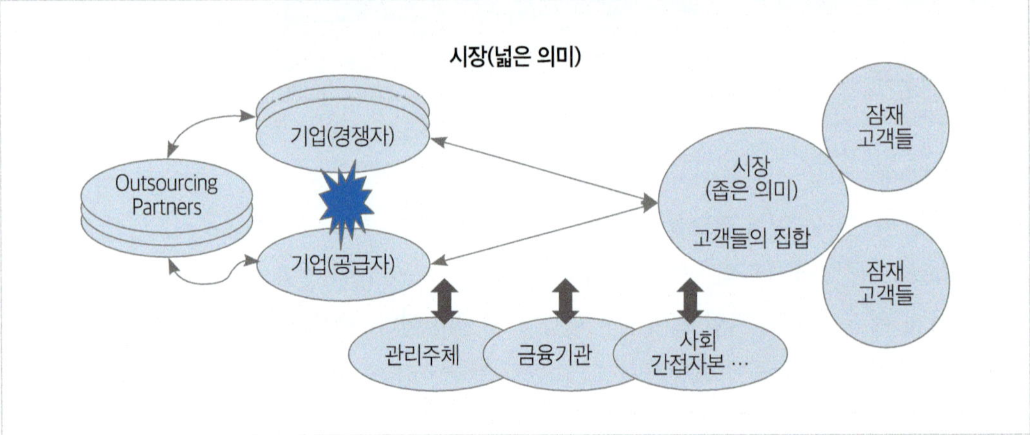

넓은 의미의 시장은 흔히 산업(industry) 및 산업생태계(industry ecosystem)라고 불린다. 고객의 관점을 중시하는 마케팅의 관점에서는 산업이라는 용어 대신 시장이라는 용어를 사용한다. 예를 들어 우리나라를 대표하는 B2B 기업인 D 기업은 산업의 기초소재인 주/단조에서부터 원자력, 복합화력, 풍력 신재생 등의 발전 설비, 해수 담수화 플랜트, 환경 설비, 운반 설비 등을 제작해 국내외 플랜트 시장에 공급함으로써 국가 경제 발전의 견인차 역할을 담당하고 있다. 즉 가장 넓게는 플랜트 시장, 그리고 사업부 기준으로는 발전 시장, 담수 시장, 원자력 시장, 주/단조 소재 시장, 환경/운반 등 각종 설비 시장 등 추상적-구체적인 수준(abstraction-specificity)의 정의 측면에서 시장은 다양하게 정의될 수 있다. 나아가 각 사업부는 고객이 있는 지역시장들(중동, 인도, 동남아, 유럽 등)과 연결된다. 이에 따라 사업 추진 단위에서는 사업 추진 관점에서 시장을 구성하는 고객(customer)과 경쟁(competition)을 정의하고 이에 관한 정보를 센싱하고 우리 회사의 자원과 역량(our company)을 분석하여 사업부가 추진해야 할 마케팅전략을 수립하게 된다. 그래서 마케팅전략 수립을 위한 직접적 과업환경 센싱과 분석(immediate environmental sensing and analysis)을 흔히 3C 분석(customer analysis, competition analysis, company analysis)이라고 부른다.

(2) 시장매력도(market attractiveness) 분석

항상 변화하는 동태적인 시장환경에서 이미 시장 내에 있는 기업이나 새롭게 시장에 진입하려는 기업이 먼저 고려해야 하는 점은 무엇일까? 기업은 시장이 얼마나 매력적인가를 분석해서 진퇴에 관한 의사결정을 하거나 해당 사업에 대한 자원배분을 변경하는 의사결정을 해야 할 것이다. 시장매력도란 특정시장에 참가한 기업의 장기적 투자수익률로 측정될 수 있는 시장의 잠재이익을 의미한다. 시장매력도 분석은 크게 시장의 외형적 요인과 구조적 요인을 분석하는 것으로 구성된다.

① 시장의 외형적 요인 분석

시장의 외형적 요인 분석은 해당 시장의 규모, 성장률, 제품수명주기, 매출의 주기성, 수익성이라는 다섯 가지 요인으로 살펴볼 수 있다. 첫 번째 외형적 요인인 시장 규모는 기업이 얼마나 많은 이윤을 창출할 수 있는가를 결정짓는 가장 기본적인 요인이다. 예를 들어 과거 보도 자료에 의하면 담수화 시장이 고효율과 원가절감을 위해 대형화하는 추세이며 단위당 용량이 커지고 있는 가운데 다단증발방식을 지배하던 D 기업이 새로운 수주로 다단효용방식 해수화 시장에서도 기술과 수주경쟁력을 확보했다고 한다. 이와 같은 계약 체결의 의미는 해수 담수화 시장의 단위당 비즈니스 규모가 커져서 비즈니스 매력도가 커졌다는 것이다. 경쟁이 심하겠지만 수주만 하면 비즈니스 규모가 대형화될 수 있고, 그만큼 더 많은 이윤을 창출할 수 있는 가능성이 높아진 것이다. 따라서 대규모 시장은 소규모 시장에 비해 더 많은 이윤창출의 기회를 가져다주므로 시장규모가 클수록 시장매력도는 높다.

두 번째 외형적 요인인 시장성장률은 시장이 매년 얼마나 빨리 성장하는 매력 있는 시장인가를 의미하며, 매우 중요한 요인이다. 세 번째 외형적 요인인 제품수명주기(PLC: Product Life Cycle)는 일반적으로 제품이 개발되어 시장에 도입된 이후, 성장기, 성숙기를 거쳐 쇠퇴해 나감을 의미한다. 그림 5-6 은 제품수명주기의 단계와 단계별 매출과 이익의 트렌드를 보여주고 있다. 도입기는 초기 단계로 매출이 낮은 속도로 증가하는 단계이며, 성장기는 매출이 급속도로 증가하는 단계이다. 성숙기는 제품의 매출이 둔화되나 매출이 최고조에 달하는 시기이며 쇠퇴기는 매출이 감소하는 시기이다. 즉 일반적으로 성장기에 있는 시장이 기업들에게 매력적인 시장이라 할 수 있다.

그림 5-6 제품수명주기

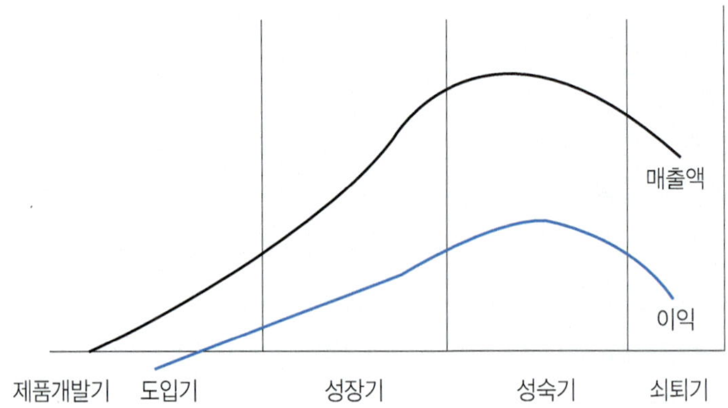

제품수명주기 개념이 가장 잘 적용되는 경우는 제품형태(product type) 수준(예: 흑백 TV, 컬러 TV, LCD TV, HD TV 등)이며, 제품카테고리(product category) 수준(예: TV)에서는 이 개념을 적용하기 어렵다는 점이다. TV를 예로 들어 설명하면 TV 카테고리 안에는 흑백, 컬러, LCD, HD, LED 같은 다양한 형태(type)가 있다. 하지만 TV 전체를 놓고 제품수명주기를 설명하기는 어렵다. 왜냐하면 특정 형태의 TV는 쇠퇴했지만, 전체적인 TV 제품카테고리 수준에서는 아직 쇠퇴기가 오지 않았기 때문이다. 발전이나 담수 사업과 같은 B2B 사업의 예를 생각하면, 제품수명주기가 적용될 수 있는 개념은 발전 또는 담수 플랜트를 건설하는 형태(예: MSF, MED, RO 방식)에서 생각할 수 있다. 이러한 형태에 대한 정확한 센싱이 관련 기술역량 제고를 위한 적절한 투자의사결정으로 연결될 수 있다. 참고로 기술이나 운영전략에서는 대세적, 표준적 제품형태를 표준(standard) 또는 지배적 디자인(dominant design)이라고 한다.

네 번째 외형적 요인인 비즈니스 사이클(business cycle)에 대해 살펴보자. 많은 B2B 사업의 수주는 비즈니스별로 사이클(cycle)을 보인다. 각 비즈니스 시장의 수요가 변동하고(fluctuating) 있기 때문이다. 일반적으로 이러한 비즈니스 사이클의 등락이 타 산업에 비해 심한 수주 산업의 경우 비즈니스 사이클 측면에서의 시장 매력도는 낮은 것으로 볼 수 있다. 이에 따라 수주사업을 하는 B2B 기업의 경우 사업 포트폴리오 관리가 그만큼 더 중요하다고 할 수 있다. 또한 비즈니스 사이클에 따른 시장의 잠재적 수요(market demand potential)에 대한 예측도 중요하다. 특히 사업이 둔화되는 시기(downturn cycle)에도 턴어라운드(turn-around) 상황을 대비해 역량 구축(해외기업 인수와 생산능력 확충, 엔지니어링 기술 역량의 제고 등)을 해 놓아야 사업이 활발해지는 시기(uprising cycle)에 기회를 획득할 수 있을 것이다.

마지막 외형적 요인인 수익성(profitability)은 시장의 외형적 요인 중 가장 중요하다. 일반적으로 경쟁 강도가 해당 시장의 수익성에 결정적인 영향을 미친다. 그러나 동일한 시장이라고 해도 시장 내에 하위 시장(sub-markets)이 존재한다. 예를 들어 높은 품질과 가격의 high-end sub-market, 중간 정도의 품질과 가격의 mass/value sub-market, 낮은 품질과 가격의 low-end sub-market은 각기 다른 수익성을 가지고 있다. 즉 시장의 수익성은 해당 기업이 어떠한 하위 시장(sub-market)에서 비즈니스를 수행하느냐에 따라 달라진다. 또한 수익성의 수준뿐만 아니라 수익의 변동성에 따라 시장매력도는 달라질 수 있다. 따라서 기업은 수익성의 수준과 변동성으로 시장매력도를 평가해야 한다. 다음에서는 시장의 수익성을 결정하는 시장구조 분석에 대해 학습한다.

② 시장구조 분석

시장구조분석은 마이클 포터의 클래식한 5 Forces 모델분석을 의미한다.[10] 다섯 가지 Force가 시장의 수익성(매력도)에 영향을 미치고 관련 기업의 경쟁우위를 결정한다는 모델이다(그림 5-7 참조): 잠재적 진입자의 위협, 구매자의 교섭력, 공급자의 교섭력, 현재 시장 내의 경쟁, 대체품의 위협.

그림 5-7 시장의 구조적 요인

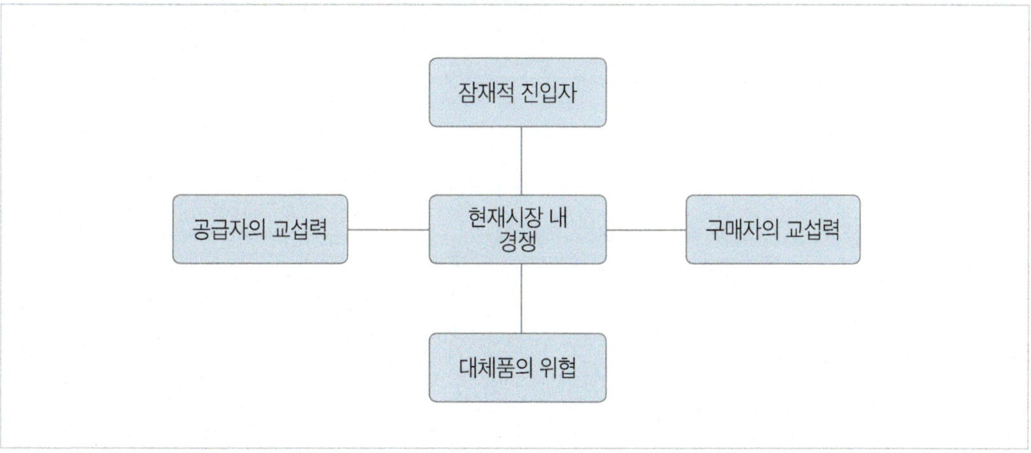

잠재적 진입자의 위협은 기존시장에 새로운 경쟁기업이 진입할 가능성을 말한다. 예를 들어, 규모의 경제(economies of scale)를 요구하는 B2B 시장에 신규로 진입하고자 하는 기업은 가격경쟁력에서 불리할 것이다. 즉 잠재적 진입자의 위협은 현재시장(산업)

10) Porter, M. E. (1985), Competitive Advantage, The Free Press, New York.

의 진입장벽(entry barrier)에 따라 달라진다. 진입장벽의 예로는 요구되는 투자의 규모, 기존 기업의 브랜드 파워(brand power), 제품 차별화 정도, 특허, 정부 정책의 변화 등이 있다. 일반적으로 B2C에 비해 B2B 시장의 경우 진입장벽이 높은 편이다. 물론 많은 예외도 있다. 예를 들어, 국가의 산업육성 정책상 우리나라는 그동안 발전설비 일원화 규제를 유지해왔다. 그러나 최근 산업정책의 변화로 일원화 규제를 해제함에 따라 이 시장에 새로운 기업들이 진입하고 있다. 또한 높은 기술력과 실적을 구축한 기업의 명성(reputation)은 해당 시장의 진입장벽 역할을 한다. 예를 들어 해수담수화 플랜트, 금형공구강 등 우리나라의 많은 대표적 B2B 제품들은 세계일류상품에 선정되어 최고의 기술력을 인정받고 있다. 이러한 기술력은 해당 시장의 진입장벽 역할을 할 것이다.

두 번째 Force인 구매자의 교섭력은, B2B 수주사업의 경우, 발주처 고객의 교섭력을 의미한다. 발주처는 가격 인하 또는 품질 스펙(spec) 향상을 요구할 수 있고, 경쟁기업들을 서로 대립시켜 이득을 봄으로써 시장에 영향을 미칠 수 있다. 공급자 간의 기술이 차별화되어 있지 않고, 구매자의 규모가 크고 구매자의 정보/지식 수준이 높을수록, 그리고 대체 제품의 수가 많을수록 구매자는 강한 교섭력을 가질 수 있다. 이에 따라 구매자의 교섭력을 낮추기 위해서는 발주처 고객과 관계(relationship)를 맺기 위해 노력해야 할 것이다. 또한 발주처 고객의 기대를 넘어서는 제품과 가치를 제공함으로써 우리의 교섭력을 증대시킬 수 있을 것이다.

세 번째 Force인 공급자의 교섭력은 원료나 부품, 자재 등을 공급하는 공급자와의 거래나 협상에서 누가 더 주도권을 갖느냐를 의미한다. 공급자가 구매자보다 유리한 상대적 위치를 가지고 있는 경우, 가격 인상이나 품질 스펙(spec)을 낮출 수도 있다는 시그널링(signaling)으로 교섭력을 발휘할 수 있다. 공급자의 교섭력이 높다면 현재시장의 수익성은 떨어지므로 중요한 핵심부품이나 기자재의 경우 직접 제조하는 방법이나 공급자와 상생(win-win)할 수 있는 장기적인 관계(long-term relationship)를 구축하는 방법 등을 고려할 필요가 있다.

네 번째 Force인 현재시장 내 경쟁, 즉 기존기업 간의 경쟁 정도는 동종 제품을 생산, 판매하는 경쟁기업의 수뿐만 아니라, 기술의 차별화 정도, 각종 진입장벽, 시장의 규모나 성장 가능성 등에 의해 결정된다. 따라서 한 시장 내 다수의 주요 기업들이 치열하게 경쟁하고 있다면, 그 시장은 소수 경쟁자들이 있는 시장에 비해 수익성이 떨어진다. 또한 같은 시장에 있어도 high-end sub-market, mass/value sub-market, low-end sub-market에 따라 경쟁 강도는 달라지므로 시장 내에서도 어떤 하부세분군시장(submarket)에서 경쟁할 것인가에 따라 수익성이 달라질 수 있다.

다섯 번째 Force인 대체품의 위협은 기술의 발달로 인해 새로운 제품이 시장에 출현할 가능성을 말한다. 대체품들은 기존 제품시장에는 새로운 위협이 되면서 기존시장의 수익성을 떨어뜨리고 경쟁구조를 바꾼다. 따라서 기술동향에 대한 거시환경 센싱을 통해 현재 시장에서의 경쟁 제품뿐만 아니라 향후 잠재적 대체품의 위협(예: 낮은 가격과 높은 성능, 전환비용을 최소화하며 등장하는 우월한 성능의 신제품)에 대해서 항상 대비해야 할 것이다.

2장에서 비즈니스전략의 주요 의사결정으로 어디에서 경쟁할 것인가(where to compete)와 어떻게 경쟁할 것인가(how to compete)에 관해 고찰했다. **지금까지 살펴본 시장환경 분석과 시장분석은 어디에서 경쟁할 것인가를 결정하기 위한 분석이었다.** B2B 마케팅 맥락에서는 내가 경쟁을 펼쳐야 할 산업 또는 시장영역(arena perspective: 고객 관점에서 살펴본 대체제품이나 기업)뿐만 아니라 고객기업이 경쟁하고 있는 산업 또는 시장영역의 구조와 특성, 매력도를 살펴봐야 한다. 다음에서는 어떻게 경쟁할 것인가(경쟁력)와 관련된 경쟁 및 자사분석에 대해 설명한다.

■ 사례(2): 기업 C의 경쟁 및 자사 분석

표 5-6은 기업 C가 복합가스화력 발전플랜트 사업의 가능성을 살펴보기 위해 실시한 거시환경 센싱 결과이다. 이를 통해 기업 C는 북미 지역과 동남아 지역의 시장성이 높다는 결론을 내리게 되었다. 동남아 지역은 총점 3.5로 가장 높은 시장성을 보였으며, 북미 지역은 3.2로 근소한 차이를 보였지만, 그래도 꽤 높은 시장성을 가진 것으로 나타났다. 이에 따라 기업 C는 두 지역을 중심으로 예상되는 복합가스화력 발전플랜트의 제안요청(RFP)에 대응할 준비를 하고 있다.

표 5-6 복합가스화력 발전플래트사업 관련 거시환경 센싱 결과

평가 항목	A.가중치	평가 척도	지역별 점수			R1 (A*1)	R2 (A*2)	R3 (A*3)
			북미 R1	동남아 R2	동북아 R3			
인구통계 사회문화적 기회	(0.1)	1 2 3 4 5 아주 적다 보통이다 아주 많다	(4)	(4)	(3)	(0.4)	(0.4)	(0.3)
자연환경적 위협요인	(0.2)	1 2 3 4 5 아주 크다 보통이다 아주 작다	(4)	(4)	(1)	(0.8)	(0.8)	(0.3)
경제적 기회요인	(0.2)	1 2 3 4 5 아주 나쁘다 보통이다 아주 좋다	(5)	(3)	(4)	(1.0)	(0.6)	(0.8)
기술적 위협요인	(0.3)	1 2 3 4 5 아주 높다 보통이다 아주 낮다	(2)	(5)	(3)	(0.6)	(1.5)	(0.9)
정치/법률적 위협요인	(0.2)	1 2 3 4 5 아주 크다 보통이다 아주 작다	(2)	(1)	(2)	(0.4)	(0.2)	(0.4)
소계	(1)					(3.2)	(3.5)	(2.6)

또한 기업 C는 다양한 경로를 통한 고객 센싱 활동을 통해 두 지역의 고객들이 복합가스화력 발전플랜트를 가장 원한다는 것을 파악했다. 그렇지만 기업 C는 이 지역의 고객들을 상대로 어떠한 경쟁기업들이 제안요청 사전(pre-RFP)의 마케팅 노력을 기울이는지 파악하고자 했다. 많은 방법들이 있겠지만, 우선 기업 C는 고객의 니즈(needs)에 대한 솔루션(solution) 대안들을 생각하고 센싱 활동을 계속했다. 그 결과, 가장 높은 대체가능성을 가진 대안이 원자력일 것이라는 가설을 세우게 되었다. 따라서 복합가스화력 발전플랜트와 원자력 발전플랜트 사이의 교차탄력성(cross-elasticity)을 살펴보기 위해 복합가스화력발전의 원료인 가스 가격의 변화를 살펴보았다. 구체적으로 가스생산량의 감소에 따른 가스가격의 증가가 원자력발전의 수요에 어떠한 영향을 미치는지를 살펴보기 위해 과거에서부터 현재까지의 정보를 파악해 발전산업 수요(demand)를 파악했다. 그리고 국제 가스 가격 증가에 따른 복합가스화력 발전 수요의 탄력성과 원자력 발전 수요의 탄력성을 계산했다: 국제 가스가격 28% 증가, 복합가스화력 발전 수요 18.9% 감소, 원자력 발전 수요 25% 증가 ; 가스가격 증가에 따른 복합가스화력 발전 수요의 탄력성 =−18.9%/28% =−0.675, 원자력 발전 수요의 탄력성 =25%/28% =0.892.

가스 가격 변화에 따른 원자력 발전 수요의 교차탄력성이 0.892라는 양(+)의 수치가 나타나 어느 정도 대체가능성이 있는 것으로 보이지만, 그 가능성은 높지 않다고 판단하는 것이 맞다. 왜냐하면 그 당시 가스 생산량이 감소해서 가격이 상승했음에도 불구하고, 원자력 발전의 수요는 크게 변하지 않은 것으로 나타났기 때문이다. 보통 교차탄력성이 양(+)의 수치라도 1보다 낮은 경우에는 대체가능성이 미미한 것으로 해석한다. 이러한 분석 결과를 바탕으로 기업 C는 경쟁자를 복합가스화력 발전플랜트 사업자로 한정하여 생각하기로 결정했으며, 이에 따라 구체적인 경쟁자들을 파악하기 위한 자료

그림 5-8 복합가스화력 발전플랜트 주요 고려요인에 대한 고객의 중요도 인식

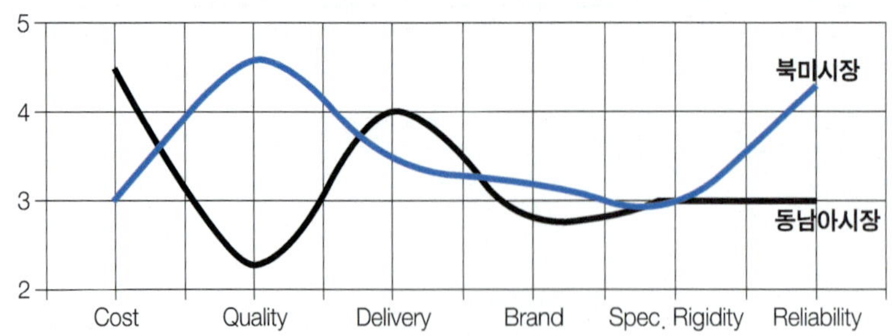

Cost=가격, Quality=품질, Delivery=납기, Brand=기업명성/브랜드파워,
Spec. Rigidity= specification(규격/조건)의 준수, Reliability=신뢰성

조사에 착수하였다. 이 경우, 경쟁 범위를 복합가스화력 발전플랜트 사업자로 한정한 기업 C는 경쟁자를 판단하기 위해 어떠한 조사를 먼저 하는 것이 좋을 것인가?

경쟁자를 복합가스화력 발전 사업으로 한정한 기업 C가 가장 먼저 고려해야 할 측면은 고객의 관점에서 경쟁자를 정의하는 것이다. 제품 가치를 평가할 때 각기 다른 특성의 시장 고객들이 중요하게 고려하는 요인들이 다를 수 있기 때문이다. 따라서 제일 먼저 실시해야 할 조사는 복합가스화력 발전플랜트에 대해 동남아지역과 북미지역의 고객이 어떠한 측면을 중요시 여기는지에 대해 센싱을 해야 할 것이다.

고객 센싱 결과는 **그림 5-8**과 같았다. 동남아의 고객들은 가격(cost)과 납기(delivery)를 가장 중요한 요인으로 생각하고 있었으며, 반면 북미의 고객들은 품질(quality)과 신뢰성(reliability)을 가장 중요한 가치로 생각하고 있었다.

한편 기업 C는 기존의 수주 경험을 통해서 자주 경쟁했던 3개의 기업을 대상으로 각 항목별로 경쟁자들의 능력을 조사했다. 이를 통해 **그림 5-9**와 **표 5-7**과 같이 공급자들에 대한 객관적 역량을 비교한 결과를 얻었다. 비용과 납기에서는 기업 C가 우위를 보이고 있지만, 품질, 브랜드명성, 스펙 준수능력(specification rigidity), 신뢰성에서 기업 C는

그림 5-9 경쟁기업의 객관적 역량 평가

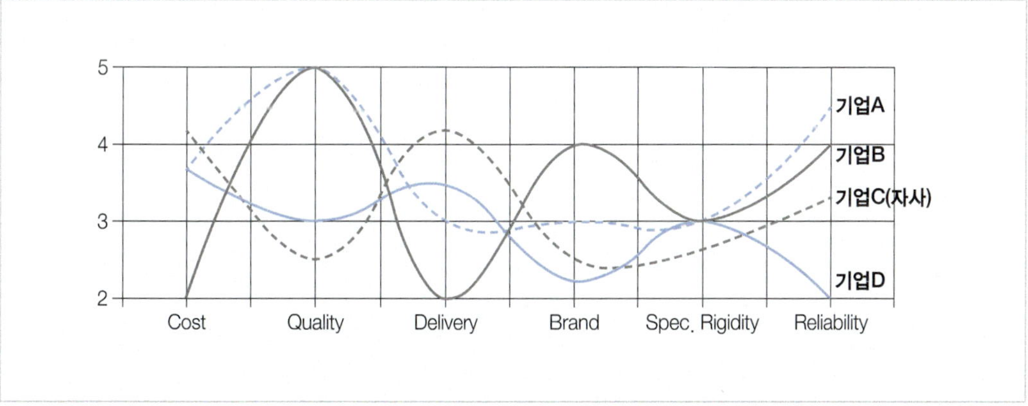

표 5-7 경쟁기업의 객관적 역량 평가

구분	기업 A	기업 B	기업 C (자사)	기업 D
Cost	3.4	2	4.2	3.7
Quality	5	5	2	3
Delivery	3	2	3.5	2.5
Brand	3	4	2.5	2.2
Spec. Rigidity	3	3	2.6	3
Reliability	4.5	4	3.3	2

상대적으로 낮은 역량을 보였다. 그렇지만, 이러한 객관적 역량데이터만 가지고 시장에서 만나게 될 주요 경쟁자를 평가할 수 있을까?

이러한 데이터만으로 시장에서 만나게 될 기업의 주요경쟁자를 평가하기는 어렵다. 그 이유는 각 시장 고객의 니즈에 따라 주요 경쟁자는 다르게 평가되기 때문이다. 그러면 지금부터 시장에 따라 주요 경쟁자가 다르게 평가되는 상황을 살펴보겠다.

기업 C는 우선 제품의 6가지 주요 고려요인에 대해 동남아시장 고객들이 원하는 니즈를 기준으로 그림 5-10과 같은 분석을 실시했다. 그 결과, 기업 C와 기업 D가 동남아시장 고객들의 니즈를 잘 맞출 수 있는 것으로 파악되었으며, 그중 기업 C가 동남아시장 고객의 니즈에 대해 가장 최적화된 대응능력을 갖춘 것으로 판단했다.

그림 5-10 동남아시장 고객의 경쟁자 역량 평가

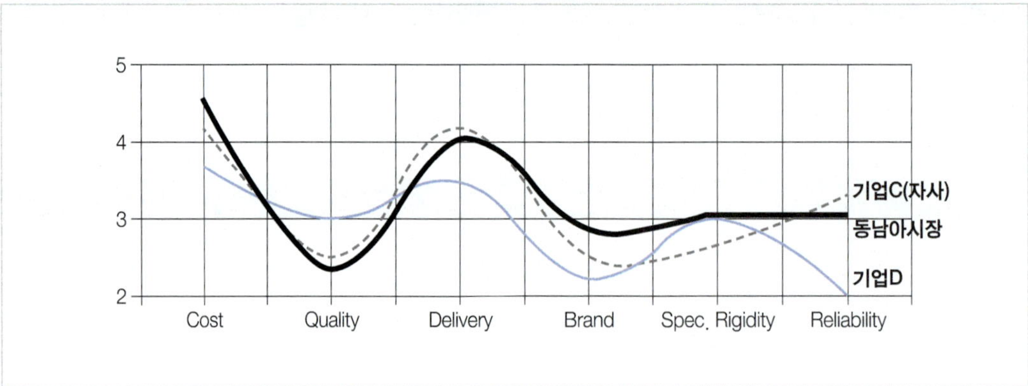

나아가 추가적 고객 센싱 결과, 동남아시장 고객들은 복합가스화력 발전플랜트의 중요 고려요인으로 가격과 납기를 꼽고 있었는데 이를 바탕으로 가스화력 발전플랜트 경쟁기업들에 대한 그들의 인식 및 평가를 살펴보았다(그림 5-11 참조). 붉은색 타원이 동남아 고객들이 생각하는 선호 영역이었으며, 이 영역 안에 들어가는 기업으로는 C와 D가 있는 것을 알 수 있다. 이에 따라 기업 C는 동남아 고객 관점에서 경쟁자를 파악 · 평가할 때, 가장 경쟁 강도가 심할 것으로 예상되는 경쟁자를 기업 D로 설정했다.

특히 기업 C(자사)의 경우, 동남아 시장 고객의 니즈와 회사 역량 간의 적합성(fit)이 가장 높은 것으로 나타났다. 이를 토대로 이 지역에서의 수주가능성이 높다고 판단하여, 기업 D와의 차별성을 고객에게 강조하기 위하여 STP전략과 적절한 가치제안(value proposition)을 만드는 준비를 하기로 결정했다.

한편 기업 C는 북미시장 고객의 관점에서 경쟁자를 파악 · 평가하고, 자사의 시장진입 가능성을 살펴보았다. 제품의 주요 고려요인에 대한 북미시장 고객들의 요구수준을

그림 5-11 동남아시장 고객의 인식 및 평가

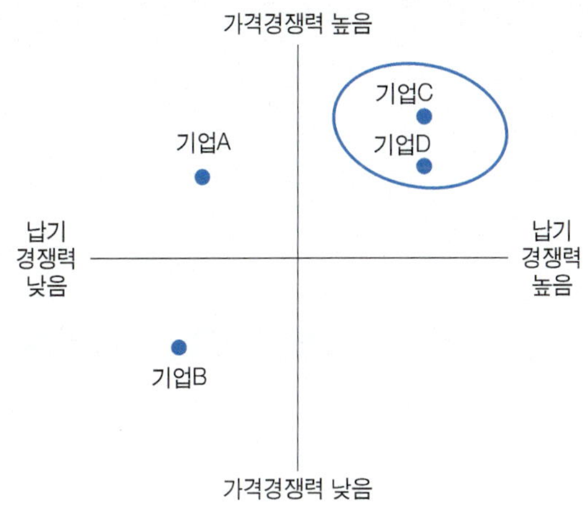

그림 5-12 북미시장 고객의 경쟁자 역량 평가

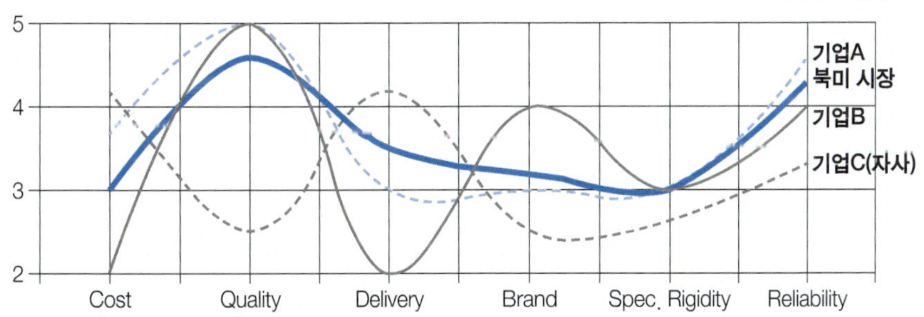

파악하고, 이 요구수준에 대한 기업의 능력을 비교하였을 때, 고객 요구수준에 대한 대응능력 적합도가 가장 높은 기업들과 자사의 위치를 그림 5-12 와 같이 파악했다. 기업 A와 기업 B가 북미시장 고객 니즈를 가장 잘 맞출 수 있는 것으로 나타났으며, 그중에서도 기업 A가 북미시장 고객 니즈에 최적화된 대응능력을 가진 것으로 판단하게 되었다. 반면 기업 C(자사)는 북미시장의 고객들이 중요시여기는 품질과 신뢰성 측면에서 고객 요구수준 또는 경쟁기업 능력과 비교할 때 자사 능력이 상당히 부족함을 발견했다.

추가적으로 실시한 북미시장 고객 센싱 결과, 고객들은 복합가스화력 발전플랜트의 중요 고려요인으로 품질과 신뢰성을 꼽았다. 이에 따라, 이 두 가지 요인을 중심으로,

발전플랜트 경쟁사업자들에 대한 북미시장 고객들의 인식 및 평가를 살펴보았다. 그 결과는 그림 5-13과 같다. 푸른색 타원이 북미시장 고객들의 선호 영역이었는데, 이 안에 있는 기업은 A와 B이다. 다시 말해 A와 B가 북미시장 고객 니즈에 가장 적합한 기업으로 판단되며, 기업 C(자사)는 품질에서 많은 갭(gap)을 보이고, 신뢰성 측면에서도 모자라는 위치에 놓인 것을 알 수 있었다. 기업 C는 북미시장 고객 니즈와 자신의 역량 간에 큰 갭(gap)이 있어 당장 시장진입이 어렵다고 판단하고, 이 시장에 대한 중장기적 접근방법과 대책을 준비하기로 결정했다.

그림 5-13 북미시장 고객의 인식 및 평가

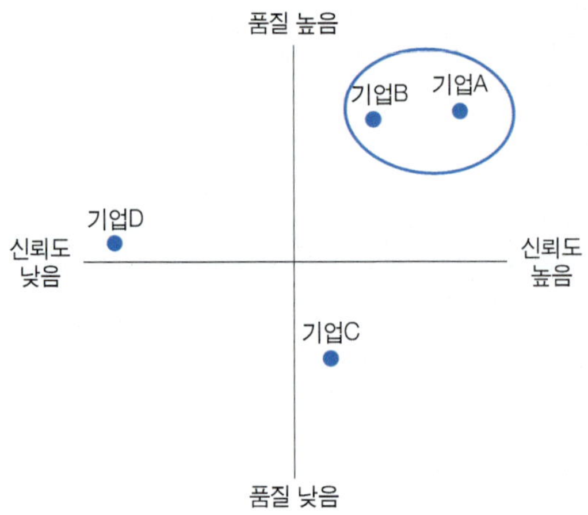

지금까지 기업 C의 가상 사례를 통해 경쟁 및 자사 분석(competitive & company analysis) 과정을 살펴보았다. 정리하면, 거시환경 센싱을 통해 사업잠재력(business potential)이 높은 시장을 선정했으며, 고객 센싱을 통해 제품에 대해 고객들이 중요하게 생각하는 요인들을 분석했다. 또한 경쟁자와 자사의 역량을 비교 분석했다. 시장 및 고객의 관점을 고려하지 않고 객관적, 전체적 경쟁력 측면에서 경쟁자와 자사의 역량을 분석하는 것은 별 시사점이 없음을 배웠다. 다시 말해 고객의 관점에서 경쟁자들을 파악했을 때, 해당 기업 C는 사업잠재력을 실현시킬 수 있는 지역을 알 수 있었으며, 예상되는 주요 경쟁자를 파악 · 평가할 수 있었다. 결과적으로 기업 C는 동남아시장을 선정하여 이 시장 고객들에 대한 STP(Segmentation, Targeting, Positioning)전략과 고객가치제안(customer value proposition)을 준비하기로 했다. 물론 가장 신경 써야 할 경쟁기업은 D로 파악하였다. 반면, 북미 지역은 시장의 요구조건과 자사 역량 간의 갭(gap)이 많다는 것을 파악하여 당장의 시장진입을 미루고, 향후의 접근대책을 마련하기로 했다. 특히 품질 측면에서 차이가 많았다는 것을 파악했다. 향후 북미시장에 들어가기 위해서는 품질향상을 위한 내부역량 증진에 힘써야 한다는 목표도 도출할 수 있었다. 이러한 목표는, 기업의 내부자원 분배와 시스템(system) 측면에서 살펴보아야 할 문제이다. 이제부터 이 사례를 바탕으로 경쟁자 파악과 경쟁자와 자사 역량을 비교 · 분석하여 전략적 방향을 도출하는 내용을 상세히 고찰하겠다. 구체적으로는 먼저 경쟁자를 파악하는 분석을 살펴본다. 그리고 경쟁자와 자사의 강점과 약점을 분석하는 내용을 학습한다. 마지막으로 고객의 요구사항, 자사 역량 간의 적합성(fit) 또는 차이를 분석하고 그에 따른 전략적 방향을 도출하는 내용을 고찰한다.

3절. 경쟁 및 자사 분석

어떻게 경쟁할 것인가(how to compete)에 관한 전략적 의사결정에서 기업은 차별화를 통해 상대적 경쟁우위를 차지하고자 한다. 이러한 자료를 통해 경쟁자 대비 자사의 차별성을 판단하고, 어떻게 차별화할 것인가는 기업에게 매우 중요한 과제이다. 차별화 과제를 놓고 가장 우선적으로 풀어야 할 문제는 바로 경쟁자가 누구인지를 파악하는 것이다. 우선 경쟁자를 파악하는 방법에 대해 학습한다.

3.1. 경쟁자 정의

경쟁자는 공급자 관점, 고객 관점, 그리고 관리적 관점에서 정의될 수 있다. 시장진입 초기에는 동일한 제품/서비스를 생산하는 기업과 그 역량을 객관적 자료들을 이용하여 알아보는 것이 경쟁자 정의의 기초가 된다. 이후, 고객의 관점에서 각 시장에서 상호대체성(substitutability)이 높은 경쟁자를 파악하여 경쟁자로 정의한다. 이와 동시에, 관리적 관점에서 잠재적 경쟁자들을 지속적으로 살펴봄으로써 경쟁자 정의를 업데이트한다. 경쟁자는 각 시장의 고객에 따라 다르게 정의될 수 있기에, 경쟁자를 정의하는 데 있어 가장 중요한 관점은 시장의 고객을 중심으로 경쟁자를 파악하는 것이라 할 수 있다. 이제부터 각 관점을 살펴본다.

(1) 공급자 관점

공급자 관점에서 경쟁자를 판단하는 방법에는 크게 두 가지가 있다. 우선 SIC 코드[11] 산업분류표를 통하여 어떠한 경쟁자가 동일 산업 내에 존재하는지를 파악하는 방법이 있다. 이 방법은 산업 내의 경쟁자 모두를 살펴보는 것이다. 두 번째는 가치곡선(value curve)과 같은 방법을 이용하여 경쟁자들의 강점과 약점을 객관적으로 살펴보는 방법이 있다. 이러한 방식은 자사의 강점과 약점 등 자사의 역량을 고려하여 유사한 역량을 보유한 기업들을 경쟁자로 파악함으로써, SIC 코드(Code)를 통해 나온 많은 경쟁자들을 줄여나갈 때 유용한 방법이다.

① SIC Code

동일하거나 유사한 제품 및 서비스를 제공하는 기업들을 경쟁자로 판단하는데, 표준산업분류(SIC) 코드를 이용하여 같은 산업분류에 속한 기업을 알아본다. 예를 들어, 체코에 있는 스코다(Skoda Power)의 경쟁자를 확인하기 위해서 SIC 코드를 찾으면, **표 5-8** 처럼 코드 #3510에 분류된 기업들을 찾으면 된다. 이를 통해 동종업계에 어떠한 기업들이 있는지 개괄적으로 파악할 수 있다.

표 5-8 체코의 SIC 코드 예

SIC Code	Industry
3679	Electronic Components, NEC
3571	Electronic Computers
3678	Electronic Connectors
3510	Engines & Turbines
3443	Fabricated Plate Work (Boiler Shops)
3060	Fabricated Rubber Products, NEC
3440	Fabricated Structural Metal Products

② 가치곡선(value curve)[12]

경쟁자 대비 자사의 강/약점을 살펴보는 툴(tool)로는 **그림 5-14** 같은 가치곡선(value curve)이 있다. 가치곡선은 산업에서 중요하게 생각하는 요인들을 기준으로 자사의 역량

11) 표준산업분류(Standard Industrial Classification[약칭 SIC])는 각 나라에서 산업을 분류하는 데 표준이 되는 코드를 의미한다.

12) value curve란 《Blue Ocean Strategy》(Kim & Renée, Harvard Business School, 2005)이라는 책에서 사용된 용어로 제품이나 사업의 주요 특성별로 평가한 곡선을 의미한다. 이러한 value curve는 산업의 해당 전문가가 객관적으로 만들 수도 있고, 고객조사를 통해 만들 수도 있다.

그림 5-14 자사와 경쟁자의 가치곡선(value curve)

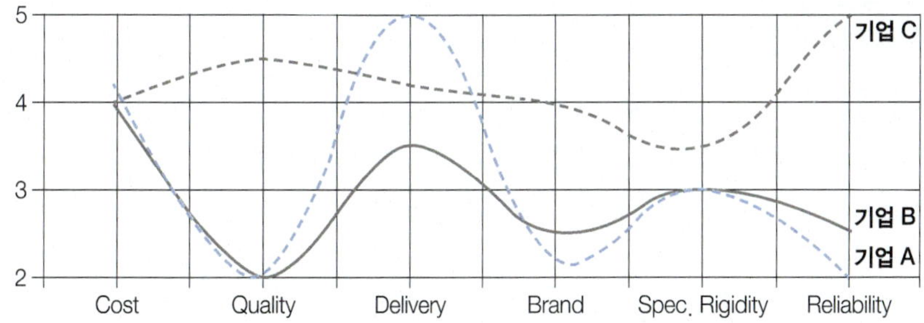

과 경쟁자들의 역량을 평가하여 도식화해 놓은 것이다. 이러한 가치곡선을 통해서 현재 시장에서 자사 및 경쟁자의 강점과 약점 등을 쉽게 판단할 수 있다.

만약, 여러분이 기업 B의 마케팅 관리자라면, 누구를 경쟁자로 판단하는 것이 적절하다고 생각하는가? 일단 공급자 관점에서는 기업 A와 C 모두 경쟁자로 판단하는 것이 맞을 것이다.

(2) 고객 관점

기업 C 사례에 따르면, 경쟁자 정의에서 가장 중요한 관점은 시장의 고객 관점에서 경쟁자를 판단하고 선정하는 것이었다. 고객에 대한 정확한 분석을 하더라도 경쟁자를 파악하는 방법을 모르면 곤란할 것이다. 기업 C 사례에서 대부분의 내용을 다뤘지만, 고객 관점에서 경쟁자를 파악하는 방법을 다시 정리하며 고찰한다.

① 고객 니즈에 대한 솔루션 관점

기업 C 사례에서 본 동남아 지역의 예를 통해서 살펴보자. 동남아시장의 고객은 경제발전에 따라 전력공급량을 증가시켜야 하는 니즈를 가지고 있다. 해결 방법은 화력발전소, 원자력 발전소, 복합가스화력, 풍력, 조력 등 다양한 방법이 있을 수 있다. 만약 고객이 이 대안들을 고려한다면, 이러한 모든 대안은 고객의 관점에서 경쟁이 되는 것이다. 즉 이러한 발전 대안들 모두 니즈에 대한 대안적 솔루션이 됨에 따라 서로 대체가능한(substitutable) 경쟁이 되는 것이다(이러한 고객관점의 경쟁 및 시장 정의는 industry 대신 arena 관점이라고 일컬음).

② 교차탄력성(cross elasticity)

교차탄력성은 한 제품의 가격변화율에 따른 다른 제품의 수요변화율로 경쟁자를 파악하는 방법이다. 예를 들어 미국의 이라크 침공 사태 이후 석유 가격의 급등으로 세계 시장에서 원자력발전의 수요가 큰 폭으로 올라갔었다. 즉 화력발전은 원자력발전과 대체재 관계를 가지고 있다(예: 유가변화에 대한 원자력발전수요의 교차탄력성 = 66.67%/26.89% = 2.48 > 1.00). 즉 한 제품의 가격변화율에 대해 고객이 어떻게 판단하고 행동하는가에 따라 대체재(substitutes) 경쟁 관계를 파악할 수 있다.

③ 다차원척도분석(MDS: Multi-Dimensional Scaling)[13)]

다차원척도 MDS 분석은 경쟁자들이 서로 비슷하고 다른 정도에 관한 고객의 인식을 파악하는 방법이다. 고객의 인식을 거리 개념을 활용하여 기하학적인 공간에 나타내는 것이다(그림 5-11 과 그림 5-13 의 도식 그림 참조). 이러한 MDS 맵은 각 축을 기준으로 기업들이 어떠한 위치에 있는지를 알 수 있다. 기업들이 가까이 있을수록 서로의 경쟁강도가 크고, 멀수록 경쟁강도는 떨어진다고 볼 수 있다. 나아가, MDS 맵에 선호를 측정 반영하여 ideal point와 vector 분석을 통해 특정 고객들의 선호를 나타낼 수 있다.

지금까지 고객의 관점에서, 고객 니즈에 대한 솔루션 측면, 교차탄력성 분석, 그리고 MDS 분석을 통해 경쟁자를 파악하는 것을 학습했다. 즉 공급자 관점으로 경쟁자에 대한 큰 그림을 그렸다면, 고객 관점으로는 가장 치열하게 경쟁을 할 것으로 예상되는 경쟁자를 파악하는 것이다.

(3) 관리적 관점

관리적 관점은 현재나 미래의 잠재 경쟁을 관리적 판단에 의해 파악하는 것이다. 이러한 측면에서 가장 중요한 것은 거시환경 센싱이다. 예를 들어, 법률적, 정치적 요인들의 변화에 따라 잠재적 경쟁자들이 진입장벽을 넘어서 시장에 진입할 수 있기 때문이다. 예를 들어, 지금까지 포스코, 현대중공업은 발전설비 일원화라는 정책적 규제 때문에 발전플랜트 산업에 진입하기가 어려웠다. 하지만 이 규제가 사라지면서 이 산업의

13) n개의 대상물에 대해 몇 개의 특성 변수를 측정한 후 이 변수를 이용하여 개체들 사이의 거리 또는 비유사성을 측정하고, 이를 이용하여 개체들을 2차원 또는 3차원 공간상의 점으로 표현하는 통계적 분석방법을 말한다. 분석 목표는 각 개체들의 유사성 혹은 비유사성(거리)을 설명할 수 있는 내재된 의미 있는 차원을 찾아내는 것이다. 투입물과 산출물이 비계량적으로 사용되므로 이미지 조사에도 유효하다. 예를 들어 대상 상품의 비유사성이라는 사회적 변량을 비전기적인 간격 척도로 산출해 이 척도가 무엇인가를 구체적으로 추리하는 방법 등이 있다.

경쟁구도가 달라지고 있다. 이처럼 기존에는 경쟁으로 간주하지 않았던 기업들이 시장 환경의 변화와 함께 언제든지 경쟁자로 시장에 진입할 수 있다는 것을 염두에 두고, 마케터는 주기적으로 시장 환경요인들을 지속적으로 모니터링하면서 관리적 판단으로 경쟁자의 정의를 업데이트해야 한다.

경쟁자를 파악하고 정의하는 이유는 무엇 때문인가? 바로 경쟁자의 강점과 약점을 자사와 비교, 분석하고 파악하기 위해서이다. 이러한 강 · 약점이 파악되어야만 우리의 차별화 방향을 설정할 수 있다. 즉 차별화의 방향을 정하는 것이 바로 전략적 방향을 설정하는 것이다. 이제부터는 이러한 차별화의 방향을 정하기 위한 기초 자료로 경쟁자 대비 자사의 강 · 약점을 파악하고 분석하는 방법을 고찰한다.

3.2. 경쟁사 및 자사의 역량 분석

경쟁우위, 차별화라는 어휘에서 생각할 수 있듯이 경쟁사와 자사의 역량은 따로 떼어 놓고 생각할 수 있는 문제가 아니다. 경쟁사와 자사의 역량 분석은 어떠한 측면에서 이루어져야 하는지를 학습하겠다.

(1) 목표

기업의 목적은 궁극적으로 이윤 창출, 즉, 지속적 생존 및 성장이라 할 수 있다. 기업의 목표는 시장점유율, 매출액성장률 및 수익성 등과 같은 좀 더 세부적인 측정기준 관점에서 설정된다. 경쟁자의 목표를 파악하면, 자사의 입장에서 가장 좋은 점은 경쟁사 대비 자사에 유리한 전략방향을 설정할 수 있다는 것이다. 즉 경쟁사의 목표를 염두에 두고, 자사의 전략방향을 수정할 수 있다. 또한 경쟁자의 목표를 감안하여 표적시장(target) 고객들에 대한 우리의 차별화와 가치제안(value proposition)의 방향을 잡을 수 있다.

일반적으로 기업은 크게 성장과 수확이라는 상반되는 성격의 목표 중 필요에 따라 하나를 강조하게 된다. 성장은 매출액이나 시장점유율같이 기업의 규모를 키우려는 목표이고, 수확은 외형을 키우기보다는 비용 절감이나 수익성 향상과 같이 내실을 꾀하려는 목표이다. 성장 목표를 추구하는 경쟁자는 수확 목표를 추구하는 경쟁자보다 공격적인 비즈니스 활동을 전개할 가능성이 많으며, 반면 수확 목표를 추구하는 경쟁자는 성장 목표를 추구하는 경쟁자보다 좀 더 기업 내부의 구조적 변화를 추구할 가능성이 높다. 이처럼 경쟁자가 어떤 목표를 추구하는지 파악하는 것은 장차 전개될 경쟁의 양상을 예측하는 데 중요한 정보가 된다. 다시 말해 경쟁자와 자사와의 경쟁 강도를 예측할 수 있게 된다. 그러나 대부분의 기업은 시장에 따라 이러한 목표를 달리 설정하기 때문에 각 시장별로 경쟁자의 목표를 파악하는 것이 중요하다.

예를 통해 살펴보자. 발전플랜트 사업의 경쟁자인 기업 A는 2010년부터 2020년까지 글로벌 마케팅을 강화 추진한 결과 해외 지역의 수주 총량이 2000년부터 2009년까지의 수주 총량 대비 약 10배의 성장을 기록했다. 이러한 성장을 기반으로 기업 A는 2025년까지 해외수주를 12조 이상 달성한다는 목표를 설정하였다. 이러한 사실을 통해 무엇을 유추할 수 있을까? 기업 A는 2025년까지 기업의 외형적 규모를 키우기 위해 노력할 것이며, 이를 통해 시장점유율 확대를 꾀하는 성장 목표를 설정할 것이다. 이에 따라, 기업 활동에 있어 공격적인 성향을 보이며, 목표 달성을 위해 많은 자원을 투자할 것으로 예상할 수 있다. 따라서 자사가 성장 목표를 수립한 상황이라면 많은 충돌이 있을 것이며, 반면 수확 목표를 수립한 상황이라면 자사의 시장점유율이 위협당할 수 있을 것으로 예상할 수 있다. 다시 말해 경쟁자의 목표를 파악함으로써 향후 시장에서 예측할 수 있는 경쟁 강도를 미리 파악할 수 있으며, 이에 따른 대처 방안을 준비할 수 있다.

(2) 현재(as-is) 전략

경쟁자의 목표 파악을 통해서 자사와 경쟁 사이의 경쟁 강도를 예측할 수 있었다. 다음으로 경쟁자의 현재 전략을 파악함으로써 기업은 구체적이고 실질적인 경쟁 관계를 파악할 수 있다. 경쟁자의 전략과 자사 전략이 유사할수록 직접적인 경쟁 관계에 놓일 가능성이 높으며, 반대로 차이점이 많을 때는 직접적인 경쟁 관계가 아닐 가능성이 높다.

경쟁자의 현재 전략 분석이란 경쟁자들이 어떤 방법을 통해 설정한 목표를 달성하려고 하는가를 파악하는 것이다. 예를 들어 성장 목표를 달성하기 위해 차별화 전략을 사용하거나, 수확목표 달성을 위해 원가우위 전략을 사용한다는 등의 전략을 파악하는 것이다.

기업들은 이를 위해 다양한 전략을 사용한다. 기업이 사용하는 비즈니스전략, 즉 경쟁전략은 크게 차별화 전략과 원가우위 전략으로 구분할 수 있다. 차별화 전략은 특정 분야에서 자사의 강점이 있을 때 사용하는 전략으로 최고 수준(top-tier)의 기업들이 기술력을 바탕으로 품질차별화 전략을 사용하는 것이 그 예이다. 조달, 생산, 배달, 판매 등의 가치사슬(value chain) 활동이 효율적이어서 경쟁자보다 낮은 원가로 제품을 제공하는 기업은 원가우위 전략을 사용하고 있는 것이다. 예를 들어, 최근 규제가 풀리면서 H 중공업이 국내 발전/에너지 사업에 진입했다. H 중공업은 H 제철로부터 저렴한 가격으로 원자재 구매가 가능하며, 이를 통한 가격경쟁력을 확보했다고 한다. H 제철을 기반으로 원가우위 전략을 사용하여 H 중공업은 국내 시장을 침투하고(penetrate) 있다. 그렇다면, 이러한 H중공업의 전략을 파악한 경쟁 기업 A는 어떤 대응을 할 수 있을까? 기업 A는 국내 시장에서 신흥 경쟁자인 H 중공업으로부터 현재의 시장을 지키기 위한 방어(defense)전략을 사용해야 할 것이다. 즉 기술력과 생산력을 통한 차별화 전략과 원가우위 전략을 동시에 구사하는 방법을 생각할 수 있을 것이다.

(3) 강점/약점 분석

타 산업과 달리 대형 수주 산업의 경우에는 항상 실적과 데이터에 의한 수주 경쟁이 이루어진다. 이에 따라, 경쟁자에 대한 데이터는 상대적으로 쉽게 얻을 수 있다. 그러나 자사가 이러한 데이터를 쉽게 얻을 수 있다는 것은, 경쟁자 역시 이 데이터를 쉽게 얻을 수 있음을 의미한다. 결국 데이터 자체를 얻는 것보다 더 중요한 것은 데이터를 자사에 필요한 방식으로 잘 분류하고 자사의 상황에 맞게 분석하여 실행에 도움이 되는(actionable) 정보와 지식(information/intelligence)으로 만드는 것이 중요하다. 다시 말해 이러한 데이터를 잘 분류하고 구분함으로써, 경쟁자의 강 · 약점을 자사와 잘 비교할 수 있도록 해야 한다.

기업의 전략은 일반적으로 자사의 강점을 살리고, 약점을 보완하는 방향으로 수립한다. 그러므로 경쟁자의 강점과 약점을 파악할 경우 경쟁자의 미래 전략을 예측하는 데 큰 도움이 될 수 있다. 기업 C 사례에서도 보았듯이 객관적 역량을 보여주는 가치곡선(그림 5-9 참조), 그림 5-10과 그림 5-12 같은 시장 고객 관점에서의 가치곡선은 다른 시사점을 제시한다. 즉 항상 시장의 고객입장에서 경쟁자의 강점과 약점을 판단하는 것이 중요하다.

(4) 내부능력의 강점/약점 분석

기업의 강 · 약점 분석은 일반적으로 산업, 특히 그 산업의 고객 관점에서, 중요하게 인식되는 요인으로 평가한다. 즉 가격과 원가(cost), 품질(quality), 납기(delivery), 기업브랜드 명성(brand reputation) 등의 측면에서 기업의 강점과 약점을 평가하고 분석한다. 반면, 기업 내부능력의 강 · 약점은 가격과 원가, 품질, 납기, 기업브랜드 명성 등을 만들어 낼 수 있는 내부역량인 R&D, 기술력, 생산력 등의 강점과 약점을 말하는 것이다. 즉 이러한 기업 내부능력은 기업의 강점을 만들어 낼 수 있는 원동력으로 작용하며, 향후 기업의 목표, 전략 등에 많은 영향을 미친다.

내부능력 분석에 대해서 좀 더 살펴보자. 기업 내부능력의 강 · 약점 분석이란 마케팅, R&D, 제조, 경영관리 등에 관한 능력이 경쟁자와 비교하여 얼마나 수월한가를 분석하는 것을 말한다. 다시 말해 생산능력, 기술역량, 품질역량 등의 요인들을 혼합(bundle)해서 어떠한 전략을 수립 · 실행하는지를 파악하고, 이러한 요인들이 해당 사업의 주요 성공요인(key success factor)으로 도출되는지 혹은 장애요인으로 평가되는지를 통해 기업 내부능력을 분석하고 평가하게 된다. 한편, 이러한 기업의 내부능력 역시, 고객 관점에서 평가해야 한다. 단순히 강력한 내부역량보다는 기업이 고객의 니즈에 알맞은 가치 제안(value proposition)을 만들고 실행할 수 있는 내부역량을 가지고 있는가가 더 중요하기 때문이다.

(5) 미래(to-be) 전략

경쟁자의 목표, 전략, 강점과 약점 및 내부능력에 대한 평가 후에, 이를 기초로 경쟁자의 미래 전략을 예측해야 한다. 경쟁자의 미래 전략을 예측하는 분석에는 크게 세 가지 접근법이 있다: 추세연장법, 인과관계법, 역할 시연 게임(role playing game). 추세연장법은 경쟁자가 지금까지 사용한 전략을 계속 사용할 것이라고 예측하는 것이며, 인과관계법은 파악한 상황이나 원인 때문에 경쟁자의 전략이 어떤 방식으로 바뀔 것이라고 예상하는 것이다. 마지막으로 역할 시연 게임은 시뮬레이션을 통해서 "내가 만약 ○○기업이라면 이런 상황에서는 어떤 전략을 쓸까?"라는 질문을 던지고 이에 대해 스스로 답을 해보는 것으로 매우 유용한 방법으로 알려져 있다. 즉 경쟁자의 미래 전략을 분석할 때에는 경쟁자 및 자사에 관한 분석 내용들(목표, 현재전략, 강점과 약점, 내부능력)을 전체적으로 고려하여야 적절한 예측이 가능하다. 경쟁자와 자사의 역량을 분석하여 우리의 미래 전략의 방향을 설정하는 것은 이후 4절의 적합성(fit) 분석과 전략 방향의 도출에서 더 상세히 학습할 것이다.

그러면 여기에서는 가상 사례를 통해서 경쟁자의 미래 전략을 파악하는 것을 살펴본다. 먼저 동남아시장의 고객에 대한 경쟁자의 미래 전략을 예측하며, 향후 자사의 대응 방향을 설정하는 과정을 학습해 본다. 그림 5-10은 동남아시장의 고객의 경쟁자 역량 평가를 상정했다. 기업 C(자사)와 경쟁기업 D가 동남아시장 고객의 니즈와 유사하게 적합했다. 기업 C(자사)의 목표는 성장 중심이고 기업 D도 성장 중심으로 파악되었다. 기업 C의 현재 전략은 원가우위 전략이었는데, 기업 D도 원가우위 전략이 현재 전략이었다. 이러한 상황에서 향후 기업 D는 어떠한 전략을 쓸 것이며, 자사는 어떻게 대응해야 할까?

현재 기업 D는 자사와 동일한 성장 목표를 추구하며, 원가우위 전략을 사용하고 있기 때문에 직접적이며 높은 강도로 우리와 경쟁할 것으로 예상된다. 한편 동남아시장 고객의 평가를 기준으로 살펴보면, 자사인 기업 C에 비해 기업 D는 약점을 조금 더 가지고 있는 것으로 나타났다(특히 납기[delivery] 기준과 신뢰성[reliability] 기준에서, 그림 5-10 참조). 이런 상황이라면, 기업 D는 향후 좀 더 적극적인 공격(attack) 전략을 실시할 것으로 예측된다. 이를 통해 시장 고객의 평가기준과 기업 D 역량 간의 차이(gap), 특히, 납기 기간을 줄이기 위해 노력할 것으로 예상된다. 왜냐하면 단기간에 신뢰성 차이를 줄이기는 어렵기 때문이다. 그렇다면, 이렇게 기업 D의 미래 전략을 파악함으로써 기업 C(자사)는 어떤 대응을 해야 하는가?

사실, 기업 C는 동남아 시장 고객의 니즈를 가장 잘 맞춰줄 수 있을 것으로 분석되었다. 그러나 가장 직접적이며 유사한 전략을 사용하는 경쟁자의 공격 전략방향을 알았기 때문에 최대한 자사의 시장을 방어하기 위한 전략을 수립해야 할 것이다. 즉 고객의 니즈 응대를 최적화하는 것이 중요하다. 이를 위해서 특정 고객에 대한 구체적인 STP(Segmentation, Targeting & Positioning) 전략을 수립해서 경쟁과의 차별화를 위한 적절한 포지셔닝(positioning) 전략을 도출해야 하며, 이를 고객에 대한 구체적인 가치제안(value proposition)으로 만들어야 한다.

또한, 북미시장의 경쟁자를 중심으로 그들의 미래 전략을 예상하며, 향후 자사의 대응을 설정하는 과정을 알아보자. 그림 5-12는 기업 A, 기업 B와 기업 C(자사)의 현재 강점과 약점을 분석해서 보여주고 있다. 기업 A의 목표는 수확 위주, 기업 B는 성장 위주, 기업 C(자사)는 성장 위주로 파악되었다. 기업 A의 현재 전략은 차별화 및 원가우위의 동시추구 전략, B는 차별화 전략, C는 원가우위 전략을 펼치고 있었다. 그렇다면, 향후 기업 A와 기업 B는 어떠한 전략을 쓸 것이며, 자사 C는 어떠한 대응을 해야 할까?

현재 북미시장에 대한 사업 획득 및 수행 가능성에 있어서는 기업 A와 기업 B가 높은 적합도를 가진 것으로 나타났다(그림 5-12 참조). 고객의 니즈와 역량 사이에 가장 높은 적합도를 보유하고 있는 기업 A는 수확 목표를 설정한 후, 선도 기업으로서 차별화와 원가 우위를 동시에 추구하는 블루오션(Blue Ocean) 전략을 쓰고 있다. 기업 B는 브랜드 명성을 통한 차별화를 강조하는 성장 전략으로 시장점유율을 높이기 위한 공격적인 전략을 사용하고 있었다. 이러한 현재 전략은 향후에도 당분간 지속될 것으로 판단되며, 기업 A는 기업 B와 잠재적 경쟁기업들에 대한 방어(defense) 전략을 함께 사용할 것으로 예측된다. 반면, 기업 C(자사)는 북미시장 고객들의 평가기준 측면에서 품질, 브랜드명성, 신뢰도가 많이 부족한 것으로 분석되었다.

그렇다면, 기업 C(자사)는 당장 북미시장에 진입할 수 있을까? 지금 당장은 무리라고 판단된다. 그렇지만, 향후에는 북미시장 진입을 추진하고자 한다. 그리고 거시환경 센싱, 고객 및 경쟁자에 대한 분석을 실시함으로써 자사의 역량 증진이 어떠한 방향으로 추진되어야 할지를 알게 되었다. 즉 향후 북미시장 진입은 자사의 역량이 확보된 후 결정할 수 있을 것이다.

현재 기업 C(자사)는 동남아시장 고객들의 요구수준을 가장 잘 충족시킬 수 있는(No gap) 선도 기업이다. 이를 바탕으로 일정 기간 열심히 사업을 수행하고 사업 수행의 성공적인 성과로 자사의 입지 즉, 브랜드명성을 증진시킬 수 있을 것이다. 동시에 자사의 내부 역량, 즉 기술력과 품질역량 등을 북미시장의 고객 요구수준을 충족시킬 수 있도록 향상시킴으로써 향후 북미시장에도 진출할 수 있을 것이다.

다시 말해, 이렇게 시장 고객의 니즈 측면과 기업역량 간의 차이가 많거나 적합성이 낮은 경우에는 선제적 B2B 마케팅 활동만으로 시장진입이나 사업획득이 어려울 것이다. 이러한 경우에는 R&D 또는 M&A 등과 같은 기업 내부 역량 및 자원과 시스템 변화 전략의 수립과 실행을 통해서 시장 진입과 사업 획득 및 수행이 가능해질 것이다.

지금까지 경쟁사 및 자사의 역량을 분석하는 방법을 살펴보았다. 그림 5-15처럼, 경쟁사 및 자사의 역량은 고객의 관점에 따라 다르게 평가될 수 있다. 따라서 기업은 항상 자사 역량과 가장 적합성(fit)이 높은 시장을 파악하여 진입하는 것이 중요하다. 이러한 시장을 찾아서 들어갈 수 있도록 하는 것이 선제적 센싱(proactive market sensing)의 역할이다. 즉 선제적 센싱 중 경쟁사 및 자사 역량 분석은 많은 시장과 고객의 기회(opportunities) 중에서 동남아 시장과 같이 최적의 적합성, 즉, 노 갭(no gap)의 마켓을 발견하는 데에 도움을 줘야 한다. 그런 후, 이러한 센싱결과에 기초하여 구체적으로 접근해야 할 표적시장(target) 고객을 선정하고 우리의 차별화 방향을 결정하기 위해 STP 전략을 수립하고 실행하게 된다. 반면 북미시장처럼 고객의 요구조건과 우리 역량 간에

그림 5-15 북미시장과 동남아시장 고객 관점에서 평가한 기업 C의 역량

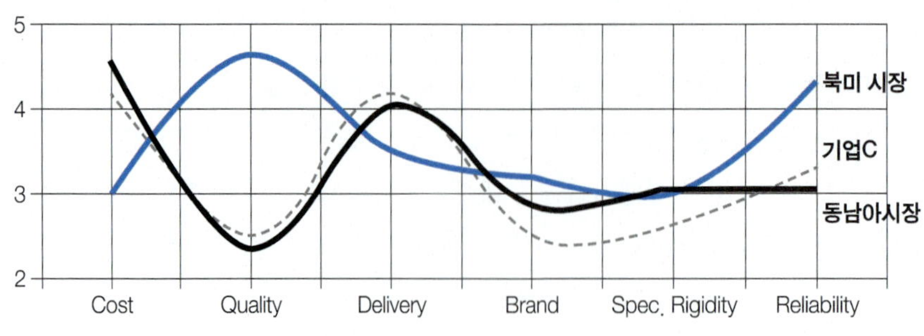

적합성이 떨어지거나 많은 갭이 있는 경우 당장의 마케팅전략을 수립해서 실행하기는 어려우며, R&D, M&A 등 시스템과 자원 확충 등의 변화를 통해 미래의 전략을 수립, 추구하게 된다. 다음에서는 고객의 요구조건과 자사의 역량 간의 적합성 또는 차이를 분석해서 전략 방향을 설정하는 과정을 고찰한다.

4절. 시장/고객 요구조건과 자사역량의 적합성 분석과 포트폴리오 분석과 전략

고객의 요구수준과 기업역량 간의 차이 분석(gap analysis)이란, 고객센싱결과로 파악한 각 시장 고객들의 기대(expectations)와 요구(requirements) 대비 경쟁자 및 자사의 역량 간의 차이를 분석하는 것이다. 이 분석을 토대로 기업은 향후 사업의 전략적 방향을 설정할 수 있다. 앞에서 살펴본 기업 C 사례처럼 동남아시장의 예시와 같이 고객의 요구조건 대비 차이가 거의 없는 경우가 존재할 수 있으며, 차이가 큰 시장도 존재한다. 선제적 마켓 센싱(proactive market sensing)을 하는 목표 중 하나는 갭(gap)이 적거나 거의 없는 시장을 발굴하고 그 시장에 진입하여 사업을 전개하는 데 도움이 되는 정보를 수집, 해석, 공유하는 것이다. 이를 통해 기업은 보유자원을 효율적으로 사용하는 적절한 마케팅전략과 프로그램을 마련하고 해당 시장에 진입해서 사업을 획득하고 수행할 수 있다. 그러나 이러한 차이가 없는 시장이 지속적으로 좋은 것이 아닐 수 있으며, 차이가 많은 시장이라도 시장매력도 또는 수익성이 높아서 중장기적으로 꼭 추구해야 할 수도 있다. 따라서 우리는 차이가 없는(no gap) 상황과 차이가 있는(gap) 상황에 적절하게 대응하는 방식을 알아야 할 것이다.

4.1. 차이가 없는 상황(No Gap Situation)

그림 5-10을 다시 보면, 시장 요구수준 대비 기업역량 수준 간의 차이(gap)가 적은 기업들(기업 C와 기업 D)이 도식화되어 있다. 그렇다면, 기업 C(자사)는 동남아시장을 더 심도 있게 분석해서 자사의 장점으로 구성된 가치제안(value proposition)의 대상이 되는 구체적인 표적 고객(target customer)을 결정해야 할 것이다. 즉 STP 전략을 수립하고 해당 고객에 대한 구체적인 가치제안(value proposition) 만들기 작업을 준비하게 된다.

(1) SWOT 기반의 전략(SWOT analysis-based strategy)

구체적인 STP 전략을 수립하고 실행하기 전에 비즈니스의 전략 방향을 도출하는 데 도움이 되는 툴(tool)로 SWOT 분석이 있다. SWOT 분석은 시장 고객의 평가기준에 맞추어 경쟁자와 자사의 역량 분석결과를 바탕으로 자사의 강점(Strengths)과 약점(Weaknesses)을 정리한 후, 시장환경 및 시장분석을 통해 정리한 기회(Opportunities) 및 위협(Threats)을 2×2 매트릭스로 정리하여 각 상황에 맞는 대응 전략방향을 도출하는 툴이다. SWOT 분석을 통해 도출된 전략을 SWOT 기반의 전략(SWOT analysis-based strategy)이라고 한다. 즉 기회, 위협, 경쟁자 대비 자사의 강점과 약점이라는 4가지 요인들에 대한 분석을 통해서 전략 방향을 모색한다. OS(기회-강점 대응) 전략 방향으로는 시장기회 선점 전략 또는 시장/제품 다양화 전략이 있고, TS(위협-강점 대응) 전략 방향으로는 시장침투 전략 또는 제품 확충 전략이 있다. OW(기회-약점 강화 대응) 전략 방향으로는 핵심역량 구축 전략, 전략적 제휴 또는 M&A 전략이 있으며 TW(위협-약점 보완 대응) 전략 방향으로는 매각과 집중화 전략이 있다.

그림 5-16 SWOT 기반의 전략[14]

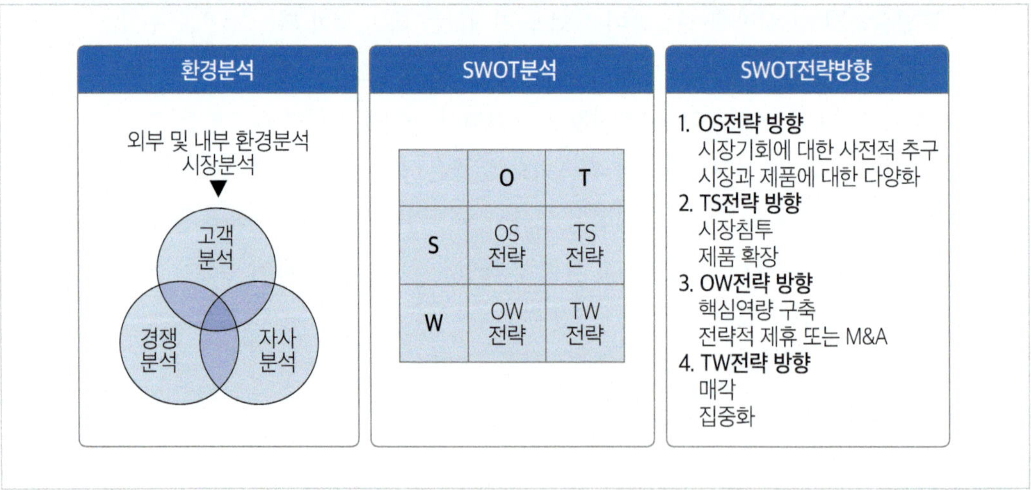

SWOT 기반 전략 중 특히, 시장 요구조건과 자사 역량 간에 차이가 없는 상황(no gap), 또는 적합성(fit)이 높은 경우 사용할 수 있는 전략은 S(OS & TS) 전략으로 자신의 강점을 적극적으로 활용하는 전략이다. 즉 비즈니스를 둘러싼 외부 시장환경 요인이 기회를 시사할 경우에는 적극적으로 시장기회를 선점하거나 제품과 시장을 다양화해 사업

14) 더 상세한 설명은 채서일, 이성호(2017), Marketing, 6판, 비앤엠북스를 참조하기 바람.

을 추진한다. 한편, 외부 환경요인이 위협적일 경우에는 기존에 강점/교두보를 마련한 시장에서 지속적으로 시장침투(penetration)를 하며, 필요한 제품을 확충하는 전략이 맞을 것이다. 강점(strength) 전략은 해당 시장 요구조건과 높은 적합성을 기반으로 기업의 장점을 십분 활용하는 전략이다.

4.2. 차이가 있는 상황(Gap Situation)

그림 5-12는 가상적 상황으로 북미시장 고객들의 요구수준에 따른 경쟁자 및 자사의 역량을 살펴본 것이다. 기업 A는 북미시장 고객의 요구수준을 가장 근접하게 만족시킬 수 있는 것으로 예측되며, 기업 B 역시 납기 측면과 브랜드명성(reputation)을 제외하고는 시장의 요구조건에 비교적 적합한 수준의 역량을 가지고 있었다. 그러나 기업 C(자사)는 시장의 요구조건과 많은 차이(낮은 적합성)를 가진 것으로 나타났다. 특히, 품질, 브랜드 명성과 신뢰성(reliability) 측면에서 시장의 요구조건과 경쟁자들의 능력수준과 많은 차이를 보이는 것으로 나타났다. 그렇다면 기업 C는 어떠한 가치제안(value proposition)을 통해서 이러한 차이를 극복할 수 있을까? 이 경우 기업 C는 단순히 가치제안 기반의 설득 영업활동만으로 이러한 차이(gap)를 극복하기는 어렵다. 즉 선제적 B2B 마케팅을 추진한다고 성과를 얻기는 어렵다. 특히, 품질과 신뢰성 증진은 단시간에 해결될 사안은 아니다. 따라서 기업 C는 차이를 줄이고 궁극적으로 차이가 없는(no gap) 상황으로 가기 위해, 부족한 자사의 내부 능력을 파악하고, 향상시키기 위해 노력해야 할 것이다.

차이가 없는 상황으로 가기 위해 준비하는 과정은 다음과 같다. 조금 전 공부했던 SWOT 기반 전략 중, 약점 W(OW-TW) 전략은 기회를 활용할 만한 자사의 핵심역량이 부족한 경우에 해당하는 전략이다. 이 경우 자사의 자체적인 R&D 노력으로 핵심역량을 강화하거나, 전략적 제휴나 M&A를 통해 미래의 시장기회 포착을 위해 내부적으로 차근차근 핵심역량을 쌓아가야 할 것이다. 한편 만일 시장이 많은 위협 요인에 의해 영향을 받고 있다면, 매각/철수 전략을 사용하여 사업에서 전면적 혹은 부분적 철수 전략을 사용하거나, 자사의 자원을 집중화하여 자신의 역량을 가장 잘 발휘할 수 있는 제품과 시장만을 집중적으로 선택하여 사업을 추진하기도 한다.

핵심역량 강화나 전략적 제휴 및 M&A, 매각 혹은 집중화로 전략 방향을 설정한다는 것은 단순히 시장의 흐름을 따라가면서 그 방향을 잡는 것은 아니다. 기업은 전사적/사업부문별 성과분석을 통해서 전략 방향을 어떻게 구체화해야 할지를 지속적으로 판단해야 할 것이다. 즉 내부 자원 및 시스템에 대한 분석을 통해서, 기업은 사업부문의 성과에 따라 사업성이 없다고 판단된다면 사업을 축소하거나 과감히 청산해야 할 수도 있을 것이며, 향후 성장가능성이 다시 회복될 것이라고 판단하는 경우 성장을 위한 더 많은 자원 배분과 투자를 하는 등의 전사적 수준에서의 의사결정(corporate-level decision making)을 해야 할 것이다.

4.3. 내부 자원 및 시스템 분석

(1) 성과분석

내부 자원 및 시스템을 살펴보는 가장 기본적 방법은 성과분석이다. 성과분석은 기업의 입장에서 기업 전반에 대한 성과를 분석하는 것이다. 이러한 성과분석은 현재 각 사업부문이 얼마나 잘하고 있는지를 파악하고 향후 전망을 예측하는 첫 단계로서 자사의 사업포트폴리오에 대한 전략적 투자결정과 연계된다. 즉 각 사업부문의 성과에 따라 사업성이 없다고 판단된다면 사업을 축소하거나 경우에 따라선 청산까지 생각할 수 있다. 또한 향후 성장가능성이 높을 경우 성장을 위한 더 많은 투자를 하는 등의 전사적 의사결정의 자료로 사용되는 것이 바로 성과분석이다. 이제부터 간략한 예를 통해서 성과분석을 살펴보겠다.

① 성과분석(전사적 관점과 사업부문별 관점)

B2B 대표적 사업인 수주사업의 맥락을 생각하면 사업부문별 수주추이를 통해서 직관적으로 해당 기업이 얼마나 많은 수주를 했는지 판단할 수 있을 것이다. 이는 곧 기업이 외형적으로 얼마나 성장했는지를 판단할 수 있는 자료이다. 또한 기업의 외형적 성장에 각 전략적 사업부들이 얼마나 많은 기여를 했는지 판단할 수 있다. 그런 다음 세부 사업부문별로 수주, 매출, 영업이익률 등을 살펴본다. 예를 들어 D 기업의 주조단조 사업부를 살펴보면, 수주량이 당시 수요산업인 조선산업의 침체로 줄어들었다. 또한 상대적으로 양호했던 영업이익률도 줄어드는 추세를 보여주었다. 이 경우 해당 사업부문은 새로운 수요산업의 발견 등 사업부문 성과 반전(turn-around) 전략을 수립해야 할 것이다.

(2) 내부 역량 및 자원 평가

기업이나 사업부는 성과분석을 통해 사업부의 향후 목표를 설정한다. 그 후, 목표 달성을 위한 전략 방향과 함께 사업부에 대한 자원 배분과 역량 증진 방향을 검토한다. **표 5-9**는 사업부의 내부 역량과 자원을 파악하는 역량 및 자원 평가표의 예이다.

표 5-9 내부 역량 및 자원 평가 Frame의 예

역량		사업부 1과 주요 경쟁	사업부 2와 주요 경쟁	사업부 3과 주요 경쟁
생산능력	공장 (규모, 노후)			
	설비 (자동화, 유연성)			
	근로자 (기술수준, 노조결성)			
제품 개발 능력	기술 (특허 수, 개발단계)			
	연구개발 (총액, 매출액비율)			
	기술개발 (핵심능력, 선점/모방)			
마케팅 능력	판매조직 (능력, 인지도, Positioning)			
	서비스 능력			
	유통력 (경로, 커버리지)			
재무 능력	유동성			
	현금흐름 (외상, 재고회전율)			
	장/단기 (부채비율, 차입선)			
관리 능력	핵심인물 (계획수립능력)			
	인력충원 (이직률, 숙련도)			
	조직의 유연성			

물론 주요 경쟁사와 비교해서 평가하는 작업이 필요하다. 즉 이러한 평가와 분석을 통해서 기업은 경쟁사 및 자사 분석 결과, 차이(gap)가 있는 부분에 대해 얼마나 자원을 투입하여야 할지를 파악할 수 있다.

앞의 예시 상황처럼 향후 북미시장에 진입해서 사업을 획득하고 수행하고자 한다면, 차이가 많았던 부분인 품질 부분의 역량을 증진시켜야 할 것이다. 이에 따라, 북미시장 고객의 요구수준에 적합한 정도로 품질을 끌어올리기 위해서는 생산능력과 제품개발 능력을 향상시켜야 할 것이다(주요 경쟁자 수준 벤치마킹을 포함 ; **표 5-9** 참조). 이에 따라 현재의 해당 내부 역량과 자원을 평가하고, 자사의 기술개발을 통해서 품질 향상이 가능한지 혹은 전략적 제휴나 M&A를 통해서 기술역량을 보완할지 결정해야 할 것이다. 결국 이러한 과정을 통해서, 기업은 차이를 차근차근 보완하며 미래를 준비해야 하며, 적절한 역량이 확보되었다고 판단하는 순간부터 적극적인 선제적 B2B 마케팅을 전개해 나갈 수 있을 것이다.

4.4. 포트폴리오 분석과 전략

지금까지 어디에서 경쟁할 것인가(where to compete)라는 전략 결정과 관련하여 시장환경 및 시장분석, 즉 시장매력도를 살펴보고 어떻게 경쟁할 것인가(how to compete)라는

전략 결정과 관련하여 경쟁 및 자사분석, 즉, 경쟁력분석을 살펴보았다. 이 두 개의 결정을 동시에 고려하는 툴(tool)로 SWOT 기반의 전략도 고찰했다. SWOT 기반의 전략을 보다 이해하기 쉽게 제시한 모델이 포트폴리오 분석/전략 모델이다.

그림 5-17 은 포트폴리오 분석/전략 모델의 대표적인 BCG(Boston Consulting Group) 매트릭스이다.[15] 시장매력도(시장성장률)도 높고 경쟁력(상대적 시장점유율)도 높은 경우에 해당하는 전략은 바로 OS 전략으로 별(star) 영역으로 표시되어 있다. 이 경우 매출성과는 높지만, 역량을 지속적으로 구축해야 하므로 많은 자원배분과 투자가 필요함에 따라 수익은 매우 높지는 않을 것이다. 시장매력도는 상대적으로 낮고 경쟁력이 높은 경우의 전략은 TS 전략으로서 금송아지(cash cow) 영역으로 표시되어 있다. 이 경우 자원배분과 투자를 하여도 시장매력도가 달라지지는 않음에 따라 수확(harvest)을 통해 수익을 확보하여 다른 사업에 투자할 동력을 확보하는 역할을 해야 한다. 시장매력도는 높지만 경쟁력이 확보되지 않은 경우의 전략은 OW 전략으로 물음표(question mark) 영역으로 표시되어 있다. 이 경우 경쟁력 확보가 가능한 경우 집중적으로 투자 육성하거나 전략적 제휴/M&A 전략을 활용하여 해당사업을 별 영역으로 이동시켜야 한다. 마지막으로 시장매력도나 경쟁력 모두 낮은 경우 TW 전략을 사용하여 매각이나 집중화를 통해 다른 사업에 지원할 자원을 확보하는 것이 바람직하다.

그림 5-17 대표적 포트폴리오모델: BCG 매트릭스

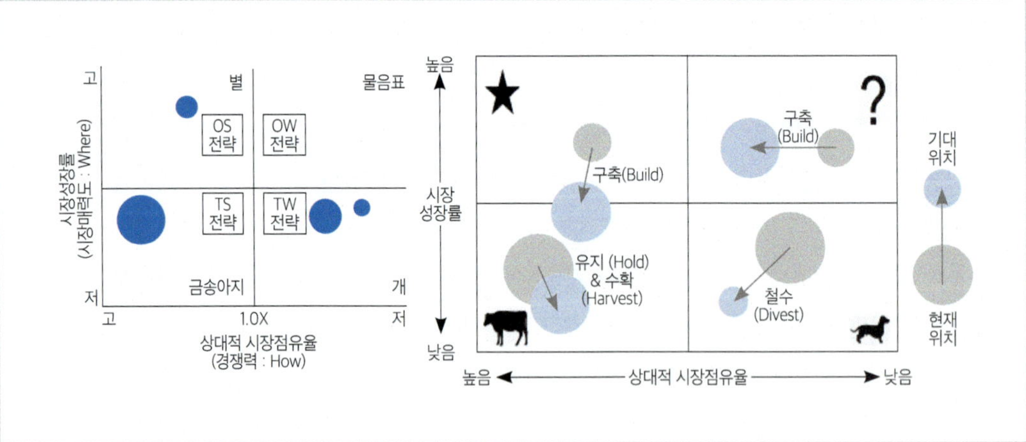

이러한 포트폴리오모델은, 특히 기술 등 시장환경 변화가 빠를 경우 정적으로 분석, 활용되지 않아야 하고 동적으로 활용될 필요가 있다. 또한 이러한 모델은 복수사업부를 관할하는 기업그룹전략 수준뿐만 아니라 복수제품을 관할하는 비즈니스전략 수준,

15) Ibid.

복수고객군을 관할하는 비즈니스전략 또는 마케팅전략 수준에서 사용될 수 있다.

지금까지 고찰한 마켓 센싱 내용들을 **그림 5-18**에 제시하였다. 고객분석은 6장에서 고찰하기로 하고, 그 전에 시장개척형 마케팅을 위한 마켓 센싱 내용을 다음 절에서 설명한다.

그림 5-18 마켓 센싱(시장지식 및 정보관리) I의 내용

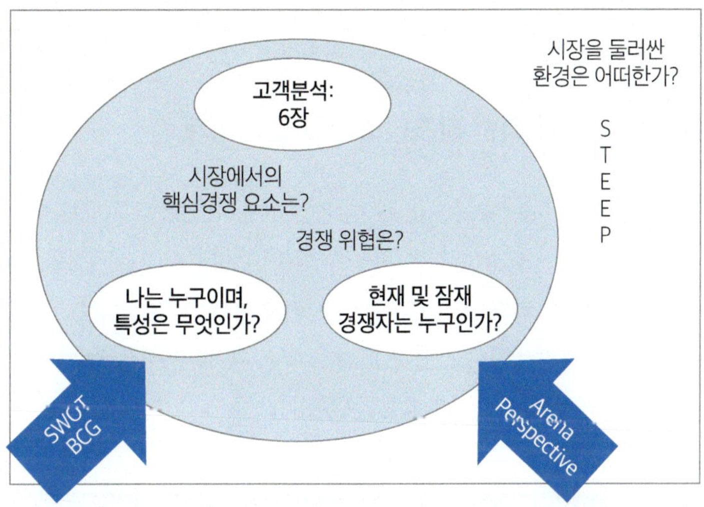

5절. 탐색혁신, 시장개척형 마케팅을 위한 마켓 센싱

4장에서 시장지향적 마케팅역량(market-driven capability)과 시장개척형 마케팅역량(market-driving capability)에 관해 고찰했다. 시장개척형 마케팅역량의 첫 번째 세부요인인 마켓 센싱 또는 기회 발견(빈틈없는 시장학습: vigilant market learning)은 매우 어려운 이슈이며 이에 대한 지배적인 체계적 접근체계 또는 툴(tool)은 없는 편이다. 그래도 다양하고 유용한 서적을 제시하니 참고하길 바란다.[16] 예를 들어, O'Reilly III & Tushman(2021)

16) O'Reilly III, C. A., & M. L. Tushman(2021), Lead and Disrupt: How to Solve the Innovator's Dilemma, 2nd ed., Stanford University Press.; Slywotzky, A., & K. Weber(2011), Demand: Creating what People Love Before They Know They Want It, Hachette, UK; McGrath, R. (2019), Seeing around Corners: How to Spot Inflection Points in Business before They Happen, Houghton Mifflin; McGrath, R. G., & I. C. MacMillan(2009), Discovery-driven Growth: A Breakthrough Process to Reduce Risk and Seize Opportunity, Harvard Business Press.

은 양손잡이 조직이 탐색혁신(exploring innovation)과 활용혁신(exploiting innovation)을 동시에 추진하는 프로세스로 사업아이디어 발상(ideation)-사업보육(incubation)-사업확장/성장(scaling)을 제시했는데, 이 중 발상(ideation) 단계가 시장개척형 마켓 센싱과 연결될 수 있다.[17] 이들은 새로운 시장을 창출할 만한 비즈니스 아이디어 내용·대안보다 개방형 혁신(open innovation), 기업형 벤처캐피털(CVC: Corporate Venture Capital), 디자인 씽킹아이디어, 사내 종업원 공모 등 아이디어 발견방법론을 설명하고 있다. 이에 따라 여기에서는 실무에 도움이 되는 시장개척형 비즈니스기회 접근체계(market-driving 마켓 센싱)를 정리하여 설명한다.

5.1. 선제적 사고에 의한 비즈니스기회 접근체계

이곳에서는 Araújo & Gava(2012)를 토대로 비즈니스모델 구성체계에 기반을 둔 비즈니스기회 접근체계를 설명한다.[18] 새로운 기술이 새로운 가치를 제공하는 신시장/비즈니스기회는 맥킨지앤컴퍼니, 딜로이트 등 글로벌 컨설팅 기업들이 매년 'Technology Outlook' 형태로 제공하거나 CES 컨퍼런스 등을 통해 많이 논의되니 그 자료원천을 참고하기 바란다. 전체적 Frame은 그림 5-19와 같다.

그림 5-19 선제적 사고에 의한 비즈니스기회 접근체계

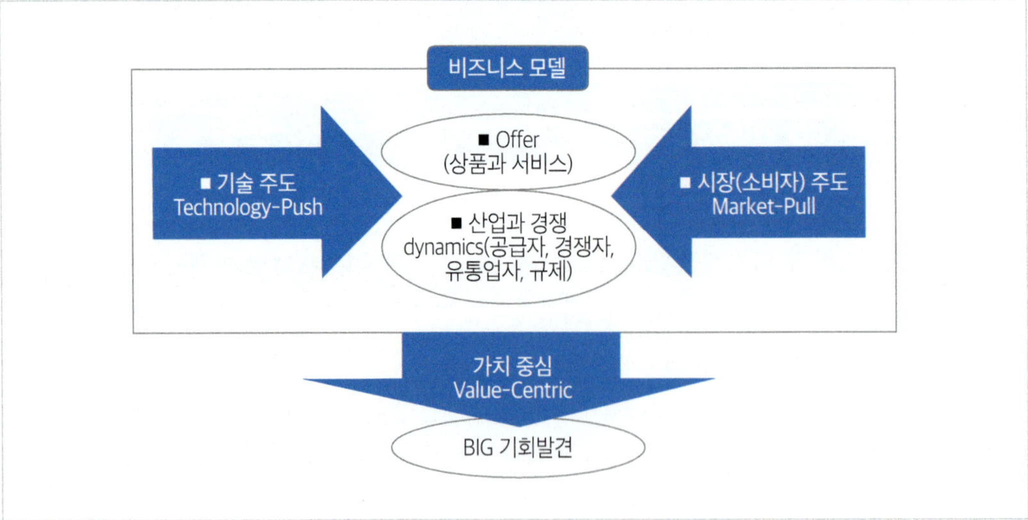

17) O'Reilly III, C. A., & M. L. Tushman(2021), Lead and Disrupt: How to Solve the Innovator's Dilemma, 2nd ed., Stanford University Press.

18) Araújo, L. & R. Gava(2012), Proactive Companies: How to Anticipate Market Changes, FDC, Palgrave Macmillan.

또한 여기에서 설명하는 비즈니스기회는 4장에서 살펴봤던 활용혁신/가치증진(value enhancing) 혁신(시장지향적 혁신과 유사함)과 탐색혁신/가치창조(value creating) 혁신(시장개척형 혁신과 유사함) 관점의 경우를 포함한다.

여기서 논의하는 가치증진 혁신은 기존의 핵심 제품/서비스를 개선하는 수준을 넘어서는 경우를 의미한다. 그림 5-20을 보면, 이번 장에서 학습했던 시장환경 및 시장분석의 강한 시그널 외에 **약한 시그널**에 더 초점을 맞출 필요성과 타 산업/시장환경 연구를 강조하고 있다. 관련 예로는 Fiat 브라질의 Light-Off-Road Car(무늬만 랭글러 같고 도시를 주로 다니는 Off-Road 자동차)의 확산을 제시했다. 약한 시그널을 파악하는 방법으로 관찰 및 생각뿐만 아니라 감정이입 디자인(empathic design)을 강조한 디자인 씽킹 방법론, 혁신적 전문가 집단에 대한 관찰(선도사용자 lead user 분석, 가치의 공동창출을 위한 Prosumer와의 상호작용, 사용자주도 혁신[user-generated innovation]사례 탐구), 그리고 다른 영역의 비유를 활용하는 은유 기법(예: Z-MET[19])의 활용을 생각할 수 있다. 이러한 방법론들은 가치창조/시장개척형 혁신(market-driving innovation)의 비즈니스 아이디어 발견을 위해 활용될 수 있을 것이다. 그래도 이러한 혁신에서의 주도적 아이디어 발견을 위한 방법은 시나리오 기획분석기법(scenario planning)이라 할 수 있다. 다수의 환경요인들이 복합적으로 작용하여 미래의 환경이 과연 어떠한 양상을 보이면서 변화하고 나타날 것인지에 대한 전체적인 시나리오로 개발하여 대안적 시나리오를 지속적으로 탐구하는 것이 중요할 것이다.[20]

그림 5-20 가치증진 혁신 기회 발견을 위한 신호 원천

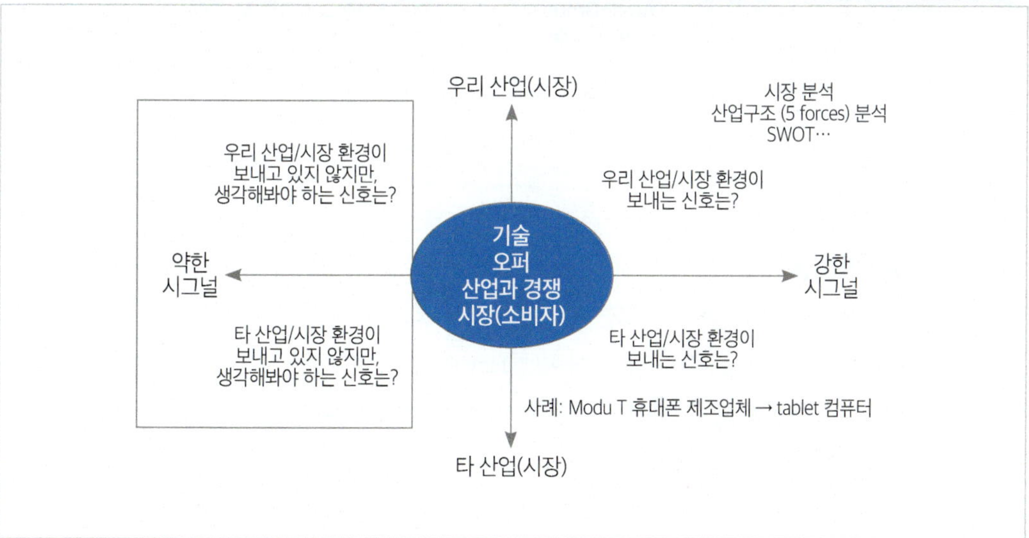

19) Zaltman, G., & L. H. Zaltman(2008), Marketing Metaphoria: What Deep Metaphors Reveal about the Minds of Consumers, Harvard Business Press.

20) 더 상세한 내용은 채서일, 이성호(2017), Marketing, 제6판, 비앤엠북스를 참조하기 바람.

5.2. 오퍼(상품과 서비스) 변화 중심의 비즈니스기회 접근체계

먼저 오퍼(상품과 서비스) 중심으로 비즈니스기회를 접근하는 관점을 살펴본다. 그림 5-21 을 보면 오퍼 중심의 비즈니스 아이디어 발견은 ① 핵심 혜택에 초점을 맞추는가(standard offer) 아니면 보완적 혜택에 초점을 맞추는가(complementary offer)라는 측면과 ② 기회의 방향이 가치증진, 즉 시장지향적 혁신(market-driven innovation)인가 아니면 가치창조, 즉 시장개척형 혁신(market-driving innovation)인가라는 측면에 따라 4가지 영역에서 생각될 수 있다. 시장지향적 혁신은 가치제안(value proposition)의 변화와 관련이 있고, 시장개척형 혁신은 새로운 가치제안(value proposition)의 제안이라 할 수 있다.

그림 5-21 오퍼(상품과 서비스) 변화 중심의 비즈니스기회 접근체계

	기회 방향	
	가치증진(Exploiting) 혁신기회 • 현시장을 수정(Modify); 존재하고 있는 현실/ 꿈틀거리는 미래 • 가치제안(value proposition)의 변화	**가치창조(Exploring) 혁신기회** • 새로운 시장 창조(Create); 존재하지 않는 현실/잠재적 미래 • 새로운 가치제안(value proposition) 제안
핵심 혜택 (Standard Offer)	**Alpargatas사의 Havaianas 고무 샌들** • 기능적 제품 → 패션 아이템 (모델, 형태, 컬러) http://supercsi.blog.me/150154668255	**Apple iPad** • 새로운 카테고리 (Laptop도 아니고, 스마트폰도 아니고) • A new standard offer in the computer industry
↕ 시너지		
보완적 혜택 (Complementary Offer)	**Accor Group Ibis/Formule 1** • 룸 서비스, 포터 서비스 등 제거	**McDonald's McCafé** • Gourmet 커피 메뉴와 사이드 메뉴 • 30개국에 2,000개 이상의 가게

그림 5-21 의 1사분면에 해당하는 예로는 새로운 카테고리를 제안한 애플의 아이패드, 4사분면에 해당하는 예로는 맥도널드의 McCafe를 생각할 수 있다. 2사분면에는 브라질 기업 Alpargatas사의 패션 아이템 Havaianas 고무 샌들, 그리고 3사분면에는 룸서비스, 포터서비스 등을 제거한 실용적 비즈니스호텔 프랑스 Accor그룹의 Ibis/Formule 1 체인 호텔이 제시되어 있다.

5.3. 산업과 경쟁 dynamics(공급자, 경쟁자, 유통업자, 규제) 변화 중심의 비즈니스기회 접근체계

산업과 경쟁 dynamics(공급자, 경쟁자, 유통업자, 규제) 변화 중심의 비즈니스기회 접근체계를 보면 그림 5-22에 관련 사례들이 제시되어 있다. 먼저 가치창조/시장개척형 혁신(market-driving innovation)에 해당하는 사례로 Tetra Pak이 있다. 이는 단순히 새로운 제품 패키징의 변화 측면을 넘어서서 유통비즈니스모델이 변화된 사례로 파괴적 시장혁신으로 볼 수 있다. IKEA 가구, Target-costing, 품질의 집(house of quality), JIT(Just-In-Time)시스템 등에 기반한 Toyota의 시장수요기반 생산시스템, 주요부품의 수직계열화 기반의 현대자동차의 생산시스템은 공급모델 변화 즉 경쟁 dynamics 변화로 시장변화를 만들어낸 사례라 할 수 있다. 또한 4사분면에는 라틴 아메리카의 전기모터 제조업체 WEG의 규제조건 변화사례(인치에서 미터시스템으로의 변화)가 있다.

산업 및 경쟁 dymanics의 가치증진/시장지향적 혁신(market-driven innovation)에 해당하는 사례들로는 먼저 2사분면에 Ambev(M&A에 의한 시장구조의 변화 추구) 사례, 그리고 3사분면에 규제 변화를 만들어낸 Southwest 항공 사례가 있다.

그림 5-22 산업과 경쟁 dynamics 변화 중심의 비즈니스기회 접근체계

기회 방향

	가치증진(Exploiting) 혁신기회 • 현시장을 수정(Modify); 존재하고 있는 현실/ 꿈틀거리는 미래 • 가치제안(value proposition)의 변화	가치창조(Exploring) 혁신기회 • 새로운 시장 창조(Create); 존재하지 않는 현실/잠재적 미래 • 새로운 가치제안(value proposition) 제안
경쟁 Dynamics (공급자, 경쟁자, 유통업자)	**Ambev** **(Market structure의 변화)** • Merger & Acquisition	**Tetra Pak** **(Market behavior의 변화)** • Long-life milk containers Distribution model의 변화 Supply model의 변화(IKEA, Toyota,현대차)
규제 메커니즘	**Southwest Airline** • 장애요인(규제)의 제거	**WEG** • 라틴 아메리카의 전기 모터 제조업체 규제 조건의 변화 (인치 → 미터 시스템)

5.4. 시장(소비자)으로부터의 변화 중심의 비즈니스기회 접근체계

시장(소비자)으로부터의 변화 중심의 비즈니스기회 접근체계를 보면 그림 5-23 에 관련 사례들이 제시되어 있다. 먼저 가치창조/시장개척형 혁신(market-driving innovation)에 해당하는 사례로 온라인구매 시장을 창조하여 새로운 소비 선호(preference)를 창출한 아마존닷컴 사례가 있다. 또한 4사분면에는 본원적 욕구(latent needs)인 소통 변화방식을 창조한 트위터(X) 사례가 있다.

시장(소비자)으로부터의 변화 중심의 가치증진/시장지향적 혁신(market-driven innovation)에 해당하는 사례들로는 먼저 2사분면에 브라질의 자연미를 강조한 Natura 화장품 회사의 Chronos 페이스 크림 사례, 그리고 3사분면에 본원적 욕구인 위의 소화기능 강화와 같은 기능성 요구르트 다농 사례가 제시되어 있다.

그림 5-23 시장(소비자)으로부터의 변화 중심의 비즈니스기회 접근체계

기회 방향

	가치증진(Exploiting) 혁신기회 • 현시장을 수정(Modify); 존재하고 있는 현실/ 꿈틀거리는 미래 • 가치제안(value proposition)의 변화	가치창조(Exploring) 혁신기회 • 새로운 시장 창조(Create); 존재하지 않는 현실/잠재적 미래 • 새로운 가치제안(value proposition) 제안
선호 (Preferences)	Natura 화장품 Chronos (face creams) • 새로운 Beauty Concept [젊어진다 → 자연미 (live in peace with Their own appearance, and have a good Relationship with their age)] - 다른 렌즈로 세상을 보자	Amazon.com (Online purchasing) • 새로운 소비 선호의 창출
본원적 욕구 (Needs)	Danone Activia yogurt (브라질) • Existing Needs • '기능성 요구르트'	Twitter(X) • Latent Needs

빅테크 기업들이나 대기업들은 원천기술이나 새로운 세상을 연구하는 미래 비즈니스 관련 지식 관련 조직들을 운영하면서 시장개척형 마켓 센싱을 하고 있다. 아무래도 이런 기업들은 신기술 중심으로 시장개척형 마켓 센싱을 수행하고 있겠지만, 새로운 시장은 신기술로만 만들어지는 것은 아니다. 제시되었던 오퍼(상품/서비스)의 변화, 산업과 경쟁 dynamics의 변화, 시장(소비자)의 변화 등 동시에 다각도로 새로운 마켓의 창조를 탐

구하는 것이 필요하다.

마지막으로 최근 출간된 양손잡이 조직(ambidextrous organization)이 추구하는 혁신의 실천 실무서를 소개하며 본장을 마무리한다.[21] 예를 들어 새로운 비즈니스 발명(exploration: 가치창조 market-driving 혁신)을 위한 패턴 옵션으로 그림 5-24와 같은 다양한 옵션을 제시하고 있다. 여기에서 프론트스테이지는 마케팅 모델과 유사하고, 백스테이지는 인프라 모델과 비슷하고, 이익공식은 수익 모델과 같다(본서의 2장 참조).

그림 5-24 비즈니스 발명(가치창조 market-driving 혁신) 패턴 옵션

프런트스테이지 파괴

p.162 시장 탐험가
- p.163 선지자
- p.163 목적 재설정자
- p.163 민주화 운동가

p.168 채널의 제왕
- p.169 탈중개자
- p.169 기회 개발자

p.174 중력 창조자
- p.175 고착도 확대자
- p.175 강력접착제 메이커

백스테이지 파괴

p.182 자원의 성
- p.183 사용자 기반의 성
- p.183 플랫폼의 성
- p.183 지식재산의 성
- p.183 브랜드의 성

p.190 활동 차별자
- p.191 효율 파괴자
- p.191 스피드의 달인
- p.191 지속가능성의 달인
- p.191 주문생산자

p.196 규모 확대자
- p.197 위임자
- p.197 리이선서
- p.197 프랜차이저

이익 공식 파괴

p.208 매출 차별자
- p.209 반복적 매출
- p.209 미끼와 낚시바늘
- p.209 공짜 제공자
- p.209 수익 보조자

p.216 비용 차별자
- p.217 자원 공유자
- p.217 최신기술전문가
- p.217 저비용

p.222 이익률의 달인
- p.223 역발상가
- p.223 하이엔더

또한 기존 비즈니스 전환(exploitation: 가치증진 market-driven 혁신)을 위한 패턴 모임으로 그림 5-25와 같은 다양한 옵션을 제시하고 있다.

21) 알렉산더 오스터왈더, 예스 피그누어, 프레더릭 에티엠블, 앨런 스미스(2021), 최강 기업의 탄생(The Invincible Company): 세계 최고의 상품, 서비스, 기업에게서 배우는 비즈니스 모델 전략, 유정식 역, 비즈니스북스.

그림 5-25 비즈니스 전환(가치증진 market-driven 혁신) 패턴 옵션

가치 제안 전환

p.249 제품에서 반복적 서비스로
p.252 로테크에서 하이테크로
p.253 판매에서 플랫폼으로

프런트스테이지 중심의 전환

p.261 틈새시장에서 대중시장으로
p.264 B2B에서 B2(B2)C로
p.265 로터치에서 하이터치로

백스테이지 중심의 전환

p.273 전용 자원에서 다용도 자원으로
p.276 거대 자산에서 소규모 자산으로
p.277 폐쇄형 혁신에서 개방형 혁신으로

이익 공식 중심의 전환

p.285 고비용에서 저비용으로
p.288 일회성 매출에서 반복적 매출로
p.289 전통적인 것에서 역발상적인 것으로

이 장의 요약

이번 장의 주요 내용을 요약하면 다음과 같다.

- 마켓 센싱은 (1) 거시환경요인과 광의의 시장(산업)에 대한 거시환경 센싱과 (2) 기업의 사업추진을 둘러싸고 있는 과업 환경(immediate environment)인 3C 센싱(경쟁 및 자사 분석, 고객 센싱)으로 구성된다.
- 거시환경 센싱은 기업전략 수립에 구체적으로 사용할 수 있는 정보를 센싱하는 것을 의미하지 않으며, 기업이 미래전략을 구상할 때 미래 경영환경에 대한 감(感)을 잡는 것을 목적으로 삼는다.
- 거시환경요인 센싱의 대상이 되는 요인으로는 인구통계적 요인(demographics), 사회문화적 요인(socio-cultural factors), 자연환경적 요인(natural environmental factors), 경제적 요인(economic factors), 기술적 요인(technology factors), 정치 및 법적 요인(political/legal factors)이 있다.
- 거시환경요인의 영향에 대응하기 위해서 기업은 이러한 영향요인이 기업경영에 미치는 임팩트(impact)의 정도와 이러한 환경요인의 영향이 어떠한 방향으로 일어날 것인가에 대한 발생가능성을 고려해야 한다.
- 시장은 다양한 관점에서 정의될 수 있다. 가장 넓은 관점에서 시장이란 '공급자와 구매자가 거래를 하는 데 필요한 모든 주체, 시스템의 집합(시장 생태계)'이라고 할 수 있다.
- 시장매력도는 시장의 외형적 요인과 시장의 구조적 요인에 의해 평가된다. 시장의 외형적 요인으로 시장매력도를 평가할 때에는 시장의 규모와 성장률, 제품수명주기, 매출의 주기성, 그리고 시장

의 수익성을 고려한다. 시장의 구조적 요인은 시장의 수익성을 결정한다. 시장 구조요인으로는 잠재적 진입자의 위협, 현재시장 내 경쟁강도, 구매자의 교섭력(bargaining power), 공급자의 교섭력(bargaining power), 대체품의 위협이 있다.

- 경쟁자는 공급자 관점, 고객 관점, 그리고 관리적 관점에서 정의될 수 있다.
  - 공급자 관점에는 표준산업분류 코드를 이용하는 방법과 가치곡선을 이용하는 방법이 있다.
  - 고객 관점에는 고객 니즈에 대한 솔루션 관점에서 경쟁을 파악하는 방법, 교차탄력성을 산출해서 경쟁을 파악하는 방법, 고객의 인식을 나타내는 MDS 맵을 이용해서 경쟁을 파악하는 방법이 있다.
  - 관리적 관점은 현재/미래의 잠재 경쟁을 관리적 판단에 의해 파악하는 것이다.
- 경쟁자 정의에서 가장 중요한 것은 고객의 관점에서 경쟁자를 정의하는 것이다.
- 경쟁자 및 자사 역량의 분석은 목표, 현재전략, 강점 및 약점, 기업 내부능력의 강점과 약점, 미래 전략 측면에서 이루어진다.
- 경쟁자 및 자사의 역량은 고객의 관점에 따라 다르게 평가될 수 있다. 따라서 기업은 항상 자사와 가장 적합성이 높은 시장을 파악하여 진입하는 것이 중요하다. 이러한 시장을 찾아서 들어갈 수 있도록 해주는 것이 선제적 마켓 센싱(proactive market sensing)의 역할이다.
- 시장 및 고객의 요구수준과 자사역량 간의 차이(gap)를 분석하는 차이분석이란, 고객센싱 결과로 나온 각 시장 고객들의 기대(expectations)와 요구(requirements)를 중심으로 경쟁자 및 자사의 역량분석을 하여 시장 및 고객의 요구조건을 기업이 만족시켜줄 수 있는 정도를 파악하는 분석이다.
  - 차이가 없거나 상대적으로 적은 경우, 기업은 해당 시장에 들어가서 사업을 수행하기 위한 전략 방향을 설정한다. 즉 기업은 보유자원을 효율적으로 사용하는 적절한 마케팅전략과 프로그램으로 해당 시장에 진입해서 사업을 획득하고 수행할 수 있다.
  - 시장 고객의 니즈와 기업 역량 간의 갭이 많은 경우에는 선제적 B2B 마케팅 활동만으로 시장진입이나 사업획득이 어렵다. 이러한 경우에는 R&D 또는 M&A 등과 같은 기업 내부역량 및 자원과 시스템 변화전략의 수립과 실행을 통해서 시장진입이 가능해질 수 있다.
- 어디에서 경쟁할 것인가(where to compete)라는 전략 결정과 관련하여 시장환경 및 시장분석, 즉, 시장매력도를 살펴보고 어떻게 경쟁할 것인가(how to compete)라는 전략 결정과 관련하여 경쟁 및 자사분석, 즉, 경쟁력분석을 살펴보았다. 이 두 개의 결정을 동시에 고려하는 툴(tool)로 SWOT 기반의 전략도 고찰했다. SWOT 기반의 전략을 보다 이해하기 쉽게 제시한 모델이 포트폴리오 분석/전략 모델이다.
- 실무에 도움이 되는 시장개척형 혁신(market-driving innovation) 비즈니스기회 접근체계(마켓 센싱)로는 기술의 변화뿐만 아니라 오퍼(상품/서비스)의 변화, 산업과 경쟁 dynamics의 변화, 시장(소비자)의 변화 등 동시에 다각도로 새로운 마켓의 창조를 탐구하는 것이 필요하다.

핵심 용어

마케 센싱, 시장지식, 기업의 마켓 센싱 역량(market sensing capability), 시장지식 능력(market knowledge competence), 외부로부터 내부로 변화를 강조하는 문화(outside-in organizational culture), 거시환경분석, STEEP 분석, 인구통계적/사회문화적 요인, 자연환경적 요인, 경제적 요인, 기술적 요인, 정치/법률적 요인, 시장 분석, 산업생태계, 시장매력도 분석, 시장의 외형적 요인, 시장구조 분석(5 Forces 모델), 잠재적 진입자의 위협, 현재시장 내 경쟁, 구매자의 교섭력, 공급자의 교섭력, 대체품의 위협, SIC Code, 가치곡선(value curve), 교차탄력성(cross elasticity), 다차원척도분석(MDS: Multi-Dimensional Scaling), SWOT 기반의 전략, OS전략, TS전략, OW전략, TW전략, BCG 매트릭스, 시장개척형 마켓 센싱, 기술주도 변화 센싱, 오퍼 변화중심 센싱, 산업과 경쟁 dynamics 센싱, 시장 주도 변화 센싱

생각 및 토론 과제

1. 여러분이 속한 사업부 관점에서 생각할 때 가장 적극적으로 중요하게 센싱해야 하는 거시환경요인은 무엇인지 그 이유와 함께 제시하시오. 나아가 그 요인에 대한 센싱결과를 어떻게 활용할 수 있는지에 대해 여러분의 생각을 정리하여 설명하시오.

2. 여러분이 속한 사업부 관점에서 사업부의 주요 사업이나 제품에 대한 주요 시장 또는 고객을 선정하시오. 해당 시장 및 고객 관점의 요구수준 및 조건을 파악하고, 그 요구수준 및 조건을 잘 만족시킬 수 있는 주요 경쟁자들을 파악하시오. 그 시장 및 고객 관점에서 주요 경쟁자들과 비교한 우리의 강점과 약점을 평가하고, 그 결과와 시사점을 제시하시오.

3. 여러분 사업부 관점에서 사용했거나 사용할 필요가 높은 시장개척형 마켓 센싱에 대한 생각을 도출하여 설명하시오.

제 6 장

마켓 센싱(시장지식 및 정보관리) II

이번 장에서는 선제적 B2B 마케팅의 마켓 구성요인 중 가장 중요한 이해관계자인 비즈니스 고객에 대해 심층 탐구한다. 비즈니스 구매행동 모델과 비즈니스 구매자의 구매프로세스와 의사결정 규칙을 설명하고, 이를 토대로 관리적 시사점이 높은 구매센터 의사결정 매트릭스 분석을 제시한다. 마지막으로 탐색혁신 및 시장개척형 마케팅을 위한 마켓 센싱 내용들을 설명한다.

■ 사례: EPC 비즈니스 시장에서의 고객 센싱

P사(자사)는 A국가에서 진행할 EPC 비즈니스 입찰에 참가하기 위한 준비작업을 수행했다.

○ 상황

A국가의 대형 플랜트 EPC 건설사업은 지금까지 주로 특정 B국가의 기업들이 수행해왔다. 이 업체들은 A국가의 발주기관의 인식과 행태에 많은 영향을 끼쳐왔다. 이 업체들과 발주기관들은 이미 오랫동안 관계를 맺어왔는데 P사(자사)는 발주기관이 다음 조건을 충족시킬 수 있는 새로운 업체를 원하고 있음을 알게 되었다: ⓐ 대형플랜트 EPC 건설분야에서 신뢰성 높고 검증된 기술을 보유한 업체, ⓑ 합리적 가격을 제시할 수 있는 기업.

P사의 플랜트건설 사업부는 이를 잠재적 사업기회로 판단했지만 두 가지 이유 때문에 고민하고 있었다. 첫째, 이 프로젝트는 B국가 기업들의 영향으로 인해 매우 엄격한 입찰자격(PQ: pre-qualification) 조건 적용을 고려하고 있었고, 이러한 조건 상황에서는 입찰에 참가하기가 어려운 상황이었다. 둘째, B국가의 업체들과 관계가 꽤 괜찮은 것으로 보이는 발주기관의 내부 직원들이 교묘하게 P사를 계속 견제하고 있다는 것을 알게 되

었다.

이에 따라 P사는 구매센터(buying center) 분석을 실시했는데, 그 결과 A국가의 정치구조의 변화가 B국가와 B국가 기업의 영향력 저하를 가져오고 있음을 파악했다. 또한 입찰자격(PQ) 조건을 완화하도록 스펙인(spec-in) 활동을 통해 A국가 정부의 주요 의사결정자뿐만 아니라 주요 언론인 같은 여론주도층들을 설득할 필요가 있다고 판단하였다.

그리고 다음과 같은 스펙인 활동들을 전개해 나갔다.

① 주요 인물과 여론주도층에게 발주기관이 얻게 될 이득/혜택 설명: P사가 이 입찰에 참여하게 되면, B국가의 업체만 입찰에 참여했을 때 A국가의 대규모 국제입찰이 사실상 B국가의 국내입찰로 인식될 수 있다는 발주기관의 우려를 불식시킬 수 있음을 강조하였다. 또한 P사가 입찰에 참여하면 참여기업 사이에 가격경쟁이 발생하여 A국가가 높은 수준의 가치(상대적으로 저가격이면서 높은 가치)의 플랜트를 건설할 수 있게 되어 A국가의 번영과 발전에 이득을 줄 수 있음을 강조했다. 또한 P사가 참여하면 한국과 A국가의 경제부양효과가 발생해서 양국 간의 상호관계를 증진시키는 데 기여할 것이라는 점과 P사의 참여로 인해 입찰에 다수의 국가가 참여하게 되면 A국가가 WTO/GPA가 권고한 세계화 이념을 충족시킬 수 있다는 점을 강조하며 설득하는 작업을 수행했다.

② PQ 통과를 위한 요청 제안: 이 기간 중 P사는 사업실적 성과기록을 최대한 확보하기 위한 최선의 노력을 경주할 수 있을 것이라 판단했다. 개방된 접근방식으로 사업실적의 요건을 변경(완화)하는 것이 바람직하며, 스펙(specifications)을 P사에게 RFP 이전에 제공해주면 P사는 입찰참여에 적극적으로 최대한 협력할 수 있음을 제안했다.

○ 협력사와의 입찰 준비

P사는 A국가 내의 P사 지사와 신뢰할 만한 에이전트 간에 역할과 책임을 분담하여 입찰을 준비하는 전략을 수행하기로 결정하였다. P사의 책임과 역할은 정부, 의회, 발주기관 내의 주요 인물과 관계를 형성하여 여론을 P사에게 유리하게 하고, 경쟁업체의 움직임에 대한 정보를 인지하고 모니터링했다. 에이전트의 역할은 P사를 대신하여 발주기관의 주요 인물을 설득하고, 정부 내의 인적 네트워크를 활용하여 비협조적인 인물을 파악하고 이들의 영향력을 감소시키는 것이었다.

○ 추후 활동 계획

P사는 더 많은 인물과 좋은 관계를 지속적으로 확장하고 경쟁업체의 선제적 B2B 마케팅 활동을 억제하고자 한다. 또한 유효한 정보를 사전에 입수하여 가용 기술 및 최적 효율성 및 기술 조건에 대한 공식적인 분석 자료를 발주기관에 제시하고자 한다. 또한

P사는 입찰 전 사업실적 데이터베이스를 잘 획득해서 정리할 것이다. 나아가 우리 측 연합체의 가격거품 방지, 저원가국가가 제조가능한 부품 아이템 선정, 현지 벤더와 건설협력사가 수용가능한 최적 가격책정 전략을 수립하고자 한다.

이 사례를 통해서 P사가 센싱한 정보는 어떠한 것들이었을까? 먼저 다음과 같은 정보를 센싱했을 것이다: 국가통수권자의 영향력, 국가의 정치적 권력 구조와 그 변화, 국가의 거래 문화, 국가의 경제 및 산업성장률, 국가의 전력 capacity 예측 등의 거시환경 센싱 요인들. 고객과 관련된 정보들은 어떠한 것들을 센싱했을까? 정리하면 다음 같은 정보를 센싱했을 것이다: 발주처의 잠재 오더 예측(예상 발주 규모 및 시기), 발주처의 구매문화, 발주처의 입찰 정책(입찰 또는 수의계약), 경쟁자와 우리에 대한 발주처의 인식과 평가(발주처와의 거래 경험, 커뮤니케이션 경험), 발주처의 구매센터, 발주처의 구매프로세스, 발주처의 needs, wants 및 value(예: 발주처의 중요 고려요인 - reliability, proven technology, price consideration, delivery 등), 발주처의 PQ(Pre-Qualification) 패턴. 또한 다음과 같은 경쟁자 정보도 센싱했을 것이다: 경쟁자 정보(누가), 경쟁자의 강점 및 약점, 경쟁자가 추구하는 목표와 전략(as-is와 to-be).

기업의 사업부는 시장을 구성하는 고객과 경쟁을 정의하고 관련 정보를 센싱하고 우리 회사의 자원과 역량을 분석하여 사업부가 추진할 마케팅전략을 수립한다. 고객으로부터 사업을 획득하고 수행하는 점을 고려하면 고객 센싱은 마켓 센싱 중 아마 제일 중요한 부분일 것이다. 즉 마케팅 활동의 핵심은 고객에 대한 이해에서 시작된다. 고객이 원하는 wants, needs, value를 정확히 알아야 마케팅전략의 방향을 설정할 수 있다.

1절. 비즈니스 구매행동 모델(The Model of Business Buyer Model)[1)]

고객 센싱은 고객의 구매행동에 대한 이해에서 시작되어야 할 것이다. 그림 6-1 은 비즈니스 구매자행동 모델이다. 모델은 ① 구매기업의 구매의사결정 프로세스를 중심으로 ② 이에 영향을 미치는 영향요인들과 ③ 구매의사결정 프로세스의 결과인 구매자 반응으로 구성되어 있다.

1) Hutt, M. D., T. W. Speh, & D. Hoffman(2024), Business Marketing Management, 13th ed., Cengage.

그림 6-1 비즈니스 구매자행동 모델

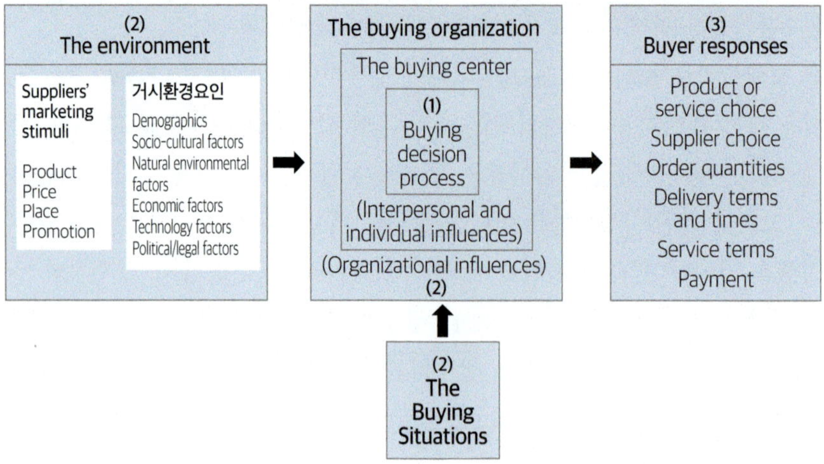

1.1. 비즈니스 구매자행동(Business Buyer Behavior)

비즈니스 구매자행동이란 다른 제품/서비스 생산에 사용하거나, 이윤을 얻으면서 다른 사람에게 재판매 또는 대여하기 위해서, 제품이나 서비스를 구매하는 조직의 구매행동을 말한다. 예를 들어 발전사업의 구매조직(buying organization)이 산업 및 일반가정의 수요에 맞춰 전기를 생산 · 공급하기 위하여 발전소의 건설을 발주하는 과정과 그 과정에서의 행동들이 비즈니스 구매자행동이다. 일반적으로 중요한 구매의 경우, 혹은 처음으로 구매를 할 때, 비즈니스 구매는 여러 의사결정 참여자가 관여하는 그룹의사결정(group decision making)에 의해 이루어진다. 또한 비즈니스 구매프로세스는 일반적인형식인 표준구매운영절차(SOP: Standard Operating Procedure) 단계에 따라 진행된다.

비즈니스 구매자행동을 잘 이해하면 어떠한 결과를 기대할 수 있을까? 비즈니스 구매자행동 모델에 따라 쉽게 생각해 보자. 구매자행동을 잘 이해하면 고객이 원하는 가치를 담은 제품/서비스를 제공할 가능성이 높을 것이고 그에 따라 고객은 우리의 제품/서비스를 선택할 것이며 그 결과 우리의 성과(매출과 수익 등)가 올라갈 가능성이 높다. 예를 들어 살펴보자.

- 구매자행동에 대한 이해: 예를 들어, 미국의 건축자재 B2B 기업인 Graniterock사는 정부기관 고객들이 더욱 내구성 있는 도로포장재를 원한다는 점을 발견하여 이를 시장기회로 보고 신제품개발에 착수했다.

• 새로운 고객가치 창출의 기회: 구매자행동을 잘 이해하는 기업은 고객이 높게 평가하는 제품/서비스를 제공할 가능성이 높다. 다시 말해 고객의 요구조건/니즈/원츠/가치(requirements, needs, wants, and value)를 먼저 잘 이해하는 기업은 해결책도 잘 찾아낼 것이다. Graniterock사는 관련 기술에 대한 연구를 통해 기존 아스팔트보다 강도가 높으면서 동시에 유연성까지 높은 신제품 Graniteseal을 개발할 수 있었다. 이 신제품개발을 위해 이 회사는 록히드 마틴 같은 군수기업와의 기술협력도 시도했다. 이러한 노력은 고객요구로부터 발견한 성장기회에 대한 확신이 있었기 때문에 가능했다.

• 기업의 성과 향상: 고객의 요구조건/니즈/원츠/가치를 먼저, 잘 이해하는 기업은 고객이 높게 평가하는 제품/서비스를 제공할 가능성이 높고 이러한 제품/서비스가 고객에게 채택될 경우 그 기업의 성과가 향상될 것이다. 고객요구에 충실한 혁신을 거듭해온 Graniterock은 동종업계의 경쟁사들보다 30%나 인당 매출액이 높았다. 또한 미국 상무부가 주관하는 말콤 볼드리지 품질관리대상을 수상하기도 했다.

1.2. 비즈니스 구매자행동에 대한 영향요인

(1) 환경 영향요인(마케팅 영향요인 및 거시환경 영향요인)

그림 6-1 을 보면 비즈니스 구매자행동에 영향을 미치는 첫 번째 영향요인은 구매기업의 외부에 있는 환경 영향요인(environmental stimuli)이다. 환경 영향요인에는 구매자에게 제품/서비스를 공급하고자 하는 판매 기업들의 마케팅 영향요인(marketing stimuli)이 있고, 구매기업의 외부에 있는 거시환경 요인들이 있다. 거시환경 센싱에서 보았듯이 이러한 거시환경 요인들은 구매기업뿐만 아니라 판매기업에도 영향을 미친다.

마케팅 영향요인이란 구매자의 관심과 반응을 이끌어내기 위해서 구매자의 요구에 맞게 가격, 제품, 서비스를 구성하여 제안하고 전달하는 마케팅 활동을 말한다. 일반적으로 마케팅 자극은 제품, 가격, 유통, 프로모션이라는 마케팅믹스(4P)로 구성되어 고객에게 제안된다. 효과적인 마케팅 프로그램이란 경쟁기업에 비해 고객의 니즈/원츠/가치에 더 잘 부합하는 것을 말한다. 이를 위해서는 마켓 센싱을 잘 하고 그 결과에 따른 효과적인 STP 전략을 수립하고 실행해야 한다.

거시환경 영향요인은 5장에서 학습했다. 일반적으로 비즈니스 구매자는 거시환경 요인들에 의해 다음과 같이 영향을 받는다. 비즈니스 구매자는 자신의 제품에 대한 기본적 수요 수준, 금융비용, 경제 전망, 현재와 미래에 예상되는 경제 환경에 크게 영향을 받는다. 주요 부품/물품의 부족이 예상되는 경우 원활한 공급을 위하여 재고를 더 구매한다. 또한 비즈니스 구매자는 과학/기술의 변화, 정치와 법률적 규제에 큰 영향을 받는다. 특히 국제마케팅 환경에서는 각 나라의 거래문화(culture)와 관습(customs)이 비즈니스 구매자의 행동이나 전략에 큰 영향을 줄 수 있다. 이러한 거시환경 요인은 마케팅 영향요인과는 달리 노력한다고 해서 변화시키거나 통제할 수 없음에 따라 그 변화를 잘 모니터링해서 관련 사항들을 대응책에 반영해야 한다.

(2) 구매상황(The Buying Situations)

구매상황은 크게 3가지 유형으로 나뉜다. 첫 번째 유형은 **평이한 재구매상황(straight rebuy situation)**으로 구매부서에서 범용제품(commodity products) 등을 일상적 · 지속적으로 구매하는 상황에 해당한다. 이 경우 구매과정은 복잡하지 않고, 구매에 관련된 사람들도 적고, 주요 구매기준은 낮은 가격을 중심으로 구매의 신뢰성(예: stock out 상황이 일어나지 않도록 자동주문을 함)이나 납기충족능력(delivery)이 그 기준이 되는 경우가 많다.

두 번째 유형은 **수정 재구매상황(modified rebuy situation)**으로 구매자가 제품규격(product specifications), 가격, 거래조건, 또는 공급자의 변경을 원할 때 수정 재구매를 한다. 수정 재구매는 평이한 재구매에 비해 구매과정이 조금 더 복잡하고 더 많은 사람들이 의사결정에 관여한다.

세 번째 유형은 **신규 구매상황(new task buy situation)**으로 구매기업이 처음으로 제품이나 서비스를 구매하는 상황이다. 특히, 구매금액과 구매관련 위험이 클수록 더 많은 의사결정 관련자가 참여하고, 더 많은 정보를 수집하고, 구매과정도 길고 복잡하다. 예를 들어 대형 플랜트 · 설비 건설 및 판매기업은 기존에 설비를 공급했던 지역에 추가로 더 건설하거나 혹은 새로운 지역에 진출할 때 흔히 신규 구매상황(new task)과 수정 재구매상황(modified rebuy)에 놓인 구매자를 만나게 될 것이다. 두 상황 모두 많은 의사결정 참여자가 연관되기 때문에 비즈니스 구매프로세스는 복잡할 것이다. 이 경우 비즈니스 구매자는 단일 컨소시엄(consortium of sellers) 구성을 통해 문제를 해결하는 것을 선호하는 편이다. 즉 판매자는 1장에서 배운 토털 마케팅(total marketing)을 잘 수행해야 한다. 구매자 구매프로세스별로 판매기업 조직의 필요한 기능/직무(function)가 협력해서 비즈니스 구매자를 컨택하고 고객과의 상호작용 활동을 잘 진행해야 사업획득의 가능성을 높이고 사업수행도 잘 할 수 있을 것이다.

(3) 구매기업조직의 영향요인(Organizational Influences)

구매조직은 자신만의 목적, 정책, 절차, 구조 및 체계를 가지고 있고, 구매자의 조직 관련 요인들은 구매프로세스에 영향을 미친다. 이에 따라 비즈니스 마케터는 이 요인들이 구매행동에 어떻게 영향을 미치는지를 잘 파악해야 한다. 목적, 정책, 절차, 구조 및 체계와 같은 구매기업의 조직 변수들은 그 기업의 문화에 의해 좌우된다. 조직의 문화적 가치는 조직의 전통(traditions) 및 관습(customs)이며, 이러한 전통 및 관습은 직원의 행동에 반영된다. 다시 말해, 기업 문화는 다양한 업무상황에서 직원들이 무언의 지침을 통해서 서로 공유하고 있는 생각과 행동을 말한다. 이러한 조직문화는 비즈니스 구매자의 구매행동에 큰 영향을 줄 수 있다.

기업의 구매문화(buying culture)는 크게 독재형(autocratic), 민주형(democratic), 의논형(consultative), 합의형(consensus)으로 분류된다. 독재형 구매문화의 경우 구매에 관련된 여러 사람이 있을지 모르지만, 결정은 오직 한 사람이 내린다. 반면 민주형 구매문화는 다수결의 원리를 사용한다. 의논형 구매문화는 의사결정을 내리기 전 다른 사람의 의견을 요청하며, 마지막으로 구매센터 내에서 합의를 봐야 한다. 합의형 구매문화에서는 팀의 모든 구성원들이 특정구매에 대하여 집단적 합의(collective agreement)에 도달해야 한다.

판매기업은 구매기업의 구매문화를 잘 이해하는 것이 중요하다. EPC 플랜트 사례에서도 고객의 구매문화가 독재형 문화란 점을 알고 나서 이에 적합한 마케팅 접근방법을 도출했다. 즉 판매기업은 기업의 구매문화에 따라 고객들을 세분화할 수 있다. 구매문화에 기반을 둔 세분군을 도출한 후 각 세분군별로 적합한 마케팅 접근방법을 도출, 실행할 수 있다.

(4) 구매센터 영향요인(Buying Center Influences)

다음 영향요인은 구매기업의 구매센터(buying center)이다. 비즈니스 구매의 중요한 특징들 중 하나는 구매센터에 의해 구매가 일어난다는 점이다(1장 참조). 즉 기업의 구매에는 구매부서뿐만 아니라, 사용자 그룹, 의사결정에 대한 영향자 그룹 등의 역할을 하는 사람 등이 연관되어 있고 이들이 구매과정에 참여하게 된다. 바로 이때 구매프로세스에 참여하는 모든 사람과 그 역할을 구매센터라고 한다. 구매센터의 구성역할은 **표 6-1**과 같다.

표 6-1 구매센터의 구성 역할

구분	역할
개시자 (Initiators)	제품이나 서비스의 구매를 요청하는 역할
사용자 (Users)	제품이나 서비스를 직접 사용할 사람으로 구매를 제안하고 제품의 specification을 명확하게 하는 역할
영향자 (Influencers)	제품을 직접 구매하거나 사용하지는 않지만, 제품의 품질이나 기술력 정도를 비교하여 buying decision process에 영향을 미치는 역할
결정자 (Deciders)	최종적으로 무엇을 구매할지 결정하는 역할
승인자 (Approvers)	결정자(decider)나 구매자(buyer)가 했던 활동들에 대하여 승인하는 역할
구매자 (Buyers)	공급자를 선택하고 구매조직을 조정할 공식적 권한을 가진 사람들로 product specification을 만드는 데 도움을 주며 중요한 역할은 공급기업의 선정과 협상이다.
문지기 (Gatekeepers)	판매기업/조직이 구매센터 구성원에게 접근하는 것을 막을 수 있는 권한을 가진 사람들로 구매담당자, 리셉션 근무요원, 전화 교환원 등을 말한다.

구매센터 구성원의 역할에는 대표적으로 7가지가 있지만 구매상황(buying situations), 구매 제품/서비스/프로젝트의 규모와 위험 등에 따라 구매센터에서 구성원 역할이 7가지 모두 존재할 수도, 줄어들 수도 있다. 또한 구성원의 역할이 많을수록 구매의사결정 프로세스는 복잡해지고 결정기간도 길어진다. 도입사례의 대형 EPC 플랜트와 같은 수주사업의 특성을 고려할 때 고객의 구매센터는 매우 복잡하다. 그만큼 많은 사람과 이해관계자(stakeholders)가 구매의사결정에 영향을 미치기 때문이다. 발주처, 개발업체(developer), 파트너 협력업체, 정부기관, 언론사 등 발주처 내부뿐만 아니라 외부 관계자도 구매센터에 참여할 수 있다. 이에 따라 다양한 주요 이해관계자를 고객으로 정의, 선정하여 지속적 · 집중적으로 관계를 구축하고 정보를 획득하는 활동은 향후 수주 성공률에 많은 영향을 미칠 수 있다. 또한 구매센터 분석은 겉으로 드러난 외적 측면인 구매센터 구성원의 행동 측면뿐만 아니라 행동 이면의 배경이나 동기까지 이해할 수 있도록 심층적으로 진행되어야 한다. 또한 각 구성원의 개인적 특성(나이, 소득, 교육 정도, 직무경로, 성격, 위험에 대한 태도 등)과 함께 구성원 간의 상호관계에 관한 요인도 파악하는 것이 필요하다.

2절. 비즈니스 구매자의 구매프로세스와 의사결정 규칙

2.1. 비즈니스 구매프로세스(The Business Buying Process)

비즈니스 구매프로세스는 구매 관련 문제를 인식하는 단계를 시작으로 8개 단계로 구성되어 있다(그림 6-2 참조).

그림 6-2 비즈니스 구매프로세스

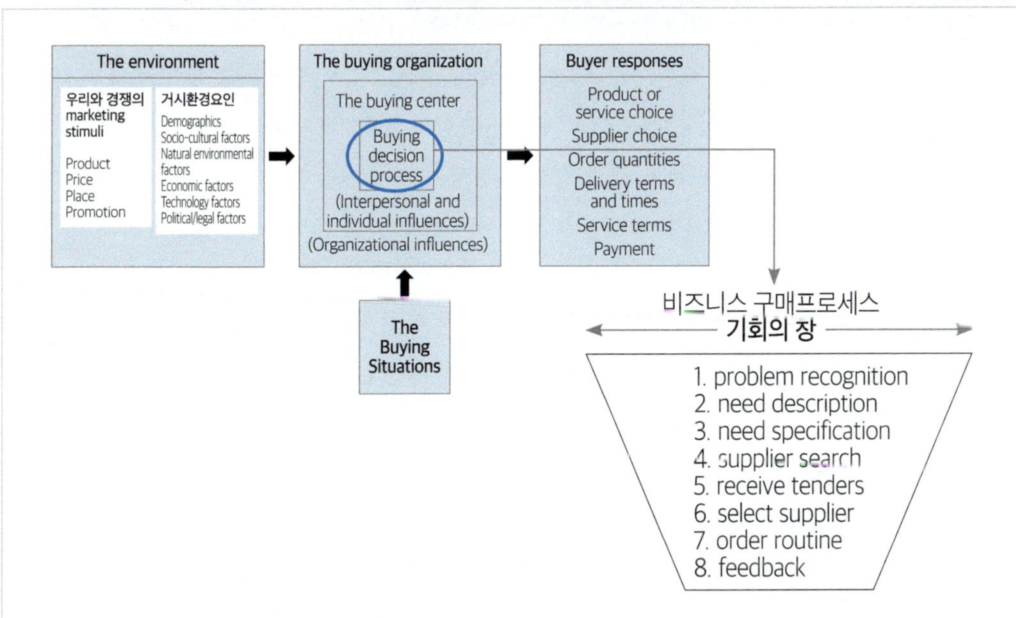

(1) 문제인식(Problem Recognition)

비즈니스 구매프로세스의 첫 번째 단계는 문제인식(problem recognition)이다. 문제인식은 기업이 구매에 대한 문제나 필요를 인식하는 것을 의미한다. 문제인식은 내부 또는 외부 자극으로부터 발생한다. 내부적으로 발생하는 문제인식은 구매기업이 자신의 필요에 의해 새로운 생산 설비, 제품 또는 서비스에 대한 필요에 관해 인식하는 경우를 말한다. 예를 들어, 발주처 스스로 새로운 대형 플랜트 건설에 대한 문제를 인식하는 경우이다. 물론 이러한 대형 시설은 국가적 사안임에 따라 발주처는 정부 그리고 의회와 이러한 문제인식을 공유할 것이다. 외부적으로 발생하는 문제인식은 판매기업의 노력 등 기업 외부의 영향요인에 의해 일어나는 경우를 말한다. 일반적으로 B2B 시장에서는 국제무역상담회(trade conference), 광고, 낮은 가격 혹은 더 좋은 제품을 제공할 수 있다는 판매원의 판매노력 등이 구매기업의 문제인식을 자극하는 경우가 많다.

다음은 어떤 한 중동국가가 담수설비에 관한 문제를 인식하기 시작하는 경우, 판매기업이 선제적 마켓 센싱을 통해 해당 고객에 접근해서 담수설비와 관련된 고객의 계획에 관한 보다 구체적인 정보를 경쟁사보다 더 빨리 획득하는 가상적인 상황에 해당하는 예이다. '어떤 한 중동국가가 담수설비의 공급이 수요에 비해 부족함을 인식하여 곧 담수설비 확장을 계획하는 의사결정을 해야 하는 상황이라면 이 국가는 문제인식 단계에 들어간 것이다. 이 단계에서 B2B 마케터에게 필요한 것은 선제적 마켓 센싱이다. 나아가 B2B 마케터는 구매자의 문제인식에 영향을 미치는 노력을 해야 할 것이다. 예를 들어, 해당 마케터가 해당 국가의 인구통계 트렌드, 도시계획 등을 분석하여 추가적인 담수설비 관련 구체적 사실들로 구매자들을 효과적으로 설득할 수 있다면, 해당 기업은 앞으로 있을 입찰에 관한 구체적 정보를 경쟁자보다 한발 앞서 획득할 수 있을 것이다.'

또 다음 사례는 글로벌 G기업의 자회사가 1980년대 초반 우리나라 국회의 추가 발전소 건설계획의 승인을 위하여 선제적 B2B 마케팅을 성공시킨 실제 사례이다. '사실 1980년대 초반, 한국전력공사와 동력자원부는 추가적인 발전소 건설계획에 대한 국회의 승인을 요청했지만, 대규모 소요자금 문제로 승인이 거부되었었다. 그런데 우리나라 산업의 발전속도와 경제성장 트렌드를 고려했을 때 추가 발전소 건설에 대한 필요는 매우 급박했기에 관련 정부기관들은 국제적 발전전문기업 G 기업과 협업을 진행했다. G 기업은 한국 경제와 산업의 성장과 발전공급량 간의 상관관계, 추가적인 발전소 공급이 이루어지지 않았을 때의 기회비용, 대안적 파이낸싱 방법 등에 관한 구체적이고 유효한 사실과 자료들을 만들어 국회 해당 소위원회의 의원들에게 제시했다. 그 결과 국회는 추가적인 발전소 건설계획을 승인했다.' 사실 G기업이 1980년대 한국에서 수행했던 선제적 B2B 마케팅 노력을 우리나라의 대형 B2B 기업들이 중동과 인도에서 수행하려고 노력하는 것 아닐까? 선제적 B2B 마케팅의 주요 역할 중 하나는 구매자들의 문제인식에 영향을 미침을 명심할 필요가 있다.

(2) 구매필요의 기술(記述, Need Description)

구매 관련 문제/필요성 인식 후 구매자는 구매에 대한 일반적 니즈를 기술한다. 구매할 제품과 관련하여 구매부서는 구매하고자 하는 제품의 규격(specification), 필요 수량 등을 정해 나간다. 복잡한 구매의 경우, 구매기업은 제품/설비의 정의를 위해 구매부서뿐만 아니라 엔지니어, 사용자, 컨설턴트와 같이 니즈 기술 작업을 수행한다. 예를 들어, 중동의 발주처가 새로운 EPC 플랜트 설비를 필요로 한다는 정보를 얻었을 때, 비즈니스 마케터는 이 단계에서 무엇을 해야 할까? 추가적인 관련 정보를 수집하고 프로젝트의 요구사항을 파악하여 그에 따라 반응해야 할 것이다.

한편 더 선제적인 마케팅은 고객의 문제인식 단계부터 관련 정보를 제안하고 전달한다. 이러한 노력에 연계하여 고객의 니즈 기술 단계에서도 발주처의 인식을 전환시키기 위해 문제인식 단계에서 전달했던 정보보다 더 상세하고 추가적인 정보들을 제안하고 전달하는 'Spec-In(Specification In의 약자로 구매자의 규격 결정 과정에 중대한 영향을 미침을 의미함)' 활동들을 펼쳐야 할 것이다. 이를 위해선 다양한 구매센터 구성원들(엔지니어, 사용자, 컨설턴트 등)과 접촉해야 한다.

(3) 구매필요의 구체화(Need Specification)

구매필요 구체화 단계는 이전의 구매필요의 기술 단계가 보다 더 구체적으로 진행되는 단계를 의미한다. 즉 발주를 위한 제안요청(RFP) 시점이 어느 정도 정해졌음에 따라 구매기업은 RFP에 포함할 목적으로 구매 관련 스펙을 매우 상세하게 정의해 나간다.

구매가 매우 중요한 경우 구매기업은 흔히 가치분석 엔지니어링 팀(value analysis engineering team)을 구성하고 이 팀의 도움을 받는다. 이 팀의 분석결과는 RFP에 포함될 가능성이 높으며, 이 팀은 구매 항목별로 가격 대비 품질, 즉, 가치분석을 수행하면서 기술적 제품 스펙(technical product specifications)을 만들어 나간다. 이러한 구매필요의 구체화는 수주 산업의 경우 보통 PQ(Pre-Qualification: 입찰에 참여할 수 있는 자격) 조건으로 연계된다.

이 단계에서 수동 · 반응적 마케팅(reactive marketing)의 경우 구매필요 구체화 조건들을 알게 되면서부터 대응준비를 시작한다. 반면, 구매필요 기술 단계와 마찬가지로 선제적 B2B 마케팅의 경우 미리 구매자에게 니즈 스펙에 대해 적극적으로 제안 및 설득 작업을 하면서 판매기업의 요구사항을 RFP에 반영할 수 있도록 하는 'spec-in' 활동들을 전개한다. 예를 들어 선제적 마케터는 구매자의 가치엔지니어링 팀에게 축적된 경험과 운영의 노하우를 포함한 RFP 초안 버전을 제공하여 그 팀을 돕는 방향으로 노력할 수 있다. 이러한 활동이 효과적으로 성공하면, 마케터는 구매자의 관심과 주의를 끌뿐만 아니라 경쟁자에 비해 입찰에 더 철저하고 효과적으로 준비할 수 있게 된다.

(4) 공급자 탐색(Supplier Search)

구매필요의 구체화 단계 이후 구매조직은 스펙 조건을 만족시킬 수 있는 공급업체 풀(pool)을 만든다. 대규모 프로젝트일수록 더 많은 시간을 가지고 공급자 풀을 만든다. 그 이후, 구매조직은 공급자의 자격, PQ 조건, 브랜드명성 등에 근거하여 잠재적인 공급자 풀을 줄여나간다. 이 과정에서 제외되는 경우 공급자는 입찰에 참여할 수 없게 된다. 선제적 마케터는 적극적인 활동을 통해서 공급자를 검색하는 기준과 상황에 맞춘 정보를 구매기업에게 제공한다.

구매기업의 입장에서는 대규모 프로젝트를 수행할 수 있는 회사는 대부분 다 알고 있다고 생각한다. 따라서 구매기업과 관계가 형성되어 있는 공급자는 검색되지만 관계가 없는 공급자의 경우 검색에 포함이 될 수도 있고 안 될 수도 있다. 따라서 공급자의 입장에서는 고객과 프로젝트의 중요도를 미리 파악하여 필요한 경우 구매기업에게 공급자에 대해 스스로 미리 알리는 노력을 해야 한다. 그림 6-3은 공급기업이 자신을 알려야 할 구매기업을 선정하는 논리를 보여주고 있다. 공급기업은 이러한 논리를 잘 활용해야 한다.

그림 6-3 공급기업의 구매기업 선정 논리

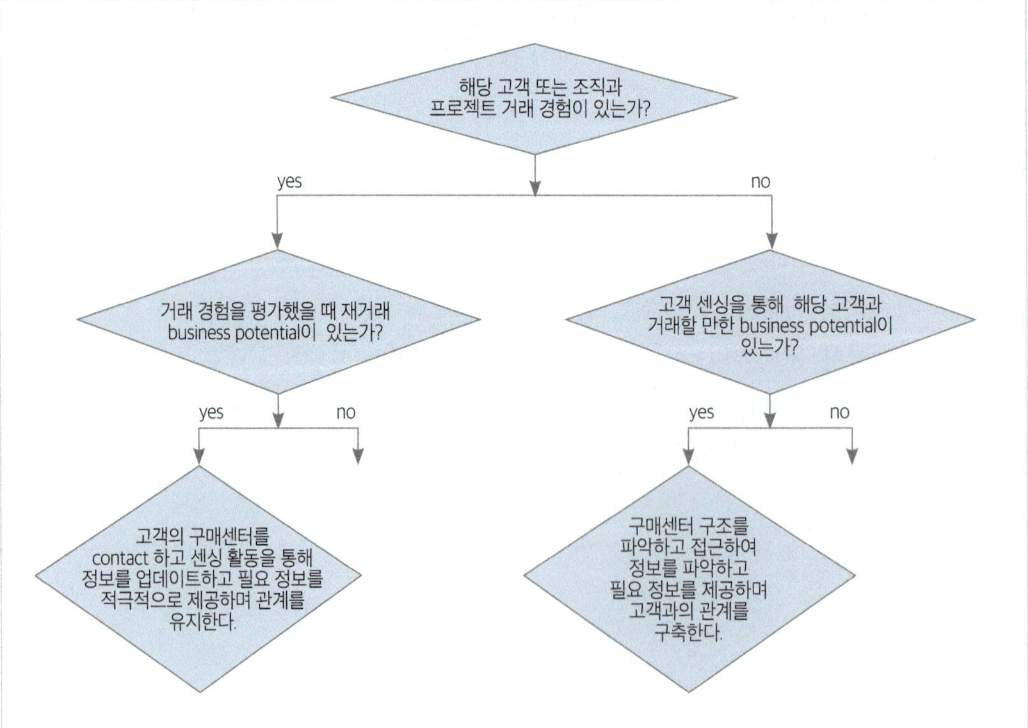

(5) 제안요청서의 전달과 제안서 접수(Receive Tenders)

비즈니스 구매프로세스의 제안요청서 전달과 제안서 접수(receive tenders) 단계에서는, 구매기업이 해당 공급업체에 제안요청서(RFP)를 보냄으로써 입찰제안서를 제출할 공급업체를 초대한다. 구매 항목이 복잡하거나 비싼 경우, 구매기업은 각각의 잠재적인 공급업체에게 상세한 제안을 서면으로 제출할 것을 요구하고 공식적인 프레젠테이션을 하도록 한다. 이 단계에서 공급업체는 구매기업이 자신을 선택하도록, 구매기업의 요구를 만족시킬 수 있도록 노력한다. 구매기업이 제시한 RFP 항목에 대해서만 내용을 준비하는 것은 수동적 마케팅이라 할 수 있다. 반면 선제적 B2B 마케팅은 pre-RFP 단계에서 구축한 구매기업과의 친분과 의사소통을 통해서 RFP에 명시하지 않았으나 중요한 내용까지 포함하여 구매기업 요청에 대응한다. 예를 들어 대형 EPC 플랜트 사업의 입찰에 참여한 공급자가 RFP 요구내용 외에 국가 경제발전에 대한 기여도, 플랜트가 있는 지역의 인적자원 개발 등을 포함한다면 정부 혹은 발주처가 우리 공급기업을 선정할 확률이 높아질 것이다.

(6) 공급자의 선정(Select Supplier)

공급업체를 선택하는 단계에서 구매기업의 구매센터 구성원은 공급자 평가항목과 항목별 중요도를 정하고 공급업체를 평가한다. 특히 이 단계(와 만약 선정될 경우 이 단계 이후의 계약 및 주문 처리[order routine] 단계)에서 공급기업은 구매기업의 기대에 잘 부응해야 하며, 공급자 평가기준에 대한 관련 정보를 체계화하여 관리하는 것이 중요하다. 또한 사업수행 평가항목과 같은 필요정보뿐만 아니라 그 외 추가적 정보도 관리하는 것이 필요할 수 있다. 예를 들어, 대형 플랜트 사업 수행지표 이외에 정부가 시민을 지원하는 활동에 대한 시민의 평가와 같은 불필요하다고 생각되는 추가적 정보도 상황에 따라서 구매자를 설득하는 데에 도움이 될 수 있다. 구매기업은 최종 선택을 하기 전에 더 좋은 가격과 품질 조건에 따라 선호하는 공급업체와 협상을 시도할 것이다. 결국 그들은 단일업체 또는 몇 개의 업체를 선정할 수도 있다.

특히 대형 사업의 경우를 예로 들면, 구매기업의 스펙 조건을 염두에 두고 유리한 협력 컨소시엄을 구성하는 것이 중요하다. 공급자의 수행능력과 명성뿐만 아니라 대규모 B2B 컨소시엄에 대한 구매자 평가도 최종공급업체를 선정하는 데에 중요하게 작용할 수 있다.

(7) 계약 및 주문 처리(Order Routine)

공급업체를 선정한 후 구매자는 계약 및 주문처리 스펙(order-routine specification)을 준비한다. 선택한 공급자와 함께 필요수량, 반환정책 및 보증의 예상 기간 등의 목록을 결정하는 것이다. 유지보수, 수리, 운영 항목의 경우에는 구매자가 정기구매 주문보다는 포괄적 계약(blanket contracts) 방식을 사용할 수 있다. 포괄적 계약이란 공급자가 정해진 기간 동안 합의된 가격으로 구매자에게 필요한 수량의 제품이나 서비스의 재보급을 약속하는 장기적인 관계를 기반으로 한 계약을 말한다. 이 단계에서는 공급업체가 프로젝트의 계약 요구사항을 수행하는 정도와 구매기업의 만족도를 평가하는 기준과 표준을 만드는 것이 매우 중요하다. B2B 마케터에게 필요한 것은 구매자의 기대 예측 및 관리, 이행 수준에 대한 명확한 정의, 프로젝트 완료의 평가에 대한 명확한 기준이다.

명확한 표준과 기준에 따라 공장 건설이 완료된 후 품질관리 내용으로 공장 운영성능을 평가할 수 있다. 예를 들어 담수공장이 생산한 물속에 남아있는 미네랄의 수준으로 공장 운영성능을 평가하는 담수 사업의 경우 처음부터 이 부분에 대한 구매기업과 공급기업의 명확한 의견 일치가 필요하다.

(8) 피드백(Feedback)

이 단계는 프로젝트가 모두 수행된 후 미리 설정된 기준에 맞춰 프로젝트 수행 결과를 평가하는 단계이다. 기준에 적합하지 않은 평가 사항이 발견되면 구매기업은 공급기업에게 개선을 요구하게 된다. 또한 수행 결과의 평가를 통해 구매기업은 공급기업과 지속적 거래관계를 유지하거나 또는 단절하게 된다. 특히 이 단계의 수정 활동은 비용과 부담의 증가를 수반함에 따라 프로젝트를 통해 벌어들인 이익을 낮출 수 있음을 고려하여 매우 중요하게 관리되어야 한다.

나아가 피드백에 대한 대응은 고객만족도 수준에 영향을 미치기 때문에 향후 주문 또는 거래기회와 밀접하게 관련될 수 있다. 다시 말해 사업수행성과와 이에 대한 고객의 피드백은 구전효과 등을 통해 공급기업의 명성에 큰 영향을 미친다. 따라서 긍정적인 평가 피드백 획득을 위해 공급자는 최상의 운영탁월성(operational excellence)을 보여야 할 것이다. 그러나 이러한 고객의 평가 피드백은 피드백 단계에서 형성되는 것이 아니라 구매기업의 구매프로세스와 사업수행프로세스 전반에 걸쳐 형성됨을 명심할 필요가 있다.

2.2. 구매자의 의사결정 규칙(Buyer's Decision Rules)

비즈니스 구매는 매우 정형화된(formal) 프로세스이며, 많은 단계에서 많은 사람들이 관련되어 있다. 결국 비즈니스 구매기업은 자신의 목적에 부합하는 공급기업을 선정하기 위해 많은 단계에서 잠재 공급기업을 평가하는 것이며, 특히 공급업체 탐색(supplier search)과 선정(select supplier) 단계에서 보다 구체적 평가가 이루어진다.

앞에서는 주로 고객이 사용하는 평가 관련 콘텐츠(contents), 즉 평가 항목과 요소에 관한 부분이 중요하며, 선제적 B2B 마케팅은 RFP(receive tender 단계) 이전부터 고객의 평가 관련 콘텐츠에 영향을 미치는 것이 중요함을 강조했다. 지금부터 학습할 내용은 고객이 사용하는 평가방식에 관한 내용이다. 즉 평가 관련 콘텐츠가 똑같다 하더라도 고객이 사용하는 평가방식/의사결정 규칙(decision rule)에 따라 공급업체 선정이 달라질 수 있음을 고찰하겠다. 구매프로세스상 공급업체 탐색, 제안서 접수, 그리고 특히 공급업체 선정 단계에서 구매자의 선택이 이루어진다. 구매자의 선택 의사결정 규칙(decision rule)은 크게 보완적 방식(compensatory rule)과 비보완적 방식(non-compensatory rule) 두 가지로 구분된다. 각각에 대해 고찰한다.

(1) 보완적 평가방식(Compensatory Rule)

먼저 보완적 평가방식/의사결정 규칙에 대해 살펴보겠다. 구매기업이 평가항목 즉, 선택 기준들을 정하였다고 가정하자. 어떤 평가항목의 점수가 낮아도, 다른 항목의 점수가 높은 경우, 높은 점수를 받은 평가항목이 낮은 점수의 평가항목을 보완해주는 경우가 이 규칙에 해당한다. 간단한 예를 들어 성능은 떨어지지만 가격이 저렴할 경우, 저렴한 가격이 떨어지는 성능을 보완해주는 경우가 이 평가방식에 해당한다: "성능이 떨어져?(−) 하지만 가격이 저렴해(+)."

좀 더 상세한 예를 보완적 규칙을 고찰한다. **표 6-2**에 따르면 구매기업은 평가항목으로 브랜드선호(brand name preference), 품질(quality), 신뢰성(reliability), 가격(cost) 4가지를 사용하는 상황이다. 평가대상은 공급업체 A, B, C 세 회사의 제안서이다. 각 평가항목은 10점 만점으로 평가된다. 예를 들어 A사의 제안서 평가점수는 브랜드선호의 경우 8점, 품질의 경우 8점, 신뢰성의 경우 7점, 가격의 경우 5점을 받았다. 구매기업은 이러한 방식으로 B사와 C사의 제안서도 평가했다. 평가항목에 대한 점수 외에 구매기업은 각 평가항목에 대한 중요도 가중치(가중치의 합 = 1.0)를 결정했다: 브랜드선호의 경우 0.2, 품질의 경우 0.4, 신뢰성의 경우 0.1, 가격의 경우 0.3. 공급업체 A에 대한 평가결과는 각 평가항목의 점수와 가중치의 곱을 합한 방식(가중평균방식)으로 결정된다: 8(.2)+8(.4)+7(.1)+5(.3) = 7. 마찬가지 방법으로 B에 대한 결과는 6.4, C에 대한 결과는 6.7 이었다. 평가결과 A, B, C 중 가장 총점이 높은 경우는 A이므로 고객은 A 기업을 선택할 것이다. 이 경우가 바로 보완적 의사결정규칙의 예이다. 브랜드선호나 품질 항목의 높은 평가점수가 가격의 낮은 점수를 보완해주었다.

표 6-2 보완적 평가방식의 예

평가항목 \ 공급업체	가중치	A	B	C
Brand Name Preference	0.2	8	4	7
Quality	0.4	8	8	6
Reliability	0.1	7	6	8
Cost	0.3	5	6	7
Evaluation Result	**1.0**	**7.0**	**6.4**	**6.7**

(2) 비보완적 평가방식(Non-compensatory Rule)

이 평가방식의 경우에는 특정 평가항목의 점수가 높더라도 다른 항목의 낮은 점수를 보완할 수 없다. 예를 들어 성능이 떨어지면 아무리 가격이 저렴하더라도 그 제품은 선택하지 않는 경우이다: "성능이 떨어져?(−), 그럼 가격이 저렴해도 안 돼!"

비보완적 평가방식에는 다양한 종류가 있다. 대표적 규칙들을 살펴보면 첫 번째로 결합식 평가방식(conjunctive rule)이 있다. 이 규칙은 공급업체가 평가항목별로 최소 기준점수를 정해놓고 선택을 해 나가는 경우이다. 고객기업이 각 평가항목의 최소 기준점수를 6점으로 설정해 놓았다고 하자(표 6-3 참조). 이 규칙에 따르면 A업체는 가격 조건에서, B업체는 브랜드선호 조건에서 이 최소 기준점수를 만족시키지 못해 선택에서 제외된다. 그 결과 C업체가 선택된다.

표 6-3 비보완적 평가방식 – 결합식 평가방식의 예

	평가항목 \ 공급업체	A	B	C
(6)	Brand Name Preference	8	4	7
(6)	Quality	8	8	6
(6)	Reliability	7	6	8
(6)	Cost	5	6	7

이번엔 비보완적 평가방식 중 사전편집식 평가방식(lexicographic rule)을 살펴본다. 이 방식은 중요한 평가항목 순서로 1라운드, 2라운드 등을 진행하며 최고를 선택해 나가는 것이다. 예를 들어 구매기업이 가장 중요하게 생각하는 기준은 품질인데 이를 바탕으로 1라운드 평가를 진행하면 C사가 제외된다(표 6-4 참조). 구매조직은 두 번째로 가격을 중요하게 생각하는데, 가격을 기준으로 2라운드 평가를 진행한 결과 A사와 B사 중 더 점수가 높은 B사가 선택된다.

표 6-4 비보완적 평가방식 – 사전편집식 평가방식의 예

	평가항목 \ 공급업체	A	B	C
	Brand Name Preference	8	4	7
1	Quality	8	8	6
	Reliability	7	6	8
2	Cost	5	6	7

구매자의 의사결정 규칙(평가방식) 고찰을 통해 평가 관련 내용이 똑같은 상황에서도 구매자가 사용하는 평가방식에 따라 공급업체 선택이 달라질 수 있음을 알 수 있었다(표 6-5 참조). 앞의 경우를 보면, 구매처가 각 항목에 대해 평가한 A, B, C의 점수는 보완적 방식, 결합식 방식, 사전편집식 방식에 상관없이 동일하였다. 물론 고객사가 더 복잡한 의사결정 규칙을 사용할 수 있다. 예를 들어 평가 초기 단계에서는 사전편집식 방

식을 사용하여 공급업체에 대한 1차 평가를 진행한 후, 이 단계를 통과한 공급업체를 놓고 보완적(가중평균) 평가방식을 사용할 수도 있다. 그런데 이 고찰에서 가장 중요한 교훈은 고객이 어떤 선택 평가방식(choice decision rule)을 갖고 있느냐에 따라 선택의 결과가 바뀔 수 있음에서 도출할 수 있다. 다시 말해 고객의 선택 의사결정 규칙을 파악하여 이에 적절하게 대응하는 것이 중요한 점이다. 선제적 마켓 센싱, 특히 고객 센싱은 고객의 평가항목과 평가내용뿐만 아니라 고객의 의사결정 규칙까지 파악해야 함을 포함하고 있다.

표 6-5 평가방식(의사결정규칙)과 공급업체 선정결과의 관계

평가항목 \ 공급업체	A	B	C
보완적 평가방식 (가중평균평가방식)	★		
비보완적 평가방식 - 결합식 평가방식			★
비보완적 평가방식 - 사전편집식 평가방식		★	

3절. 구매센터 의사결정 매트릭스 분석(Buying Center Decision Matrix Analysis)

■ 구매센터의 who, when, what, how much에 기반한 B2B 의사결정 매트릭스

지금까지 비즈니스 구매자행동 모델, 비즈니스 구매프로세스, 구매자의 의사결정 규칙을 살펴보았다. 이제부터는 이러한 개념들을 실무에서 활용하는 데 도움이 되는 분석 툴을 고찰하겠다.

선제적 고객 센싱과 이를 토대로 한 사전마케팅(pre-marketing)은 pre-RFP 단계에서부터 고객에게 접근하여 고객의 니즈, 원츠, 가치를 파악하여 이를 바탕으로 스펙인(spec-in) 활동을 전개하는 것이라고 했다. 이를 위해서는 고객기업의 구매센터를 파악하고 고객의 구매 프로세스별(when)로 어떠한 구매센터 구성원(who: 누가)이 무엇(what)에 대해 어느 정도의 영향(how much)을 미치는지를 파악하고 분석해야 한다. 이러한 분석을 구매센터 의사결정 매트릭스 분석(buying center decision matrix analysis)이라고 한다. 구매센터 의사결정 매트릭스는 Who, When, What, How much의 이슈로 구성된다(그림 6-4 참조). 지금부터 이에 대해 고찰한다.

그림 6-4 구매센터 의사결정 매트릭스 분석의 구성요인

- Who: identify who is involved in buying decision
- When: at which stage do they get involved?
- What: what are the conditions required?
- How much: who has the power when conflicts arise?

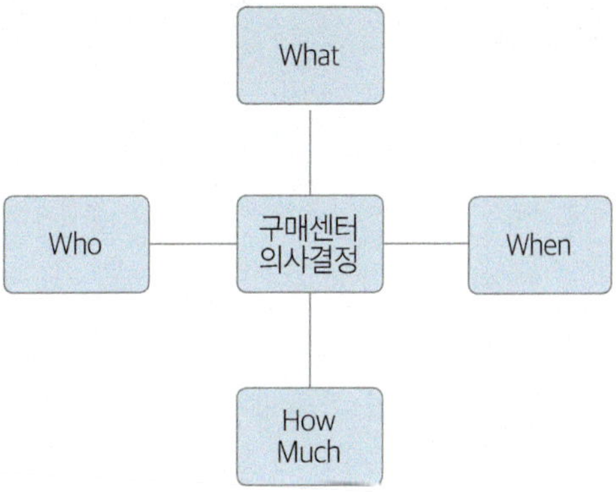

3.1. Who

Who 관점의 분석 이슈는 다음과 같다. 구매센터를 구성하는 사람들이 누구이고, 이들 중 누가 핵심인지, 이들의 역할 분담(users, influencers, buyers, deciders, gatekeepers)은 어떻게 되는지를 분석해야 한다. 도입 사례 대형 EPC 플랜트 사업의 경우 발주처, 정부기관, 언론, 국가 최고권력이 중요한 Who에 해당되었다. 대형 수주사업의 경우 구매센터는 고객인 발주처 내의 멤버뿐만 아니라 발주 구매프로세스에 영향을 미칠 수 있는 정부, 언론 등 광의의 개념으로 살펴봐야 한다.

3.2. When

When 관점의 분석 이슈는 다음과 같다. 구매센터의 어떤 멤버가 구매프로세스의 어떤 단계(문제인식, 구매필요의 기술, 구매필요의 구체화, 공급업체 탐색, 제안서 요청 및 접수, 공급업체 선정, 계약 및 주문처리, 성과평가 및 피드백)에 관련되어 있는지를 파악하고 있어야 공급기업

이 대응할 방향을 결정할 수 있다. 또한 추가적으로 When 관점의 분석 이슈로 구매기업 또는 구매 국가 시장의 구매 시기와 주기와 관련된 정보를 파악해야 한다. 특히 대형 수주사업의 특성은 비즈니스 사이클의 변동 폭이 큰 편이다. 이에 따라 유능한 마케팅 관리자는 고객의 수요가 언제, 어떠한 주기로 발생할지 파악하고 있어야 경쟁자들보다 한발 앞서 고객의 수요에 대응할 수 있다. 예를 들어 주요 기자재 사업의 경우 제품을 구매한 기존 고객사의 운영 및 정비 상황 등을 파악하고, 교체시기에 맞는 제안을 해야 할 것이다.

3.3. What

What 관점의 분석 이슈를 살펴보겠다. 어떠한 조건이 충족이 되어야(고객의 평가항목에 대한 우리의 수준이 어느 정도 되어야 또는 고객의 의사결정 규칙을 고려하면 평가항목에 대한 우리 제품의 구성이 어떻게 되어야) 고객이 구매하는가, 즉 고객이 구매하는 것은 과연 무엇인가를 파악하는 것은 매우 중요하다. 고객이 원하는 가치 요소(value elements)의 구성이 무엇인지를 정확하게, 빨리 이해해야 하는 것이 선제적 고객 센싱의 핵심이다. 예를 들어 가격, 품질, 납기, 과거 실적, 스펙에 대한 부합 능력 등의 항목들을 어떻게 조합하여 제안하는 것이 고객을 설득할 수 있을까를 공급업체는 항상 고민해야 한다.

이러한 평가항목에 대한 고객의 인식을 센싱하는 것이 중요하지만, 선제적 고객 센싱은 필요에 따라 고객 인식 이면의 심층적 동기까지 센싱하는 것이 필요하다. 고객 인식 이면의 배경, 동기 등 고객의 심층적 · 내적 측면을 살펴보는 유용한 분석 방법으로 수단-목적 연쇄 모형 분석(means-end chain analysis)[2]이 있다. 즉 PQ(Pre-Qualification) 조건, 스펙(spec) 조건 등의 요건을 맞추는 것은 공급업체로 선택되기 위한 수단(means)이고 이러한 요건을 맞추는 것의 의미, 결과, 혜택을 제시하는 것이 공급업체로 선택되기 위한 목적(end)이 될 수 있다. 예를 들어 수단-목적 연쇄 모델(means-end model)을 더 살펴보겠다.

도심 속에서 사용되는 중장비의 경우는 얼마나 다양한 기능을 수행할 수 있느냐(굴착, 철거, 운반 등)와 얼마나 중량이 가벼운가가 매우 중요한 평가항목이다. 도심의 작업환경 특성상 실내공간에서 다양한 작업을 수행해야 하는 경우가 많기 때문이다. 이 경우 다기능성이란 특성은 다양한 용도라는 결과(혜택)를 가져다준다. 다양한 용도가 중요한 것은 용도가 다양한 만큼 구매해야 하는 기계의 수를 줄여주면서 다용도에 대응할 수 있어 총효용을 극대화시켜줄 수 있기 때문이다. 그런데 총효용의 극대화는 다기능성은

2) Walker, B. A., & J. C. Olson(1991), "Means-end chains: Connecting products with self," Journal of Business Research, 22(2), 111-118.

물론 다른 방법으로도 달성될 수 있다. 예컨대, 내구성이 향상되어 고객의 관리비용이 절감되고 그에 따라 총효용은 극대화될 수 있다. 즉 어떤 특정 수단(means)이 어떠한 목적(end)과 연계되어 고객을 설득할 수 있는가를 고객 관점에서 잘 파악해야 한다. 이러한 고객 인식 이면의 심층적 동기를 파악하는 분석 툴이 바로 수단-목적 연쇄 분석이며, 이를 그림으로 표현하면 그림 6-5와 같다.

그림 6-5 수단-목적 연쇄 분석의 예

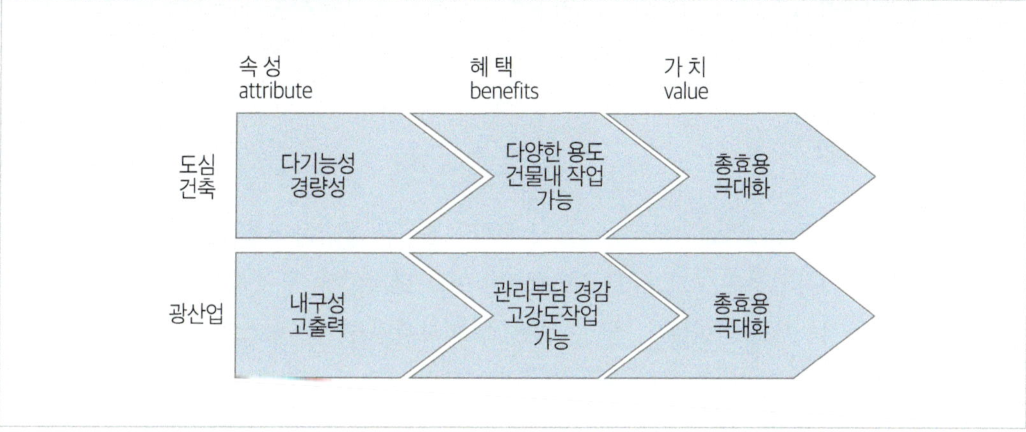

이와 같이 평가항목에 대한 고객 인식, 그리고 혜택과 가치 같은 그 이면의 심층적 동기에 대한 분석이 이루어지면 보다 근본적이고 효과적인 고객요구에 대한 대응이 가능해질 수 있다. 이러한 예와 비슷하게 도입부에서 소개된 대형 EPC 플랜트 사업 사례를 확장해서 수단-목적 연쇄 모형으로 분석하면 그림 6-6과 같다.

그림 6-6 수단-목적 연쇄 분석의 추가적 예

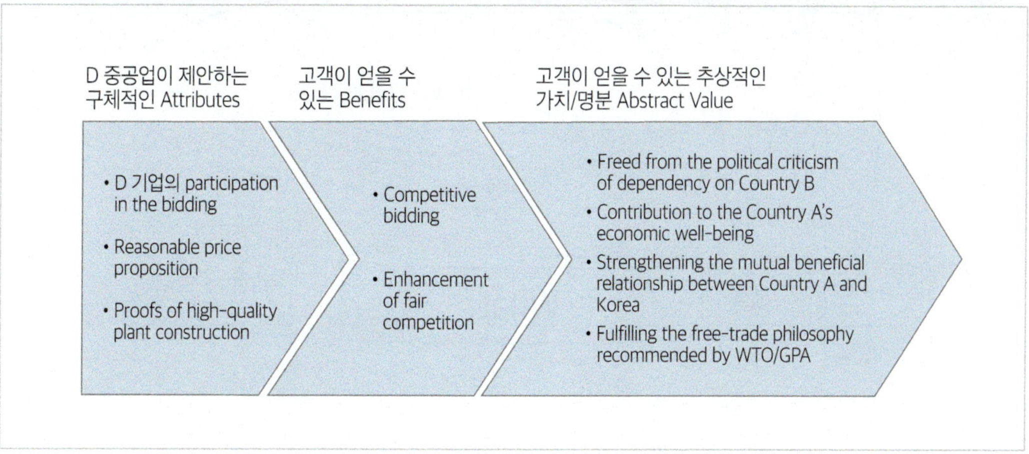

3.4. How much

구매센터 의사결정 매트릭스 분석 Frame의 마지막 요소인 How much 관점의 분석 이슈를 살펴보겠다. How much는 구매센터 멤버 중 누가 의사결정에 대해 어느 정도의 영향력을 행사하는가를 파악하는 것이다. 이에 따라 의사결정과정에서 가장 영향력을 가진 주요 의사결정자(key decision makers)를 확인하여, 그들이 구매 프로세스의 어떤 단계에서 'What'에 대해 어느 정도의 영향력을 가지고 있는가를 파악해야 한다. 그런 후, 이들과의 관계와 네트워크를 어떻게 구축하고 유지하여야 하는가를 고민해야 할 것이다.

3.5. 통합

Who, When, What, How Much 구매센터 분석을 통합하면 그림 6-7 과 같다. 즉 구매센터 의사결정은 누가, 구매프로세스의 어느 단계에서, 무엇에 대해 어느 정도의 영향력을 갖는가를 의미한다. 공급기업은 이 의사결정을 매트릭스로 구성해 고객 센싱을 하며 대응을 준비해야 한다. 그림 6-7 의 매트릭스 형식이 고객센터의 의사결정을 분석할 수 있는 매트릭스의 기본 형식이다.

그림 6-7 구매의사결정 매트릭스 분석 Frame

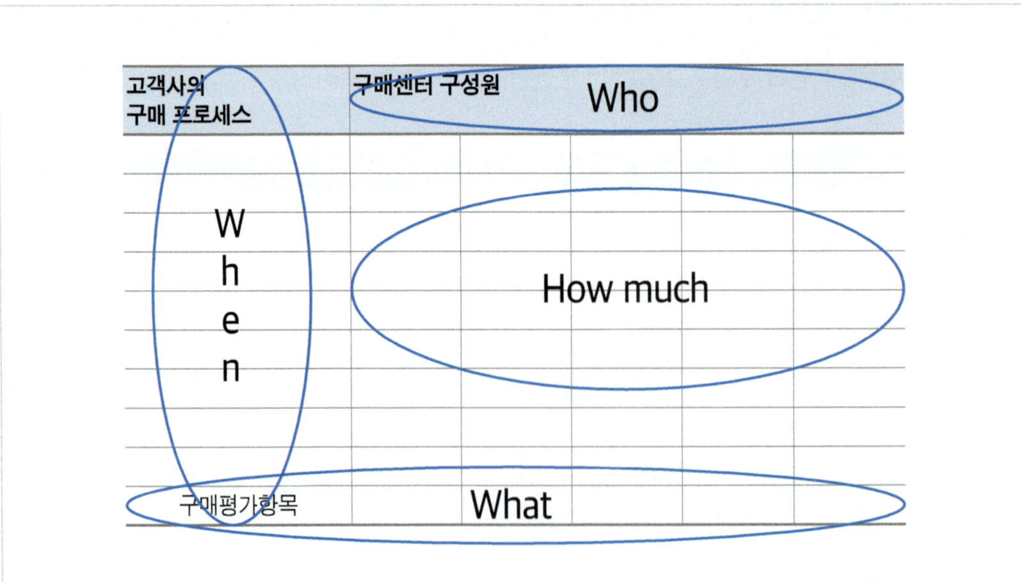

그림 6-8은 이러한 매트릭스에 구매센터 의사결정을 분석한 예시이다. 이러한 매트릭스 분석이 이루어지면, 판매기업은 구매프로세스의 각 단계별로 구매센터의 어느 구성원에게 접근해서 무엇을 강조하며 제안하고 또 내부적으로 무엇을 준비해야 할 것인가를 구상할 수 있다.

그림 6-8 구매의사결정 매트릭스 분석 예시

고객사의 구매 프로세스	구매센터 구성원				
	BCM 1(구매센터 멤버 1)	BCM 2	BCM 3	BCM 4	BCM 5
Problem recognition	20% 정도의 영향력		50	30	
Need description	20		30	50	
Need specification	70	20		10	
Supplier search	80	20			
Receive tenders	20		20	30	30
Select supplier	20		30	30	20
Order routine	70	20			10
Feedback			50	40	10
중요 평가항목	가격,납기,서비스	가격	품질, 기술력	기술력, 품질	품질,가격,향후 거래 가능성

그림 6-9는 구매센터 의사결정 매트릭스 분석에 기반을 두어 공급기업이 수행해야 할 활동 플랜을 수립하는 예를 보여주고 있다.

- 판매센터 팀의 구성: 먼저 구매프로세스의 각 단계별로 구매센터의 어느 구성원에게 판매기업의 누가 접근할 것인가를 결정해야 할 것이다. 즉 판매기업 또한 구매센터에 대비되는 판매센터(selling center)를 구성해야 할 것이다.
- 판매기업의 접근방법 구상: 또한 판매기업 판매센터의 각 구성원은 구매센터 구성원 누구에게 접근해서 구매프로세스 단계별로 무엇을 강조하며 설득하고 제안을 할 것인가 등에 대하여 구상해야 할 것이다.

그림 6-9 판매센터 계획 예시

고객사의 구매프로세스	구매센터 구성원					판매센터 및 그 구성원	판매기업의 접근방법 (필요 활동들)
	BCM 1 (구매센터 멤버 1)	BCM 2	BCM 3	BCM 4	BCM 5		
Problem recognition	20% 정도의 영향력		50	30		SCM (Selling Center Member) SCM 1, SCM 3, SCM 4	가격, 품질, 기술력, 납기에 관한 정보 제공하는 pre-marketing 실시
Need description	20		30	50		SCM 1, SCM 3, SCM 4	가격, 납기, 서비스, 품질, 기술력 등에 관한 상세한 specification 정보 제공하며 spec-in 활동 실시하고, 고객의 decision rule을 sensing
Need specification	70	20		10		SCM 1, SCM 2, SCM 4	
Supplier search	80	20				SCM 1, SCM 2	PQ 조건 통과에 focus
Receive tenders	20		20	30	30	SCM 1, SCM 3, SCM 4, SCM 5	RFP, spec-in 활동, 파악한 고객 decision rule을 고려한 상세한 proposal 작성, 제출하고 고객설득 마케팅을 지속적으로 실시
Select supplier	20		30	30	20	SCM 1, SCM 3, SCM 4, SCM 5	
Order routine	70	20			10	SCM 1, SCM 2, SCM 5	사업수행팀, 마케팅팀 등의 total marketing team으로 contracting 작업 수행
Feedback			50	40	10	SCM 3, SCM 4, SCM 5	사업수행팀, 마케팅팀 등의 total marketing team으로 프로젝트review 및 성과 평가 작업 수행
중요 평가 항목	가격,납기, 서비스	가격	품질, 기술력	기술력, 품질	품질,가격,향후 거래 가능성	–	–

그림 6-10 실제 기업의 구매센터 의사결정 매트리스의 활용 예시

ZIPPER PLAN: "Customer relationship is everybody's business"

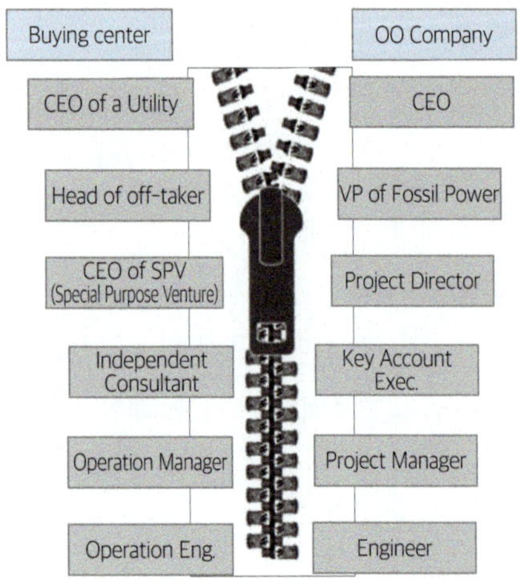

사장부터 사원에 이르기까지 고객사의 임직원과 '전담인력'을 배정하여 우호적인 관계를 형성하고, 프로젝트 수주 및 수행에 있어 유리한 영향력을 미침

• Zipper plan의 운영
- 평상시에는 Key account 위주, 신규 PJT 태동 시 "Zipper up"
- '비공식적'인 Communication channel을 통해 관계 형성 및 문제 해결
- 궁극적으로 추가적인 Profit을 고객 가치 실현에 재투자

• Zipper plan의 효과
- "Spec-in"을 통해 Selection criteria, RFP, 주요 계약 조건 유도
  → 수행상의 Risk 최소화 및 영업이익 극대화
- PJT 수행 중에는 Change order 관리, 주요 이슈해결
- PJT 종료 후에는 솔직한 Feedback 수렴으로 Operation 개선
- Win-win 구조 정착으로 Brand 가치 및 Reputation 상승

나아가 그림 6-10 은 실제 기업이 구매센터 의사결정 매트릭스 분석을 자신 사업의 맥락에서 적용하는 것을 도식화하여 보여주고 있다. '**지퍼 플랜**'이라는 명칭은 옷의 지퍼를 잠그고 푸는 것에 비유한 것으로 구매기업과의 관계마케팅 활동에 대한 노력과 투자의 정도를 지퍼를 통해 형상화하고 있다. 이러한 예시를 통해서 구매센터 의사결정 매트릭스 분석이 선제적 B2B 마케팅전략 수립과 실행의 초석임을 알 수 있을 것이다.

4절. 탐색혁신, 시장개척형 마케팅을 위한 마켓 센싱

5장에서 시장개척형 마켓 센싱에 의한 사업기회 접근 체계로 오퍼 변화 중심, 산업과 경쟁 dynamics 변화 중심, 시장(소비자)으로부터의 변화 중심 체계를 고찰하였다. 이 중 시장(소비자)으로부터의 변화 중심 체계는 사실 이번 장인 고객 센싱에 더 적합한 내용이지만, 일관된 기회 접근 체계 설명을 위해 4장에 제시하였다.

또한 4장의 활용 혁신/시장지향적 마케팅역량에서 신시장(고객) segment 발견에 의한 혁신을 살펴보았다. 풀서비스항공에 대비하여 저가항공이 등장한 경우와 대형 디스크 드라이브에 대비하여 소형 디스크 드라이브가 등장한 예는 새로운 고객 segment를 발견하기 위한 시장지향적 고객 센싱의 결과였다. 나아가 탐색 혁신/시장개척형 마케팅역량에서 신시장 및 신역량 기반의 혁신을 고찰했다. 기계식 시계에서 쿼츠 시계로의 시장 전환, 카지노에서 온라인도박게임으로의 시장 전환 같은 예는 새로운 기술 및 조직역량으로 새로운 고객군을 개발하여 신시장을 창조한 시장개척형 혁신의 예이다. 이러한 사례는 시장개척형 마켓 센싱과 고객 센싱의 결과로 볼 수 있다.

마켓 센싱의 결과인 새로운 혁신기회 발견과 평가 등의 방법과 혁신 아웃풋(output)은 4장에서 설명되었지만, 여기에서는 새로운 시장 창조와 고객 창출을 위한 시작개척형 고객 센싱에 도움이 되는 주요 방법/사고 체계를 제시한다. 먼저 제품 및 공급자 중심의 관점에서 서비스 및 고객 중심의 관점 전환에 대해 설명하고, 고객중심의 가치발굴에 관해 고찰한다. 기타 도움이 되는 방법(예: 고객의 해결과제 분석을 통한 새로운 사업기회 혁신 발견; 과잉충족 분석을 통한 발견; 시장제약요인 분석을 통한 발견; 소비장벽 분석을 통한 발견)은 7장(STP)에서 설명한다.

4.1. 제품 및 공급자 중심의 관점에서 서비스 및 고객 중심의 관점 전환

2000년대 초반부터 마케팅의 새로운 지배논리로 서비스 지배논리(service dominant logic)에 대한 논의가 진행되기 시작했는데, 2014년 정도에는 이 논리는 마케팅의 중심논리로 자리 잡은 것으로 판단한다.[3] 제품이 주(主)이고, 서비스는 부(副)인 제품 중심 개념을 살펴보면 서비스는 사람과 사람의 관계를 대상으로 하고, 생산과 교환 및 소유가 가치창출의 중요 성과로 인식되고, 활동의 중심은 기업에 있는 것으로 본다. 이에 비해 서비스 지배논리의 경우 서비스의 대상은 사람/사물과 사람/사물의 관계로 다양하게 나타날 수 있고, 제품도 서비스를 위해 필요하고 존재한다고 본다. 서비스 교환 및 사용이 가치창출의 주요 성과로 인식되고 누가 하던 활동의 중심은 서비스 개념에 있다고 본다. 이러한 개념 변화는 가치창출의 주체가 기업에 있는 시대에서 다양한 파트너/이해관계자와의 공동가치창출(co-creation of value) 시대로의 변화를 시사했다. 연관하여 기업의 핵심 비즈니스 프로세스는 다음과 같이 변화하고 있다: ① 제품 중심의 관점에서 고객에게 제공되는 기능성(customer functionality) 중심으로의 변화; ② 제품차별화 중심의 관점에서 고객에 대한 맞춤화된 해결책(solution customization) 중심으로의 변화; ③ 거래 중심의 관점에서 관계 기반의 친밀성 중심으로의 변화; ④ 독립형 경쟁 관점에서 네트워크형(생태계) 경쟁의 관점 변화; ⑤ 규모의 경제에서 범위와 수확체증의 경제로의 변화.

서비스 및 고객 중심의 전환에 해당하는 첫 번째 사례로 C 기업 사례를 살펴본다.[4] C 기업은 1906년 설립된 멕시코 기반의 세계적인 시멘트 제조 및 판매 회사로, 50여 개국 이상에 진출하여 시멘트 생산 및 건축 자재를 공급하고 있다. C 기업은 시멘트 사업은 범용상품이 아닌 고객맞춤형 고부가가치 산업이라는 차별적 비전을 가지고 사업을 운영해오고 있다. 시장조사 단계부터 R&D에 이르기까지 제품관점보다는 고객니즈관점을 중요하게 생각하기 시작했다. 코스타리카에서 고객 수요가 구분될 수 있음을 센싱한 후, 30년간 유지해온 단일 제품생산 판매를 전환하여 구조물 건축세분군과 소규모 건축세분군을 대상으로 다른 유형 제품을 생산판매했다. 또 이집트에서는 해안건설에 특화된 제품을 공급했다. 또한 "곗돈으로 파티를 하는 대신 시멘트를 사놓으세요!"라는 캠페인으로 시멘트 계(partrimonio hoy) 프로그램을 론칭했다. 경쟁이 심화된 상태에

3) Vargo, S. L. & R. F. Lusch(2004), "Evolving to a new dominant logic for marketing," Journal of Marketing, 68(1), 1-17; Lusch, R. F. & S. Nambisan(2015), "Service innovation: A service-dominant logic perspective," MIS Quarterly, 39(1), 155-175; Llusch, R. F. & S. L. Vargo(2014), Service-Dominant Logic: Premises, Perspectives, Possibilities, Cambridge University Press.

4) https://terms.naver.com/entry.naver?docId=3472930&cid=40942&categoryId=34661(네이버백과, 두산백과); 김윤정(2020), "[시론담론] 도민과 고객에게 필요한 좋은 관계", 제민일보, https://www.jemin.com/news/articleView.html?idxno=706272.

서 1994년 멕시코 경제 위기를 맞아 대기업 중심의 공식(formal) 시장세분군에서 매출이 50% 이상 급감했는데, 자가건축 고객군(informal segment)의 매출은 10~20%만 감소하였다. 이에 따라 시멘트 계라는 자가 건축고객들을 대상으로 하는 마이크로 파이낸싱 서비스 프로그램을 개발했다. 이 프로그램은 담보 없이 고정금리로 대출을 지원하고 합리적인 고정가격으로 주택 건설자재를 구입할 수 있는 기회를 제공했다. 그리고 2만 가구로 구성된 셀(cell) 단위를 개발하여 한 셀당 건축가, 엔지니어, 기술 어드바이저, 자재 공급자와 같은 전문가 1~3명을 배치하여 고객을 도와주고, 각 셀당 8~12명 정도의 입소문 홍보대사(promoter)를 모집하여 그 활동을 지원했다. 이 프로그램은 멕시코에서 약 20년간 수리된 주택의 약 7%를 차지하는 프로그램 성과를 보여준 공유가치창출(CSV: Creating Shared Value)[5]의 대표적 사례가 되었다. 이와는 별도로 막판 주문 취소율 50% 대응 및 감소를 위해 레미콘 차량에 위성장치를 장착하여 최적의 이동경로를 연구하는 등 새로운 유통정보시스템을 도입했다. 서비스 및 고객 중심의 전환으로 수요를 확장시킨 예이다. 또 다른 예를 살펴보자.

내화용 건축자재업체 A사는 현장 영업 중심의 시스템을 본사 영업 중심으로 바꾸었다. 자사의 제품품질이 우수함을 현장 구매창구에 어필하던 방식에서 건설고객기업의 본사를 대상으로 각 건물의 장소별 설계 담당을 대상으로 영업하는 방식으로 전환한 것이다. 그러면서 설득의 포인트도 각 제품품질 초점에서 건물 전체에 소요되는 비용, 공기, 공사관리 등의 측면에서 A사 제품(규산 칼슘 판자)의 우수성을 설명하는 것으로 바꾼 것이다. 또한 소재상품 판매뿐만 아니라 건설업체의 부담을 경감하거나 건물가치를 높일 수 있는 설계방법 또는 시공법을 제안하기 시작했다. 이를 위해 A사는 영업, 기술, 설계 등 상이한 입장을 가진 담당자가 모두 고객 관점에서 시장을 인식하기 위한 만남을 자주, 정기적으로 갖게 되었으며, 이는 주요 고객의 설계, 구매, 공사관리 등의 부문과의 정기적 대화로 연계되었다. 이 사례를 도식화하면 **그림 6-11**과 같다.

서비스관점 및 고객관점으로의 사고 전환은 새로운 마켓 정보 센싱과 비즈니스모델을 도출하는 데 큰 도움이 된다. 한편 완전히 새로운 시장을 창출하는 경우에 해당하는 시장개척형 고객 센싱은 새로운 기술 및 조직역량과 함께 수행되는 것이 일반적이며 3장에서 제시했던 G 기업의 'Quiet Care Home Sensing System(선동자 비즈니스 역할),' 항공택시운영업(혁신자 비즈니스 역할) 사례의 경우처럼 새로운 기술역량과 조직역량의 새로운 시장창출노력은 자연스럽게 표적시장고객을 대상으로 진행된다. 이와 비슷한 사례는 7장에서 더 살펴볼 것이다.

---

5) Porter, M. E., & M. R. Kramer, M. R. (2011), "Creating shared value: Redefining capitalism and the role of the corporation in society," Harvard Business Review, 89(1/2), 62-77.

그림 6-11 제품/공급자 중심 관점에서 서비스/고객 중심 관점으로의 전환

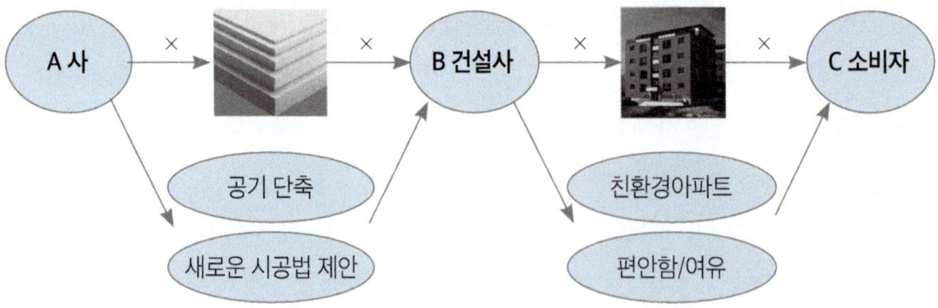

- 단열재는 유형의 제품이지만, 고객은 단열재를 구매하고 활용하는 것이 아님.
- A 사는 단열재라는 매개체를 통해 기업의 무형자산, 즉 "공기단축", "새로운 시공법 제안"을 고객(B)에게 전달. 이를 "가치" 라고도 함
- 고객 B 건설사는 아파트를 통해 기업의 무형자산, 즉 "친환경," "편안함/여유"를 최종 고객 C에게 전달
- 제품이 아닌 무형가치(자산)가 거래되므로, 단열재 마케팅은 제품이 아닌 서비스 비즈니스 마케팅으로 개념화

4.2. 고객중심의 가치발굴

고객중심의 가치를 발견하는 방법으로 제일 많이 알려진 방법은 고객기업의 가치사슬 분석을 통해 고객사의 성과 메커니즘을 이해하는 것이다. 선제적 B2B 마케팅을 위해서는 우리가 제공하는 제품이 고객사에서 어떻게 활용되는지 세부 단계별로 이해할 필요성이 높다. 예를 들면, 우리 제품 납품 후 바로 현장에 어떻게 투입되는지, 창고에 보관되는지, 공장에서 어떻게 가동되는지에 대해 이해하며, 우리 제품/서비스가 고객사의 수익창출(매출증진 및 비용절감)에 어떻게 기여하는지 이해해야 한다. 또한 고객사의 경영과제를 평소에 깊게 생각해야 우리가 고객사를 위해 가치창출할 수 있는 방법을 도출할 수 있다. 담당부문 창구뿐 아니라, 고객사 내에 광범한 네트워크를 만들어 평소에 고객사의 과제에 대해 부지런히 정보를 수집해야 할 것이다(전술한 판매센터 개념과 지펴 플랜 사례 참조).

다국적 화학기업 바스프(BASF)의 사례를 살펴보자(그림 6-12 참조).[6] 고객사의 가슬사슬에 대한 면밀한 분석과 센싱은 매우 중요하다. 바스프도 한 자동차 고객사를 위한 새로운 가치 발굴을 위해 이 고객사의 도장 공장을 직접 운영하기도 했다. 그 결과 과거의 페인트 및 코팅제를 납품하는 단순 관계를 고객사의 R&D 단계, 조립 단계, 마케팅/영업 단계, 서비스 단계로 확장시켜 가치와 비즈니스를 확장시켰다.

6) 마리앤 헨콕, 롤렌드 존(2008), "윈윈으로 가는 B2B영업, 사업파트너를 사랑하라", DBR(동아비즈니스리뷰), 4월 Issue 2.

그림 6-12 BASF의 고객과의 협업을 통한 가치 상승 사례

	고객 기업의 가치 사슬(Value Chain)					
	R&D	구매부품 조달	조립	운송보관	마케팅영업	서비스
협업 추진 전						
고객사의 주요 활동을 특별히 겨냥한 BASF의 신규 오퍼링	해당사항 없음	갤런 단위로 페인트 및 코팅제 납품	해당사항 없음	해당사항 없음	해당사항 없음	해당사항 없음
협업 추진						
고객사의 주요 활동을 특별히 겨냥한 BASF의 신규 제안	고객사의 특수상황을 고려해 맞춤식 페인트 개발	자동차용 페인트와 코팅을 단순히 재료로 판매하는 것이 아니라 도장 서비스로 제공	해당 고객사를 위한 페인트 조색 서비스를 코팅프로세스에 반영	해당사항 없음	색상 및 옵션 선택 관련 고객 지원	고객사의 서비스 센터에 맞춤식 페인트 공급
주요 활동	색상의 역할에 대해 한층 정밀한 시각 제공	고객의 원자재 비용 절감: 페인트 폐기물 20% 감소	색상 개선으로 품질 개선, 재료 관리 개선으로 환경 이슈 해결	해당사항 없음	특성화한 상품 및 서비스를 통해 충성심 확대	기존 고객으로부터 추가 매출 확보

앞에서 고객 인식 이면의 배경, 동기 등 고객의 심층적 · 내적 측면을 살펴보는 유용한 분석 방법으로 수단-목적 연쇄 모형 분석(means-end chain analysis)을 고찰했다. BCG도 고객사의 심층 니즈와 가치를 발굴하는 것이 중요하며 도식화 맵을 통해 잘 분석하기를 권장하고 있다. 특별한 방법론이 있는 것이 아니라 심층적, 단계적 질문과 탐색 발견을 강조하는데 예를 들면 다음과 같다. 업무효율화를 위해 IT를 도입하고 싶다는 고객사의 욕구를 알게 되었을 때, 단순하게 생각하면 업무효율화용 적절한 소프트웨어 대안들을 찾아 제안하면 될 것이다. 대신 이런 필요를 얘기하는 고객의 진정한 니즈는 무엇인지 파고들 필요가 있다. 단순한 업무효율화가 진정한 목적인가, 그 이면엔 전사적인 업무를 재검토하거나 조직을 재검토하는 큰 과제가 있는 것은 아닌가? 이에 대한 발견에 따라 우리가 제안할 가치는 달라질 수 있고 확장될 수 있으며, 이러한 검토가 바로 선제적 마켓 센싱의 개념이다. 추가적 관련 내용은 7장과 8장에서 더 제시될 것이다.

마지막으로 5장 끝에서 소개했던 혁신의 실천 실무서[7]의 새로운 비즈니스 발명(exploration: 가치창조 market-driving 혁신)을 위한 발명 패턴 옵션 중 마케팅 모델과 비슷한 프론트스테이지의 가치창조 패턴을 **표 6-6**과 같이 정리하여 제시한다.

7) 알렉산더 오스터왈더, 예스 피그누어, 프레더릭 에티엠블, 앨런 스미스(2021), 최강 기업의 탄생(The Invincible Company): 세계 최고의 상품, 서비스, 기업에게서 배우는 비즈니스 모델 전략, 유정식 역, 비즈니스북스.

표 6-6 시장개척형 혁신을 위한 발명 패턴 옵션 중 프론트스테이지의 가치창조 패턴

발명패턴 이름	세부 발명패턴 이름	설명	사례
시장 탐험가	선지자 (visionaries)	다른 사람들에게는 보이지 않는 거대한 시장잠재력을 발견하기 위해 상상력을 발휘한다. 아직 증명되지 않은 니즈를 탐험함으로써 성장을 촉발시킨다. 그 니즈를 새로운 가치제안으로 충족시키고자 한다. [신시장을 위한 새로운 가치제안 → 시장성장의 촉발 → 신시장을 통한 성장]	테슬라, 애플 아이폰(iPhone), 닌텐도 위(Wii)
시장 탐험가	목적 재설정자 (Repurposers)	이전에 다른 분야에 제공했던 기존 기술과 인프라의 목적을 재설정함으로써 검증된 시장수요에 다가가기 위한 혁신적 방법을 찾는다. [기존 기술이나 인프라의 목적 재설정 → 검증된 욕구를 위한 새로운 가치제안 → (대중)시장의 발견 → 수익잠재력 발견]	엠페사, 아마존 웹서비스(AWS)
시장 탐험가	민주화 운동가 (Democratizers)	기존에는 소수의 하이엔드 고객에게만 접근가능했던 제품/서비스/기술에 누구나 쉽게 접근할 수 있는 혁신적 민주화 방법을 찾는다. [가치제안의 민주화 → 대중시장의 창조 → 저렴한 가격과 대량 생산/유통]	시어스, 아주리(Azuri) 클라우딩 서비스, AWS, 앰페사
채널의 제왕	탈중개자(Dis-intermediaries)	중개자가 장악했던 고객접근통로에 고객과의 직접 채널을 구축한다. 창의적인 마케팅, 고객확보활동, 강력한 브랜드를 통해 중개자의 힘을 무력화시킨다. 시장에 대한 이해수준을 높이고 강력한 고객관계를 구축하여 예전에는 중개자와 나눠가졌던 수익을 모두 확보한다. [가치제안 → 직접 판매 → 최종 고객]	달러 세이브 클럽, 네스프레소, 고어텍스
채널의 제왕	기회개발자 (Opportunity Builders)	제품과 서비스를 판매하기 위해 타업체에게 비즈니스 기회를 제공한다. 타업체에게 돈을 벌고 위상을 높일 기회를 줌으로써 그들을 우리의 시장접근성을 높일 강력한 유인책으로 삼는다. [가치제안 → 리셀러의 광범위 유통 → 최종고객 ; 리셀러의 광범위한 유통 = 비즈니스기회 → 영업인력 → 리셀러 및 리셀러를 통한 수익 → 리셀러 네트워크]	타파웨어, 그라민폰, J. 힐번
중력 창조자	밀착도 확대자 (Stickiness Scalers)	고객이 떠나는 것을 불편하게 만듦으로써 밀착도를 높인다. 불편함이란 고객이 떠나려 할 때 데이터 이전의 어려움, 새로운 학습에 대한 부담, 성가신 탈퇴 과정 등과 관련된다. [고객세분시장→ 편리에 의한 록인; 고객생애가치 증대 → 새로운 가치제안]	마이크로소프트 윈도
중력 창조자	강력접착제 메이커(Superglue Makers)	고객을 억지로 잡아둠으로써 고객이 떠나기 어렵게 만든다. 장기계약, 이미 치른 매몰비용(sunk cost), 취소수수료, 대안 제거 등으로 고객을 잡아둘 수 있다. [고객세분시장 → 자산 혹은 법적 요건에 의한 록인; 고객생애가치 증대 → 새로운 가치제안]	마이크로소프트 엑스박스, 네스프레소

시장탐험가(market explorers)형 발명패턴(새로운 가치제안 → 시장창조 혹은 확대 → 더 많은 수익포착)은 전적으로 새롭거나 아무도 손대지 않았거나 거대한 잠재력이 있지만 별로 신경 쓰지 않던 시장을 창조하고 촉발시키고 드러내는 혁신적 가치제안의 개발을 의미한다. 시장탐험을 통해 새로운 수익 잠재력을 발굴하는 개척자가 되는 것을 목적으로 한다.

채널의 제왕(channel kings)형 발명패턴(가치제안 → 혁신적인 직접 채널 → 고객세분군)은 다수의 고객에게 접근하여 우리 고객으로 확보하는 방법의 근본적 변화를 의미한다. 채널의 제왕을 통해 해당 산업에서 예전에는 사용하지 않았던 새롭고 혁신적인 채널을 개척하는 것을 목적으로 한다.

중력창조자(gravity creators)형 발명패턴(고객세분시장 → 전환비용에 의한 록인[lock-in] → 새로운 가치제안; 고객세분시장 → 고객생애가치의 증대 → 새로운 가치제안)은 고객이 떠나거나 경쟁자로 돌아서기 어렵게 만드는 것을 말한다. 이전에는 아무것도 없던 곳에 전환비용(switching cost)이라는 장벽을 만듦으로써 단기적 거래 기반의 산업(시장)을 장기적 관계의 산업(시장)으로 변화시키는 것을 목적으로 한다.

선제적 B2B 마케팅을 수행하는 기업의 경우 고객기업이 자신의 시장(산업)에서 어떠한 비즈니스모델을 가지고 어떻게 최종고객을 상대로 비즈니스를 수행하여 가치를 창조하고 유지하는지를 알아야 고객기업을 돕는 마케팅을 전개할 수 있다. 다시 말해 B2B 마케팅의 범위는 넓어 자신이 속해 있는 시장과 고객만 분석해도 되는 경우와 이뿐만 아니라 고객기업 시장과 고객기업의 고객(최종고객)까지 신경 써서 살펴야 하는 경우 등이 있다. 관련 조건/맥락에 대한 심층 탐구는 8장에서 설명된다.

이 장의 요약

이번 장의 주요 내용을 요약하면 다음과 같다.

- 고객이 원하는 니즈/원츠/가치를 정확히 알아내는 것을 고객 센싱이라고 한다.
- 효과적인 고객 센싱 활동을 위해선 비즈니스 구매자행동 모델과 비즈니스 구매 프로세스를 잘 잘 이해해야 한다.
- 비즈니스 구매자행동 모델과 행동에 영향을 미치는 요인들로는 공급기업의 마케팅 자극요인들, 거시환경 요인들, 구매상황, 구매조직의 조직적 영향요인과 구매센터 요인들이 있다.
  - 구매상황은 평이한 재구매(straight rebuy), 수정 재구매(modified re-buy), 신규 구매(new task buy) 상황으로 구분된다. 수정 재구매 또는 신규 구매 상황은 상대적으로 복잡한 구매센터 영향 패턴과 구매 프로세스와 연관된다.
  - 구매자 조직 영향요인의 대표적인 요인은 구매센터 문화로 독재적, 민주적, 의논형, 합의형 문화와 같은 유형을 심층 분석해야 한다.
- 비즈니스 구매자의 구매 프로세스는 상대적으로 공식적인 프로세스이며, 세부 단계로는 문제/필요성 인식, 구매필요 기술, 구매필요의 구체화, 공급자 탐색, 제안요청서 전달과 제안서 접수, 공급자의 선정, 계약 및 주문 처리, 피드백 단계가 있다. 특히, 선제적 B2B 마케팅의 경우 제안서 요청 이전에 고객을 설득하는 방향으로 스펙인(spec-in) 활동 수행의 중요성을 강조한다.
- 고객의 의사결정 규칙도 센싱해야 하는 이유는 평가 관련 내용(contents)이 똑같은 상황에서도 고객이 사용하는 평가방식(의사결정 규칙)에 따라 공급기업 선택이 달라질 수 있기 때문이다.
- 구매센터 의사결정 매트릭스는 누가(who), 구매 프로세스의 어느 단계에서(when), 무엇에 대해(what) 어느 정도(how much)의 영향력을 갖는가를 의미한다. 공급기업은 이 매트릭스를 잘 구성하고 분석해야 고객에 대한 효과적인 접근방법을 수립할 수 있다. 예시적인 방법이 판매센터 구성과 계획이다.
- 새로운 시장 창조와 고객 창출을 위한 시작개척형 고객 센싱에 도움이 되는 주요 방법/사고 체계로 서비스지배논리에 의한 제품 및 공급자 중심의 관점에서 서비스 및 고객 중심의 관점 전환과 고객중심의 가치발굴이 중요하다.

핵심 용어

비즈니스 구매행동 모델, 비즈니스 구매자행동, 구매자행동 영향요인, 마케팅 영향요인, 거시환경 영향요인, 구매상황(buying situations), 구매기업조직의 영향 요인, 구매문화, 구매센터(buying center), 비즈니스 구매프로세스, 문제인식, 구매필요의 기술, 구매필요의 구체화, 공급자 탐색, 제안요청서 전달과 제안서 접수, 공급자의 선정, 계약 및 주문 처리, 피드백, 구매자의 의사결정 규칙, 보완적 평가방식, 비보완적 평가방식, 결합식 평가방식, 사전편집식 평가방식, 구매센터 의사결정 매트릭스 분석, 수단-목적 연쇄 모형, 판매센터, 탐색혁신/시장개척형 마켓 센싱, 서비스 및 고객 중심의 관점, 서비스 지배논리, 고객중심의 가치발굴, 가치사슬, 고객기업의 심층 니즈 및 가치 발굴

생각 및 토론 과제

1. 여러분과 관련된 비즈니스 맥락을 정하고 구매센터 의사결정 매트릭스 분석을 수행하시오.

(1) 제일 먼저 제품과 분석해야 할 주요 구매기업을 정하시오.

(2) 구매센터 의사결정 매트릭스 분석을 수행하고 이에 대한 설명을 제시하시오.

(3) 추가적으로 제품의 주요 특성을 기반으로 수단-목적 연쇄 모형 분석(means-end chain analysis)을 수행하시오. 그 결과 어떠한 what에 초점을 맞춰 고객을 설득할 것인지에 관한 판매센터 플랜을 작성하여 설명하시오.

2. 여러분이 속한 사업부를 기준으로 생각하시오.

(1) B2B 마케터로서 독재형 문화를 가진 구매기업과 의논형 문화를 가진 구매기업 중 어떠한 기업에게 마케팅하는 것이 더 수월할지에 대해 동료들과 토론하시오.

(2) 여러분과 거래경험이 없었던 고객 관련 정보는 굉장히 부족할 것이다. 거래경험이 없었던 고객의 비즈니스 잠재력(potential)을 탐색 평가해야 하는 상황에서 고객에 관해 필요한 정보는 무엇인지 토론하시오.

3. 본장에서 제시했던 발명패턴 유형을 사용하여 고객기업의 새로운 가치창조를 도와줄 수 있는 방향에 대하여 탐색, 논의 후 그 결과를 설명하시오.

PART 3

마케팅 및 영업전략

3장의 그림 3-6과 그림 3-7에서 선제적 마케팅의 주요 구성요인(key building blocks)을 설명 · 제시하였다. 2부에서는 첫 번째 구성요인인 마켓 센싱에 대해 심층적으로 고찰했다. 3부는 두 번째 구성요인인 마케팅 및 영업전략에 대해 살펴본다. 먼저 7장에서는 마케팅전략의 꽃이라 할 수 있는 시장세분화, 표적시장선정 및 포지셔닝(STP전략)을 학습한다. 8장에서는 B2B 가치창출(value creation)전략에 대한 고찰을 토대로 시장개척형(market-driving) 가치창출(value-creating)전략과 시장지향형(market-driven) 가치창출(value-enhancing)전략을 설명한다. 그리고 9장에서는 가치창출의 핵심 내용인 제품과 가격관리에 관해 살펴본다.

제 7 장

시장세분화, 표적시장선정 및 포지셔닝(STP)

마켓 센싱 결과를 활용해서 구체적으로 어느 시장에 있는 어떤 고객에게(to whom), 경쟁자에 비해 어떤 우월한 가치(what)를 제공할 것인가를 결정해야 한다. 이 결정을 수행하는 것을 바로 세분화(segmentation), 표적시장선정 및 포지셔닝(targeting & positioning), 즉, 약자로 STP라고 한다.

- S: 세분화는 시장을 특성이 비슷한 작은 시장(세분시장)들로 나누어 묶는 것을 말한다.
- T: 표적시장선정은 발견한 세분시장들 중 우리가 접근해서 고객의 반응을 가장 잘 얻을 수 있는 시장들을 찾아내는 것이다.
- P: 포지셔닝은 경쟁자와 비교하여 우리 회사, 사업 또는 제품의 우월한 위치를 선택된 시장의 고객에게 명확하게 심어주는 회사의 총체적 노력을 의미한다.

이렇게 경쟁에 비교하여 고객에게 우월한 가치를 전달하기 위한 창조 방향을 심도 있게 고민하기 때문에 STP를 마케팅전략의 꽃이라고도 부른다. 특히 선제적 B2B 마케팅이 계속 강조했듯이, RFP 이전부터 고객이 말하기 전에 먼저 고객이 원하는 가치를 파악하는 것이 핵심개념들 중 하나이다. 이에 따라 우리의 핵심 타깃(target)을 선정하고 고객이 원하는 방향으로 가치를 제공하는 STP 과정은 그 중요성을 아무리 강조해도 지나치지 않다. 나아가 마켓 센싱과 STP전략 수립 간에 어떤 관계가 있는지 살펴보겠다. 거시시장환경분석 및 시장분석, 경쟁 및 자사분석과 고객 센싱의 결과는 세분화분석, 표적시장선정과 포지셔닝 의사결정에 활용된다(그림 7-1 참조).

그림 7-1 마켓 센싱과 STP의 관계

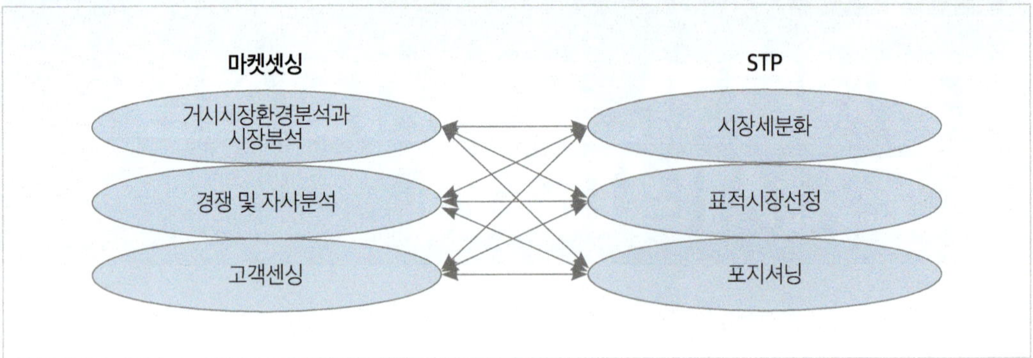

나아가, 처음 사업을 수행하는 경우 또는 사업전략을 크게 전환하는 경우 가치발견단계(value identification step: market sensing)와 다음 단계인 가치창출단계(value creation step; STP & value creation strategy)가 순차적으로 진행된다. 한편 지속적으로 사업을 진행하고 있는 경우에는 이 두 단계를 계속 반복하면서 동시에 진행하는 경우가 많다. 예를 들어 고객 센싱(customer sensing) 활동은 잠재고객(potential customers)을 대상으로 지속적으로 이루어진다. 이후 STP 분석과정 속에 특정 타깃고객이 명확히 선정될 경우, 이 고객에 대한 심층적인 센싱활동과 분석이 추가적으로 수행되고 이러한 분석을 기반으로 하여 포지셔닝(positioning) 및 고객가치제안(CVP: Customer Value Proposition)을 구체화시켜 나가기도 한다.

■ 사례(1): 쉬운 세분화 연습

세분화와 관련된 간단한 연습을 제시하겠다. 먼저 제시된 동물들을 비슷한 것들끼리 묶어서 세 개의그룹으로 만들어 보라: 사자, 호랑이, 참치, 독수리, 연어, 소, 구관조, 곰, 올빼미, 돼지, 고양이, 양, 타조, 두더지, 닭. 여러분들은 아마 다음과 같이 세 그룹을 만들었을 것이다: ① 사자, 호랑이, 곰, 돼지, 고양이, 두더지, 소, 양; ② 구관조, 올빼미, 독수리, 타조, 닭; ③ 참치와 연어. 여러분이 사용했을 기준은 포유류, 조류, 어류였을 것이다. 더 나아가 분류해 보면, 포유류도 다시 나눠볼 수 있다. 예를 들어 사나운 포유류와 그렇지 않은 포유류로 나눌 수도 있다. 그러면, 다시 그룹핑 질문을 하겠다. 우리 식단에 올라올 수 있는 종류와 그렇지 않은 것으로 구분해 보라. 어떻게 묶었는가? 이 외에도 또 다른 기준들을 생각해 볼 수 있다: 빠른 동물과 느린 동물?; 집에서 키울 수 있는 동물과 그렇지 않은 것?

이러한 연습을 통해서 얻을 수 있는 교훈은 무엇일까? 이 연습은 얼마나 창의적(creative) 시각, 즉 남들과 다른 렌즈(lens)로 시장을 바라볼 수 있는가에 대한 교훈을 얻기 위한 것이었다. 즉 창조적인 렌즈로 시장을 볼 수 있다면 좀 더 창의적인 전략을 도출할 수 있을 것이다.

■ 사례(2): 가상 B2B 기업의 시장세분화 사례

대형수주사업을 하는 우리나라의 B2B 기업이 시장을 어떻게 나눌 수 있을지 살펴보겠다. 다음은 대형수주사업을 하는 B2B 기업과 관련된 가상 상황이다. P사의 경우 2015년도 초반부터 약 5년 동안 글로벌 마케팅을 강화하여 사업을 추진한 결과, 프로젝트 풀(pool) 개발규모, 입찰규모, 해외수주는 약 10배의 성장을 기록했다. P사는 2020년 10조 이상의 수주, 그중 해외수주가 2/3 이상을 달성한다는 기업목표를 설정했는데 이를 달성하기 위해서는 프로젝트 풀 규모를 현재의 수준보다 늘려야 함과 동시에 수주성공률도 높여야 할 것이다. 이에 따라 현재의 핵심시장인 중동과 동남아시장에서의 수주노력 외에 기타 지역, 예를 들어 미국과 유럽 시장에서의 수주 확대를 위한 노력을 하고 있으며, 러시아는 사업 추진의 위험이 높은 것으로 분석됨에 따라 지속적으로 프로젝트 기회를 관망하고자 한다. 또한 프로젝트 풀 규모를 늘리는 것 외에 필요한 것은 수주노력의 성공률을 증진시키는 질적 성장을 이룩해야 할 것이다. 이를 위해서 선제적 B2B 마케팅의 수행이 매우 중요하다.

이 상황 설명을 접하고, 여러분은 어떠한 점을 느꼈는가? 다음 중 가장 적절한 답을 선택하라: ① 모든 프로젝트를 추구하기엔 P사의 현재 자원으로 힘들겠다; ② P사가 더 이상 성장하기는 매우 어렵겠다; ③ P사가 아니더라도 모든 기회를 추진하는 회사는 있을 것이다. 정답은 무엇일까? 세상에 자원과 역량이 무한정 많은 회사는 없다. 아무리 거대한 기업이라 해도, 아무리 창의적인 기업이라 해도 모든 시장기회를 공략할 수는 없다. 그렇다면 우리가 생각해 봐야 하는 것은 무엇일까? 다음 중 가장 적절한 답을 선택하라: ① 우리가 하던 것만이라도 잘하자; ② 모든 것을 골고루 잘하려면 더 많은 인력을 뽑아야 한다; ③ 한 가지 전략을 잘 세워 모든 시장을 동일하게 공략하자; ④ 비슷한 시장들은 묶어서 전략수행의 노력을 줄이고 효과는 높이자. 정답은 무엇일까? 내가 가지고 있는 자원을 가장 효율적으로 활용하면서 마케팅을 하기 위해서는, **우리가 공략할 수 있는 방법은 비슷한 단위**로 시장을 묶어서 접근해 나가야 한다. 이것이 바로 STP의 근본 개념이다. 그렇다면, 다음 과제는 시장을 어떻게 나눠서 묶을 것인가 하는 것이다. 가장 기본적으로는 지역별로 시장을 묶을 수 있을 것이다. 그리고 지역별 시장의 매력도와 자사의 수주가능성을 평가하여 노력을 집중시킬 대상의 지역시장을 선정할 수 있을 것이다.

그런데 만약 다음과 같은 상황을 접한다면, 여러분은 지역별 세분화를 어떻게 생각할 것인가? "새로운 프로젝트 추진의 대안으로 중동 D 지역의 발주처 상황과 동남아 C 지역의 발주처 상황을 팔로우업(follow-up)해야 하는 상황이다. 그러나 회사의 자원과 경쟁을 고려할 때 두 시장기회를 다 좇아가는 것은 실효성이 떨어질 것으로 판단되었다. 다양한 정보를 입수하여 분석한 결과, 중동 D 지역의 상황은 현재 우리가 수행하고 있는 프로젝트 지역인 중동 A 지역의 발주처 상황과 차이가 많았다. 이에 비해 동남아 C 지역의 상황은 현재 수행 중인 중동 프로젝트 A의 상황과 더 유사한 것으로 파악되었다." 물론 프로젝트의 잠재수익성 등 더 상세한 정보가 있어야 의사결정을 할 수 있겠지만, 조금 전 상황을 보면 실제 상황에서의 세분화는 지역별 세분화가 아닌 프로젝트 경험과 유사한 정도로 세분화를 할 수도 있다.

조금 전 상황에서 본 것처럼, 많은 변수들 중 어떠한 변수를 사용해서 세분화를 해야 하는가를 결정하는 것은 생각보다 쉽지 않을 수 있다. 제품, 산업, 회사마다 처한 상황에 따라 바람직한 세분화 기준 변수는 달라질 수 있다. 그러나 세분화의 중요한 원칙은 우리의 자원을 효율적으로 활용하면서 가장 효과적인 방법으로 시장을 공략하는 데에 도움을 주는 변수들을 사용하여 시장을 묶는 것이다.

1절. STP 전략의 개념

1.1. STP 전략의 의의

모든 기업은 자신의 제품/서비스로 고객을 만족시키고, 그 대가로 이윤을 창출하는 거래를 통해 생존하고 번영할 수 있다. 좋은 기업/우량 기업이란 고객과 자신이 서로 만족하는 교환을 통해 이윤을 창출하는 기업이라 할 수 있다. 이러한 윈윈(win-win) 교환을 잘하려면 여러 방법이 있겠지만, 교환의 효율성을 높이는 방법을 생각해야 한다. STP 전략은 효율적으로 우리와 고객이 서로 만족할 수 있는 교환을 할 수 있게 해주는 방법이라 할 수 있다.

미국의 항공기 엔진 공급사 G 기업의 예를 살펴보겠다. 기업 G는 항공기 시장을 항공기의 크기에 대한 고객의 욕구를 기준으로 소형, 중형, 대형 항공기 시장으로 구분한 후(시장세분화), 이 중에서 중형과 대형 세분시장에 진출했다(표적시장선정). 기업 G는 상대적으로 매력도가 떨어지는 소형 시장은 버리고, 중형과 대형 시장을 선택했던 것이다.

이렇게 선택한 중형과 대형 시장에 B사의 자원과 역량을 집중하여 노력한 결과, G사는 중형과 대형 세분시장의 대표적 기업으로 고객에게 인식되었다(포지셔닝). 정리하면 G사는 전체 항공기 시장을 항공기 크기에 관련된 고객의 욕구로 시장을 구분하고, 구분된 시장에서 사업을 수행하는 것을 평가하여 표적시장을 선택하고 사업 노력을 집중한 것이다.

만약 G사가 중형과 대형 항공기 시장에 집중하지 않고 소형 항공기 시장까지 동시에 공략했다면 어떻게 되었겠는가? 아마도 중형과 대형 항공기 시장에 더 적은 자원을 집중시켰을 것이고, 그 결과 그 시장에서 경쟁자들을 제압하지 못했을 것이다. 그렇다면 지금처럼 중형과 대형 항공기 시장의 대표주자라는 포지션도 얻지 못했을 것이다. 이렇게 STP는 자원과 역량이 유한한 상태에서 시장을 구분하고 선택하고 집중적 노력을 경주하여 기업이 효율적으로 교환 거래를 할 수 있게 해주는 방법이다.

그럼에도 불구하고 기술의 발전과 새로운 비즈니스모델의 등장은 항공기 제작사의 전략에 맞추어 움직이던 항공기 엔진 공급기업 G사가 기존의 표적시장고객 외에 항공택시운영 기업(소형 표적시장)을 대상으로 소형 항공기 엔진을 공급하는 것을 가능하게 만들었다(3장). 이렇듯 다양한 환경요인의 변화는 STP 전략의 변화를 가져옴을 염두에 둬야 할 것이다.

1.2. STP 전략의 수행 과정

STP 전략은 그림 7-2 와 같이 크게 3단계(세분화, 타깃팅, 포지셔닝), 상세하게는 5단계를 거쳐 수행된다.

그림 7-2 STP 전략의 수행 과정

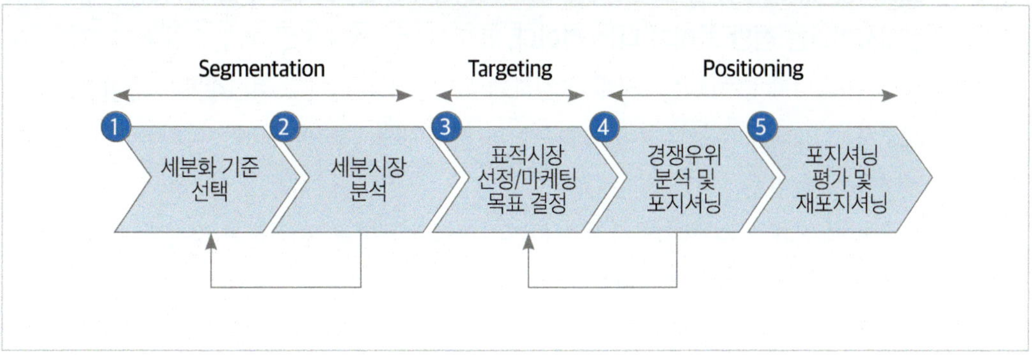

그림 7-2의 화살표는 세부단계 분석결과 만족스러운 결과를 얻지 못하면 또 이전 단계로 돌아가서 단계를 되풀이함을 표시했다. 첫 번째 단계에서는 시장세분화의 기준을 정한다. 도입부에서 우리는 다양한 기준으로 동물을 그룹핑했었다. 이와 마찬가지로 시장도 고객의 규모나 업종, 구매의사결정 방식 등 다양한 기준으로 나눌 수 있다. 중요한 것은 어떤 기준으로 시장을 나누는 것이 세분시장들 사이의 차이를 잘 설명할 수 있느냐는 것이다. 만일 고객의 규모가 세분시장 사이의 차이를 잘 설명해서 마케팅 전략이 나갈 방향에 도움이 된다면 규모로 세분시장을 구분하면 될 것이다. 규모 대신 원하는 제품 특성이나 혜택(benefit)이 괜찮다면 이를 기준으로 시장을 구분하면 될 것이다. 가장 효과적인 분류 기준은 상황에 따라 다르고, 한 가지 기준보다는 두세 가지 기준을 함께 사용하는 것이 바람직한 편이므로 다양한 기준으로 시장을 나눠보면서 우리 마케팅 방향과 맞는 방법을 찾아보는 것이 정석이다.

두 번째 단계는 기준에 따라 실제로 시장을 나누고, 구분된 세분시장 특성을 분석하는 단계이다. 각 세분시장을 구성하는 고객들의 특징들은 상세하게 세분시장 프로파일로 정리한다. 고객 특성을 상세히 알아야 우리가 이들에게 실제적으로 접근할 수 있는 방법을 알 수 있기 때문이다.

세 번째 단계는 세분시장 중에서 우리 회사가 자원을 집중할 표적시장을 선정하기 위하여 세분시장을 평가하고, 그 결과로 회사의 표적시장전략을 구성하면서 추구할 구체적 마케팅목표를 정하는 단계이다. 표적시장을 정하려면 세분시장의 매력도를 평가하는 작업을 수행해야 한다. 세분시장 매력도 평가는 시장의 구매력, 성장력 등 시장 측면은 물론 경쟁자의 수와 역량 등의 경쟁 측면 등을 감안한 우리 기업과 세분시장의 적합도도 살펴야 한다. 즉 세분시장의 매력도와 세분시장에서의 기업 경쟁력(경쟁적 위치)을 모두 살펴서 표적시장을 선정한다. 이러한 평가 논리는 포트폴리오 모델 분석(예 : BCG 모델)의 논리(시장매력도와 경쟁적 위치)와 동일하며 **분석 대상이 전체 시장이 아니라 세분시장이라는 점만 차이가 나는 것이다.** 표적시장이 정해지면, 자연스럽게 그 표적시장에서 어떤 마케팅목표를 추구할지 정하게 된다. 예를 들어 표적시장에서 종합솔루션을 제공하는 기회를 추구할지 종합솔루션의 핵심기자재를 공급하는 기회를 추구할지를 결정하는 것이다.

네 번째 단계는 경쟁과의 강점과 약점(경쟁우위)을 비교, 분석하고 경쟁과 대비해 우리 제품의 상대적 위치를 결정하는 것이다. 거의 모든 시장에는 우리보다 먼저 들어오든, 나중에 들어오든 항상 경쟁자들이 있다. 이 경쟁자들은 나름의 강점을 가지고 있다. 따라서 우리도 어떤 강점을 가지고 있는지, 앞으로 어떤 강점을 추구할지 결정해야 한다. 이 경쟁적 강점(차별화 포인트와 경쟁우위)은 그 기업과 제품에 대한 고객의 평가에 큰 영향을 미친다. 이러한 목표포지션을 향한 우리 회사의 총체적 노력을 포지셔닝이라고 한다. 중장비 산업의 경우, 일본의 K 기업이 세계적인 중장비 기업인 미국의 C 기업과 경쟁했던 과정이 포지셔닝의 좋은 예가 된다. 사업추진 초기 K사는 C사에 비해, 제품력과 원가 모두에서 열세의 위치에 있었다. K사의 경영진은 회사의 총체적 노력(포지셔닝)으로 우선 제품력을 따라잡고, 그 목표가 이루어지면 원가경쟁력까지 따라잡아서 수익을 창출한다는 2단계 전략을 수립했다. 즉 품질우위, 원가우위 순서로 이루어진 경쟁우위 목표를 수립했다. 이후 이 전략을 착실히 수행해서 드디어 시장에서 K사 제품이 C사 제품보다 품질과 원가 측면 모두에서 더 낫다는 평가(포지션)를 얻게 되었다.

다섯 번째 단계는 포지셔닝이 제대로 수행되었는지 평가하고, 필요할 경우 포지셔닝을 다시 수행하는 것이다(재포지셔닝). 포지셔닝이 제대로 이루어졌는지는 시장의 인식과 매출 등의 성과분석을 통해 평가할 수 있다. 만일 포지셔닝이 제대로 수행되었다면(예: K사의 경우 품질평가) 당장은 재포지셔닝을 하지 않아도 될 것이다. 그러나 당초 목표했던 포지션이 제대로 획득되지 않았거나, 제대로 획득되었다 하더라도 경쟁자의 등장 등으로 포지션이 위협을 받는 경우에는 다시 STP의 수행과정을 반복하여 제대로 된 포지션을 결정해야 할 것이다.

2절. B2B 시장세분화

2.1. 시장세분화는 왜 해야 하는가?

시장세분화의 중요성은 앞에서 충분히 언급했기 때문에 여기에서는 시장세분화의 이유를 다시 간단히 살펴보겠다. 우리나라 B2B 기업의 수주율을 높이기 위해서 해야 할 일들이 많겠지만, 먼저 우리가 할 수 있는 전략이 무엇인지를 파악하고, 각 전략이 효과가 있을 것으로 생각되는 시장을 구분해서 평가해야 할 것이다. 그런 다음 각 시장의 고객들이 원하는 것이 무엇인지 이해하고, 우리가 잘할 수 있는 시장을 집중공략한다면 효율적으로 기업의 목표를 달성할 수 있을 것이다.

예를 들어 대형 플랜트 사업의 경우, 어떤 고객은 초기 건설비용을 낮추는 데, 어떤 고객은 장기적인 운영비용을 낮추는 데, 또 어떤 고객은 품질을 높이는 데 우선순위를 둘 수 있다. 그런데 이렇듯 니즈가 미묘하게 다른 세 부류의 고객을 구분해서 보지 않고, 전체로 묶어서 보게 된다면 초기 건설비용도 중요하고, 장기적인 운영비용도 중요하고, 품질도 중요하다는 결론을 내릴 수밖에 없을 것이다. 이런 결론을 가지고 마케팅 접근을 고려한다면 모든 세분시장을 다 공략할 수 있는 자원과 역량을 갖출 수는 없으므로 세 기준을 모두 만족시키는 사업추진은 현실적으로 거의 불가능할 것이다. 결국 어느 고객도 만족시킬 수 없어 수주하기가 힘들 것이다. 대신 각 시장의 매력도와 경쟁 정도에 따라 어느 시장부터 공략해야 할지를 정하고 우리 자원을 효율적으로 활용한다면 수주 성공률을 높일 수 있을 것이다.

2.2. 세분화 방법

시장세분화를 어떻게 하는지 알아보겠다. 시장세분화란 시장을 구성하는 고객들을 그 특징(업종, 규모 등)과 욕구(가격민감도, 품질민감도 등)를 기준으로 특성이 비슷한 작은 시장으로 나누어 묶는 과정이다. 따라서 시장을 세분화하려면, 보통 다음의 단계들을 밟게 된다: ① 먼저 시장을 어떠한 기준변수로 나누어 묶어야 할지를 고민하고, 분석하고 결정해야 한다. 이를 위해선 시장을 구성하는 고객사의 특징과 욕구에 대한 정보를 수집해야 한다; ② 수집된 정보를 분석해서 특성이 비슷한 세분시장들로 나누어 그룹을 만든다; ③ 세분화 결과에 대해 평가하고, 평가결과가 만족스럽지 못할 경우 ① 단계로 돌아가서 세분화 작업을 다시 수행하며, 만족스러울 경우에는 다음 단계로 간다; ④ 세분시장의 상세한 특징과 욕구를 프로파일로 정리한다.

(1) 기준변수와 관련된 고객정보의 수집

먼저 기준변수와 관련된 고객 관련 정보를 수집하는 방법에 대해 살펴본다. 시장을 세분화하려면 가장 먼저 고객 특징과 욕구에 대한 정보를 수집해야 한다. B2B 마켓에서는 고객 관련 정보를 크게 두 가지로 나눈다.[1] 고객사 전체의 분류를 위한 정보를 거시적 세분화 기준이라 한다. 다른 하나는 각 고객사를 비교하기 위한 정보로 이를 미시적 세분화 기준이라 한다. 즉 거시적 세분화 기준과 미시적 세분화 기준은 정보의 성격을 구분하기 위한 것이며, 어떤 기준 변수가 더 유용하다고 할 수는 없다. 거시적 세분화 및 미시적 세분화를 위해 필요한 정보의 종류는 **표 7-1**과 **표 7-2**와 같이 정리될 수 있다.

거시적 시장세분화 변수는 구매자의 특성, 제품 사용용도, 구매상황의 특성과 관련된 변수들이다. 미시적 시장세분화 변수는 품질, 공기나 납기, 명성, 기술력 등의 주요 구

1) Vitale, R., J. Giglierano, & W. Pfoertsch(2011), Business-to-Business Marketing, International ed., Pearson.

매의사결정 기준, 구매전략, 구매의 중요도, 구매기업의 혁신성, 구매센터 구성원들의 개인적 특성과 관련된 변수들이다.

표 7-1 거시적 시장세분화 기준변수

시장세분화 변수		예
구매자의 특성	규모 지리적 위치 사용빈도 구매 의사결정 구조 산업 분류	매출이나 종업원 수를 기준으로 대,중,소 기업 등 분류 중국, 북미, 유럽, 중동, 남미 시장 등 대량 사용자, 중규모, 소규모 사용자 등 집중화 구조, 분권화 구조 등 표준산업 분류에 따른 업종별 분류
제품 애플리케이션		고객이 사용하는 주요 기술과 그에 따른 다양한 필요 사항
구매 상황의 특성	구매 상황 분류 구매 의사결정 단계	신규 구매, 수정 재구매, 단순 재구매 초기, 중기, 후기 단계 등

표 7-2 미시적 시장세분화 기준변수

시장세분화 변수		예
주요 구매 결정 기준	구매전략 구매의 중요도 구매기업의 혁신성	품질, 납기, 공급업체의 명성, 기술력, R&D 역량 등 단독 조달(single sourcing), 복수 조달(multiple sourcing) 등 매우 중요함, 보통 등 혁신자, 후발자 등
Buying center 구성원의 특성	인구통계적 특성 의사결정 스타일 위험 회피 정도 업무 분야	나이, 성별, 학력 배경 등 공격적, 보수적, 치밀함 등 위험 감수형, 위험 회피형 구매, 생산, 기술 등

예컨대, 거시적 세분화 기준 중 하나인 기업의 규모는 유용한 정보가 될 수 있다. 대기업과 중소기업의 사업 방식이 다르기 때문이다. 대기업은 계획 구매를 하며, 자체 유지보수 기능을 가지고 있는 경우가 많다. 반면 중소기업은 계획 구매보다 즉흥적인 구매가 많고, 자체 유지보수 기능을 가지고 있지 못한 경우가 많다. 따라서 대기업보다는 중소기업이 즉각적인 주문대응과 유지보수 서비스에 관심이 높을 수 있다. 또한 미시적 세분화 기준 중 하나인 구매센터 구성원들의 위험회피 정도도 유용한 정보일 수 있다. 위험감수형 구매센터인 경우, 감수해야 하는 위험보다는 우리 회사가 해줄 수 있는 부분에 초점을 맞추어서 공략해야 할 것이다. 반대로 위험회피형 구매센터의 경우 우리 회사가 해줄 수 있는 부분도 중요하지만, 우리 회사를 선택했을 때 문제의 소지가

없을 것이란 점을 부각시켜야 할 것이다. 예를 들어 대형수주사업을 수행하는 B2B 기업이 RFP 단계 이전의 마켓 센싱을 진행하다 발주처가 관련 사업 수행 실적이 부족하다고 생각하고 있는 것을 발견할 수 있다. 이러한 발주처는 '위험회피형' 발주처로 볼 수 있다. 이 발주처 측을 설득하기 위해 B2B 기업은 적극적인 위험공유(risk sharing) 전략을 수립할 필요가 있을 것이다. 즉 위험회피형 세분시장에 대해서는 우리 회사를 선택했을 때 문제가 없음을 확신시키는 일이 매우 중요할 것이다.

정리하면 모든 회사에 유용하다고 할 수 있는 세분화 기준변수에 대한 정답은 없다. 다양한 환경과 고객에 맞추어 창조적인(creative) 시각(lens)으로 시장을 나누고 우리의 전략방향과 맞는지, 시장에서 성공할 가능성이 있는지를 확인하며 마케팅전략 방향에 도움을 주는 세분화 기준변수를 찾을 때까지 계속 반복하여 분석해야 할 것이다. 만약 모든 사업자가 똑같은 렌즈를 끼고 시장을 바라본다면 자원과 역량이 부족한 '뱁새' 기업은 자원과 역량을 충분히 갖춘 '황새' 기업을 영원히 따라잡을 수 없을 것이다.

고객정보에 관한 자료는 회사가 필요해서 직접 조사한 1차 자료(primary data)와 문헌이나 선행 연구자료 같은 2차 자료(secondary data)를 통해 얻을 수 있다. 1차 자료는 영업사원처럼 영업 전방(front line)에서 고객을 직접 만나는 직원으로부터 수집될 수 있고, 최고경영층이나 우리의 대리인(agent) 등 고위층의 활동을 통해서도 수집될 수 있다(예: 6장의 지피 계획 참조). 전자를 상향식(bottom-up), 후자를 하향식(top-down) 방식이라고 하는데, 이렇게 수집된 자료의 방향은 비슷할 수도, 다를 수도 있다. 다시 말해 고객과 시장을 제대로 이해하기 위해선 서로 다른 방식으로 자료를 센싱해야 할 것이다. 또한 각종 경제연구소의 조사자료나 리포트, 산업의 전문 리서치기관, 전문자료 등의 2차 자료도 활용해야 할 것이다. 이런 자료를 모두 활용해서 필요한 정보를 만들어 나가야 한다.

고객에 대한 정보수집은 수집된 정보에 대한 분석을 통해, 시장을 구분하고 그중에서 표적시장을 선택하고, 선택된 표적시장을 어떻게 공략할지에 대한 전략을 수립하는 데

표 7-3 고객 특징과 욕구에 대한 정보수집결과 예시

구분	고객 A	고객 B	고객 C	…
지역	중동	동남아	동유럽	
의사결정구조	중앙집권형	중앙집권형	합의형	
예상프로젝트 규모	대	소	중	
가격민감도	낮음	높음	중간	
품질민감도	높음	낮음	중간	
…				

유용하게 활용되기 때문에 매우 중요하다. 대형수주사업의 고객 특징과 욕구에 대한 정보수집결과를 **표 7-3**의 예시와 같이 제시했다. 시장세분화를 하려면, **표 7-3**과 같이 시장을 구성하는 고객에 대한 정보수집이 수행 · 정리되어야 한다.

표 7-3에는 고객 특성에 관련된 정보가 정리되어 있다. 지역, 예상프로젝트 규모, 고객의 가격민감도, 고객의 품질민감도, 의사결정구조에 대한 분석결과가 사용되었다. 의사결정구조란 구매의사결정권이 소수의 최고위층에 집중되어 있느냐(중앙집권형), 또는 관련자들이 합의해서 의사결정을 하느냐(합의형)를 의미한다. 이러한 정보는 대규모 수주사업에서는 매우 중요한 정보이다. 우리의 수주역량을 소수의 최고위층 인사에게 집중할 것이냐, 아니면 관련된 다수의 실무전문가 전부를 공략해야 하느냐를 뜻하기 때문이다.

(2) 고객정보의 분석

시장세분화를 위해 해야 하는 두 번째 과제는 수집된 정보를 분석해서 특성이 비슷한 세분시장들을 구성하는 것이다. 조금 전 살펴보았던 고객정보 사례를 조금 더 확장한 경우를 가지고 세분시장을 구성하는 예를 고찰하겠다. 가망고객들에 대한 고객정보 수집결과를 정리하여 다음 **표 7-4**를 도출했다고 가정하겠다. 첫째, 전체 고객 수가 적고 각 고객사가 매우 독특한 특성을 가졌다고 판단하면 각 고객사가 하나의 세분시장을 구성한다고 볼 수 있다.

표 7-4 세분화 그룹핑을 위한 고객세분화 분석 예시 1

구분	고객 A	고객 B	고객 C	고객 D	고객 E	…
지역	중동	중동	동남아	동남아	동유럽	
의사결정구조	중앙 집권형	중앙 집권형	중앙 집권형	합의형	합의형	
프로젝트규모	대	중	대	중	소	
가격민감도	높음	높음	높음	낮음	중간	
품질민감도	낮음	낮음	낮음	높음	높음	
…						

- 고객 A: 중동, 중앙집권형 가격중시 세분시장
- 고객 B: 고객 A와 유사하지만, 프로젝트 규모가 상대적으로 적음
- 고객 C: 고객 A와 유사하지만, 지역이 다름: 동남아
- 고객 D: 동남아, 합의형, 품질중시 세분시장
- 고객 E: 고객 D와 유사하지만, 프로젝트 규모가 적음

둘째, 프로젝트 규모도 중요하지만, 우리의 마케팅 접근방법(marketing approach)을 고려할 때 지역, 고객의 의사결정구조와 가격과 품질에 대한 고객의 욕구가 더 중요한 변수라고 분석되었다고 가정해보자. 이럴 경우 5개 고객사는 지역, 고객의 의사결정구조와 가격과 품질에 대한 고객의 욕구를 기준으로 묶을 수 있다(표 7-5 참조). 즉 고객 A와 고객 B는 '중동에 있는, 중앙집권형 의사결정구조를 가진, 가격중시'의 세분시장으로 묶일 수 있다. 그 결과, 5개로 구분되었던 세분시장은 4개로 묶일 수 있다.

셋째, 더 나아가 우리의 마케팅 접근방법과 우리의 제한된 자원을 고려했더니 지역보

표 7-5 세분화 그룹핑을 위한 고객세분화 분석 예시 2

구분	고객 A	고객 B	고객 C	고객 D	고객 E	…
지역	중동	중동	동남아	동남아	동유럽	
의사결정구조	중앙 집권형	중앙 집권형	중앙 집권형	합의형	합의형	
프로젝트규모	대	중	대	중	소	
가격민감도	높음	높음	높음	낮음	중간	
품질민감도	낮음	낮음	낮음	높음	높음	
…						

중동, 중앙집권형 가격중시 세분시장 (고객 A, 고객 B)

동남아, 중앙집권형 가격중시 세분시장 (고객 C)

동남아, 합의형, 품질중시 세분시장 (고객 D)

동유럽, 합의형, 품질중시 세분시장 (고객 E)

표 7-6 세분화 그룹핑을 위한 고객세분화 분석 예시 3

구분	고객 A	고객 B	고객 C	고객 D	고객 E	…
지역	중동	중동	동남아	동남아	동유럽	
의사결정구조	중앙 집권형	중앙 집권형	중앙 집권형	합의형	합의형	
프로젝트규모	대	중	대	중	소	
가격민감도	높음	높음	높음	낮음	중간	
품질민감도	낮음	낮음	낮음	높음	높음	
…						

중앙집권형-가격중시 세분시장 (고객 A, 고객 B, 고객 C)

합의형-품질중시 세분시장 (고객 D, 고객 E)

다는 고객의 의사결정구조와 가격과 품질에 대한 고객의 욕구가 더 중요한 변수로 분석되었다고 가정하겠다. 이럴 경우 4개 세분시장(**표 7-5** 참조)으로 묶었던 5개 기업을 고객의 의사결정구조와 가격과 품질에 대한 고객의 욕구를 기준으로 다시 2개의 세분시장군으로 묶을 수 있다(**표 7-6** 참조). 즉 고객 A, 고객 B와 고객 C는 '중앙집권형 의사결정구조를 가진 가격중시'의 세분시장으로, 고객 D와 고객 E는 '합의형 의사결정구조를 가진 품질중시'의 세분시장으로 묶일 수 있다.

일련의 가상 세분시장 분석을 통해 어떠한 교훈을 얻을 수 있을까? 첫 번째 교훈은 세분시장을 구성하는 작업은 어떤 종류의 정보를 얼마나 수집했느냐에 의해 상당 부분 결정된다는 점이다. 따라서 평소에, 특히 RFP 이전 단계(pre-RFP step)에서 해야 할 고객 센싱이 매우 중요하다. 의사결정구조에 대한 정보나 가격민감도, 품질민감도에 대한 정보가 제대로 수집되지 않았다면 살펴본 세분화분석 작업은 불가능했을 것이다. 두 번째 교훈은 어떠한 변수를 가지고 세분시장을 분석 · 구성하는 작업은 매우 다양하다는 점이다. 조금 전 기준변수에 따라 5개, 4개, 2개의 세분시장을 구성하는 것을 살펴보았다. 즉 어떠한 변수를 사용할 것인가, 몇 개의 세분시장을 구성할 것인가는 결국 정의될 세분시장에 대해, **자사의 자원을 고려한 자사의 마케팅 접근방법에 의해 결정**되는 것이 바람직하다는 것을 명심해야 한다.

(3) 세분시장분석에 대한 평가

고객정보를 분석하여 세분시장을 구성하면, 이렇게 세분시장을 구성하는 것이 최선인가에 대해 확인이 필요하다. 물론 사례학습을 통해 세분시장을 구성하는 것은 지속적인 반복작업임을 강조하였다. 다시 말해 시장세분화가 제대로 수행되었는지는 시장세분화 과정을 통해 찾아낸 세분시장들이 마케팅활동의 효율성 향상이라는 시장세분화 전략목표를 달성할 수 있는 가능성으로 평가한다. 이러한 가능성을 평가하는 기준들은 어떠한 것들이 있는가를 정리하면, 시장세분화의 목표달성 가능성은 ① 측정가능성, ② 규모, ③ 접근가능성, ④ 차별적 반응을 기준으로 평가할 수 있다. 첫째, 측정가능성이란 세분시장의 규모를 측정할 수 있느냐는 것이다. 세분시장 규모가 측정될 수 없을 경우 마케팅전략 수립이 제대로 되기가 어렵다. 두 번째 기준은 각 세분시장들이 기업이 마케팅 프로그램을 실행해서 의미 있는 성과를 낼 수 있을 정도의 규모를 가지고 있느냐는 것이다. 기업이 수익을 낼 수 있을 정도의 규모가 되지 않는 세분시장은 당장은 의미가 있다고 할 수 없다. 세 번째 기준인 접근가능성은 세분화 기준이 세분시장 내 고객들에게 고객의 주요 소재지나 의사결정구조와 같이 마케팅을 수행하는 기업이 고객에게 접근할 수 있는 단서를 제공하느냐는 것이다. 예를 들어 정보를 얻기도 힘들고, 방문이 거의 불가능해서 해당 기업에 대한 실질적인 전략수행이 어렵다면, 별도의 세분시장으로 구분하기 어려울 것이다. 끝으로 차별적 반응이란 각 세분시장이 가격이나 품질 등 기업의 마케팅활동에 다르게 반응하느냐는 것이다. 만일 각 세분시장의 반응이 차이가 없다면, 나눌 필요가 없는 시장을 나눈 경우라고 할 수 있다. 즉 가격을 10% 인상한 경우, 모든 기업들이 다 계약을 포기한다면, 고객의 가격민감도로 세분시장을 구분할 필요가 낮을 것이다.

(4) 세분시장 프로파일링

시장세분화를 수행하는 데 있어 마지막 과제는 구성된 세분시장의 특징과 욕구를 상세하고 구체적으로 정리하는 것이다. 이를 세분시장 프로파일링이라고 한다. 이 세분시장 프로파일링 단계에서 정리된 자료들은 해당 세분시장에 접근할 수 있는 방법을 찾기 위해 활용된다. 또한 이후 표적시장선정 단계에서 각 세분시장을 비교 · 평가하는 자료로도 활용된다.

세분시장 프로파일링에 관한 또 하나의 가상사례를 살펴보기로 하자. 세분시장 구성 결과 다음과 같이 두 개의 세분시장을 도출했다고 해보자(표 7-7 참조). 첫 번째는 중앙집권형이면서 가격을 중시하는 세분시장이다. 이 세분시장은 주로 중동과 동남아에 소재해 있고, 국가 수반급에서 의사결정이 이루어지며, 평균 발주규모는 1억 달러 정

표 7-7 세분시장 프로파일링에 관한 가상 사례

구분	중앙집권형- 가격중시 세분시장	합의형- 가격중시 세분시장	…
지역	중동 55% 동남아 30% 인도 5%	중동 10% 동남아 15% 인도 55%	…
의사결정구조	중앙집권형	합의형	…
의사결정권자	국가 수반	중앙/지자체 담당 공무원, 언론 등	…
평균발주규모와 분포	1억 달러 (0.7억 ~ 1.3억)	0.9억 달러 (0.4억 ~ 1.5억)	…
발주처	A, B, C, D, E, …	X, Y, Z, Q, R,…	…
…	…	…	…

도, 발주규모의 분포는 0.7억~1.3억 정도이며, 해당 발주처는 A, B, C, D, E 등으로 정리되어 있다. 이에 반해 두 번째는 합의형이면서 가격을 중시하는 세분시장이다. 이 세분시장은 주로 인도에 소재해 있고, 중앙-지방 공무원, 언론 등 다양한 이해관계자들(stakeholder)이 의사결정에 관여하며, 공사 규모는 평균적으로 다른 세분시장보다 약간 적지만, 분포는 0.4억~1.5억 정도로 그 폭이 더 넓다. 해당 발주처는 X, Y, Z, Q, R 등이었다.

이처럼 세분시장 프로파일링은 세분시장을 구성하는 고객 특징을 상세히 정리한 것이다. 이러한 상세한 프로파일링을 가지고, 경쟁정보와 우리의 상황을 추가적으로 고려한다면 어떤 고객세분시장을 우리의 타깃으로 삼아야 하는지, 그리고 어떠한 마케팅 접근방법을 사용해야 할지를 구체화시킬 수 있다. 세분시장 프로파일링이 부실하게 만들어지면, 표적시장을 잘못 선택하는 등 효율성 향상이라는 목표를 달성하지 못할 수도 있음을 유의해야 한다. 지금까지 고객정보를 어떻게 수집하고 분석하여 시장을 세분화하는지를 살펴보았다. 다음에서는 세분화 연습과 예시를 더 제시한다.

2.3. 세분화 연습과 추가 예시

(1) 연습과제문제 제시

표 7-8은 각 고객사가 구매의사결정에서 어떠한 요인을 중요하게 생각하는지를 조사한 결과이고 10점 척도의 자료로 되어 있다. 이러한 고객사의 평가요인들을 기준으

표 7-8 세분시장 연습과제 정보

평가요인 / 고객	Quality	Cost	Delivery Period	Brand Name Preference	Spec. Rigidity
A	6	8	7	6	6
B	8	8	5	9	9
C	6	8	8	5	3
D	9	9	6	8	8
E	9	8	5	9	9
F	6	8	8	4	3
G	6	8	7	7	5
H	7	9	6	7	5
I	5	9	7	6	4

로 A사부터 I사까지 9개의 고객들을 세 개의 세분시장 집단으로 분류하라.

(2) 연습과제 1 작성

연습과제 1은 다음과 같다. 분류한 세 집단의 고객사 이름을 아래의 빈칸에 쓰고, 분류한 각 집단(segment)의 특징을 기술하라.

	Segment 1	Segment 2	Segment 3
고객사 이름			
Segment의 특징			

(3) 연습과제 1에 대한 해설

아래에 연습과제 1에 대한 모범답안을 제시하였다. 이 답안과 여러분의 답이 비슷한가? 다르다면, 어떠한 부분이 달랐는지, 왜 달랐는지를 생각하고 이를 서술하라.

	Segment 1	Segment 2	Segment 3
고객사 소속	D, B, E	H, A, G, I	C, F
Segment의 특징	**매우 중요** • 품질 • 비용 • 브랜드 선호 • Spec의 준수 **보통** • 납기	**매우 중요** • 비용 **중요한 편** • 품질 • 납기 • 브랜드 선호 • Spec의 준수	**매우 중요** • 비용 **보통** • 품질 • 납기 • 브랜드 선호 **중요치 않음** • Spec의 준수

이번 세분시장 연습과제 분석 결과(표 7-9 참조), 세분시장 1로 묶인 고객사는 D, B, E 이다. 이들은 품질, 비용, 브랜드 선호 및 스펙(spec) 준수 항목들을 중요하게 생각하고

표 7-9 세분시장 연습과제 분석 결과

고객사/segment	Quality	Cost	Delivery Period	Brand Name Preference	Spec. Rigidity
D/ Segment 1	9	9	6	8	8
B/ Segment 1	8	8	5	9	9
E/ Segment 1	9	8	5	9	9
Average	8.67	8.33	5.33	8.67	8.67
H/ Segment 2	7	9	6	7	5
A/ Segment 2	6	8	7	6	6
G/ Segment 2	6	8	7	7	5
I/ Segment 2	5	9	7	6	4
Average	6.00	8.50	6.75	6.50	5.00
C/ Segment 3	6	8	8	5	3
F/ Segment 3	6	8	8	4	3
Average	6.00	8.00	8.00	4.50	3.00
Total Average	6.89	8.33	6.56	6.78	5.78
Segment 분류에 대한 변수 영향력	0.141	0.005	0.165	0.262	0.427

있으며, 반면 납기에는 좀 여유로운 모습을 보여주었다. 세분시장 2의 고객사는 H, A, G, I 로, 이들은 비용을 가장 중요하게 생각하며, 그 외의 기준들인 품질, 납기, 브랜드 선호도, 스펙 준수에 대해서는 보통 정도로 생각하고 있었다. 마지막으로 세분시장 3의 고객사 C와 F는 비용과 납기에 초점을 맞추며, 품질과 브랜드 선호에 대해서는 보통, 스펙 준수는 별로 중요하게 생각하지 않았다.

(4) 연습과제 2 작성

다시 세분화분석결과를 해석하는 연습을 진행하겠다. 우선, 아래에 있는 고객평가요인의 중요도에 관한 세분시장별 평균점수 결과(**표 7-9**의 내용을 정리)를 다시 한번 살펴보라. 모든 세분시장이 동시에 중요하다고 생각하는 요인은 무엇인가? 여러분의 생각을 서술하라.

Average	Quality	Cost	Delivery Period	Brand Name Preference	Spec. Rigidity
Segment 1	8.67	8.33	5.33	8.67	8.67
Segment 2	6.00	8.50	6.75	6.50	5.00
Segment 3	6.00	8.00	8.00	4.50	3.00
Total	6.89	8.33	6.56	6.78	5.78
Segment 분류에 대한 변수 영향력	0.141	0.005	0.165	0.262	0.427

연습과제 2 질문에 대한 답을 논의해보자. 모든 세분시장이 다 중요하게 생각하는 항목은 바로 비용이었다. 그러면 모든 세분시장에 대해 비용에 초점을 맞춰 마케팅을 해야 한다고 생각하는가? 비용이라는 항목은 세분시장에 따라 차이가 없다. 다시 말해 모든 세분시장은 비용을 중요하게 생각하고 있다. 따라서 비용은 세분시장을 분류하는데 별 영향력이 없다. 이는 곧, 비용 이외의 항목들에서 세분시장 간의 차이가 발생함을 의미한다. 그럼 세그먼트 간 평균이 가장 많은 차이를 보이는 항목은 무엇인가?

(5) 연습과제 2에 대한 해설

연습과제 2에 대한 답은 바로 스펙 준수 정도(Spec. Rigidity)이다. 이 변수에 대해 세분시장 1은 8.67, 세분시장 2는 5, 세분시장 3은 3으로 큰 차이를 보여주고 있다. 또한 스펙(Spec) 준수의 정도는 아니지만 브랜드 선호와 납기 변수에서도 세분시장은 비교적 큰 차이를 보여주었다. 브랜드 선호 중요도의 경우, 세분시장 1은 8.67로 중요하게, 세분시장 3은 4.50으로 별로 중요하지 않게 생각하고 있다. 반면, 납기의 중요도 경우는, 세분시장 3은 8.00으로 중요하게, 세분시장 1은 5.33으로 별로 중요하지 않게 생각하고 있다. 이러한 설명은 세분시장을 도출하는 데에 대한 변수의 영향력을 통해서도 알 수 있다. 세분시장 분류 도출에 가장 큰 영향을 미친 변수는 스펙 준수 정도(0.427의 영향력), 브랜드 선호도(0.262의 영향력), 납기 준수(0.165)의 순으로 나타났다. 가격의 영향력은 매우 낮았다(0.005의 영향력).

(6) B2B 세분화의 추가 예시

먼저 고객사가 범용제품으로 인식하는 산업용 레진 제품에 대한 B2B 고객세분화 예시를 추가적으로 살펴본다. 그림 7-3 은 산업용 레진 구매고객기업들의 구매결정 시 주요 고려요인 조사결과를 보여준다. 이러한 요인들로 세분화 분류 및 도출 결과는 그림 7-4와 같다. 구매요인을 기준으로 분석했더니 서비스지향적 고객세분시장, 제품지향적 세분시장과 가격지향적 세분시장이 도출되었다. 범용제품도 세분화가 가능함을 감안할 때 B2B 비즈니스 맥락에서도 세분화는 필수적 개념과 틀임을 알 수 있다.

그림 7-3 범용제품의 B2B 세분화 예시: 구매 주요 고려요인

산업용 레진 구매고객들의 구매결정 시 주요 고려요소(%)

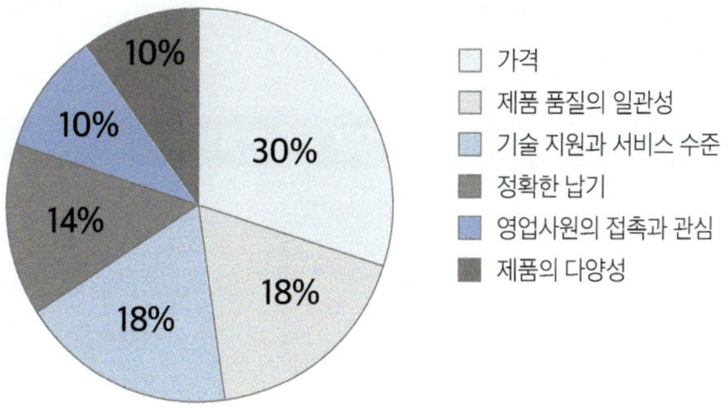

그림 7-4 범용제품의 B2B 세분화 예시: 시장세분화

산업용 레진 구매고객들의 구매결정 시 각 구매요소의 상대적 중요도와 segment

주요 구매요소	가격	−8	−15	23
	정확한 납기	−2	−16	16
	제품 품질의 일관성	−11	22	−12
	제품의 다양성	2	30	−28
	기술지원과 서비스 수준	20	−11	−8
	영업사원과의 접촉빈도	25	−1	−11
		서비스지향적 고객 (전체의 20%)	서비스지향적 고객 (전체의 35%)	가격지향적 고객 (전체의 45%)
		고객 Segment		

다음은 세계 최대의 시멘트 생산기업 L사의 B2B 시장세분화 예시를 설명한다. 이 기업의 경우 과거에는 유통채널이나 기업규모에 따라 고객을 단순히 구분하여 영업활동을 수행했었다. 그런데 고객사의 사업특징과 구매행동에 따란 시장세분화를 분석 도출하여 세분시장별로 차별적 전략을 수행했다(그림 7-5 참조). 이러한 STP 전략을 통해 1년 만에 매출을 600만 달러 이상 증가시켰다고 한다. 특히 마진율 증가와 가격 프리미엄을 확보할 수 있는 세분시장을 잘 발견하여 타깃팅전략을 잘 수행한 결과라고 한다. 산업용 레진 제품, 시멘트와 같은 범용제품도 STP 전략을 통해 효율성이 높은 마케팅전략을 구사할 수 있음을 감안할 때 좀 더 부가가치를 가진 B2B 제품/서비스의 경우 STP 전략은 훨씬 더 높은 성과로 연계될 수 있을 것이다.

그림 7-5 L 글로벌 시멘트 기업의 B2B 시장세분화 사례

		사업 특징(규모 및 목적)				
		대형 건설 고객	도매업자	비 건축용 사용고객	주택 건축 고객	특별 주문 및 일회성 주문
구매 행동	가격 중시형					
	관계 중시형					
	품질 중시형					

고객의 제품 구매 행동과 사업 특징에 따라 차별화된 니즈를 가진 고객 세그먼트를 도출함

3절. B2B 표적시장선정 전략 및 포지셔닝

이번 절에서는 표적시장선정 전략 및 포지셔닝에 대해 고찰한다. 먼저 표적시장선정 전략부터 학습한다. 표적시장선정(targeting)의 의미를 살펴본 후, targeting을 위한 세분시장 평가에 대해 상세히 살펴본다. 그 후 시장을 커버하는 범위를 전체로 할지, 부분적으로 할지에 관한 targeting 전략유형에 관해 학습한다.

시장세분화가 수요 측면(demand side), 즉 소비자 관점에서의 내용이었다면, 포지셔닝(positioning)은 공급 측면(supply side), 즉 사업 수행자 관점에서의 내용이다. 표적시장 선정 후 포지셔닝에 대해서는 다음과 같은 내용을 고찰한다: 시장에 놓여 있는 공급자

의 위치를 포지션(position)이라 한다; 이러한 공급자 간의 위치가 표시된 맵을 포지션 맵(position map)이라 한다; 이러한 포지션 맵에서 우리의 경쟁력을 가장 극대화할 수 있는 위치를 발견하고 어떻게 도달할 것인지를 결정하는 것이 포지셔닝 전략(positioning strategy)이며, 이를 실행하는 회사의 총체적 노력을 포지셔닝이라고 한다. 사실, 내용의 전달상 시장세분화 이후 표적시장선정과 포지셔닝을 학습한다. 하지만 실제에서는 표적시장선정이 포지셔닝과 동시에 이루어짐을 명심하자. 표적시장선정을 학습한 후 구체적으로 포지션과 포지셔닝의 의미와 유형을 살펴본다. 그 후, 포지셔닝전략을 수립하는 과정을 사례와 함께 설명한다.

■ 표적시장선정의 주요 이슈

본 가상사례는 시장세분화 상황을 연계하여 만들었다. 대형수주사업을 수행하는 한 B2B 기업이 잠재고객사를 대상으로 시장세분화 분석을 수행했다. 이 기업은 자신의 마케팅 접근방법과 제한된 자원을 고려하여 고객의 구매의사결정구조와 제품 관련 고객 욕구를 기준변수로 사용하여 세분군을 분류 · 도출했다. 그 결과 **표 7-6**에서 볼 수 있듯이 2개의 세분시장을 도출했다. 세분시장 1은 '중앙집권형 가격중시' 그룹으로 잠재고객사 A, B, C사 등이 소속되어 있다. 세분시장 2는 '합의형' 그룹으로 잠재고객사 D와 E사 등이 소속되어 있다. 세분시장 프로파일은 고객사가 위치한 지역, 고객사의 구매의사결정구조, 예상되는 프로젝트 규모, 가격에 대해 고객사가 생각하는 중요도, 품질에 대해 고객사가 생각하는 중요도와 같은 특성 차원에서 기술되어 있다. 사례 상황의 기업은 이러한 2개의 세분시장을 놓고 표적시장선정 의사결정을 해야 하는 상황이다. 먼저 표적시장선정에 관한 의사결정 대안으로 어떠한 대안들이 있을까? 대안들을 의사결정 나무(decision tree)로 작성하면 **그림 7-6**과 같다.

첫 번째 의사결정의 의제는 두 개 세분시장을 다 선택할 것인지 아니면 한 개의 세분시장을 선택할지에 관한 것이다. 만약 이 기업이 두 개 세분시장에 대해 사업을 수행할 수 있는 자원과 역량이 있으면 두 개 세분시장을 모두 표적시장으로 선정할 수 있을 것이며, 그렇지 못한 경우에는 한 세분시장을 선택해야 할 것이다. 다음 의사결정 의제로는 다음과 같은 사항들이 있다. 두 개 세분시장을 선택한 경우, 두 개 세분시장에 대한 각각의 마케팅전략을 수립 · 실행할 것인지, 아니면 두 개 세분시장을 대상으로 한 개의 마케팅전략을 수립 · 실행할 것인지에 대한 의사결정이다. 한편, 한 개 세분시장을 선택하는 경우 어떠한 세분시장을 선택할 것에 관한 의사결정을 해야 할 것이다.

이러한 의사결정들을 위해 우리가 고려해야 할 요인들은 어떠한 것이 있을까? 첫 번

그림 7-6 **표적시장선정 과제 예시**

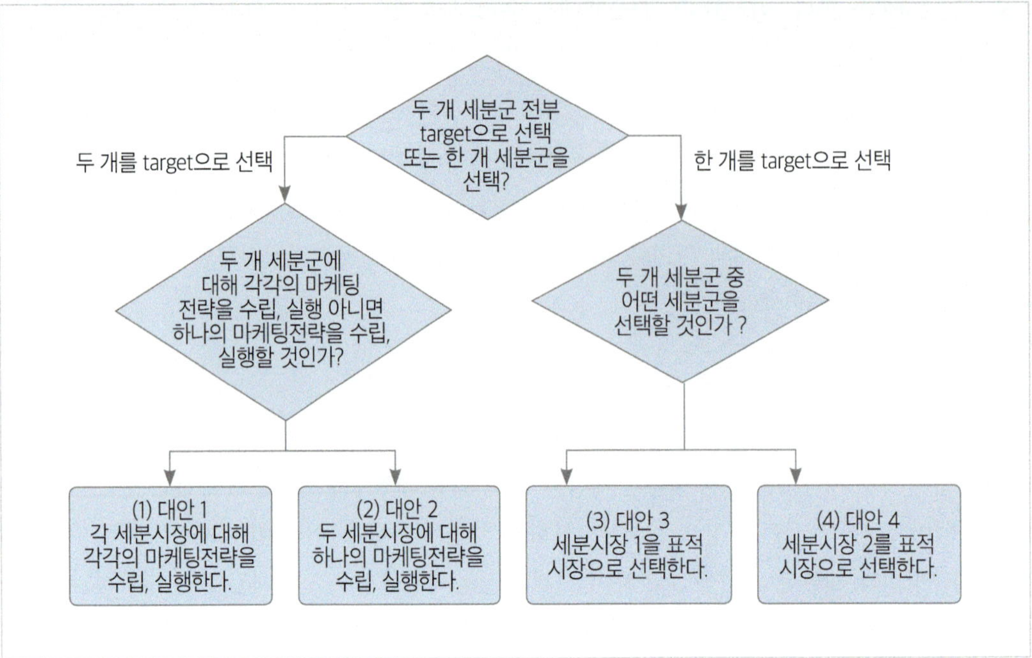

째로 고려해야 할 요인은 세분시장의 매력도이다. 두 번째는 각 세분시장에서 예상되는 경쟁 강도를 고려해야 할 것이다. 세 번째는 각 세분시장의 요구조건과 기업의 자원과 역량이 얼마나 적합한가를 생각해야 할 것이다. 두 번째 요인과 세 번째 요인을 함께 고려하면 세분시장에서의 경쟁력 내지는 경쟁적 위치를 평가할 수 있다.

먼저 세분시장의 매력도를 조금 더 살펴보자. 먼저 세분시장 1과 세분시장 2 중 어느 세분시장이 더 매력적일까를 고려해야 할 것이다. 다시 **표 7-6**을 보면 세분시장 1의 프로젝트 규모가 세분시장 2 보다는 컸다. 즉 세분시장의 규모 측면에선 세분시장 1이 더 매력적이다. 두 번째 요인인 각 세분시장에서 예상되는 경쟁강도를 더 생각해보자. 본 사례의 상황정보는 경쟁에 대한 정보를 제공하지 않았다. 그래서 이 부분의 정보는 더 센싱되어야 할 것이다. 그런데 경쟁강도는 어느 정도 예측될 수 있다. 세분시장 1의 시장이 큼에 따라 경쟁강도가 세분시장 2의 경우보다 더 높을 것이다. 일반적으로 세분시장의 규모와 경쟁강도는 일반적으로 상쇄관계를 보인다. 이 기업이 각 세분시장에서 얼마나 효과적으로 사업을 수행할 수 있는가라는 세 번째 요인을 살펴보겠다. 즉 세분시장의 요구조건을 이 기업이 얼마나 잘 만족시키며 사업을 획득하고 수행할 수 있는가라는 측면이다. 이 요인을 세분시장 요구조건과 자사와의 적합성이라고 한다. 다시 말해 세분시장 내의 경쟁이 치열해도 자원과 역량이 높은 기업은 사업기회를 잘 획득하고 효과적으로 수행할 수 있을 것이다. 그러나 자원과 역량이 부족한 기업은 치열한 경쟁 속에서 사업기회를 획득하고 수행하는 것이 상대적으로 어렵다는 얘기이다. 즉 이 기업이 세분시장 1에 대해 중앙집권형 의사결정구조를 잘 뚫고 나갈 수 있고, 가격경쟁력을 갖춘 제품을 제공할 역량이 있으면 이 기업과 세분시장 1의 적합성이 높은 것이다. 마찬가지로 이 기업이 세분시장 2에 대해 합의형 의사결정구조에 잘 응대할 수 있고, 품질경쟁력을 갖춘 제품을 제공할 수 있다면 이 기업과 세분시장 2와의 적합성이 높은 것이다. 살펴본 사례는 이번 절에서 학습할 내용의 중요한 의제를 다뤘다. 구체적으로 이 사례 상황은 표적시장선정(targeting)을 위한 세분시장 평가와 평가요인에 대해 설명한다. 평가요인은 세분시장의 매력도, 세분시장의 경쟁강도 및 세분시장과 기업과의 적합성이다.

3.1. 표적시장선정을 위한 세분시장 평가

표적시장선정이란 시장세분화 분석을 통해 도출한 세분시장 중에서 가장 유리한 기회를 제공해주는 세분시장을 표적시장으로 선택하는 것이다. 즉 표적시장선정은 세분시장 평가 그리고 표적시장선정의 단계로 진행된다.

(1) 세분시장 평가

세분시장 평가는 세분시장의 매력도, 경쟁강도, 자사와의 적합성 평가로 이루어진다. 세분화 학습에서 다루었던 미국 항공기 제작사 B 기업의 예로 B 기업이 세분시장을 어떻게 평가하고 표적시장을 선정했는지 살펴보겠다. 첫 번째 기준인 세분시장 매력도에 대해 살펴본다. 매력도는 현 시점에서의 시장규모와 미래의 시장잠재력을 측정하는 시장성장률의 항목으로 평가된다. 또한 각 평가항목에 대한 가중치(weigh)가 있으며, 이 가중치는 평가항목의 중요도를 나타낸다. 이러한 가중치는 산업별, 회사별, 상황별로 달라질 수 있다. 보통 많이 쓰이는 합리적 방법은 해당 분야 전문가들의 의견을 종합해 결정하는 방식이다. B사의 경우 시장규모와 시장성장률에 대해 0.4와 0.6의 가중치를 부여했다. 즉 B사는 현재의 시장규모에 비해 향후의 시장성장률을 조금 더 중요하게 생각하고 있었다. 또한 평가점수는 평가항목에 대한 세분시장의 수준을 나타낸다. 예를 들어 B사는 소형항공기 세분시장의 시장규모에 대해서 100점 만점에 60점, 중형 세분시장의 시장규모는 80점, 대형 세분시장의 시장규모는 90점으로 평가하고 있었다. 세분시장의 시장성장률도 이와 같은 방식으로 평가한다. 시장매력도는 각 평가항목의 평가점수와 가중치를 곱한 점수의 합으로 산출된다. 시장매력도 평가결과, B 기업은 소형 세분시장에 대해서 54점, 중형 세분시장의 경우 68점, 대형 세분시장의 경우 80점으로 평가했다(표 7-10 참조).

표 7-10 세분시장 매력도 평가결과

평가 요인	평가 항목	A. 가중치	1. 소형	2. 중형	3. 대형	소형	중형	대형
			평가	평가	평가	A*1	A*2	A*3
세분시장 매력도	1. 시장 규모	(0.4)	60	80	90	24	32	36
	2. 시장성장률	(0.6)	50	60	70	30	36	42
	소계(1+2) = 시장매력도	1	–	–	–	54	68	78

두 번째 평가기준인 경쟁강도에 대해 살펴보겠다. 경쟁요인 평가는 세분시장 내 경쟁이 얼마나 치열한지를 측정하는 것이며, 경쟁강도가 높은 시장의 수익성은 상대적으로 낮을 것이다. B사는 보잉은 항공기 시장의 경쟁강도를 경쟁자의 수와 경쟁자의 능력으로 평가했다. 또 경쟁자의 능력은 제품력, 원가경쟁력, 자금력으로 평가되었다. B 기업은 경쟁자의 수에는 0.2의 가중치를, 제품력에는 0.3, 원가경쟁력에는 0.2, 자금력에는 0.3의 가중치를 주었다. 즉 B 기업의 경우 세분시장 경쟁강도는 경쟁자의 수보다 경쟁자의 능력에 의해 달려있는 것으로 보았다. 경쟁강도 평가결과, B사는 소형 세분시장에 대해서 86점, 중형 세분시장의 경우 69점, 대형 세분시장의 경우 43점으로 평가했다(표 7-11 참조). 점수가 낮을수록 경쟁강도가 심한 것이다. 즉 B 기업은 대형 항공기 세분시장의 경쟁강도가 제일 심하고, 소형 세분시장의 경쟁강도가 상대적으로 낮은 것으로 평가했다.

표 7-11 세분시장 경쟁강도 평가결과

평가 요인	평가 항목		A. 가중치	1. 소형	2. 중형	3. 대형	소형	중형	대형
				평가	평가	평가	A*1	A*2	A*3
경쟁 강도	1. 경쟁자의 수		(0.2)	70	50	30	14	10	6
	2. 경쟁자의 능력	제품력	(0.3)	80	60	20	24	18	6
		원가경쟁력	(0.2)	90	70	30	18	14	6
		자금력	(0.3)	100	90	80	30	27	24
	소계(1+2) = 경쟁강도		1	–	–	–	86	69	42

다음은 세분시장이 우리 회사의 목표, 자원 등과 적합한지 평가한다. 세분시장의 요구조건과 우리 회사의 자원과 역량이 잘 부합되는 시장은 바람직한 표적시장이 될 가능성이 높아진다. B사는 기업목표와 세분시장 적합성에는 0.2의 가중치를, 기업 자원과 세분시장 적합성에는 0.5, 마케팅믹스와 세분시장 적합성에는 0.3의 가중치를 주었다. 즉 B사의 경우 세분시장과의 적합성을 자원 측면, 마케팅믹스 측면, 기업목표 측면 순으로 평가하고 있었다. 세분시장과 B사와의 적합성 평가결과, B사는 대형 항공기 세분시장에 대해서 86점, 중형 세분시장의 경우 69점, 소형 세분시장의 경우 43점으로 평가했다(표 7-12 참조). 즉 B사는 대형항공기 세분시장을 B사와 가장 적합성이 높은 세분시장으로 평가했다. 그다음으로 적합한 세분시장은 중형 세분시장이었다. 주로 중대형 항공기 세분시장에서 사업을 전개해 온 B사로서는 이 세분시장에서 제품 개발 능력, 생산 능력, 고객에 대한 지식 등을 축적했을 것이다.

표 7-12 세분시장과 자사와의 적합성 평가결과

평가 요인	평가 항목	A. 가중치	1. 소형	2. 중형	3. 대형	소형	중형	대형
			평가	평가	평가	A*1	A*2	A*3
자사와의 적합성	1. 기업 목표	(0.2)	30	50	70	6	10	14
	2. 자원	(0.5)	50	70	90	25	35	45
	3. 마케팅 믹스	(0.3)	40	80	90	12	24	27
	소계(1+2+3) = 경쟁강도	1	–	–	–	43	69	86

지금까지 살펴본 B사의 세분시장평가를 종합해보자. 먼저 B 기업은 세분시장 매력도에 0.3의 가중치를, 경쟁강도에 0.2, 자사와의 적합성에 0.5의 가중치를 부여했다. 즉 B사는 각 세분시장을 놓고 어느 시장에서 사업을 수행하는 것이 좋은가를 판단하면서 자사와의 적합성, 즉, 자신의 사업수행역량을 가장 중요하게 보고 있다. 그리고 그다음으로 세분시장의 매력도와 경쟁강도를 중요하게 생각하고 있다. B사의 평가는 표 7-13과 같다. B사는 대형 세분시장에서의 사업수행 기회를 가장 높게 평가하고 있으며(74.8점), 그다음으로 중형 세분시장을 괜찮다고 평가하고 있다(68.7점). 이러한 평가결과와 자신의 자원을 고려하여 B 기업은 대형 항공기 세분시장과 중형 세분시장을 자신의 표적시장(target market)으로 선정했다.

5장 마켓 센싱에서 SWOT 기반의 전략과 BCG 모델 같은 포트폴리오 분석을 살펴보았다. 두 축은 시장매력도(where to compete)와 경쟁적 위치/경쟁력(how to compete)인데,

표 7-13 세분시장의 종합적 평가결과

평가 요인	평가 항목	A. 가중치	1. 소형 평가	2. 중형 평가	3. 대형 평가	소형 A*1	중형 A*2	대형 A*3
세분시장 매력도	1. 시장 규모 2. 시장성장률	(0.3)	54	68	78	16.2	20.4	23.4
경쟁강도	1. 경쟁자의 수 2. 경쟁자의 능력	(0.2)	86	69	42	17.2	13.8	8.4
자사와의 적합성	1. 기업 목표 2. 자원 3. 마케팅 믹스	(0.5)	43	69	86	21.5	34.5	43
Total		1	–	–	–	54.9	68.7	74.8

세분시장 평가를 위해 이 포트폴리오 분석 모델을 세분시장 수준에서 사용할 수 있다. 그러면 세분시장 매력도와 세분시장에서의 자사의 경쟁적 위치/경쟁력 매트릭스를 생각할 수 있다. **표 7-13**에서 경쟁강도와 자사와의 적합성을 동시에 고려하면 자사의 경쟁력이 될 것이다. 이 경우 대형 세분시장의 시장매력도는 23.4, 경쟁력은 51.4, 중형 세분시장의 시장매력도는 20.4, 경쟁력은 48.3, 소형 세분시장의 시장매력도는 16.2, 경쟁력은 38.7이 된다. **그림 7-7**과 같이 표적시장선정을 위해 세분시장의 포트폴리오 모델을 사용할 수 있다.

그림 7-7 표적시장선정을 위한 세분시장 평가

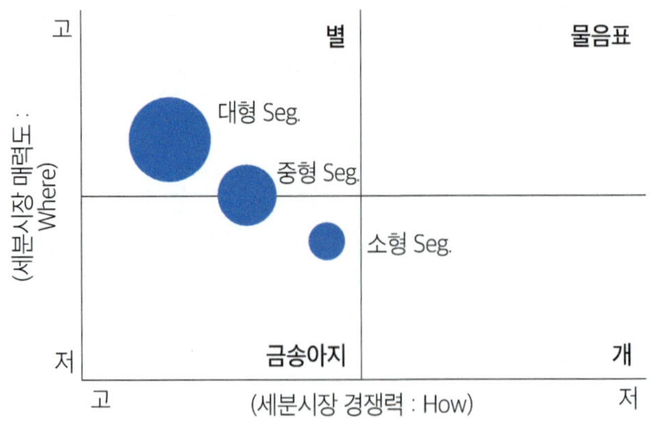

다음 학습으로 넘어가기 전에 한 가지 주의할 점을 설명한다. 지금까지 배워 온 세분시장 평가는 현재(as-is)라는 시점을 가정하고 진행한 것이다. 미래 시점(to-be)에 세분시장의 매력도와 경쟁력(경쟁강도, 자사와의 적합성)이 현재와 같이 정적으로 남아 있을 가능성은 낮다. 우리 회사가 변하고, 경쟁사도 변하고, 시장환경도 변하기 때문이다. 이에 따라 세분시장의 평가는 과거 시점(past), 현재 시점(present), 미래 시점(future)을 놓고 수행하는 것이 바람직함을 꼭 명심해야 한다.

3.2. 표적시장선정(targeting)전략

기업은 도출된 세분시장에 대한 평가를 거쳐 이 중 얼마나 많은 세분시장을 표적시장(target market)으로 선택하여 사업을 할 것인지를 결정해야 한다. 이러한 결정을 고민하는 것을 표적시장선정(targeting)전략이라고 한다. 지금부터 표적시장선정전략의 유형을 고찰한다.

표적시장선정전략의 유형은 크게 전체시장도달전략(total market coverage strategy)과 부분시장도달전략(partial market coverage strategy)으로 구분된다. 전체시장도달전략은 모든 시장에 다 진출하는 것이다. 부분시장도달전략은 일부의 세분시장을 선택해서 사업을 수행하는 것이다.

(1) 전체시장도달전략(total market coverage strategy)

전체시장도달전략은 모든 시장을 공략 대상으로 선택하는 것이다. 한 가지 제품만 가지고 공략하느냐, 아니면 다양한 제품을 갖고 공략하느냐에 따라 전체시장도달전략은 다시 '단일제품-전체시장도달전략(total market coverage with a single product)', '복수제품-전체시장 도달전략(total market coverage with multiple products)'으로 나뉜다.

① 단일제품-전체시장도달전략

단일제품-전체시장도달전략이란 시장을 하나로 파악하여 모든 계층의 고객으로부터 공통적인 욕구를 발견한다. 이 욕구에 호소할 수 있는 강력한 이미지를 구축하며 단일제품과 단일 마케팅프로그램으로 전체시장을 공략하는 전략이다. 이 전략은 전체시장의 공통점이 무엇일지 찾아내서 하나의 제품에 모든 마케팅 자원을 집중적으로 사용하는 전략이다. 이 전략은 시장을 구성하는 고객의 욕구가 비슷한 경우에 적절하다. 대량생산, 대량유통을 하므로 경제성을 추구할 때 좋은 전략이다. 아울러 표준화를 통해 최소의 비용과 최저의 가격을 책정하여 효율성을 추구한다. 이 전략은 주로 누구에게나 동일한 제품을 주어도 고객들이 개의치 않는, 즉 고객들의 욕구가 충분하게 다양화되지 않은 신제품 도입기에 주로 사용된다. 반면 주의를 기울여야 할 부분은 경쟁자가 차별화하여 시장에 들어올 경우 불리할 수 있다. 시장이 발전하면서 다양해지는 고객 욕구와 경쟁자 동향에 세심한 주의를 기울여야 한다.

이 전략의 가장 대표적인 예로는 미국 자동차 산업 초기의 포드 자동차가 있다. 당시의 수작업 생산 체제이던 자동차 시장에서 포드 자동차는 컨베이어 벨트와 분업에 의해 저렴한 가격으로 자동차를 생산했다. 심지어 빠른 생산과 원가최소화를 위해 색상마저 검은색 한 가지인 모델 T로 통일하였다. 이를 통해 모델 T 단일 표준 제품을 갖고 모든 시장에 도달하는 전략을 구사하면서 놀라운 수준의 경제성을 확보했다. 이 경우 B2B 마케팅은 안정적인 부품이나 모듈공급자가 되기 위해 최선을 다할 것이다.

② 복수제품-전체시장도달전략

복수제품-전체시장도달전략은 시장을 세분화한 후 모든 세분시장을 표적시장으로 선정하여 각 세분시장에 적합한 제품과 마케팅믹스를 투입하는 형태의 전략이다. 이 전략은 각 세분시장별로 고객욕구의 차이가 뚜렷하고 모든 시장을 공략할 만큼 기업의 자원이 충분한 경우에 사용한다. 일반적으로 시장의 욕구가 매우 다양해지는 제품수명주기상의 성장기 후반부나 성숙기에 많이 사용된다. 단일제품-전체시장도달전략에 비해 각각의 세분시장에서 그 시장에 가장 적합한 제품을 제공하여 판매량을 증대시킬 수 있어 총매출의 증진가능성은 높다.

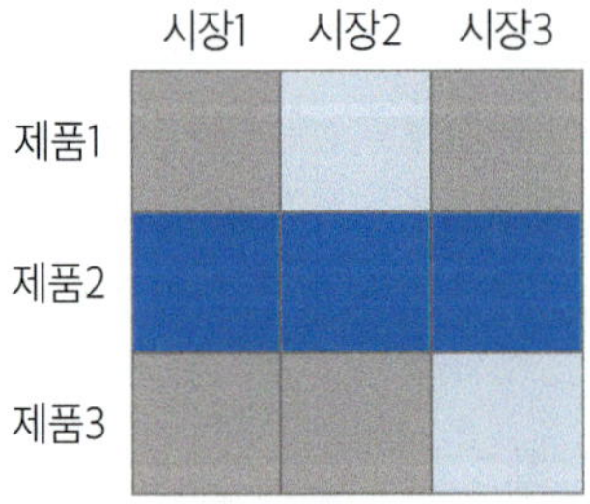

GM은 Ford의 모델 T에 대항하여 시장의 다양한 욕구충족에 초점을 맞췄다. 시보레라는 다양한 색상의 자동차로 다수제품-전체시장도달전략을 펼쳐 포드에 엄청난 타격을 가했고 결국 시장점유율 1위를 차지하였다. 그 이후 GM은 각각의 소득계층에 적합한 다양한 승용차 제품들로 시장을 커버했다. 이 전략을 성공적으로 추진하기 위해서는 매우 많은 경영자원이 필요하게 되므로 시장선도기업 아니고는 선불리 추진하기 어렵다. 이 전략을 잘못 구사하면 같은 회사의 제품끼리 시장에서 경쟁하는 자기잠식현상(cannibalization)이 벌어질 수 있다. 또한 관리능력을 초과하는 방만한 제품구성으로 인하여 생산비, 재고관리비, 유통관리비, 촉진비용 등이 과다하게 지출되어 전체적으로 매출은 증가하지만 이익률은 떨어지는 비효율이 발생할 수 있다. 이 경우 B2B 마케팅은 고객사의 다양한 니즈를 어떻게 충족시켜줄 수 있는가가 관건일 것이다.

(2) 부분시장도달전략(partial market coverage strategy)

부분시장도달전략은 시장을 세분화한 후에 모든 세분시장에 진출하지 않고 일부 세분시장을 표적시장으로 택하는 것이다. 나아가 이 전략에는 단일제품으로 단일세분시장만을 선택하는 단일제품-집중전략, 여러 제품을 단일시장에 제시하는 시장전문화전략, 단일제품으로 여러 세분시장을 선택하는 제품전문화전략, 그리고 여러 제품으로 몇 개의 세분시장을 소구하는 선택적전문화전략이 있다.

① 단일제품집중화전략(focus strategy with a single product)

단일제품집중화전략은 한 가지 제품으로 하나의 세분시장에 집중하는 형태의 전략이다. 이 전략은 주로 기업의 자원이 한정되어 있거나, 기업이 새로운 시장에 진출할 때, 추가적인 세분시장의 확장을 위한 교두보로 특정한 세분시장을 사용하려고 할 때 이용된다. 또한 이 전략은 하나의 세분시장에 집중화된 마케팅을 통해 세분시장이 원하는 것이 무엇인지에 대해 전문적인 지식과 특별한 명성을 쌓아서 세분시장에서 강력한 지위를 확보하는 강점을 갖고 있다. 특히 경쟁자가 거의 없는 틈새시장(niche market)이라면 높은 수익률도 얻을 수 있다. 하나의 단일시장만을 소구하므로 표적세분시장 고객의 욕구가 변화되거나, 그 시장에 강력한 새로운 경쟁자가 진입하게 되면 위험 분산이 되지 않아 상당히 위험할 수 있다. B2B 기업이 교두보 세분시장을 확보하여 사업을 수행할 때 이 경우에 해당하는 경우가 많다.

② 시장전문화전략(market specialization strategy)

시장전문화전략은 특정 시장의 다양한 욕구를 충족시키기 위해 다양한 제품을 판매하기 위한 전략이다. 구체적으로는 특정한 세분시장만을 대상으로 하여 그들이 필요로 하는 거의 모든 제품을 제공하는 시장포괄전략이다. 예를 들어 특정한 국가에서 화력발전, 원자력발전, 담수화설비 등을 모두 제공하는 경우가 이에 해당한다. 이 전략은 특정 세분시장 내에서 강력한 명성을 얻을 수 있다는 장점이 있지만, 해당 세분시장의 구매가 갑작스럽게 줄어드는 경우 위험분산 능력이 약하다는 단점을 가지고 있다.

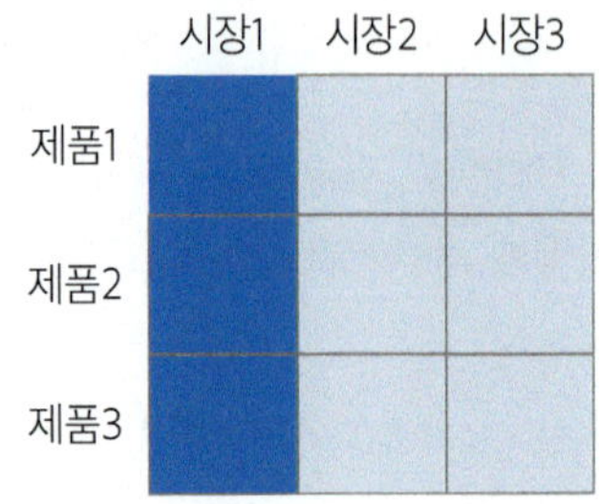

③ **제품전문화전략**(product specialization strategy)

제품전문화전략은 다양한 세분시장을 하나의 제품으로 공략하는 전략이다. 시장전문화 전략과는 반대로 내가 갖고 있는 단일제품의 특징을 변화시키면서 다양한 세분시장 고객에게 접근한다. 이 전략을 구사하려면 하나의 제품을 시장의 여건에 맞게 조금씩 변형하는 능력이 요구된다. 이 전략을 사용하는 기업은 특정제품 전문기업이라는 명성을 얻을 수는 있지만, 현재의 제품을 완전히 대체하는 경쟁의 혁신적인 신제품이 등장할 경우 어려움을 겪을 수 있다. 이러한 위협에 대비해서 이 전략을 추구하는 경우 5장에서 학습했던 거시환경분석을 매우 충실히 수행해야 한다. 우리나라 D 기업의 경우 풍력발전기를 지지해 주는 윈드타워(wind tower)를 전문적으로 제조하고 있다. 이 기업은 풍력발전사업이 진행되는 전세계의 다양한 시장을 타깃으로 하여 마케팅해오고 있음에 따라 제품전문화전략의 예에 해당한다.

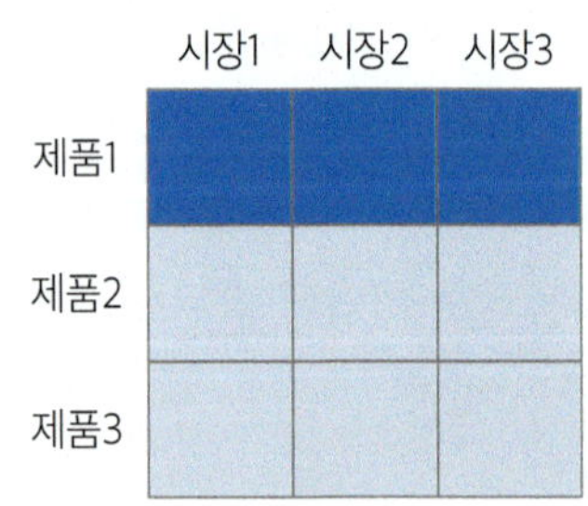

④ **선택적 전문화전략**(selective specializaion strategy)

선택적 전문화전략은 매력적이고 기업목표에 적합한 몇 개의 세분시장에 진입하는 전략이다. 이 전략은 진입하려는 각 세분시장에 대한 제품 및 전략이 다르기 때문에 시너지 효과는 낮은 편이며, 제품개발 및 마케팅비용 또한 상당히 들어가게 된다. 그럼에도 불구하고 이 전략을 선택하는 이유는 위험을 분산시키기 위해서이다.

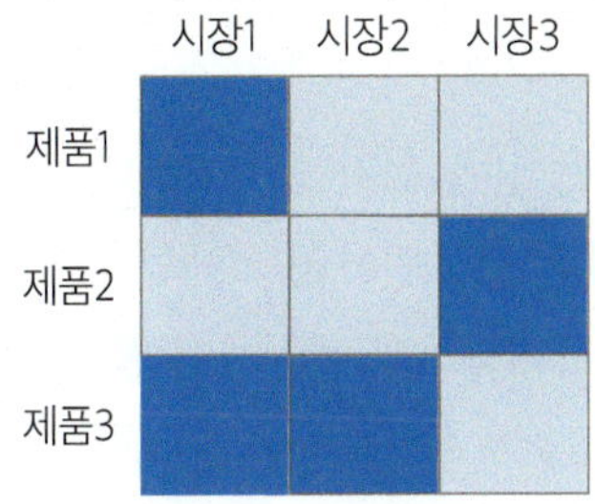

(3) 요약

표적시장선정(targeting)전략 유형을 요약하면 그림 7-8과 같다.

그림 7-8 표적시장선정(targeting)전략 유형

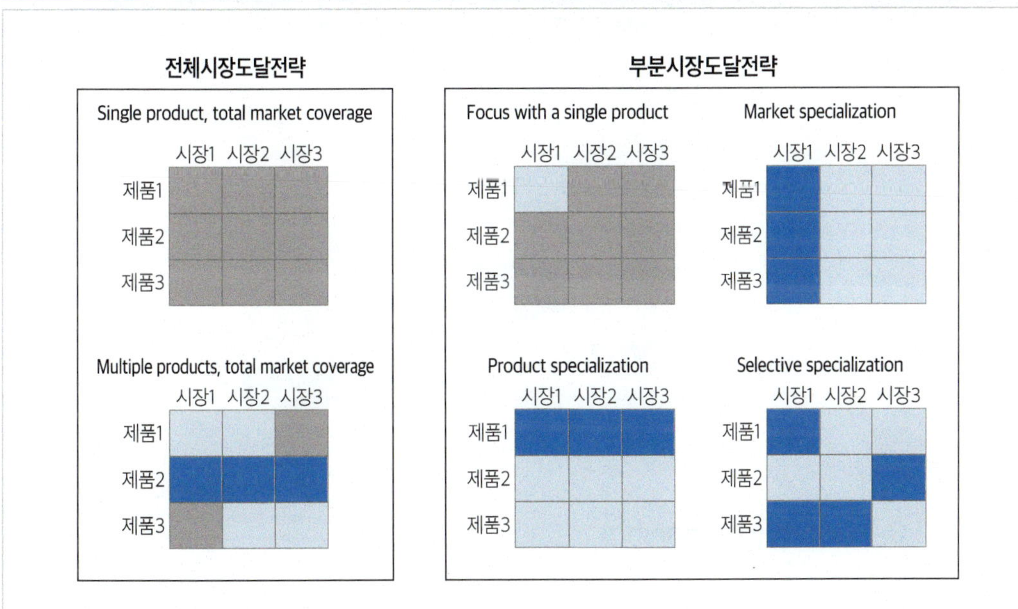

다양한 표적시장선정전략 중 선택적 전문화 전략이 논리적으로 매력적 대안으로 보일 것이다. 그런데 이 전략은 진입하려는 각 세분시장에 대한 제품 및 전략이 다르기에 시너지효과가 낮으며 제품개발 및 마케팅비용 또한 상당히 들어가게 되는 단점을 가지고 있다고 했다. 이러한 단점을 극복하기 위해 글로벌시장의 최상급 기업들은 세분시장 고객군에 맞게 맞춤화(customization)를 하되 동시에 일정 수준의 표준화를 꾀하여 원가를 줄이는 방법을 모색하고 있다. 이러한 노력을 대량맞춤화(mass customization)라고 한다. 즉 대량맞춤화라는 용어는 대량생산 및 표준화(mass production & standardization)와 고객맞춤화(customization)의 합성어이다. 과거에는 개별고객의 다양한 요구와 기대를 충족시키면서, 대량생산에 못지않은 낮은 원가를 유지한다는 것이 불가능했다. 그러나 정보기술과 생산기술의 비약적 발전으로 인하여 고객맞춤화를 하면서도 낮은 원가를 유지하는 것이 가능해졌다. 이를 도식화하여 표현하면 그림 7-9와 같다. 최근에는 많은 산업 분야에서 대량맞춤화 노력을 발견할 수 있다. 대형수주사업의 경우에도 표준화 플랫폼을 기반으로 하는 전략모델을 개발하여 고객이 요구하기 이전에 미리 다가가 고객별 맞춤화를 결합하여 고객을 설득하는 스펙인(spec-in) 활동을 벌여왔는데, 이런 노력은 선제적 B2B 마케팅의 핵심 내용이라 할 수 있다.

그림 7-9 선택적 전문화와 대량맞춤화 전략

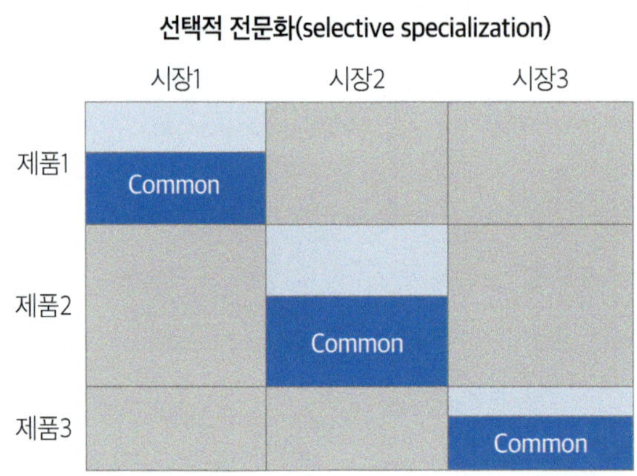

3.3. 포지셔닝(positioning)

■ 포지셔닝의 주요 이슈

표 7-6의 2개의 세분시장 사례 상황으로 포지셔닝을 살펴본다. 세분시장 1은 '중앙집권형 의사결정구조를 가진 가격 중시' 그룹으로 잠재고객사 A, B, C사 등이 소속되어 있었고, 세분시장 2는 '합의형 의사결정구조를 가진 품질 중시' 그룹으로 잠재고객사 D와 E사가 소속되어 있었다. 이 세그멘테이션 결과는 그림 7-10과 같다. 세분화 기준변수인 의사결정구조(중앙집권형 對 합의형)와 고객평가요인(가격 對 품질)별로 세분시장의 위치가 표시되어 있으며, 세분시장의 크기는 도형의 크기로 나타낸다(기준변수들이 2

개 이상일 경우 이러한 2차원 맵을 여러 개 그려서 활용한다). 이러한 맵을 고객세분군 맵(customer segment map)이라 한다.

그림 7-10 가상 사례상황의 세분시장 맵

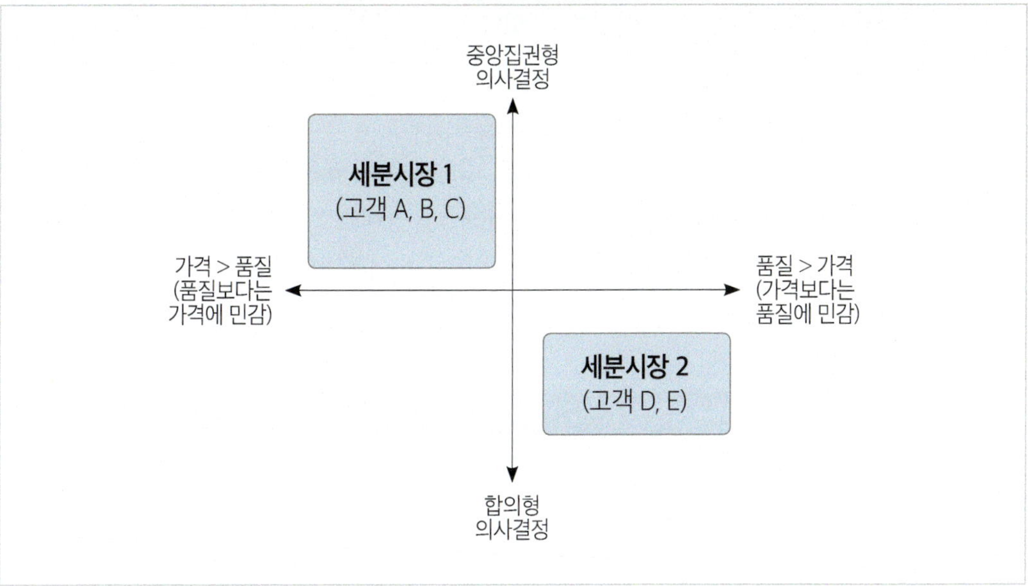

이번엔 맵에 공급자(가, 나, 다, 라, 마, 바)의 위치가 나타나 있다(그림 7-11 참조). 예를 들어 사례 해당 기업 '가'는 상대적으로 가격에 초점을 맞추는 편이지만 품질도 어느 정도 인정받는 공급자로 중앙집권형 의사결정구조로 되어 있는 고객사의 구매센터 이해

그림 7-11 가상 사례상황의 포지셔닝 맵

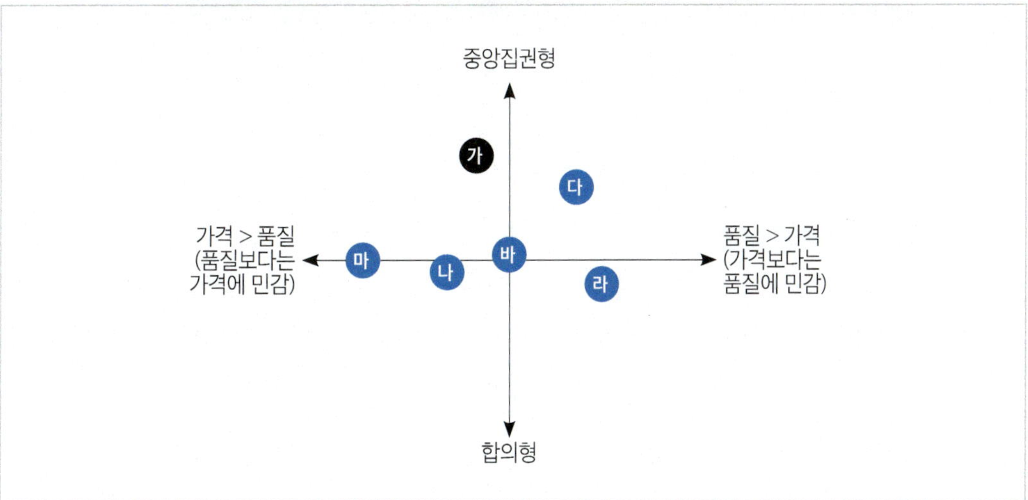

관계자를 효과적으로 잘 설득하는 것으로 파악되고 있다. 또한 공급자 '마'는 '가'에 비해 품질은 인정받지 못하지만, 가격초점(focus)은 훨씬 더 인정받는 공급자이며, 중앙집권형 의사결정구조를 뚫고 들어가는 능력은 조금 약하게 평가된다. 공급자의 상대적 위치를 나타낸 이런 맵을 기본 포지셔닝 맵이라고 한다. 이 맵을 통해 우리와 경쟁자의 강점과 약점을 상대적으로 파악할 수 있다.

이제 세분시장 맵과 포지셔닝 맵을 합쳐 보겠다. 두 가지를 합치면 **그림 7-12**와 같다. 이러한 맵을 전략적 포지셔닝 맵(strategic positioning map)이라 부른다. 해당 기업 '가'는 다른 경쟁자에 비하여 세분시장 1을 대상으로 사업을 획득하고 수행할 가능성이 높을 것이다. 반면, 경쟁자 '라'는 세분시장 2를 상대로 하는 사업에 강점을 가지고 있다. 따라서 이런 맵으로 분석하면 해당 기업의 사업추진방향을 전략적으로 구상할 수 있다.

그림 7-12 세분시장 맵과 포지셔닝 맵의 통합

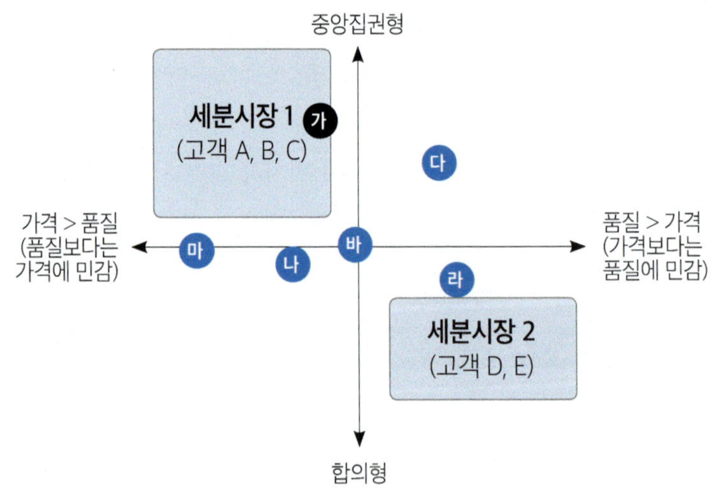

그런데 **그림 7-12** 같은 포지셔닝 맵에서 전략적인 포지셔닝을 추진하는 것에 대해 주의할 점이 있다. 이 포지셔닝 맵은 현재 상황(as-is)을 반영하고 있다. 미래(to-be) 상황은 세분군도 변하고, 경쟁도 변할 것이다. 이에 따라 현재의 모습뿐만 아니라 시장환경의 변화를 잘 예측해야 한다. 그래서 마켓 센싱(market sensing)이 중요하다.

그림 7-13 전략적 포지셔닝 맵의 미래 상황

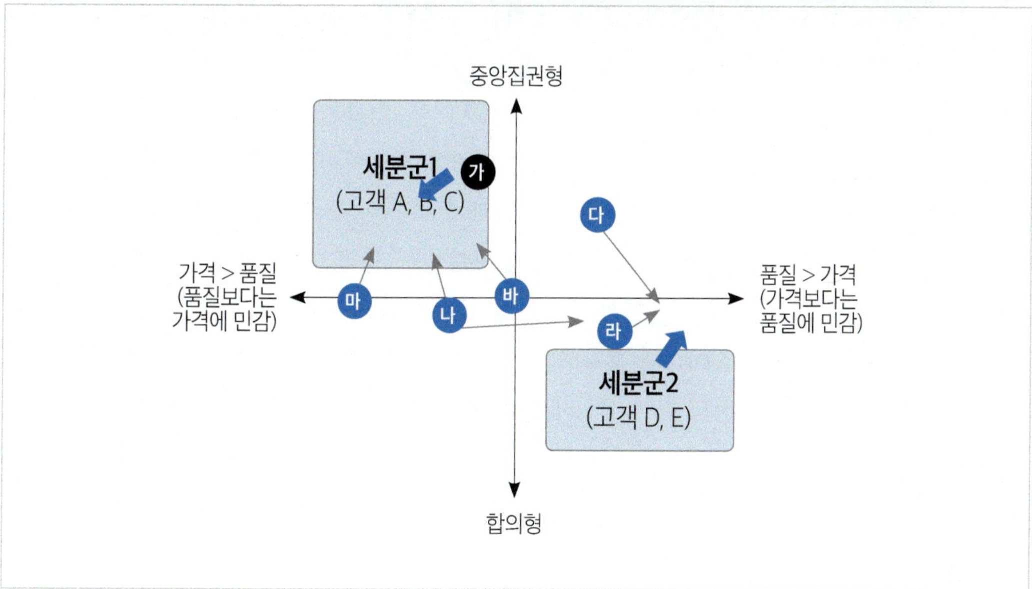

예를 들어 세분시장 1과 세분시장 2의 미래 방향(to-be)이 빨간색 화살표로 움직일 것으로 분석되었다고 하자(미래고객선호 파악을 토대로 한 벡터분석으로 가능). 이 빨간 화살표를 어려운 학술용어로 고객선호 벡터(customer preference vector)라고 한다. 또한 경쟁자들의 움직임 또한 화살표들과 같이 파악되었다고 하자(그림 7-13 참조). 세분시장 1의 움직임과 경쟁사 '마', '나', '바'의 움직임을 고려하여 해당 기업 '가'는 전략적인 포지셔닝의 방향을 결정할 수 있을 것이다. 마찬가지로 이러한 사항들이 그림 7-13처럼 파악됐다면 현재 세분시장 2에 유리한 기업 '라'는 경쟁사 '나'와 '다'를 맞이하여 이전보다 어려운 상황에 놓일 수 있을 것이다.

(1) 포지셔닝(positioning)의 의의

① 포지션과 포지셔닝

포지셔닝은 선정된 표적시장 내에서 경쟁자에 비해서 고객들의 필요, 욕구와 가치를 더 만족시킬 수 있는 전략적 포지션을 정하고 이를 확보하는 기업의 모든 노력과 활동을 말한다. 물론 포지션(position)이나 포지셔닝(positioning)의 내용은 해당기업의 존재감이 먼저 고객사의 인식에 들어가고 난 뒤의 이야기이다. 고객사가 거래를 고려할 만하다고 인지하는 고려상표군(consideration set)에도 들어가지 못한 상태에서 포지셔닝을 논할 수는 없다. 고려상표군에 들어가는 가장 쉽고 좋은 방법은 무엇일까? 고려상표군에 들어가는 지름길은 따로 없다. 마케팅의 기본 원칙인 차별화(differentiation) 노력만이 정답이라고 할 수 있다. 기업의 차별화 노력은 경쟁우위(competitive advantage) 달성을 목적으로 고객사가 우리 제품과 서비스를 경쟁자의 제품 혹은 서비스와 다르게 인식할 수 있도록 마케팅믹스 요인들인 제품, 가격, 프로모션(커뮤니케이션), 영업활동 등을 조합하는 활동이라고 정의할 수 있다. 즉 이러한 차별화 노력이 바로 기업의 포지셔닝이다. 따라서 이러한 포지셔닝 활동의 목표, 방향과 툴(tool)을 고려하는 포지셔닝전략은 표적시장에서 경쟁우위 달성을 위해서 꼭 필요한 수단이다. 경쟁우위를 가진 가치(value)는 제품이 원래 가지고 있는 본원적 우월성에 의해서 만들어지지만, 나아가 고객사들이 해당 제품과 브랜드를 어떻게 생각하느냐 하는 주관적인 평가에 의해서도 결정됨을 명심할 필요가 있다. 6장의 고객 센싱에서 학습한 구매센터 의사결정매트릭스에 관한 활동이 고객사의 주관적 평가에 영향을 미치는 것이다. 먼저 간략하게 전략적 포지션 개념을 살펴보겠다. 고객사의 평가나 인식 속에는 품질 차원과 가격 차원에서 공급자의 제품이 위치된다.

그림 7-14 **전략적 포지션 맵(strategic position map)**

가격평가 \ 품질평가	저	중	고
저	Fair value Position	경쟁 우위 Position	경쟁 우위 Position
중	경쟁 열위 Position	Fair value Position	경쟁 우위 Position
고	경쟁열위 Position	경쟁 열위 Position	Fair value Position

그림 7-14에서 볼 수 있듯이 고객사의 인식 속에는 세 영역, 즉, 경쟁열위, 공정한 가치, 경쟁우위(competitively inferior, fair value, competitively advantageous) 영역의 전략적 포지션이 있다. 각 영역의 의미를 살펴보면, 먼저 경쟁열위 포지션이란 다른 포지션에 비해 상대적으로 가격과 품질 평가의 관계가 열위 위치에 있는 경우이다. 예를 들어 품질은 낮은데, 가격은 높은 경우이다. 둘째, 공정한 포지션이란 가격과 품질 간의 관계가 공정한 경우를 말한다: 고품질 및 고가격, 중간 품질 및 중간 가격, 저품질 및 저가격. 가격과 품질의 관계는 비슷하다고 하더라도 공정한 가치 포지션 영역의 특정 위치가 갖는

특성과 의미는 다를 것이다. 셋째, 경쟁우위 포지션이란 가격과 품질 간의 관계가 상대적으로 우월한 경우를 의미한다: 저가격 및 중 · 고품질, 중간 가격 및 고품질. 가격에 비해 상대적으로 품질이 좋은 경우가 이에 해당한다.

그림 7-15 포지션 맵의 포지션 예시

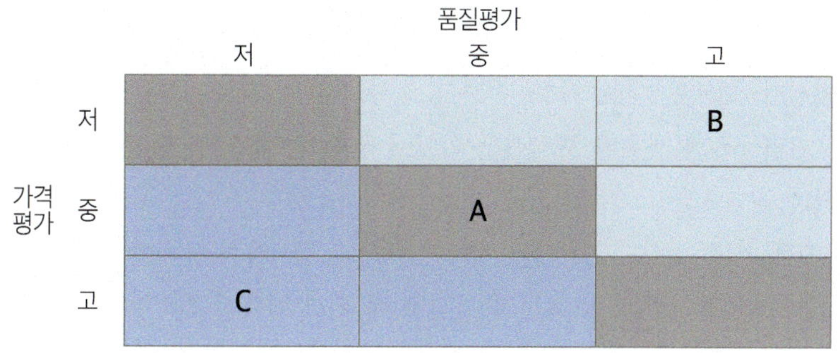

예를 들어 현재 우리의 포지션이 A라고 했을 때, 경쟁기업 B의 포지션은 경쟁우위에 있으며, C의 포지션은 경쟁열위에 있다. 이러한 포지션 맵은 각 세분시장과 전체 시장에서 평가될 수 있다. 중요한 점은 우리가 선택한 표적시장에서 이러한 포지션 맵이 어떻게 나타나는가이다. 만약 표적시장에 있는 고객사의 인식 속에 우리 기업이나 제품의 포지션이 A이고, 경쟁사의 포지션이 B라면 우리의 포지셔닝 전략방향은 매우 자명하다. 어떻게 해서 우리의 포지션을 B와 대등한 위치, 나아가 우월한 위치에 올려놓을 것인가가 관건이다. 그렇지 않다면 우리가 경쟁우위의 포지션을 차지하고 있는 세분시

그림 7-16 B2B 산업에서의 포지션 및 포지셔닝 예시

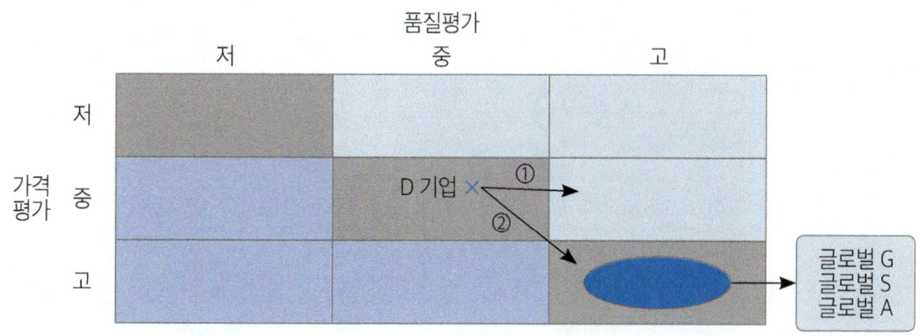

장과 해당 고객사를 다시 찾아야 할 것이다.

B2B 산업 맥락의 예로는 발전 시장에서 우리나라를 대표하고 있는 B2B 기업들 중 하나인 D 기업의 포지션은 어떨까? 글로벌 G 기업, 글로벌 S 기업, 글로벌 A 기업의 위치는 고품질 및 고가격 영역일 것이다. 우리나라의 D 기업은 중간품질 및 중간가격 영역에 있어 그 내용은 다르지만 이러한 회사들과 비슷한 공정한 가치(fair value) 포지션에 있는 것으로 해석할 수 있다. 다만 현재 D 기업과 이러한 경쟁자들의 공정한 가치 구성 특징은 조금 다를 것이다. 향후 일부 세분시장에서 D사가 나갈 방향은 ①과 ②의 방향이 아닐까? 한국을 대표하는 S 전자, L 전자, S 기업, H 현대자동차 등 우리나라의 많은 B2B 기업들은 경쟁우위 포지션을 확보했거나 확보하기 위해 비슷한 발전궤도로 움직여 왔다.

다시 한번 정리하면 포지셔닝 개념의 핵심은 경쟁과의 관계에 있다. 고객사의 평가와 인식은 제한되어 있다. 고객사의 인식 속에 우리 기업이 위치를 차지하기 위해서는 경쟁자를 밀쳐내고 그 자리에 대신 위치할 수밖에 없다. 이러한 포지션을 효율적으로 확보하기 위해서는 경쟁업체의 단점을 공격하든지 아니면 고객이 원하는 것을 잘 발견하여 제안함으로써 고객사의 인식 속에 새로운 자리를 만들어 들어가야 할 것이다. 항공기 사업을 예로 들어 생각해보자. 만약 국가 혹은 주요 기관고객이 항공기 구매를 하고자 할 경우, 제일 먼저 고려상표군을 정하고 그 기업에 RFP를 요청할 것이다. 수주산업의 경우도 마찬가지이다. 우리나라 대통령실이 대통령 전용기를 구매한다고 한다면 몇 개의 회사에 제안을 요청하겠는가? 전 세계에 대형항공기 제작사가 더 있다고 하더라도, 아마 B 기업과 A 기업 정도일 것이다. 대통령 전용기를 맡길 수 있는 믿을 만한 회사로 인식된 기업이 두 곳이기 때문이다. 이 예시처럼 많은 산업에서 기업들은 RFP 대

그림 7-17 항공기 산업에서의 포지션 및 포지셔닝 예시

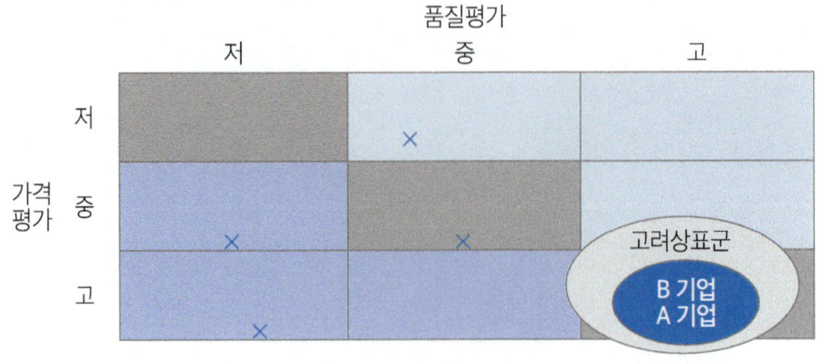

상기업군에 들어가기 위해 포지셔닝 노력을 하고 있다.

② 포지셔닝 유형

구체적 포지셔닝 의사결정은 상황마다 특유한(unique) 특성이 있어서 해당 기업이 창의적으로 결정해야 할 사항이다. 그런데 그동안 학술적 마케팅 연구들(marketing literature)이 정리해 놓은 몇 가지의 포지셔닝 유형을 간략히 살펴보고자 한다.[2] 이 유형에 대한 설명은 구체적으로 포지셔닝전략을 구상할 때 단서가 될 수 있을 것이다.

②-1 속성 및 혜택 포지셔닝(attribute and/or benefit positioning): 속성 및 혜택 포지셔닝은 가장 흔히 사용되는 방법으로 자사의 제품이 경쟁제품과 비교하여 다른 차별적 속성과 특징을 가져 특정한 이득을 제공한다고 고객에게 인식시키는 것이다. 이 유형은 기술의 속성이나 그 특징이 제공하는 이점을 이용해서 목표포지션을 차지하는 방법이다. 예를 들어 D중공업이 세계 최초로 하이브리드(Hybrid: MSF+RO)의 담수화 플랜트를 건설한 것은 하이브리드 기술 속성을 이용한 포지셔닝에 해당한다.

②-2 경쟁적 포지셔닝(competitive positioning): 경쟁적 포지셔닝은 고객의 지각 속에 자리 잡고 있는 경쟁제품과 명시적 혹은 묵시적으로 자사 제품을 비교함으로써 혜택을 강조하는 방법이다. 구매센터 구성원들의 인식 속에 자리 잡고 있는 경쟁제품 포지션과의 대비를 이용해서 우리 회사 제품의 포지션을 구축하는 이 방법은 특히 1등 기업에게 도전하는 기업이 많이 사용한다. 예를 들면, 한 B2B 페인트 회사는 경쟁사들이 저가공세를 펼치자 건조가 2배 빠른 페인트 신제품을 개발하였다. 그리고 건설 고객기업에게 '경쟁업체보다 더 능률이 높아서 귀사의 이윤을 향상시켜주는' 페인트라는 포지셔닝을 통하여 성공을 거두었다.

②-3 사용자중심 포지셔닝(user positioning): 사용자중심 포지셔닝은 제품을 사용하는 기업의 후광을 이용하거나 소구하는 제품이 특정한 고객들에게 적절하다고 포지셔닝하는 방법이다. 대표적인 예로, 미쉐린(Michelin) 타이어는 전 세계의 고급승용차(user)에 기본적으로 장착되는 타이어로, 미쉘린 타이어가 자동차의 기본장착 타이어인지 여부로 고급승용차로 판단할 수 있도록 하는 것을 포지셔닝의 주안점으로 삼았다. 미쉘린은 이런 자신의 전략적 포지션을 이용하여 기아자동차에게 고급자동차로 포지셔닝하고 싶다면 자신의 타이어를 선택하라고 설득하였고, 기아자동차는 이를 수용하여 미국

---

2) 채서일, 이성호(2017), Marketing, 6판, 비앤엠북스 참조.

수출형 고급 차종 중 최고급 모델에 미쉘린 타이어를 기본으로 장착했다.

②-4 **사용상황 중심 포지셔닝(use occasion positioning)**: 사용상황 중심 포지셔닝은 제품사용에 적절한 상황을 묘사 또는 제시함으로써 포지셔닝을 구축하는 방법이다. 예를 들어 고어텍스(Gore-tex)의 경우 방습 및 투습 기능이 뛰어난 장점을 강조하여, 기후나 온도 변화에 예민한 군복이나 경찰복 등의 구매기관의 의사결정자로 하여금 고어텍스 이외의 다른 소재구매를 생각하지 못하도록 했다.

②-5 **틈새 포지셔닝(niche positioning)**: 틈새 포지셔닝이란 경쟁적 포지셔닝의 특별한 경우로 기존의 제품이 충족시키지 못하고 있는 시장기회, 즉 니치 마켓(niche market) 속의 절대 강자로 자리 잡는 방법이다. 니치 마켓이란 주요 경쟁기업들이 진출하기에는 작아서 지금 들어가 있는 회사가 절대적 명성과 전문성을 인정받는 세분시장을 의미한다. 예를 들어 많은 기업들이 진출해 있는 일반트럭시장과 달리 특수차량시장의 경우 소수의 기업만이 사업을 한다. 이 기업은 이 분야에서 전문성을 가지고 있고, 대기업이 진입하기에는 규모가 작은 시장에서 절대 강자의 지위를 누린다. 그러나 니치 포지셔닝의 경우 회사의 이미지가 니치 시장에 한정될 수 있고, 세분시장에 큰 변화가 발생할 경우 위험을 분산시키기 어려운 단점에 유의해야 한다.

(2) 포지셔닝의 수행

① 포지셔닝전략의 수행과정

포지셔닝은 기업이 표적시장으로 선택한 세분시장에서 차지하고 싶은 전략적 포지션

그림 7-18 포지셔닝전략의 수행과정

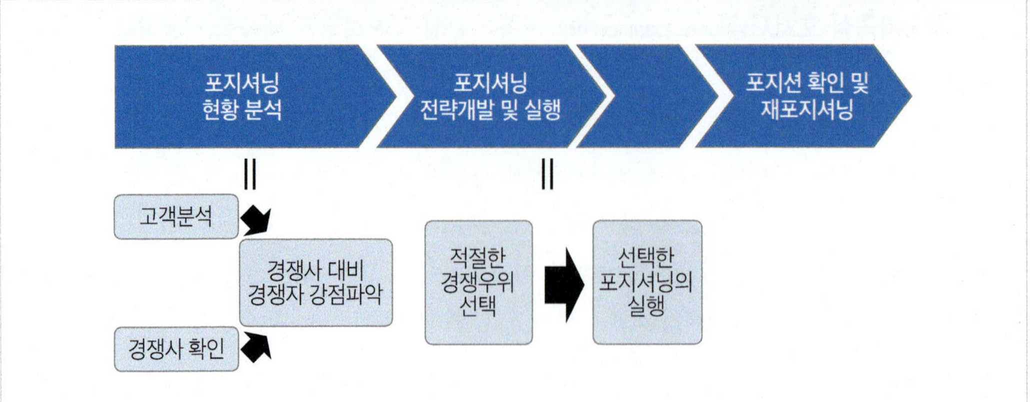

을 획득하기 위한 기업의 총체적 노력이다. 이러한 포지셔닝 활동의 수행과정은 크게 세 단계로 구성되어 있다(그림 7-18 참조). 첫째, 포지셔닝의 현황을 분석한다. 둘째, 포지셔닝 개념과 전략을 개발하고 실행한다. 마지막으로 포지션을 확인하고 재포지셔닝(re-positioning) 활동을 진행한다.

② 포지셔닝 현황 분석

첫 번째 단계는 포지셔닝 현황을 분석하는 것이다. 이 단계에서는 고객분석과 경쟁자분석을 실시하고, 이를 바탕으로 경쟁사 대비 강점과 약점을 파악한다. 본 단계의 고객분석, 경쟁자 확인 및 강점과 약점의 분석은 마켓 센싱과 세분시장 분석의 결과로 생각하면 된다. 즉 포지셔닝 개념 개발을 위해 현황 분석의 중요한 결과 개념으로 차별점(POD: Point of Difference)과 대등점(POP: Point of Parity)이 있다. POD란 고객 관점에서 우리 제품이 경쟁제품보다 더 많이 갖고 있다고 믿는 특성/혜택을 의미한다. POP는 고객 관점에서 우리 제품이 경쟁제품과 비슷한 수준이라고 믿는 특성/혜택이다. POD와 POP의 조합으로 포지셔닝전략 개발방향을 모색한다.

③ 포지셔닝전략 개발 및 실행

두 번째 단계에서는 포지셔닝전략을 개발하고 실행한다. 이 단계는 다시 적절한 경쟁우위를 파악하여 선택하는 것과 선택한 포지셔닝을 실행하는 과정으로 구성된다. B2B 마케팅 맥락에서는 구매센터 의사결정매트릭스 분석을 통해 파악한 고객사의 필요, 욕구, 가치를 기반으로 세분시장과 타깃팅을 수행한다. 이 과정을 통해 경쟁우위 확보 요소 또는 고객이 중요하게 여기는 평가요소를 파악하며, 이 요소의 적절한 조합으로 우리의 경쟁우위 요소(비용, 납기, 품질 등 또는 이들의 조합)를 적절하게 결정한다. 우리의 표적시장에 대해 포지셔닝전략이 결정되면 기업은 이 전략을 실행한다. 실행은 마케팅뿐만 아니라 제품개발, 생산, SCM 기능 등이 협업해서 수행하는 것이다. B2B 시장에서도 2장에서 학습했던 Treacy & Wiersema(2007)가 설명한 시장선도자가 되기 위한 세 가지 방법(제품리더십, 운영탁월성, 고객친밀성)의 조합으로 경쟁우위를 파악 · 개발하여 포지셔닝 전략을 개발하고 수행하는 것은 바람직할 것이다.[3)]

④ 포지션 확인 및 재포지셔닝

자사 제품의 포지셔닝전략을 수립하고 실행한 후 기업은 자사의 제품이 목표한 위치에 잘 포지셔닝되었는지를 지속적 모니터링을 통해 확인해야 한다. 목표 포지션이 달

3) Treacy, M., & F. Wiersema(2007), The discipline of market leaders: Choose your customers, narrow your focus, dominate your market, Hachette UK.

성된 경우 향후 전략을 검토하면 될 것이고, 달성이 미흡한 경우에는 그 원인을 분석하고(전략 선택의 잘못이었는지, 실행과정의 잘못이었는지), 새로운 목표 포지션을 다시 설정하고 포지셔닝노력을 수행한다.

(3) 포지셔닝 사례

2차 자료로 전기차 배터리 시장의 경쟁사들이 어떻게 포지셔닝하고 있는지를 살펴보자. **그림 7-19**는 글로벌 전기차 배터리업체의 시장점유율을 보여주고 있다. 중국업체들과 우리나라 대기업들이 이 시장에 진입하여 경쟁을 펼치고 있다.

그림 7-19 글로벌 전기차 배터리업체의 시장점유율(2022. 11) [4]

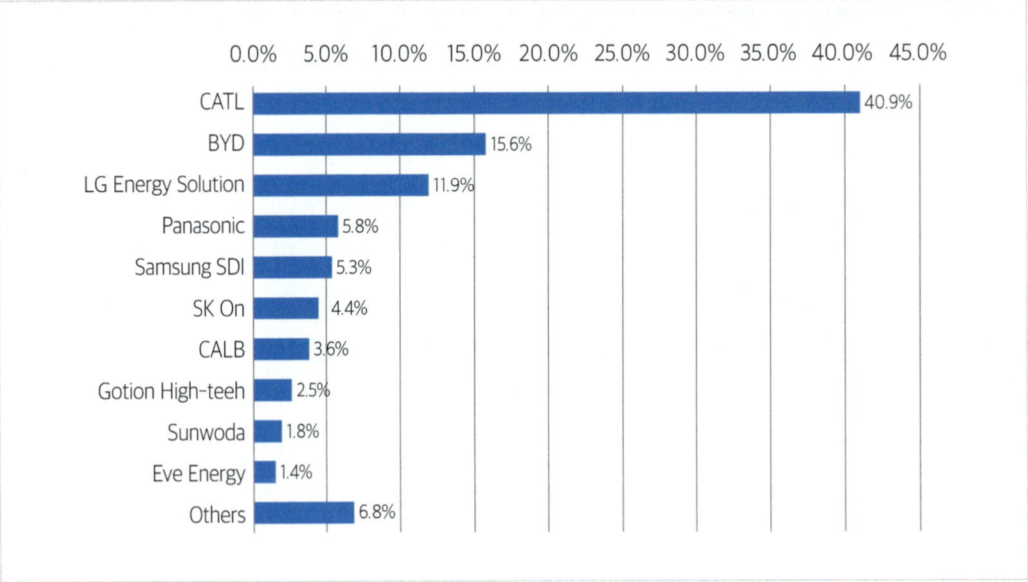

표 7-14는 우리나라 업체들을 중심으로 평균 배터리팩 판가가 제시되어 있다. 중국 CATL과 SK온은 판가와 다른 자료를 토대로 볼 때 LFP 저가형 배터리 세분시장에 포지셔닝노력을 경주하고 있는 것으로 보인다. 삼성 SDI의 경우 '친환경, 청정에너지 솔루션을 개발, 생산하고 있으며 특히 전기자동차에 요구되는 독창적이고 혁신적인 제품을 지속적으로 개발하고 있음'을 강조하는 등 코발트 프리 고품질 고가 배터리 세분시장 개발을 위해 노력하고 있는 듯하다. LG 에너지솔루션의 경우 '세계 최고의 배터리 기술력으로 전기차 대중화에 앞장섭니다'를 강조하며 CTP 공정을 도입하여 공정단순화와

4) 출처: https://cnevpost.com/2023/01/04/global-ev-battery-market-share-in-nov-2022/

표 7-14 업체별 평균 배터리팩 판가(2022년 상반기 기준)[5]

업체명	평균 팩 판가(KWH당)
삼성 SDI	$183
LG에너지솔루션	$150
CATL	$125
SK온	$119

사용부품절감으로 비용절감효과를 제시함을 볼 때 매스/가치 세분시장을 창출하기 위한 포지셔닝노력을 기울이고 있다. 이런 사례를 토대로 볼 때 심층적이고 철저한 마켓센싱을 토대로 효과적 STP 전략의 수립과 실행이 가능할 것이다.

4절. 시장개척형 마케팅을 위한 세분시장 발견

시장개척형 마케팅이나 시장지향적 마케팅 모두 STP 전략의 개념과 프로세스는 동일하게 적용된다. 다만 시장개척형 마케팅의 경우 아직 시장이 본격적으로 창출되기 전이기 때문에 신시장(고객) 세분시장을 발견하거나 생각하기 어려운 경우가 많다. 여기에서는 4장에서 살펴본 크리스텐슨의 파괴적 혁신(disruptive innovation)[6] 개념 등을 토대로 신시장(고객)과 관련된 세분시장 발견에 유용한 유형을 고찰한다. 신시장(고객)과 관련된 세분시장은 신시장과 동시에 신역량과 관련된 파괴적 혁신 유형 사업화를 위한 세분시장과 신시장 발견 사업화와 관련된 세분시장으로 구성된다. 신역량 창출 사업화와 관련된 이슈는 4장(혁신의 개념과 유형)에서 소개하였다.

4.1. 신시장/신역량 중심의 시장개척형 마케팅 관련 세분시장 발견: 비소비 세분시장

기존 제품/서비스의 비소비자를 소비계층으로 만들기 위한 생각과 노력이 파괴적 혁신방법(유형) 중 하나이다. 즉 이는 비소비로부터 시장기회를 발견하는 것이다. 이를 위

5) 출처: https://www.hellot.net/mobile/article.html?no=72296; https://www.businesspost.co.kr/BP?command=article_view&num=308425

6) 스콧 앤서니, 마크 존슨, 조셉 신필드, 엘리자베스 알트먼(2011), 파괴적 혁신 실행 매뉴얼, 이성호, 김길선 역, 옥당.

해서 시작해야 하는 사고와 분석은 소비제약요인을 발견하고 이를 제거하기 위한 혁신 노력을 시작하는 것이다. **표 7-15**를 보면 소비가 발생하기 어려운 이유는 스킬이 없어서, 부의 문제로, 접근이 어려워서, 시간이 오래 걸려서와 같은 4개의 유형이 있다. 예들을 보면 카메라, 컴퓨터, 가정용 심폐소생기 같은 신제품은 사용스킬 제약을 극복하기 위해, 비행기와 항공서비스와 구글의 검색광고는 부와 관련된 제약을 극복하기 위해, 이동전화와 VOD(Video On Demand)는 접근성 제약을 극복하기 위해, 이베이 같은 이커머스와 닌텐도의 사용하기 쉬운 위(Wii) 게임은 소비시간 제약을 극복하기 위해 창조되었다. 이러한 비소비 관련 소비제약요인 유형 분석은 항상 새로운 소비계층 세분시장을 발견 · 창출하는 데 유용할 것이다.

표 7-15 비소비로부터의 세분시장 기회 발견 유형

제약요인 유형	설명	예	발견을 위한 분석 가이드	연습 : 제품 관련 소비 제약요인 분석
Skills	문제해결을 위한 전문 지식; 소비자 스스로 할 수 없음	• 19세기의 사진 기술 • 1970년대의 컴퓨팅 • 필립스의 가정용 심폐소생기 HeartStart	• 소비까지의 Value Chain을 그려볼 것 • 주요 Skill 때문에 시장에서 대체된 생산업자를 찾아볼 것	
富	현재 솔루션은 비싸서 여유 있는 고객만 상대	• 1970년대의 비행 서비스 • 구글 검색광고 이전의 광고	• 소비 피라미드 작성 • 피라미드의 하층은 비싼 가격 때문에 배제되지는 않았는지 ?	
접근성 (Accessibility)	소비가 특정 상황에서만 가능; 솔루션의 다양성 제한	• 이동전화 이전의 전화 서비스 • VOD 이전의 틈새 영화들	• 현재 제품을 소비할 수 없는 상황들을 분석 • 바람직한 솔루션이 없는지 분석	
시간	소비시간이 오래 걸림	• eBay 이전의 buying & selling collectibles • Nintendo Wii 게임 이전의 비디오 게임	• 시간이 없어서 소비를 중도에 포기한 고객/소비자가 없는지 분석 • 제품 사용을 위하여 투자가 요구되는 시간에 대한 트렌드 분석	

4.2. 신시장 중심의 시장개척형 마케팅 관련 세분시장 발견: 과잉충족 관련 세분시장

과잉충족 고객(overshot customer)이란 현재의 제품/서비스에 대하여 더 좋은 필요와 요구를 느끼지 않을 정도로 이미 충분히 좋게 인식하는 고객 세분시장을 의미한다. 정규 오프라인 교육 대신 등장한 온라인 교육, OTT 콘텐츠 비즈니스 등과 같은 low-end 파괴적 혁신이 그 예가 될 수 있다. 또한 기존과 다른 중요한 성능 차원 제안에 반응하는 세분시장 등을 생각할 수 있다. 예를 들어 글로벌 제약 강호 Eli Lilly 사는 인간 인슐린과 같은 순도 100%인 인슐린 단백질(유전자 변형 박테리아)를 발명한 Genetech 사에 약 10억 달러를 투자하여 기존 제품보다 25% 고가의 고품질 인슐린 브랜드 Humulin을 출시했다. 반면 덴마크의 Novo Nordisk 사의 경우 인슐린의 순도를 증진시키는 대신 사용의 편의성에 큰 신경을 써서 인슐린 카트리지 팬을 발명하였다. Humulin은 순도 측면에선 훨씬 좋은 인슐린임에는 틀림없었지만, 전통적인 주사기를 써야 하는 불편함을 수반하고 있었다. Novo 사의 인슐린 카트리지는 시장의 대세 제품이 되었으며 카트리지 교환을 고려하면 단가 기준으로 기존 제품보다 약 30% 정도의 추가 가격에 의한 수익을 확보했다. 즉 소비자의 경우 인슐린 순도에는 이미 과잉충족되었던 것이다. B2B 맥락에서의 사례로는 다우 코닝의 자이어미터(Xiameter) 도입을 들 수 있다. 실리콘 업계의 리더 다우 코닝은 실리콘 제품을 발명했지만 이 제품의 특허가 끝나는 순간 성능 측면은 더 증진시켜도 고객기업을 과잉충족시킬 뿐이라는 결론을 얻었다. 성능 차원은 최소한의 만족기준을 넘어서되(good enough), 빠른 배송 및 저렴한 가격이라는 편의성이라는 차원에 초점을 맞춰 온라인 비즈니스 채널용 제품인 자이어미터를 도입하여 이에 적극적으로 호의적으로 반응하는 큰 세분시장을 발견, 창조하였다.

물론 혁신의 성공을 위해선 신역량(기술 및 조직)이 매우 중요하다. 이를 토대로 신제품/서비스가 창조될 경우 이 제품/서비스가 기존고객에게 전달되는 혁신이 신역량 중심의 혁신인 반면 이러한 제품/서비스가 새로운 고객에게 전달되는 혁신은 신시장/신역량 혁신임을 살펴보았다(4장). 신시장/신역량 관련 세분시장은 앞서 소비제약 극복과 연관되는 세분시장으로 살펴보았고, 신역량 중심의 세분시장 이슈도 고객세분군은 변하지 않음에 따라 4장에서 고찰하였다.

이 장의 요약

이번 장의 주요 내용을 요약하면 다음과 같다.

- 우리 기업의 자원과 역량은 무한하지 않다. 이런 여건에서 고객으로부터의 사업기회를 놓고 경쟁자와 경쟁하고 있다. 즉 모든 시장 기회를 전부 공략할 수는 없다.
- 유한한 자원을 효율적으로 활용하면서 시장기회를 포착하기 위한 관점에서 시장을 보는 것이 중요하다. 즉 우리의 자원을 효율적으로 활용하면서 가장 효과적인 방법으로 시장을 공략하기 위해 고객들을 어떻게 비슷한 그룹으로 묶어야 하는가를 결정하는 것이 시장세분화(segmentation)이다.
- 시장세분화의 기준은 우리의 마케팅 접근방법(marketing approach)이 가장 효과적으로 적용될 수 있는가의 여부이다. 이에 따라 효과적인 세부화 기준은 수많은 후보 변수들 중에서 창의적으로(creative) 도출되어야 한다.
- 특히 잠재적(potential) 기준변수에 대해서는 특히 RFP 이전 단계(pre-RFP step)부터 적극적 고객 센싱이 되어 있어야 한다. 그래야 선제적 B2B 마케팅 접근방법을 도출할 수 있다.
- STP는 세분화 기준변수의 선정, 세분화분석의 수행, 표적시장선정(target market selection), 경쟁우위 분석과 포지셔닝, 포지셔닝의 평가 및 재포지셔닝 순으로 진행된다.
- 시장세분화는 세분화 기준변수와 관련된 고객정보의 수집, 세분시장 고객정보의 분석, 세분시장 분석 평가, 세분시장의 프로파일링(profiling) 순으로 수행된다.
- 세분화 분석을 통해 도출한 세분군 중에서 기업의 자원을 효율적으로 활용하며 가장 효과적 방법으로 공략할 세분군을 선정하는 것이 표적시장선정(targeting)이다.
- 표적시장선정을 위해서 세분시장의 매력도, 세분시장의 경쟁강도, 세분시장과 자사와의 적합성을 고려하여 세분시장을 평가한다. 다시 말해, 세분시장 수준에서 시장매력도와 경쟁력(경쟁적 위치)로 세분시장을 평가한다.
- 세분시장 중 얼마나 많은 세분시장을 표적시장(target market)으로 선택할 것인가에 대해 결정하는 것을 표적시장선정(targeting)전략이라 한다.
- 표적시장선정전략은 크게 전체시장도달전략과 부분시장도달전략으로 구분된다.
- 전체시장도달전략에는 단일제품-전체시장도달전략과 다수제품-전체시장도달전략이 있다.
- 부분시장도달전략에는 단일시장집중전략, 시장전문화전략, 제품전문화전략, 선택적 전문화전략이 있다.
- 시장세분화가 수요 측면(demand side), 즉 소비자 관점의 내용이라면, 포지셔닝(positioning)은 공급 측면(supply side), 즉 사업수행자 또는 경쟁 관점에서의 내용이다.
- 시장, 특히 표적시장의 고객 인식 속에 놓여 있는 공급자의 위치를 포지션이라 한다. 공급자의 위치가 표시된 맵을 포지션 맵(position map)이라 한다.

- 포지션 맵에서 우리의 경쟁력을 가장 극대화할 수 있는 위치를 발견하고 이 위치에 어떻게 도달할 것인지를 결정하는 것이 포지셔닝전략이며, 이를 실행하는 회사의 총체적 노력을 포지셔닝이라고 한다.
- 포지셔닝의 수행은 포지셔닝 현황분석, 포지셔닝전략의 개발과 실행, 포지션의 확인 및 재포지셔닝 단계로 이루어진다.
- 포지션 맵의 효과적 활용을 위해선 공급자의 상대적 포지션과 고객(시장)세분화분석 결과를 통합해야 한다.
- 포지셔닝전략 개발을 위해선 경쟁자의 포지션 및 고객세분시장에 관한 현재(as-is) 상황뿐만 아니라 미래(to-be) 상황도 고려해야 한다.
- 시장개척형 마케팅을 위한 세분시장 발견을 위해선 비소비 세분시장의 소비제약요인 분석과 과잉충족 소비자세분시장 분석이 중요하다.

핵심 용어

시장세분화, 표적시장선정, 포지셔닝, 세분시장 기준변수, 거시적 시장세분화, 미시적 시장세분화, 세분시장 프로파일링, 세분시장 평가, 세분시장 매력도, 세분시장에서의 경쟁강도, 세분시장과 자사와의 적합성, 세분시장 경쟁력, 전체시장도달전략, 단일제품-전체시장도달전략, 복수제품-전체시장도달전략, 부분시장도달전략, 단일제품집중화전략, 시장전문화전략, 제품전문화전략, 선택적 전문화전략, 대량맞춤화전략, 포지션, 포지셔닝, 포지셔닝 맵, 전략적 포지셔닝 맵, 포지셔닝 유형, 포지셔닝전략 수행과정, 비소비 세분시장, 소비제약요인, 과잉충족 세분시장

생각 및 토론 과제

1. 여러분이 속한 사업부에서는 어떤 기준으로 시장을 세분화하고 있는가?

(1) 학습한 내용을 바탕으로 구체적 세분화 기준을 도출, 제시하시오.

(2) 여러분 사업부의 시장을 크게 2개 정도의 세분시장으로 분류, 구성해서 제시하시오. 이 두 개의 세분시장에 대한 프로파일(profile)을 작성, 제시하시오.

2. 여러분의 사업부를 기준으로 생각하시오.

(1) 표적시장선정(targeting)을 위한 세분시장 평가요인인 세분시장의 매력도, 세분시장의 경쟁강도, 세분시장과 자사 사업부와의 적합성을 감안할 때, 이 세 요인의 상대적 중요성은 어떻게 되어야 하는지를

그 이유와 함께 설명하시오.

(2) 세분시장의 매력도와 경쟁력을 기준으로 할 때 현재 여러분 사업부의 세분시장과 표적시장에 대해 설명하시오.

(3) (2)의 질문에 대한 답을 미래 상황을 감안하여 제시하시오.

3. 특정 회사의 특정 사업부를 기준으로 주요 고객의 관점에서 어떠한 기준에서 여러분과 주요 경쟁자의 포지션(position)이 그려지는지 생각하시오. 나아가 여러분의 미래 포지션을 위한 바람직한 전략 방향을 동료들과 토론하여 도출하시오.

제 8 장

B2B 가치창출 전략

Palmatier와 Sridhar(2021)는 B2B나 B2C 맥락에 상관없이 마케팅전략의 일반적 원칙(First principles)을 설명했다.[1] 이 중 고객과 경쟁과 관련된 중요한 두 개의 원칙은 이번 장의 주제와도 관련이 깊다. 먼저 '니즈, 원츠, 가치 측면에서 고객은 다르다'라는 원칙은 B2B 마케팅 맥락에서도 고객기업은 공급기업에게 원하는 것이 다르다는 점을 다시 한번 고려하게 한다. 둘째, 모든 경쟁자는 경쟁의 움직임에 반응하므로 어떤 무기와 역량으로 경쟁우위를 획득할 것인가가 중요하다는 점도 항상 염두에 둬야 한다.

사실 1장의 4절(B2B 마케팅의 수요 이론적 발전)에서 고찰했듯이 전반적으로 관계마케팅의 긍정적 효과는 강력하지만 고객기업이 항상 관계를 원하는 것은 아니다. 그러면 어떤 조건에서 어떠한 B2B 마케팅전략을 펼칠 것인가라는 주제는 매우 전략적으로 어쩌면 B2B 마케팅 및 영업전략에서 STP 전략보다도 상위에서 결정되어야 할 이유로 볼 수 있다. 그런데 이러한 유형별로 고객가치제안을 전달하는 마케팅실행, 즉 영업활동 유형이 달라야 한다는 본서의 주요 주장(proposition)을 감안하여 본 장을 STP 전략 다음에 서술한다.

B2B 관계마케팅전략 유형은 고객기업의 전략과 역량, 그리고 우리기업의 전략과 역량이 교차하는 지점에서 결정될 수 있음을 제시한 1장의 내용을 토대로, 이번 장에서는 B2B 가치창출전략 유형을 구분하여 설명한다, 이 유형은 다시 시장개척형 가치창출전략과 시장지향적 가치창출전략으로 연계되어 제시된다. 또한 본 장의 B2B 마케팅전략 유형은 10장의 고객가치제안 전달 유형과도 연계되어 설명될 것이다.

---

1) Palmatier, R. W. & S. Sridhar(2021), Marketing Strategy: Based on First Principles and Data Analytics, 2nd Ed., Bloomsbury Academic.

1절. 관계지향성의 범위

1.1. 관계마케팅의 이론적 주장

1장에서 살펴보았듯이 B2B 기업 관계의 긍정적 결과에 효과가 높은 관계마케팅 활동은 서로에 대한 신뢰(trust)와 몰입(commitment)이다. 이러한 관계적 요인들이 고객충성도에 미치는 효과와 객관적 비즈니스 성과에 미치는 효과는 유효하였다. 또한 고객기업의 경우 관계로부터 얻을 수 있는 혜택(relationship benefits)이 높다고 인식할 때, 판매기업의 경우 관계에 대한 투자(relationship investment)를 많이 하거나 판매기업의 전문성(seller expertise)이 높을 때, 그리고 양쪽 기업의 커뮤니케이션이 늘어날수록 고객기업과 판매기업의 관계에 대한 신뢰, 몰입, 만족과 품질이 증진되고 긍정적 효과가 나타났다. 관계마케팅의 긍정적 효과는 강력한 것으로 볼 수 있다(표 1-4 참조).

한편 기업의 관계성향 또는 자세, 제품에 대한 고객의 의존성, 제품범주에 대한 고객의 관여도가 높을 때, 관계의 단계가 진척되었을 경우, 영업사원 역량(salesperson competence), 그리고 업계 규범이 그러할 경우에는 고객기업이 높은 관계를 원하지만 그렇지 않은 경우에 고객기업은 공급기업과 높은 관계를 원하는 것은 아니다. 또한 관계마케팅의 성과가 국가문화에 따라 차이가 있음을 감안할 때 역시 모든 고객기업이 항상 높은 관계를 원하지는 않는다(표 1-4 참조).

나아가 고객과의 관계기간과 고객수익성 간의 관계가 비교적 독립적이라는 연구결과(그림 1-29 참조), 그리고 고객의 획득비용뿐 아니라 유지비용이 중요함을 제시하는 연구결과(그림 1-30 참조)는 모든 고객들과의 관계를 획득하고 유지하는 것이 바람직하지 않음을 시사하고 있다.

1.2. 고객 니즈·파워와 우리(공급사) 니즈·파워의 만남

니즈, 원츠, 가치 측면에서 고객은 다르다라는 마케팅원칙을 감안할 때 B2B 마케팅전략 도출 또한 고객 입장으로부터 가치창출(value creation)전략 방향을 모색해야 한다. 이 점을 감안하여 2장에서 구매기업의 구매모델을 살펴보았고(그림 2-9 참조), 이 모델을 토대로 시장지향적 선제적 마케팅(market-driven PAM: proactive marketing) 유형과 시장개척형 선제적 마케팅(market-driving PAM: proactive marketing)을 구분하여 제시하였다(그림 2-10 참조). 나아가 4장에서는 시장지향적 마케팅역량과 시장개척형 마케팅역량을 설명하였는데 이번 8장에서는 B2B 맥락에서 좀 더 구체적인 마케팅전략, 즉 가치창출전략을 설명한다.

그림 2-9 를 보다 정교화하여 고객기업이 구매 맥락에서 원하는 바를 나타낸 모델이 그림 8-1 이다. 이렇듯 고객기업은 자신의 가치를 증진시키기 위해 매우 다양한 생각과 노력을 하고 있다. 공급업체와의 공동이점을 모색하는(seek joint advantage with supplier) 구매기업의 전략은 세부적으로 가치파트너십(value partnership: 기본적으로 증진수익 공유), 가치사슬관리(value chain management: 공급판매기업의 가치사슬관리 및 통제), 코스트 파트너십(cost partnership: 기본적으로 절감원가 공유), 그리고 통합운영계획(integrated operations planning: 수요 및 공급스케줄 연동관리)으로 구성된다. 또한 공급업체 사이의 경쟁을 활용하는(leverage competition among suppliers) 구매기업의 전략은 공급업체에 대한 가격리뷰(supplier pricing review), 입찰(tendering), 목표가격제도(target pricing: 구매기업이 목표로 하는 구매가격 설정 및 사용), 그리고 글로벌 소싱(globalization: 글로벌 소싱 파트너 선정 및 사용)으로 구성된다.

그림 8-1 A. T. Kearney의 Purchasing Chessboard™ [2)]

Supply Power (High → Low) / Demand Power (Low → High)

혁신 추구 (Innovation breakthrough)	스펙 변경 추구 (Re-specification)	가치사슬관리 (Value chain management)	가치 파트너십 (Value partnership)
위험관리 (Risk management)	기술적 데이터 마이닝 (Technical data-mining)	통합운영계획 (Integrated operations planning)	코스트 파트너십 (Cost partnership)
공동 소싱 (Co-sourcing)	상업적 데이터 마이닝 (Commercial data-mining)	입찰 (Tendering)	공급업체 가격 리뷰 (Supplier pricing review)
수요관리 (Demand management)	볼륨구매와 번들링 (Volume bundling)	글로벌 소싱 (Globalization)	목표가격제도 (Target pricing)

고객기업이 원하는 가치와 우리가 제공할 수 있는 가치에 따라 B2B 가치창출전략 유형이 결정될 수 있다는 것이 본서의 주요 주장(main proposition)이며 다음 절부터 이를 더 정교화하여 고찰한다.

2) Schuh, C., J. L. Raudabaugh, R. Kromoser, M. F. Strohmer, A. Triplat, A., & J. Pearce(2017), The Purchasing Chessboard®, Springer, New York.

2절. B2B 가치창출전략 유형

2.1. 관계지향성에 따른 B2B 가치창출전략(value creation) 유형

고객이 원하는 가치와 공급자가 제공할 수 있는 가치에 따라 공급기업과 고객기업의 관계는 거래관계(transactional relationship)로부터 파트너관계(partner relationship)에 이르는 관계지향성 연속체(continuum)선상에 존재한다. B2B 가치창출전략 유형은 관계가치의 원천(sources of value)과 관계가치의 차원(dimensions of relationship value)에 의해 도출될 수 있다(그림 8-2 참조).

고객이 평가하는 가치의 원천 측면이 범용제품(commodity products)인 경우 고객이 공급기업과 맺는 가치 차원에서 원하는 혜택(benefits or gain points) 또는 줄이고자 하는 비용(costs or pain points)은 그리 복잡하지 않을 것이다. 범용제품이기에 공급업체의 가격도 비슷할 것이기에 이 경우 통하는 마케팅을 범용/연고(緣故) 마케팅이라 명명하였다. 가격 등을 맞춰주면서 고객기업 구매담당자와의 연고('우리가 남이가')를 강조하면서 같이 관계를 즐기는(예: 온천, 마작, 사케)[3] 영업을 의미한다. 저자는 이 경우는 B2B 가치창출전략의 유형에 포함하지 않는다.

그림 8-2 관계가치에 기반한 B2B 가치창출전략 유형[4]

		관계가치 차원(Dimensions of Relationship Value)		
	가치 원천 (Sources of Value)	Benefits (+) = Gain Points ⬆		Costs (-) = Pain Points ⬇
파트너관계 Partner Relationship	고객의 운영 Customer Operations (Strategic Partner)	공급업체 노하우 Supplier Know-How 시장개발속도 Time to Market	파트너십	운영비 Operation Costs or OPEX (operation expenses)
	소싱 프로세스 Sourcing Process (VAS: Value-added Supplier)	서비스 지원 Service Support 인적 상호작용 Personal Interaction	+ α	획득비 Acquisition Costs or CAPEX (capital expenses)
거래관계 Transactional Relationship	핵심 오퍼링 Core Offering (Product Vendor)	제품 품질 Product Quality 납기 성능 Delivery Performance	QDC.. TR 조합	직접비 Direct Costs
	Commodity Products Commodity Marketing	가격 등 맞춰주고… "온천, 마작, 사케"		

3) 이마무라 히데아키(2007), 보스턴컨설팅그룹의 B2B 마케팅, 정진우 역, 비즈니스맵.

4) Ulaga, W. & A. Eggert(2006), "Value-based differentiation in business relationships; Gaining and sustaining key supplier status," Journal of Marketing, 70(1), 119-136의 내용을 토대로 만듦.

고객이 인식하는 가치의 원천이 핵심 오퍼링(core offering: 제품/서비스)에 있고, 고객이 공급기업과 맺는 가치 차원에서 원하는 혜택(benefits or gain points)은 높은 제품품질(product quality) 또는 빠른 납기성능(delivery performance), 줄이고자 하는 비용(costs or pain points)은 제품과 서비스의 직접비인 경우는 B2B 관계에서 매우 흔하게 발견된다. 이 경우의 B2B 가치창출전략 유형은 **제품벤더(product vendor) 마케팅/가치창출전략**이라 명명한다. 이 경우 고객기업과 판매기업의 관계는 거래 관계(transactioal relationship)에 가깝다. 즉 한 거래가 다음 거래를 보장하지 않는다. 이 가치창출전략 유형에서는 판매기업이 고객기업이 원하는 가치를 발견하여 이를 만족시키는 것이 중요한데, 고객이 원하는 가치는 QDCTR(Q[품질]: Quality, D[납기]: Delivery, C[비용]: Cost, T[기술]: Technology, R[고객요구에 대한 응대력]: Responsiveness)의 조합으로 창출될 수 있다.

고객이 인식하는 가치의 원천이 제품/서비스, 소싱 프로세스를 넘어서서 고객의 비즈니스 운영(customer operations)에 있고, 고객이 공급기업과 맺는 가치 차원에서 원하는 혜택과 줄이고자 하는 비용은 QDCTR의 조합이나 서비스 지원, 인적 상호작용, 획득비용의 감소를 넘어선다. 즉 고객기업은 공급기업과의 관계에서 서비스 지원(service support)과 인적 상호작용(personal interaction)의 혜택을 원하며, 직접비를 넘어서서 획득비용(acquisition cost 또는 CAPEX: Capital Expenditure)을 줄이고 싶다. 해당 부품이나 특정 업무단위에서 공급업자 탐색비용을 줄이고 신뢰와 몰입할 수 있는 공급업체와의 관계를 원한다. 이 경우의 B2B 가치창출전략 유형은 **부가가치공급자(VAS: Value-Added Supplier) 마케팅/가치창출전략**이라 명명한다. 이 경우 고객기업과 판매기업의 관계는 거래관계를 넘어서서 소싱 계약이 이루어지는 관계이다. 즉 일정 기간 동안 부품, 품목, 특정 업무에 대한 거래가 보장된다. 흔히들 아웃소싱 파트너가 이 유형에 해당하며, 이 가치창출 전략 유형에서 판매기업은 고객기업이 원하는 서비스 지원과 인적 상호작용의 증진 또는 획득비용의 감소를 조합하여 제공함으로써 가치를 창출할 수 있다.

고객이 인식하는 가치의 원천이 제품/서비스를 넘어서서 소싱 프로세스(sourcing process)에 있고, 고객이 공급기업과 맺는 가치 차원에서 원하는 혜택과 줄이고자 하는 비용은 QDCTR의 조합을 넘어선다. 즉 고객기업은 공급기업과의 관계에서 공급업체의 노하우(supplier know-how)나 자신기업의 시장개발속도에 도움을 주는(time to market) 기술, 지식 등의 전략적 파트너십 혜택을 원한다. 또한 제품/서비스 비용과 획득비용의 감소를 넘어서서 공급자와의 파트너십으로 자신의 운영비를 절감(operation costs 또는 OPEX: Operation Expenditure)하고 싶다. 이 경우의 B2B 가치창출전략 유형은 **전략적 파트너(strategic partner) 마케팅/가치창출전략**이라 명명한다. 이 경우 고객기업과 판매기업의 관계는 계약 관계를 넘어서서, 별 탈이 없는 한 지속되는 파트너 관계이다. 즉 상당한 기간 동안 관계가 유지되며 관계의 대상과 범위도 양측의 필요에 따라 결정될 정도로 넓은 편이다. 이 가치창출전략 유형에서 판매기업은 QDCTR 조합인 핵심오퍼링, 서비스 지원과 인적 상호작용, 획득비용의 감소를 넘어서서 고객기업이 만족할 수 있는 전략적 파트너십의 품질로 가치를 창출하는 것이다.

고객-공급의 관계가치에 기반한 B2B 가치창출전략 유형은 **Vendor(벤더)**, **VAS(Value-Added Supplier)**, **Strategic Partner(전략적 파트너)** 유형 중 하나에 해당할 것이다. B2B 가치창출/마케팅전략 유형을 결정하는 요인들은 업계 규범, 경쟁의 정도, 제품의 차별화 정도 등 많은 요인들이 있겠지만, 제일 중요한 요인은 고객의 원츠와 공급자의 가치제공역량이라 할 수 있다.

2.2. Vendor, VAS 및 Strategic Partner 가치창출/마케팅전략

그림 2-10 에서 제시하였던 시장지향적 선제적 B2B 마케팅과 시장개척형 선제적 B2B 마케팅 유형을 전 절에서 살펴보았던 B2B 가치창출전략유형과 통합하여 그림 8-3 에 제시하였다. Vendor 가치창출/마케팅전략 유형과 VAS 가치창출/마케팅전략 유형은 시장지향적 선제적 B2B 마케팅(market-driven PAM)에 해당하고, Strategic Partner 가치창출/마케팅전략 유형이 시장개척형 B2B 마케팅(market-driving PAM)에 해당한다.

그림 8-3 B2B 가치창출/마케팅전략 유형

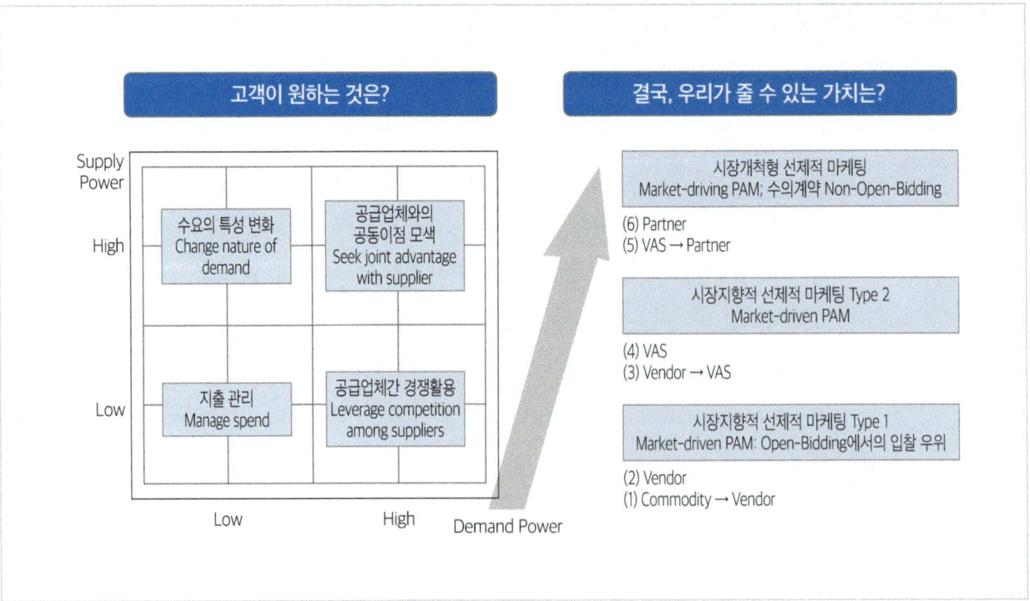

그림 8-4에 각 가치창출/마케팅전략유형의 주요 특징을 나타냈다. 세 가지 유형을 삼각형으로 해서 제일 아래쪽에 Vendor, 그 위에 VAS, 제일 위쪽에 Strategic Partner의 위치를 잡게 하였다. B2B 맥락에서 고객기업에 대한 공급기업의 역할이 Vendor인 경우의 수가 가장 많고, VAS는 적은 편이며 Strategic Partner는 매우 희귀한 경우라는 점을 나타낸 것이다. 중요한 점은 **Vendor, VAS 및 Strategic Partner는 공급기업이 원한다고 되는 것이 아니라는 점이다.** 고객이 원할 때 해당 전략유형이 가능한 것이고 동시에 공급기업은 각 유형이 요구하는 역량을 갖춰야 한다. 각 가치창출전략유형의 특징을 살펴보면, 먼저 Vendor 전략의 경우 고객의 문제와 솔루션을 고객이 이미 잘 알고 있다. 고객이 제안요청서를 발행하고 Vendor는 수동적으로 이에 대응하며 제안서를 제출한다. Vendor 전략유형의 경우 경쟁이 심하고 이에 따라 가격경쟁이 심한 편이다. 갈수록 열악한 가격조건과 심화된 경쟁으로 수익포텐셜은 감소하는 상황이다. 이에 따라 Vendor 가치창출/마케팅전략의 KSF(Key Success Factors)로는 운영의 탁월성(operational excellence), 볼륨 중심의 매출극대화 전략을 생각할 수 있다.

VAS 전략의 경우 고객이 문제는 알고 있지만 이 문제를 해결하기 위한 솔루션은 고민하는 경우가 많다. 이에 따라 독창적 솔루션의 선제적 제안으로 높은 수익포텐셜을 획득하는 것이 가능하다. VAS의 KSF는 고객 문제/욕구의 스윗 스팟을 정교하게 발견하여 해결해줌으로써 가치창출이 가능할 것이다.

Strategic Partner의 경우 고객의 문제를 선제적으로 이해하고 연구하여 적합한 솔루션

그림 8-4 B2B 가치창출/마케팅전략유형의특징

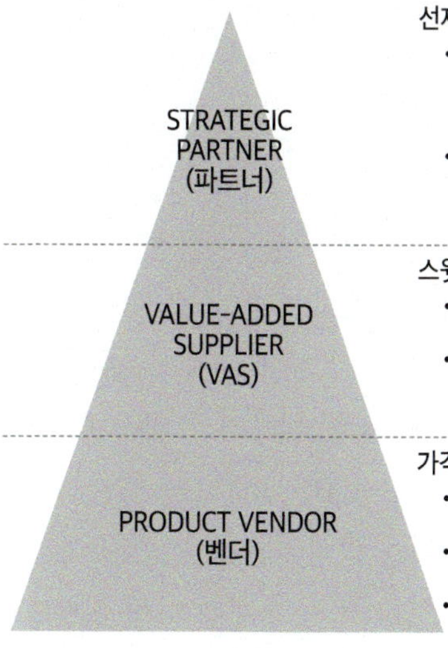

선제적 리더십 (Proactive Leadership)
- 고객의 문제를 선제적으로 이해, 딱 맞는 솔루션을 제안
  → 고객 신뢰: 우리만의 매출과 수익 기회가 창출
  By proactively understanding customer's problems and accordingly offering the right solution, it is possible to earn the trust from customers so that exclusive sales and profit opportunity can be created
- 고객 입장에서 가치를 발견, 창출, 전달할 수 있는 역량이 핵심
  The capabilities of identifying value for customers (i.e., market sensing and setting customer strategy) and creating & delivering value (solution) for customers are core competent requirements

스윗 스팟 (Sweet Spot)
- 고객이 문제는 알고 있지만 솔루션은 고민
  While customers are aware of their issues, they do not know or have solutions
- 독창적 솔루션의 선제적 제안으로 높은 수익포텐셜 획득 가능
  It is possible to acquire the opportunity of high profit potential by proactively offering exclusive solution

가격 경쟁 (Price Competition)
- 문제와 솔루션을 고객이 이미 잘 알고 있음
  Customers are well aware of their issues (problems) and solutions
- 고객이 RFP/RFQ 발행, 벤더는 수동적으로 이에 대응
  They release RFP on their own judgment, while vendors reactively respond to this
- 갈수록 열악한 가격조건과 심화된 경쟁으로 수익포텐셜은 감소
  Profit potential tends to decrease due to bad pricing conditions and/or intensified competition

을 제안해야 고객신뢰를 확보할 수 있고 공급기업 특유의 매출과 수익기회를 만들 수 있다. Strategic Partner의 KSF는 고객 입장에서 가치를 발견, 창출, 전달할 수 있는 역량이며 이를 잘 수행하면 선제적 리더십을 확보하고 고객과의 전략적 파트너십을 지속할 수 있을 것이다.

3절. 활용형 혁신과 시장지향적 가치창출전략(가치증진전략)

여기에서는 market-driven PAM 전략유형에 해당하는 Vendor와 VAS 전략에 대해 설명한다.

3.1. Vendor 가치창출전략

(1) 고객기업과 공급기업의 관계 특징

Vendor 전략은 시장지향적/선제적 B2B 마케팅전략(market-driven PAM) Type 1으로 이 전략을 구사하는 공급기업이 고객기업과 갖는 관계의 특징을 살펴본다. 관계는 아무래도 거래관계이기 때문에 딜 기반의 계약으로 그때그때 사안마다 이루어진다(deal-based, spot contract). 고객기업별로 특유한 투자는 거의 없다(little customer-specific investment). 고객 측면에서 전환비용(switching cost)은 거의 없다. 고객 관점에서 볼 때 판매기업으로부터 공급받는 제품/서비스의 중요도는 낮은 편이다. 판매기업은 고객기업의 입찰 조건에 응대하게 된다.

(2) 주요 성공요인(Key Success Factors)

본 전략을 구사하는 공급기업의 주요 성공요인을 살펴보면, 먼저 공급기업 입장에서는 고객측 담당관리자와의 효과적 커뮤니케이션(fluent communication with functional manager, e.g., sourcing manager)이 첫 번째 요인이라 할 수 있다. 둘째, 비용과 품질경쟁력을 갖춘 실제적 수행 탁월성(execution excellence in cost & quality)이 중요한 성공요인이다. 나아가 공급기업은 기술적으로 능력 있는 고객담당 판매/서비스 인력 팀(technically able client-facing team)을 갖춰서 실행해야 한다. 또한 고객기업과 공급기업의 관계에 있어 의사결정 이니셔티브는 고객에게 있다. 즉 고객이 결정하면 공급은 결정에 따라 제품/서비스를 잘 제공해야 한다(customer decides and supplier provides). 이에 따른 중요 성공요인은 고객 요구의 이해(understand customer demands)와 공급기업의 적시 대응이다(timely response).

(3) 고객 센싱 필요정보와 Vendor 例

고객 센싱을 위해 필요한 정보로는 고객의 니즈, 고객이 원하는 스펙(client specification), 그리고 고객이 평가하는 공급기업의 스펙 충족도(compliance of performance against specifications)가 있으며 이러한 정보는 필수라 할 수 있다.

Vendor 관계전략의 예로는 IT 공급기업의 경우 ERP 평가 및 진단 프로젝트 계약, 단발성 어플리케이션 개발을 들 수 있다. 또 다른 예로는 건설구매기업의 일반 시멘트 구매를 생각할 수 있고, B2B 맥락은 아니지만 개념을 쉽게 이해할 수 있는 예로는 고객이 택시를 이용하는 경우이다. 다음 이용이 보장되지는 않지만 제반 요건이 맞으면 거래관계가 발생하여 거래가 이루어지는 경우를 Vendor 관계라 할 수 있다.

전술하였듯이 Vendor 전략의 핵심가치제안 구성을 위해 필수조건은 고객이 원하는 QDCTR의 조합을 항상 센싱하여 우리의 조합(오퍼링)을 경쟁 대비 항상 평가하고 관리하는 것이다.

3.2. VAS 가치창출전략

(1) 고객기업과 공급기업의 관계 특징

VAS 전략은 시장지향적/선제적 B2B 마케팅전략(market-driven PAM) Type 2로 이 전략을 구사하는 공급기업이 고객기업과 갖는 관계의 특징을 살펴본다. 관계는 거래관계보다 장기적 · 지속적 관계(ongoing relationship)를 추구하되 관계는 해당 제품/서비스/프로젝트에 초점을 맞춘다(longer term, but focus is still on the project). 공급기업의 경우 고객 니즈를 이해하고 프로세스 조정을 위한 선투자가 필요한 경우가 많다(upfront investment is needed to understand customer needs and adjust processes). 지속적 관계는 반복적 상호작용에 의한 혜택(benefits of repeated interaction)과 고객기업의 충성도와 연결되는 편이다. 한편 고객기업은 자신에게 무엇이 필요한지 잘 알고 있는 편이다(client knows what it needs).

(2) 주요 성공요인(Key Success Factors)

본 전략을 구사하는 공급기업의 주요 성공요인을 살펴보면, 먼저 공급기업 입장에서는 고객기업의 C-레벨 임원과의 효과적 커뮤니케이션(fluent communication with business manager: CXO)이 첫 번째 요인이라 할 수 있으며 다. 둘째, 수행 탁월성(execution excellence)이 중요한 성공요인인 것도 Vendor의 경우와 같다. 나아가 고객기업과 공급기업의 관계에 있어 의사결정 이니셔티브는 고객에게 있다. 즉 고객이 결정하면 공급은 결정에 따라 제품/서비스를 잘 제공해야 한다는 것도 Vendor의 경우와 같다(customer decides and supplier provides). 이에 따른 중요 성공요인은 고객 요구와 니즈의 이해(understand customer needs)이며 이도 Vendor의 경우와 같다. 그런데 VAS의 경우에는 Vendor와 달리 공급기업이 고객의 비즈니스를 잘 이해해야 한다.

(3) 고객 센싱 필요정보와 VAS 例

Vendor의 경우와 동일하게 고객 센싱을 위해 필요한 정보로는 고객의 니즈, 고객이 원하는 스펙(client specification), 그리고 고객이 평가하는 공급기업의 스펙 충족도(compliance of performance against specifications)가 있으며 이러한 정보는 필수라 할 수 있다. 그 외 VAS의 경우에는 추가적으로 후속 판매/프로젝트를 촉진하는 고객별 특유 지식이 필요하고(client-specific knowledge that facilitates follow-up sales/projects), 지속적 관계를 감안할 때 성과 이력(history of performance) 정보를 잘 관리하여 활용해야 할 것이다.

VAS 관계전략의 예로는 IT 공급기업의 경우 동일 고객의 다른 프로젝트 연속 공급, 병원의 공급품(hospital supplies)을 들 수 있다. 또한 Vendor의 예가 택시였다면, VAS의 예는 일정 기간 사용해 온 리무진 서비스이다. 회계감사 서비스도 VAS의 예이다.

(4) VAS 가치창출전략 사례

B2B 중심의 화학소재기업이지만 최종소비자를 연구하고 소비자의 니즈를 분석해 산업재 제품개발 및 마케팅을 해오고 있는 글로벌 D 기업이 있다. 이 기업은 역사적으로 유명한 나일론(Nylon), 케블라(Kevlar: 타이어소재, 섬유소재), 테플론(Teflon: 요리도구 소재), 스테인마스터(Stainmaster: 카펫섬유소재), 노멕스(Nomex: 전기단열재)와 같은 고성능가치를 제공하는 B2B 소재 제품으로 브랜드 마케팅을 시도해 성공가도를 달리고 있다. 이 기업의 경우는 시장개척형 제품혁신(market-driving innovation)으로 B2B 산업을 대표한다. 특정 고객기업의 전략적 파트너보다는 많은 산업/기업의 VAS로 활동하고 있는 것으로 해석하는 것이 타당하다. 이 사례는 Strategic Partner 전략유형이 항상 고수익성과를 창출하는 것은 아니라는 점을 시사하고 있다. Strategic Partner의 경우는 고위험/고수익(high risk &

high return) 특성을 가지고 있다고 볼 수 있다. VAS라고 해도 D 기업과 같은 제품/브랜드 챔피언 기업은 고수익성과를 창출할 수 있다.

세계 1위 자동차제어업체, 전통적인 글로벌 T 기업은 부품공급업체를 전략적 파트너로 대우하는 기업으로 유명하다. 기업의 운영 단계에서 초기부터 일찍 공급업체가 협력적으로 참여하는 ESI(Early Supplier Involvement) 개념을 바탕으로 T 기업은 신차 디자인이 나오기 전에 부품공급업체를 신제품 기획 및 개발과정에 참여시키며, 설계사양 대신 성능사양을 공급업체에게 제공하는 것으로 유명하다. 즉 공급업체에게 자세한 세부항목까지 요구하는 것이 아니라 성능사양을 만족시킬 최선의 방법을 공급업체들이 알아서 찾아내도록 하는 것이다. 반면, 미국의 글로벌 자동차 기업 G 사는 1990년대 초반에 급감하고 있던 수익성을 높이기 위해 자신의 부품 공급업체 모두에게 일방적으로 납품가격을 10% 낮추라고 요구하였다. 그 결과 단기적으로는 재무성과 개선을 가져왔지만 결과적으로 우수한 부품업체들이 모두 G 기업을 떠나감으로써 G 기업 품질경쟁력의 대폭적인 저하를 불러왔고 결국 G 사는 기업파산에까지 이르게 되었었다. T 기업의 부품 공급업체는 VAS로 활동하지만 고객기업 T 사는 각 핵심부품기업에게 Strategic Partner 역할을 주고 활동하도록 지원하고 있다. 이 경우 공급업체는 Strategic VAS라 할 수 있다. 즉 이 사례는 Vendor - VAS - Strategic Partner 가치창출 영역이 범주형이 아니라 관계의 연속체선(continuum)상에 있음을 시사하고 있다. 다시 말해 실제 현실에서는 고객기업과 공급기업의 관계는 훨씬 다양한 형태로 존재하며 작동한다는 함의점을 제시하고 있다.

4절. 탐색형 혁신과 시장개척형 가치창출전략(가치창조전략)

이번 절에서는 market-driving PAM 전략유형에 해당하는 Strategic Partner 전략에 대해 고찰한다.

4.1. Strategic Partner 가치창출전략

(1) 고객기업과 공급기업의 관계 특징

Strategic Partner 전략은 시장개척형/선제적 B2B 마케팅전략(market-driving PAM)으로 이 전략을 구사하는 공급기업이 고객기업과 갖는 관계의 특징을 살펴본다. 고객기업과 공급기업은 장기적 관계를 가지며 관계의 초점은 오퍼링이나 소싱프로세스를 넘어서서 관계 그 자체라 할 수 있다. 두 기업의 관계는 상대적으로 복잡한 제품/서비스/프로젝트를 대상으로 이루어지고 유지된다. 나아가 두 기업의 관계는 양사의 핵심역량과 관련된 관계이다(more related to core competencies).

(2) 주요 성공요인(Key Success Factors)

본 전략을 구사하는 공급기업의 주요 성공요인을 살펴보면, 먼저 공급기업 입장에서는 고객측 담당관리자와의 효과적 커뮤니케이션이 첫 번째 요인이라 할 수 있으며, 이는 Vendor나 VAS와는 다르다. Vendor나 VAS의 경우 커뮤니케이션 파트너가 고객측 담당기능(functional) 관리자인 반면, Strategic Partner의 경우에는 고객측 비즈니스를 관할하는 임원이 커뮤니케이션 파트너이다. 둘째, 고객기업에 대한 공급기업의 유연성, 혁신, 신뢰(flexibility, innovation & trust) 역량이 주요 성공요인이다. 셋째, 두 기업의 공동의사결정(joint decision-making)이 주요 성공요인이다. 넷째, 고객을 담당하는 우리 팀은 비즈니스 지향성이 명확해야 한다(client-facing team is business-oriented). 다섯 번째, 공급기업은 고객사와 고객사 비즈니스/업의 미래 비전을 명확히 공유하고 있어야 한다(have a vision of the future of the customer and the industry). 이와 관련하여 공급기업은 고객이 인식하기 전에 먼저 고객 니즈를 발견할 정도로 선제적이어야 한다(be proactive; uncover client's needs before they know them). 또한 공급기업은 고객기업과의 관계와 미래를 감안하여 자신의 핵심역량을 재정의할 의지를 가지고 있어야 한다(willingness to redefine own core competencies).

(3) 고객 센싱 필요정보와 Vendor 例

고객 센싱을 위해 필요한 정보로는 VAS의 경우가 다 해당되며 그 이상의 정보를 센싱해야 한다. Vendor와 VAS와는 달리 Strategic Partner 위치의 고객기업은 먼저 고객사의 전략과 고객 業의 진화를 이해하고 있어야 한다(need to understand client strategy & potential industry evolution). 또한 고객사의 비즈니스 성과를 이해하고 있어야 한다(supplier needs to understand client's business performance). 나아가 공급사의 제품/서비스/프로젝트가 고객기업의 성과에 미치는 영향을 알고 있어야 한다(impact of projects/offering on client's business performance).

Strategic Partner 관계전략의 예로는 IT 공급기업의 경우 인도를 대표하는 기업 Infosys처럼 고객사(예: Syngenta)의 IT 기능을 넘어서는 고객의 컴퓨팅력 제고(pervasive computing)에 의한 신사업 핵심역량(예: 바이오 기업의 신물질 발견능력) 증진, 고객의 서비스 비즈니스업 관여 등을 들 수 있다. 또한 물류 아웃소싱(logistics outsourcing)을 하는 공급기업들, 또는 전략컨설팅(strategy consulting)을 하는 기업이 Strategic Partner 역할을 하는 예라 할 수 있다.

공급기업이 이 정도의 능력을 갖추고 고객기업을 응대함으로써 두 기업의 관계는 변혁적 관계(transformational relationship)라고도 한다.

(4) Strategic Partner 가치창출전략 요약

Strategic Partner 가치창출/마케팅전략은 이상적인 B2B 마케팅전략으로 볼 수 있다. 먼저 부품(parts) 비즈니스 맥락부터 생각해본다. Strategic Partner 전략의 실행을 위해 중요한 사항들은 다음과 같다: 고객 니즈의 선제적 발견과 대응; 단축되고 있는 제품수명주기를 감안할 때 점점 중요해지는 고객응대 및 고객상호작용 스피드; 고객가치제안과 가치기반 마케팅/영업의 중요성. 공급자의 역량으로는 고객맞춤화 능력과 고객을 리딩할 수 있는 능력이 매우 중요하다. 특히 제품 스펙을 선제적으로 제안하고 고객사업을 위한 생산방식 제안 측면에서 고객 리딩 역량이 중요하다. 시스템 제품과 세트 제품 비즈니스 맥락의 내용도 부품 마케팅과 유사하다. 제품/서비스/프로세스를 넘어서는 솔루션에 초점을 맞춰 고객과 채널 고객과의 협업(collaboration)이 Strategic Partner의 중요 능력이다. 이와 같은 내용은 **그림 8-5** 에 제시되어 있다.

그림 8-5 Strategic Partner 가치창출/마케팅전략의 요약

특화품: 부품(Parts) 비즈니스마케팅 경쟁의 룰

- 수동적 Reactive → 고객 니즈의 선제적 발견/대응 (proactive finding and response of needs)
- 제품수명주기 단축(shortening of PLC (Product Life Cycle))
- 점점 중요해지는 스피드(increased importance of speed)
- 고객가치제안과 가치기반 마케팅/영업의 중요성 (importance of value proposition & value-based selling)

맞춤형 공급자 + **점점 중요해지는 고객 리딩 역량**

- 제품 스펙의 선제적 오퍼 (proactively offer customers with product specs)
- 고객사업을 위한 생산방식 제안으로 고객 리딩 → 관계의 연동화(맞물림) (leading customers by proposing a method of production → inter-locking relationships)

일반품: System/Set 비즈니스의 경우?

- Parts 마케팅과 유사
- 솔루션 중심(solution-focused: e.g., network system, system electronics)
- 공급자 제품/서비스가 고객사의 핵심 비즈니스에 중요한 영향력을 미칠 수 있게 (Products may have a significant impact on the customer's core business)
- 고객가치제안의 중요성 (importance of value proposition)
- VAR (Value-Added Reseller) 같은 전문화된 유통업자의 중요성

고객 및 채널 고객과의 협업 (collaboration with customers and channel customers)

마지막으로 Strategic Partner 가치창출/마케팅전략은 하루아침에 이뤄지지 않음을 명심할 필요가 있다. 특히 고객의 비즈니스를 심층 고찰하면서 시장개척형 혁신을 공동으로 추진하는 프로젝트의 성공확률은 생각보다 매우 낮음을 염두에 둬야 한다. 이에 따라 린 스타트업 비즈니스 추진 방식 등 본격적 비즈니스 론칭 전 다양한 테스트를 빨리 수행함으로써 빠른 학습과 비즈니스모델을 수정(완전히 수정하는 경우 피벗이라는 용어를 사용)하면서 비즈니스 성공으로 다가가야 한다.[5)]

테스트 영역과 테스트 내용(콘텐츠)을 잘 결정한 후, 다음과 같은 다양한 방법 중 적절한 방법을 선택하여 테스트와 실험을 수행해야 한다: 이차적 자료조사, 외부 벤치마킹, 가정별로 사업화계획(성과관리 목표와 추정손익계산서) 시뮬레이션, 경쟁자 입장에서의 시뮬레이션, 특허분석, Focus Group 인터뷰, 생각리더들의 원탁회의, 고객관찰, 콘셉트 테스트, 정량적 시장조사, 프로토타입, 테스트 마켓, 컨설턴트나 계약제인력고용, 특허를 통한 보호, 파트너 관계의 설정, 파트너와의 조건부 계약, 파트너와의 이정표 만들기. 일반적인 실험과정은 다음과 같다: 빠른 비즈니스 디자인을 수행한 후(비즈니스 디자인 루프: 아이디어 도출 - 비즈니스 프로토타입 만들기 - 평가), 테스트를 실행(테스트 루프: 가설 - 실험 - 학습)한다. 보다 상세한 내용은 오스터왈더 등(2021)을 참조하기를 권장한다.[6)]

(5) Strategic Partner 가치창출전략 사례

6장에서 살펴봤던 세계 최대의 독일 화학업체 바스프(BASF)가 고객기업에 대한 VAS 또는 Strategic Partner로 변신하게 된 이유는 화학제품들이 대부분 범용제품들이어서 치열한 가격경쟁에 시달리고 있었기 때문이다. 초기에는 생산효율화를 통한 원가절감으로 대응하다, 결국 가격경쟁이 아닌 혁신적인 서비스지향성(서비스지배논리) 기업으로 변신을 결정하였다. 6장의 사례처럼 고객사의 가치사슬분석을 토대로 고객사에 대한 R&D 지원 및 현장 기술 서비스와 같은 서비스로 차별화를 시도하였다. 광고캠페인에서도 "We don't make a lot of products you buy. We make a lot of the products you buy better!"로 고객가치를 중시함을 강조하였다. 이러한 변신노력의 결과 바스프(BASF)는 고객과의 파트너 관계와 기술선도력의 대명사가 되었다.

리오틴토(Rio Tinto)는 매출액 350억 달러로 세계 최대의 광업 회사 중 하나이다. 사업

5) Blank, S. & B. Dorf(2020), The startup owner's manual: The step-by-step guide for building a great company. John Wiley & Sons.; Ries, E. (2011), The lean startup: How today's entrepreneurs use continuous innovation to create radically successful businesses, Currency.

6) 알렉산더 오스터왈더, 예스 피그누어, 프레더릭 에티엠블, 앨런 스미스(2021), 최강 기업의 탄생(The Invincible Company): 세계 최고의 상품, 서비스, 기업에게서 배우는 비즈니스 모델 전략, 유정식 역, 비즈니스북스.

은 광물자원을 찾고, 채굴하고, 처리하는 것이다. 회사의 사명은 다음과 같이 명시되어 있다: 우리는 세계가 성장하는 데 도움이 되는 금속과 광물을 공급한다(We supply the metals and minerals that help the world to grow). 리오틴토의 구리 및 석탄 부문은 석탄발전소에 석탄을 공급하는 표준품의 성숙기 시장에서 업을 운영하고 있었다. 리오틴토가 주주수익의 지속적 성장을 위해 강조하는 가치제안은 세계적 수준의 포트폴리오, 품질 성장, 상업적 운영 효율성, 자본 배분의 규율, 풍부한 현금 흐름 창출, 그리고 탄탄한 재무상태표 등 6가지 요소를 기반으로 한다.[7] 리오틴토는 각각의 주요 시장을 위한 가치제안을 가지고 있었다. 석탄 사업의 경우 리오틴토의 전통적 발전소고객에 대한 가치제안은 고객이 원하는 규격(spec)에 따라 석탄을 안정적으로 공급하며, 종종 할인된 마진을 감수하며 가격할인을 해주는 것이었다. 물론 브랜드 평판 및 기술 지원으로 핵심상품의 차별화를 서포트하였다.[8] 그러나 세계 금융위기 동안 열석탄 수요가 급격히 감소했고, 광산업체들은 비용을 절감하고 효율성을 높이며 시장상품을 차별화할 수 있는 새로운 방법을 찾기 위해 싸웠다. 전통적인 교환 가치제안은 실질적인 차별화를 거의 제공하지 않았으며, 리오틴토는 고객이 단지 가격으로만 구매하고 추가적 할인 요구로 자신의 마진을 압박함을 확신했다.[9] 리오틴토는 추가적 차별화를 추구하면서 새로운 고객가치제안(CVP) 관점으로 이동했다. 관리자들은 다음을 깨달았다. "우리가 직면한 진짜 이슈는 … 정확히 어떻게 고객의 수익에 더 큰 영향을 미칠 수 있는지 충분히 알지 못한다는 것이다. … 우리는 '그들에게 돈을 보여줘야 한다'. 그리고 우리는 계속 가격할인에 의한 수익 감소를 멈춰야 한다".[10]

고객과의 대화 및 그들의 비즈니스 프로세스와 규제 환경에 대한 심층 분석에 근거하여 리오틴토는 재 처리(ash disposal)와 이산화황 포획과 처분이 많은 고객들에게 상당한 비용이 발생함을 알게 되었다. 열석탄을 재(ash)와 황 함량이 낮은 등급과 혼합하여 제공함으로써 리오틴토는 **고객의 배출비용**을 줄일 수 있었다. 이러한 새로운 가치제안은 고객의 운영환경에서 열석탄혼합제품을 제공하여 고객의 배출량을 줄이는 환경적 혜택과 비용절감 혜택을 제공하는 것이다. 열석탄과 같은 범용제품 영역에서도 고객의 비즈니스를 생각하고 고객의 문제를 선정하여 해결하고자 노력하는 방법이 Strategic Partner가 되는 기본적 방법이라 할 수 있다. 요즈음과 같이 넷제로가 중요해지는 탄소

7) 리오틴토 2014년 연차보고서: https://www.annualreports.com/HostedData/AnnualReportArchive/r/LSE_RIOA_2014.pdf.

8) Ulaga, W. & J. M. Loveland(2014), "Transitioning from product to service-led growth in manufacturing firms: Emergent challenges in selecting and managing the industrial sales force," Industrial Marketing Management, 43(1), 113-125.

9) Ibid.

10) Ibid.

중립시대 환경에서는 이러한 선제적 가치제안은 더욱 효과적으로 작동하며 고객과의 협력 관계를 지속화시킬 것이다.

이 장의 요약

이번 장의 주요 내용을 요약하면 다음과 같다.

- B2B 관계마케팅전략 유형은 고객기업의 전략과 역량(또는 고객기업이 원하는 가치), 그리고 우리기업의 전략과 역량(우리가 제공할 수 있는 가치)이 교차하는 지점에서 결정될 수 있다.
- 고객이 인식하는 가치의 원천이 핵심 오퍼링(core offering: 제품/서비스)에 있고, 고객이 공급기업과 맺는 가치 차원에서 원하는 혜택(benefits or gain points)은 높은 제품품질 또는 빠른 납기성능, 줄이고자 하는 비용(costs or pain points)은 제품과 서비스의 직접비인 경우의 B2B 가치창출전략 유형은 제품벤더(product vendor) 마케팅/가치창출전략이다. 또한 이 전략은 시장지향적 선제적 B2B 마케팅 Type 1으로 명명했다. 이 전략에서는 판매기업이 고객기업이 원하는 가치를 발견하여 이를 만족시키는 것이 중요한데, 고객이 원하는 가치는 QDCTR(Q[품질]: Quality, D[납기]: Delivery, C[비용]: Cost, T[기술]: Technology, R[고객요구에 대한 응대력]: Responsiveness)의 조합으로 창출될 수 있다.
- 고객이 인식하는 가치의 원천이 고객의 비즈니스 운영(customer operations)에 있고, 고객기업이 공급기업과의 관계에서 서비스 지원(service support)과 인적 상호작용(personal interaction)의 혜택을 원하며, 획득비용(acquisition cost 또는 CAPEX: capital expenditure), 즉 공급업자 탐색비용을 줄이고 신뢰와 몰입할 수 있는 공급업체와의 관계를 원하는 경우의 B2B 가치창출전략 유형은 부가가치공급자(VAS: Value-Added Supplier) 마케팅/가치창출전략이다. 또한 이 전략은 시장지향적 선제적 B2B 마케팅 Type 2로 명명했다. 이 전략의 경우 고객기업과 판매기업의 관계는 소싱 계약이 이루어지는 관계이다. 이 가치창출전략 유형에서 판매기업은 고객기업이 원하는 서비스 지원과 인적 상호작용의 증진 또는 획득비용의 감소를 조합하여 제공함으로써 가치를 창출할 수 있다.
- 전략적 파트너(Strategic Partner) 마케팅/가치창출전략의 경우 고객기업이 공급기업과의 관계에서 공급업체의 노하우(supplier know-how)나 자신기업의 시장개발속도에 도움을 주는(time to market) 기술, 지식 등의 전략적 파트너십 혜택을 원한다. 또한 공급자와의 파트너십으로 자신의 운영비를 절감(operation costs or OPEX: Operation Expenditure)하고 싶다. 이 전략은 시장개척형 선제적 B2B 마케팅으로 명명했다. 이 경우 공급기업은 고객기업이 만족할 수 있는 전략적 파트너십의 품질로 가치를 창출한다.

핵심 용어

관계지향성, 신뢰(trust)와 몰입(commitment), 시장지향적 선제적 마케팅(market-driven PAM; proactive marketing), 시장개척형 선제적 마케팅(market-driving PAM: proactive marketing), 제품 Vendor, VAS(Value-Added Supplier), Strategic Partner, 거래관계, 파트너관계, 핵심오퍼링, QDCTR(Quality, Delivery, Cost, Technology, Response)의 조합, 서비스 지원, 인적 상호작용, 획득비, 공급업체 노하우, 시장개발속도, 운영비

생각 및 토론 과제

1. 다음의 과제는 이번 장에서 학습한 B2B 가치창출/마케팅전략 유형의 개념을 여러분 기업의 비즈니스 맥락에서 간단하게 응용하는 과제이다.

(1) 본인이 소속한 사업부에서 현재 주로 사용하는 B2B 가치창출/마케팅전략 유형에 대해 설명하시오.

(2) 본인이 소속한 사업부에서 미래 사용하는 것이 바람직할 것으로 보이는 B2B 가치창출/마케팅전략 유형과 그 이유에 대해 설명하시오.

(3) 전략의 변화를 위해 필요한 역량과 활동을 제시하시오.

(4) 또한 변화가 필요한 비즈니스/업무 프로세스 또는 조직에 대해 설명하시오.

제 9 장

제품 및 가격관리

■ 사례: B2B 에너지기업 사례 Power Line[1)]

과거 미국의 B 기업은 EPC(Engineering, Procurement, & Construction) 분야의 활발한 사업자였다. 본 사례는 B 기업이 과거 EPC분야에서 시도했던 신제품개발 노력에 관한 사례이다.[2)] 당시 B 기업은 다음과 같은 탁월한 핵심역량을 가지고 있었다: 대규모 턴키 방식의 프로젝트(mega turnkey projects)에 대한 프로젝트 매니지먼트 역량; 글로벌 인적자원 개발 역량; 원자력, 고속철, LNG 분야에서의 기술 응용 역량; 글로벌 구매와 SCM 역량; 정부와 지역사회와의 관계관리 역량; EPC 프로세스 관리 역량; 정보 및 지식관리 역량 등. 1970년대까지만 해도 미국의 발전시장은 규제로 인해 매우 안정적이었다. 공기업만이 유일한 전력생산업체였고, 이 회사들이 발전소 건설의 자금조달을 담당했으며, EPC 사업자들이 엔지니어링 서비스를 제공했다. 이러한 시장환경에서 당시 B 기업은 원자력 발전의 EPC 사업(nuclear EPC business) 분야의 마켓리더(market leader)였다.

하지만 1978년 퍼파법(PURPA Act)이 통과되면서 시장환경이 급변하기 시작했다. 퍼파법은 독립발전사업자인 IPP(independent power producers)를 탄생시켰고, 전력회사들은 독립발전사업자(IPP)로부터 전력을 구매하게 되었다. 이로 인해 1980년대 발전시장에는 다음과 같은 위협 요인과 기회요인이 상존하게 된다. 많은 발전사가 독립발전사업자들의 시장개발을 위해 노력하면서 경쟁이 심화되었고, 독립발전사업자의 까다로운 요구조건 때문에 프로젝트 개발프로세스에 드는 비용이 급증하기 시작했다. 그런데, 구매협상력을 가진 독립발전사업자는 발전소 건설사에게 원가경쟁력과 더 효율적인 프로젝트 개발프로세스를 요구했다.

나아가 쓰리마일 아일랜드(Three Mile Island)와 체르노빌(Chernobyl) 원전 사고로 인해 원

1) 본 사례는 대기업 플랜트 사업부문 사장의 특강자료를 토대로 만들었음.
2) 사례의 시기보다는 내용에 초점을 맞춰 학습하기 바람.

자력 발전소 시장은 심각한 경기하강을 맞게 되었다. 결국 이러한 시장환경의 변화로 B 기업은 큰 위기를 맞게 되었다.

발전소 프로젝트(power plant project)의 전체 프로세스는 개발 및 발주를 거쳐, 건설(EPC) 되고, 운영, 해체된다. 일반적으로 독립발전사업자가 프로젝트를 발주할 때, 사업자와 많은 발전소 건설회사 모두 건설비용(EPC Cost)에 초점을 맞추고 있다. 그러나 이러한 초점은 발전소의 수명을 고려한 총수명주기 비용(total life-cycle cost)을 감안하면 건설비용은 빙산의 일각에 비유될 정도로 적은 부분이다. 운영과 유지(O&M: Operation and Maintenance)에 소요되는 비용에 비해 EPC 비용이 차지하는 부분은 상대적으로 미약하다. 다만 운영유지 비용은 오랜 기간에 걸쳐 부담되는 반면, EPC 비용은 상대적으로 짧은 기간에 발생하기 때문에 EPC 비용에 대한 관심과 초점은 자연스러울 수 있다. 그럼에도 불구하고 B 기업은 발전소제품 모델(power plant product model)에 있어 초기 건설비용인 EPC 비용도 중요하게 고려되어야 하지만, 발전소의 총수명주기 비용을 줄일 수 있는 발전소 제품 개념(power plant product concept)을 더 중요하게 감안해야 함을 고려했다.

한편 발전소 프로젝트의 개발, 발주, 건설, 운영, 해체까지 발전소 EPC 사업자가 고객인 독립발전사업자를 상대로 발전소 건설에 대해 영향을 미칠 수 있는 정도를 알아보겠다. 왜냐하면 이러한 영향력은 프로젝트 비용(EPC cost)과 발전소의 전체적인 총수명주기 비용을 좌우하기 때문이다. 그런데 발전소 프로젝트의 RFP에 응대하면서 발전소 건설 제안서로 발전소 건설방식에 대해 고객을 설득할 수 있지만, 계약이 이루어지고 EPC 사업 수행이 시작되면 사업자의 영향력은 거의 없어진다(그림 9-1 참조). 즉 이러한 상황을 고려할 때 B 기업은 새로운 제품개념을 생각했다. 그리고 B 기업의 새로운 시도는 사업자에 대한 영향력 발휘 시점을 프로젝트 발주 이전으로 앞당기는 것이었다. 즉 B 기업은 RFP 단계 이전에 고객에게 미리 다가가 발전소 건설에 대한 제안서를 제시하고 발전소 제품에 대한 다양한 규격 변수(parameters)를 정의 · 제안함으로써 프로젝트 비용(주로 EPC cost)과 발전소의 총수명주기 비용을 잘 통제해야 함을 강조했다. 이러한 B 기업의 노력은 지금까지 학습하면서 강조해 온 RFP 이전(pre-RFP) 단계의 스펙인(spec-in) 활동, 즉 선제적 B2B 마케팅(proactive B2B marketing)을 실시하고자 했던 것이 B 기업의 새로운 시도였다(그림 9-2 참조).

그림 9-1 발전소 건설 및 운영 라이프사이클에서의 비용 및 공급기업 영향력

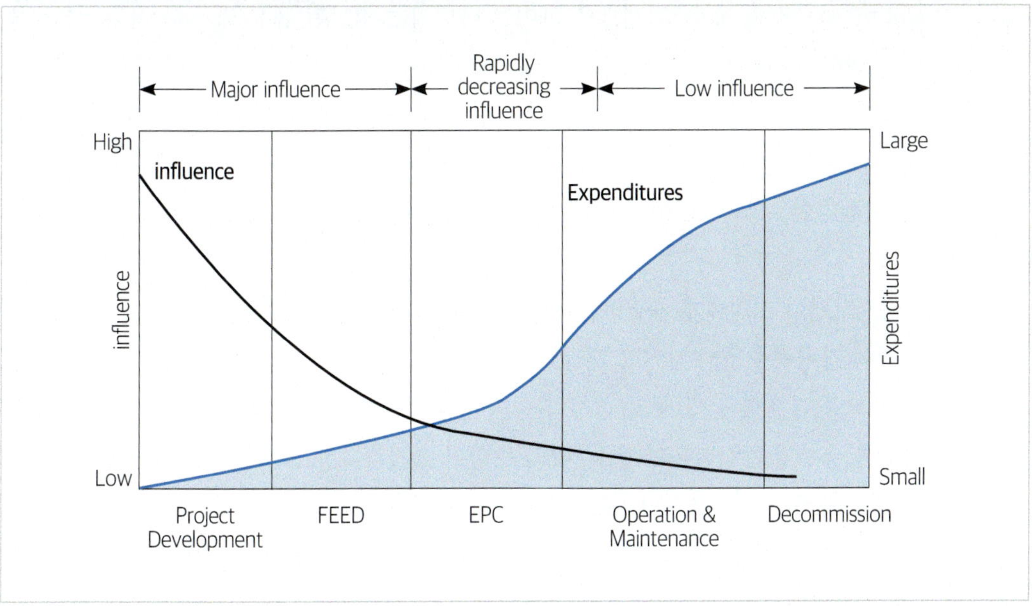

그림 9-2 선제적 마케팅 노력의 도식화

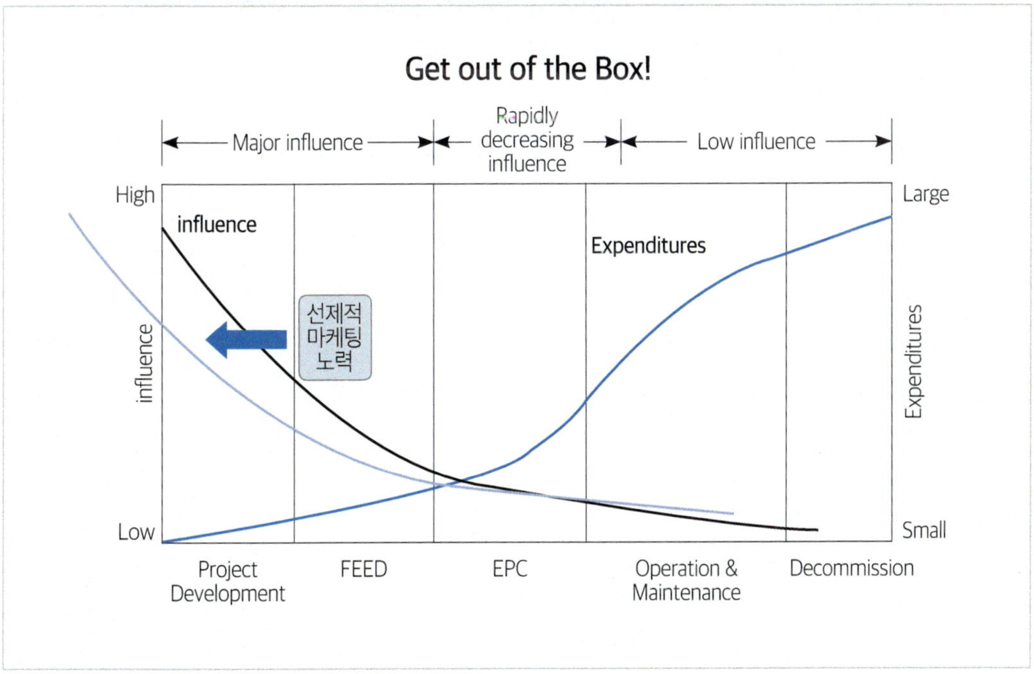

그러면 B 기업이 어떠한 내용의 스펙인 활동을 전개하였는지 알아보겠다. B 기업은 발전소를 대량맞춤생산(mass customization) 방식으로 건설하겠다는 개념으로 고객을 설득

했었다. 즉 미리 최적화된 발전소의 표준건설모델(standard models)을 기본으로(발전소 건설의 70~80% 정도를 차지), 고객으로 하여금 나머지는 정의된 옵션(예: 아파트의 옵션방식) 중에서 원하는 것을 선택하게 하고(발전소 건설의 10~15% 정도를 차지), 나머지 부분은 발전소 건설지역에 특유한(site-specific) 맞춤형 건설을 해주겠다는 것이었다(이 부분도 발전소 건설의 10~15% 정도를 차지). 다시 말해 B 기업은 대량맞춤생산이라는 새로운 접근방법을 통해 '파워라인(Power Line')이라는 새로운 발전소 건설 제품브랜드(product brand)를 론칭하였다.

파워라인이 고객에게 제공하는 혜택은 다음과 같이 정리될 수 있다. 독립발전사업자 고객의 경쟁력을 증대시키고 개발프로세스(development process)의 효율성을 증진시킨다는 혜택을 강조했다. 고객의 경쟁력 증대는 구체적으로, 발전소 건설에 소요되는 자본비용과 총수명주기 비용의 감소, 미리 준비된 엔지니어링, 조달 등에 의한 총 건설납기를 감소케 해줌을 강조했다. 또한 발전소 건설프로세스의 효율성증진은 고객응대에 소요되는 시간단축, 미리 개발된 디자인의 선택, 명확한 사업범위의 정의, 그리고 높은 신뢰수준의 마련으로 가능하다고 설득했다.

선제적 B2B 마케팅을 잘 수행하기 위해서는 마켓 센싱을 잘 해야 하고 이에 의한 STP 전략을 명확히 수립해야 한다. 그리고 포지셔닝전략과 B2B 마케팅전략 접근방법(예: VAS 또는 Strategic Parter)을 선택·감안하여 고객가치제안도 잘 만들어 전달해야 한다. 사실 고객가치 제안 실행의 성공 여부는 CVP(Customer Value Proposition)의 실체라 할 수 있는 제품에 의해 결정된다고 해도 과언이 아니다. 즉 타깃(target) 고객과 이 고객에 대한 가치제안(value proposition)을 효과적으로 실행하기 위해선 B 기업의 파워라인 같은 전략적 제품모델을 개발하여 고객이 요구하기 전에 미리 고객에게 다가가 설득하는 스펙인 활동을 벌여야 할 것이다.

시간이 흘러 경영환경이 변화하고, 고객마다 요구 사항이 달라졌기 때문에 B 기업의 파워라인 모델의 구체적 내용이 요즘에는 그대로 통하지 않을 수 있다. 그러나 파워라인 개발의 근저에 깔려 있는 아이디어와 원칙은 여전히 매우 중요한 학습포인트이다. 이번 장에서는 B2B 가치창출/마케팅전략과 고객가치제안 실행의 핵심인 제품 및 가격관리(product & price management)에 대해 살펴본다. 먼저 마케팅 4P 관점에서 마케팅실행(marketing implementation)의 의의를 학습한다. 그 후, 제품 및 가격관리와 신제품개발(new product development)에 대해 고찰한다.

1절. 마케팅 실행(marketing implementation)의 의의

1.1. 마케팅 실행(marketing implementation)이란 무엇인가?

그림 9-3 처럼 B2B의 경우에도 기업은 마케팅 목표를 설정하고 이를 달성하기 위해 마켓 센싱을 하고 STP 전략과 가치창출전략을 도출하여 고객가치제안(CVP)을 만든다. 고객가치제안의 실행을 마케팅 실행(marketing implementation)이라고 하며, 이를 위해 기업이 조절, 통제하며 사용할 수 있는 마케팅 도구의 집합을 마케팅 믹스(marketing mix)라고 한다. 마케팅 믹스는 제품(product), 가격(price), 유통(place), 판매활동을 포함한 판매촉진(promotion)으로 구성되며, 이를 4P라고 한다. 4P는 표적고객(target customer)의 구매를 유도하기 위해 어떤 제품을, 어떤 가격에, 어떤 유통채널로 촉진시킬 것인가에 대한 기업의 의사결정을 의미한다. 이 4가지 수단은 설정된 목표포지션에 부합되도록 일관성 있게 조정되고 통합되어야 한다는 의미에서 마케팅 믹스라 한다. 예를 들어, 경제성이 높은 플랜트가 포지셔닝 방향이라면, 연료비, 수리비 등 유지 관리비가 낮아질 수 있도록 플랜트를 설계해야 하며 4P 활동들이 일관성과 조화를 이루면서 고객의 마음속에 경제성 포지션을 전달해야 할 것이다.

그림 9-3 마케팅 프로세스와 마케팅 실행

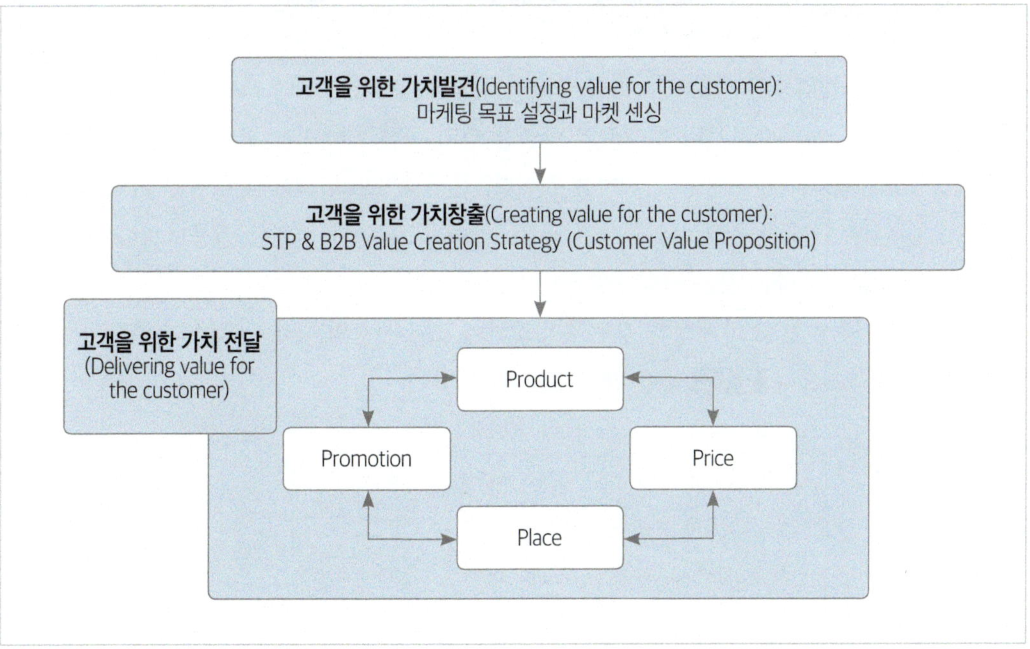

제품관리(product management)란 고객의 필요, 욕구, 가치를 찾아 이에 부응하는 제품을 개발하여 고객에게 전달하는 과정을 관리하는 것이다. 예를 들어 제품품질의 여덟 가지 요인을 생각해 보자: 신뢰성(reliability), 일치성(conformance), 성능(performance), 내구성(durability), 특성(features), 서비스편의성(serviceability), 외관(appearance), 명성(reputation). 제품품질은 고객기업이 공급자를 평가하거나 선택할 때 중요한 기준이다. 구체적으로 품질의 어떠한 측면을 강조하여 제품을 개발하는가는 고객의 평가, 선택, 나아가 고객의 사용만족도에 영향을 미칠 것이다. 제품이 잘 설계, 개발되어 고객의 사용만족도가 올라가면 해당 제품과 기업의 명성(reputation)이 올라가고 이것이 누적되면 그 기업의 브랜드 파워가 강력해진다.

가격관리(price management)란 가격결정과 변화를 관리하는 것인데, 판매와 이익에 큰 영향을 미쳐 매우 중요한 의사결정 영역이다. 가격을 결정하고 관리할 때는 원가, 경쟁회사의 가격 수준, 고객 관점에서의 제품가치 등을 고려해야 한다.

유통 및 판촉관리(place & promotion management)에서 유통경로는 제품이나 서비스를 생산자로부터 최종소비자에게 이동시키는 과정에 참여하는 기업과 개인들의 집합으로 정의된다. 보통 직접 경로(direct channel)는 제조업자가 유통기능을 직접 수행, 통제, 관리하는 것을 말하며, 간접경로(indirect channel)는 제조업자가 아닌 다양한 종류의 독립업체가 유통 기능을 수행하는 것을 말한다. 예를 들어, 대형 수주사업의 경우에는 대부분 기업이 자체 영업력을 활용함에 따라 직접 경로(direct channel)를 사용한다. 물론 정보와 관계 구축을 위해 현지의 대리인(agent)을 활용하기도 한다. 한편 기자재 사업의 경우에는 제품의 종류에 따라 간접 경로(indirect channel)를 활용하는 경우도 있으며, 이 경우 간접 유통업자의 역할과 능력이 중요하다. 판촉관리(promotion management)는 타깃 고객(target customer)으로부터 호의적인 반응을 얻기 위해 행해지는 모든 종류의 커뮤니케이션(communication) 활동을 관리하는 것이다. 선제적 B2B 마케팅의 수행을 위해 RFP 이전(pre-RFP) 단계에 구매센터 구성원(buying center members)과 적절한 커뮤니케이션 및 설득 활동을 수행하는 것은 특히 중요하다.

일반적인 B2C 마케팅의 경우와 비교하여 B2B 시장의 마케팅 믹스의 다른 점은 1장에 설명했으니 **표 1-2** 등을 참조하길 바란다.

1.2. 기업의 핵심 비즈니스 프로세스[3)]

(1) 핵심 비즈니스 프로세스의 구성

1장과 2장 등에서 선제적 B2B 마케팅을 잘하기 위해서는 기업 기능 간 협업이 중요함을 강조했다. 마케팅믹스의 수행도 마찬가지이다. 기업의 마케팅 믹스는 마케팅 프로세스에 의해서만 이루어지지 않으며 기업의 핵심 비즈니스 프로세스(core business processes)에 의해 실행된다. 기업의 어떤 기능이 어떻게 협업하여 기업의 핵심 비즈니스 프로세스를 구성 · 결정하기 위해서는 먼저 기업의 핵심 비즈니스 프로세스가 무엇인지 상세히 알아야 한다.

기업의 핵심 비즈니스 프로세스는 크게 세 개의 프로세스로 구성되어 있다. 첫 번째 프로세스는 제품개발 및 관리인 PDM(Product Development Management) 프로세스로, 이 프로세스는 고객에게 품질, 내구성, 효율성 등과 매력적인 가격을 통해 제품가치를 효과적으로 창조하고 전달한다. 주로 신제품을 개발, 관리하고, 기존 제품을 개선하고 관리하는 활동이 PDM 프로세스에 해당한다. 또한 PDM 프로세스는 통상적으로 다음의 예와 같은 세부 프로세스(sub-process)로 구성된다: Ascertaining new customer needs(새로운 고객 요구의 확인); Designing tentative new product solutions(새로운 제품 솔루션 디자인); Developing new solution prototypes(새로운 솔루션 원형 개발); Identifying and managing internal/departmental relationships(내부 혹은 부서 간 관계 정립); Developing and sustaining networks of linkages with external organizations(외부 기관과의 연계성 개발 및 유지); Coordinating product design activities to speed up business processes(비즈니스 프로세스의 속도를 높이기 위한 제품 및 생산 디자인 활동의 조율).

두 번째 프로세스는 공급사슬관리인 SCM(Supply Chain Management) 프로세스로, 이 프로세스는 부품공급업자로부터 생산자, 유통업자, 고객에 이르는 물류의 흐름을 하나의 가치 사슬 관점에서 파악하고 필요한 정보와 제품이 원활히 흐르도록 지원하는 시스템을 말한다. 기업 내의 부문별 최적화나 개별기업 단위의 최적화에서 탈피하여 공급망의 구성요소 간에 이루어지는 전체 프로세스 최적화를 달성하고자 하는 것이 목적이다. 즉 SCM은 비즈니스 간 또는 비즈니스 내부에서의 제품, 서비스 및 정보의 이동을 효율적으로 지원하는 활동으로 가치의 창출과 시장에서의 기업 경쟁력을 유지하는 것을 목적으로 하고 있다. 또한 SCM 프로세스는 다음의 예와 같은 세부 프로세스

3) 기업의 핵심 비즈니스 프로세스에 대한 내용은 다음의 자료를 참고했음: Srivastava, R. K., T. A. Shervani, & L. Fahey(1999), "Marketing, business processes, and shareholder value: An organizationally embedded view of marektlng activities and the discipline of marketing," Journal of Marketing, 62, 168-179.

(sub-process)로 구성된다: Selecting and qualifying desired suppliers(바람직한 공급자 평가 및 선정); Establishing and managing inbound logistics(조달 물류의 확립 및 관리); Designing and managing internal logistics(내부 물류의 디자인 및 관리); Establishing and managing outbound logistics(외부 물류의 확립 및 관리); Designing work flow in product/solution assembly(제품, 솔루션 조립 업무흐름의 디자인); Running batch manufacturing(일괄 생산방식의 운영); Acquiring, installing, and maintaining process technology(프로세스 기술의 획득, 설치와 유지); Order processing, pricing, billing, rebates, and terms(주문처리, 가격, 청구절차, 리베이트, 계약조건 관리); Managing(multiple) channels(채널 관리); Managing customer services such as installation and maintenance to enable product use(제품 사용에 필요한 설치, 유지 등의 고객 서비스 관리).

세 번째 프로세스는 고객관계관리인 CRM(Customer Relationship Management) 프로세스로, 이 프로세스는 판매, 배송, 서비스 과정 등에서 고객과의 관계를 개발하고 유지하는 프로세스이며 주로 브랜드와 고객을 관리하는 비즈니스 프로세스를 의미한다. 또한 CRM 프로세스는 다음의 예와 같은 세부 프로세스(sub-process)로 구성된다: Identifying potential new customers(잠재 신규 고객의 발견); Determining the needs of existing and potential new customers(기존 고객과 잠재 신규 고객의 필요 결정); Learning about product usage and application(제품 용도와 응용에 대한 학습); Developing/executing advertising programs(광고 프로그램의 개발과 실행); Developing/executing promotion programs(판매촉진 프로그램의 개발과 실행); Developing/executing service programs(서비스 프로그램의 개발과 실행); Developing/executing sales programs(영업 프로그램의 개발과 실행); Acquiring/leveraging information technology/system for customer contact(고객 컨택을 위한 정보통신 기술 및 시스템의 구축 및 활용); Managing customer site visit teams(고객 현장 방문팀 관리); Enhancing trust and customer loyalty(고객의 신뢰와 충성도 증진); Cross-selling and upselling of product service offerings(제품 및 서비스의 교차 판매 및 상향 판매).

PDM, SCM, CRM이라는 기업의 핵심 비즈니스 프로세스를 살펴보았다. 즉 마케팅 프로그램인 4P는 기업의 핵심 비즈니스 프로세스와 그림 9-4와 같은 관계를 가지고 있다.

그림 9-4 4P관리와 기업 핵심 비즈니스 프로세스의 관계

기업 핵심비즈니스 프로세스 / 4P 관리	PDM	SCM	CRM
제품관리	●	●	●
가격관리	●	●	●
유통관리		●	●
판촉관리	●		●

제품관리는 고객의 욕구를 반영하는 CRM 프로세스, 부품의 원활한 공급, 제품의 배달 등을 고려하는 SCM 프로세스, 제품의 품질과 스펙(spec) 등을 책임지는 PDM 프로세스 전부와 관련되어 있다. 가격관리는 고객의 가치를 고려하는 CRM 프로세스, 부품과 물류비 등과 관련된 SCM 프로세스, 제품개발 등의 원가에 관련된 PDM 프로세스 전부와 관련되어 있다. 유통관리는 고객과의 대면 접촉(interface)을 담당하는 CRM 프로세스와 부품 공급과 제품 배달 등을 담당하는 SCM 프로세스에 관련되어 있다. 판촉관리는 고객에 대한 설득과 판매 등을 담당하는 CRM 프로세스와 제품의 주요 특징과 차별화를 담당하는 PDM 프로세스와 관련되어 있다. 이러한 기업의 핵심 비즈니스 프로세스의 이해를 도대로 다음 절에서는 제품관리와 가격관리를 상세히 살펴본다. 유통 및 판촉관리를 실행하는 주요 역할인 영업활동은 10장에서 고찰하고 영업효과성관리는 11장에서 살펴본다.

(2) 핵심 비즈니스 프로세스의 변화

기업의 핵심 비즈니스 프로세스의 변화는 6장에서 제품 및 공급자 중심의 관점에서 서비스 및 고객 중심의 관점 전환과 관련하여 서비스 지배논리(service dominant logic)로 고찰했다. 이곳에서 선제적 B2B 마케팅의 등장과 관련 있는 시장환경의 변화(shifts)로 인해 기업 핵심 비즈니스 프로세스의 주안점이 변화하는 방향에 대해 좀더 살펴본다.

① 변화 1: 제품 중심의 관점에서 고객에게 제공하는 기능성 중심의 관점으로(Shift from product focus to customer functionality focus)

제품 중심의 관점에서 고객에게 제공하는 기능성(functionality) 중심으로 비즈니스 관점이 변화한 것은 PDM, SCM, CRM 프로세스의 주안점을 **표 9-1**과 같은 방향으로 변화시

키고 있다.

표 9-1 제품 중심에서 고객기능성 중심으로의 변화

제품 중심에서 고객 기능성 중심으로 변화	PDM	SCM	CRM
제품 중심	기능적으로 베스트 제품을 디자인, 개발, 생산	기능적으로 베스트 원재료와 부품을 획득, 사용할 수 있도록 공급사슬을 디자인하고 관리	고객관리의 주목적은 제품을 판매, 전달, 서비스
고객에게 제공하는 기능성 중심	고객이 사용으로부터 최상의 가치와 혜택을 체험할 수 있도록 하는 제품을 창조	기업 내부의 공급사슬을 공급업체 및 고객의 공급사슬과 통합할 수 있도록 공급사슬을 디자인하고 관리	고객관리의 주목적은 고객 필요를 이해하고 이를 만족시킬 수 있는 최상의 방법을 발견

② 변화 2: 제품차별화의 관점에서 고객에 대한 맞춤형 해결책으로(Shift from product differentiation to solution customization)

제품 자체의 차별화 관점에서 고객을 고려한 맞춤형 차별화 및 해결책 중심으로 관점이 변화한 것은 PDM, SCM, CRM 프로세스의 주안점을 **표 9-2**와 같은 방향으로 변화시키고 있다.

표 9-2 제품차별화 관점에서 고객에 대한 맞춤형 해결책으로의 변화

제품차별화 관점에서 고객에 대한 맞춤형 해결책 중심으로 변화	PDM	SCM	CRM
제품차별화	매스 마케팅될 수 있는 제품을 디자인하고 개발하여 현재 또는 예상되는 경쟁제품과 비교하여 우월한 가치를 소구하고 전달	현재 또는 예상되는 경쟁제품과 차별화된 제품을 만들기 위해 원재료, 부품 등을 조달, 물류 공급하고 사용	고객을 주요 관심의 초점으로 삼은 후 관련된 활동인 광고, 서비스, 영업활동을 활용하여 제품가치의 우월성 확립
고객에 대한 맞춤형 해결책	고객의 필요를 창출하고 만족시키기 위한 맞춤형 해결책을 디자인하고 개발	해결책을 디자인, 개발, 생산, 전달하기 위해 모든 공급사슬 요소들을 관리하고 통합	해결책이 개별고객의 필요에 맞춤화될 수 있도록 개별고객과 상호작용을 유지 및 관리

③ **변화 3: 거래 중심의 관점에서 친밀한 관계 중심으로**(Shift from transactions to relationship-based intimacy)

거래 중심의 관점에서 관계 중심으로 관점이 변화한 것은 PDM, SCM, CRM 프로세스의 주안점을 **표 9-3**과 같은 방향으로 변화시키고 있다.

표 9-3 거래 관점에서 친밀한 관계 중심으로의 변화

거래 관점에서 친밀한 관계 중심으로의 변화	PDM	SCM	CRM
거래	관련된 기업 내부 외부 조직과 차후의 거래에 대한 고려 없이 사안마다의 중점 사항을 논의하는 거래	외부의 공급업체와의 독립적인 계약으로 진행되며, 각 계약이 기업 내부의 타 부서와 어떠한 연관 사항이 있는지는 검토되지 않음	고객 발견, 표적화, 영업, 마케팅 실행 및 서비스의 초점은 개별 거래 단위임
친밀한 관계	관련된 기업 내부 외부와의 조직과의 지속적이고 긴밀한 유대의 기반하에 중점적인 사항들을 논의하는 거래	다음 단계의 공급 문제를 논의하며, 외부 공급업체와의 관계를 개발	고객 집단 및 개인과의 관계를 개발, 배양, 활용에 초점을 맞춤

④ **변화 4: 독립형 경쟁의 관점에서 네트워크형 경쟁의 관점으로**(Shift from stand-alone competition to networked competition)

경쟁을 상대로 우리 혼자 비스니스를 펼친다는 관점에서 우리와 협업 관계에 있는 파트너(partner)와 함께 경쟁을 상대한다는 관점으로의 변화는 PDM, SCM, CRM 프로세스의 주안점을 **표 9-4**와 같은 방향으로 변화시키고 있다.

표 9-4 독립형 경쟁의 관점에서 네트워크형 경쟁의 관점으로의 변화

독립형 경쟁의 관점에서 네트워크형 경쟁의 관점으로의 변화	PDM	SCM	CRM
독립형 경쟁	자사만의 지식, 전문성, 스킬, 역량 등에 전적으로 의존함	각 공급사슬 요소에 대한 소유와 통제를 강조	모든 고객과의 상호작용 측면을 모두 관리하고자 함
네트워크 경쟁	불가능하다고 생각되는 제품의 개발에 대한 판을 짜고, 배양하고 통합하기 위해 복수 네트워크를 리딩하고 참여함	불가능하다고 생각되는 공급을 창조하거나, 공급사슬의 효율성 증진을 위해 복수 네트워크를 리딩하고 또한 참여함	불가능하다고 생각되는 고객을 발견, 접근, 만족시키기 위해 타집단(심지어 경쟁, 유통 파트너, 최종 고객, 시장전문가 집단 등)과의 관계 네트워크를 개발하고 관리함

⑤ 변화 5: 규모의 경제에서 범위 및 수확 체증의 경제로(Shift from economies of scale to economies of scope and increasing return)

규모의 경제로부터 효율성을 추구하는 관점에서 고객 간, 제품 간 공유할 수 있는 점들을 적극적으로 찾는 범위의 경제 중심으로의 변화는 PDM, SCM, CRM 프로세스의 주안점을 표 9-5와 같은 방향으로 변화시키고 있다.

표 9-5 규모의 경제에서 범위 및 수확 체증의 경제로의 변화

규모의 경제에서 범위 및 수확 체증의 경제로의 변화	PDM	SCM	CRM
규모의 경제	제품 디자인과 개발에 관한 자원 사용 효율성을 강조	공급 벤더 관리, 재고관리, 물류, 생산 등에 대한 효율성 강조	모든 단계의 마케팅 활동 효율성을 강조
범위의 경제 및 수확 체증의 경제	자원을 활용하여, 상호 연관이 되는 고객세분시장에 다 통할 수 있고, 수확 체증의 기반이 될 수 있는 제품 창조를 강조	공급사슬의 모든 측면을 활용하여 더 수월한 제품-고객 범위와 수확 체증을 강조	모든 마케팅 자원을 활용하여 다양한 형태의 제품 및 시장 연계를 촉진할 수 있는 고객관계 유형을 창조

지금까지 시장환경(marketplace)의 변화(shifts)를 살펴보았다. 제품 중심의 관점에서 고객에게 제공하는 기능성(functionality) 중심의 관점 변화, 제품 자체의 차별화 관점에서 고객을 고려한 차별화 및 해결책 중심의 관점 변화, 거래 중심의 관점에서 관계 중심의 관점 변화, 경쟁을 상대로 우리 혼자 비즈니스를 펼친다는 관점에서 우리와 협업 관계에 있는 파트너와 함께 경쟁을 상대한다는 관점으로의 변화는 경쟁과 비교하여 고객에 대한 우월한 가치를 제공(value to the customer)하기 위해 기업의 핵심 비즈니스 프로세스의 초점을 어디에 두어야 하는가에 관한 시사점을 주고 있다. 나아가 규모의 경제로부터 효율성을 추구하는 관점에서 고객 간, 제품 간 공유할 수 있는 점을 적극적으로 찾는 범위 경제 중심으로 관점이 변화하는 것은 기업이 고객에 대해 가치를 제공함과 동시에 가치를 수확해서(value of the firm) 고객에 대한 가치를 지속적으로 제공하는 선순환 마케팅의 중요성을 시사한다. 이러한 시장환경의 변화를 고려하여 기업은 고객에게 제공할 가치를 발견(identify), 창조(create), 전달(deliver), 수확하고 그 가치를 지속적으로 유지(sustain)해야 한다. 즉 이 일련의 프로세스를 순환(closed-loop)시키는 선제적 B2B 마케팅 프로세스는 더욱더 중요해지고 있다.

2절. 제품 및 가격관리

2.1. 제품관리[4)]

(1) B2B 마케팅의 제품전략

제품개념(product concept)은 '고객의 욕구를 충족할 수 있는 능력(Levitt, 1967)[5)]'으로 정의될 수 있다. 특히, 고객의 특별한 주문(custom-order)에 대해 맞춤(customization) 생산을 고려해야 하는 B2B 기업의 마케팅은 고객의 욕구에 근접할 수 있는 능력을 가지고 있어야 한다. 나아가 기업고객은 제품과 서비스에 대해 구매 전후로 많은 협의와 서비스를 요구하기 때문에 물리적인 제품 외적인 고객욕구도 만족시켜야 한다. 이러한 B2B 제품관리의 특징을 종합한 것이 그림 9-5에 제시되어 있다.

그림 9-5 B2B 마케팅의 토털 제품 시스템

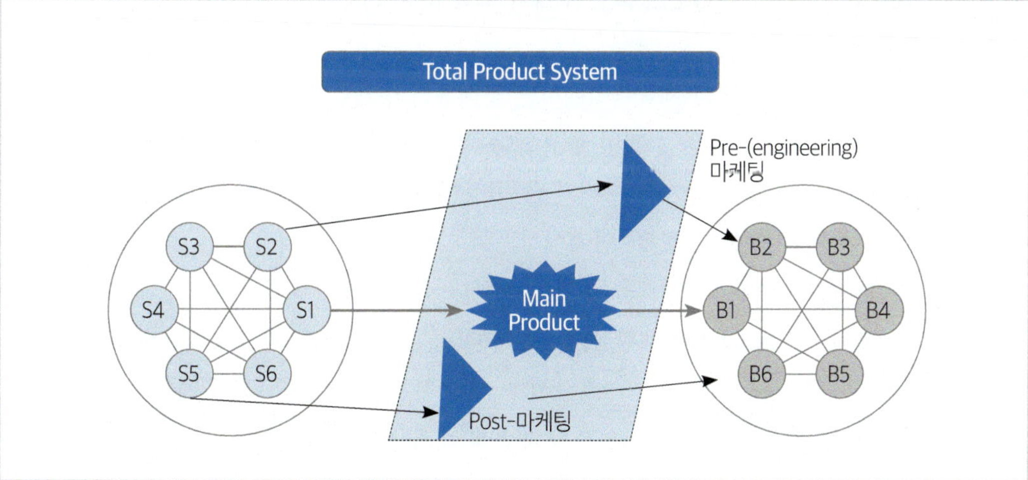

B2B 제품관리에는 어떤 특징들이 있는지 살펴보겠다. 첫째, B2B 마케팅의 제품전략을 토털 제품 시스템(total product system)이라고 한다. 토털 제품 시스템이란 B2B 마케팅의 제품이 사전 단계의 마케팅(pre-marketing product), 본 단계의 마케팅(main marketing product), 그리고 사후 단계의 마케팅(post-marketing product)으로 구성되어 있음을 의미한다. 사전 단계의 마케팅은 제품의 생산이 이루어지기 전에 고객의 욕구를 파악하는 작

4) 장대련(2009), B2B Marketing(비투비 마케팅), 북넷, 7장(B2B 마케팅 제품전략), 189-201.
5) Levitt, T. (1967), "Communications and industrial selling," Journal of Marketing, 31(2), 15-21.

업(6장의 구매센터 의사결정매트릭스 분석 참조)을 비롯해 제품의 특성과 고객의 욕구 특성을 일치화하는 활동을 포함한다. 본 단계의 마케팅은 통상적으로 인식하는 제품마케팅의 활동을 뜻한다. 즉 제품이 생산되어 고객에게 전달되는 프로세스뿐만 아니라 가격, 유통, 그리고 광고와 영업의 지원까지 포함한다. 마지막으로 사후 단계의 마케팅은 설비, 기계 등이 설치되거나, 투입물이 납품되었을 때 지속적 고객 만족을 위해 여러 가지의 서비스를 지원하는 것을 말한다. 고객사에 대한 기술지원 서비스(technical service)가 대표적인 예이다.

둘째, B2B 마케팅의 제품관리에서는 기업의 통합적 노력이 불가피하다. 고객을 위한 제품을 만들어서 전달하는 과정에는 여러 부서의 협업이 요구된다. 제품관리에 관련된 여러 부서의 노력은 단계별로 구분할 수 있다. 사전 마케팅(pre-marketing) 단계에서는 생산 부서와 엔지니어링, 연구개발 부서, 그리고 마케팅 및 영업 부시의 활약이 중요하나. 즉 CRM 프로세스와 PDM 프로세스 활동이 중요할 것이다. 본 마케팅(main-marketing) 단계에서도 이 같은 부서의 노력이 중요한데, 특히 마케팅과 영업 부서의 노력이 중요하다. 즉 CRM, PDM, SCM 프로세스 활동이 모두 중요하다. 사후 마케팅(post-marketing) 단계에서는 영업과 특히 기술지원 부서의 역할이 중요하다. 즉 CRM 프로세스 활동이 중요하다.

셋째, B2B 마케팅의 제품관리에서는 구매센터의 개념에 걸맞게 다수의 구성원에 대한 만족을 위해 노력하는 것이 중요하다. 예를 들어, 사전 마케팅 단계에서는 구매조직의 생산 부서와 연구개발 부서가 주 대상이 될 수 있다. 아직 제품의 구체적인 요건(specification)이 정해지지 않은 단계에서는 우리가 영향을 미치기 좋은 여건을 만들기 위해 선제적 B2B 마케팅노력을 수행해야 한다. 본 마케팅 단계에서는 구매조직의 구매부서를 중심으로 고객에 대한 설득 및 영향(influence) 노력을 펼쳐야 할 것이다. 사후 마케팅 단계에서는 고객사의 구매 부서와 생산 부서를 주 대상으로 활동을 전개해야 할 것이다. 구매 부서에 대해서는 가격 측면에 문제가 없도록 모니터링 활동을 해야 할 것이며, 고객사의 생산 부서에 대해서는 사용 측면에서 애로 사항이 없는지를 조사해야 할 것이다. 이러한 토털 마케팅 시스템을 위한 선제적 B2B 마케팅 개념은 6장의 판매센터로 설명한 바 있다(그림 6-9 참조).

(2) B2B 마케팅의 제품유형 연속성(continuum)

B2B 마케팅의 제품유형은 다양하지만, 제품의 근본적인 특성을 고려하면 크게 세 가지의 유형으로 나눠서 살펴볼 수 있다(그림 9-6 참조).

그림 9-6 B2B 마케팅믹스의 제품 연속성(continuum)

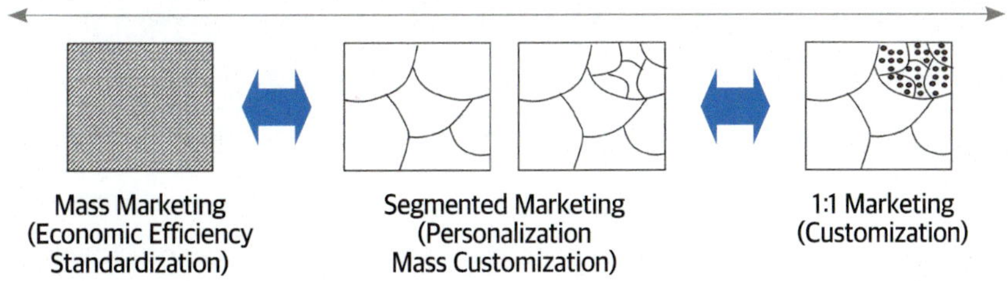

Standardized Raw Materials and Supplies
- Cost Competitiveness; Experience Curve
- Value-added Differentiation

Catalog Products
- Offered in Certain Configurations & Produced in Anticipation of Orders

Components (Custom-built Products)
- Modular Customization
e.g., Telecommunication,
A line of PC work-stations
Bechtel's Power Line

Custom-designed Product
- Total Product System Approach
e.g., A Specific Machine Tool,
An Aircraft Model
- Consumer buys the co's capability
Services
Augmented product differentiation

첫 번째 유형은 **카탈로그 제품 및 표준화된 원자재와 공급물품 유형(catalog products and standardized raw materials and supplies)**이다. 이 유형 제품은 소비재와 비슷한 특성을 가진 제품으로, 생산과정에서 표준화를 중시한다. 따라서 이 유형 제품의 마케팅은 B2C 마케팅과 성격이 매우 비슷하다.

두 번째 유형은 **주문자별 디자인 제품(custom-designed product) 유형**이다. 이 제품은 주문자가 원하는 수준에 입각해서 완제품을 생산하는 경우를 말한다. 건물, 선박, 대형 플랜트, 발전소 등을 설계하고 시공하는 회사는 개성 있는 제품을 완공시키기 위해 노력한다. 이러한 제품은 흔히 프로젝트라고도 부른다. 물론 이 프로젝트에 투입되는 많은 원자재나 반제품은 카탈로그 제품 및 표준화된 제품(catalog and/or standardized product)의 성격을 지닐 수 있다. 물론 이러한 제품이 차지하는 비중은 그리 크지는 않다. 주문자별 디자인 제품(custom-designed product)의 비즈니스 규모는 일반적으로 매우 크기 때문에 상당히 포괄적인 관리능력이 필수적이며, 조금 전 살펴본 토털 제품 시스템 능력인 사전 마케팅, 본 마케팅, 사후 마케팅 능력이 모두 요구된다.

세 번째 유형은 **주문자별 개발 제품 또는 구성품/부품 유형(custom-built product or components)**이다. 이 제품은 표준화된 부품을 가지고 기업고객의 주문에 맞게 조립하는 형식의 제품이다. 가장 간단한 예로 텔레커뮤니케이션 시스템(telecommunication system)이나 PC 워크스테이션(PC workstation)을 들 수 있다. 워크스테이션은 PC, 소프트웨어(software), 프린터(printer), 플로터(plotter), 그리고 가구 등을 시스템으로 결합한 제품이다. 이러한 제품들은 표준화된 구성품(components)으로 만들기 때문에 이중적인 성격을 지니고 있다. 제품 내부의 상당 부분은 카탈로그 제품 및 표준화된 제품(catalog and standardized product)과 같은 성격을 지니고 있으면서, 외적으로 보이는 제품은 주문자 고객 위주의 맞춤화(customization)가 구현되어야 한다. 여기서 대두되는 중요한 제조업자의 능력은 여러 구성 제품의 조달과 재고확보 능력 및 구성 제품 간의 호환성 관리이다.

도입사례에서 살펴본 B 기업의 파워라인 제품은 주문자별 디자인 제품(custom-designed) 영역에 있는 발전소 제품 모델을 주문자별 개발 제품(custom-built product) 영역으로 옮기는 노력에 해당된다. 이미 학습했듯이 이러한 노력은 대량맞춤화(mass customization) 노력이라 한다. 즉 표준화 노력으로 원가를 통제하면서, 맞춤생산(customization)으로 고객의 욕구를 맞추는 제품차별화 노력을 기울이는 일종의 블루오션(blue ocean) 신제품 전략 같은 노력으로 볼 수 있다. 자동차 산업, 전자 산업, 항공기 제작 산업 등 많은 산업 분야에서 플랫폼 방식의 생산을 하는 등 대량맞춤화의 사례는 무수히 많다. 그런데 주문자별 디자인 제품 유형에 해당하는 건물, 선박, 대형 플랜트, 발전소 등의 경우에는 대량맞춤화가 상대적으로 매우 어렵다. 그런데 도입사례에서 보았듯이 미국의 B 기업은 발전 산업에서 이러한 대량맞춤화 노력을 경주했다. B 기업만 대량맞춤화 노력을 한 것은 아니었다. 발전산업 분야의 최상급 기업(top-tier player) 중 하나였던 A 기업(ABB: 아세아 브라운 보버리[Asea Brown Bovery]) 역시 비슷한 노력을 펼쳤다(그림 9-7 참조). 발전소 건설비용과 가격은 엄청나다. A 기업도 고객의 요구를 유연하게 제품마다 반영해야 했다. 그러나 A 기업도 고객이 맞춤생산(customization)을 요구한다고 해서 모든 부분을 전부 맞춤 생산해야 하는 것은 아니라는 생각을 하기 시작했다. 이에 따라 A 기업은 어느 부분을 맞춤 생산할 때 고객이 더 큰 가치를 얻을 수 있는지, 어떤 부분을 표준화(standardization)해서 비용을 줄일 수 있는지를 고민하기 시작했다. A 기업은 발전소를 모듈(modular) 방식으로 구성하여 낮은 가격, 짧은 기간에, 그러면서도 고객이 원하는 발전소를 제공하는 데에 성공했다. 그림 9-7 을 보면 이러한 방식의 발전소 모델 예시가 제시되어 있다. 그림은 발전소의 내부와 외부에 걸친 구성요인을 나타내고 있다. 기업 A는 가스 터빈(Gas turbine)부터 발전기(Generator) 등의 내부 구성요인들은 표준화하는 데에 초점을 맞추는 한편 냉각 탑(cooling tower)부터 연료저장고(fuel storage) 등을 맞춤 생산하는 데에 초점을 맞췄다.

B2B 마케팅 상황에서의 제품관리 이슈를 학습했다. B2B 상황에서의 제품관리는 토털 제품 시스템(total product system: pre-marketing product, main marketing product, post-marketing product) 마케팅이 중요함을 배웠다. 또한 선진 기업들의 제품 모델 벤치마킹(benchmarking) 사례를 통해 고객의 욕구에 부응하는 맞춤생산 노력을 기울이며 동시에 원가경쟁력을 확보할 수 있는 대량맞춤 생산 개념에 입각한 제품개념이 중요함을 살

그림 9-7 A 기업의 통합사이클 발전플랜트제품의 표준화 개념

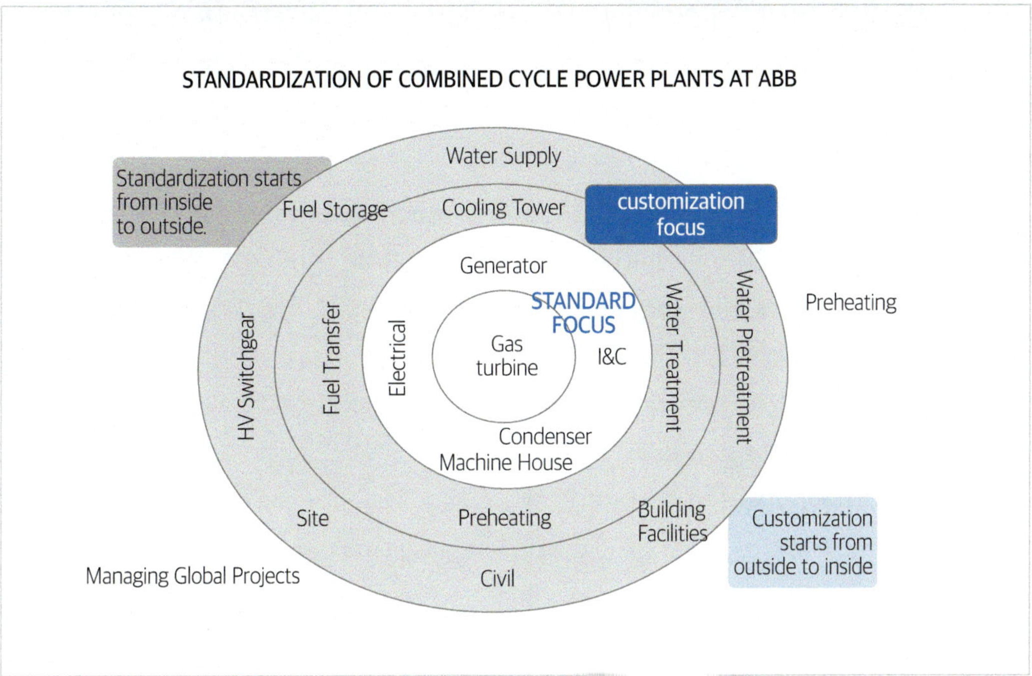

펴봤다. 다음에는 선제적 B2B 마케팅 관점에서 중요한 가격관리 이슈(price management issue)를 살펴보겠다.

2.2. Price Management[6)]

(1) B2B 가격관리의 특징

① **다수의 의사결정자**: 구매센터 의사결정매트릭스 분석(buying center decision matrix analysis)의 누가(who), 무엇에 대해(what), 언제(when), 어느 정도의 영향력을 행사하는가(how much)가 가격전략에 영향을 미친다. 가격(what)을 중시하는 구매센터 구성원이 누구(who)이며, 구매 단계의 어느 부분에서(when) 가격 이슈를 제기하는지, 그리고 얼마만큼의 영향력(how much)을 행사하는지를 파악해야 가격전략의 구성 방향을 결정할 수 있다.

② **가격의 복합성**: B2B 마케팅의 제품은 여러 요인으로 구성된다. 제일 많은 구성요인을 가지고 있는 사례는 건설 프로젝트로, 부동산, 자본재, 자재, 인건비, 서비스 등이

6) 장대련(2009), B2B Marketing(비투비 마케팅), 북넷, 8장(B2B 마케팅의 가격관리), 226-256; Best, R. J. (2013), Market-Based Management: Strategies for Growing Customer Value and Profitability. 6th ed., Pearson, Ch. 8(Value-Based Pricing and Pricing Strategies).

가격에 포함된다. 따라서 가격은 단일 특성의 성격을 지니는 것보다는 세부적으로 볼 때, 고객 입장에서나 판매기업 입장에서 다양한 가치와 다양한 비용으로 인식하게 된다. 따라서 B2B 상황에서는 복합가격(multi-pricing) 전략이 흔히 등장한다. 복합가격관리란 여러 부문의 가격을 필요에 따라 합쳐서 책정하거나, 다른 상황에서는 분리시켜서 책정하는 방법을 의미한다.

③ **시간의 개입**: B2B 마케팅에서는 특히 대규모 프로젝트인 경우 가격이 장기적인 개념으로 사용된다. 이에 따라 고객기업과 판매기업은 여러 가지 불확실성과 리스크(risk)에 직면하게 된다. 예를 들어 건설업체가 입찰에 의해 특정가격으로 프로젝트를 착수했는데, 프로젝트 완성 전에 자재값이 대폭적으로 인상될 수 있다. 이 경우 업체는 예상한 이익을 달성하기가 어려워진다. 이러한 위험을 완화하기 위해 판매자나 구매자는 사전에 대비책을 고려해야 한다.

④ **협상의 가능성**: B2B 마케팅의 제품은 많은 경우 비표준화된 특성을 가지고 있다. 이럴 경우 특히 고려해야 할 점은 가격의 협상이다. 협상은 서로 상대하는 당사자들의 교섭력(bargaining power)에 의해 좌우된다. 프로젝트의 흑자와 적자는 판매자와 구매자 간의 구매가격 협상에 달려있다고 해도 과언이 아니다.

(2) B2B 가격관리의 이슈

① 기업의 마케팅 목표(marketing objectives)

가격전략은 기업이 추구하는 마케팅 목표에 따라 크게 좌우된다. 기업의 마케팅 목표가 수익의 극대화이고 제품이 제품수명주기(product life cycle) 상 성숙기에 위치할 경우라면, 기업은 투입한 원가를 고려해서 단기에 가능한 한 수익을 극대화할 수 있는 가격을 책정하고자 할 것이다. 다른 예로 신제품을 도입하고 고객이 장기간 그 제품의 사용을 확대하게 하는 등 기업의 마케팅 목표가 시장 점유율을 극대화하고자 하는 경우라면, 저가격 정책을 통해 고객의 신제품 사용을 촉진하고 경쟁사보다 낮은 가격을 유지할 것이다. 또 다른 예로는 변동이 극심한 시장 상황에서 기업이 지속적으로 생산능력의 수준, 생산량, 수익성을 유지하려는 경우 기업의 가격전략은 경쟁사의 동향을 주시하여 탄력적으로 가격을 설정하여 운영할 것이다. 한편 기업이 고품질 제품을 가지고 마케팅전략을 수립하는 경우에는 고객에게 고급제품이라는 인식을 주기 위해 이에 적정한 가격을 책정하고자 할 것이다.

마케팅 목표 설정에 있어 여러 목표들을 수립할 경우 목표들 간의 일관성이 지켜져야 할 것이다. 왜냐하면 기업의 마케팅 목표가 서로 어긋나면 가격정책을 수립하는 데 많은 혼동이 일어나기 때문이다. 예를 들어, 기업이 신제품에 대해 높은 점유율을 비롯해 단기적 수익성까지 동시에 추구한다면 가격전략의 초점은 흐려질 수밖에 없다.

② 고객의 가치와 원가

고객의 관점에서, 가격은 거래에서 제일 중요하게 고려하는 요소 중 하나이다. 좁은 의미로 보면 가격은 제품/서비스에 부과된 화폐량이지만, 더 넓은 의미로 보면 가격은 고객이 제품의 가치를 평가할 때 사용하는 기준이다. 따라서 제품의 가격은 고객이 느끼는 가치(가격 상한선)보다 낮아야 하고, 원가보다는 높은 수준이어야 할 것이다. 즉 B2B 가격전략의 중요한 방향은 토털 제품 시스템(total product system)의 B2B 마케팅 상황에서 고객의 가치증진 활동에 초점을 맞추거나, 고객의 원가를 감소시켜 줄 수 있는 활동에 초점을 맞추는 것이다(그림 9-8 참조).

그림 9-8 고객기업과 판매기업의 가치증진과 원가절감

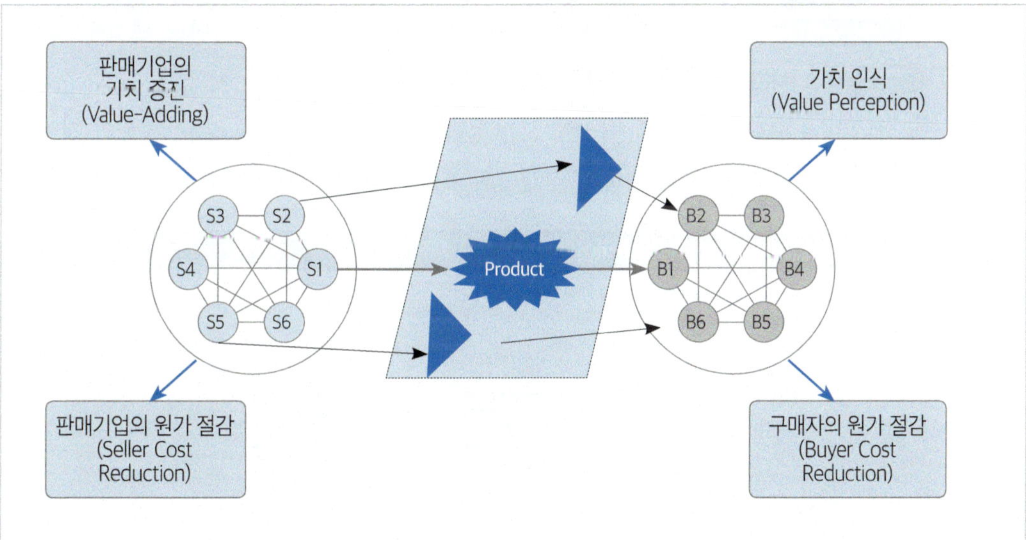

그러면 B2B 상황에서 고객이 제품가치를 평가하는 환경을 생각해보자. 그림 9-9는 고객기업의 구매센터가 공급자의 가치제안(CVP)을 평가하는 상황을 나타낸 것이다. 고객은 제품 요인, 공급기업 요인, 공급기업의 영업사원 요인 등을 고려하여 제품의 가치를 평가한다. 만약 이러한 요인들이 경쟁공급업체 간 전부 유사하다면, 가격은 고객의 의사결정에서 가장 중요한 기준이 될 수 있다. 하지만 가격이 고객의사결정의 전부가 아님을 명심할 필요가 있다. 만약 제품, 기업, 영업사원 요인에 차이가 있다면, 고객은 이 차이와 함께 가격제안을 검토할 것이다.

그림 9-9 고객기업 구매센터의 공급기업 가치제안 평가 상황

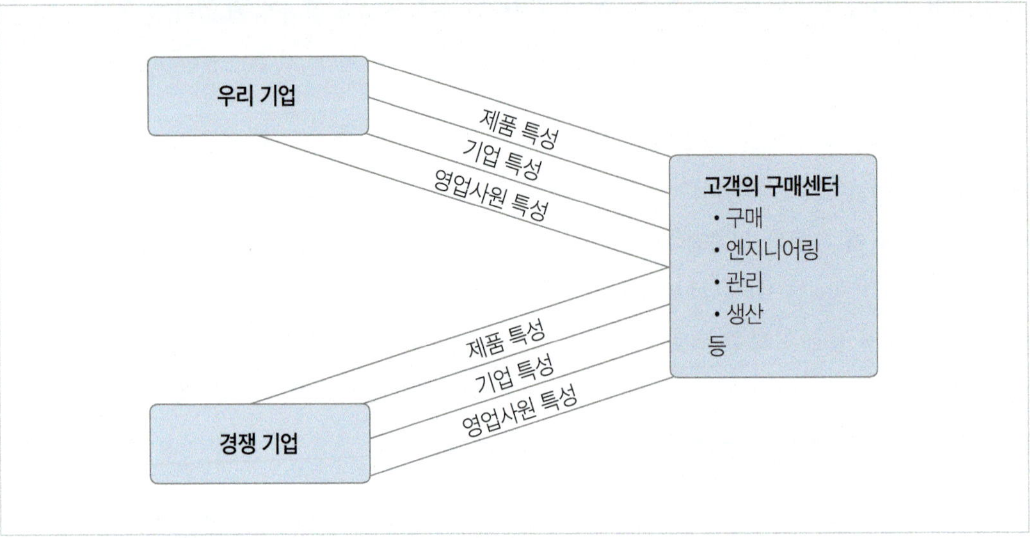

그림 9-10 은 고객의 가치기반 가격접근방법(value-based pricing) 개념의 핵심에 해당하는 예를 나타내고 있다. 한 기업 제품의 초기 구매가격(initial price)이 경쟁사보다 높더라도 설치비용(installation cost)과 수명주기 비용(life cycle cost)[7]이 낮은 경우, 제품의 전체 수명을 고려하면 그 기업의 제품이 경쟁사의 제품보다 높은 가치를 제공하는 것이다. 전

그림 9-10 고객에 대한 경제적 가치/비용

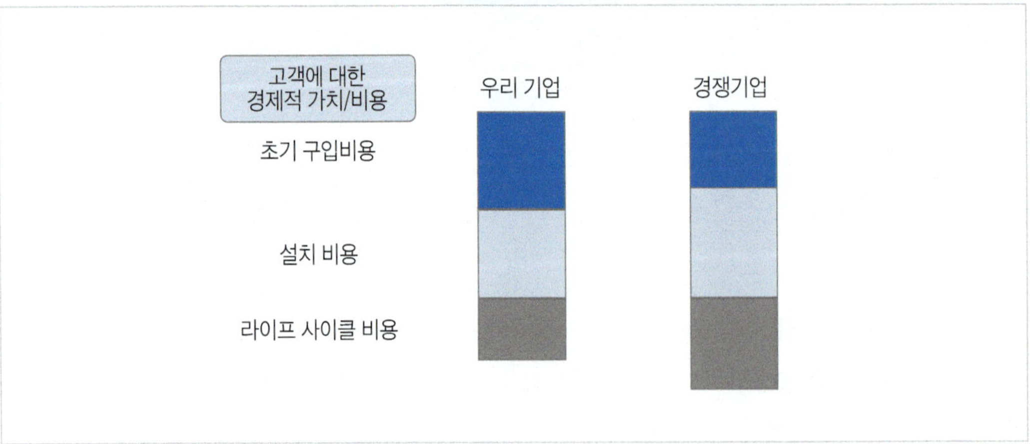

7) 제품이나 자산의 총수명주기 비용(life-cycle cost)은 제품이나 자산의 총수명기간 동안 발생하는 전체적 소유비용(TCO: Total Cost of Ownership)을 말한다. 흔히 이 비용은 "요람에서 무덤까지(cradle to grave)"의 비용이라고도 불린다. 이 비용에는 상대적으로 정량화하기 쉬운 재무 비용, 상대적으로 정량화하기 어려운 환경 비용과 사회적 비용이 포함된다. 총수명주기 비용을 계산할 때 포함되는 일반적인 비용 항목들은 기획 비용, 디자인 비용, 건설/제조와 구매획득 관련 비용, 운영 비용, 유지 및 보수 비용, 갱신 및 재건 비용, 감가상각 비용, 자본비용, 교체 및 처분 비용 등이 있다(출처: www.wikipedia.org).

술했던 사례의 B 기업과 A 기업의 경우 신제품을 제안하며 그림 9-10과 같은 가치기반의 가격(value-based price) 개념을 활용했다. 즉 제품이 고객에게 제공하는 가치에 합당한 가격전략을 실행하는 것이 바람직하다.

③ 기업의 원가

원가관리는 회계 부서나 생산 부서에서만 관리하는 사항이 아니라, 마케팅 부서에서도 적극적으로 관리해야 하는 경쟁 요소이다. 고객의 가치가 가격의 상한선을 의미한다면, 원가는 가격하한선을 의미한다. 또한 장기적으로 볼 때 가격은 반드시 원가보다 높아야 수익성이 보장된다.

원가절감 요인은 다양하게 이해될 수 있다. 첫 번째 원가절감 요인은 단기 생산원가이다. 단기 생산원가의 감소는 집중된 생산규모에 따른 것이다. 그러나 노무비와 물가의 인상은 이러한 단기 생산원가의 경쟁력을 크게 떨어뜨릴 수 있다. 두 번째 고려 요인은 장기 생산원가이다. 역설적이지만, 돈을 아끼기 위해서는 돈을 더 써야 한다. 즉 장기적으로 원가를 줄이기 위해 많은 설비 투자가 필요하다. 공장자동화를 비롯해 생산공정의 향상, 제품설계에 대한 수정, 좀 더 효율적인 자재공급시스템 등은 단기적으로 원가를 상승시키지만 궁극적으로는 원가절감 효과를 가져올 것이다. 세 번째로 고려해야 하는 원가절감 요인은 전체 비용의 개념과 관련되어 있다. 총비용(total cost)이라는 개념이 있는데, 가시적인 비용만을 줄이다가 비가시적인 비용이 더 크게 유발될 수 있다. 예를 들어, 재고비용을 줄이기 위해 소구매를 한다고 가정해보자. 이 경우 제품 수요가 증가되면 재고 부족, 고객 불만, 비싼 대체품, 그리고 추가주문 처리비를 부담하게 된다. 또한 많은 기업이 제조원가에만 집착하는 경향이 있는데, 마케팅 비용도 효율적으로 관리해야 된다. 마케팅 비용을 감소시키기 위해서는 궁극적으로 브랜드파워와 기업명성을 높여야 할 것이다. 브랜드파워와 기업명성이 높을수록 마케팅은 그만큼 쉬워지고, 이에 따라 마케팅비용도 감소될 것이다.

④ 고객별 원가관리

B2B 상황에서 특히 대형 고객사의 경우 원가는 고객별로 계산해서 관리해야 한다. 고객마다 드는 비용이 다르므로 고객별 수익성도 달라지기 때문이다. 고객에게 드는 원가는 크게 세 가지가 있다. 첫 번째는 판매 전 비용이다. 이것은 주로 판매에 관련된 비용을 뜻하며 여기에는 여러 가지 항목이 있다. 예를 들어 판매원의 실비는 구매가 성사될 때까지는 판매하는 기업이 부담해야 한다. 이 사전 마케팅(pre-marketing) 단계에서 특히 기술적인 제품인 경우 기업이 설명회를 가지거나 고객을 방문하여 잠재 고

객의 관심을 끌고 이들을 설득하기 위해 노력해야 한다. 따라서 판매 이전 비용은 고객별로 많은 차이가 날 수 있다. 또 고객의 지리적 위치, 규모, 우리 제품의 성능 요건(specification)이 잠재 고객 사이트의 조건에 적합한지 검증해야 하는 비용 등의 측면에서 차이가 날 수 있다. 두 번째는 생산비용이다. 고객이 요구하는 제품 규격과 요건(specification)에 따라 생산비용은 고객별로 차이가 난다. 세 번째는 유통비용과 판매 후 서비스 비용이다. 고객별로 소요되는 물류비용에 상당한 차이가 날 수 있다. 또한 고객의 훈련, 제품의 설치, 기술 서비스(technical service), 그리고 유지 및 보수 등의 항목에서 고객별 비용이 차이가 난다.

이러한 비용을 측정하여 고객을 분류하면 고객은 그림 9-11과 같이 분류될 수 있다. 이 분류에서 첫 번째 고객 범주는 수동적 고객(passive customers) 유형인데, 이들은 높은 가격을 수용하며, 그들의 요구에 응대하며 발생하는 판매기업 비용도 적게 드는 경우를 말한다. 판매기업 입장에서는 가장 매력적인 고객 유형이다. 판매기업과 구매기업 간의 관계가 지속적일 경우 타성이 생겨 이러한 고객이 등장할 수 있다. 특히 구매자가 공급선을 대체하지 못하거나, 대체 불가능한 핵심 부품을 공급하는 경우 이러한 고객이 생긴다. 두 번째 고객 범주는 상류고객(carriage trade customers) 유형인데, 이들은 가격을 높게 내는 대신 판매기업에게 그만큼 많은 노력을 요구하여 비용이 수반되는 집단이다. 특별 생산을 요구하는 고객 또는 사후 서비스를 요구하는 고객이 예가 될 수 있다. 세 번째 고객 범주는 할인품목 구매고객(bargain basement customers) 유형인데, 이들은 꾸밈없는 제품을 원하는 고객 집단이다. 이들은 오랜 사용을 통해 기계에 대한 많은 사용과 서비스 방법을 습득했기 때문에 실제로 드는 비용만 부담하려 한다. 즉 이들은 저

그림 9-11 고객기업의 수익관리

가격 \ 공급기업 부담 비용	저	고
고	**수동적 고객** (Passive Customers)	**상류 고객** (Carriage Trade Customers)
저	**할인 품목 구매 고객** (Bargain Basement Customers)	**공격적 고객** (Aggressive Customers)

렴한 가격 중심의 구매를 하는데, 이들의 서비스 요구가 적어 판매기업 입장에서는 별로 비용이 발생하지 않는다. 마지막 고객 범주는 공격적인 고객(aggressive customers) 유형인데, 이들은 반갑지 않은 고객집단이라 할 수 있다. 왜냐하면 가격은 적게 지불하는데 이들 고객에 대한 응대 비용은 많이 들기 때문이다. 수동적 고객 유형과 정반대인 경우로, 판매기업의 협상력이 적기 때문에 구매자에 대해 존속적 관계를 갖게 되는 경우이다. 이론적으로 볼 때 이러한 고객은 피하는 것이 정석이다.

그림 9-12 고객포트폴리오의 이상적 경우와 최악의 경우

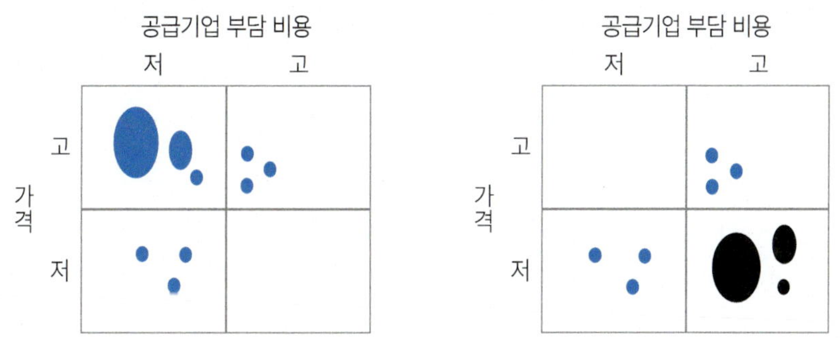

다음 상황은 가장 이상적인 상황과 부정적인 상황을 나타내는 고객 분포이다(그림 9-12 참조). 기업은 항상 고객별 원가관리 또는 수익성분석을 통해 부정적인 상황을 피할 수 있도록 해야 할 것이다. 고객기업과 판매기업의 관계에서 가치(value) 기준이 파워/협상력(power) 기준보다 더 효과적으로 작동하면 그림 9-12 의 왼쪽 같은 이상적 고객 분포 상황을 기대할 수 있다. 반면 파워/협상력 기준이 가치 기준보다 더 크게 작용하면 그림 9-12 의 오른쪽 같은 바람직하지 않은 고객 분포 상황이 발생할 수 있다. 8장에서 살펴봤듯이 VAS 또는 Strategic Partner 가치창출전략의 경우 이상적 고객분포 상황과 연관이 되며, Vendor의 경우에는 최악의 고객분포 상황으로 이를 수 있다. 즉 Vendor 전략의 경우에는 고객이 원하는 QDCTR 조합 찾기와 고객의 기대 수익성분석을 기준으로 한 표적시장선정(targeting)이 중요할 것이다.

⑤ 경쟁 입찰

B2B 상황의 대형 프로젝트에서 흔히 발생하는 상황이 경쟁 입찰이다. 개념은 간단하지만 실행에는 여러 가지 요인에 대한 고려가 필요하다. 입찰에는 참여하는 업체의 가

격이 공개되는 공개입찰과 익명으로 처리되는 비공개 입찰이 있다. 우선 판매기업의 입장에서 경쟁 입찰은 두 가지 목적 간의 상쇄 관계를 의미한다. 첫 번째 목적은 낙찰 성공확률인데, 당연히 가격이 낮을수록 성공확률은 높아진다. 다른 목적은 이익의 증대인데, 가격이 높아야 이익증대가 가능하지만 그만큼 낙찰 성공확률은 낮아진다. 이와 같이 성공확률과 이익증대는 서로 반대로 움직이므로 가격전략에 서로 모순적인 시사점을 제공한다. 이 모순을 해결하는 방법이 바로 기대가치(expected value) 개념이다. 예를 들어 절대 이익이 1억 원이라 할 때 그 낙찰 성공확률이 50%라면, 그 기댓값은 5천만 원이 된다. 경쟁 입찰 전략에는 이와 같은 기대가치 모형이 흔히 사용된다. 문제는 성공확률의 추정인데 오랜 경험을 가진 회사일수록 누적적 경험에 기반한 정성적, 정량적인 분석에 기반한 성공확률 추정능력이 뛰어나다.

경쟁입찰에 들어가기 전에 다음과 같은 요인들을 고려하여 사전 입찰(pre-bidding) 전략을 잘 수립해야 한다. 첫 번째 고려사항은 가동률이다. 입찰하는 기업 입장에서 공장의 가동률은 원가를 좌우하는 변수가 된다. 일반적으로 가동률이 높을수록 추가 입찰에 참여할 수 있는 여유가 없어지고 또한 비용을 높게 쓴다. 반면 가동률이 낮을 경우 물량이나 가격 측면에서 더 공격적으로 임할 것이다. 가동률이 낮은 회사는 원가계산을 할 때 고정비용을 제외하고 변동비용 위주로 입찰할 수 있다. 두 번째 고려사항은 미래 입찰과 판매 기회이다. 입찰은 한시적인 것이 아니고 여러 차례 주어질 수 있다. 따라서 이번에 실패해도 다음 입찰에 채택이 될 수도 있고, 반면 낙찰된 회사도 다음에는 떨어질 수 있다. 낙찰된 회사의 경우 사후에 추가판매의 기회가 자동으로 주어질 수 있다. 예를 들어 전투기를 구매하는 공군은 이 제품들에 대해 부품과 기술 지원의 서비스를 요구할 수 있다. 이와 같은 연결 판매는 복합적인 가격 전략의 사용을 유도하기도 한다. 즉 극단적인 전략은 적자로 1차 입찰을 확보하여 2차 판매에서 흑자를 내는 방법이다. 우리나라에서도 이러한 취지로 1차 입찰에 1원을 작성한 회사도 있었다고 한다. 그러나 많은 업종에서는 이런 경우 1원 입찰을 금지하고 있다. 세 번째 고려사항은 경쟁이다. 경쟁 입찰이기 때문에 상대가 누구냐 하는 점이 중요하게 고려되어야 한다. 경쟁 회사의 입찰 담당자는 그의 과거 이력을 통해 자신의 특정한 스타일을 시그널(signal)할 수 있다. 이를테면 항상 원가보다는 적정 마진을 추구하는 경쟁자가 있는가 하면 적자, 흑자를 막론하고 낙찰만을 중시하는 경쟁자도 있을 것이다. 마지막 고려사항은 납기 조건이다. 입찰마다 납기의 조건은 다양하다. 납기 조건이 까다로울 경우 생산자 비용을 상승시키고 흑자를 적자로 전환시킬 수 있음을 신중하게 고려해야 한다.

이러한 요인들을 개별적으로 고려한 후, 종합적으로 평가해야 한다. 물론 이 요인들은 고객 센싱과 경쟁사 센싱이 잘 되어야 파악할 수 있다. **표 9-6**에 가상적 분석이 나

표 9-6 개별 입찰기회에 대한 평가의 예

요인	가중치(%)	평가	값
가동률	20	9	180
경쟁	20	8	160
연결기회	15	7	105
구매 규모	10	6	60
납기조건	10	5	50
수익성	25	2	50
합 계	100	(10점 만점)	605

타나 있다. 즉 복수의 입찰 기회들을 **표 9-6**과 같은 방식으로 평가해서 가장 기대 점수가 높은 입찰 기회를 추구하게 된다.

(3) 가치기반의 가격전략(value-based pricing strategy)

가격 접근방법 중 원가가산법, 목표수익률 기준 가격산정법과 같이 원가와 수익성을 고려하는 방법부터 점검하는 것이 필수조건이라 할 수 있다. 그다음 경쟁 중심 가격산정법과 같이 경쟁과의 가격 비교 또한 필수 사항이다. 필수조건 점검 후 경쟁과 고객가치를 동시에 고려하여 가격전략을 수립하고 변화를 관리하는 방법이 가치기반의 가격전략이다. 선제적 B2B 마케팅의 가격 결정과 변화는 가치기반의 가격론(value-based pricing)에 의해 수행하는 것을 원칙으로 한다. 지금부터 가치맵(value map) 분석과 가치기반의 가격론을 고찰한다.

① 가치맵(value map) 분석

8장에서 살펴본 B2B 가치창출전략유형인 Vendor, VAS, Strategic Partner 전략은 가치의 대상(핵심 오퍼링, 소싱 프로세스, 전반적 비즈니스)과 가치의 차원(혜택/gain points의 증진, 비용 등 희생/pain points의 감소)에 의해 결정됨을 살펴봤다. 즉 선제적 B2B 마케팅의 핵심 주장은 고객이 원하는 가치를 잘 센싱하고 우리가 제공할 수 있는 가치제안역량으로 마케팅을 펼쳐야 성과를 획득하고 지속할 수 있다는 것이었다. 다시 말해 고객에게 제시되는 가격은 고객의 가치 차원에서 조망하고 결정해야 하는 것이다. 이 점을 반영하기 위한 기본적인 분석 프레임이 가치맵(value map) 분석이다.

그림 9-13처럼 먼저 고객의 가치는 고객이 받는 GET(혜택)과 고객이 치루는 GIVE(희생)의 비교에 의해 결정된다. 고객이 받는 GET은 여러 구성요인으로 개념화될 수 있지만, 가장 학문적 증거에 의한 유효한 구성은 OBR이다(O: Offering power 제품력혜택, B: Brand power 브랜드력혜택, R: Relationship power 관계력/채널력혜택).[8] GIVE에는 고객이 지불하는 가격(공급기업의 원가 + 마진)과 그 외 비용(그림 8-2에서 고찰한 탐색/획득 비용과 라이프사이클 비용)이 있다. GET - GIVE 가 바로 고객이 인식하는 가치, 바로 고객가치(customer value)이다.

가치맵 분석은 이 가치를 정량화하는 분석인데, 먼저 GET을 도출하는 부분 중 제품력혜택 분석부터 살펴본다(그림 9-14 참조). 먼저 고객이 중요하게 생각하여 그들의 선택에 유효한 영향을 미치는 구성요인을 정한 후, 각 요인의 상대적 중요도를 고객 관점에서 결정해야 한다. 그리고 우리 제품과 주요 경쟁 제품에 대한 각 구성요인별 고객평가를 획득해야 한다. 그리고 이를 분석하여 제품력혜택 측면에서 경쟁제품에 비교한 우리의 상대적 우위를 구해야 한다. 이를 분석하는 방법 또한 여러 가지가 있으나, 그림 9-14에서는 매우 실무적인 방법을 소개하고 있다. 1단계로 각 구성요인별로 우리 제품과 경쟁제품과의 차이를 산출하였다. 그리고 2단계에서 차이 숫자의 의미를 점검하여 1의 차이는 차이가 없는 것으로, 2, 3, 4의 차이는 비슷한 차이로 간주했다. 숫자 그대로를 반영하는 대신 숫자의 현실적 해석을 반영한 것이다. 그리고 차이는 상대적 중요도 점수로 반영했다. 상대적 우위는 경쟁 제품의 총합으로 산출되기에 각 구성요인별로 경쟁우위 총합을 경쟁 제품의 숫자로 나눈다. 예시에서는 제품력혜택 측면에서 예시 기업은 경쟁 대비 37% 정도의 우위를 갖는 것으로 분석되었다.

제품력혜택 측면에서 상대적 우위를 산출하는 방식과 동일한 방법을 사용하여 브랜드력혜택과 관계력/채널력혜택에서의 상대적 우위를 산출한다(그림 9-15 참조). 예시 기업의 경우 브랜드력혜택에서는 40%의 경쟁우위를 가진 반면, 관계력/채널력혜택 측면에서 10%의 경쟁열위를 보이고 있다.

그리고 그림 9-16처럼 제품력, 브랜드력, 관계력/채널력의 상대적 중요도(고객 관점에서 결정)를 고려하여 전체적인 GET점수를 산출한다. 비슷한 방법을 사용하여 그림 9-17처럼 전체적인 GIVE 점수를 산출한다. 예시의 경우 해당 기업은 GET에서는 경쟁 대비 23% 정도의 우위, GIVE에서는 경쟁 대비 3% 정도의 우위를 가지고 있는 것으로 나타났다. 즉 해당 기업은 고객에게 GET에서 상대적 우위를 제공하지만 GIVE 측면에서는 경쟁과 비슷한 정도라 평가할 수 있다. 그리고 이러한 결과를 도식화하여 맵에 표시하는 것이 그림 9-18에서 본 가치맵이다.

---

8) Palmatier, R. W. & S. Sridhar(2021), Marketing Strategy: Based on First Principles and Data Analytics, 2nd Edition, Bloomsbury Academic.

그림 9-13 고객가치(customer value) = GET - GIVE

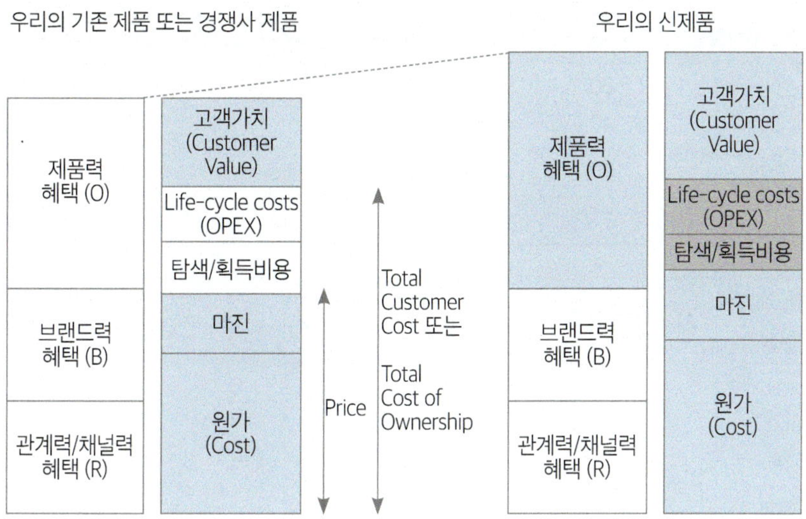

그림 9-14 GET 요인 중 제품력혜택 분석

제품력 구성요인	상대적 중요도	(우리 제품 평가)	경쟁1	경쟁2	경쟁3	상대적 우위
(1)	40	8	7	5	6	27
(2)	30	9	8	5	5	20
(3)	20	7	7	7	6	0
(4)	10	4	6	7	6	−10
합계	100					37

우리 제품의 상대적 점수(제품력)=100+37=137

1단계

경쟁과 우리 제품 평가				
제품력	상대적 중요도	경쟁1	경쟁2	경쟁3
1	40	1	3	2
2	30	1	4	4
3	20	0	0	1
4	10	−2	−3	−2
	100			

2단계

경쟁우위 산정					
제품력	상대적 중요도	경쟁1	경쟁2	경쟁3	상대적 우위
1	40	1	40	40	27
2	30	1	30	30	20
3	20	0	0	0	0
4	10	−10	−10	−10	−10
	100				37

3단계

그림 9-15 GET 요인 중 브랜드력 및 관계력혜택 분석

브랜드력 구성요인	상대적 중요도	우리 신제품 평가	기존제품	경쟁1	경쟁2	상대적 우위
(1)	60	8	7	6	4	40
(2)	40	9	8	9	8	0
합계	100					40
우리 제품의 상대적 점수(브랜드력) =100+40=140						

관계력/채널력 구성요인	상대적 중요도	우리 신제품 평가	기존제품	경쟁2	경쟁3	상대적 우위
(1)	60	5	7	6	5	−20
(2)	30	5	5	6	2	10
(3)	10	7	7	6	8	0
합계	100					−10
우리 제품의 상대적 우위 점수(관계력/채널력) =100−10=90						

그림 9-16 GET 혜택 요인 정리 및 통합

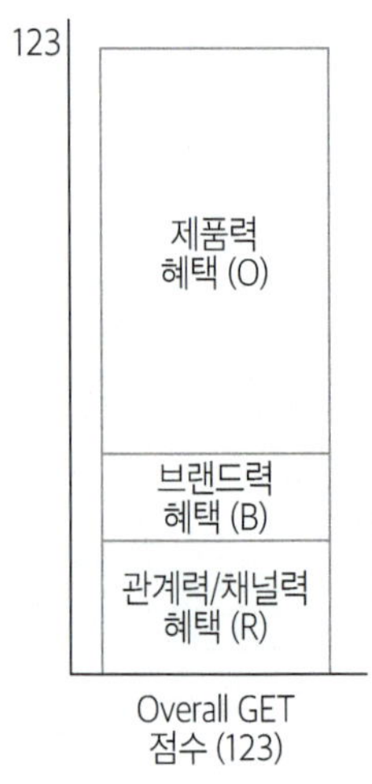

혜택 영역	상대적 중요도	상대적 우위	GET Total
제품력	0.60	137	82
브랜드력	0.10	140	14
관계력/채널력	0.30	90	27
합계	1.00		123
Overall GET 점수 =123			

그림 9-17 고객 지불 비용(GIVE)

고객비용 구성요인	상대적 중요도	우리 신제품 평가	기존제품	경쟁1	경쟁2	상대적 위치	
(1)	40	7	8	5	5	27	67
(2)	30	5	6	7	6	−10	20
(3)	20	5	8	7	5	−13	7
(4)	10	6	6	5	5	0	10
합계	100					40	
우리 제품의 상대적 Cost 점수 =100+3=103							

그림 9-18 가치맵 분석

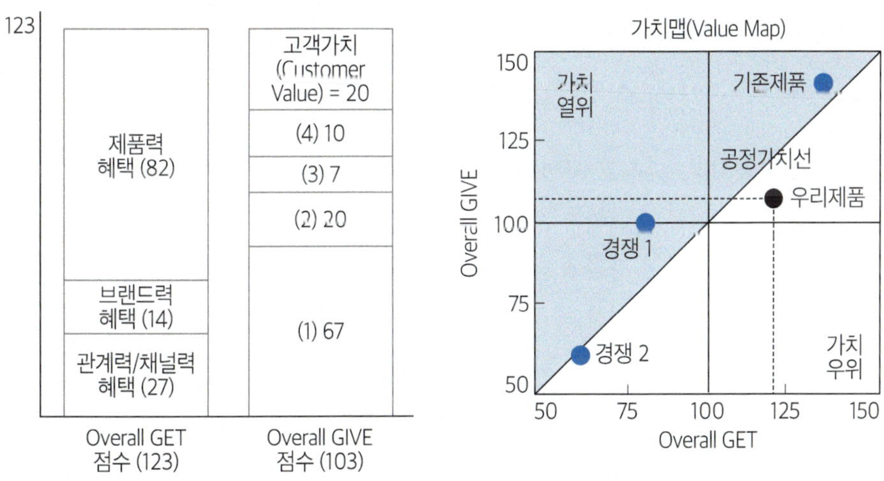

이렇게 분석된 가치맵(그림 9-18)을 보면 우리 제품의 위치와 경쟁 제품의 위치를 일목요연하게 파악할 수 있고 향후 기업이 움직여야 할 방향을 도출하는 데에 큰 도움을 줄 수 있다(그림 9-19 참조). GET(gain points)을 증진하거나 GIVE(pain points)를 줄여주거나 동시에 두 개를 다 하는 것이 우리 기업 및 제품에 대해 고객이 인식하는 가치를 올릴 수 있는 방법이다. 이러한 분석 템플릿은 기업 실무에 큰 도움이 될 것이다. 가치맵 분석은 가성비 분석이라고도 할 수 있는데 R&D 부분에서는 객관적 가치맵 분석(객관적인 방법, 예를 들어 전문가 평가나 실험 측정 평가, 활용하여 구성요인, 중요도, 평가점수 평가)을 사용할

그림 9-19 가치맵 분석 활용 방향

GET 증진 방향	GIVE 감소 방향
(1) 제품력, 브랜드력, 관계력의 중요도 변화 방향 (2) 제품력 우위의 변화 방향 (구성요인 자체의 변화, 중요도 and/or 평가점수의 변화) (3) 브랜드력 우위의 변화 방향 (구성요인 자체의 변화, 중요도 and/or 평가점수의 변화) (4) 관계력/채널력 우위의 변화 방향 (구성요인 자체의 변화, 중요도 and/or 평가점수의 변화)	구성요인 자체의 변화, 중요도 and/or 평가점수의 변화

- 중요도, 경쟁우위와 실현가능성(단기, 장기)을 토대로 숙고
- 제품력, 브랜드력, 관계력을 동시에 다 증진하는 것은 현실성이 떨어지는 전략적 옵션
- GET (Gain Points)의 증진과 GIVE (Pain Points)의 감소 또한 선택 옵션임을 고려
  = 다 고려하는 것은 현실성이 떨어지는 전략적 옵션

수 있을 것이다. 그리고 사업부나 마케팅 직무에서는 고객기업의 주관적 평가를 토대로 가치맵 분석을 수행하는 것이 좋다. 시장에서의 성과, 즉 고객기업의 선택은 주관적 가치 평가에 의해 결정됨에 감안할 때, 주관적 가치맵 분석과 객관적 가치맵 분석의 차이로 전략 방향을 논의하는 것도 기업에는 매우 유용한 실무적 시사점을 제공할 수 있을 것이다.

② **가치기반의 가격론**(value-based pricing)

가치맵 분석을 토대로 가격 결정 방향을 정할 수 있을 것이다. 여기에서는 가치기반 가격론의 기초 개념을 설명한다. 가치맵 분석에서의 GET 혜택이 그림 9-20 에 표시된 지각가치(perceived value)를 의미한다. 이곳에서 지각가치는 통상적으로 진정한 경제적 가치(TEV: True Economic Value)보다 낮다. 그 이유로는 고객이 진정한 경제적 가치를 잘 알기가 어려워서, 잘 알아도 의심을 가질 수 있고, 우리가 강조하는 혜택이 얼마나 중요한지 모를 수 있기 때문 등이 있다. 지각 가치는 우리 마케팅노력의 양과 질에 영향을 받을 수 있다.

진정한 경제적 가치란 우리 제품의 이상적 가치, 즉 고객이 지각해주기를 바라는 우리의 최대 희망가치로 다음과 같이 측정될 수 있다: 바로 우리 다음 수준 경쟁제

품의 가격(cost of the next-best alternatives) + 성능 차이만큼의 가치(value of the performance differential). 지각가치가 진정한 경제적 가치보다 위에 있다면 이는 고객에게 실체 이상의 좋은 제품으로 우리를 알린 상황인데, 이런 상황은 시간이 조금 지나면, 고객이 실체를 알게 되고 그렇게 되면 오히려 굉장히 좋지 않은 결과가 발생할 수 있다. 기대가 높고 실제성과가 낮으면 불만족이 매우 커지는 것과 비슷하다.

그림 9-20 에서 고객이 지불하는 GIVE는 제품가격으로 표시되어 있다. 그림 9-20 까지 제품가격이 GIVE가 될 수도 있지만, 가치맵 분석처럼 GIVE 점수는 제품가격 이외의 희생(sacrifice)이 작동하여(예를 들어 탐색과 같은 시간과 경비의 절감, 워런티에 따른 안도감, 총보유비용/라이클사이클 비용의 절감 등) 제품가격과 다른 경우가 더 흔할 것이다.

그림 9-20 가치기반 가격: 경제적 가치, 지각 가치, 제품 원가[9]

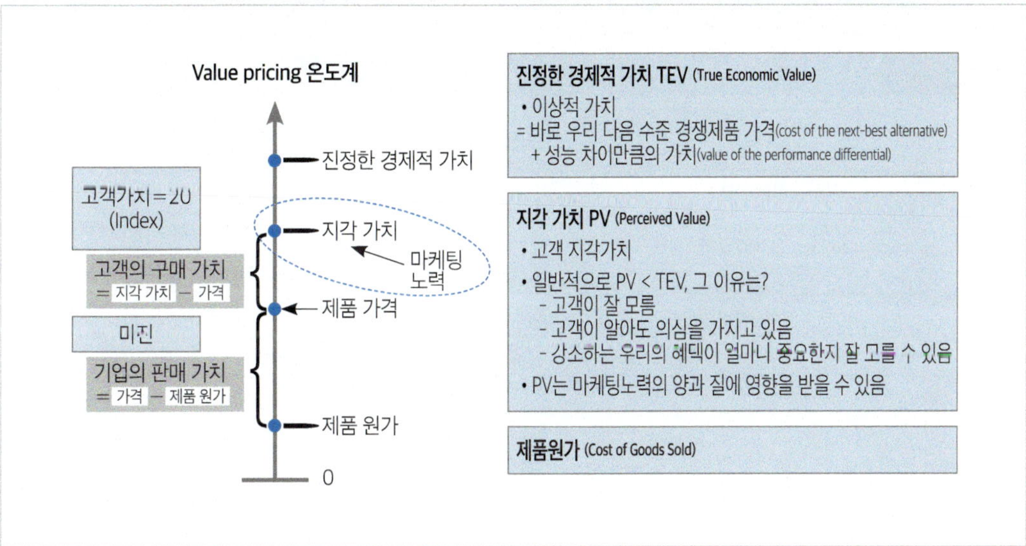

③ 가치기반의 가격접근방법 사례

이곳에서는 가치기반 가격론 개념을 토대로 한두 개의 사례를 살펴본다. 먼저 표 9-7 사례에서는 고객사에게 공장시스템 제품을 제공하는 경우인데, 우리 기업의 신제품은 시스템 고장확률을 획기적으로 줄이는(GIVE 또는 pain points의 감소) 대신 시간당 운영시스템 비용은 비싼(GIVE 또는 pain points의 증가) 상황을 보여주고 있다. 우리 다음 경쟁제품의 가격은 75,000,000원이었다. 그렇다면 우리의 신제품에 대한 가격은 어느 수준으로 결정할 수 있을까?

우리 신제품의 진정한 경제적 가치를 산출해보자. 진정한 경제적 가치=바로 다

9) 출처: Robert J. Dolan & John T. Gourville(2009), "Principles of Pricing," HBS, No. 506-021.

음 수준 경쟁제품 가격/비용+성능 차이만큼의 가치=75,000,000+[(20%−1%)×1억]−[(15,000−10,000)×2,500시간]=75,000,000+19,000,000(고객입장에서의 이득)−12,500,000(고객입장에서의 손실)=81,500,000원. 우리 신제품의 진정한 경제적 가치는 81,500,000원, 경쟁 제품의 가격은 75,000,000원이니 그 사이에서 우리 신제품의 가격을 결정할 수 있을 것이다. **표 9-7**에서는 우리 신제품의 가격을 77,500,000원으로 결정한 상황을 보여주고 있다. 시스템 고장 확률이 1%로 절감한다고 우리가 주장하지만, 고객사는 이를 그대로 믿지는 않을 것이고 '아마 5% 수준까진 고장확률이 줄어들 수 있을 거야'라는 상황을 상정하고 계산하면 지각 가치가 77,500,000원으로 산출된다. 경쟁제품 가격/비용+성능 차이만큼의 가치=75,000,000+[(20%−5%)×1억]−[(15,000−10,000)×2,500시간]=75,000,000+15,000,000(고객입장에서의 이득)−12,500,000(고객입장에서의 손실)=77,500,000원.

표 9-7 사례 1: 「A」 고객사 공장 ○○○○ 시스템

	우리의 신제품	우리 다음 경쟁제품 Next-Best Alternative
시스템 고장 확률	1% (연간) ⬇	20% (연간)
시스템 고장 처리 비용	1억 원	1억 원
운영 시간	2,500 hrs.	2,500 hrs.
시간당 운영시스템 비용	15,000 원 ⬆	10,000 원
가격	결정?	75,000,000 원

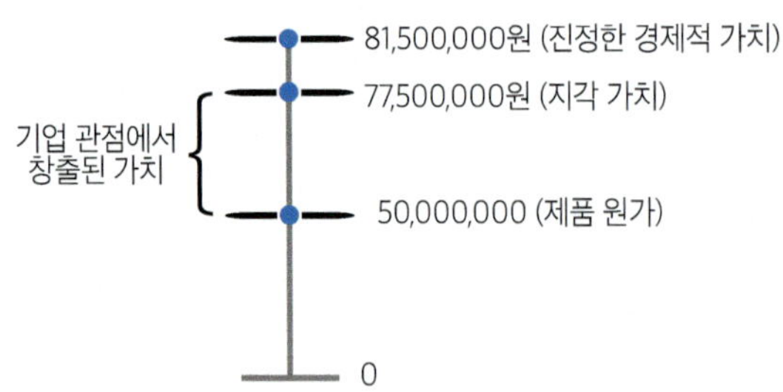

다음 사례 상황에서는 고객사에 시설시스템을 제공하는 경우를 상정했다(**표 9-8** 참조). 비슷한 방식으로 계산하면 **표 9-8**과 같은 결과를 얻을 수 있다. 두 개의 상황(A의 경우: 고객사에 대한 공장시스템 제공, B의 경우 고객사에 대한 시설시스템 제공)은 제품의 금액 측면에서 B가 A보다 더 큰 상황을 상정했다. 그만큼 고부가가치 제품 영역에서 비즈니스를 하는 경우 고객의 인식과 지각에 영향을 미칠 수 있는 가치기반 가격결정의 운신의 폭이 넓음을 알 수 있다. 그래서 많은 기업은 항상 고부가가치, 고마진 비즈니스 영역으

표 9-8 사례 2: 『B』 고객사 시설 ○○○○ 시스템

	우리의 신제품	우리 다음 경쟁제품 Next-Best Alternative
시스템 고장 확률	2% (연간) ⬇	23% (연간)
시스템 고장 처리 비용	3억 5천만 원	3억 5천만 원
운영 시간	2,500 hrs.	2,500 hrs.
시간당 운영시스템 비용	18,000 원 ⬆	12,000 원
가격	결정?	75,000,000 원

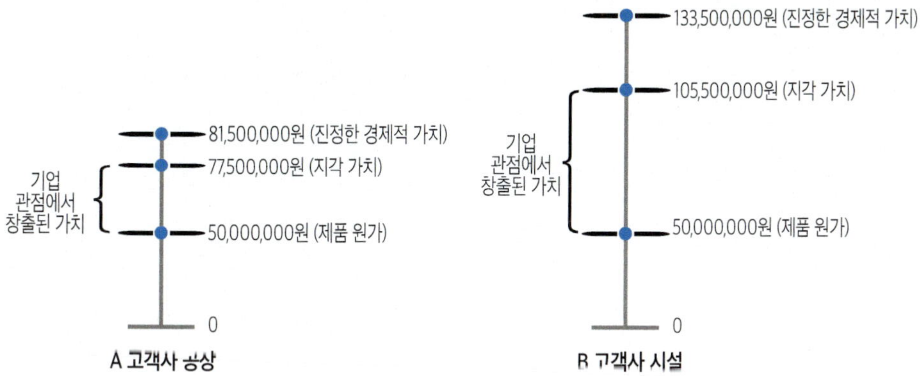

로의 진입이나 창출을 위해 불철주야 기술개발 등에 노력을 하는 것일 것이다.

그림 9-21 에서는 마진율에서 차이가 있는 두 개의 상황(사례 1의 마진율=20%, 사례 2의 마진율=80%)을 상정하고 현재 상태와 함께 10% 가격인하 시나리오, 그리고 20% 가격인상 시나리오별로 CVP(Cost, Volume, Profit) 분석을 예시로 보여주고 있다. **저마진 비즈니스의 경우 가격인하는 매우 좋지 않은 결과로 연계됨을 보여주고 있다.** 판매량 감소에도 불구하고 저마진 비즈니스의 경우에도 오히려 가격인상은 판매량 증가의 부담을 큰 폭으로 경감시켜주고 있음을 알 수 있다. **고마진 비즈니스의 경우에는 가격인하나 가격인상이나 판매량 목표의 변화가 그리 많이 필요하지 않음을 보여주고 있다. 이 경우에는 가격인하 효과가 상대적으로 매우 유효함을 알 수 있다.** 저마진 비즈니스에서는 아무리 상황이 어려워도 가격인하는 오히려 상황을 더 악화시킨다는 교훈을 염두에 두고 가격관리를 해나가야 한다. 이런 상황을 그림 9-22 에 도식화하여 제시하였다.

한편 수익향상을 위한 가격전술(pricing tactics)은 그때그때의 수급(수요와 공급) 상황에 따라서 어떠한 가격변화를 시도할 것인가를 다룬다. 수요가 공급보다 높은 경우에는 value-up pricing, minimum 발주 개런티 pricing, trade-off pricing 등을 사용할 수 있고, 수요보다 공급이 높을 경우에는 cost-down pricing 전술 외엔 묘안이 없다. 이러한 전술

과 관련된 내용은 다음의 서적을 참조하기 바란다: 이마무라 히데아키(2007), 보스턴컨설팅그룹의 B2B 마케팅, 정진우 역, 비즈니스맵.

그림 9-21 사례 1(저마진)과 사례 2(고마진)의 가격변화민감도(CVP: Cost, Volume, Profit) 분석

사례 1	사례 2
현재 현재 : 가격은 $50, Cost는 $40 즉, 개당 마진은 $10 (마진율: 20%) 이 가격에서의 판매량은 1,000개 수익 = $10,000	**현재** 현재 : 가격은 $50, Cost는 $10 즉, 개당 마진은 $40 (마진율: 80%) 이 가격에서의 판매량은 1,000개 수익 = $40,000
가격인하: $50 → $45 (10% 인하) 현재 : 가격은 $45, Cost는 $40 즉, 개당 마진은 $5 (마진율: 11.1%) 수익 = $10,000을 유지하기 위해서는 이 가격에서의 판매량은 2,000개 (2배가 되어야!)	**가격인하: $50 → $45 (10% 인하)** 현재 : 가격은 $45, Cost는 $10 즉, 개당 마진은 $35 (마진율: 77.8%) 수익 = $40,000을 유지하기 위해서는 이 가격에서의 판매량은 1,143개 (143개만 더 팔면!)
가격인상: $50 → $60 (20% 인상) 현재 : 가격은 $60, Cost는 $40 즉, 개당 마진은 $20 (마진율: 33.3%) 수익 = $10,000을 유지하기 위해서는 이 가격에서의 판매량은 500개 (1/2만 팔아도!)	**가격인상: $50 → $60 (20% 인상)** 현재 : 가격은 $60, Cost는 $10 즉, 개당 마진은 $50 (마진율: 83.3%) 총수익 = $40,000을 유지하기 위해서는 이 가격에서의 판매량은 800개 (80% 팔면!)

그림 9-22 저마진 및 고마진 비즈니스의 CVP분석과 시사점

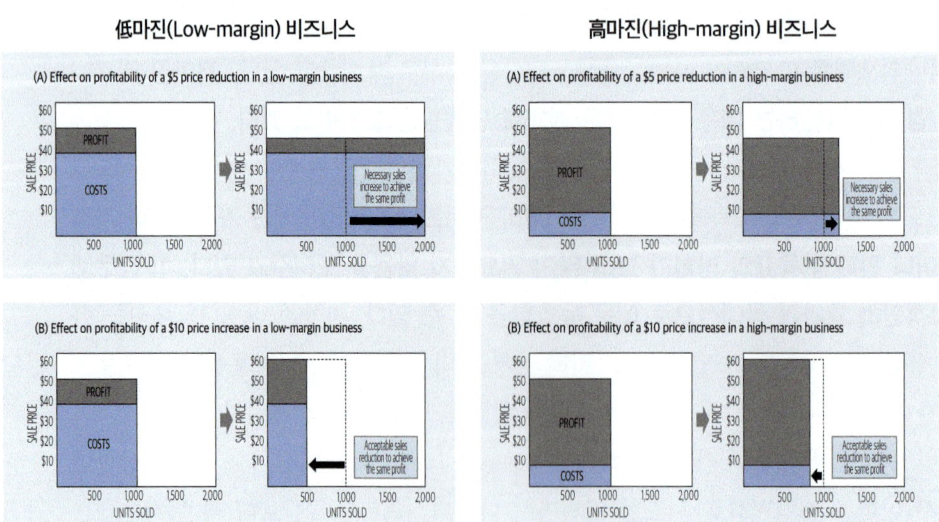

3절. 신제품개발(NPD: New Product Development)

고객의 욕구에 맞춰 맞춤 생산(customization)을 해야 하는 B2B 제품관리는 결국 신제품의 개발을 의미한다. 한편 market-driving 선제적 B2B 마케팅전략, 즉 Strategic Partner 가치창출/마케팅전략은 하루아침에 이뤄지지 않음을 제시했다(8장 참조). 특히 고객의 비즈니스를 심층 고찰하면서 시장개척형 혁신을 공동으로 추진하는 프로젝트의 성공 확률은 생각보다 매우 낮음을 염두에 둬야 한다. 이에 따라 린 스타트업 비즈니스 추진 방식 등 본격적 비즈니스 론칭 전 다양한 테스트를 빨리 수행함으로써 빠른 학습과 비즈니스모델을 수정(완전히 수정하는 경우 피봇이라는 용어를 사용)하면서 신제품/서비스를 개발하며 비즈니스 성공으로 다가가야 한다.[10] 이번 절에서는 market-driven B2B 마케팅 영역에서의 신제품개발의 의의와 신제품개발의 성공요인을 중심으로 신제품개발에 관해 고찰한다.

3.1. 신제품개발(NPD)의 의의

먼저 간단한 가상기업의 상황을 상정한다. P사의 S사업부의 경우 2년 후 매출목표를 3조로, 현재에 비해 170% 상향된 수준으로 설정하였다. 이 중 68% 정도는 기존 제품의 시장침투(market penetration)와 시장확장(market expansion)을 통해 달성한다는 목표를 설정했다. 나머지 32%의 매출은 신제품개발(new product development)과 이에 의한 신규 발굴 시장에서 매출을 달성한다는 목표를 설정했다. 특히 매출의 성장치인 1.2조 중 0.9조(새로운 성장치의 75%)가 신제품개발과 이에 의한 신규 발굴시장에서 이루어질 것이다. 이 간단한 예시 상황이 보여주듯이 기업의 NPD노력은 기업 성장의 엔진이다.

기존 제품의 개선이든, 완전히 새로운 기술에 의한 신제품의 개발이든 신제품개발의 목적은 기업 비즈니스의 성장이다. 이러한 성장은 우리의 신제품이 경쟁사보다 고객에게 제공하는 가치, 즉, 품질과 가격 차원에서 우위에 있을 때 가능하다. 7장의 포지셔닝에서 그림 7-14에 가격/제품품질(price/product quality) 차원의 포지션 맵을 설명했다. 결국 신제품개발의 목표는 기업의 제품을 이러한 포지션 맵에서 경쟁우위에 자리 잡게 하는 것이다.

10) Blank, S. & B. Dorf(2020), The startup owner's manual: The step-by-step guide for building a great company. John Wiley & Sons.; Ries, E. (2011), The lean startup: How today's entrepreneurs use continuous innovation to create radically successful businesses, Currency.

하지만 신제품개발의 성공확률은 그리 높지 않은 것으로 파악되고 있다. 어떤 언론 매체에 따르면 신제품개발의 실패율을 90%까지 보기도 하고, 보다 심도 있는 연구조사에 의하면 40% 정도로 보고되고 있다. 물론 소비재 신제품의 실패율이 높고, 산업재의 경우는 상대적으로 실패율이 낮다고 한다. 즉 기업은 신제품개발의 성공확률을 높이기 위해 체계적 신제품개발 시스템을 활용해야 한다.

3.2. 신제품개발(NPD)의 성공요인

APQC(American Quality and Quality Center)의 2000년대 초반 대규모 조사결과에 따르면 NPD 우수기업은 평균 기업에 비해 대단히 뛰어난 성과를 보여주고 있다. 신제품 기획 및 개발의 성공률, 이익/매출 목표 달성률 등 핵심성과지표에서 분명한 차이를 보여주고 있다.

또한 APQC의 2007년 조사결과에 따르면 우수한 신제품개발 성과를 보이는 기업의 NPD 성공요인은 그림 9-24 처럼 다양하게 나타났다. 다양한 성공 요인들을 분류하면, 신제품개발 과정(new product development process 요인들), 기업의 신제품개발 전략(new

그림 9-23 APQC의 신제품개발성과 조사결과[11)]

□ Success, Failure and Kill Rate	평균	Top 20
성공 Rate	60.2%	79.5%
실패 Rate	20.8%	8.1%
개발중단 Rate	19.0%	4.3%
□ On Time & On Budget		
% of on Time	51.1%	79.4%
% of on Budget	57.1%	79.0%
□ NPD Project Meeting Objectives		
이익목표 달성률(%)	56%	71.1%
매출목표 달성률(%)	55.4%	74.5%
시장점유율목표 달성률(%)	54.3%	73.4%
□ 신제품의 매출 및 이익 비중		
신제품의 매출 비중	27.5%	38.0%
신제품의 이익 비중	28.4%	42.4%

* NPD우수기업 : 수익성 있는 성공적인 신제품 개발과 신 사업기업 창출의 두 가지 관점에서 최상의 성과 그룹
* 조사 대상: APQC가 사전 Best Practice대상 기업으로 선정한 14개 기업 150개 Business Unit - Intel Corporation, Air Product 등

11) 출처: APQC Best Practice Report (2003), Improving New Product Development Performance and Practice.

그림 9-24 APQC조사결과 기반 NPD 성공요인[12]

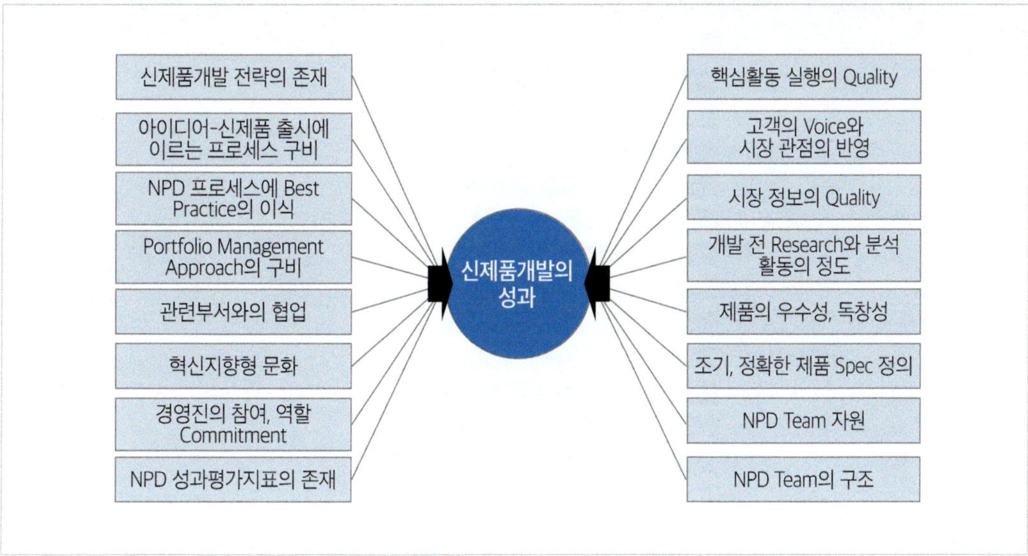

product development strategy 요인들)과 NPD에 대한 기업의 자원몰입(resource commitment 요인들)과 관련되어 있다.

신제품의 성공확률, 기업수익에 대한 신제품 공헌비율, 경쟁기업 대비 신제품 수익률 등과 같은 신제품개발 성과에 영향을 미치는 요인들은 신제품개발 과정, 신제품개발 전략, 그리고 NPD에 대한 기업의 자원몰입이다. 기업의 자원몰입은 기업문화의 혁신지향성, 최고경영층(top team)의 몰입, NPD 자원 및 조직의 지원 정도 등을 의미한다. 이제 신제품개발 과정과 신제품개발 전략 요인들에 관해 중점적으로 학습하겠다.

(1) 신제품개발 과정(New Product Development Process)

APQC의 2003년 조사결과를 살펴보면 NPD 과제의 성공 여부는 대부분 신제품개발 과정의 명확성에 달려있다고 한다(그림 9-25 참조). 최상의 성과를 보인 기업들(best performer: 수익성 있는 성공적인 신제품개발과 신사업기업 창출의 두 가지 관점에서 최상의 성과 그룹)을 대상으로 한 APQC 조사 결과, 베스트 프랙티스(best practice)가 내재화된 체계적인 NPD 프로세스의 존재, 단계별 측정지표를 활용한 의사결정, 학습문화와의 연계(핵심지식 등의 활용을 통한 Go/No Go 의사결정의 적정성), 프로세스 기반의 기능 간 협업 프로세스(cross-functional process)가 NPD 프로세스의 탁월성을 평가할 수 있는 기준이 된다.

12) Ibid.

그림 9-25 우수한 신제품개발성과 기업의 APQC조사결과=NPD 프로세스의 명확성

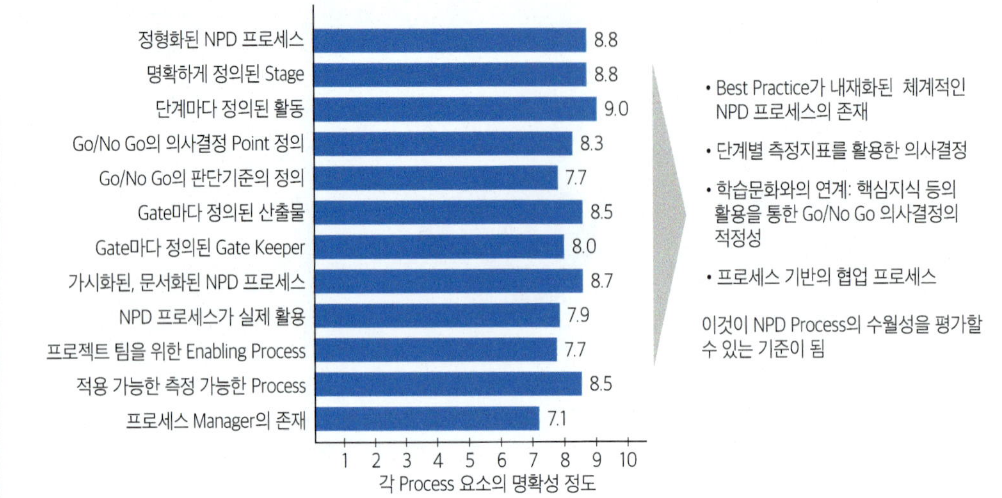

* **Best Performer**: 수익성 있는 성공적인 신제품 개발과 신 사업기업 창출의 두 가지 관점에서 최상의 성과 그룹

신제품개발 과정의 단계별 관문(stage-gate)은 아이디어 도출 단계(idea generation stage), 타당성 및 비즈니스 분석 단계(feasibility & business analysis stage), 기획 및 디자인 단계(plan & design stage), 개발 및 테스트 단계(develop & test stage), 출시 및 생산 단계(launch & produce stage)로 구성되어 체계적으로 NPD 프로세스를 관리하는 것이 NPD 우수기업의 공통 특성이다(그림 9-26 참조). 각 단계별 진행/포기(Go/No Go) 의사결정의 적정성 제고를 위한 평가지표를 명확히 설정해야 된다. 물론 이러한 진행/포기(Go/No Go) 의사결정의 적정

그림 9-26 단계별 관문(Stage-Gate) 방식의 신제품개발 프로세스

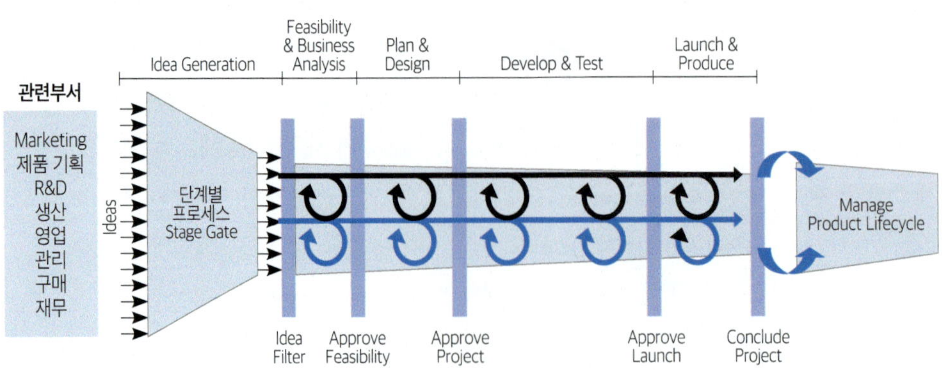

성은 그 기업의 누적된 지식의 정도에 따라 달라질 것이다. 또한 명확한 프로세스를 기반으로 사내 · 외 관련 부서와의 공동작업(collaboration)이 이루어질 수 있으며, 이러한 공동작업(collaboration)의 정도가 NPD 프로세스의 효율성을 증진시킬 것이다.

(2) 신제품개발 전략(New Product Development Strategy)

① 기업의 비즈니스전략과 NPD전략의 정렬(alignment)

2장에서 학습했듯이, 기업의 비즈니스전략은 어떠한 시장에 어떠한 제품으로 대응할 것인가를 다루는 제품-시장전략(product-market strategies)을 의미한다. 이에 따라 NPD전략은 자연스럽게 기업 비즈니스전략과 정렬되어야 한다. 나아가 NPD전략 방향은 기업의 기술역량 및 기술역량 로드맵과 연계되어 설정되어야 한다.

다음은 NPD프로젝트에 대해 점검할 필요가 있는 사항들을 질문으로 정리한 것이다.

- NPD프로젝트의 전략적 목표는? 예를 들어 제품의 현재 고객기반을 방어할 것인가 혹은 고객기반을 확장하며 발전시킬 것인가?
- NPD프로젝트의 유형은? 예를 들어 근본적인 연구인지, 생산과정의 개선인지, 현재의 포지션을 유지하기 위한 프로젝트인지?
- NPD프로젝트의 시간축(timeline)은? 예를 들어 단기적인 프로젝트인지 아니면 장기적 프로젝트인지?
- NPD프로젝트와 관련된 위험의 크기는? 예를 들어 고위험인지 아니면 저위험 프로젝트인지?
- NPD프로젝트의 시장 범위 또는 친숙도는? 기존 시장, 현 시장의 확장, 완전히 새로운 시장 중 어디를 추구하는지?
- NPD프로젝트 관련 기술의 난이도는? 기존 기술, 현 기술의 확대, 완전히 새로운 기술인지?
- NPD개발의 용이도는?
- NPD프로젝트 대상 시장의 지역적 범위는? 예를 들어 북미, 유럽, 아시아 중 얼마만큼을 범위로 설정할 것인지?

이러한 질문들이 시사하는 바는 기업의 NPD가 추구하는 기회의 범위는 매우 다양하다는 점이다. 이에 따라 기업은 NPD프로젝트의 포트폴리오를 관리하는 것이 중요하다.

② NPD포트폴리오 관리

그림 9-27 은 B2B 신제품의 범위에 관한 APQC의 조사결과이다. 신제품의 범위는 기존 제품의 생산비용 절감부터 완전히 새로운 제품까지 다양하다. 물론 기존 제품을 개선하거나, 제품라인이 변경된 신제품이 가장 일반적이다. 즉 정도의 차이는 있지만, 기업의 신제품개발은 시장리스크(market risk)와 기업리스크(company risk)에 직면하게 된다.

그림 9-27 신제품의 범위(APQC 조사결과)

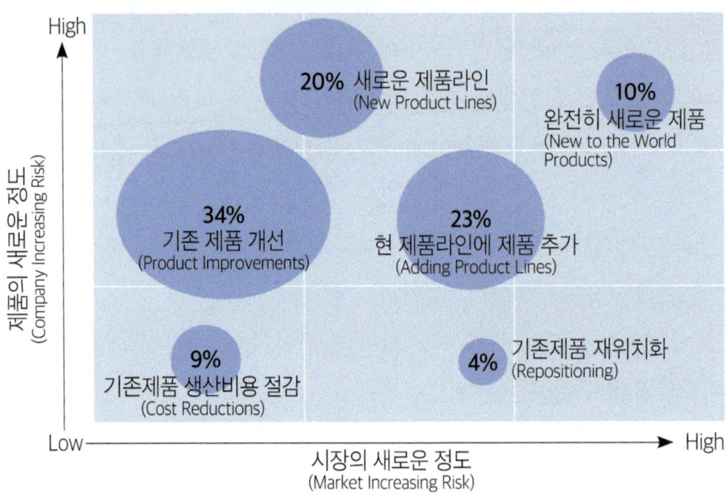

따라서 기업은 NPD 포트폴리오를 관리한다. 그림 9-28 은 HP(Hewlett-Packard)의 한 사업부의 NPD포트폴리오 모델이다. 이 사업부는 제품의 변화정도와 생산프로세스의 변화정도에 따라 NPD 프로젝트를 성장돌파구 역할을 하는 고위험 · 고수익(high risk/high return) 성격의 신제품(breakthroughs), 중간위험 · 중간 수익(medium risk/medium return 성격의 차세대 및 넥스트 제너레이션/플랫폼(next generation/platform) 신제품, 저위험 · 저수익(low risk/low return) 성격의 기존제품개선 신제품(enhancements)으로 구분하여 관리하고 있다.

다시 그림 9-29 에 기업의 NPD 포트폴리오 모델을 정리하여 제시하였다. 기업은 시장 · 고객의 새로운 정도, 제품의 새로운 정도, 개발 및 기술 프로세스의 새로운 정도에 의해 NPD 프로젝트를 구분한다. 그리고 NPD 프로젝트의 사업잠재력(business potential)과 리스크(risk)를 평가하여 크게 세 가지 정도의 영역으로 나누어 관리한다. 핵심 플랫폼 프로젝트(core platform project)는 핵심 사업을 유지하는 데 필수적인 추가 개선 제품 및 프로젝트이다. 파생 프로젝트(derivative project)는 핵심 사업의 중요 부분을 활용하여 주

그림 9-28 HP 한 사업부의 전략적 포트폴리오 모델 예

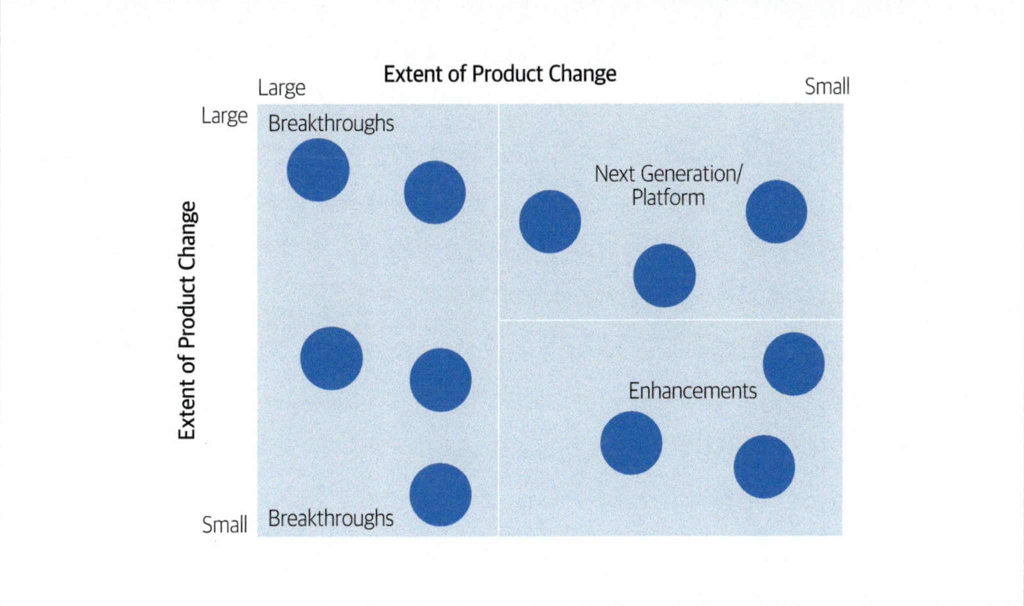

그림 9-29 NPD 포트폴리오 모델

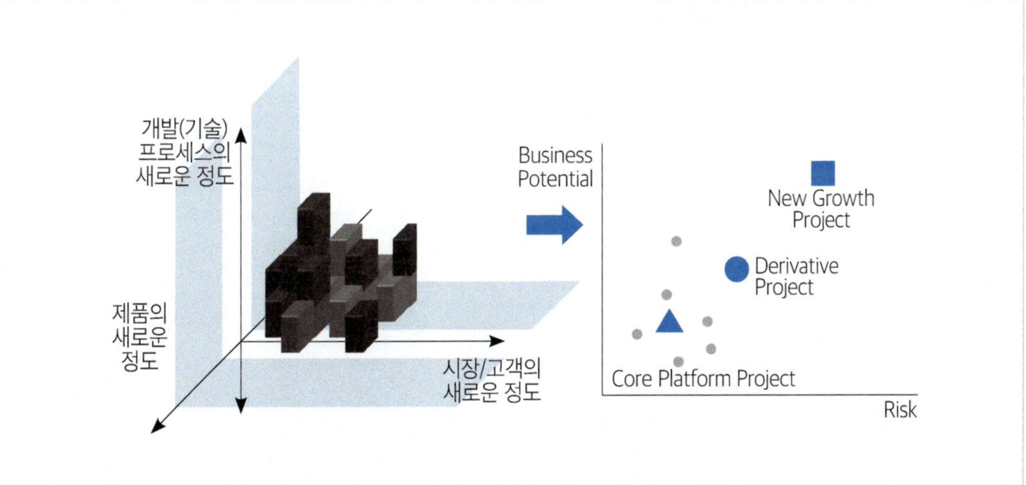

변 영역으로 성장해 나가는 제품 및 프로젝트이다. 마지막으로 신성장 프로젝트(new growth project)는 새로운 성장사업 제품 및 프로젝트이다. 이러한 NPD 포트폴리오 관리와 자원배분관리를 얼마나 균형 있게 하느냐에 따라 기업 미래의 성장이 달려있다.

마지막으로 조금 전 제시했던 차세대 플랫폼(next platform)이라는 개념에 대해 좀더 설명하겠다. 기업에게 신제품개발은 매우 중요하지만, 신제품 각각을 개발하고 생산을 추

진하는 것은 분명히 비효율적일 것이다. 즉 기업들은 다양한 신제품을 개발하면서도 원가를 절감하는 방법을 고민했다. 과거에는 대규모 표준생산에 의해 원가를 절감하는 규모의 경제(economies of scale)를 추구했지만, 사실 표준생산 방식은 고객의 다양한 요구를 무시하는 것이다. 이에 따라 기업은 고객의 다양한 요구에 부응하면서도 원가를 절감하기 위해 플랫폼(platform)[13] 방식으로 제품을 개발하고 생산하기 시작했다. 플랫폼이란 디자인, 개발 프로세스(process), 또는 생산 프로세스상의 유사성을 공유하는 제품의 뼈대를 의미한다. 플랫폼 방식의 신제품개발과 생산은 범위의 경제(economies of scope), 즉 공유부분에 의한 원가절감을 추구한 것이다. 예를 들어, 소니(Sony)는 4개의 플랫폼을 기반으로 워크맨(Walkman)을 60개의 종류(product variations)로 생산 · 출시했으며, 보잉(Boeing)은 한 개의 플랫폼을 기반으로 여객용 비행기(passenger), 화물용 비행기(cargo), 단거리 및 장거리 비행기(short & long-haul planes)를 생산했다. 또한 전 세계의 우수한 자동차 회사들도 마찬가지였다. 이와 같이 신제품개발 플랫폼을 계획하는 것은 NPD의 성과에 큰 영향을 미친다. 플랫폼전략 개념은 이미 학습한 대량맞춤화(mass customization) 개념과 일관된 것이다. 최근 플랫폼 트렌드는 제품 및 프로세스에서 브랜드, 고객, 시장(Global)으로까지 진화하고 있는 추세이다. 현대적 경영에서는 공유부분에 의한 원가절감을 추구하는 범위의 경제(economies of scope)가 그만큼 중요함을 시사하는 것이다.

13) 디지털 비즈니스의 발전으로 새롭게 등장한 경영방식, 즉 플랫폼경영은 필요에 따라 논의되고, 이곳에서는 제품개발의 플랫폼을 설명한다.

이 장의 요약

이번 장의 주요 내용을 요약하면 다음과 같다.

- 고객가치제안을 실행하는 것을 마케팅 실행(marketing implementation)이라고 하며, 이를 위해 기업이 조절 · 통제하며 사용할 수 있는 마케팅 도구의 집합을 마케팅 믹스(marketing mix)라고 한다. 마케팅 믹스는 제품(product), 가격(price), 유통(place), 판매촉진(promotion)으로 구성된다.
- 마케팅 프로그램인 4P는 PDM(product development management), SCM(supply chain management), CRM(customer relationship management)이라는 기업의 핵심 비즈니스 프로세스에 의해 실행된다.
  - 제품개발 관리(product development management)는 고객의 욕구(wants)를 반영하는 CRM 프로세스, 부품의 원활한 공급, 제품의 배달 등을 고려하는 SCM 프로세스, 제품의 품질과 스펙(spec) 등을 책임지는 PDM 프로세스와 관련되어 있다.
  - 가격 관리(price management)는 고객의 가치를 고려하는 CRM 프로세스, 부품과 물류비 등과 관련된 SCM 프로세스, 제품개발 등의 원가에 관련된 PDM 프로세스와 관련되어 있다.
  - 유통 관리(place management)는 고객과의 접점(interface)을 담당하는 CRM 프로세스와 부품 공급과 제품 배달 등을 담당하는 SCM 프로세스에 관련되어 있다.
  - 판촉 관리(promotion management)는 고객에 대한 설득과 판매 등을 담당하는 CRM 프로세스와 제품의 주요 특징과 차별화를 담당하는 PDM 프로세스와 관련되어 있다.
- B2B 마케팅의 제품관리는 토털 제품 시스템(total product system) 개념으로 이루어져야 한다. 토털 제품 시스템은 사전 마케팅(pre-marketing product), 본 단계의 마케팅(main marketing product), 그리고 사후 마케팅(post-marketing product)으로 구성된다. B2B 마케팅의 제품관리(product management)를 위해서는 기업의 통합적인 노력이 필수적이다. 고객을 위한 제품을 만들어서 전달하는 과정에는 여러 부서의 협업이 요구된다.
- B2B 제품 유형의 연속성(continuum)은 표준화(standardization)와 맞춤화(customization)의 축에서 이해할 수 있다. 고객의 요구를 만족시키기 위해 제일 좋은 방법은 맞춤화(customization)이다. 그러나 이 방법은 높은 비용을 수반한다. 이에 따라 고객의 다양한 요구를 맞추면서 원가를 절감하는 대량맞춤화(mass customization) 노력에 의한 제품개발이 중요하다.
- B2B 제품의 가격은 고객이 느끼는 가치(가격 상한선)보다 낮아야 하고, 원가보다는 높은 수준이어야 한다.
- B2B 가격전략의 중요한 방향은 전체적 제품 시스템(total product system) 개념하에 고객의 가치를 증진시켜줄 수 있는 가치증진 활동에 초점을 맞추거나, 고객의 원가를 감소시켜 줄 수 있는 원가감소

활동에 초점을 맞추는 것이다.

• 특히 가치기반의 가격접근방법(value-based pricing)이 중요하며, 고객별로 발생하는 원가와 가격 수용을 파악하여 고객별 수익관리를 해야 한다.

– 선제적 B2B 마케팅의 가격 결정과 변화는 가치기반의 가격론(value-based pricing)에 의해 수행하는 것을 원칙으로 한다.

– 가치기반의 가격론을 위해선 가치맵 분석이 필수사항이다. 가치맵 분석은 고객가치(customer value: 고객이 받는 GET - 고객이 지불하는 GIVE)를 정량화하는 것이다. 가치맵 분석을 통하여 우리 제품의 위치와 경쟁제품의 위치를 일목요연하게 파악할 수 있고 향후 기업이 움직여야 할 방향을 도출할 수 있다.

– 고부가가치 제품 영역에서 비즈니스를 하는 경우 고객의 인식과 지각에 영향을 미칠 수 있는 가치기반 가격결정의 운신의 폭이 넓다. 저마진 비즈니스의 경우 가격인하는 매우 좋지 않은 결과로 연계된다. 고마진 비즈니스의 경우에는 가격인하나 가격인상이나 판매량 목표의 변화가 그리 많이 필요하지 않다. 이 경우에는 가격인하 효과가 상대적으로 매우 유효하다.

– 신제품개발은 기업의 성장엔진 역할을 한다. 나아가 신제품개발의 목표는 우리의 제품을 포지션 맵에서 경쟁우위의 포지션(position)에 위치시키는 것이다.

– 신제품개발 성과에 영향을 미치는 주요 요인은 신제품개발 과정(new product development process), 신제품개발 전략(new product development strategy) 및 기업의 자원몰입(resource commitment)이다.

• 신제품개발 과정은 매우 체계적인 단계 관문(stage gate)관리 방식으로 정착되어야 한다.

• 신제품개발 전략요소로는 신제품전략과 기업 비즈니스전략과의 정렬(alignment), 신제품개발 프로젝트의 포트폴리오 관리(portfolio management), 그리고 고객가치제안(CVP)을 실행하는 NPD전략 방향을 고려해야 한다.

• 기업의 자원몰입은 기업문화의 혁신지향성, 최고경영층(top team)의 몰입(commitment), NPD 자원 및 조직의 지원 정도 등을 의미한다.

핵심 용어

마케팅 실행, 4P와 마케팅 믹스, 핵심 비즈니스 프로세스, 제품개발관리(PDM: Product Development Management), 공급사슬관리(SCM: Supply Chain Management), 고객관계관리(CRM: Customer Relationship Management), 서비스 지배논리(service dominant logic), 토털 제품 시스템(total product system), 사전 단계 마케팅(pre-marketing product), 본 단계 마케팅(main marketing product), 사후 단계 마케팅(post-marketing product), 매스 마케팅과 표준화, 카달로그 제품 및 표준화된 원자재와 공급물품 유형, 세분화 마케팅과 대량맞춤화, 주문자별 개발 제품 또는 구성품/부품 유형(custom-built product or components), 일대일 마케팅과 맞춤화, 주문자별 디자인 제품(custom-designed product), 총수명주기 비용(life-cycle cost), 고객포트폴리오, 경쟁 입찰 평가, 가치기반의 가격론/가격전략(value-based pricing), 가치맵(value map) 분석, GET(Gain Points) 혜택, GIVE(Pain Points) 희생, OBR(Offering Power, Brand Power, Relationship Power), 진정한 경제적 가치(True Economic Value), 지각 가치(Perceived Value), CVP(Cost, Volume, Profit) 분석, 신제품개발(NPD: New Product Development), 신제품개발 과정(NPD Process), 신제품개발 전략(NPD Strategy), 기업의 자원몰입(Resource Commitment), 단계별 관문 프로세스(Stage Gate Process), 비즈니스전략과 NPD전략의 정렬, NPD포트폴리오 관리

생각 및 토론 과제

1. 여러분 사업부의 신제품개발 프로젝트(new product development projects)를 시장/고객의 새로운 정도, 제품의 새로운 정도, 개발 및 기술의 새로운 정도에 의해 구분하시오. 그리고 NPD 프로젝트들을 비즈니스 포텐셜(business potential)과 리스크(risk)를 기준으로 배치하시오. 그런 후 각 프로젝트(project) 추진 시 주요 고려사항을 토론하시오.

PART 4

고객대면 영업활동

3장에서 제시한 선제적 B2B 마케팅 주요 구성요인 모델의 세 번째 구성요인인 고객대면 영업활동(value proposition delivery & effective selling behaviors for CRM)을 살펴본다. 전략과 실행 차원 측면에서 보면 고객대면 영업활동은 실행 차원에 해당하고 비즈니스 성과와의 관련성은 매우 높은 것으로 보고되고 있다. 그림 3-7 에서 제시했던 선제적 B2B 마케팅 역량 수준에 따른 조직 유형을 보면 챔피언형 조직, Go-getters형 조직, 액션형 조직 모두 영업활동 구성요인이 높았다. 이번 4부 10장에서는 고객가치전달유형과 효과적 판매활동을 고찰한다.

제 10 장

고객가치제안 전달 영업활동

■ 고전 사례: 왕들의 우물 및 버드나무 잎 에피소드[1)]

전남 나주시 완사천이란 우물가에는 말 탄 장수와 장수에게 바가지 물을 바치는 수줍은 여인의 모습이 동상으로 세워져 있다. 고려 태조 왕건과 그의 두 번째 부인이 된 오씨 여인에 얽힌 이야기를 배경으로 세운 동상이다. 이 조형물과 관련하여 다음과 같은 이야기가 전해진다.『서기 914년 태조 왕건이 궁예의 부장으로서 견훤과 싸우기 위해 나주에 내려갔을 때의 일이다. 하루는 왕건이 목이 말라 우물가로 갔는데, 한 여인이 물을 긷고 있었다. "낭자, 물 한 모금 부탁하오." "……" 말없이 조용하던 낭자는 가만히 바가지에 물을 뜨더니 우물가 버드나무 잎을 한 움큼 띄워서 건네는 것이었다. 이에 왕건이 연유를 물었다. "몹시 갈증이 심하신 것 같아 너무 급히 마시면 체하실까 봐 불어가며 천천히 드시라는 뜻입니다." 여인의 지혜에 감탄한 왕건은 그 후 다시 여인을 찾았고, 그녀를 부인으로 맞이했다. 이 여인이 바로 왕건의 두 번째 부인 장화왕후 오씨이며, 후일 고려 2대 왕이 된 혜종의 어머니이기도 하다.』

『조선 태조 이성계에게도 이와 같은 에피소드가 있다. 임금이 되기 전 이성계가 군사작전 수행 중 목이 말라 우물가를 찾았다. 아리따운 여인이 물을 긷고 있었는데, 한 모금 청한 즉 버들잎이 띄워진 바가지 물을 대접받았다. 역시 너무 급히 마시지 말라는 뜻이 담긴 버들잎이었다. 그녀의 지혜에 감복한 이성계가 청혼을 해 아내로 맞으니 바로 둘째 부인 신덕왕후 강씨가 되었다.』

이 에피소드에서 고객가치제안(CVP: customer value proposition)에 해당되는 내용은 무엇이라고 생각하는가? 갈증이 심한 사람에게 물을 준다 – 이것이 포지셔닝 방향이라면, 갈증이 심한 사람에게 버드나무 잎을 띄운 물을 준다 – 가 고객가치제안에 해당된다. 상대방의 관점에서 그 사람에게 정말 필요한 것, 정말 좋은 것(급히 마시면 좋지 않다)이 무

1) 출처: http://blog.naver.com/sctoday?Redirect=Log&logNo=100126650438

엇인지를 이 에피소드에 있는 여인들은 심도 있게 생각하고, 발견해서 도와주었다.

■ **적소(niche) 사례: Best Friend's Home**[2)]

가격이 300만 원대를 호가하는 독 하우스(dog house)가 있다. "도대체 누가 이런 비싼 물건을 살까?"라고 생각할지도 모르겠다. 하지만 강아지를 가족처럼 생각하는 사람 중에는 강아지가 사는 집에도 높은 가치를 부여하는 사람이 있을 것이다. 이런 사람들을 타깃(target)으로 독일의 애견용품 전문업체인 베스트프렌즈홈(Best Friend's Home)은 사진에서 볼 수 있는 북유럽풍의, 모던한 디자인의 독 하우스 등을 개발하여 시장에 내놓았다. 물론 가격은 상당히 고가이다. 일반적인 관점에서 보면 가격이 너무 비싸 가치(value)가 없어 보일 수도 있다. 그런데 이 고가의 개 집을 구입하는 견고한 고객층이 있다. 베스트프렌즈홈은 이러한 표적시장 고객(강아지를 가족과 같이 생각하는 여유 있는 고객)의 다양한 취향을 알아내어 그에 부응하는 가치를 제공한 것이다. 베스트프렌즈홈의 이야기를 통해 알 수 있듯이 가치 제안은 모든 고객(customer)이 아닌 표적시장 고객(target customer)의 마음을 헤아릴 때 제대로 실행될 수 있다.

마케팅 및 영업전략을 실행하는 제품 및 가격관리를 고찰했다. STP 전략 그리고 B2B 가치창출 마케팅전략을 영업 및 설득활동을 중심으로 실행에 옮기는 내용을 이번 장에서 살펴본다. 먼저 우리가 목표포지션에 도달하는 방법인 고객가치제안에 대해 살펴본다. 이 방법은 표적 시장 고객(target market customer)의 관점에서 정말 필요한 것, 정말 좋은 것이 무엇인지를 심도 있게 생각하고 알아내어, 이를 개발하고, 전달하는 것이다. 즉 우리의 타깃 고객에게 제안할 구체적 가치요소(value elements)의 조합을 알아내서 이를 제품개발에 반영하고, 선제적 판매활동에 활용해야 한다.

2) 출처: http://blog.naver.com/kdsa_journal?Redirect=Log&logNo=140124942000

이번 장의 학습에서 다루는 구체적인 내용은 다음과 같다. 먼저 고객가치제안의 의미, 그리고 가치제안을 구성하는 방법, 즉 고객이 원하는 가치요소의 조합을 발견하는 방법에 대하여 학습한다. 그다음으로 가치제안을 고객에게 전달하는 방법에 관해 살펴본다. 그리고 기존 문헌의 주요 발견을 토대로 효과적 판매활동에 관해 고찰한다.

1절. 고객가치제안의 의의와 구성

1.1. 비즈니스전략에서의 CVP의 역할

고객가치제안은 현대 기업의 비즈니스전략에서 가장 중심적인 위치를 차지하고 있다. 이는 제품을 생산하고 난 후 잘 판매하면 되는 과거의 마케팅 철학(production/product concept & selling concept)이 쇠퇴하고, 고객의 관점을 기업경영에 반영해야 한다는 현대의 마케팅 철학(marketing/value-based marketing concept)이 현대 기업의 경영전략에서도 그만큼 중요하게 고려되고 있다는 증거이다. 즉 경쟁우위를 획득하고 유지하기 위한 현대 기업의 경영에 마케팅이 공헌하는 역할이 점차 확대되고 있다. 아마존 창업자 조지 베조스도 고객을 정의하고 고객의 문제로부터 비즈니스가 시작되어야 하는 철학, 즉 고객으로부터 거꾸로 일하는 마케팅 방식의 비즈니스 수행을 강조해오고 있다.[3] 2장에서 우리는 기업의 한 기능(function)으로서의 마케팅 역할뿐만 아니라, 비즈니스 수준(business-level)과 전사적 수준의 전략(corporate-level strategy)에서도 마케팅의 역할이 중요함을 학습했다.

비즈니스전략 수준에서 CVP의 역할은 2장 **그림 2-3** 에서 설명했다. 다시 정리해보면, How to compete는 경쟁전략의 방향, 즉, 경쟁우위의 원천을 결정하는 것이다. 물론 이러한 경쟁전략을 실행하는 것은 사업부의 기능전략(functional strategies)과 프로그램들을 디자인하여 실행하는 것이다. 이러한 경쟁우위의 원천 결정과 경쟁전략의 방향을 위해서 기업은 먼저 무엇을 발견해야 할 것인가? 그것은 바로 어떠한 요인이 사업부 목표를 달성하는 데 주요성공요인(KSF: Key Success Factor)인지를 도출해야 한다. 이렇게 발견한 KSFs를 통해서 기업은 고객에 대한 가치제안(value proposition)을 정하고, 개발하고 전달하게 된다(**그림 2-3** 참조). 가장 중요한 것은 바로 고객가치제안(CVP: Customer Value

---

3) Bryar, C., & B. Carr(2021). Working Backwards: Insights, Stories, and Secrets from inside Amazon. Pan Macmillan.

Proposition), 즉 고객에게 적절한 가치를 제공하는 것인데, CVP는 사업부 기능 간 조율/통합의 방향이 되는 것이다. 다시 말해, 기업의 사업부는 표적시장 고객에게 최적의 CVP를 창조하고 전달하기 위해서 KSFs를 찾아야 하며, 이렇게 찾은 KSFs를 중심으로 각 기능을 조율(coordinate)해야 한다.

1.2. CVP와 CVP 유형

고객가치제안(CVP)이란 고객(특정고객 세그먼트)이 필요로 하는 가치를 창조하기 위한 상품이나 서비스의 조합, 즉 기업이 표적고객에게 무엇을 줄 수 있는지를 총괄한 실체 그 자체를 의미한다.[4] 그림 10-1 은 표적시장 고객세분군(target customer segment)의 해결과제(jobs to be done; 4장 참조; 필요와 욕구와 비슷한 개념; 기능적 니즈, 감성적 니즈, 사회적 니즈, 관계 니즈), 표적시장 고객이 원하는 GET(gains 증진 혜택)과 GIVE(pains 감소 희생), 이러한 GET과 GIVE 필요와 욕구에 부합하는 상품/서비스 오퍼링이 구성한 가치제안을 보여주고 있다(8장 참조).[5]

그림 10-1 표적시장 고객, 니즈, 고객가치제안

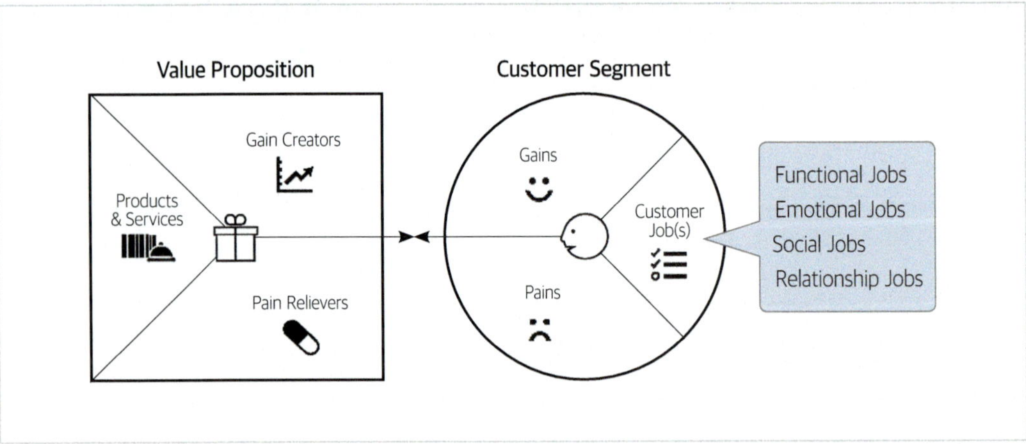

가치제안 유형은 아무래도 B2C 맥락에서 많이 제시되었다(표 10-1 , 표 10-2 , 그림 10-2 참조). 아무래도 기능적 니즈, 감성적 니즈, 사회적 니즈, 관계 니즈, 또는 기능적/실용적 혜택, 경험적/쾌락적 혜택, 상징적/자아표현적 혜택, 그리고 이러한 니즈나 혜택의 조합에 기반한 가치제안을 도출할 수 있을 것이다. 한편 B2B 맥락에서의 가치제안유형은 8

4) 채서일, 이성호(2017), Marketing, 6판, 비앤엠북스.
5) Osterwalder, A., Y. Pigneur, G. Bernarda, & A. Smith(2015), Value Proposition Design: How to Create Products and Services Customers Want, Strategyzer, Wiley.

장에서 전략유형으로 고찰했다: Vendor 가치창출전략(가치제안), VAS 가치창출전략(가치제안), Strategic Partner 가치창출전략(가치제안).

표 10-1 고객니즈유형에 기반한 가치제안유형[6)]

구분	종류	내용
1	새로움 Newness	이전까지는 아무도 제시하지 않아서 필요한지 몰랐지만, 전적으로 고객의 새로운 욕구를 찾아 이를 충족시켜 가치를 창조
2	퍼포먼스 Performance	제품 또는 서비스 성능을 개선해 가치를 창조
3	커스터마이징 Customization(맞춤제작)	제품 또는 서비스를 개별고객이나 세그먼트별로 특화한 요구에 정확히 맞추어 제공함으로써 가치를 창조
4	무언가를 '되게' 만드는 것 Getting the job done	고객이 무언가를 수행할 때 도움을 제공함으로써 가치를 창조 (고객 혜택, 편익 개념과 유사하며 고객의 수행목적 달성을 의미)
5	디자인 Design	우수한 디자인을 통해 가치를 창조
6	브랜드 · 지위 Brand · Status	고객이 특정 브랜드를 사용하고, 이를 보여주는 것에서 가치를 창조
7	가격 Price	비슷한 가치를 저가로 제공하는 것을 통해 가치를 창조
8	비용절감 Cost reduction	고객이 비용을 절감하도록 도움을 제공함으로써 가치를 창조
9	리스크 절감 Risk reduction	고객들이 상품이나 서비스를 소비할 때 리스크를 절감하여 가치를 창조
10	접근성 Accessibility	예전에는 접근이 쉽지 않았던 상품이나 서비스를 제공함으로써 가치를 창조
11	편리성 · 유용성 Convenience · Usability	이전보다 더 편리하거나 쉽게 사용할 수 있도록 하여 가치를 창조

6) 알렉산더 오스터왈더, 예스 피그누어(2011), 비즈니스모델의 탄생, 유효상 역, 타임비즈.

표 10-2 가치 피라미드 요소에 기반한 가치제안유형[7)]

단계	가치유형	세부가치요소
4단계 (최상위)	사회적영향 (Social impact) 가치	자아초월성(self-transcendence)
3단계	인생의미의 변화(Life changing) 가치	희망 제공(provides hope) 자아실현(self-actualization) 동기부여(motivation) 가보(heirloom) 소속감(affiliation/belonging)
2단계	감성적(Emotional) 가치	근심경감(reduces anxiety) 나에 대한 보상(rewards me) 향수(nostalgia) 디자인과 미적정서(design/aesthetics) 신분상징(badge value) 건강/만족스러움(wellness) 치료/치유가치(therapeutic value) 재미/장난스러움/즐거움/오락(fun/entertainment) 매력(attractiveness) 접근성(provides access)
1단계 (최하위)	기능적(Functional) 가치	시간절약(saves time) 단순함(simplifies) 돈을 벌게 해줌(makes money) 위험감소(reduces risk) 정리(organizes) 통합(integrates) 연결(connects) 노력절감(reduces efforts) 귀찮은 일들을 경감하거나 피하게 해줌 (avoids hassles) 비용절감(reduces cost) 품질(quality) 다양성(variety) 감각적 호소/매력(sensory appeal) 정보가치(informs)

7) Almquist, E., J. Senior, & N. Bloch(2016), "The elements of value," Harvard Business Review, 94(9), 47-53.

그림 10-2 '일반화할 수 있는' 가치구성모델[8]

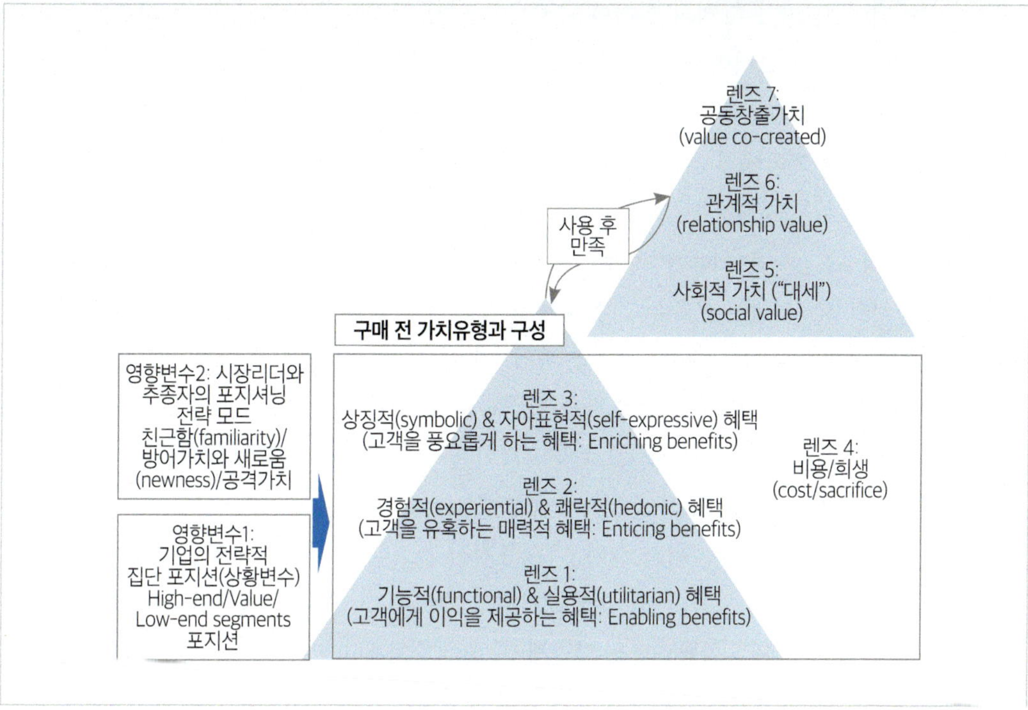

1.3. CVP 전달에서 마케팅의 역할

도입사례를 통해 정의한 고객가치제안(CVP)은 ① 표적시장 고객의 관점에서 정말 필요한 것, 정말 좋은 것이 무엇인지를 심도 있게 생각하고 알아내서 ② 이를 개발하여 전달하는 것이다. 이러한 CVP 전달(실행) 과정에서 마케팅의 주요 역할은 다음과 같이 정리될 수 있다. **첫째, 표적시장 고객을 상세하고 명확하게 정의하는 역할을 해야 한다.** 이를 위해서 마켓 센싱을 잘 수행하고 이를 토대로 한 STP 전략을 잘 수립해야 한다. 또한 마케팅의 주요 역할은 표적시장 고객의 관점에서 정말 필요한 것, 정말 좋은 것이 무엇인지를 심도 있게 생각하고 알아내는 것이다.

둘째, R&D, 제조 및 생산 등이 CVP를 구현하는 제품개발을 할 수 있도록 잘 도와주어야 한다. 즉 고객이 원하는 가치(value)와 누가, 무엇을 강조하며 경쟁하고 있는지 등에 관한 경쟁정보를 R&D와 제조 및 생산 등에 잘 제공(feed-in)해주어야 한다.

마지막으로 고객과의 상호작용(interaction)을 통해 타깃고객이 CVP를 제대로 인식(perceive)할 수 있도록 해야 한다. 다시 말해 가치제안은 우리 고객이 가치 있다고 인식

8) 이성호 외 8인(2017), "고객가치창출: 실용적 틀의 발전방향", 마케팅의 미래준비, 비앤엠북스.

해야 한다. 고객이 인식하지 못하거나 믿을 수 없는 가치제안을 전달하는 것은 의미 없는 일이다. 만약 고객이 우리의 가치제안을 잘 인식하지 못했다면, 그 이유는 다음과 같을 것이다: 고객이 우리 정보에 노출되지 않아서; 정보가 기억하기 좋고 믿을 수 있는 방법(memorable and believable way)으로 전달(communicate)되지 않아서; 가치요소(value elements)가 고객에게 적절(relevant)하지 않아서; 또는 고객이 가치(value)를 평가하거나 판단할 수 없어서(예를 들어 대형 설비의 경우 고장이나 장애[malfunction]가 일어나기 전까지 그 품질이나 안정성을 정확하게 미리 평가하거나 판단하기는 어려움) 등.

그렇다면 고객이 우리의 가치제안을 잘 인식(perceive)하기 위해선, 관계가 구축되지 않은 고객들에게도 우리를 알리는 과업, 영업(salesforce)의 유력한 커뮤니케이션 과업, 고객이 적절하게 여기는 가치요소를 발견하는 고객 센싱 과업, 우리의 추상적인(abstract) 가치(value)를 암시(signaling)함으로써 고객이 우리를 신뢰하게 하는 방법(예: 브랜드 명성, 제품의 디자인/외관, 전문가 또는 연구결과 발표 등에 의한 시그널링(signaling) 등이 중요할 것이다.

정리하면, CVP의 기획과 실행은 ① 표적시장 고객의 관점에서 정말 필요한 것, 정말 좋은 것이 무엇인지를 심도 있게 생각하고 알아내서 ② 이를 개발하고 전달하는 것이다. 이러한 CVP의 실행과정을 감안해 ① 고객가치제안을 구성하는 방법, 즉 고객이 원하는 가치요소(value elements)의 조합을 발견하는 방법, ② 이를 만들고[9], 고객에게 소통하는 방법 순으로 살펴본다.

1.4. 고객가치제안(CVP)의 구성

마켓 센싱과 STP 학습을 통해 우리의 포지셔닝 방향은 자사의 현재 자원과 역량에 적합한 표적시장 고객의 관점에서 결정되어야 함을 학습했다. 이것이 선제적 B2B 마케팅의 핵심메시지 중 하나였다. 그래서 이러한 고객들을 잘 파악해서 RFP 이전 단계에서부터 고객들을 센싱하여 파악하고 동시에 설득하는 활동을 펼쳐야 함을 강조했다. 결국 CVP는 우리의 타깃 고객에게 제안할 구체적인 가치요소(value elements)의 조합을 찾는 것이 핵심이다. 그러면 지금부터 고객이 제품이나 제안의 가치를 평가할 때 사용하는 가치요소를 다시 정리하여 살펴본 후, 고객이 원하는 구체적인 가치요소 조합을 찾는 데 도움이 주는 툴(tools)에 대해 고찰한다.

9) CVP를 만드는 것은 2장 4절(기능통합기획[functionally integrated planning]과 마케팅 협업)에서 설명하였으니, 필요시 참조하기 바란다.

(1) 고객이 사용하는 가치요소(value elements)

다음은 고객센싱(6장)의 구매센터 의사결정매트릭스(buying center decision matrix) 구성요인 중 what에 대해 학습했던 내용이다. 어떠한 조건이 충족이 되어야(즉, 고객의 평가항목에 대한 우리의 수준이 어느 정도 되어야, 또는 고객의 평가방식[decision rule]을 고려하면 평가항목에 대한 우리 제품의 구성이 어떻게 되어야) 고객이 구매하는가, 다시 말해 고객이 구매하는 것은 과연 무엇인가를 파악하는 것은 매우 중요하다. 고객이 원하는 가치요소의 구성이 무엇인지를 정확하게, 빨리 이해해야 하는 것이 선제적 고객센싱의 핵심이다. 예를 들어 가격, 품질, 납기(delivery period), 과거 실적, 규격(specification)과의 부합 능력 등의 항목들을 어떻게 조합하여 제안하는 것이 고객을 설득할 수 있을까를 공급업체 기업은 항상 고민해야 한다.

결국, 고객이 사용하는 가치요소는 고객의 구매 평가항목을 말한다. 일반적으로 수주 산업의 B2B 상황에서 고객이 사용하는 가치요소(value elements)는 과거의 실적, 생산 시설 및 생산 능력 등 여러 가지가 있겠지만, 일반적으로 가격(price), 납기(delivery), 품질(quality)을 가장 중요한 요소로 꼽을 수 있다.[10] 나아가, 고객이 사용하는 가치요소가 구체적으로 무엇을 의미하는지를 명확히 파악하는 것이 중요하다. 예를 들어, 우리는 그냥 품질(quality)이라는 용어를 사용하지만, 고객, 상황, 제품에 따라 품질이라는 용어의 의미가 다를 수 있음에 주의해야 한다. 품질(quality)은 더 구체적인 수준에서 **표 10-3** 에서 볼

표 10-3 제품품질의 8개 차원[11]

품질 요구조건(Quality Requirements)	
신뢰성(Reliability)	해당 제품의 고장이나 장애 빈도
일치성(Conformance)	불량품의 발생 빈도
품질에 대한 영향요인(Quality Drivers)	
성능(Performance)	제품 성능을 나타내는 운영 특성
내구성Durability	제품의 수명 및 열악한 사용 조건을 견디는 능력
품질 증진 요인(Quality Enhancers)	
특성(Features)	추가될 수 있는 옵션의 수와 형태
서비스 편의성(Serviceability)	유지 및 수선의 용이성, 속도 및 비용
품질 미학(Quality Aesthetics: 품질 암시 단서)	
외관(Appearance)	제품의 미적 적합성, 마무리 및 외관
명성(Reputation)	브랜드 및 기업 이미지

10) 아무래도 B2B 상황에서 가장 흔한 Vendor 유형의 가치지향적(market-driven) 가치창출/마케팅전략 중심으로 가치요소를 설명한다. VAS나 Strategic Partner의 가치요소나 조합은 8장을 참조하기 바란다.

수 있듯이, 신뢰성(reliability), 일치성(conformance), 성과(performance), 내구력(durability), 특성(features), 서비스 편의성(serviceability), 외관(appearance), 명성(reputation) 등과 같이 각각 다른 의미를 가질 수 있다. 다시 말해 고객이 품질을 얘기할 때 구체적으로 어떠한 품질 차원(dimension)을 의미하는지 파악하는 것이 중요하다.

또한 각 가치요소가 중요한 점을 고객에게 인식시키기 위해서는 각 가치요소가 가져다주는 결과(혜택)도 함께 고려하여 고객에게 전달하는 것이 필요하다. 그림 10-3 과 같은 수단-목적 연쇄모형 툴(means-end chain analysis tool)을 활용하면 도움이 될 수 있다(6장의 그림 6-6 참조).

그림 10-3 수단-목적 연쇄 분석의 예(그림 6-6 참조)

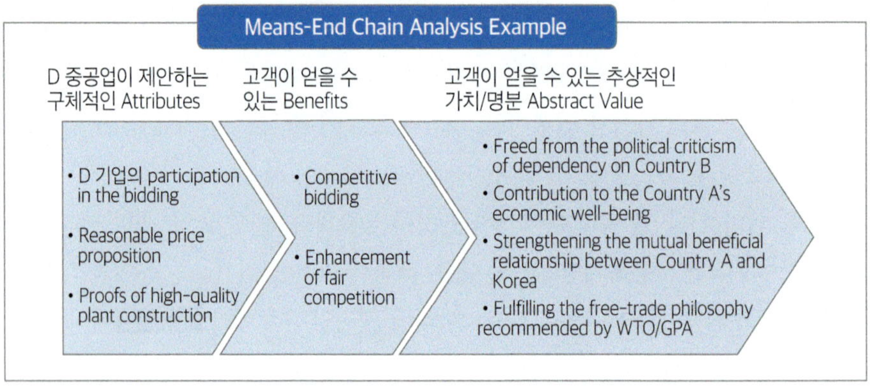

(2) 가치요소의 조합 발견 tools

지금부터 고객이 원하는 구체적인 가치요소의 조합을 찾는 데 도움이 되는 툴(tools)에 대해 학습한다. 다만 이러한 툴을 학습하기 이전에 강조하고 싶은 사항은 '고객이 중요하다고 생각하는 것은 이미 우리가 다 알고 있다' 또는 '그 고객사는 이렇게 접근하든 저렇게 접근하든 안 돼'와 같은 고정관념을 타파해야 한다는 것이다. 다음의 사례(정주영 회장의 선박 수주 스토리)는 seller가 어떠한 방식으로 고객을 설득하는가에 따라 기존의 고객 인식으로 볼 때 기대할 수 없었던 반응이 발생한다는 것을 보여준다.

"1972년 울산 미포만에 조선소를 건설할 때의 일화입니다. 정 회장이 영국은행에 차관을 빌리러 가면서 들고 간 것은 거북선이 그려진 500원짜리 지폐와 미포만의 황량한 백사장 사진, 5만

11) Garvin, D. (1987), "Competing on Eight Dimensions of Quality," Harvard Business Review(November-December), 101-105.

분의 1 지도 한 장이 전부였습니다. 정주영을 만난 은행장은 어안이 벙벙했습니다. 그는 배를 사겠다는 사람이 나타나면 차관을 주겠다고 조건을 걸었습니다. 정주영의 집념은 여기서 발휘됩니다. 그는 인근 조선소에서 선박 설계도면을 한 장 빌려 마침 파리에서 휴가 중인 세계적인 선박왕 리바노스를 찾아갔습니다. 배를 만들어본 경험이 있느냐는 질문에 정 회장은 500원짜리 지폐를 보여주며 '대한민국은 1500년대에 철갑선인 거북선을 만든 조선 우수국가'라는 점을 강조했습니다. 그는 결국 유조선 두 척을 수주했습니다. 코미디 같은 이야기지만 불굴의 벤처정신이 일궈낸 창조적 마케팅의 사례입니다."[12]

CVP를 구성할 때 우리가 가지고 있는 고정관념에 의해 고객의 반응을 미리 속단해서는 안 될 것이다. 고객이 인식하는 가치의 조합을 생각하는 데 도움을 주는 두 가지의 툴을 살펴보겠다. 첫 번째 툴은 '블루오션 전략'이 주장한 ERRC 프레임워크(framework)이고, 두 번째 툴은 피쉬바인(Fishbein)의 평가이론 프레임워크이다.

① ERRC 프레임워크[13]

ERRC 프레임워크에 의해 가치요소의 조합을 찾는 방법을 살펴보겠다. 공급자는 4가지의 가치요소 조합을 찾을 수 있다. 타깃 고객의 입장을 고려할 때, ① 기업이 당연한 것으로 받아들이는 요소 가운데 제거할 가치요소는 무엇인가(Eliminate)? ② 품질 또

그림 10-4 ERRC 프레임워크[14]

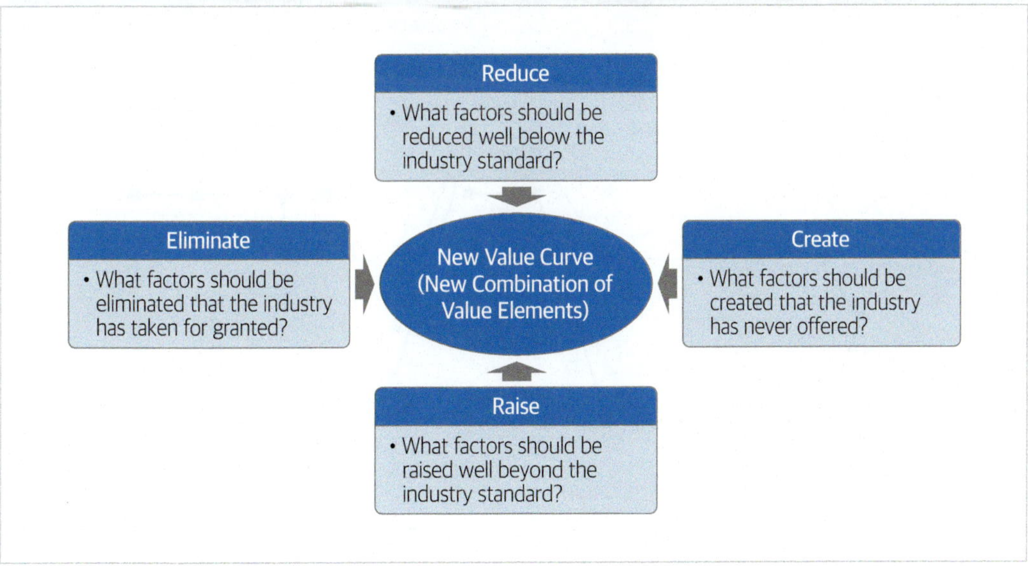

12) 전병준(2011), 매경 포럼, 2011년 3월 2일자.
13) Kim, W. Chan and R. Mauborgne(2005), Blue Ocean Strategy, Harvard Business School.
14) Ibid.

는 서비스의 기준을 업계의 표준 이하로 내려야 할 가치요소는 무엇인가(Reduce)? ③ 업계의 표준 이상으로 올려야 할 가치요소는 무엇인가(Raise)? ④ 업계가 아직 한 번도 제공하지 못한 것 중 창조해야 할 가치요소는 무엇인가(Create)? 이런 4가지 질문의 핵심을 담은 제거(eliminate), 감소(reduce), 증진 또는 확충(raise), 창조(create)의 앞글자를 따서 이들을 ERRC 프레임워크라고 부른다. 이러한 질문을 통해 타깃 고객이 가지고 있는 '숨겨진 욕구(hidden wants)'를 잘 찾아내어 고객이 진정으로 원하는 CVP를 구성할 수 있다는 것이 이 프레임워크의 시사점이다. 그러면 ERRC 프레임워크이 적용된 가장 대표적 예 하나를 블루오션 전략(blue ocean strategy) 책의 사례에서 살펴보겠다.

예를 들어 사양산업으로 인식되었던 서커스 업에 새로운 반향을 불러일으킨 '태양의 서커스'를 살펴보겠다(그림 10-5 참조). 태양의 서커스단에는 '서커스!' 하면 떠오르는 사자 같은 동물도 없고, 스타 공연자(star performer)도 없다(제거: Eliminate). 기존 서커스와 비슷한 점이라면 재미있고, 유머 있고, 스릴이 넘친다는 것이다. 그런데도 가격은 굉장히 높다. 비밀은 기존 서커스에는 없는 새로운 요소들이 있었다. 먼저 서커스 장소의 특별함(uniqueness)을 대폭 증진시켰다(증진: Raise). 그리고 테마(theme), 예술적인 음악과 춤, 세련된 감상 환경(refined watching environment) 등과 같은 새로운 가치요소를 만들었다(창조: Create).

그림 10-5 태양의 서커스 관련 가치곡선[15)]

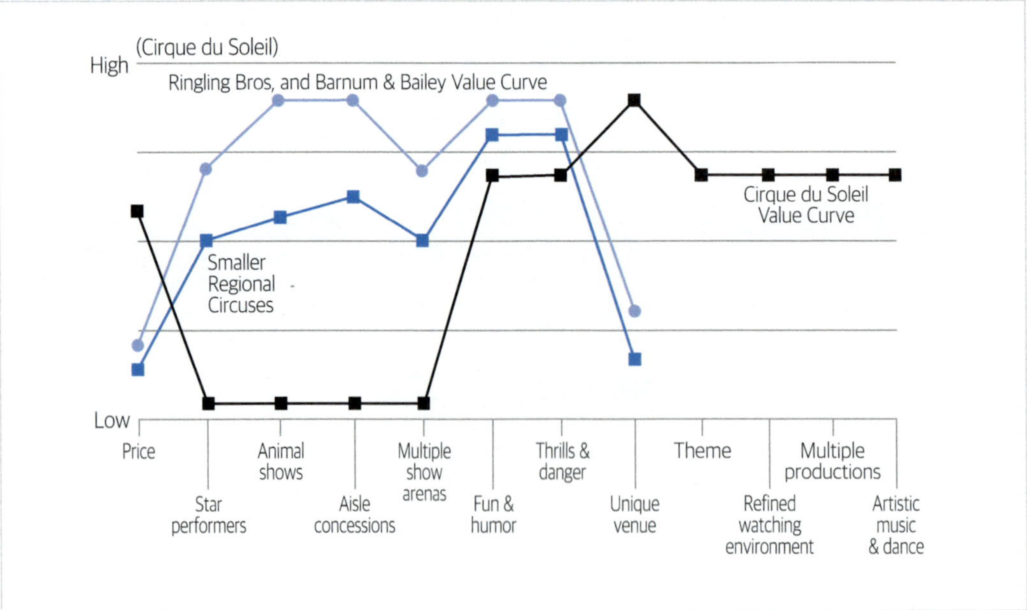

15) Ibid.

서커스의 잠재 타깃 고객(potential target customer)인 가족, 연인, 친구들을 대상으로 심층 연구한 결과, 기존의 가치요소 중에서 가치 있게 여기지 않는 부분은 없애고, 새롭고 중요하게 떠오른 가치요소는 대폭 강화하거나 새로 창출하였다. 차별화된 가치 제공으로 가격은 제값을 받고 쓸데없는 것은 제거함으로써 비용을 낮추었다. 차별화와 원가우위라는 두 마리 토끼를 잡자는 것이 블루오션 전략이고, 그 핵심은 타깃 고객이 원하는 방향으로 가치요소를 조합하는 ERRC 프레임워크의 활용에 있다. 사실, 고객이 원하는 방향으로 가치요소를 조합하는 ERRC 프레임워크 개념은 5장(마켓 센싱 I의 경쟁 및 자사 분석))에서 가치곡선 툴을 설명할 때 이미 학습했었다.

② Fishbein의 평가이론 프레임워크[16)]

피쉬바인의 평가이론은 고전적 이론으로 이미 마켓 센싱과 STP 등을 학습하면서 가중평균 평가방식(weighted average evaluation rule)을 접했을 때 비슷한 이론을 배웠다. 이 평가이론에 대해 좀 더 자세히 알아보겠다. 이 이론에 따르면 특정 브랜드나 기업 j에 대한 고객의 평가(A_{Bj})는 그 브랜드/기업을 선택하여 프로젝트를 수행할 경우 기대되는 결과 관련 신념(b_{ij})과 그러한 결과에 대한 고객의 평가나 중요도(e_i)에 의하여 결정된다는 것이다.

$$\ddot{A}_{Bj} \cong A_{Bj} = \sum_{i=1}^{n} b_{ij} \times e_i$$

$\ddot{A}_{Bj}$ = 브랜드 j에 대한 실제 평가(태도)
A_{Bj} = 평가이론에 따라 브랜드 j에 대해 산출 · 계산된 평가(태도)
b_{ij} = 브랜드 j의 제품속성(혜택) i에 대한 신념(beliefs)
e_i = 제품속성(혜택) i에 대한 평가 또는 중요도(evaluations)

이 이론에 따르면 가치요소의 조합은 3가지 방향에서 생각할 수 있다. **②-1: 첫째, 브랜드 평가요소에 대한 신념을 변화시키는 전략 방향(belief change strategy)이 있다.** 즉 b_{ij}를 변화시키는 것이다. 예를 들어 발주처 고객이 구매평가요소로 가격, 플랜트 엔지니어링 공법, 신뢰성(reliability), 납기(delivery period)를 선정했다고 가정해보자. 그렇다면 공급기업은 플랜트에 대한 해당사의 건설 접근방법은 'ABC 공법과 검증된 기술의 활용으로 신뢰성(reliability)이 높다'는 셀링(selling) 메시지를 고객에게 줌으로써, 자신의 제품의 신뢰성(reliability)에 대한 고객의 평가를 변화시킬 수 있을 것이다. 예를 들어 해당 기업이 선제적 B2B 마케팅 노력으로 신뢰성에 대한 고객 평가를 60에서 75점으로 변화시킨다면 **표 10-4**처럼 평가 결과를 변화시킬 수 있을 것이다. 물론 경쟁사도 고객 평가

16) Ajen, I. & M. Fishbein(1980), Understanding Attitudes and Predicting Social Behavior, Prentice Hall.

표 10-4 속성(혜택) 신념 변화에 의한 평가변화(belief change strategy)

Criteria	가중치(e_i)	자사 b_{ij} (변경 전)	자사 b_{ij} (변경 후)	경쟁사 A의 b_{ij}	경쟁사 B의 b_{ij}
가격	0.4	70	70	80	80
Reliability	0.3	60	75	60 → 70 (경쟁사의 노력)	50 → 60 (경쟁사의 노력)
Delivery	0.3	75	75	60	70
Evaluation Result	1.0	68.5	68.5 → 73	68 → 71	68 → 71

를 변화시키기 위해 노력할 것이다. 이러한 경우가 평가요소에 대한 신념을 변화시키는 전략 방향(belief change strategy)의 예에 해당한다.

물론 고객 설득 노력을 기울이는 동안, 우리 제품의 특성이 고객의 가치에 공헌하는 부분을 실체화(예: 실험 결과의 수치 제시)시켜 보여주는 노력도 중요하다. 또한 이러한 설득 노력만큼 업계의 전문가나 우리의 주장을 확신하는 다른 고객의 평가가 타깃 고객의 신념 변화에 영향을 미칠 수 있다. 이에 따라 기존 고객들과 파트너와의 관계 운영(customer relationship management, partner relationship management)에 신경을 써야 한다.

②-2: 둘째, 평가요소에 대한 중요도(evaluation)를 변화시키는 전략 방향(evaluation change strategy)이 평가를 변화시킬 수 있다. 즉, e_i를 변화시키는 것이다. 이 전략은 우리가 가지고 있는 제품이나 서비스의 강점을 강조함으로써 평가요소에 대한 고객의 중요도(또는 가중치) 인식을 변화시키는 것이다. 경쟁 제품 대비 상대적으로 강점이 있거나 차별화된 속성을 강조할 때 많이 사용한다. 나아가 구체적 특성만을 강조하는 것이 아니라 그 특성이 가져다주는 결과와 명분을 강조하는 수단-목적 연쇄모형 논리를 활용하는 것도 이 전략을 수행하는 데에 큰 도움이 될 것이다. **표 10-5**를 활용해 이 전략에 해당되는 예를 살펴본다. 예를 들어, 고객 평가요소에 대한 중요도를 변화시키는 전략을 선택했다고 가정해보자. 자사가 상대적으로 우위를 가지고 있는 납기의 가중치를 높이고, 가격의 가중치를 낮춘다면 평가요소별 각 사의 점수는 그대로이지만, 평가결과에 있어서는 우리가 더 유리한 위치를 차지할 수 있다.

표 10-5 속성(혜택) 중요도 변화에 의한 평가변화(evaluation change strategy)

Criteria	가중치 (변경 전)	가중치 (변경 후)	자사	경쟁사 A	경쟁사 B
Price	0.4	0.3	70	80	80
Reliability	0.3	0.3	60	60	50
Delivery	0.3	0.4	75	60	70
Evaluation Result	1.0	1.0	68.5 → 69	68 → 66	68 → 67

②-3: **마지막으로 새로운 평가요소를 추가시키는 전략 방향(add-an-outcome strategy)** 을 살펴보자. 이 전략 방향은 $i=n$이라는 평가요소의 판(set)에 변화를 주고자 한다. 즉 새로운 평가요소를 추가함으로써 구매평가의 판을 바꾸고자 한다. 예를 들어 우리의 브랜드 명성(brand reputation)이 강점이라면, 기존의 평가 요소인 가격(price), 신뢰성(reliability), 납기(delivery) 외에 브랜드 명성(brand reputation)을 새로운 평가요소로 추가하는 것이다. 이럴 경우, 평가요소의 가중치는 새로운 요소의 추가로 인해 자연스럽게 바뀌게 된다. 새로운 평가요소를 추가시키는 전략 방향(add-an-outcome strategy)에 해당하는 예는 **표 10-6**과 같다.

표 10-6 새로운 평가요소 추가에 의한 평가변화(add-an-outcome strategy)

Criteria	가중치(e_i)	자사 b_{ij}	경쟁사 A의 b_{ij}	경쟁사 B의 b_{ij}
가격	0.4 → 0.3	70	80	80
Reliability	0.3	60	60	50
Delivery	0.3	75	60	70
Brand Reputation	0.1 (new criteria)	80	70	60
Evaluation Result	1.0	68.5 → 69.5	68 → 67	68 → 66

지금까지 가치요소의 조합을 발견하는 데 도움이 되는 툴로 ERRC 및 피쉬바인 평가이론 프레임워크를 학습했다. 이 두 개의 프레임워크는 전혀 다른 분야에서 등장했지만, **표 10-7**에서 볼 수 있듯이 활용 시사점은 매우 유사하다. 즉 이러한 툴은 마케터의 사고를 정리하는 데 도움을 줄 것이다. 실제 상황에선 이러한 툴을 복합적으로 사용해야 하는 경우도 많을 것이다. 즉 6장의 구매센터 의사결정매트릭스 분석과 수단-목적 연쇄모형을 함께 사용하면 어떻게 고객을 설득할 수 있을지에 관한 가치제안 방향을 설정할 수 있을 것이다.

표 10-7 ERRC와 Fishbein 평가이론 프레임워크의 비교

ERRC 프레임워크	Fishbein의 평가이론 프레임워크
기업이 당연한 것으로 받아들이는 요소 가운데 제거할 value elements는 무엇인가(Eliminate)?	새로운 평가 요소를 추가하는 전략과 유사한 방식으로 기존의 평가요소를 제거하는 전략을 생각할 수 있음($i=n$ set의 변화)
품질 또는 서비스의 기준을 업계의 표준 이하로 내려야 할 value elements는 무엇인가(Reduce)?	평가요소에 대한 신념을 변화(감소)시키는 전략(b_{ij}의 변화)
업계의 표준 이상으로 올려야 할 value elements는 무엇인가(Raise)?	평가요소에 대한 신념을 변화(증가)시키는 전략(b_{ij}의 변화)
업계가 아직 한 번도 제공하지 못한 것 중 창조해야 할 value elements는 무엇인가(Create)?	새로운 평가 요소를 추가하는 전략($i=n$ set의 변화)

2절. 고객가치제안(CVP)의 전달

CVP 개념과 구성에 대해 학습했다. 물론 CVP를 만들기 위해 제품개발(9장)에 반영해서 구현해야 한다. 선제적 B2B 가치창출/마케팅전략에서 Vendor, VAS, Strategic Partner 유형을 학습했는데, 이 유형은 CVP를 만드는 전략유형이라 할 수 있다. 이번 절에서는 고객에게 CVP 개념을 전달하는 방법을 고찰하는데 Vendor, VAS, Strategic Partner 유형별로 적절한 CVP 전달방법을 살펴본다.

고찰하는 고객가치제안 전달방법의 3가지 유형은 다음과 같다:[17] 모든 이점 강조형(All Benefits), 차이점 강조형(Favorable Points of Difference), 공감중심형(Resonating Focus).

2.1. 모든 이점 강조형(All Benefits) 전달 유형

이 유형은 고객이 우리 제품으로부터 받는 모든 이점을 CVP로 구성하여 전달하는 것이다(표 10-8 참조). 다시 말해 "왜 우리가 귀사의 제품을 구매해야 하는가?"라고 고객이 묻는다면, 우리는 고객이 우리 제품으로부터 받는 모든 이점 A부터 Z까지를 전달하는 것이다. 그러기 위해서는 우리가 우리 제품에 대해 잘 알고 있어야 한다. 고객이나 경쟁자에 대한 지식이 거의 없어도 이러한 방식으로 CVP를 전달할 수 있다. 즉 노력이 거의 필요 없는 쉬운 방법이다. 그러나 이 접근방법의 결함은 고객이 얻을 혜택을 우리가 스스로 단정하는 것이다. 즉 매니저들은 표적고객에게 실제로 전혀 혜택이 되지 않는 기능들을 허무하게 주장할 수도 있다. 모든 이점 강조형 방식의 CVP 전달은 고객의 입장을 고려하지 않는 비효과적인 방법일 것이다. 그런데 놀라운 사실은 B2B의 많은 실전에서 이 방식으로 CVP가 전달되고 있다는 점이다.

기업은 자신들의 고객가치제안에서 주요 경쟁자와 어떤 점이 동일하고 다른지 명확히 구별할 필요가 있다. 고객은 항상 우리와 경쟁자를 놓고 평가하고 선택을 고려하고 있다는 사실을 명심해야 한다. 그래서 두 번째 전달방법인 경쟁과의 차이점을 강조하는 CVP 유형을 염두에 두어야 한다.

---

17) Anderson, J. C., J. A. Narus, & W. van Rossum(2006), "Customer value propositions in business markets," Harvard Business Review, March, 90-99 ; Anderson, J. C., J. A. Narus, & D. Narayandas(2009), Business Market Management: Understanding, Creating, and Delivering Value, 3rd ed., Pearson International Ed., Pearson Education.

표 10-8 모든 이점 강조형 CVP 전달 유형

가치제안 유형	모든 이점 강조형 (All Benefits)
구성요소	제품으로부터 고객이 받는 모든 이점
고객 관점에서의 질문	왜 당사가 귀사의 제품을 구매해야 하는가?
요구사항	자사 제품에 대한 지식
잠재적인 결함 요소	혜택 단정

2.2. 차이점 강조형(Favorable Points of Difference) 전달 유형

(1) 개념 설명

두 번째 CVP 전달방법은 차이점 강조형(Favorable Points of Difference)이라고 한다(**표 10-9** 참조). 고객은 항상 우리 외에 다른 대안(alternative)도 고려하고 있다는 것을 명확하게 감안하여, 이 방법은 우리의 제품과 서비스가 경쟁자에 비해 어떤 차별점을 갖고 있는지에 초점을 맞춘다. 경쟁이 존재하는 현실적인 상황에서 "왜 우리가 귀사의 제품을 구매해야 하는가?"라는 질문보다는 "왜 우리가 경쟁사의 제품보다 귀사의 제품을 구입해야 하는가?"라는 질문에 대답하는 관점에서 CVP의 전달을 준비하는 것이 더 타당할 것이다. 이러한 차별화를 위하여 기업은 자신의 제품뿐만 아니라 고객이 고려하는 경쟁제품에 대해 상세한 지식을 습득해야 한다.

표 10-9 차이점 강조형 CVP 전달 유형

가치제안 유형	차이점 강조형 (Favorable Points of Difference)
구성요소	고객이 고려하는 alternative 대비 자사의 제품이 제공하는 모든 차이점
고객 관점에서의 질문	왜 당사가 귀사의 경쟁사 제품 대신 귀사의 제품을 구매해야 하는가?
요구사항	자사 제품 및 경쟁사 제품에 대한 지식
잠재적인 결함 요소	모든 차이점이 가치 있는 차이점이라는 추정

그러나 고객이 고려하는 경쟁제품과 비교할 때, 상대적인 차이점을 아는 것만으로는 우리가 표적시장 고객에게 어느 정도의 가치를 전달하는지를 알 수는 없다. 즉 제품이나 서비스는 여러 가지 측면에서 차이가 있기 때문에 어떤 차이점이 고객에게 가장 큰 가치를 줄 수 있는지를 이해하기는 쉽지 않다. 고객의 요구사항과 선호를 세세하게 이해하지 못하고, 경쟁과의 차이점이 주는 고객가치가 무엇인지 이해하지 못하면 우리

는 표적시장 고객에게 상대적으로 가치가 낮은 차이점을 강조할 수도 있게 된다. 즉 차이점 강조형(Favorable Points of Difference) 방식은 모든 차이점이 반드시 고객에게 가치 있다고 가정하는 잠재적인 결함을 가지고 있다. 따라서 우리가 강조하는 차이점이 고객 입장에서 적절해야 한다는 것에 주의를 기울여야 한다. 이를 위해서는 차이점 강조형 CVP 전달 유형, Vendor 유형전략, VAS 유형전략의 구성과 전달 이전에 고객의 비즈니스 모델을 이해하는 것이 매우 중요하다.

(2) 결정적 속성 분석(the determinant attributes analysis)

차이점 강조형 CVP 전달 유형은 Vendor 그리고 VAS 유형, 즉 시장지향적(market-driven) B2B 가치창출/마케팅전략 실행에 적합한 CVP 전달방법이다. 차이점 강조형 전달 유형의 효과적 실행을 위해 필요한 분석이 있는데 이를 결정적 속성 분석(the determinant attributes analysis)이라고 한다(그림 10-6 참조).

그림 10-6 결정적 속성 분석 프레임

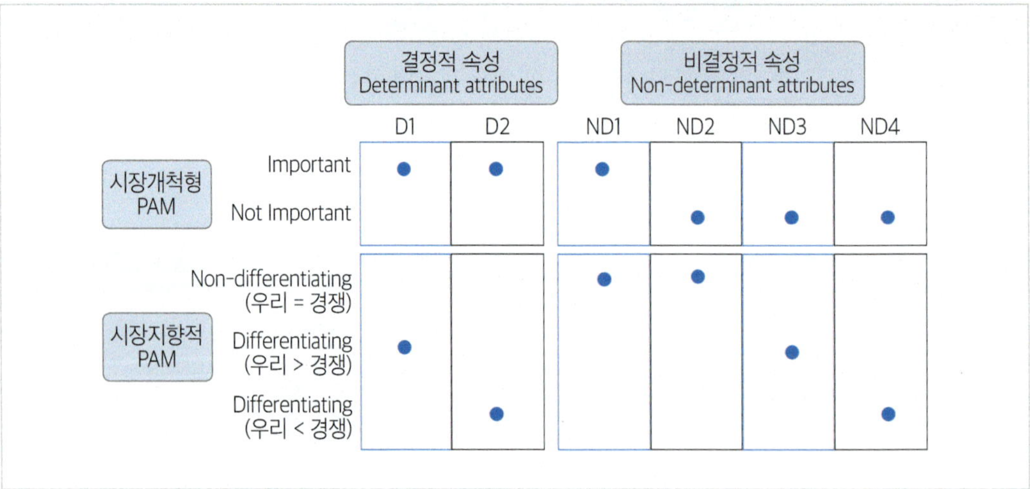

결정적 속성(determinant attributes)이란 고객의 선택을 결정할 만한 영향력을 가진 속성을 의미한다. 즉 (i) 고객평가나 선택 측면에서 해당 제품 특성이 중요하고, (ii) 해당 특성을 평가하는 데 있어 주요 경쟁자 간의 수준이 차이가 나는 것을 의미한다(우리에게 결정적으로 도움이 되거나, 경쟁에게 결정적으로 도움이 될 수 있음). 반면 결정적이지 않은 속성(non-determinant attribute)이란 (i) 해당 특성이 중요하지 않거나, (ii) 해당 특성이 중요하더라도 주요 경쟁자 간의 수준에 차이가 없는 것을 의미한다. 우리는 고객 관점의 결정적 속성 분석(determinant attributes analysis)을 활용해서 우리의 NPD 전략 방향을 정하고 CVP를 전달할 수 있다. 그림 10-6 을 보면 우리의 방향은 D1은 D1의 상태를 유지하고, ND1, ND2, ND3를 → D1의 상태로 변경하는 방안, D2를 → ND1 또는 ND4의 상태로 변경하는 방안, ND4는 → ND4의 상태로 유지하는 방안을 생각할 수 있다. 즉 신제품개발 또는 판매전략의 방향은 경쟁제품과의 특성 수준 차이를 변화시키거나 해당 특성의 중요도를 변화시키는 것이다. 특성 수준 차이의 변화는 우리의 신제품개발 노력이나 판매 노력으로 변화시킬 수 있으며 다만 변화시키는 시간 측면에서 차이가 날 수 있다(이 경우는 우리의 노력에 달려 있기 때문에 시장지향적[market-driven] PAM이라 할 수 있다). 그런데 특성의 중요도를 변화시키는 방법의 경우 결정은 고객에게 달려 있기에 이 방법은 시장개척형(market-driving) PAM이라 할 수 있다.

2.3. 공감중심형(Resonating Focus) 전달 유형

(1) 개념 설명

세 번째 CVP 전달방법은 공감중심형(Resonating Focus) 전달 유형이다(표 10-10 참조). 기업은 경험을 쌓으면서 모든 이점 강조형(All Benefits)보다 차이점 강조형(Favorable Points of Difference) 전달방법이 더 효과적임을 알게 되고 선호하게 된다. 특히 Vendor나 VAS 전략을 사용하는 경우 차이점 강조형 CVP 전달방법을 사용하는 것이 유효하다. 그런데 Strategic Partner 전략을 사용하거나 목적으로 하는 경우에 적합한 CVP 전달방법이 바로 공감중심형이다. 특히 RFP 이전 단계에서 스펙인(Spec-in) 활동을 강조하는 선제적 B2B 마케팅을 위해서는 공감중심형의 CVP 전달방법이 가장 이상적이며, Vendor나 VAS 전략의 경우에도 제대로 사용할 수만 있다면 효과적 방법이라 할 수 있다.

표 10-10 공감중심형 CVP 전달 유형

가치제안 유형	공감 중심형 (Resonating Focus)
구성요소	큰 가치를 제공하고 있거나, 개선을 통해 가까운 장래에 고객에게 가장 큰 가치를 줄 수 있는, 몇 가지의 중요 points (경쟁과 비교하여 한두 가지의 중요 차이점과 한두 가지 정도의 중요 공통점)
고객 관점에서의 질문	귀사의 제품에 대해 당사가 명심해야 할 가장 중요한 점은 무엇인가?
요구사항	고객이 고려하는 경쟁 제품 대비 자사의 제품이 어떻게 월등한 가치를 고객에게 전달할 수 있는가에 대한 지식
잠재적인 결함 요소	고객 가치 연구 필요

구매기업의 구매담당자의 책임은 갈수록 높아져 가고 있으며, 이들은 흔히 시간 압박 등 많은 제한 조건(constraints) 속에서도 의사결정에 대한 명확한 책임을 질 것을 요구받고 있다. 공감중심형 CVP 전달방법은 이러한 구매기업의 상황을 고려해 고안된 방법이다. 즉 구매기업은 자신의 비즈니스에 대한 핵심적인 문제를 완벽하게 꿰뚫고 있으면서도 단순하고도 강력한 이유(rationale)를 담고 있는 CVP 제공기업과 거래를 맺기 원한다. 기업은 표적시장 고객이 가장 중요하게 고려하는 한두 가지 부분에서 경쟁사에 비교해서 월등히 뛰어난 가치를 제공할 수 있음을 구체적인 방식(즉, 시연[demonstration]이나 명확한 증거 문서 등)을 통해 제시함으로써 고객 비즈니스의 우선순위를 섬세하게 이해하고 있다는 것을 보여주어야 한다. 즉 차이점 강조형 CVP 전달 유형의 경우에 비교해서 공감중심형 CVP 전달유형과 Strategic Partner 유형전략의 경우 고객의 비즈니스모델을 심층 이해하여 고객 비즈니스를 돕는 차원에서 CVP를 구성하고 전달하는 것이 훨씬 더 중요하다.

공감중심형은 차이점 강조형 유형의 CVP 전달방법과 두 가지 측면에서 구별되는 특징을 가지고 있다. 첫 번째 특징은 '많은 것을 전달하는 것이 항상 좋은 것이 아니다'라는 점이다. 차이점 강조형 CVP의 논리는 경쟁사와 차이가 나는 요소는 많으면 많을수록 전부 강조하라는 것이다. 이에 비해 공감중심형 CVP의 논리는 우리 제품이 경쟁 제품과 많은 차이점을 가지고 있더라도 표적 고객의 입장에서 가장 큰 가치를 전달하거나, 개선을 통해 가치를 전달할 수 있는 몇 가지(한두 가지)의 차이점에 집중하라는 것이다. 제한된 자원을 보다 효율적으로 활용하기 위해 고객이 가치 있게 생각하지 않는 차이점은 경쟁제품의 수준, 그 이하까지 양보한다는 마음을 가지라는 것이다. 다시 말해 공감중심형 CVP는 고객이 가치 있게 생각하는 가장 중요한 몇 가지(한두 가지) 차이점의 개선에 자원을 집중해야 함을 강조한다.

두 번째는 우리의 CVP 또한 경쟁과의 유사점을 포함할 수 있다는 점이다. 차이점 강조형 CVP의 논리는 경쟁과의 유사점은 배제하고 차이점만을 강조하는 것이다. 이에 비해 공감중심형 CVP의 논리는 필요한 경우 경쟁과의 유사점 내지 공통점(POP: Point of Parity)을 꼭 포함하라는 것이다. 공통점을 우리의 가치제안에 포함하는 이유는 다음과 같다. 표적시장 고객이 이러한 유사점 또는 공통점을 중요하게 생각할 때 우리 CVP가 이 점을 담고 있지 않으면 우리는 그만큼 좋지 않게 평가될 것이다. 다시 말해 우리 CVP는 해당 요소를 포함하고 있지 않은데, 경쟁자는 이 요소를 포함하고 있을 경우 고객은 경쟁자의 제품이 가지고 있는 요소가 특별한 가치요소라고 생각할 수도 있다. 나아가 고객이 경쟁사의 제품이 훨씬 우수하다고 인식하고 있는데, 실제로는 우리 제품의 고객가치가 경쟁사 제품에 상응하는 경우, 우리는 제품이 고객에게 제공하는 가치에 관한 실증연구(value engineering analysis)를 통해 우리의 주장을 뒷받침해야 할 것이다. 공감중심형의 CVP 전달방법은 매우 효과적이지만 이를 제대로 실행하는 일은 그리 쉽지는 않다. Strategic Partner로 고객사로부터 인정받기는 매우 어렵다는 것과 일맥상통한다. 다음에서는 공감중심형 CVP 전달을 위해 기업이 수행해야 하는 사항들을 고찰한다.

(2) 공감중심형 CVP 전달을 위한 수행 활동

공감중심형 CVP 전달을 위해 기업이 수행해야 하는 실천적 사항을 알아보겠다. 먼저 공감중심형 CVP 전달을 위한 전제 조건을 살펴보자. 고객의 비즈니스를 이해하고, 고객의 특별한 요구와 선호 사항을 명확히 규정하기 위해 많은 시간과 노력을 투자해야 한다. 또한 공감중심형 CVP에 대한 통찰력을 얻기 위해 반드시 고객의 가치 인식과 관련된 연구를 지속적으로 수행해야 한다. 이 일은 많은 시간, 노력, 끈기, 창의성이 요구되는 쉽지 않은 일이지만, 고객 가치에 관련된 연구결과는 결국 고객이 우리를 선택하게 하는 데에 그리고 우리를 Strategic Partner로 삼는 데 결정적 역할을 할 것이다. 공감중심형 CVP 전달을 위해 기업은 실체가 있는 CVP를 준비해야 한다. 한 마디로 고객이 수치로 확인할 수 있도록 만들어야 한다. 이를 위한 몇 가지 필수적 활동을 살펴본다.

① 가치용어 방정식(Value Word Equations)의 사용

가치용어 방정식(value word equations)이란 기업이 고객에게 자신의 제품을 사용한다면 주요 경쟁자 대비 얼마나 비용을 절감할 수 있는지 또는 얼마나 가치(예: 품질)를 증진시킬 수 있는지를 수치로 계산하여 보여주는 것을 의미한다. 예를 들어 인터그래프와 밀워크에 소재한 로크웰 오토메이션(Rockwell Automation)사는 가치용어 방정식을 사용해 고객에게 자신의 제품이 경쟁사 대비 얼마나 비용을 절감할 수 있는지를 명확히 제시했다. 로크웰 오토메이션이 경쟁사의 제품 대신 자사의 모터솔루션을 사용했을 때, 고객이 전력절감으로부터 얻을 수 있는 비용절감 산출에 사용한 가치용어 방정식은 다음과 같다:

전력절감으로 인한 비용절감 금액 =
[사용전력(kW) × 연간 사용시간 × kWh당 가격($) × 시스템 솔루션 사용연수]$^{\text{경쟁사 솔루션}}$
− [사용전력(kW) × 연간 사용시간 × kWh당 가격($) × 시스템 솔루션 사용연수]$^{\text{로크웰 솔루션}}$

로크웰사는 고객의 비즈니스와 경쟁사의 제품을 구체적으로 이해했기 때문에 경쟁사 솔루션을 사용했을 때의 비용에서 자사 제품을 사용했을 때의 비용을 뺀 차액, 즉 그만큼 고객에게 줄 수 있는 이익을 구체적으로 산출할 수 있었다.

이러한 가치 산정에 필요한 고객 비즈니스 운영에 관한 상황 데이터는 기업과 고객사, 때로는 업계나 협회의 연구보고서와 같은 외부 소스(source)로부터 수집해야 할 수도 있다. 다시 말해 공감중심형 CVP는 B2B 상황에서 '말'이 아닌 실체적인 데이터가 뒷받침되어야 함을 강조하고 있다. '비용을 절약할 수 있습니다!'라는 구호만으로는 CVP를 강력하게 전달하기 어렵다. 경쟁사와 자사의 제품 간의 차이를 설명할 수 있는 쉽고 설득력 있는 데이터와 언어로 이러한 CVP를 뒷받침해야 한다. 즉 차이가 얼마만큼 고객의 이윤에 기여할 수 있는지, 구체적으로 비용을 얼마나 절감시켜 주는지, 품질 가치를 얼마나 증진시켜 주는지를 구체적이고 명확하게 설명할 수 있어야 한다.

② 고객가치의 선행적 시연(Proactive Demonstration)

실체가 있는(즉 고객이 수치로 확인할 수 있는) CVP를 준비하기 위해 기업이 수행할 수 있는 두 번째 활동은 고객가치의 선행적 시연(proactive demonstration)이다. 기업이 CVP를 전달할 때 고객이 이에 대해 믿기 어렵다는 반응을 보이면, 흔히 기업은 "정 못 믿으시겠다면 저희가 고객 사이트에 가서 파일럿 프로젝트(pilot project)를 수행하고 그 결과를 눈으로 확인시켜 드리면 어떨까요? 결과를 보고 믿음이 생기면 정식으로 계약을 하시지요"라고 제안하기도 한다. 고객에게 가치를 확인시켜 주는 이런 활동을 선제적 시연(proactive demonstration)이라 한다.

예를 들어, 시카고 소재 아크조 노벨(Akzo Nobel)사의 폴리머 화학제품 사업부는 반도체 웨이퍼 구성 물질을 생산하는 데 있어 경쟁사와 비교해 자사의 고순도 금속유기체 제품의 성능에 대한 데이터를 직접 수집하기로 했다. 사업부는 예상 고객의 공장에 있는 제조기에서 2주 동안 파일럿 테스트를 수행했다. 아크조 노벨사는 일간 생산량과 유지관리 비용을 고려해 예상 고객에게 2주간 시설사용비용까지 지불했다. 아크조 노벨사는 파일럿 테스트(pilot test)를 통해 자사 제품에 대한 평가와 예상비용 절감액, 그리고 생산된 반도체 웨이퍼 고객의 사용도가 점차 늘고 있으며 경쟁사의 제품보다 우수하다는 것을 증명하는 데이터를 확보했다. 또한 잠재고객이 직접 이것을 검증할 수 있도록 하기 위해, 아크조 노벨사는 파일럿 테스트에서 생산된 웨이퍼를 고객에게 바로 샘플로 제출했다. 아크조 노벨사는 생산된 웨이퍼와 공통점 · 유사점에 관련된 사항과 에너지 비용 절감과 유지관리 비용 절감이라는 두 가지 측면에서의 차이점을 함께 제시했다.

로크웰사와 아크조 노벨사의 사례를 통해 알 수 있듯이 공감중심형의 CVP는 단순히 우리 제품이 좋다고 외치는 것이 아니라 우리 제품 또는 공법 등이 어떻게, 얼마나 고객의 이윤에 기여할 수 있는지를 구체적이고 명확하게 보여주는 것으로 Strategic Partner가 되기 위해 매우 필요한 방법이라 할 수 있다. 흔히 일부 사람들은 CVP를 마케팅 또는 영업부서에서 고객을 설득하기 위한 문구를 개발하는 작업 정도로 생각할 수도 있을 것이다. 이러한 단편적인 시각은 우월한 비즈니스 성과를 낼 수 있는 CVP의 실제 가치를 간과하는 것이다. CVP를 적절하게 수립하고 전달하는 작업은 고객에게 가치가 있는 우리 제품/서비스의 진정한 특성에 우리의 노력을 집중할 수 있도록 해준다.

③ 고객가치의 문서화(Value Documenters) 구축과 활용

실체가 있는(즉 고객이 수치로 확인할 수 있는) CVP를 준비하기 위해 기업이 수행할 수 있는 세 번째 활동은 고객가치의 문서화(value documenters) 구축과 활용이다. 공감중심형 CVP를 지속적으로 잘하기 위해서, 또한 기업의 어떠한 팀(즉 특정 개인이나 특정 팀이 아닌)이 해도 CVP를 잘 전달하기 위해서는 지금까지 기업이 고객들에게 전달한 고객가치를 문서화하여 기록으로 남기는 것이 중요하다. 이렇게 고객가치를 문서화해서 기록으로 남기는 것을 고객가치의 문서화 구축이라고 한다. 고객가치의 문서화가 잘 구축되어 있으면 이를 활용해 공감중심형의 CVP를 쉽고 효과적으로 전달할 수 있을 것이다. 제품이 실제 뛰어난 가치를 제공할 수 있더라도 기업이 그것을 보여주지 못하고 문서화하지 못하면 고객은 기업의 CVP를 공감하기가 어려울 것이다. 특히 우리와 거래경험이 없는 고객의 경우 이러한 인식의 문제는 더 클 것이다.

기업은 고객과 함께 적절한 기간 동안 추적가능한 비용절감액이나 이윤증가분이 얼마인지 정의하기 위해 협력하고 고객사 매니저의 도움을 받아 그 결과를 문서화해야 한다. 즉 고객과의 관계는 사업을 발전시키는 단계뿐만 아니라 사업을 수행하는 단계에서도 중요하다. 고객과의 관계가 지속적으로 유지되어야 차후에 거래 기회가 생기거나 다른 고객과 거래할 수 있는 기회가 생길 때, 기존에 수행한 사업의 경험을 활용할 수 있을 것이다. 그러면 고객가치의 문서화 구축과 활용에 관한 몇 가지의 선진 사례를 살펴본다.

③-1(사례 1) GE Industrial Water & Processing Technology 사의 Value Documenters: GEIW&PT사는 92년부터 스스로 개발한 VGP(Value Generation Planning) 툴을 사용하여 고객비용 절감액 13억 달러, 240억 갤론의 물 절약, 5백5십만 톤의 폐기물 제거, 4백8십만 톤의 공기오염물질 제거에 해당하는 고객에게 제공한 구체적인 가치를 1,000건 이상의 사례로 문서화하였다. 그리고 이를 활용해서 고객들에게 많은 CVP를 전달해 오고 있다.

③-2(사례 2) 6장 고객센싱에서 학습했던 사례: 글로벌 기업 G 기업이 1980년대 초반 한국 국회의 추가 발전소 건설계획의 승인을 위하여 선제적 B2B 마케팅을 성공시킨 실제 사례이다. '사실 1980년대 초반, 한국전력공사와 동력자원부는 추가적인 발전소 건설계획에 대한 국회의 승인을 요청했지만, 대규모 소요자금 문제로 승인이 거부되었다. 그런데 우리나라 산업의 발전 속도와 경제성장 트렌드를 고려했을 때 추가 발전소 건설에 대한 필요는 매우 급박했음에 따라 관련 정부기관은 국제적 발전전문기업 G 기업과 협업을 진행했다. G 기업은 한국 경제와 산업의 성장과 발전공급량 간의 상관관계, 추가적인 발전소 공급이 이루어지지 않았을 때의 기회비용, 대안적인 파이낸싱 방법 등에 관한 구체적이고 유효한 사실과 자료들을 만들어 국회 해당 소위원회의 의원들에게 제시하고 설명했다. 그 결과 국회는 추가적 발전소 건설계획을 승인했다.' 특히 'G 기업은 한국 경제와 산업의 성장과 발전공급량 간의 상관관계, 추가적인 발전소 공급이 이루어지지 않았을 때의 기회비용, 대안적인 파이낸싱 방법 등에 관한 구체적이고 유효한 사실과 자료들을 만들어 국회 해당 소위원회의 의원들에게 제시하고 설명했다'는 G 기업의 활동은 고객가치의 문서화(value documenters)가 구축되어 있었기 때문에 가능했던 것이다.

③-3(사례 3) Quaker Chemical's Value Documenters: 펜실베니아 소재 화학제품과 매니지먼트 서비스회사인 쿼커 케미컬(Quaker Chemical)에 세계적인 자동차 엔진 제조사가 운영 비용 절감에 대해 문의를 해왔다. 다년간 고객의 비용절감을 세세하게 문서화해오고 있는 쿼커 사의 화학 분야, 기계 분야, 환경분야 엔지니어 팀은 프로세스와 생산성 개선안을 통해 관련 가능 부문을 확인했다. 쿼커 사는 자동차 엔진 제조사의 연간 냉각수 구매비용의 1/5 수준으로 비용을 절감하는 솔루션을 제안하고 이를 실행했다. 금액으로 따지면 연간 1백40만 달러에 해당하였다. 쿼커 사는 이러한 비용절감 보증(waranty)으로 고객을 설득할 수 있었다.

④ 고객가치제안 역량의 비즈니스 스킬(business skill) 化

지금까지 실체가 있는(즉 고객이 수치로 확인할 수 있는) CVP를 준비하기 위해 기업이 수행해야 하는 바람직한 활동으로 가치용어 방정식(value word equations)의 활용, 고객가치의 선제적 시연(proactive demonstration), 고객가치 문서화(value documenters)의 구축과 활용을 살펴보았다. 이러한 활동들을 통해 기업은 고객가치제안 역량을 증진시켜야 하고, 이를 매니저들이 갖춰야 할 중점 비즈니스 스킬 중 하나로 만들어야 한다. 그래야 효과적인 고객 가치 제안을 고안할 수 있는 매니저의 능력을 증진시킬 수 있을 것이다. 나아가, 고객가치제안과 관련된 비즈니스 프로세스를 고안 · 구축하고, 공헌 성과에 대해서는 합당하게 보상해야 한다.

GEIW&PT 기업의 경우를 다시 예로 들겠다. 한 현장 직원이 자사의 정제 프로세스를 이용하는 고객사가 어떻게 이윤을 창출하는가를 연구해서 이와 관련된 창의적인 제품 아이디어를 제시했다. 그 현장 직원은 신제품개발 아이디어를 탄화수소 사업부 마케팅 매니저에게 제출했다. 참고로 GEIW&PT의 경우 현재 GEIW&PT가 생산하고 있지 않지만 고객에게 높은 가치를 제공할 수 있다고 믿는 솔루션에 대한 창조적인 아이디어가 떠오르면 현장직원을 포함한 회사 직원 누구나 언제라도 신제품개발 아이디어를 제출할 수 있는 제도와 프로세스를 가지고 있었다. 해당 업계에 관한 전문적 지식을 가진 마케팅 매니저는 이 제품 아이디어가 잠재적으로 상당한 가치를 고객에게 제공할 수 있는지를 알아보기 위해 추가적인 검토를 진행했다. 매니저는 제안된 제품 아이디어를 정리하고 비즈니스 사례를 만들어 잠재 아이디어 풀(potential ideal pool)에 보관했다. GEIW&PT 기업의 중역으로 구성된 팀이 제한된 자원을 놓고 경쟁하는 방대한 잠재 아이디어안들을 검토하고 분류했다. 이 팀이 해당 제안을 승인함에 따라 아이디어 제품이 기존 제품의 1/5에서 1/10 정도의 비용, 즉 많은 비용절감이 가능함을 보여주는 문서를 작성하고, 정제 회사를 위한 신제품을 개발하게 되었다. 이로써 고객사가 거부할 수 없는 CVP가 고객에게 전달하고 실현하였다.

이 사례가 보여주듯, 공감중심형의 CVP 전달방법은 사업부(business unit) 전체의 노력을 필요로 하고 있다. GEIW&PT 기업의 마케팅 매니저가 보여주었듯이, 마케팅의 역할은 고객에 대한 CVP의 잠재 가치(potential value)를 잘 알고 있어야 한다. 특히 Strategic Partner 전략을 사용하는 기업일수록 이러한 역할이 더 필요하다. 나아가 이러한 CVP 전달작업이 고객 관점에서 진행될 수 있도록 필요한 기능들(functions)의 협업 활동을 잘 조율(coordinate)해야 할 것이다.

2.4. 고객가치제안의 전달 요약

차이점 강조형 CVP 전달방법은 Vendor 또는 VAS 같은 시장지향적(market-driven) 가치창출 또는 가치제안 구성 전략의 전달방법으로 적절하고 공감중심형 전달방법은 Strategic Partner 같은 시장개척형(market-driving) 가치창출 또는 가치제안 구성 전략의 전달방법으로 유효함을 고찰하였다. 이러한 내용을 요약하여 그림 10-7에 도식화하여 나타냈다. 신규고객기업을 획득할 때는 경제적 혜택 및 유형의 혜택이 중요하지만, 관계가 지속될수록 무형의 혜택(예: 공감중심형 CVP 또는 신뢰 및 몰입 관계의 지속)이 중요함을 학

그림 10-7 고객가치제안 전달방법 요약

	유형의 혜택	무형의 혜택
경제적 혜택	**유형의, 경제적 혜택 (Economic, Tangible benefits)** Vendor •고객에게 주요 경쟁들과 비교하면서 우월한 가성비 등을 보여줌 (지속성?)	**무형의, 경제적(직접적) 혜택 (Economic, Intangible benefits)** Vendor → VAS → Partner •증명의 부담 •대표적 접근방법들: benchmark studies, pilot tests, or guarantees to offset customer risks
비경제적 혜택	**유형의, 비경제적(간접적) 혜택 (Non-economic, Tangible benefits)** Vendor → VAS → Partner •기업/브랜드 명성, 글로벌 스케일(global scale), 혁신 역량(innovation capabilities) 등의 구축에 초점을 맞춤 (시간이 걸림) •그러나 표준품 시장(commodity market)에선 RFP/RFQ 조건에 넣을 수 있도록 노력	**무형의, 비경제적 혜택 (Non-economic, Intangible benefits)** Partner •이 혜택으로 고객을 획득하기는 어려움 •그러나 over time, buyer-seller relationship 강화에 역할

습했다. 또한 기업/브랜드 명성, 글로벌 스케일 비즈니스 수행, 혁신 역량 같은 기업 역량(비경제적 혜택) 또한 관계 지속을 위해 중요함을 보여준다.

또한 9장에서 살펴본 토털 제품 시스템(그림 10-8 참조)을 감안하면, Vendor 전략의 경우에는 main product 단계의 CVP 전달이 중요할 것이다. VAS 전략의 경우에는 main product 단계와 post-마케팅 단계의 CVP 전달이 중요할 것이다. Strategic Partner 전략의 경우에는 pre-마케팅(가치 엔지니어링) 단계, main product 단계, post-마케팅 단계, 즉

그림 10-8 B2B 마케팅의 토털 제품 시스템(그림 9-5 참조)

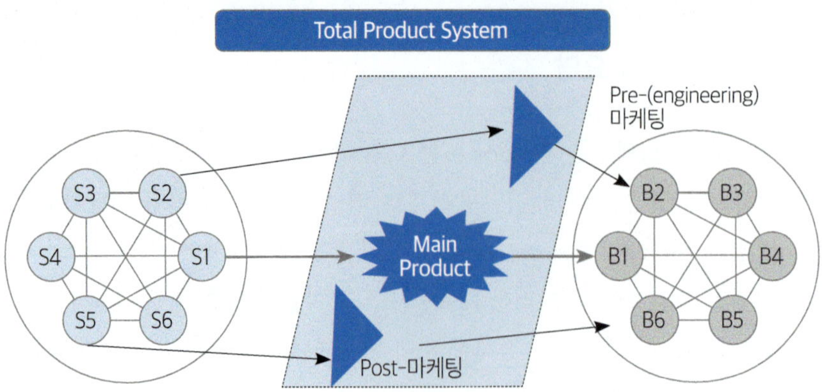

모든 단계에서의 CVP 전달이 모두 중요할 것이다.

3절. 효과적 판매활동(Effective Selling Behaviors)

지금까지 살펴본 CVP 개념, 구성과 전달은 암묵적이지만 초점을 조직 수준의 영업 및 판매활동에 맞췄다. 그런데 영업사원 개인의 역량이 영업성과에 매우 중요한 것을 부인할 사람은 없다. 이곳에서는 영업사원 개인의 역량 수준에서 효과적 판매활동을 고찰한다. 여러 내용이 있겠지만 선제적 B2B 마케팅은 거래보다 관계를 중요하게 여김을 감안하여 관계마케팅에 효과적인 판매활동을 중심으로 학습하겠다. 먼저 효과적 판매활동의 핵심 개념으로 연구되어 온 적응적 판매활동(ASB: Adaptive Selling Behaviors) 개념을 간략히 고찰한다. 그 이후 관계마케팅 판매활동의 근본적 두 기둥(pillar)으로 연구되어 온 감사(gratitude)와 공정성(fairness)의 개념과 역할을 살펴본다.

3.1. 적응적 판매활동(ASB: Adaptive Selling Behaviors)

판매방식과 인적 판매과정에 관한 연구는 판매를 거래지향적 판매(discrete transactional selling)에서 관계지향적 판매(relationship selling)까지의 연속선상에서 진행되어왔다. 거래지향적 판매의 경우에는 주로 판매사원의 고객 설득에 관한 연구가 주를 이루었던 반면, 관계지향적 판매는 다양하게 진행되어왔다. 먼저 관계지향적 판매는 영업사원의 준비(고객예측과 정보수집), 설득(고객 접근, 경청, 제품 소개, 의견 조정), 거래와 관리(구매 권유, 사후관리, 고객 이탈관리)의 단계로 관리되는 과정에서 여러 이슈를 검토하였는데, 특히 경청의 중요성이 강하게 발견되었다.

인적 판매과정에서 가장 많이 연구되어 온 개념은 적응적 판매활동이다.[18] 이 활동의 의미는 다음과 같이 개념화되고 있다: 융통성 있는 판매접근법(very flexible in the selling approach he/she use); 다양한 판매방식을 능숙하게 사용(easily use a wide variety of selling approaches); 고정된/일정한 판매방식을 사용하지 않음(do not use a set sales approach); 상황에 맞춰 판매스타일을 바꿈(vary my sales style from situation to situation); 모든 구매자를 다른 방식으로 대함(treat all of my buyers pretty much differently); 여러 가지 판매방식을 실험(experiment with different sales approaches); 고객마다 접근 방식을 변경(changing his/her approach

18) Spiro, R. L., & B. A. Weitz(1990), "Adaptive selling: Conceptualization, measurement, and nomological validity," Journal of Marketing Research, 27(1), 61-69.

from one customer to another).

그림 10-9 는 적응적 판매활동의 선행요인과 결과에 대한 메타분석 결과를 보여주고 있다. 미국 중심의 누적적 연구결과임을 감안하고 해석해야 하지만, 남성 영업사원보다는 여성 영업사원, 그리고 판매경험이 많은 영업사원의 경우 적응적 판매활동능력이 높았다. 적응적 판매활동을 잘 하면 고객지향적 판매활동도 잘 하고, 판매성과와 직무만족이 높은 것으로 나타났다. 이러한 결과를 볼 때 영업사원의 적응적 판매활동능력은 효과적 판매활동에서 가장 중요한 능력 중 하나이다.

적응적 판매활동 능력은 영업사원의 필수 조건이자 능력이라 생각하고 다음에서는 관계마케팅을 위한 판매활동의 두 기둥에 관해 살펴본다.

그림 10-9 적응적 판매활동의 선행요인과 결과(메타분석)[19]

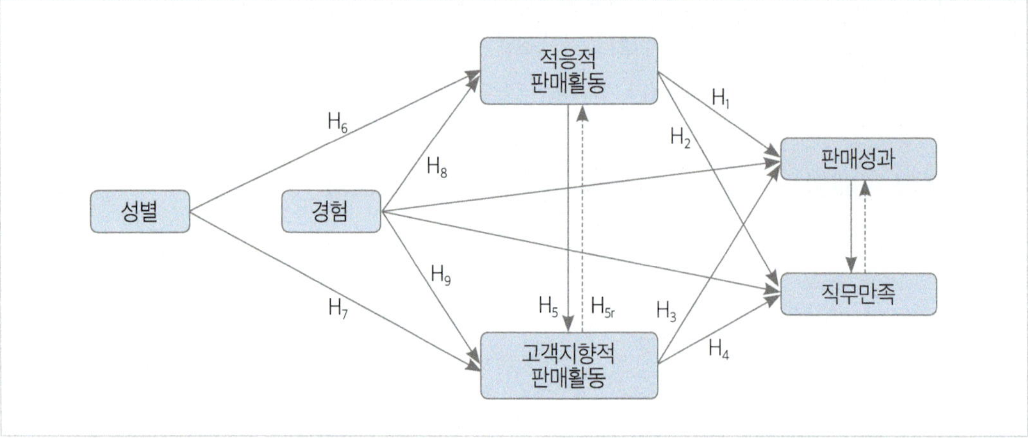

3.2. 관계마케팅 판매활동의 첫 번째 기둥: 감사(gratitude)의 역할

(1) 감사와 호혜의 파워(power of gratitude and reciprocation)[20]

관계에 있어 감사는 "제공받은 보상(reward)에 대해 갚아야겠다고 느끼는 감정"으로 정의되었다. 즉 감사는 호혜 감정을 수반한다는 것이다. 진화심리학자들의 연구에 따

19) Franke, G. R., & J. E. Park(2006), "Salesperson adaptive selling behavior and customer orientation: A meta-analysis," Journal of Marketing Research, 43(4), 693-702.

20) Smith, A. (1790), The theory of moral sentiments; Emmons, R. A., & M. E. McCullough(Eds.)(2004), The Psychology of Gratitude, Oxford University Press; Palmatier, R. W., C. B. Jarvis, J. R. Bechkoff, & F. R. Kardes(2009), "The role of customer gratitude in relationship marketing," Journal of Marketing, 73(5), 1-18; Palmatier, R. W. (2014), "Orchestrating marketing in a B2B environment," MSI Conference, October 15-16.

르면, 감사와 호혜는 타고난 반응이며, 이 반응을 잘 활용하면 개인의 경쟁우위를 획득할 수 있다. 감사와 호혜는 긍정적 감정인 즐거움/쾌락(pleasure), 부정적 감정인 죄책감(guilt)에 의해 작동한다. 감사나 호혜를 못 느끼는 사람은 흔히 빈대 같은 사람(moocher), 배은망덕한 사람(ingrate)이라 불리며, 의무불이행자/빚쟁이(welsher)에 대한 처벌 같은 감정을 수반한다고 한다. 특히 판매와 영업의 맥락에서 작은 선물(small gifts)의 위력은 많이 발견되었다(coke tickets/복권, 꽃, $1~$5 정도의 선물, 한국에서는 흔히 말하는 "밥"의 위력을 생각해보면 됨). 또한 감사는 관계 시작의 촉매 역할을 하며, 감사는 자연스럽게 호혜(reciprocity) 규범으로 연계되는 것으로 나타났다. 한편 감사를 못 느끼는 경우는 정신적 문제의 신호가 될 수 있다는 주장도 존재한다.

그림 10-10은 감사와 호혜의 선행요인과 결과에 관한 중요한 연구결과를 보여주고 있다. 먼저 판매기업과 영업사원의 관계마케팅 활동이 고객으로 하여금 감사를 느끼게 하고 고객이 호혜 행위를 하는 경우 고객의 신뢰와 몰입 그리고 관계마케팅의 성과가 높게 나타났다. 특히 판매사원이 관계마케팅 활동을 할 때 판매사원의 자유의지, 동기 및 니즈가 높게 인식되거나 위험을 감수하는 것으로 지각할 때 고객이 느끼는 감사와 호혜 행동에 더 큰 영향을 미치는 것으로 나타났다. 다시 말해 영업사원이 꼭 판매목적으로 방문하는 대신 작은 선물과 친구 같은 친밀함으로 고객에게 다가가는 영업활동이

그림 10-10 감사와 호혜의 효과에 관한 연구[21]

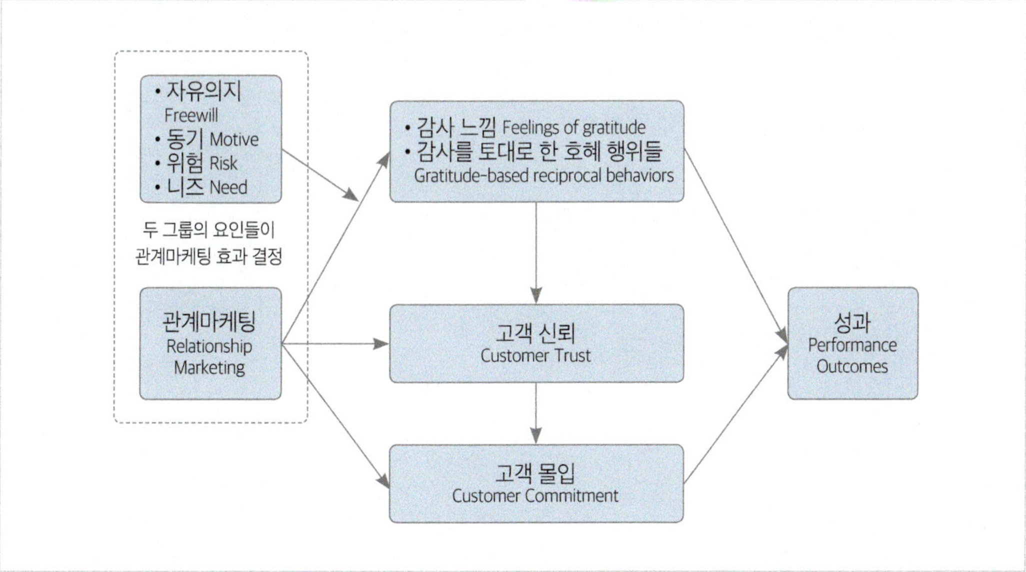

21) Palmatier, R. W., C. B. Jarvis, J. R. Bechkoff, & F. R. Kardes(2009), "The role of customer gratitude in relationship marketing," Journal of Marketing, 73(5), 1-18.

누적적으로 효과를 발휘하는 것으로 해석할 수 있다.

그림 10-11 은 관계마케팅의 대안적 투자방법이 고객으로부터의 추가수익 등 성과변수에 미치는 효과에 관한 연구결과를 보여주고 있다. 물론 판매기업 사원과 구매기업 사원의 관계상 상호작용빈도, 고객충성도, 판매기업의 CRM 사용정도나 수익공유 같은 조절 요인들의 효과도 같이 검토했는데, 주요 결과는 상당히 놀랍다. 기업조직 간 관계마케팅에 대한 재무적 투자는 오히려 부정적 효과를 보였고, 조직의 구조적 관계 투자는 성과에 미치는 꽤 큰 효과가 있었지만, 사회적 관계에 대한 관계마케팅 투자가 가장 높은 성과 효과를 보여주었다. 즉 사회적 관계를 중심으로 하는 관계마케팅이 금전적 지원 중심의 관계마케팅보다 우월한 효과를 보여주었다. 34개 기업의 313 고객들(구매담당자들)을 토대로 한 연구결과이기에 타당성이 높고 일반화도 가능한 결과이기에 사회적 관계의 중요성은 서구에서도 확인되었다고 해석할 수 있다.

그림 10-11 사회적 관계 중심 관계마케팅의 효과에 관한 연구[22)]

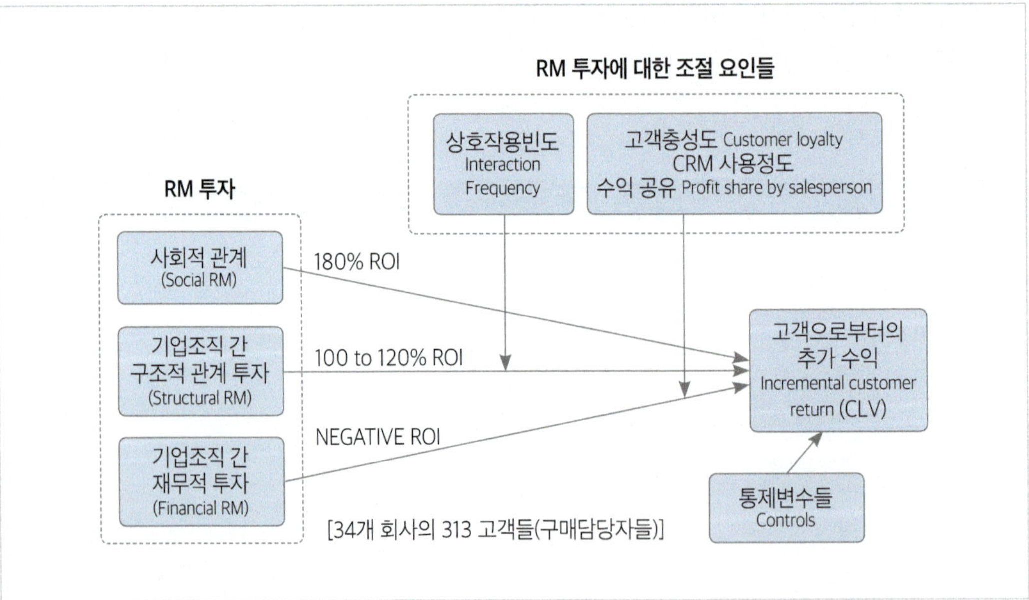

22) Palmatier, R. W., S. Gopalakrishna, & M. B. Houston(2006), "Returns on business-to-business relationship marketing investments: Strategies for leveraging profits," Marketing Science, 25(5), 477-493.

(2) 관계개발을 위한 감사의 교훈[23)]

관계마케팅을 위한 영업활동은 성과에 유의하고 강한 영향을 미치는 것으로 나타났다. 특히 구전효과(word of mouth effects)를 감안하면 관계가 지속될수록 활동의 중요성이 인식되고 있다. 이러한 활동은 감사와 호혜 규범, 신뢰(trust), 몰입(commitment)으로 연계된다. 특히 감사는 관계가 시작되는 것을 도와주는 것으로 발견되었다. 실제 기업의 영업담당자나 관리자는 이에 대해 다음과 같은 얘기를 하기도 한다: "만나자마자 제품 얘기부터 시작할 수는 없으니 시장, 정부정책 등 세상물정에 대해 얘기하면서 관계를 시작해야 할 것 같습니다. 관련하여 인문학적 소양이 있으면 좋을 듯합니다." 물론 감사에 대한 효과는 관계마케팅이나 실제 수행(delivery)의 질에 따라 달라질 수 있을 것이다.

살펴보았듯이 기업 간의 관계 효과보다 개인 간의 관계 효과가 더 크게 작용함에 주의를 기울일 필요가 있다. 또한 영업관리자는 유능한 개인이 조직을 떠날 경우 개인 간의 관계가 단절될 수 있는 위험도 고려해서 관리해야 할 것이다.

다음은 연구에서 발견된 관계마케팅 전략에 있어 영업활동 관련 효과성의 순위에 관한 내용이다. 효과의 첫 번째 순위는 영업사원의 전문성과 커뮤니케이션(expertise & communication) 능력이었다. 두 번째 순위는 관계마케팅에 대한 투자인데, 특히 기업조직 간 재무적 투자보다는 조직 간 구조적 관계 투자가 더 유효하고 가장 효과적 투자는 담당자 간의 사회적 관계 투자임을 명심해야 할 것이다. 마지막으로 각 조직이나 담당자에 대한 의존성(dependence), 관계의 유지기간(duration), 접촉빈도(frequency)는 효과가 항상 발견되지는 않고 약했다는 점도 유의해야 할 것 같다.

결론적으로 영업사원의 중요한 스킬은 사회적 관계 개발과 유지 능력인데 이는 조직의 투자에 의해 어느 정도 개발도 가능하겠지만 개인의 능력이 크게 작용하는 것으로 개념화하는 것이 더 맞는 것 같다. 영업맨 소양의 발견, 이들을 대상으로 한 감사와 호혜 중심의 프로그램 개발과 교육 훈련이 중요할 것이며 이 이슈에 대해서는 앞으로의 연구가 더 초점을 가지고 탐구할 필요가 있다.

23) Ibid.; Palmatier, R. W., L. K. Scheer, K. R. Evans, & T. J. Arnold(2008), "Achieving relationship marketing effectiveness in business-to-business exchanges," Journal of the Academy of Marketing Science, 36, 174-190; Palmatier, R. W., C. B. Jarvis, J. R. Bechkoff, & F. R. Kardes(2009), "The role of customer gratitude in relationship marketing," Journal of Marketing, 73(5), 1-18; Palmatier, R. W., M. B. Houston, R. P. Dant, & D. Grewal(2013), "Relationship velocity: Toward a theory of relationship dynamics," Journal of Marketing, 77(1), 13-30.

3.3. 관계마케팅 판매활동의 두 번째 기둥: 공정성(fairness)의 역할[24)]

앞에서 관계가 시작되는 것을 도와주는 감사의 역할을 살펴보았다. 이에 비해 관계에 대한 공정성 지각은 관계의 개발보다는 유지에 더 큰 역할을 하는 것으로 발견되었다. 이러한 발견은 부정적 사건의 예방이 긍정적 사건의 추가보다 중요하다는 시사점을 제시하는 것이다. 또한 긍정적 행동보다 부정적 행동이 관계에 미치는 영향이 큰 것으로 나타났다. 38,000 관계 사례에 대한 통합분석 결과, 부정적 효과의 강도가 긍정적인 경우에 비해 2배 정도 높았다.

그림 10-12는 관계를 변환적으로 만드는 이벤트의 효과에 관한 연구결과를 보여주고 있다. 먼저 기대 안에 있는(무관심 영역: zone of indifference) 긍정적 이벤트와 부정적 이벤트의 관계 증진/감소 효과는 그리 크지 않다. 이에 비해 기대 밖에 있는 이벤트의 효과는 관계 성과에 미치는 효과는 컸다. 이러한 관계이벤트의 전개에 따라 관계의 상태(states)는 시간이 흐름에 따라 거래관계에서 전환단계를 거쳐 파트너공유단계까지 진화했다가 다시 원래대로 돌아오는 등을 감안할 때 관계에 대한 지속적 관리가 중요함을 제시한 연구도 있다.[25)]

그림 10-12 변환적 관계이벤트의 효과에 관한 연구[26)]

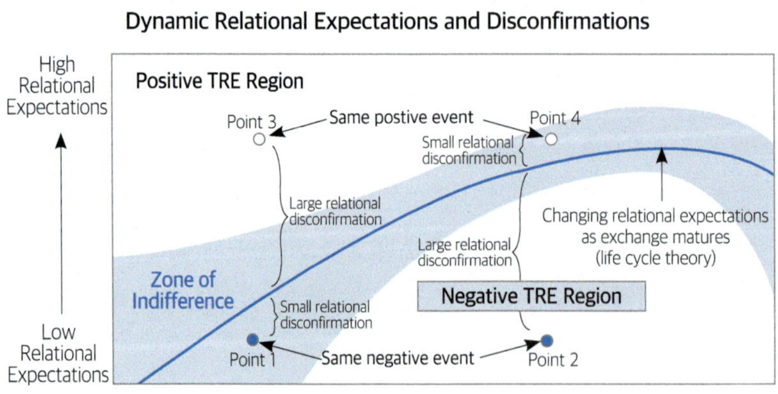

24) Samaha, S. A., R. W. Palmatier, & R. P. Dant(2011), "Poisoning relationships: Perceived unfairness in channels of distribution," Journal of Marketing, 75(3), 99-117; Harmeling, C. M., R. W. Palmatier, M. B. Houston, M. J. Arnold, & S. A. Samaha(2015), "Transformational relationship events," Journal of Marketing, 79(5), 39-62.; Zhang, J. Z., G. R. Watson Iv, R. W. Palmatier, & R. P. Dant(2016), "Dynamic relationship marketing," Journal of Marketing, 80(5), 53-75;

25) Zhang, J. Z., G. F. Watson IV, R.W. Palmatier, & R. P. Dant(2016), "Dynamic relationship marketing," Journal of Marketing, 80(5), 53-75.

26) Harmeling, C. M., R. W. Palmatier, M. B. Houston, M. J. Arnold, & S. A. Samaha(2015), "Transformational relationship events," Journal of Marketing, 79(5), 39-62.

사람들은 부정적 사건에 대해서는 설명을 원한다. 부정적 사건을 겪은 사람의 마음 근저에 '불공정성(unfairness)' 판단이 자리 잡고 있기 때문이다. 불공정성 판단은 관계 훼손에 매우 큰 영향을 미친다. 사람은 자신이 비용을 치르더라도 불공정한 행동을 처벌 · 대응하고자 하는 감정적 · 정서적 니즈를 가지고 있기 때문이다. 이러한 반응은 타고난(hardwired) 심리적 반응행동이라는 것이다.

그림 10-13 은 갈등과 기회주의는 기업 간의 관계역량에 부정적 영향을 미치는 연구 결과를 보여준다. 불공정성 지각은 갈등과 기회주의의 부정적 효과를 더 악화시키는 것으로 나타났다.

그림 10-13 불공정성 지각 등 관계 훼손 요인의 효과에 관한 연구[27]

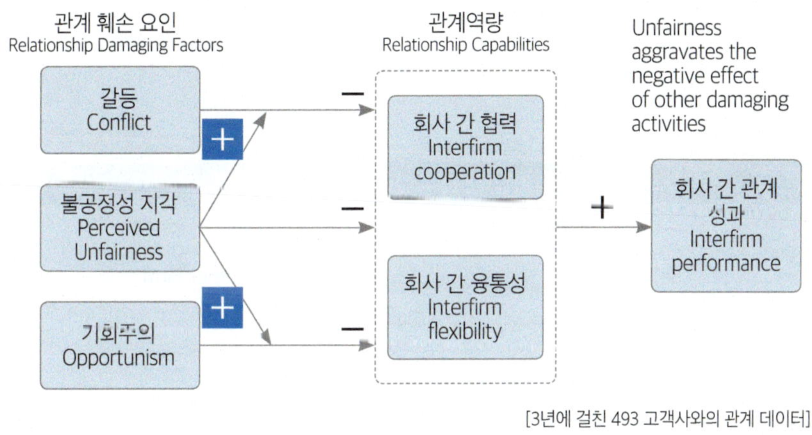

이러한 상황에서 계약을 사용하여 법적으로 문제를 해결하려 할 때 갈등과 기회주의의 부정적 효과는 감소하지만, 불공정성 지각은 더 악화되어 관계 역량에 더 부정적 영향을 미치는 것으로 나타났다(그림 10-14 참조).

마지막으로 그림 10-15 의 연구는 공급기업과 고객기업의 관계에 대한 중요 요인을 제시하고 있다. 전통적으로 관계의 폭(relationship breadth: 얼마나 많은 사람들과 관계를 가지고 있는가)과 관계의 품질(relationship quality: 관계의 유대 정도 또는 강도)이 중요하지만, 새로 등장한 관계의 구성(relationship composition 또는 contact authority 또는 사회적 자본: 고객기업의 다양한 의사결정자와의 관계)이 매우 중요한 요인임을 명심할 필요가 있다. 전술하였던 구매센

27) Samaha, S. A., R. W. Palmatier, & R. P. Dant(2011), "Poisoning relationships: Perceived unfairness in channels of distribution," Journal of Marketing, 75(3), 99-117.

그림 10-14 관계 훼손 요인과 계약 사용의 효과에 관한 연구[28]

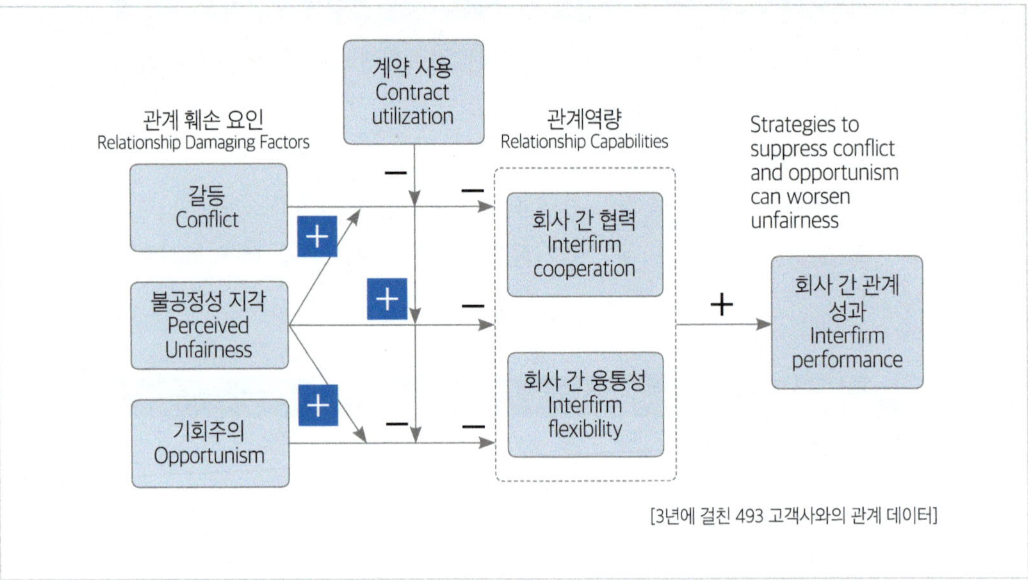

그림 10-15 고객가치 증진을 위한 기업 간 관계 선행요인에 관한 연구[29]

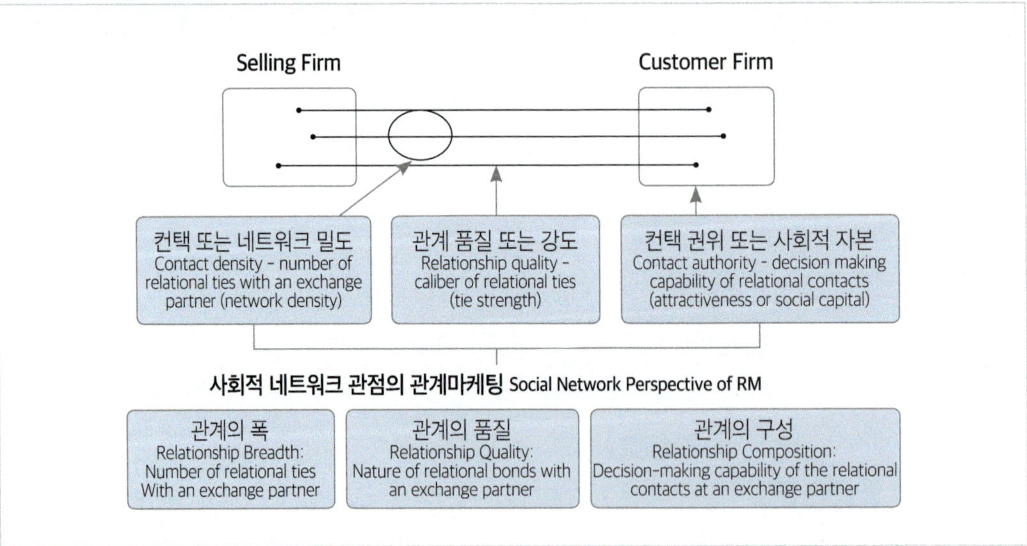

터의 의사결정매트릭스 분석에 따른 선제적 관계 형성 또는 지퍼 플랜을 왜 기업이 그렇게 열심히 수행하고 있는지 이해가 갈 것이다.

---

28) Ibid.

29) Palmatier, R. W. (2008), "Interfirm relational drivers of customer value," Journal of Marketing, 72(4), 76-89.

영업사원 개인의 역량 수준에서 효과적 판매활동을 고찰하였다. 먼저 적응적 판매활동 능력은 영업사원의 필수 조건이자 능력이다. 관계 개발을 위해 중요한 원칙은 감사와 호혜의 원칙을 잘 적용해 영업사원은 사회적 관계 개발과 유지 능력을 잘 연마하고 사용해야 할 것이다. 특히 관계의 폭이나 품질뿐만 아니라 구매기업 의사결정자의 파악과 네트워크 형성 같은 다양한 사람들과의 관계 개발과 유지(영업사원 개인뿐만 아니라 판매센터 개념에 의한 활동 포함)에 많은 신경을 써야 할 것이다. 관계 유지를 위해서는 불공정성 지각이나 부정적 사건의 선제적 예방이 매우 중요함을 염두에 두고 관계에 대한 지속적 관리에 많은 관심과 노력을 기울여야 할 것이다.

이 장의 요약

이번 장의 내용을 요약하면 다음과 같다.

- 표적시장 고객의 비즈니스모델을 이해하고, 이를 바탕으로 한 CVP 구성을 하여 CVP를 전달한다.
- CVP는 기업의 비즈니스전략에서 중심적인 역할을 한다. CVP는 고객의 관점에서 비즈니스가 지향할 차별점을 결정하고 이를 구현하기 위한 기업의 전체적 실행을 강조한다. CVP를 실행하는 데 있어 마케팅의 주요 역할은 표적시장 고객의 관점에서 정말 필요한 것, 정말 좋은 것이 무엇인지를 심도 있게 생각하고 알아내는 것이다. 그리고 R&D, 제조/생산 등이 CVP를 잘 제품화할 수 있도록 도와줘야 한다. 즉 마케팅은 이 기능직무군(functions)에게 고객은 무엇을 원하는지 경쟁은 무엇을 강조하며 어떻게 준비하고 있는지에 관한 정보를 잘 제공(feed-in)해줘야 한다.
- 고객이 원하는 가치요소(value elements)의 조합을 찾는 데 ERRC 및 피쉬바인의 평가이론 프레임워크를 툴(tools)로 활용하면 도움이 된다.
- B2B 상황에서 고려할 만한 3가지 유형의 CVP 전달방법으로는 모든 이점 강조형(All Benefits), 차이점 강조형(Favorable Points of Difference), 공감중심형(Resonating Focus)이 있다.
- 모든 이점 강조형 CVP 전달방법은 제품으로부터 고객이 받는 모든 이점을 강조한다. 그러나 이러한 전달방법의 잠재적인 결함은 공급기업이 고객이 얻을 혜택을 단정하는 데에 있다.
- 차이점 강조형 CVP 전달방법은 주요 경쟁 대비 자사의 제품이 제공하는 모든 차이점을 강조한다. 그런데 이러한 전달방법의 결함은 모든 차이점이 가치 있는 차이점이라고 가정하는 데에 있다. 이 전달방법은 시장지향적(market-driven) 가치창출/마케팅전략 중 Vendor 전략과 VAS 전략의 CVP를 전달하는 데 좋은 방법이다. 차이점 강조형 CVP 전달을 위해 결정적 속성 분석을 사용하는 것이 바람직하다.
- 공감중심형(Resonating focus) CVP 전달방법은 고객에게 현재 큰 가치를 주고 있거나, 개선을 통해 가까운 장래에 큰 가치를 줄 수 있는 몇 가지(한두 가지)의 차이점(그리고 경쟁제품과의 한두 가지 정도의 공통점)을 강조한다. 이 유형의 CVP를 실행하기 위해서는 고객가치에 관한 상세한 연구(value engineering study)가 필요하다.
- 공감중심형 CVP를 잘 실행하기 위해선 고객이 눈으로 확인할 수 있도록 CVP를 실체화해야 한다. 이러한 실체화를 위해 기업이 수행해야 하는 활동으로는 가치용어 방정식(value words equation)의 사용, 고객가치의 선제적 시연(proactive demonstration), 고객가치의 문서화(value documenters) 구축과 활용, 그리고 고객가치제안역량의 비즈니스 스킬화(化)가 필요하다. 공감중심형 CVP 전달방법은 시장개척형(market-driving) 가치창출/마케팅전략 중 Strategic Partner의 CVP 전달에 적합하다.
- 적응적 판매활동 능력은 영업사원의 필수 조건이자 능력이다.
- 관계 개발을 위해 중요한 원칙은 감사와 호혜의 원칙을 잘 적용해 영업사원은 사회적 관계 개발과 유지 능력을 잘 연마하고 사용해야 할 것이다. 특히 관계의 폭이나 품질뿐만 아니라 구매기업 의사결정

자의 파악과 네트워크 형성 같은 다양한 사람들과의 관계 개발과 유지(영업사원 개인뿐만 아니라 판매센터 개념에 의한 활동 포함)에 많은 신경을 써야 할 것이다.

- 관계 유지를 위해서는 불공정성 지각이나 부정적 사건의 선제적 예방이 매우 중요함을 염두에 두고 관계에 대한 지속적 관리에 많은 관심과 노력을 기울여야 할 것이다.

핵심 용어

고객가치제안(CVP: Customer Value Proposition), 고객가치제안 유형, Vendor, VAS, Strategic Partner, CVP의 구성, 가치요소(value elements), ERRC 프레임워크, Fishbein의 평가이론, CVP의 전달, 모든 이점 강조형(All Benefits), 차이점 강조형(Favorable Points of Difference), 결정적 속성 분석(the determinant attributes analysis), 공감중심형(Resonating Focus), 가치용어 방정식(Value Word Equations), 고객가치의 선행적 시연(Proactive Demonstration), 고객가치의 문서화(Value Documenters), 고객가치제안 역량의 비즈니스 스킬化, 적응적 판매활동(Adaptive Selling Behaviors), 감사와 호혜의 위력(power of gratitude and reciprocation), 사회적 관계(Social Relationship Marketing), 공정성(fairness)과 불공정성(unfairness), 관계의 폭(Relationship Breadth), 관계의 품질(Relationship Quality), 관계의 구성(Relationship Composition 또는 Contact Authority)

생각 및 토론 과제

1. CVP에 대한 다음 질문에 대해 생각하시오.

(1) 특정 사업부에서 한 특정 고객을 상대로 제안했던 CVP의 내용을 간략히 요약하시오. (꼭 성공했던 CVP 노력이 아니라 실패했던 CVP 노력이라도 상관없음)

(2) 해당 CVP의 성공요인 또는 실패요인을 분석하고, 향후 이보다 발전된 CVP를 구성하기 위해 고려해야 할 사항을 기술하시오. 설명하는 과정에서 필요하다면 이번 장에서 학습한 '고객이 사용하는 가치요소(value elements)'의 조합을 찾는 데 도움이 되는 툴(ERRC 프레임워크 또는 Fishbein의 평가이론 프레임워크)을 활용하시오.

(3) 해당 CVP는 이번 장에서 고찰한 CVP 전달방법(모든 이점 강조형, 차이점 강조형, 공감중심형) 중 어떤 유형으로 전달되었는지 설명하시오. 그리고 이 전달방법이 효과적이었는지, 아니면 다른 방법을 사용했다면 더 효과적이었을지를 논의하시오.

2. 특정 사업부를 기준으로 주요 고객의 관점에서 여러분과 주요 경쟁자의 CVP 제안 역량이 어떠한 기준에서 차이가 있는지 생각하시오. 나아가 여러분의 향후 CVP 구성과 전달하기의 바람직한 방향을 동료들과 토론·도출하여 설명하시오.

PART 5

마케팅 및 영업효과성관리

3장에서 제시한 선제적 B2B 마케팅 주요 구성요인 모델의 마지막 구성요인인 마케팅/영업효과성관리(marketing/salesforce effectiveness management)를 살펴본다. 선제적 B2B 마케팅 및 영업전략의 수립과 실행 후 항상 그 효과성을 관리해야 한다. 이를 위해서 11장에서 도입사례 이후 영업효과성관리의 개념, 핵심고객관리(KAM: Key Account Management)와 선제적 영업판매활동(PAM [Spec-In] Selling)을 살펴본다. 그리고 마케팅 및 영업 조직구조, 영업관리 프로세스, 영업인적관리에 대해 고찰한다. 그리고 마지막 12장에서는 마케팅 및 영업의 성과평가를 포함한 통제에 대해 살펴본다.

제 11 장

영업효과성관리

이번 장에서는 선제적 B2B 마케팅 및 영업전략의 수립과 실행 후 항상 그 효과성을 관리하는 것에 대해 학습한다. 일단 성과평가를 토대로 목표 달성 여부, 잘된 부분과 그렇지 못한 부분을 파악해야 추후의 마케팅 및 영업활동 개선 방향을 정할 수 있을 것이다. 목표, 전략수립, 전략실행 중 어떤 영역이 개선되어야 하는지를 잘 파악하고 개선을 해나가서 마케팅 및 영업의 성과를 관리하는 것이 마케팅 및 영업효과성관리이다. 이 관리가 잘 되어야 지속적으로 마케팅 및 영업 성과를 창출할 수 있다.

이번 장에서 학습할 내용은 다음과 같다. 먼저 B2B 수주사업의 상황을 상정하고, 수주를 위한 영업활동관리에 관한 가상 사례를 학습한다. 그리고 영업효과성관리의 개념을 개괄적으로 살펴본다. 그 이후 선제적 마케팅의 선행 영업(proactive selling)이 중점을 두어야 할 핵심고객관리(KAM: Key Account Management)의 개념과 시스템에 대하여 학습한다(이후, 핵심고객관리 또는 KAM을 번갈아가며 사용). 그리고 사전 제안 영업판매활동(spec-in selling)의 개념과 이를 준비하는 데 도움이 되는 도구(tool)를 살펴본다. 추가적으로 영업 및 마케팅의 조직구조, 영업 및 마케팅관리 프로세스, 그리고 영업 및 마케팅의 인적자원관리(HRM: Human Resource Management)에 대해 학습한다.

■ 영업활동관리에 관한 가상 사례: S사의 수주영업 스토리

어느 여름날 플랜트 건설 및 기자재 사업자 S사의 중동 영업2팀 천 차장의 하루는 중동 클라이언트(client)의 프로젝트 발주와 관련하여 그동안 수집해 놓은 온갖 자료를 수험생처럼 공부하는 것으로 시작된다. S사에 입사해서 기자재 관련 제품 생산 부서에서 일을 한 처음 5년을 제외하곤, 각종 지역 시장의 영업 업무를 한 지 어느새 6년, 이제는 회사의 숨겨진 비밀 빼곤 모를 게 없을 것 같은 그에게 최근 문제가 발생한 듯하다. 도대체 어떤 일이 생긴 것일까?

"이 팀장님! 큰일났습니다."
"무슨 일인데, 천 차장?"
"우리가 거의 수주할 것으로 예상했던 프로젝트의 발주처로부터 경쟁업체와 계약할 것 같다는 연락이 왔다고 합니다."
"무슨 이야기입니까! 뭐가 잘못된 겁니까?"
"우리의 제안서(proposal)에 문제가 있어 계약이 어려울 것 같다고 합니다."
"도대체 뭐가 어떻게 된 건지 사태 파악을 해야 될 것 아닌가!"

직속 상사인 이 팀장에게 긴급 보고를 하다 질책을 받은 영업2팀 천 차장은 잠시 머리를 싸매고 있다 발주처 측 과장에게 전화를 걸었다.

"프라사드(Prasad) 과장님, 저희가 아닌 저희의 경쟁업체가 수주를 할 것이라는 말을 들었습니다. 한 달 전만 해도 저희 측의 수주 가능성이 높다고 하셨는데 왜 결정을 변경하게 되었는지 알 수가 없네요."
"천 차장님, 아직 모르세요? 그쪽이 넣은 제안서를 다시 한번 살펴보세요."

천 차장의 머릿속에 잠시 생각이 스쳐 갔다. '제안서(proposal) 영업의 책임은 기술 영업을 총괄하는 영업 1팀에 있는데 그쪽에서는 별 문제점을 얘기한 적이 없었는데... 다만 제품 스펙(spec)과 관련한 단서 조항 하나가 걸리는 게 있다고 했던 것 같은데.' 천 차장이 생각하고 있을 때 발주처 프라사드 과장은 계속 말을 이어갔다.

"천 차장님의 경험이라면 중동 관리의 관행을 잘 아실 텐데요. 미심쩍은 사항이 있다면 한 가지라 하더라도 끝까지 철저하게 챙기셨어야 했습니다. 제품 스펙 관련 단서 조항 부분에 문제가 있었습니다."

결국 전화 통화는 문제가 생긴 구체적인 이유나 대처 방안은 다루지도 못한 채 끝났다. 천 차장은 통화 내용을 다시 곱씹으면서 이 상황에 대해 이런저런 생각을 하기 시작했다.
'우리 제품과 기술에 대해 많이 안다고 생각했는데 오랜 기간 영업업무만 해오다 보니 제품과 기술의 세부적인(detail) 부분까지는 내가 모르고 있었던 것이 아닐까? 고객의 요구사항을 제품개발로 반영할 수 있을 정도로 파악해야 하는 내 역할이 부족했던 것이 아닐까? 고객의 요구사항을 잘 파악해서 제품개발로 잘 연계하기 위한 영업인력을 육성하고 관리하기 위한 좋은 방안은 무엇일까? 혹시 우리 회사 영업조직에 문제가 있는 것은 아닐까? 또한 향후에 보다 능동적인 영업활동을 활성화하기 위해서 필요한 이슈들은 아마도 핵심고객을 잘 관리하는 것과 고객이 요구하기 이전에 미리 괜찮은 솔루션(solution)을 제안하는 것일 텐데...'

전화 통화를 끝낸 천 차장의 머릿속엔 비록 이번 수주는 아니더라도 향후 S사의 영업역량을 강화하기 위한 여러 생각들이 떠올랐다.

천 차장의 경우처럼, 영업담당자로서 가장 기본적으로 갖추어야 하는 전제조건은 고객에게 신뢰감을 주기 위해 제품 및 기술 관련 지식을 보유하고 있어야 하고 또한 사업 및 시장상황에 대해 이해하는 것이라고 할 수 있다. 이와 함께 영업 또는 사업 이슈를 해결하는 과정에서 고객의 필요와 욕구(needs/wants) 또는 문제점을 잘 파악하고 이를 해결하기 위한 제품개발 등 솔루션을 만드는 일을 조율(coordinate)하는 역량을 보유해야 한다. 즉 영업인은 다음과 같은 역할을 수행하는 멀티플레이어(multiplayer)가 되어야 할 것이다.

- 정보원으로서의 영업사원 역할
- 제품기획자로서의 영업사원 역할
- 제품전달자 및 고객접점관리자로서의 영업사원 역할
- 사후관리자로서의 영업사원 역할

그렇다면 이러한 역할을 수행할 수 있는 역량 외에 영업사원들이 공통적으로 중요하게 고려해야 할 사항들은 또 무엇이 있는지 살펴보겠다.

영업사원들이 공통적으로 중요하게 고려해야 할 사항 중 하나로 KAM(Key Account Management) 활동을 생각할 수 있다. KAM은 STP의 개념과 일맥상통한다고 할 수 있다. 모든 고객 account(계정, 즉 고객기업을 의미)를 동일하게 고려하는 것이 아니라, 사업 가시성(business visibility)이 있고, 우리의 역량으로 필요와 욕구(needs/wants)를 충족시킬 수 있는 고객들을 핵심고객account로 선정하고 이를 집중적으로 관리함으로써 사업 수주율 및 사업성과 제고를 목표로 삼는다. 예를 들어 우리나라의 조선 또는 플랜트 건설 등 B2B 기업은 발주처, 사업개발기업, 파트너링 협업업체, 정부기관 등 주요 account를 선정해 지속적, 집중적으로 관계를 구축하여 수주 활동에 그 관계를 적극 활용함으로써 수주성공률을 높이는 KAM 활동을 적극적으로 추진해오고 있다. 또 다른 예로 우리나라의 전자 부품 관련 대표 대기업인 S사, L사의 많은 사업부는 애플사를 핵심고객

account로 삼고 특별한 관리를 해오고 있으며, 최근 반도체 사업부는 엔비디아 핵심고객관리에 사활을 걸고 있다.

또한 영업사원들이 중요하게 고려해야 할 사항은 PAM 영업활동을 수행하는 것이다. 고객의 필요와 욕구, 문제점을 선제적으로 파악하고 이에 대한 솔루션을 제안하는 사전제안(spec-in) 영업활동의 중요성은 1장의 호텔 사례 등에서 학습했으며, 우리나라의 대표적 B2B 기업의 각 사업부는 이러한 Spec-In 영업판매활동을 적극적으로 전개해오고 있다. 예를 들어 KAM 활동과 PAM Spec-In 영업활동의 적극적 추진을 위해 기업은 영업을 고객 시장과 가깝게 전진 배치하기도 한다. 나아가 이러한 영업활동의 성과를 사업성과 창출로 가시화시키기 위해 각 사업부 산하에 제품라인관리자(product line manager) 기능을 둠으로써 영업과 제품개발의 가교 역할을 증진시키기도 한다. 그러면 이러한 배경하에 지금부터 영업효과성관리에 대해서 본격적인 학습을 시작한다.

1절. 영업효과성관리의 개념

1.1 영업효과성관리의 의미와 중요성

영업 인력은 회사의 상품을 고객에게 알리고, 판매하고, 판매 이후에 필요한 제반 서비스 제공을 총괄함으로써 고객과 회사가 장기적이고 발전적인 관계를 유지하도록 관리하는 역할을 담당한다. 통상적으로 영업 인력은 사업개발의 선봉에 서서 RFP 기회가 어디에서 생기는지에 관한 정보를 센싱(sensing)해서 내부 관련 팀에게 이 정보를 전달하고 제안서를 준비시키는 역할을 한다. 하지만 선제적 마케팅(proactive marketing)에서 영업 인력은 RFP 이전 단계(pre-RFP stage)로 앞서가 고객의 필요, 욕구 및 문제점을 센싱한다. 또 R&D, 제품개발팀 등과 같은 회사 내의 다른 팀들과 협업하여 고객 문제에 대한 솔루션을 담은 가치 제안(value proposition)의 방향을 정의하는 역할을 한다. 즉 고객의 관점에서 내부의 사업수행팀과 협업하는 코디네이터의 역할이 점차 확대되고 있다. 따라서 영업 인력은 과거에 비해 그 역할이 확대되고 있으며, 이에 따라 영업 관리의 중요성도 커지고 있다.

즉 영업효과성관리(Salesforce Effectiveness Management)란 영업 인력과 이들의 영업프로세스를 어떻게 관리해서 영업성과를 높일지에 대한 모든 노력을 뜻한다(이하에서는 SEM으로도 사용함). B2B 사업의 경우, 고객사 하나하나의 구매 규모가 큼에 따라 개별 고객의 중요성이 매우 높고, 제품 특성이 복잡하며, 영업 비용이 상대적으로 많이 들기 때문에 영업 인력과 영업프로세스의 관리가 기업 성과에 끼치는 영향이 크고 그만큼 중요하다.

1.2 SEM의 세부 영역

SEM의 주요 세부 영역에는 어떠한 것들이 있는지 알아보겠다. 영업효과성관리는 그림 11-1에서 볼 수 있듯이, 영업(마케팅)조직 관리, 영업(마케팅)활동의 프로세스 관리, 그리고 영업(마케팅) 인적자원관리(HRM: Human Resource Management)라는 세부 영역으로 구성된다.

그림 11-1 영업효과성관리의 세부 영역

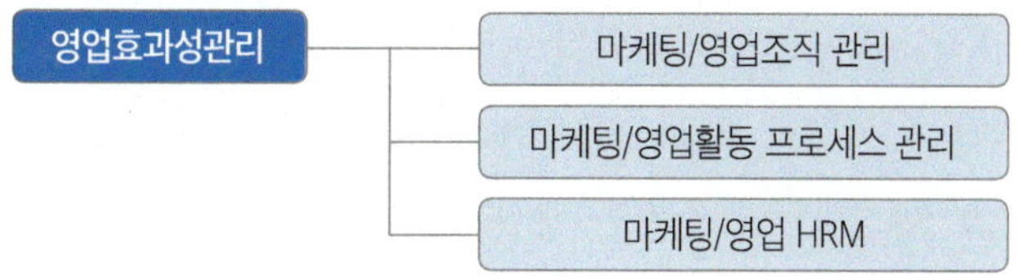

이외 SEM의 추가적 중요 이슈인 핵심고객관리(KAM: Key Account Management)는 고객 하나의 비중이 높은 B2B의 특성상 특별히 더 중요한 관리 활동임을 감안하여 2절에서 별도로 고찰하고, 영업활동 중 선제적 마케팅 실행의 핵심인 Spec-In 셀링 활동에 대해 학습한다. 그 이후 본격적으로 영업(마케팅) 조직 관리, 영업(마케팅)활동 프로세스 관리와 영업(마케팅) 인적자원관리에 관해 살펴본다.

2절. 핵심고객관리(KAM: Key Account Management)

이번 절에서는 영업효과성관리의 대상인 고객관리에 대해 알아본다. 그중에서도 선제적 마케팅 영업(PAM selling)의 중요 개념인 핵심고객관리(KAM)에 대해 학습한다. 먼저 KAM의 개념을 살펴보고, 그 후 KAM 실행에 도움을 주는 시스템의 구축과 활용에 대해서 살펴본다. 핵심고객(key account)이란 간단히 말하면 매출 비중이 높은 중요 고객을 의미한다. 예를 들어, 대형플랜트 사업을 수행하는 기업의 경우 프로젝트 규모가 크고 발주가 예상되는 발주처, 사업개발자(developer), 파트너링(partnering) 업체, 정부기관 등이 여기에 해당한다. 또는 애플은 삼성전자와 디스플레이 및 LG전자와 디스플레이의 많은 사업부의 핵심고객이다.

일반적으로 핵심고객은 매출 규모에 어울리는 특별한 관리를 기대한다(예를 들어 맞춤 서비스나 할인 등). 또한, 핵심고객의 유지와 지속적인 비즈니스 거래는 기업의 성과에 큰 영향을 미친다. 따라서 이런 핵심고객과 지속적이고 집중적인 관계를 구축하면 빠르고 정확한 정보를 얻을 수 있다. 즉 영업활동의 효율성을 높일 수 있다. 또한 핵심고객에 대한 응대는 범기능적(cross functional)으로 이루어진다. 일반적으로 고위직급의 팀장 밑에 마케팅, 재무, 생산, 연구개발, 구매, 물류 등을 아우르는 다양한 분야의 사람들이 배치(assign)됨으로써 핵심고객에게 일괄 서비스의 제공을 가능하도록 한다. 나아가 KAM은 매출의 극대화뿐만 아니라 고객의 비용 절감이나 고객의 성과 증진을 추구함으로써 장기적인 관점에서 고객과의 관계를 발전시키고 심화하는 것을 지향한다. 이렇게 하는 것이 장기적으로 기업의 성과에 더 긍정적으로 작용하기 때문이다.

결과적으로 KAM의 존재 이유는 핵심고객에 대한 성과를 올릴 수 있도록 도와줌으로써 다음 사업의 수주 확률을 높이고, 고객과의 관계를 장기적인 비즈니스 관계로 발전시킴으로써 공급기업 마케팅의 효과성 및 효율성을 높이는 데에 있다.

그러면 KAM의 간단한 사례 하나를 살펴보자. 과거 델(Dell) 컴퓨터는 핵심고객인 보잉(Boeing)사를 관리하기 위해 40여 명으로 구성된 전담팀을 보잉사에 상주시켰다. 이들은 보잉사 직원과 함께 문제해결을 위해 공동으로 노력하였다. 이러한 노력에 힘입어 보잉은 델 이외에 다른 컴퓨팅(computing) 파트너를 생각하고 있지 않았다.

2.1 KAM의 주요 개념들

KAM의 주요 개념으로는 고객중시 문화, 고객과의 관계 구축을 통한 선행적 고객 센싱(proactive customer sensing), 자원확보 및 사업수행, 애프터서비스 및 만족 관리가 있다.

(1) 고객중시 문화

먼저 KAM을 실행하기 위해 중요한 점은 고객과의 관계를 중시하는 기업 문화가 조성되어 있어야 한다는 것이다. 매출액과 같은 정량적 목표들 못지않게 고객과의 관계 구축과 유지에 우선순위를 두는 것이 성공적인 고객관리를 위한 출발점이다.

그림 11-2 핵심고객관리의 주요 개념들

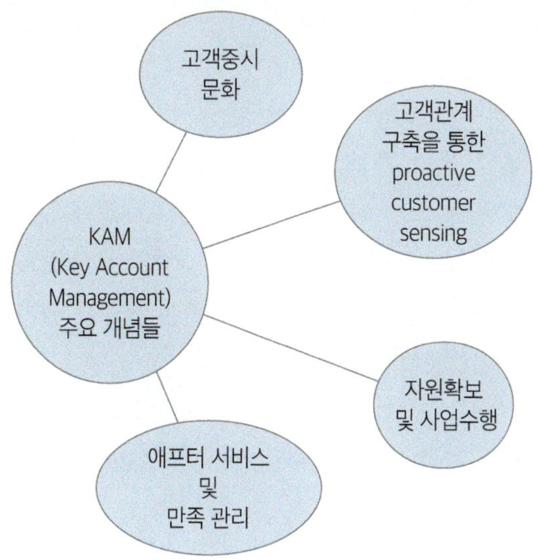

(2) 고객관계 구축을 통한 선행적 고객 센싱(Proactive Customer Sensing)

선제적 마케팅의 사전 제안(spec-in) 영업을 잘 하기 위해서는 고객 센싱이 잘 수행되어야 한다. KAM을 잘 수행하기 위해서도 고객의 요구를 보다 먼저 고민하여 한벌 앞신 솔루션을 제안함으로써 고객을 만족시켜야 할 것이다. 이를 위해서는 구매센터 의사결정 매트릭스 분석(buying center decision matrix analysis, 6장 학습)을 잘 활용해야 한다. 한 연구에 따르면 수주성공률이 높은 기업들은 수주성공률이 낮은 기업들보다 RFP 이전 단계(pre-RFP stage)에서 사용하는 마케팅/영업 비용의 비율이 훨씬 더 높았다고 한다. 이러한 연구결과에서 볼 수 있듯이 한발 먼저 움직이는 선제적 마케팅(PAM: Proactive Marketing)의 선행 영업이 좋은 성과를 낸다는 것을 알 수 있다.

선제적 마케팅을 하기 위해서는 고객과의 관계 구축이 중요하며, 이렇게 만들어 놓은 관계는 고객 관련 정보획득에 큰 영향을 미친다. 관계 구축에 기반하여 정보를 획득한 후에는 고객에게 솔루션(solution)을 제안해야 할 것이다. 즉 선제적 마케팅의 선행 영업(proactive selling)을 위해서는 우리가 고객과의 관계를 주도해야 할 것이다. 고객과의 관계를 기반으로 우리가 먼저 고객에게 가치를 제안하고, 고객을 설득한다면 고객의 구매프로세스(buying process)에서 입찰참여(Receive Tenders[Invitation to Bid])에 포함되어 그에 따른 수주 확률을 높일 수 있다.

(3) 자원 확보 및 사업 수행

영업을 효과적으로 수행하기 위해서는 자원의 확보가 중요한데, 자원은 내부 자원뿐만 아니라 외부 자원도 포함한다. 내부적으로는 다른 기능(function)과의 연계를 확보해야 한다. 영업은 고객이 원하는 가치를 잘 찾아내고 전달해야 한다. 이를 위해 영업은 가치를 만드는 R&D, 생산, 재무, 인사 등의 부서들과 좋은 관계를 유지하고 이 내부 자원을 잘 활용해야 한다. 또한 한 기업이 고객 문제해결에 필요한 능력을 혼자 갖추기는 힘들기 때문에 외부 자원을 확보해야 한다. 그렇기에 특정 분야마다 최적의 해결책을 가진 외부 파트너들을 필요로 하며, 이들과 좋은 관계를 유지해서 영업하고 사업을 수행하는 것은 회사의 경쟁력과 직결된다.

(4) 애프터서비스 및 만족 관리(After-service & Satisfaction management)

기업은 고객에게 고객이 요구한 제품 · 서비스를 제공할 뿐만 아니라 A/S 및 유지보수도 제공해야 한다. A/S 및 유지보수가 잘 되어야 고객의 만족도가 높아지고, 그래야 고객으로부터 재수주 가능성이 높아질 것이다. 더욱이 B2B 시장은 소수의 고객과 공급업체로 구성되어 있기 때문에, 기존 고객사와 거래 관계를 지속적으로 유지함과 동시에 신규 고객사를 발굴하기 위해 효과적인 고객관계관리 전략을 수행해야 한다. 효과적인 고객관리를 통해서 고객과의 관계를 성공적으로 이끌어낸다면 고객의 신뢰를 확보할 수 있을 것이며, 기업 내부구성원의 자신감도 증진될 것이다. 이러한 고객의 신뢰와 내부구성원의 자신감은 향후 중요한 목표를 추구할 수 있게 해주는 원동력이 될 것이다.

한편 KAM은 기존 고객사와 거래 관계를 지속적으로 유지함과 동시에 신규 고객사를 획득할 수 있도록 수행되어야 한다. 즉 핵심고객account는 기존 고객과 가망 고객을 모두 포함하고 있어야 한다. 이러한 핵심고객account의 구성은 **그림 11-3**의 원뿔대처럼 생각할 수 있다. 즉 기존 고객은 언젠가 여러 이유에 의해 이탈된다. 따라서 매출 증대와 새로운 시장의 개척을 위해서는 핵심고객 풀(key account pool)에 잠재적 신규 고객account를 지속적으로 추가시켜야 할 것이다.

그림 11-3 핵심고객의 획득과 이탈

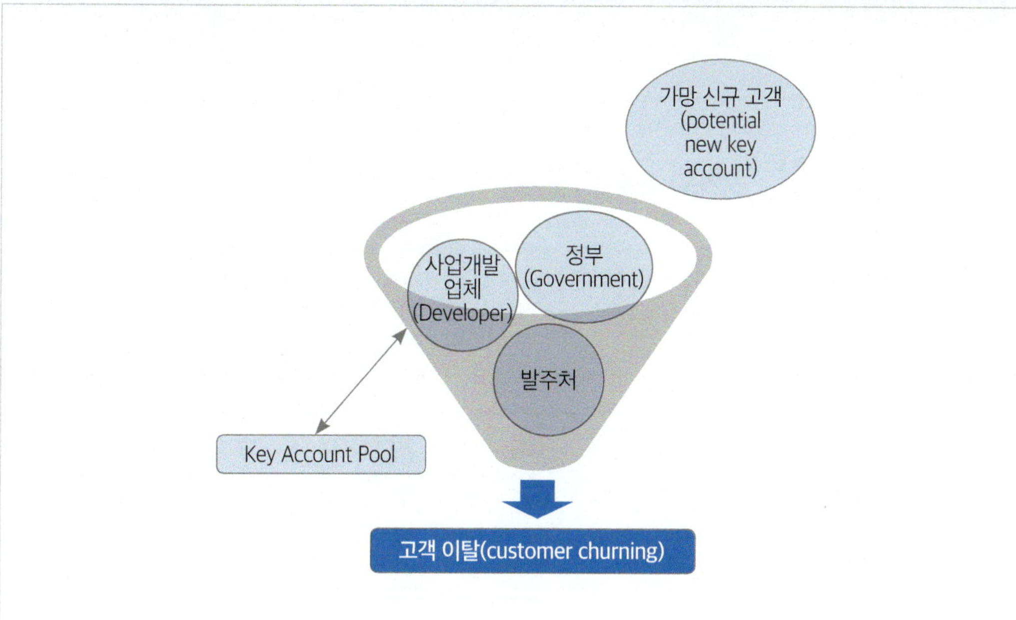

2.2 KAM Frame

KAM의 주요 개념은 간단한 듯 보이지만, 실제로 성과를 내기 위해서는 매우 어려운 점이 많다. 이에 대한 첫 번째 이유는 효과적인 KAM을 디자인하고 실행하기 위해서는 매우 복잡하고 많은 의사결정이 관련되어 있기 때문이다. 이와 관련한 학문적 연구를 소개하면 그림 11-4 와 같다. 첫 번째 의사결정으로는 어떠한 고객기업이 핵심고객으로 선정이 되어야 하는지이다. 예를 들어 매출과 수익 기준, 현재까지의 성과 기준, 미래 기대 성과 기준 등에 따라 핵심고객 선정은 달라질 수 있다. 그다음 주요 의사결정 차원들로는 이 고객들을 대상으로 어떠한 활동(activities)이 수행되어야 할 것인가, 누가 수행하는가(actors), 어떠한 자원(resources)으로 수행하여야 하는가, KAM 수행조직의 공식적인 정도는 어떠한 것이 바람직한가, 핵심고객관리 계획의 수립과 실행은 어떻게 진행되는가, 그리고 KAM 수행성과는 어떻게 평가하고 환류할 것인가가 있다(그림 11-4 참조). 이제 KAM의 복잡성을 이해할 수 있을 것이다.

그림 11-4 KAM의 주요 의사결정 프레임[1]

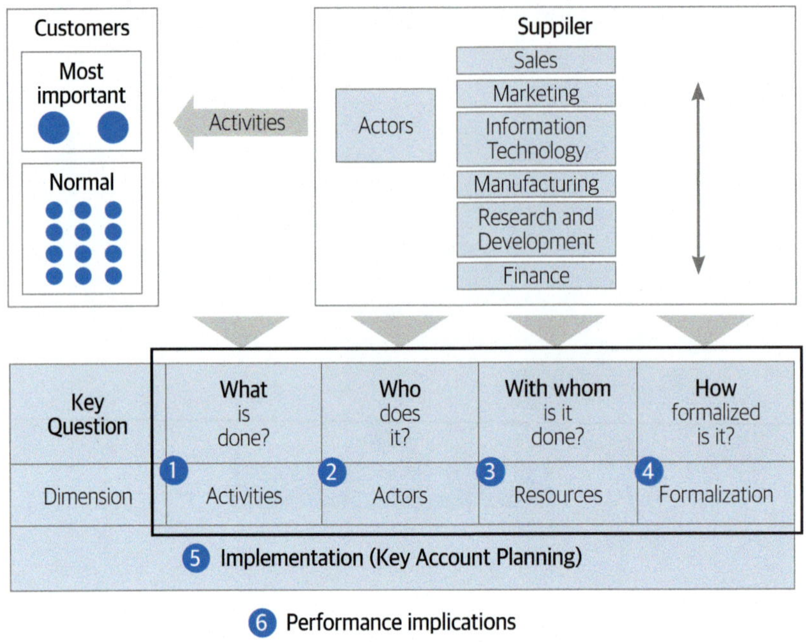

또한 최근의 학문적 연구는 그동안 KAM에 대한 연구들을 체계적으로 정리하여 제시하였다. 기업의 KAM 사용에 영향을 미치는 요인들로는 크게 기업 내의 조직 활동들(Intra-Organizational Practices: 전략, 조직 등 조직 관련 변수들과 관리자 품질 같은 사람 변수들)과 기업 간 조직 활동들(Inter-Organizational Practices: 전략, 조직 등 조직 관련 변수들과 고객에 대한 몰입과 관계지향성 같은 사람 변수들)이 있다. 그리고 기업의 KAM 사용은 고객기업의 관계가치나 관계성과 같은 요인들과 최고경영층의 관여 같은 변수들에 따라 KAM 성과에 영향을 미치는 것으로 조사되었다(그림 11-5 참조). 즉 KAM 사용이 바로 성과로 연결되는 것이 아님을 명심할 필요가 있다.

1) 출처: Homburg, C., Workman Jr, J. P., & Jensen, O. (2002), A configurational perspective on key account management. Journal of marketing, 66(2), 38-60.

그림 11-5 KAM에 관한 체계적 문헌고찰 체계도[2)]

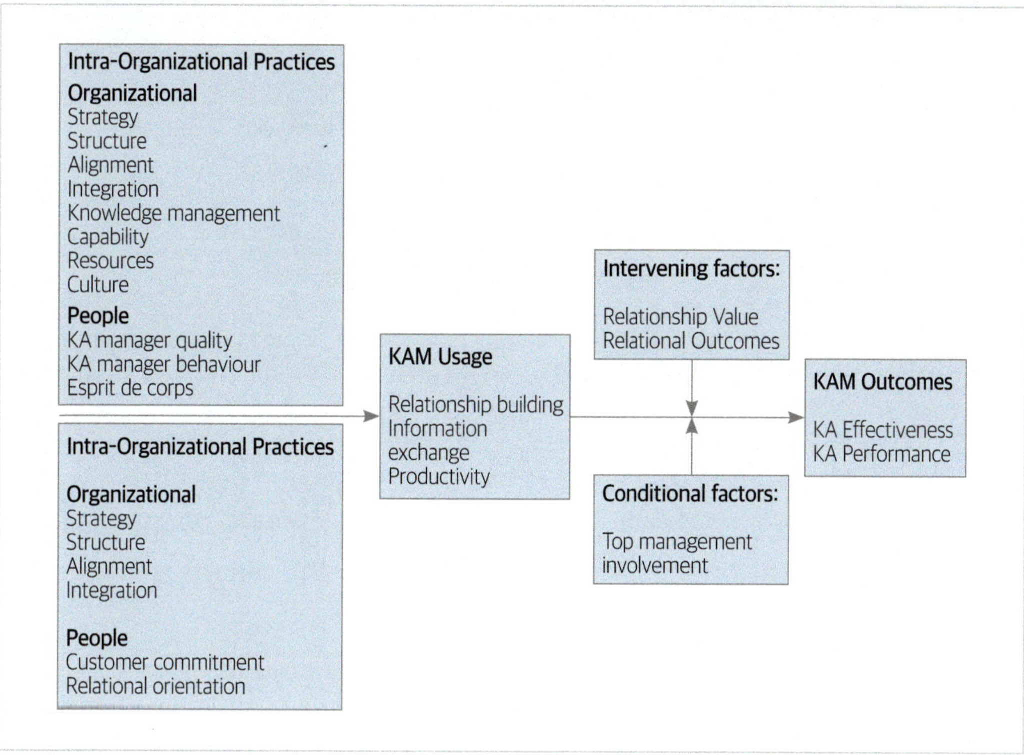

2.3 KAM 시스템

실제로 KAM의 주요 목적은 핵심고객을 상대로 PAM을 수행하고 그 결과 수주성공확률을 높이는 것이다. KAM을 잘 수행하기 위해서는 핵심고객account에 대한 정보를 잘 획득하여, 공유하고, 활용해야 한다. 이를 위해선 핵심고객에 대한 정보를 담는 KAM 시스템이 잘 구축되어야 할 것이다. 즉 KAM 시스템은 효과적인 핵심고객관리를 위해 관련 정보를 수집, 저장, 공유, 활용할 수 있는 지식관리시스템(knowledge management system)을 의미한다. 지금부터 KAM 시스템에 대해서 살펴보도록 한다.

(1) KAM 프로세스

KAM 시스템은 KAM의 프로세스 – 기획(planning), 실행(execution), 평가 및 피드백(assessment) – 의 단계별 수행 활동을 고려하여 구축되어야 한다(그림 11-6 참조). 각 단계별로 KAM 시스템 운영에 대해서 알아보겠다.

2) 출처: Sandesh, S. P., & Paul, J. (2023), Key account management in B2B marketing: A systematic literature review and research agenda. Journal of Business Research, 156, 113541.

그림 11-6 KAM 프로세스

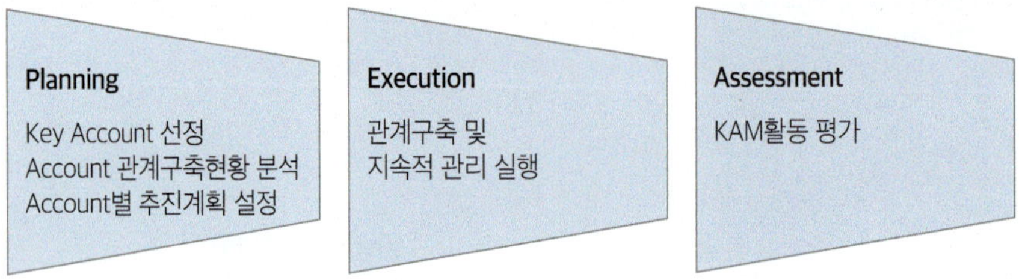

(2) KAM 기획(Planning)

기획의 수행활동으로는 핵심고객리스트(key account list)를 마련하고, 고객account와의 관계구축현황을 분석하고, 고객account별로 추진활동계획을 수립하는 것이다.

(2-1) 핵심고객리스트의 마련

핵심고객리스트에는 고객account를 조직의 종류, 각 업체의 이름과 설명, 왜 핵심고객account가 되었는지에 대한 이유가 수록되어야 할 것이다. 다음 가상의 예시를 보면 쉽게 이해할 수 있을 것이다(그림 11-7 참조).

그림 11-7 핵심고객 리스트 마련에 대한 예시

XX 지역/지점 Key Account List			
	업체명	Description	선정이유
정부기관*	• A 기관	• 에너지청	• 3차 사업 발주예정 • 화력발전소 제 5,6호기 국제입찰 예정
발주처/ Developer	• C업체	• 발전 회사	• 복합화력발전소 공사 예정
Partnering 업체**	• B 업체	• 미국 최대 관련 engineering 회사	• 기술역량확보 • 미국 시장 공략
평가표			

그림 11-7 의 핵심고객account인 A기관과 B업체는 선정 과정을 통해서 리스트 업(list up) 된 기관들이다. 그러면 선정 과정의 예를 살펴보겠다. 잠재적 핵심고객들(potential key accounts)로 A, B, C, D, E 기관이 있다고 가정해 보자. 예를 들어 각 기관에 대해 사업영향력(business impact), 사업규모(business amount), 사업가시성(business visibility) 등과 같은 요소들을 평가할 수 있다. 사업영향력은 고객 프로젝트와 우리 회사의 전략적 목표 간의 적합성(fit)을 뜻하며, 사업규모는 발주 사업의 규모나 수익성을 의미하고, 마지막으로 사업가시성은 프로젝트의 발주 가능성 또는 발주 타임라인(timeline)을 의미한다. 그러면 표 11-1 의 가상 예를 통해 핵심고객의 선정에 관해 살펴보겠다.

표 11-1 핵심고객 선정 평가 예시

평가요소 \ 잠재고객 Account	가중치	A	B	C	D	E
사업영향력 (business impact)	0.2	3.2	3.2	3.6	2.4	1.6
사업규모 (business amount)	0.4	1.8	0.4	0.4	0.6	1
사업가시성 (business visibility)	0.4	2.8	3.6	2.4	1.6	2.4
평가결과	1.0	7.8	7.2	6.4	4.6	5

핵심고객의 선정을 위한 평가도 기본적으로 가중평균방식(weighted average rule)을 사용하는 경우가 많다. 표 11-1 처럼 가중치를 고려한 전체 점수가 높은 잠재적 고객account가 회사의 핵심고객으로 선정될 수 있다. A기관과 B업체가 핵심으로 관리해야 할 대상 고객들로 선정될 수 있다.

(2-2) 핵심고객의 프로파일과 관계구축현황 파악

계획의 두 번째 단계는 핵심고객account와의 관계구축현황을 분석하는 것이다. 이를 위해서는 핵심고객 프로파일(key account profile)과 관계구축현황 맵(relation map)을 마련하는 것이 도움이 된다. 즉 핵심고객리스트(key account list)를 만든 후 핵심고객의 현재 상황은 어떤지, 우리와의 관계는 어떤 상황인지를 파악해야 한다. 우선 핵심고객 프로파일을 만들어서 핵심고객들이 어떤 회사인지(개요), 현재의 재무현황과 어떤 분야에서 현재 어떤 성과를 내고 있는지, 우리 회사와 어떤 관계를 맺고 있는지를 정확히 파악해야 한다.

그림 11-8 핵심고객의 프로파일과 관계구축현황 예시

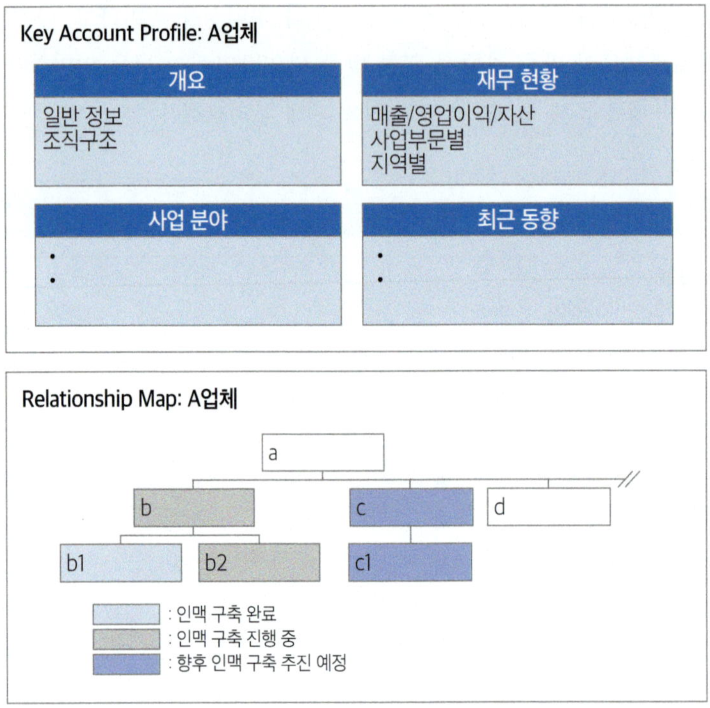

(2-3) 핵심고객별 업무추진계획의 설정

계획의 세 번째 단계에서는 핵심고객관리를 위해 앞으로 어떤 활동들을 수행해야 하는지에 대한 행동방향을 정하는 핵심고객별 업무추진 계획을 설정한다. 선정된 핵심고객은 모두 표적고객(target account)이다. 핵심고객은 우리의 매출 등 성과에서 큰 부분을 차지하고 있기 때문에 특별한 관리나 서비스를 기대한다. 하지만 고객마다 조직 문화, 업무 스타일, 그리고 필요 및 요구사항이 다르기 때문에 이 사항들에 맞춰서 핵심고객별로 다른 접근방식을 취해야 할 것이다. 그림 11-9는 표적고객에 따라서 어떤 행동을 해야 하는지에 대해 계획한 고객 어카운트 플랜(account plan)의 예이다.

그림 11-9 **핵심고객별 업무추진계획 예시**

Account Plan(예시)

Target	Actions	R&R	Timeline
Target 1 (A업체)	• 프로젝트 가격정보 입수 • 현장점검 추진 • 연말 선물 증정	• 영업 1팀 • 시설 관리팀 • 영업1팀	• 11월 26일까지 • 12월 말 • 12월 10일
Target 2 (B업체)	• 월 1회 주기적 방문 • 연말 선물 증정	• 영업 2팀	• 매월 20일 • 12월 말

(3) KAM 실행(Execution)

KAM 플랜 수립 후 이를 실행에 옮겨야 할 것이다. KAM 운영 프로세스의 실행 단계에서는 고객account와의 관계를 구축하는 활동과 지속적인 관계유지활동을 수행한다. 그림 11-10을 통해 알 수 있듯이, 고객어카운트플랜(account plan)을 수립한 후에는 프로젝트 발굴부터 실행까지의 단계에 걸쳐 영업활동과 사업을 수행하며 고객과의 관계를 구축한다. 이해를 돕기 위해서 6장에서 학습했던 비즈니스 구매자의 구매프로세스

그림 11-10 **고객 구매프로세스별 KAM 실행 단계의 수행활동 예시**

Project 발굴	비즈니스 구매자의 구매프로세스의 문제인식(problem recognition) 단계에 해당하며, 이 단계에서는 고객으로부터 비즈니스 기회를 포착하고 구매자에게 프로젝트 또는 문제해결에 대한 필요성을 인식시키는 것이 중요하다.
Screening & Tendering	비즈니스 구매자의 구매프로세스의 구매필요의 기술(need description)에서 제안서접수(receive tender)까지의 단계로서 pre-RFP 단계에서의 영업수행활동을 말한다.
Negotiation & Closing	비즈니스 구매자의 구매프로세스의 공급자선정(select supplier) 단계에서 계약 이후의 루틴까지의 단계에 해당한다. 공급자로 선정되기 위해서 여러 가지 정보를 토대로 고객의 니즈에 맞게 영업활동과 proposal을 수정하는 활동을 수행한다.
Project 실행	프로젝트 기간 내내 발주처 및 파트너링(partnering)업체와 communication하며 프로젝트를 수행하는 단계이다.

(buying process)별로 각 단계 수행활동을 정리했다.

그림 11-10 은 고객의 구매프로세스별로 수행해야 하는 활동들을 나타냈으며, 그림 11-11 은 프로젝트 발굴에서 실행까지 각 단계에서 KAM에 반영되어야 할 정보에 관한 예시를 제시하였다. KAM 실행에서 또 중요한 사항은 바로 개인의 활동을 기록한 미팅 노트(meeting note)의 작성과 업데이트이다. 앞에서 계속 강조했던 것처럼 개인이 혼자 영업하는 것이 아니기 때문에 팀 구성원 간에 어떤 활동을 했고 어떤 상황인지를 공유하는 것은 매우 중요하다. 따라서 KAM에 이러한 정보가 반영되면 추후에 정보공유가 가능할 것이다.

그림 11-11 고객 구매프로세스별 KAM 반영 정보 예시

Project 발굴	발주처, consultant, developer, sponsor, 잠재적 partner 업체와의 관계를 구축하는 활동을 수행하는 데 다음과 같은 정보를 확보해야 할 것이다 : 상황평가자료, 기회평가표, 관계 구축 정도, 경쟁 현황 정보
Screening & Tendering	이 단계 활동수행을 위해 필요한 정보는 프로젝트 viability check 등과 관련된 정보수집과 경쟁업체 전략 파악, 그리고 target price 정보를 획득해야 할 것이다.
Negotiation & Closing	당사 및 경쟁사에 대한 발주처의 평가를 파악하고 pricing 전략에 대한 feedback 정보 등을 획득해서 수주 성공 또는 실패 원인을 파악해야 할 것이다.
Project 실행	프로젝트 수행 시 주요 issue 정보를 파악해서 정리해야 할 것이다.

(4) KAM 평가 및 피드백(Assessment)

KAM 평가 및 피드백은 KAM 시스템 운영의 마지막 단계이다. 계획 수립과 실행이 모두 끝난 후 수행 활동에 대한 평가를 하는 단계로 비즈니스 구매자의 구매프로세스상 피드백(feedback)에 해당하는 단계이다. 많은 기업들은 지역 또는 지점별 MBO(Management By Objectives) 공통 과제를 설정하고 지속적인 모니터링을 통해 보다 현실적이고 실질적인 활동을 유도하며, 목표 및 성과의 측정기준은 수행 활동의 과정뿐만 아니라 수행 후의 결과물(output)을 중심으로 평가한다. 표 11-2 는 KAM에 대한 평가기준의 예시로 정성과 정량 두 측면에서의 간략한 측정 방법을 보여주고 있다. 이러한 평

가가 기업구성원 개인과 조직의 행동에 미치는 영향력(impact)은 매우 크다.

표 11-2 KAM 활동 성과 측정 정보 예시

정성평가	정량평가
• KAM plan 완성도 • KAM meeting note, bi-weekly 지점 보고 • Conference call 내용 충실도, 분기별 전략 session의 내용 평가 • 마케팅전략 회의 시 Top management 평가	• MBO 평가 시 연간 추진 실적 • Back-up 자료 제출

지금까지 KAM 프로세스 – 계획(planning), 실행(execution), 평가 및 피드백(assessment) – 단계별 수행 활동을 고려하여 구축할 필요가 있는 KAM 시스템에 대해 살펴보았다. 이러한 시스템이 잘 구축된다고 하더라도 KAM 시스템을 지속적으로 잘 활용하기 위해서는 두 가지 측면에 신경을 써야 한다(그림 11-12 참조). 첫 번째는 데이터의 입력(input) 측면과 관련한 사항이다. 만약 지역, 지점별로 이러한 KAM 시스템에 관련 정보를 입력하고 있다면, 향후에는 사업부의 영업팀과 마케팅팀 또한 관련 데이터를 입력할 수 있도록 하는 참여 유도가 필요할 것이다. 두 번째는 입력된 데이터의 활용 측면과 관련된 사항이다. 정보의 공유는 중요하지만, KAM에 있는 데이터는 기업의 입장에서 매우 중요한 것이기 때문에 접근 권한을 차등 부여하여 보안을 유지해야 할 것이다. 이 경우에는 데이터 접근권한 부여에 대한 명확한 기준이 필요하며, 데이터의 접근 및 활용에 관한 범위와 목적에 대해서 확실히 정하는 것이 중요하다.

그림 11-12 KAM 시스템에 대한 데이터의 입력과 활용

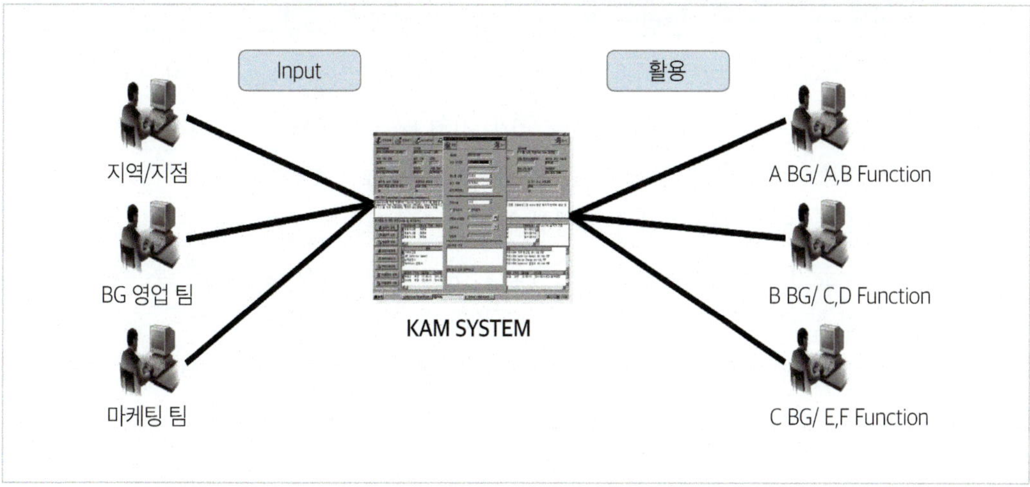

3절. PAM (Spec-In) 셀링(Selling)

지금까지 PAM 수행을 위해 KAM 개념에 기반하여 KAM 시스템을 잘 구축하고 활용하는 KAM 수행 활동이 중요함을 학습했다. 결국 PAM 영업/판매활동(selling)이란 RPF 이전 단계(pre-RFP stage)에서부터 고객에게 다가가 고객의 필요, 욕구 및 문제점(need/want/problem)을 발견하고 이에 맞는 솔루션(solution)을 도출해 제안하는 사전제안 선행영업/판매(spec-in selling) 활동을 말한다. 사실 선행영업/판매 개념은 1장의 호텔 사례, 6장의 구매센터 의사결정 매트릭스 분석(buying center decision matrix analysis)에 기반한 영업, 그리고 10장의 고객가치제안(CVP)의 전달 방법(모든 이점 강조형, 차이점 강조형, 공감 중심형)에서 이미 다뤘다. 본 절에서는 ① PAM의 사전제안 선행영업/판매의 의의와 ② 사전제안 선행영업/판매를 계획하고 실행하는 데 도움이 되는 도구를 통합적으로 정리하여 제시한다.

3.1 사전제안 선행영업의 의의

사전제안 선행(spec-in)영업이란 무엇인가? 보통 '영업' 하면, 잠재고객을 찾아가 "이 물건 좀 사주십시오" 하면서 구매결정을 내리게끔 설득하는 모습을 떠올릴 것이다. 쉽게 표현하여, Spec-In 영업이란 이와는 달리 고객이 무엇을 원한다고 말하기 전에(수주 산업의 상황에서는 RFP 이전 단계에) 고객에게 찾아가서 "이러이러한 게 필요하지 않습니까" 하고 먼저 제안하는 영업을 말한다.

사전제안 선행영업이 중요한 이유는 이 선행영업역량이 영업성공률, 즉 수주성공률과 같은 영업성과에 직결되기 때문이다. 나아가 품질 등 역량이 있는 기업이 수행할 수 있기 때문에 매출뿐만 아니라 기업의 수익도 제고시킬 수 있는 확률이 높다. 예를 들어 대형플랜트 수주 사업을 수행하는 B2B 기업 P사는 2015년 회사 전체의 글로벌 비즈니스 차원에서 입찰 대비 수주 5.7조(수주성공률은 8%로 가정)를 이룩하였다. 그런데 만약 P사가 PAM 영업, 사전제안 선행영업 활동을 적극적으로 전개하여 수주성공률을 10% point로 높여 수주성공률을 달성한다고 가정해 보자. 이럴 경우 수주액은 7.1조가 된다. 무려 1.4조 이상의 수주 증가라는 큰 폭의 비즈니스 성과를 이룩할 수 있는 것이다.

이러한 가상 사례에서 볼 수 있듯이, 비즈니스성과 개선을 위해 PAM 활동, 특히 사전제안 선행영업이 중요하다 할 수 있다. 즉 선제적 마케팅 PAM의 추진은 '양(量)적인 비즈니스 규모의 추구'로부터 '비즈니스 수행의 질적(質的) 개선'으로 사업수행방식의 지향성을 변화시키는 것을 의미한다.

정리하면 PAM 사전제안 선행영업이 결실을 맺기 위해서는 물론 제품개발, 사업수행 등 기업의 실질적인 역량이 같이 증진되어야 한다. **표 11-3**을 보면 입찰성공률이 보통인 기업, 높은 기업, 최고로 높은 기업들을 구분했을 때 수주액 대비 입찰비용, RFP 이전의 지출 비용이 확연히 다름을 볼 수 있다. 입찰성공률 수준이 최상위에 있는 기업은 상대적으로 수주액 대비 입찰비용이 적었다. 반면에 RFP 이전의 지출 비용이 전체 입찰 비용에서 차지하는 비율은 높았다. 즉 RFP 이전 단계(pre-RFP stage)에서 고객에 대한 정보 수집과 사전제안 선행영업에 많은 비용을 지출하여 수주성공률을 높이고 있음을 알 수 있다.

표 11-3 입찰성공률과 입찰비용 구성에 관한 2차 자료 정보[3]

분야	보통	상위	최상위
총 입찰 성공률	20%	40-50%	80-90%
경쟁입찰 성공률	10%	25%	65%
수주액 대비 입찰 비용	1/25	1/75	1/225
RFP 이전의 지출 비용	15-25%	30-40%	65%

* 이 데이터는 AAI, AlliegSignal, Honeywell, IBM, Paramax, TRW 등 미국의 24개 주요 기업들에 대해 Pricewaterhouse Coopers 연구소가 조사한 것임

9장의 B2B 에너지 기업 사례 Power Line 사례에서도 RFP 발행을 기점으로 고객에 대한 판매자의 영향력이 급격히 줄어듦을 보았다. RFP가 발행되면 그때부터 고객은 공정성을 위해 모든 판매자와 똑같은 정보를 공유하게 된다. 다시 말해 고객에게 결정적인 영향력을 행사할 수 있는 시기는 'RFP가 이슈(issue)되기 이전'임을 명심할 필요가 있다. 그렇다면 입찰 수주성공률을 높이기 위해서 명심해야 할 사항들은 무엇인지 정리해보자.

① **먼저 사전제안 선행영업은 단순한 판매가 아니라 비즈니스 개발(Business Development, 이하 BD)이라는 점을 명심해야 한다.** 판매가 영업사원이 고객을 상대로 상품이나 서비스를 판매하는 것이라면, 비즈니스 개발이란 조직 차원에서 고객의 문제를 인식하고, 고객으로 하여금 필요(needs)나 문제(problem)를 인식하게 만듦으로써 프로젝트를 개발하는 것이다.

② **모든 고객 기회를 상대로 BD를 할 수 있는 엄청난 자원과 역량을 가진 거대 기업**

3) 출처: 김용기(2010), "Strategy + 제안 성공 노하우", Dong-A Business Review, Vol. 61, JULY.

은 없다. 즉 BD를 함에 있어 선택과 집중이 필요하다. 학습한 STP 개념과 KAM 개념이 중요하다. 모든 입찰에 응할 것이 아니라 사업영향력(business impact), 프로젝트의 규모 및 수익성, 그리고 성공가능성이 높은 고객을 잘 선정하여 이들에 대한 사전제안 선행영업에 기업의 자원과 역량을 집중해야 할 것이다.

③ **이러한 STP와 KAM을 잘 수행하기 위해서는 STP 이전에 정확한 마켓 센싱(market sensing)을 해야 한다.** 고객과의 적절한 관계형성을 통해서 고객조직의 핵심정보를 잘 수집하고, 이를 우리 조직의 지적 자산(knowledge property)으로 축적해야 한다. 조직 차원의 관점을 갖고 STP와 KAM을 잘 수행하려면 마켓 센싱 중에서도 특히 고객 센싱(customer sensing)이 매우 중요하다.

그런데 이런 STP, KAM, 그리고 고객 센싱을 철저하게 하지 못할 때 어떤 일이 발생할 수 있을까? 고객의 비즈니스 잠재력(potential)을 판단할 때에는 프로젝트의 규모 못지않게 프로젝트의 수익성을 잘 파악해야 한다. 다음의 예시가 그 중요성을 잘 보여준다.

수년 전 중동에서 상당히 큰 규모의 발전소 및 담수화 플랜트 건설 사업이 발주된 적이 있었다. 거시 시장세분화 결과 지리적으로 중요한 중동 지역이었고, 중앙집권화된 의사결정구조 덕분에 비교적 영업하기도 어렵지 않다고 판단되어 많은 기업들이 수주전에 참여하였다. 치열한 경쟁 끝에 한 기업이 초대형 사업을 수주하는 데 성공했다. 그러나 기쁨도 잠시, 사업이 수행되어 나가면서 수주한 기업의 고민은 커져만 갔다. 사업을 발주한 고객 기업의 특성과 같은 미시적 시장세분화 기준에 대한 분석이 부족했음을 깨달았다. 사업을 수행하면서 해당 발주처는 국제표준과 상관례 이상의 엄격한 품질관리 기준을 요구하였고, 모든 관련 주체의 만장일치에 의해서만 의사결정을 내렸기 때문에 신속하고 효율적인 사업 수행이 불가능한 사업 환경을 조성했다. 어렵사리 수주한 사업이었지만, 결국 발주처의 까다로운 성향을 충분히 고려하지 않고 사업에 착수했다가 큰 어려움을 감수할 수밖에 없었다. **수익 획득이 구조적으로 어려운 좋지 않은 고객(그림 9-11의 공격적 고객유형)도 흔치 않게 있음을 명심해야 한다. 그래서 KAM 수행이 중요한 것이다.**

3.2 PAM Selling 계획 및 실행 도구(Planning and execution tools)

사전제안 선행영업을 계획하고 실행하는 데 도움이 되는 네 가지 도구들(tools)을 소개하고자 한다. 이 도구들은 우리가 이미 학습했던 여러 개념들을 견본(template) 형태로 구체화 · 실체화시킨 것이다.

(1) 영업단서 계획견본(Sales Lead Planning Template)

영업단서 계획견본은 특정고객으로부터 수주에 대한 영업단서(sales lead)가 있을 때 이를 어떻게 대처(follow up)할지를 계획하기 위한 것이다. 이 견본에 정보를 채워 나가면서 해당 영업단서를 계속 추구할지 평가할 수 있다. 그리고 해당 영업단서를 계속 추구할 경우 이 견본에 있는 정보는 고객에 대한 사전제안 선행영업의 기초 자료로, 그리고 사내 관련 팀과의 커뮤니케이션 도구로 활용될 수 있을 것이다. **표 11-4**에서 볼 수 있듯이, 이 견본에는 프로젝트 개괄(project overview), STP 관련 정보, 그리고 구매센터 구성원들(buying center members)을 포함한 고객사의 주요 특성정보가 포함된다.

표 11-4 영업단서 계획견본(Sales Lead Planning Template)

구분		기술(description)
Project Overview		
Segments & target market		
Positioning		
고객사의 프로파일	개요	(고객사 특성에 관해 서술)
	BCM 1	(Buying Center Member 1의 담당영역 및 특징)
	BCM 2	
	BCM 3	

(2) 구매센터 의사결정 매트릭스 분석견본(Buying Center Decision Matrix Analysis Template)

두 번째 도구는 6장에서 학습한 구매센터 의사결정 매트릭스 분석견본(buying center decision matrix analysis template)이다. 사전제안 영업을 하려면 무엇보다 고객, 즉 구매자에 대한 철저한 분석이 필수이다. 영업단서 계획견본에서 각 BCM(Buying Center Member)의 담당 영역 및 특징을 파악했다면, 이 분석에서는 구매자의 구매 프로세스에 따라 각 BCM이 어떤 평가항목을 중요하게 여기며 얼마만큼의 영향력을 갖는지 파악해야 한다. 사전제안 영업은 RFP 이전 단계에 해당하므로, 구매센터 의사결정 매트릭스 분석은 구매자의 구매 프로세스 중 문제인식(problem recognition) 단계부터 공급자탐색(supplier search)까지의 단계에 초점을 맞춘다. 이러한 분석을 바탕으로 우리의 영업을 위해서 어떠한 영업 멤버(selling member)들이 관련되고, 각 단계별로 무엇을 준비해야 하는지 영업 접근방법(approach)을 도출해야 한다.

표 11-5 구매센터 의사결정 매트릭스 분석견본

Who

고객사의 구매 프로세스	Buying Center Members					Seller's Preparation	
	BCM* 1	BCM 2	BCM 3	BCM 4	BCM 5	Selling Center Members	Seller's Approach
Problem recognition			How much				
Need description							
Need specification							
Supplier search							
중요 평가항목	가격, 납기, 서비스	가격	품질, 기술력	기술력, 품질	품질, 가격, 향후 거래가능성		

when (Problem recognition ~ Supplier search)

What

* BCM : Buying Center Member

(3) 판매전략견본(Selling Strategy Template)

사전제안 선행영업은 관계에 의존해서 고객 조직을 체계적으로 설득하는 과정이므로 고객이 우리 제품을 채택했을 때 그로부터 고객이 얻게 되는 효용을 명확히 인식할 수 있는(예를 들어 수치화하여 표현하는) 고객가치제안(CVP)을 전달하는 것이 중요하다. 즉 PAM 사전제안 선행영업을 기획하고 실행하는 데 도움이 되는 세 번째 도구는 고객가치제안의 전달 방법에 관한 것이다. 10장에서 학습했던 CVP의 전달 유형 중 차이점 강조형(favorable points of difference)과 공감중심형(resonating focus)을 활용하여 사전제안 선행영업을 기획하고 실행하는 것이 바람직하다. 차이점 강조형은 우리와 관계가 있는 기존 고객이나 아직 관계가 구축되지 않은 신규 고객에게 적용할 수 있는 CVP 전달 방법이다. 반면 공감중심형은 기존에 우리와 관계가 심화된 고객을 상대로 적용할 수 있는 CVP 전달방법이다.

먼저 차이점 강조형 판매전략을 수립하기 위해서는 나 자신과 고객에 대해서도 철저히 분석해야겠지만, 경쟁사에 대한 분석이 중요하다. 즉 **표 11-6** 같은 견본의 정리를 통해 자사뿐 아니라 경쟁사 비교분석을 통해 어떠한 측면에서 자사가 경쟁사에 비해 핵심 차별화 요소를 가지고 있는지 규명해야 한다. 이를 통해 사전제안 선행영업 전략의 수행 여부를 결정하고, 핵심 차별화 요소를 중심으로 해당 전략을 수립해야 한다.

표 11-6 차이점 강조형 판매전략견본

	구분	기록	
		자사	경쟁사
Favorable points of difference (차이점 강조형) 정리 견본	사업 수행 실적		
	재무적 역량		
	Cost 경쟁력		
	Delivery 준수능력		
	Quality = 가중치 1(세부 quality 1)+ … + 가중치 n(세부quality n)		

차이점 강조형 판매전략견본을 작성함에 있어 경쟁과의 차별화 포인트를 분석하는 예를 살펴본다. **표 11-7** 예시를 보면 자사는 경쟁사 A, B에 비해 사업수행실적과 품질 역량은 유리하지만, 비용(cost)경쟁력과 납기(delivery)준수 능력 측면에서는 상대적으로 불리함을 알 수 있다. 이러한 분석을 통해 우리의 강점을 어떻게 부각시키고, 약점을 어떻게 보완할 것인지에 관한 전략을 수립할 수 있을 것이다.

표 11-7 차이점 강조형 판매전략견본 예시

핵심이슈	비중	원점수			가중치 적용 점수			비고
		자사	경쟁사 A	경쟁사 B	자사	경쟁사 A	경쟁사 B	
사업 수행 실적	25	25	10	15	6.3	2.5	3.8	유리함
재무적 역량	10	18	20	10	1.8	2.0	1.0	비슷한 수준
Cost 경쟁력	20	8	20	10	1.6	4.0	2.0	불리함
Delivery 준수능력	25	15	20	20	3.8	5.0	5.0	불리함
Quality= 가중치 1(세부 quality 요소 1) + … + 가중치 n(세부 quality 요소n)	20	20	17	16	4.0	3.4	3.2	유리함
합계	100	3	87	71	17.5	16.9	15.0	

공감중심형(resonating focus) 판매전략 수립을 위해서는 고객가치 실체화(가치용어방정식), 고객가치의 선행적 시연(demonstration), 고객가치의 문서화 부분에 대한 우리의 상황을 상세히 기록한다(10장 참조). **표 11-8**의 경우처럼 공감중심형 판매전략견본(resonating focus selling strategy template)을 통해서 사전제안 선행영업 전략의 수립을 위해 고객을 대상으로 한 우리의 가치용어방정식 상황, 고객에 대한 시연 관련 제안, 고객가치 문서화 상황들을 정리한다.

표 11-8 공감중심형 판매전략견본

		상황 서술
Resonating focus (공감중심형) 정리 template	고객가치 실체화 (가치용어 방정식)	
	고객가치의 선행적 demonstration	
	고객가치 문서화	

구매센터 의사결정 매트릭스 분석을 상기해 보면, 우리가 준비할 사항들을 체크하다 보면 영업팀 외에도 필요한 멤버들이 셀링센터를 구성하게 됨을 학습했다. 즉 판매전략견본은 이러한 셀링센터의 협의나 논의를 통해 영업팀이 작성하고, 관련 셀링센터 구성원들의 피드백을 반영하여 완료하게 된다. 다시 말해 지금까지 살펴본 견본은 한 팀이 한 번에 완성하는 것이 아니라 여러 팀이 개방된 마음으로 서로 아이디어를 주고받으며 개선하는 것이며, 이러한 개선 과정이 고객에 대한 프레젠테이션 자료나 제안서의 완성도 증진으로 연결될 수 있을 것이다.

(4) 판매커뮤니케이션견본(Sales Communication Template)

PAM 선행영업의 기획과 실행에 도움을 주는 마지막 도구는 고객에 대한 판매커뮤니케이션(sales communication) 방법과 고려 사항을 정리하는 것이다. 지금까지 살펴본 도구들이 사전제안 선행영업의 방향을 잡기 위한 분석이라고 하면, 판매커뮤니케이션견본 도구(sales communication template tool)는 매우 섬세하고 휴먼 터치가 포함되는 실제적인 판매 실행, 즉, 판매프레젠테이션(sales presentation) 준비에 도움을 주기 위한 도구이다. 비즈니스 개발의 성격을 갖는 사전제안 선행영업은 대상이 되는 의사결정자들의 필요 및 요구사항들을 고려하여 판매커뮤니케이션을 준비하는 것이 중요하다. 즉 구매기업 조직에서 구매센터 구성원들의 경력경로(career needs)와 개인적 필요(personal needs)를 파악하여 이를 충족시킬 수 있도록 해야 할 것이다. 이를 위해 고객사의 의사결정 관련자들의 성격 유형을 파악하여 그에 적절한 판매 커뮤니케이션을 준비하는 것이 효과적일 것이다.

판매전략견본의 경우처럼 고객사 의사결정 관련자들의 성격 유형 파악도 영업을 포함한 모든 셀링센터 구성원과 다양한 정보 원천에 의해 작성되고 업데이트하는 것이며, 활용도 구매센터와 상호작용하는 셀링 멤버(selling member) 모두가 하는 것이 바람직하다. **표 11-9**에는 구매센터 구성원의 성격 유형을 파악하기 위한 측정치 예시가 있으니 참조하고 잘 활용하길 바란다.

표 11-9 구매센터 의사결정 관련자의 성격 유형 파악 측정치 예시

고객사 의사결정자는 ____하다 (1점: 전혀 그렇지 않다 ~ 5점: 매우 그렇다)	평가 척도
창조적이다(creative).	1—2—3—4—5
새로운 아이디어에 개방적이다(open to now ideas).	1—2—3—4—5
프로세스 개선의향이 높다(wants to improve processes).	1—2—3—4—5
‘지속적으로 일을 잘 하려 하는(do things better)’ 형이다.	1—2—3—4—5
신중하다(cautious).	1—2—3—4—5
보수적이다(conservative).	1—2—3—4—5
세밀한 부분에 신경을 쓴다(details-oriented).	1—2—3—4—5
기술적 배경을 가지고 있다(technical background).	1—2—3—4—5
결단력이 높다(determined).	1—2—3—4—5
적극적 추진자형이다(activists).	1—2—3—4—5
큰 그림을 볼 줄 알다(see big picture).	1—2—3—4—5
세밀한 부분에 대해서 그리 큰 신경을 안 쓰는 편이다(not overly concerned about details).	1—2—3—4—5
주저형이다(hesitant).	1—2—3—4—5
위험회피형이다(risk-averse).	1—2—3—4—5
안정을 추구하는 형이다.	1—2—3—4—5
결과에 대해 걱정이 많다(worries about security, consequences).	1—2—3—4—5

물론 사람마다 그 성격이 다르기에 의사결정 관련자의 성격 유형을 정형화된 몇 개의 유형으로 완벽하게 설명할 수는 없을 것이다. 하지만 그림 11-13 에서 볼 수 있듯이 의사결정 관련자들의 성격 유형을 크게 혁신형, 검토형, 추진형, 추종형 등 네 가지 유형으로 구분해서 활용할 수 있을 것이다. 예를 들어 창조적, 개방적, 프로세스 개선 의향이 높고, '지속적으로 일을 더 잘 하려는(do things better)' 유형의 총합이 다른 유형에 비해 높은 경우 그 사람은 '혁신형'이라고 할 수 있다.

그림 11-13 구매센터 의사결정 관련자의 성격 유형 예시

혁신형(Innovator)	검토형(Reviewer)
창조적(creative), 개방적(open to new ideas), 프로세스 개선의향이 높고(wants to improve processes), 지속적으로 일을 더 잘 하려 하고(do things better)	신중하고(cautious), 보수적(conservative), 세밀한 부분에 신경(details-oriented), 기술적 배경을 가지고 있는(technical background)
추진형(Promoter)	**추종형(Follower)**
결단력이 높으며(determined), 적극적 추진자형(activists), 큰 그림을 볼 줄 알고(see big picture), 세밀한 부분에 대해서 그렇게 큰 신경을 안 쓰는(not overly concerned about details)	주저형(hesitant), 위험회피형(risk-averse), 안정성, 결과에 대해 걱정이 많은(worries about security, consequences)

여러분의 고객 파트너는 어디에 해당하는지 생각해 보길 바란다. 이러한 성격 유형을 안다면 판매커뮤니케이션 방향을 준비하는 데 도움이 될 것이다. 이 같은 구매센터 의사결정 관련자 성격에 대한 분석과 정보는 내부 영업인력과 다양한 정보 원천(source)을 통해 획득할 수 있을 것이다. 물론 정보를 처음으로 획득하여 구축할 때에는 주관적인 평가라는 한계가 있을 수 있지만 지속적 보완이 가능하다. 나아가 더 중요한 점은 이러한 정보를 잘 구축해 놓으면, 고객 기업의 조직 또는 우리의 영업 조직이 변동되어 새로운 사람이 오더라도 사태 파악을 빨리하여 고객과의 관계 구축 또는 유지의 공백이 없이 PAM 선행영업을 지속적으로 전개할 수 있다.

이와 비슷한 목적을 가진 도구의 예로 고객 기업의 의사결정 관련자에 대한 컬러 유형 차트(color-coded chart)가 있다. 노바티스 씨피(Norvatis CP)라는 제약회사의 예를 통해 고객 기업의 의사결정 관련자의 컬러 유형 차트를 살펴보겠다(표 11-10 참조). 핵심 인물

(key person)의 니즈, 선호하는 상호작용 형태, 목소리 톤, 우리 영업사원의 역할, 혁신에 대한 고객 반응 등의 특성을 활용하여 고객 의사결정 관련자의 유형을 파란색(blue), 회색(gray), 자주색(purple), 녹색(green), 청록색(turquoise), 노란색(yellow)이라는 컬러를 활용해 마련해 놓은 것이다. 이 경우 우리의 판매커뮤니케이션은 고객 의사결정 관련자의 컬러 유형별로 준비되어야 할 것이다. 예를 들어, 노란색(yellow) 유형의 고객 의사결정자는 리더십 포지션을 유지하고, 사회적 지위를 상승시키고자 하는 니즈가 강한 편이다. 그(또는 그녀)는 상호작용 방법으로 팩스, 휴대폰, 이메일을 선호한다. 목소리 톤은 단호하고, 재무적 사항들을 중시하며 말하는 스타일이다. 우리측 판매원의 바람직한 역할은 우리 회사와 고객 회사의 인터페이스 역할을 잘 수행하는 것이다. 그(또는 그녀)와 가능한 관계는 친구나 파트너까지는 어렵겠지만, 구매자-판매자의 공식적인 관계보다는 더 심화될 수 있을 것이다. 혁신에 대한 그(또는 그녀)의 반응은 느린 편이지만, 그(또는 그녀)는 혁신의 진행 상태에 대해서는 많은 관심을 가지고 있다.

표 11-10 Norvatis CP의 구매의사결정 관련자에 대한 컬러 유형 차트 사례

	Blue	Gray	Purple	Green	Turquoise	Yellow
Key personal needs	Help, support, encouragement	Fitting in, being sociable	Getting quality service, meeting challenges	Achieving success, winning recognition	Learning, improving, staying on top of latest	Maintaining a leadership position, increasing social status
Primary form of interaction	Tech manuals, telephone calls	Friendly visits, meals, fairs	Demos, trials, test markets	Internet, CR-Rom	Workshops, networking	Fax, cell phone, email
Tone of voice	Low-key, reassuring	Friendly, but firm	Technical, challenging	Scientific, neutral	Concrete, tangible	Forceful, financial
Role of sales rep	Guide, teacher	Best pal	Key advisor, problem solver	Peer, thinker	Partner, doer, facilitator	Interface, go-between
Customer's approach to innovation	Very slow	Slow, but wants to please	Very fast	Fast, but cautious	Fast, if justified by ROI	Slow, but concerned by "status"

영업사원이 고객 유형에 대해 이러한 방식의 상세한 정보를 가지고 준비하면 고객과의 소통(communication)이 훨씬 편해질 것이다. 그(그녀)와 연락할 때 바로 찾아가는 대신 이메일이나 휴대폰을 이용하고, 우리 제품이 최신 기술을 보유(staying on top of latest technology)하고 있는 정보와 관련된 자세한 설명으로 우리의 제품과 솔루션이 궁극적으로 고객사와 그(그녀)의 리더십 포지션을 유지하고, 사회적 지위를 상승시킬 수 있음을

상세히 설명하는 것이 바람직하다. 고객의 입장에서는 본인을 편안하게 해주면서 익숙한 방법으로 접근해오는 영업사원에 대해서는 부담감이 훨씬 적을 것이다. 특히 본인이 관심을 갖고 있는 점을 강조하며 제안하는 영업사원의 설명을 매력적으로 평가할 가능성도 높아질 수 있다. 이와 같은 판매커뮤니케이션견본 도구를 활용해서 사전제안 선행영업을 수행하면 영업의 성공 확률도 현저히 올라갈 수 있을 것이다.

4절. 영업(마케팅)조직 관리

본 절에서는 영업효과성관리의 중요한 영역인 영업(마케팅)조직 관리에 대해 고찰한다. 영업(마케팅)조직의 디자인, 즉 영업(마케팅)조직 구조(organizational structure)에 대해 살펴보고, 조직 간 인터페이스 관련 문제(갈등)를 관리할 수 있는 도구에 대해 학습한다.

4.1 영업(마케팅)조직의 설계

영업(마케팅)조직의 설계는 영업(마케팅) 부서를 어떻게 편성할지 결정하는 것이다. 기업의 성과는 조직 구성원 개인의 역량에 의해 영향을 받기도 하지만, 동시에 그 개인들이 어떤 형태의 조직 구조 속에서 일하느냐에 따라서도 영향을 받는다. 영업(마케팅) 조직의 형태는 기초적으로 지역 중심형 조직, 사업 · 제품 중심형 조직, 고객 중심형 조직으로 구분된다.

(1) 지역 중심형 영업조직

지역 중심형 조직은 지역을 중심으로 영업조직을 설계하는 것이다. 그림 11-14 처럼 영업조직이 중동, 인도와 같이 지역 축을 중심으로 영업활동을 하는 경우가 이에 해당한다. 이러한 지역 중심 영업조직의 장점은 영업 인력이 담당 지역 내에서만 일하므로 시간과 비용, 효과성을 높일 수 있어 지역 전문가로 성장할 수 있다는 점이다. 그러나 지역 내 모든 유형의 고객에게 모든 종류의 사업/제품에 대해 서비스를 제공해야 한다는 부담이 단점이라 할 수 있다.

그림 11-14 지역 중심형 영업조직 예시

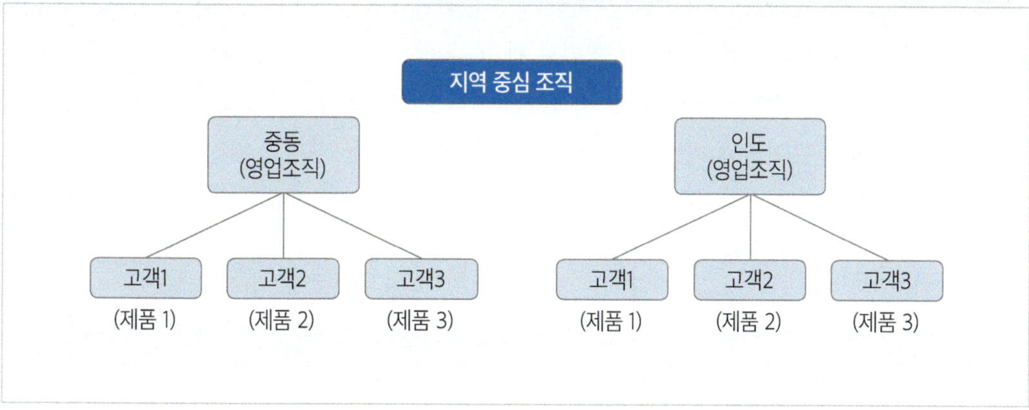

(2) 사업·제품 중심형 영업조직

사업 · 제품 중심형 조직은 제품의 종류를 중심으로 영업 부서를 설계하는 방법이다. 사업 · 제품 중심 조직은 사업마다 고객의 요구조건이 다르고, 영업하는 사람이 기술적인 정보들(technical information)도 많이 갖고 있어야 하므로 그림 11-15 같이 사업1, 사업2로 구분하여 영업조직을 설계한다. 제품력과 기술력이 중요한 제조업의 경우 영업(마케팅) 조직 구조 디자인의 가장 흔한 형태라 할 수 있다. 이 조직의 최대 장점은 영업 인력이 제품의 장 · 단점을 파악하고 있어 전문적인 판매와 기타 서비스가 가능하다는 점이다. 그러나 사업 · 제품 종류별로 영업 인력을 준비해야 하는 점에서 비용이 많이 들어 영업 효율성이 낮아질 수 있는 단점을 가지고 있다.

그림 11-15 사업 · 제품 중심형 영업조직 예시

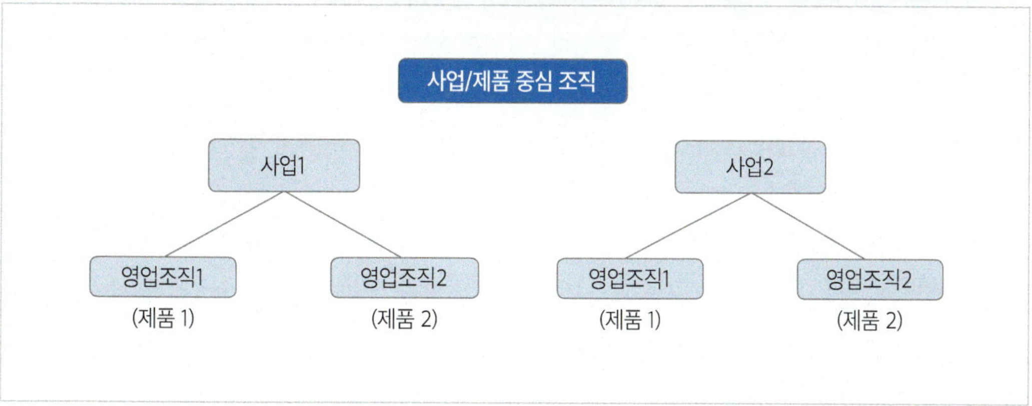

(3) 고객 중심형 영업조직

고객 중심형 조직은 고객 유형별로 관계(relationship) 유무 또는 정도에 따라 기존 고객과 새로운 고객을 나누어 영업 부서를 설계하는 방법이다. 이 방법은 고객의 요구에 대한 이해가 깊어지고, 충실한 대응이 보장된다는 장점을 가지고 있지만, 고객 유형이 뚜렷하게 구분되지 않거나 고객들이 넓은 지역에 퍼져 있는 경우에는 고객 컨택(contact)이 어렵거나 비용이 많이 들 수 있다는 단점을 가지고 있다.

그림 11-16 고객 중심형 영업조직 예시

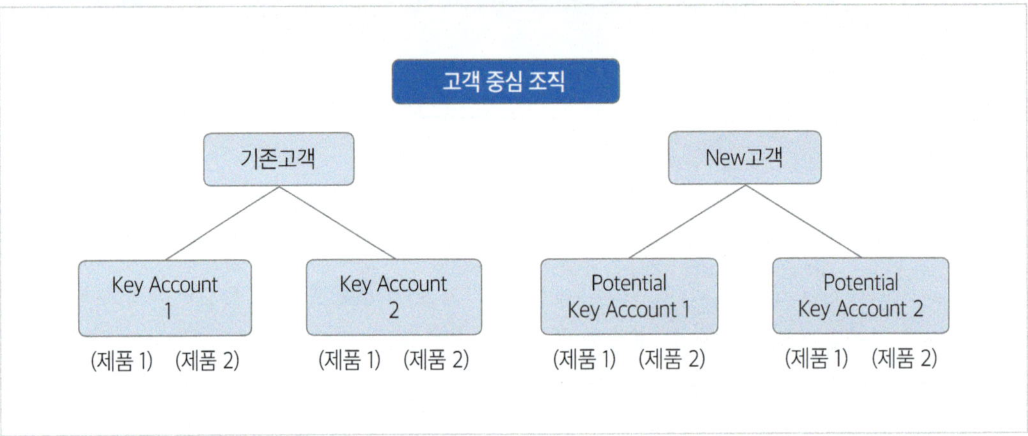

지금까지 지역 중심, 사업 중심, 고객 중심의 세 가지 영업조직 구조를 살펴보았다. 그러면 이를 바탕으로 대형수주 사업을 수행하는 가상 기업에 적용 가능한 영업조직 디자인 이슈를 예시로 살펴보겠다. 그림 11-17의 왼쪽을 보면 EPC 플랜트 사업부의 경우 지역 축을 중심으로, 플랜트 기자재 사업부의 경우에는 사업 · 제품 축을 중심으로 영업조직을 설계한 것을 볼 수 있다. 이러한 영업조직 구조를 지역과 사업 · 제품 축으로 살펴보면 그림 11-17의 오른쪽 그림과 같다.

하지만 선제적 마케팅을 효과적으로 수행하기 위해서는 지역과 사업 · 제품 축 이외에 기존 고객사 account인가, 아니면 신규 고객사 account인가를 구분하는 축을 추가로 고려할 필요가 있을 것이다. 왜냐하면 기존 고객사 account를 중심으로 사업 수행이 잘 되고 있다고 하더라도 지속적인 성장을 위해서는 신규 고객사 account를 계속 발굴할 필요가 있기 때문이다(그림 11-18 참조).

그림 11-17 사업부별 영업조직 디자인의 차이 예시

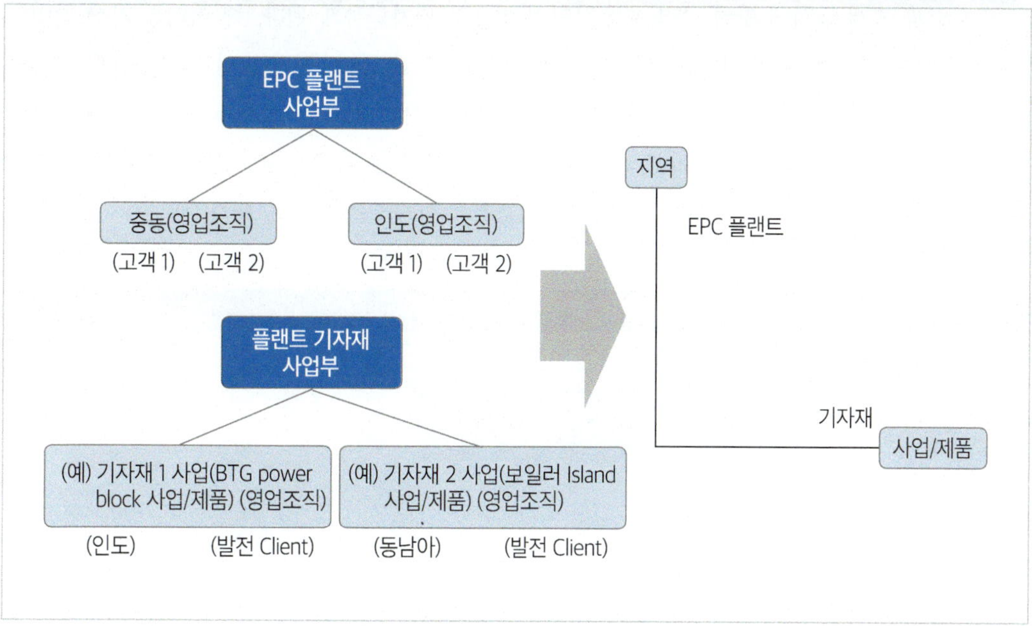

그림 11-18 사업부별 영업조직 디자인의 구성 축 개념

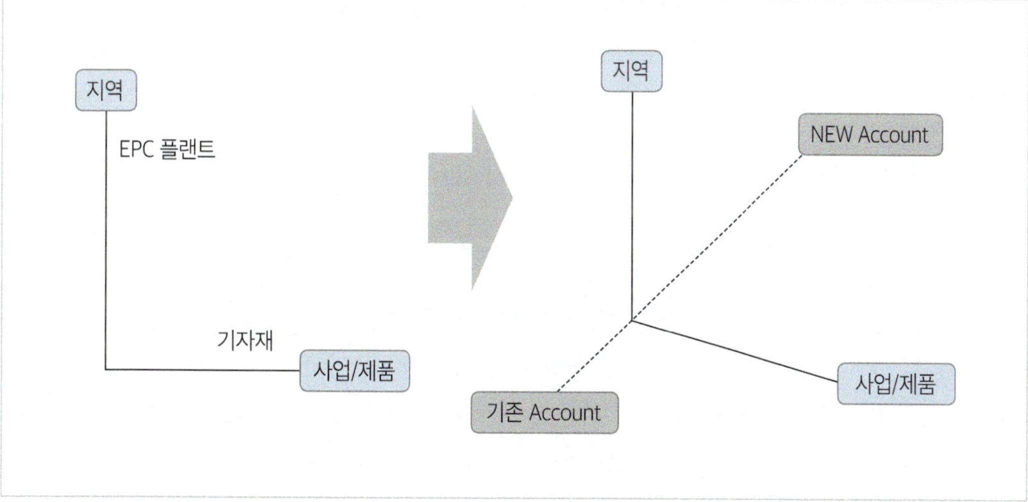

지역과 사업 · 제품 축 이외에 기존 고객사 account인가 아니면 신규 고객사 account인가를 구분하는 축을 추가로 고려하면 그림 11-19 와 같이 지역, 사업 · 제품과 고객을 동시에 묶는 복합적인 구조로 표현할 수 있다. 이는 지역 및 사업 · 제품 축의 기존 고객사 account 이외에 신규 고객사 account를 고려함으로써 영업조직이 지속적인 성장

을 위해 고객 특성에 따라 전문화되고 있는 것이다. 따라서 영업조직은 각 사업·제품과 고객 특성에 맞춰 가장 효율적인 방법으로 디자인하게 된다. 즉 이러한 가상 기업의 사례를 통해 얻을 수 있는 중요한 시사점은 다음과 같다. 맥락에 상관없이 완벽한 영업(마케팅)조직 구조는 없다. 환경의 변화 그리고 기업 역량의 변화를 전제로 지역, 사업, 고객의 특성을 감안하여 선제적 마케팅의 선행영업(proactive selling)을 수행하는 데 가장 효율적인 방법으로 기업의 영업(마케팅)조직을 설계하는 것이 중요하다.

그림 11-19 영업조직 하이브리드 디자인의 구성 예시

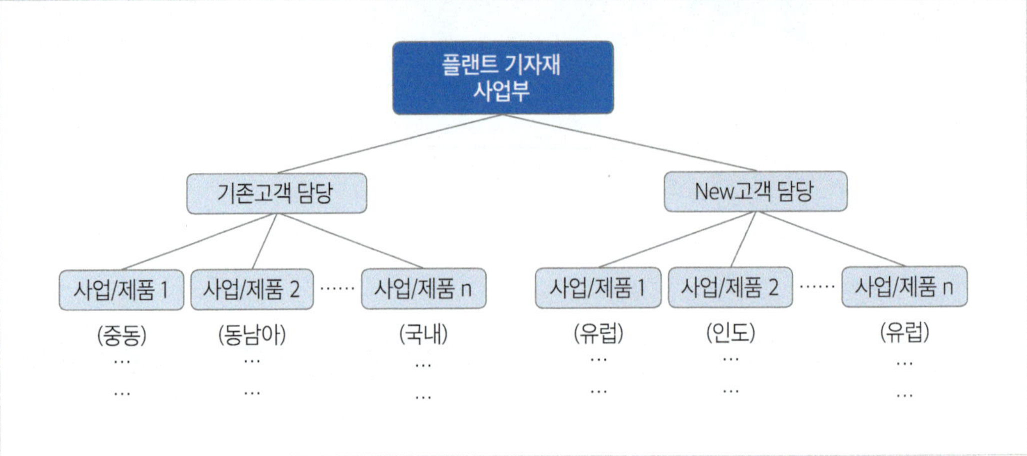

4.2 영업(마케팅)조직과 다른 조직 간 인터페이스 관리

영업조직과 타 조직 간 인터페이스 관련 문제(갈등)를 관리할 수 있는 도구에 대해 학습한다. 먼저 **조직구조 관련 도구(structure-related tools)**로는 부서의 통·폐합, 갈등조정 위원회 또는 태스크포스팀(coordination committee/task-force team)의 설치와 운영, 부서 간의 물리적 거리 줄이기, 범기능적 팀(cross-functional team)의 구성과 운영을 생각해볼 수 있다. 앞에서 살펴본 KAM 개념과 시스템은 조직구조 관련 도구의 대표적 예이다.

두 번째 도구로는 **업무 프로세스 관련 도구(process-related tools)**를 생각할 수 있다. 그 내용으로는 조정(coordination)해야 할 내용의 축소, 명확한 역할 및 책임(R&R: Role and Responsibility)의 설정과 배분, 업무 표준(standards) 및 요건의 명확한 정의(예: 품질, 특정 행동 등)와 예외관리 설정 등이 있다.

세 번째 도구로는 **인적자원관리 관련 도구(personnel management-related tools)**로 목표와 인센티브를 교차 부서(cross-division) 중심으로 설정하는 방법, 교육 및 훈련 도구, 직무

전환(job rotation) 등이 있다.

마지막 도구로 **조직문화 관련 도구(culture-related tools)**가 있다. 이 도구에 해당하는 내용으로는 비공식적 컨택 zone(예: 커피 코너)의 설치와 운영, 내부고객 운영 원칙의 제정과 운영, 특정 하부문화(sub-culture)의 타파(예: 특정 학맥, 지역 연고 모임 금지), 그리고 전문적 갈등관리제도(professional conflict management)의 운영 등을 활용할 수 있다.

조직 간 인터페이스 관련 갈등이나 문제를 관리함에 있어 기업은 조직 관련 도구와 프로세스 관련 도구를 가장 많이 사용하는 편이다. 그런데 이 도구를 너무 자주 사용하는 경우 그 유효성에 대한 조직원의 기대와 평가가 저조할 수 있다. 시간은 오래 걸리지만, 조직원의 생각과 행동을 보다 근본적으로 변화시킬 수 있는 도구는 아무래도 인적자원관리 관련 도구와 조직문화 관련 도구임을 염두에 둬야 한다.

5절. 영업(마케팅)활동 프로세스 관리

이번 절에서는 영업효과성관리의 중요한 영역인 영업(마케팅)활동 프로세스 관리에 대해 학습한다. 기능 영역(예: 재무관리, 인적자원관리, 생산운영관리)에 상관없이 모든 활동의 프로세스 관리는 기획(plan)-실행(do)-통제(see)로 이루어진다. 영업(마케팅)활동 프로세스 단계별 세부 활동 중 약한 부분을 먼저 발견해서 개선해야 영업효과성이 증진될 수 있을 것이다. 먼저 프로세스 관리 개념을 고찰한 후, 영업(마케팅) 자원배분의 효율성 증진을 위한 도구를 설명한다.

5.1 영업(마케팅)활동 프로세스 관리 개념

영업활동 프로세스 관리도 기획(plan)-실행(do)-통제(see)로 이루어진다. 영업(마케팅)활동 프로세스의 기획 단계에서의 주요 과제는 매출 및 수익 목표를 설정하는 것이다(그림 11-20 참조). 매출 및 수익 목표는 경영 상층에서 아래로 결정하는 top-down으로 설정하는 방식과 조직의 세부 부문별 목표를 설정하여 위로 올리며 총합하는 bottom-up 방식을 균형 있게 사용하는 것이 바람직하다. 이렇게 목표가 설정되고 나면 목표 달성을 위한 전략 및 세부 활동 계획을 수립하고 이를 위한 예산을 결정하게 된다.

영업활동의 실행 단계는 판매 기회의 발견과 창출로 시작된다. 판매의 계기(sales lead)를 창출, 사용하여 판매 활동을 전개한다. 그리고 판매 기회의 획득 활동을 실행하는데, 세부적으로는 판매, 제안 및 입찰 준비, 판매 및 입찰, 계약 진행을 수행한다.

기획과 실행 단계에서는 많은 분석이 이루어진다. 기업 전체 총합 수준에서의 분석보다는 구체적인 사업이나 조직 수준에서의 분석이 중요하다. 예를 들어 제품 및 세분시장 수준에서의 분석이 잘 이루어져야 향후 자원배분의 변화를 꾀할 수 있다. 영업(마케팅) 역량이 높은 기업의 경우 이 수준에서의 분석은 매우 발달된 정량적 통계 및 모델링 분석방법론을 사용해 수행한다.

통제 단계에서는 목표와 실제 성과를 비교하여 그 차이인 갭과 원인을 분석하고 이를 바탕으로 대응책을 마련하여 실행하며 향후 계획을 업데이팅하면서 예측하는 것이 주요 수행과제이다. 대응 및 개선책을 마련하여 실행하는 것이 통제 활동인데 통제는 크게 결과(output) 통제와 행동(behavior) 통제로 구분된다. 결과 통제는 성과평가를 중심으로 한 보상과 처벌(신상필벌)에 의한 동기 부여로 향후 활동의 개선을 추구하는 것을 목표로 한다. 행동 통제는 결과보다는 결과에 이르는 과정상에 다양한 행동을 분석하여 문제가 있거나 약한 행동을 발견하여 보완하는 것을 주 목적으로 한다. 이 두 가지 유형의 통제를 통합하여 활용하는 것이 바람직하다.

또한 통제 단계에서 목표와 실제 성과 간의 갭 분석 및 원인 파악을 제대로 수행하는 것이 매우 중요하다. 예를 들어, 목표 달성을 하지 못한 이유가 우리 조직 외부의 이유(external causes)인지 아니면 조직 내부 이유인지를 밝혀내는 과제, 조직 내부 이유라면 계획(planning)의 결함인지 실행(execution)의 결함인지를 밝혀내는 과제, 또는 영업관리의 오류(예: 영업인적자원의 자원배분 미흡) 때문인지 아니면 다른 조직이나 기능과의 협업 부족인지를 파악하는 과제 등이 주요 과제이다. 이러한 예시를 감안할 때 조직의 정치적 고려와 행위가 작용할 가능성이 높음을 알 수 있다. 그만큼 제대로 된 통제 활동은 향후 활동의 효과성을 증진시키는 데 필수불가결한 조건이다.

그림 11-20 영업활동 프로세스 관리

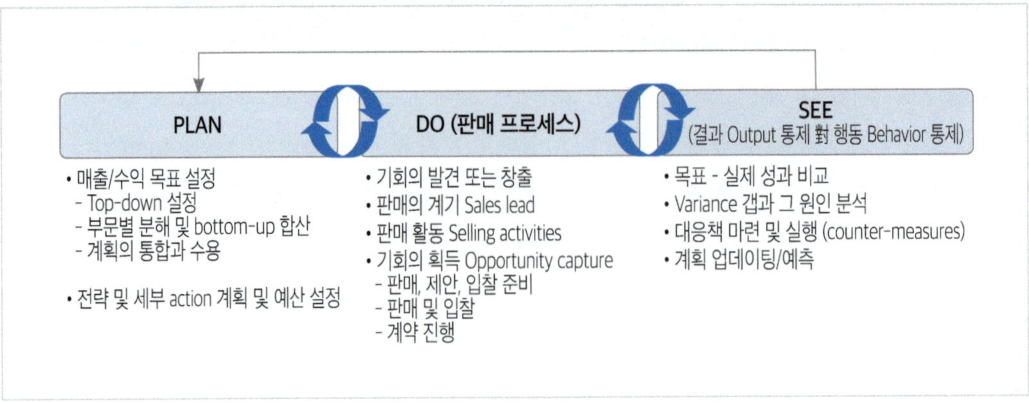

5.2 영업(마케팅) 자원배분의 효율성 증진을 위한 도구

영업(마케팅) 자원의 사업별, 제품별, 지역별, 고객별 배분의 효율성 증진을 위한 첫 번째 도구는 이미 학습한 포트폴리오 모델이다(그림 5-17과 관련 내용 참조).

두 번째 도구는 순마케팅공헌마진(NMC: Net Marketing Contribution)의 활용이다. 그림 11-21에 따르면 순마케팅공헌마진은 총수익(gross margin)에서 마케팅 및 판매 관련 비용만 뺀 마진을 의미한다. 마케팅 및 판매 활동과 비용이 공헌하는 마진을 평가하는 것이다. 사업별, 제품별, 지역별, 고객별로 순마케팅공헌마진을 산출하여 평가한 후 향후의 자원배분을 조정한다. 보다 상세한 자원배분 규칙은 정량적 모델링에 근거하는 것이 바람직한데, 기본적 개념은 예산배분별 단위(예: 제품, 지역)별로 MR(Marginal Revenue: 한계 총수익) = MC(Marginal Cost: 한계 마케팅 및 판매 비용)가 될 때까지 해당 단위별 예산을 증액하는 것이다.

그림 11-21 순마케팅공헌마진의 산출 개념 예시

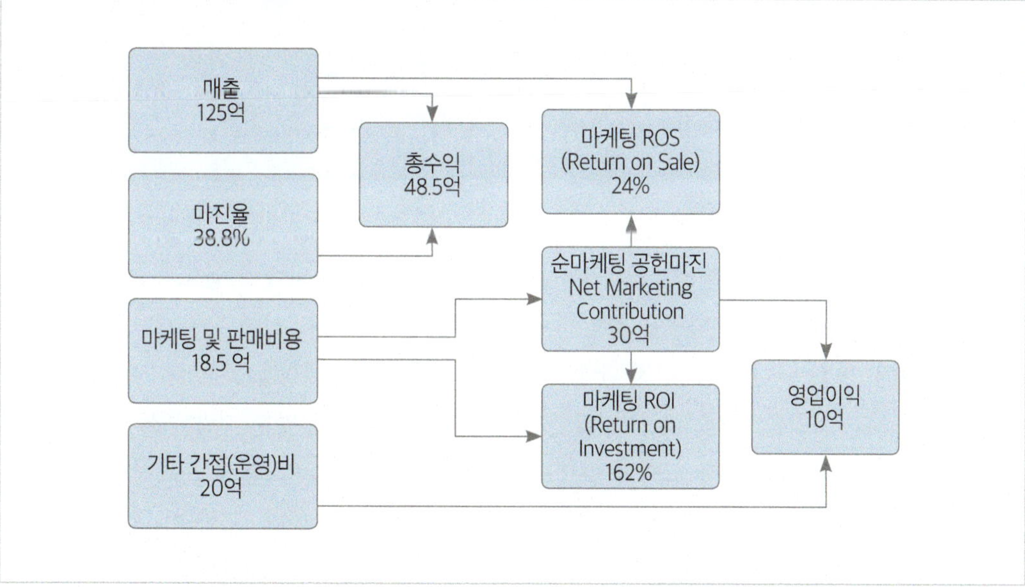

또한 그림 11-22처럼 순마케팅공헌마진 분석을 토대로 마케팅 및 영업전략 방향을 도모할 수 있다. 구체적으로 총시장수요을 늘리는 전략, 시장점유율 확대 전략, 평균시장가격을 높이는 전략, 유통비용을 줄이는 전략, 이익마진을 높이는 전략, 마케팅 예산의 감축 즉 마케팅 예산 효율성 증진 전략 옵션을 고려할 수 있다.

그림 11-22 순마케팅공헌마진 산출분석을 활용한 영업(마케팅)전략 방향 옵션

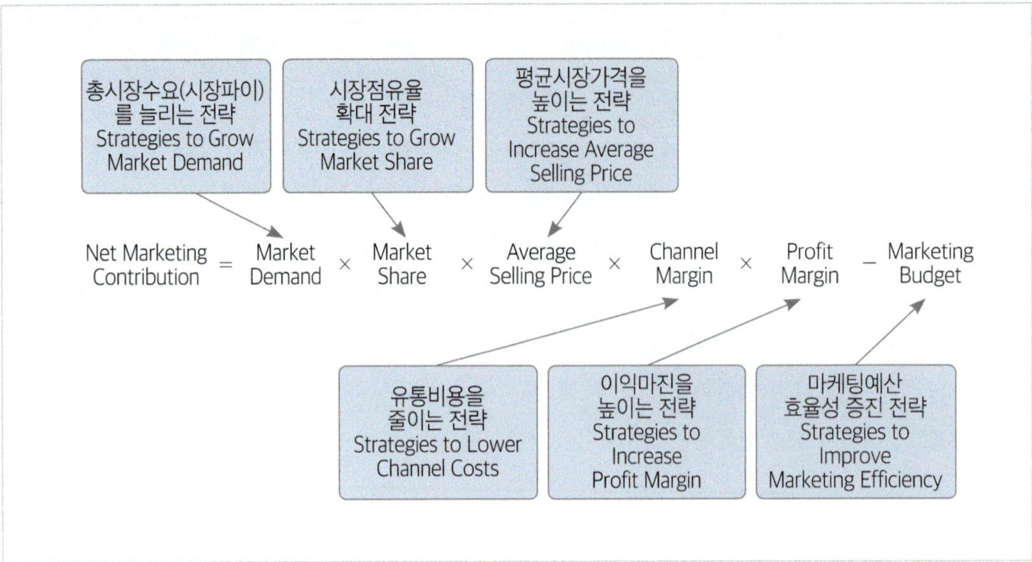

6절. 영업(마케팅) 인적자원관리(HRM: Human Resources Management)

영업(마케팅)조직 관리, 영업(마케팅)활동 프로세스 관리 외에 영업효과성관리를 위해 근본적으로 중요한 영역은 영업(마케팅) 인적자원관리이다. 선제적 마케팅을 수행함에 있어 영업 인력은 RFP 이전 단계(pre-RFP stage)에서 마켓 센싱을 통해 시장의 흐름을 읽어 시장 기회를 발견하고, 최적화된 시장을 선정하여 그에 맞는 전략을 설정해야 한다. 특히, 영업 인력은 각 고객의 필요, 욕구 및 가치와 관련된 고객의 문제점을 파악하여 그에 맞는 가치제안의 방향을 발견하는 역할을 수행해야 한다. 또한 이러한 방향을 발견함에 있어 고객의 관점에서 고객의 요구 조건을 R&D, 제품개발팀 등 내부 사업수행팀과 연계해 주어야 한다. 즉 기능 간 협업 관계(cross-functional relationship)를 조정하는 코디네이터(coordinator)의 역할까지 수행해야 한다. 이처럼 영업 인력의 활동 범위는 확대되는 추세이다.

즉, 영업 인력은 사업개발 선봉에 서서 RFP 기회가 어디에서 생기는지 정보를 파악하여 내부 제안서(proposal)팀 등 관련 팀들에게 그 정보를 전달하는 과거의 수동적인 정보원 역할을 넘어서서 최근에는 사업수행팀과 협업하여 제품개발 기획자 및 전달자로

서의 역할 수행에도 참여하고 있다. 따라서 영업 인력은 기업 성과에 큰 영향을 미치는 중요한 기능을 담당하며 그 역할 수행 비중이 커지고 있다. 이에 따라 기업이 영업 인력을 어떻게 효율적으로 관리하는지는 매우 중요한 이슈일 수밖에 없다. 그렇다면, 선제적 마케팅(proactive marketing)의 수행을 위해 더욱 중요해지는 영업 인력 관리 사항들을 좀 더 세부적으로 살펴보겠다.

6.1. 영업 인력 관리의 기준: 역할과 책임(R&R: Role & Responsibility)

영업 인력 관리에서 가장 중요한 기준은 바로 영업 인력의 역할과 책임(R&R: Role & Responsibility)이다. 역할(role)이란 조직의 구성원들이 수행해야 할 역할이며, 영업 인력의 역할은 RFP 이전 단계(pre-RFP stage)에서부터 입찰 단계(bidding stage)까지의 전 과정에서 고객과의 상호작용 역할(interaction role)을 수행하는 것이다. 나아가 회사 내부의 사업수행팀 간의 기능 간 협업 관계 조율자(cross-functional relationship coordinator)의 역할도 수행해야 할 것이다.

한편 책임(responsibility)은 역할 수행으로 발생하는 성과에 대한 책임을 말한다. 이를 통해 기업은 보다 체계적인 업무수행, 동기부여 및 책임의식을 고취시킬 수 있으며, 나아가 점차 복잡해지는 업무들을 전략적으로 관리할 수 있게 된다. 따라서 기업은 기업의 목표와 전략이 나아갈 방향을 고려하여 영업 인력의 R&R을 명확하게 설정하는 것이 중요하다. 물론 이러한 영업 인력의 R&R은 영업 인력 관리 프로세스에도 반영되어야 할 것이다.

영업 인력의 R&R이 중요함을 감안할 때, 대형수주 사업을 수행하는 B2B 기업의 경우를 예로 상정하여 영업 인력의 R&R을 구체화하기 위해 고려할 요인들을 생각해 보자. 사업을 잘 수행하기 위해서는 기술력, 시장 및 고객에 대한 정확한 분석 및 이해, 경쟁사에 대한 분석이 필요하다. 이러한 점들을 고려할 때, **표 11-11**과 같이 영업 인력의 경력경로(career path), 영업 인력이 담당하는 마켓의 범위(market coverage), 그리고 고객의 유형에 따라 영업 인력의 R&R이 달라질 수 있을 것이다.

표 11-11 영업인력의 R&R 구체화 예시

R&R 구체화를 위한 고려 요인	내용	설명
영업 인력의 career path	Technical vs. Business	• 대인관계, 고객 등에 focus를 두는 business sales man career path와 • 제품, 기술에 초점을 둔 technical sales man career path 등 두 유형의 영업 인력이 필요할 것임
영업 인력의 market coverage 측면	Local vs. Global	• 제품 관련 기술은 전 세계 어디에서나 통용될 수 있으므로 technical engineer background sales man의 market coverage는 매우 넓을 수 있을 것이며, • 특정 지역 고객들과의 관계 또한 중요하므로 business background sales man은 local selling을 전문적으로 담당할 수 있을 것임
Customer	Existing vs. New	• 기존 고객의 관리 및 유지를 담당하는 영업 인력과 • New key account를 담당할 영업 인력이 필요할 것임

영업 인력의 경력경로를 고려할 때 기술 엔지니어 배경(technical engineer background)을 가진 영업 인력과 비즈니스 배경(business background)을 가진 영업 인력의 차이를 고려해서 R&R을 설정해야 할 것이다. 대형수주 사업을 수행하는 B2B 기업은 대인관계, 고객 등에 초점을 두는 비즈니스 영업 인력(business sales man)과 제품 및 기술에 초점을 둔 기술 영업 인력(technical sales man)이라는 두 가지 유형의 영업 인력이 필요할 것이다. 이렇게 서로 상이한 경력경로에 있는 영업 인력은 각각 서로 다른 역할과 책임을 가져야 할 것이다. 그림 11-23은 영업맨 유형을 성격특성 및 사회적 역량 그리고 전문적 (기술) 역량을 기준으로 네 가지로 제시하고 있다. 'The socializer' 유형은 사회적 역량은 높으나 전문적 기술 역량은 상대적으로 낮은 영업맨 유형이며 이는 비즈니스 영업 인력이라 할 수 있다. 'The know-it-alls' 유형은 사회적 역량은 낮은 대신 전문적 기술 역량이 높은 영업맨 유형으로 기술 영업 인력과 일맥상통한다. 'The all-rounder' 유형은 사회적 역량과 전문적 역량이 모두 높은 경우로 이 유형이 영업의 챔피언 및 본부장으로 성장할 가능성이 높다. 'The sales duffer'는 두 역량 모두 낮은 경우로 이 경우에 해당하는 인력은 보다 적합성이 높은 직무를 발견하여 전환 배치하는 것이 해당 개인과 조직을 위해 바람직할 것이다. 나아가 모든 영업 인력을 'The all-rounder' 유형으로 키우는 것은 현실적으로 어렵기 때문에 'The socializer' 유형과 'The know-it-all' 유형의 셀링센터 팀 접근방법이 그만큼 더 요구된다 할 수 있다.

그림 11-23 **영업맨 유형**[4)]

다음에 제시되어 있는 영업맨과의 인터뷰 내용이 어떠한 역량을 의미하는지 생각해 보면 그 의미를 더 명확히 이해할 수 있을 것이다.

- 만나자마자 제품 얘기부터 시작할 수는 없다. 세상물정(시장, 각 정부정책 등)에 대한 언급도 필요하다.
- 영업은 말을 잘해야 한다. 말 한 마디 잘못 하면 될 것도 안 된다.
- 세련되게 이야기하는 방법 즉, 데이터 근거로 말할 줄 알아야 한다.
- 자신의 제품에 대한 이해도가 완벽하게 높아야 한다. 우리 사업뿐만 아니라 국내·외 시장의 모든 것을 알아야 한다. 해외 상황과 비교하여 설명할 줄 알아야 한다.
- 타사 대비 우리 제품의 경쟁력도 알아야 하고, 경쟁사에 어떤 특허가 있고 어떤 제품이 있는지까지 다 알고 있어야 한다. 특히, ○○ 산업에서는 정해진 가격이 없기 때문에 특허에 대한 이해와 선점이 매우 중요하다.
- 영업 스킬보다 ○○ 제품 자체에 대한 전반적 이해를 하면 좋겠다.
- 우리 산업과 전방(고객) 산업 및 그 변천사에 대한 학습도 좋을 것 같다.

4) 출처: Homburg, C., Scha..fer, H., & Schneider, J. (2012), Sales Excellence: Systematic Sales Management. Springer Science & Business Media.

영업 인력이 담당하는 마켓의 범위 측면을 감안할 때, 지역시장 중심의 영업과 글로벌 영업을 고려해야 할 것이다. 제품 관련 기술은 전 세계 어디에서나 통용되므로 제품에 초점을 둔 기술 엔지니어 배경의 영업 인력은 담당하는 마켓의 범위가 넓어도 될 것이며, 따라서 글로벌 영업을 담당하게 할 수 있다. 한편 특정 지역별 고객들과의 관계가 중요한 지역시장 중심의 영업은 비즈니스 배경의 영업 인력이 하는 것이 효율적일 것이다. 이처럼 영업 인력이 담당하는 마켓의 범위 측면에서 영업 인력의 역할과 책임은 달라질 수 있다.

마지막으로 기존 고객을 관리하고 유지하는 역할과 신규 핵심고객에 따른 영업 인력의 역할과 책임이 달라질 수 있기에 기업은 상대하는 고객 특성에 따라 역할별로 영업 인력을 관리해야 할 것이다.

결국 기업은 이러한 고려요인별로 영업 인력의 R&R을 달리 설정하고 관리함으로써 영업 인력의 체계적 업무수행, 동기부여 및 책임의식을 고취시키고, 기업 입장에서는 좀 더 체계적인 관리를 통해서 기업의 성과에 긍정적인 영향을 미칠 수 있을 것이다. 이러한 영업 인력의 R&R을 고려하면서 기업이 어떻게 영업 인력 관리를 해야 하는지 그 프로세스에 대하여 학습해보자.

6.2 영업 인력관리 프로세스

영업인력 관리 프로세스에 대한 이론적 프레임은 그림 11-24 에 제시되어 있다. 영업(마케팅) HRM 도구 영역은 인력 선발, 인력 개발, 리더십 행동과 스타일, 목표 설정 및 합의, 성과평가 영역을 관리해야 할 것이다. 이러한 관리가 성과에 영향을 미치는 과정에서 영업맨의 성격 특성, 영업맨의 지식과 스킬(사회적 역량과 전문적 제품기술 역량), 동기부여, 정의된 목표 지식과 역할 기대와 같은 주요 매개변수들의 역할을 모니터링해야 할 것이다.

실무적으로 영업인력 관리 프로세스는 크게 세 부분으로 구성된다. 영업 인력의 선발, 영업 인력에 대한 교육 및 관리, 영업 인력의 성과평가와 보상에 대해 살펴본다.

(1) 영업 인력의 선발

영업 인력의 관리는 선발로부터 시작된다. 기업은 회사의 가치관, 규정 등과 잘 맞는 사람을 선발하기 위해 다양한 노력을 기울이고 있고, 현장 관리자의 평가를 선발 과정에서 점점 더 많이 반영하는 방향으로 선발 과정을 변화시키고 있다. 영업 인력 R&R의

그림 11-24 영업인력 관리 프로세스에 대한 이론적 프레임[5]

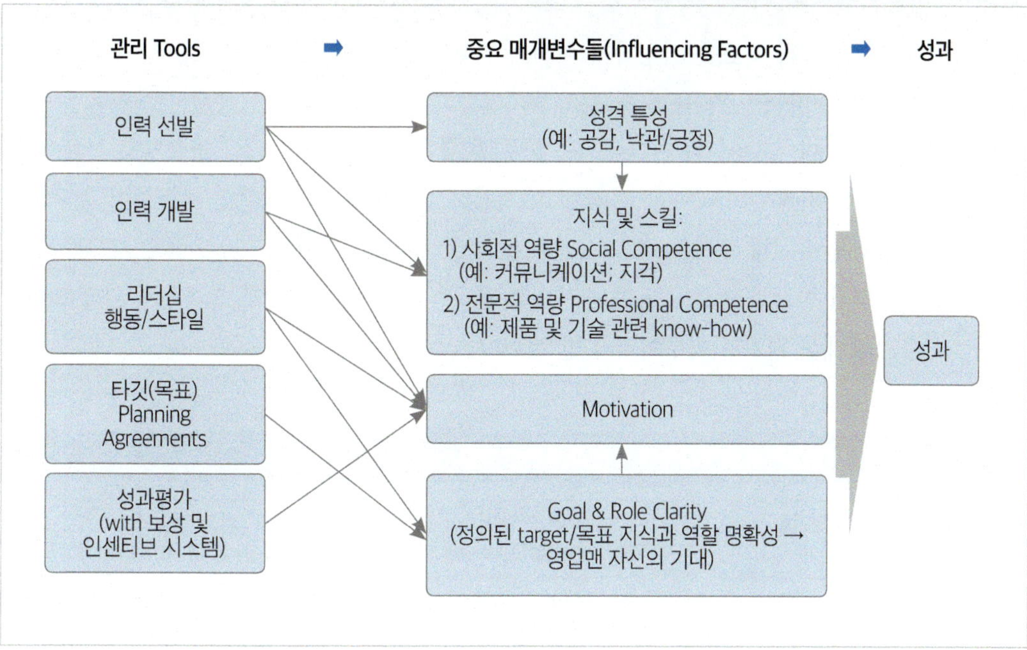

구체화를 위해서는 앞서 학습했듯이 영업 인력의 경력경로(career path)를 고려해서 선발해야 할 것이다. 기업은 사업의 특성을 감안하여 기술 엔지니어 배경의 영업 인력과 비즈니스 배경의 영업 인력의 비율을 어떻게 해서 선발할 것인가를 고려해야 할 것이다.

대형수주 사업을 수행하는 우리나라의 대표적 B2B 기업들은 사업에 따라 차이는 있겠지만, 각 지역시장(예를 들어 중동, 동남아 등)에 있는 기존 고객 네트워크(network)뿐 아니라 신규 시장에 있는 잠재고객과의 관계 네트워크를 강화하고 있다. 이런 경우, 영업 인력이 담당하는 마켓의 범위(market coverage) 측면을 고려해야 할 것이다. 예를 들어 기존 고객 네트워크가 잘 구축된 지역시장에서는 고객과의 관계를 유지하기 위한 비즈니스 배경의 영업 인력을 선발하여 해당 지역의 영업(local selling)을 담당하게 할 수 있을 것이다. 이에 비해, 제품 관련 기술 정보에 초점을 두는 기술 엔지니어 백그라운드 영업 인력은 특정 지역에 상관없이 기회가 있는 시장에서 영업(selling) 활동을 하도록 선발할 수 있을 것이다. 나아가 고객 유형을 고려해서, 새로운 시장에 있는 잠재적 신규 핵심고객account에 대한 영업에 투입할 인력을 선발할 수도 있을 것이다. 즉 영업 인력은 사업부의 전략에 따라 계획하여 선발해야 할 것이다.

5) Ibid.

(2) 교육훈련 육성 및 관리 감독

기업은 성과 목표를 달성하기 위해 선발된 영업 인력이 역할을 수행할 수 있도록 영업 전략에 따른 인력 육성 필요조건을 명확히 하여 경력경로를 제시하고 교육훈련 육성해야 한다. 교육훈련 단계에서는 **표 11-12**와 같이 영업 인력의 경력경로 목표에 부합하는 교육훈련의 목표를 설정하고, 적절한 교육훈련 프로그램을 개발하여 요구되는 전문성을 유지할 수 있도록 교육훈련을 수행해야 할 것이다. 교육훈련 프로그램을 수행하면서 발생하는 문제를 효과적으로 관리함과 동시에 학습과 교육훈련 프로그램의 효과에 대한 평가가 이루어져야 할 것이다.

표 11-12 영업인력의 경력경로에 따른 교육훈련 내용

영업 인력의 경력경로에 따른 교육훈련 단계	비즈니스 영업맨 (Business salesman)	기술 영업맨 (Technical salesman)
1. 교육훈련 목표 설정	Local expert+business sales man 육성을 위한 교육훈련 목표	Local+global technical sales expert 육성을 위한 교육훈련 목표
2. 교육훈련 프로그램의 개발	대인관계 능력과 business sales skill의 프로그램	제품 관련 기술 교육훈련 프로그램
3. 교육훈련 프로그램의 관리	교육훈련 프로그램을 수행하면서 발생하는 문제, 교육 장소, 교육 담당자, 교육 방법, 교육 시기에 대한 관리	
4. 교육훈련의 평가	피교육자의 학습이해 정도에 대한 평가와 실시된 교육훈련 프로그램의 효과에 대한 평가	

영업 인력에 대한 교육은 영업 인력의 경력경로별로 나누어 진행할 수 있을 것이다. 교육훈련 단계 중 첫 번째인 교육훈련 목표의 설정 단계에서는, 비즈니스 영업 인력은 대인관계 능력을 바탕으로 특정 지역 고객과 관계를 형성하는 것이 중요하므로 지역 전문가(local expert)로 성장할 수 있도록 교육훈련해야 할 것이다. 이러한 영업 인력은 특정 지역의 전문가(specialist)로 성장하면서 영업 성과를 극대화할 수 있을 것이다. 한편 기술 영업 인력은 전 세계 어디에서나 기술로 통할 수 있도록, 글로벌 기술 전문가(global technical expert)로 성장할 수 있게 교육훈련하는 것이 바람직하다. 두 번째 단계인 교육훈련 프로그램의 개발 단계에서는, 기술 영업 인력에게는 제품 관련 기술 교육 프로그램을, 비즈니스 영업 인력에게는 대인관계 능력과 같은 비즈니스 영업 스킬 프로그램을 개발하여 교육훈련하는 것이 바람직하다. 이러한 교육훈련 방향은 영업 인력이 각 영역의 전문가로 발전하는 것을 전제하고 있다. 즉 기술 영업 인력에게 취약할

수 있는 비즈니스 영업 스킬은 비즈니스 영업 인력이 보완할 것이고, 비즈니스 영업 인력에게 부족한 제품 관련 기술 측면은 기술 영업 인력이 보완할 것이다. 두 유형의 영업 인력이 협업하면 영업의 시너지 효과가 일어날 수 있다. 물론 기업마다, 혹은 사업의 특성에 따라 비즈니스 영업 스킬을 구비한 기술 영업 인력을 육성하고자 할 수도 있다. 그런데 이러한 슈퍼 탤런트를 가진 영업 인력의 육성은 현실적으로 어려울 수 있음을 고려해야 할 것이다.

세 번째 단계인 교육훈련 프로그램의 관리 단계에서는, 기업은 실제로 교육 프로그램을 수행하면서 발생하는 문제들을 효과적으로 관리해야 한다. 교육훈련 프로그램의 관리 이슈로는 교육 장소, 교육 담당자, 교육 방법, 교육 시기에 대한 관리 등이 있다. 참고로 그림 11-25에는 경력경로별 교육훈련 육성 도구의 적합성 평가 예시가 나타나 있다.

그림 11-25 경력경로별 교육훈련 육성 도구의 적합성 평가 예시

개발/육성 tools	성격 특성	사회적 역량	전문적 역량
순환 배치(Job rotation)	◑	◕	●
세미나/코스		◑	◕
그룹 토론	◕	◕	
심포지엄/conferences			●
멘토링/코칭	●	●	
비즈니스 시뮬레이션 게임/사례학습		◑	◕
프로젝트/Team과제	◑	●	◕
Role plays	◕	◕	
행동 training	◑	●	
워크숍	◑	◕	◑

● Very well-suited ◕ Well-suited ◑ Suitable to certain degree

* 훈련 모드 유형
IJT= into the job (예: trainee programs, training mentoring)
OJT= on the job (예: task-related 세미나, job/task design, career planning)
Near/off the job (예: quality circle, 직접적으로 연관되지 않지만 필요한 세미나)

마지막으로 교육훈련의 평가 단계에서는 교육훈련 프로그램이 실시된 다음 영업 인력의 학습 및 훈련 상황에 대한 평가와 실시된 교육훈련 프로그램의 효과 평가가 함께 이루어져야 할 것이다. 결국 영업 인력에게 요구되는 전문성을 개발 · 유지하고, 목표와 높은 성과를 달성할 수 있도록 하기 위해서는 영업 인력에 대한 지속적인 교육훈련과 관리 감독에 대한 투자가 필요하다.

(3) 평가 및 보상

영업 인력 관리 프로세스의 마지막 단계인 영업 인력의 성과평가 및 보상에 대해서 학습한다. 기업은 영업 인력의 성과 향상과 동기 부여를 위해서 성과에 대해서 적절한 보상을 해야 한다. 성과란 업무수행의 결과이며, 이런 성과에 대해 보상을 하기 위해서는 정확한 성과 측정을 통하여 성과와 보상 간의 인과 관계를 명확하게 해야 한다. 하지만 성과공헌도를 측정하는 것은 매우 어려운 과업이다. 특히 학습한 PAM의 사전 제안영업(spec-in) 활동의 경우에는 더욱더 성과공헌도를 측정하기 어렵다. 그런데 기업은 정확한 기준을 통해 성과공헌도를 측정하고, 성과보상 시스템을 마련하는 것을 중요하게 생각한다.

그동안 축적된 마케팅 연구결과에 따르면, 영업 인력은 기본적으로 타 직무를 수행하고 있는 인력과는 다른 형태의 보상을 제공해야 한다고 한다. 그 이유는 영업 인력은 일상적인 업무를 수행하기보다는 독립적으로 업무를 수행하고 있으며, 회사의 매출을 직접 창출하는 핵심이기 때문이다. 나아가, 영업 인력의 활동은 직접적으로 측정할 수 있는 활동 결과인 매출과 가까이 있다. 성과의 정량화가 타 직무에 비해서는 용이한 편이다.

여러 성과평가 방법이 있지만 기업에서는 대표적인 방법으로 MBO(Management by Objectives) 방식을 많이 사용한다. MBO란 목표 설정에 의한 관리를 의미한다. 즉 평가자와 피평가자가 공동 참여하는 과정을 통해 조직 단위와 구성원 수행 활동의 단기적 목표를 명확하고 체계적으로 설정하고 그에 따라 활동을 수행한 후, 결과를 평가하는 관리 체제를 말한다. 즉 목표 관리는 직무성과의 향상 및 개인능력 개발을 위해서 목표를 설정하고 달성 과정을 통제하며, 성취 결과를 평가하는 데 있어서 개인적 · 집단적 · 조직적 목표를 통합하도록 경영자와 직원이 참여하여 조직에 대해서 적극적인 공헌 활동을 수행할 수 있게 하는, 경영 관리의 효율화를 높이려는 관리 방식 또는 관리 체계를 의미한다. MBO는 성과 목표와 성과 측정 지표를 결정하고(plan), 목표 달성을 위한 실행 활동을 펼치며(perform), 설정된 목표 대비 실행 성과를 평가하는(assess) 단계로 이루어진다. 여기서 평가된 성과에 따라 기본급 외에 인센티브가 주어진다. 물론 직무 특성과 변동비에 따라 인센티브에도 여러 가지 형태가 있다. 가장 흔히 활용되는 방식은 그룹 인센티브, 개별적 인센티브, 세일즈 커미션, 보너스의 형태이다. 즉 기업은 영업 인력의 동기를 부여하여 성과 목표를 달성하기 위한 최적의 보상 방식을 도출하기 위해 지속적으로 고심하는 것이다.

이 장의 요약

이번 장의 주요 내용을 요약하면 다음과 같다.

- 영업효과성관리(SEM: Salesforce Effectiveness Management)는 영업(마케팅)조직 관리, 영업(마케팅) 활동의 프로세스 관리, 그리고 영업(마케팅) 인적자원관리(HRM: Human Resource Management)라는 세부 영역으로 구성된다.
- 그 외 SEM의 추가적 중요 이슈는 핵심고객관리(KAM: Key Account Management)와 선제적 영업/판매(Spec-In) 활동이다.
- KAM은 핵심고객관리를 말한다. 핵심고객(key account)이란 매출과 수익 비중이 높은 중요 고객을 의미한다. 대형 플랜트 사업을 예로 들면 프로젝트 규모가 크고, 발주가 예상되는, 발주처, 사업개발자(developer), 파트너링(partnering) 업체, 정부기관 등이 핵심고객이 될 수 있다. 핵심고객의 유지와 지속적인 비즈니스 거래는 기업의 성과에 큰 영향을 미친다. 따라서 이런 핵심고객과 지속적이고 집중적인 관계를 구축하면 빠르고 정확한 정보를 얻을 수 있으며, 영업활동의 효율성을 높일 수 있다.
- KAM의 핵심 개념들에는 고객중시 문화, 고객과의 관계 구축에 기반한 선제적 마켓 센싱, 자원 확보 및 사업 수행, 애프터서비스 및 만족관리가 있다.
- KAM으로 실제 성과를 내기 위해서는 매우 어려운 점이 많다. 첫 번째 의사결정으로는 어떠한 고객기업이 핵심고객으로 선정이 되어야 하는가이다. 그 외 주요 의사결정 차원들로는 이 고객들을 대상으로 어떠한 활동(activities)이 수행되어야 할 것인가, 누가 수행하는가(actors), 어떠한 자원(resources)으로 수행하여야 하는가, KAM 수행조직의 공식적인 정도는 어떠한 것이 바람직한가, 핵심고객관리 계획의 수립과 실행은 어떻게 진행되는가, 그리고 KAM 수행성과는 어떻게 평가하고 환류할 것인가가 있다.
- KAM 시스템은 KAM의 프로세스 - 기획, 실행, 평가 및 피드백 - 의 단계별 수행활동을 고려하여 구축

되어야 한다.

- PAM 선행 영업이란 RFP 이전 단계에 고객에게 다가가 고객의 필요, 욕구 및 문제점을 발견하고 이에 맞는 해결책(solution)을 도출해 제안하는 사전제안 선행영업 활동을 말한다. 사전제안 선행영업을 잘 하기 위해서는 다음 사항들을 명심해야 한다.
  - 사전제안 선행영업은 단순한 판매가 아니라 비즈니스 개발(business development)이라는 점을 명심해야 한다.
  - 비즈니스 개발을 함에 있어 선택과 집중이 필요하다. STP 개념과 KAM 개념이 중요하다.
  - STP와 KAM을 잘 수행하기 위해서는 STP 이전에 정확한 마켓 센싱을 해야 한다.
- 도구들을 잘 활용하여 PAM 사전제안 선행영업을 준비하고 수행하는 것이 바람직하다: 영업단서 계획견본(sales lead planning template), 구매센터 의사결정 매트릭스 분석견본(buying center decision matrix analysis template), 판매전략견본(sales strategy template), 판매커뮤니케이션견본(sales communication template).
- 영업(마케팅)조직의 설계는 영업(마케팅) 부서를 어떻게 편성할지 결정하는 것이다. 기업의 성과는 조직 구성원 개인의 역량에 의해 영향을 받기도 하지만, 동시에 그 개인들이 어떤 형태의 조직 구조 속에서 일하느냐에 따라서도 영향을 받는다. 영업(마케팅) 조직의 형태는 기초적으로 지역 중심형 조직, 사업 · 제품 중심형 조직, 고객 중심형 조직으로 구분된다. 영업 조직은 지역, 사업 · 제품, 고객 특성을 감안하여 선제적 마케팅의 선행 영업을 수행하는 데에 가장 효과적 · 효율적인 방법으로 설계하는 것이 중요하다.
- 영업조직과 타 조직 간 인터페이스 관련 문제(갈등)를 관리할 수 있는 도구에는 조직구조 관련 도구(structure-related tools), 업무 프로세스 관련 도구(process-related tools), 인적자원관리 관련 도구(personnel management-related tools), 그리고 조직문화 관련 도구(culture-related tools)가 있다.
  - 조직 간 인터페이스 관련 갈등이나 문제를 관리함에 있어 기업은 조직 관련 도구와 프로세스 관련 도구를 가장 흔히 사용하는 편인데 이 도구를 너무 자주 사용하는 경우 그 유효성에 대한 조직원의 기대와 평가가 저조할 수 있다. 시간은 오래 걸리지만, 조직원의 생각과 행동을 보다 근본적으로 변화시킬 수 있는 도구는 인적자원관리 관련 도구와 조직문화 관련 도구임을 염두에 둬야 한다.
- 영업활동 프로세스 관리도 기획(Plan)-실행(Do)-통제(See)로 이루어진다.
  - 영업(마케팅)활동 프로세스의 기획 단계에서의 주요 과제는 매출 및 수익 목표를 설정하는 것이다.
  - 실행 단계는 판매 기회의 발견과 창출로 시작된다. 판매의 계기(sales lead)를 창출, 사용하여 판매활동을 전개한다. 그리고 판매 기회의 획득 활동을 실행하는데, 세부적으로는 판매, 제안 및 입찰 준비, 판매 및 입찰, 계약 진행을 수행한다.
  - 통제 단계에서는 목표와 실제 성과를 비교하여 그 차이인 갭과 원인을 분석하고 이를 바탕으로 대응책을 마련하여 실행하며 향후 계획을 업데이팅하면서 예측하는 것이 주요 수행과제이다.

- 영업(마케팅) 자원의 사업별, 제품별, 지역별, 고객별 배분의 효율성 증진을 위해 포트폴리오 모델과 순마케팅공헌마진(NMC: Net Marketing Contribution)을 활용한다.
- 영업 인력은 사업개발의 선봉에 서서 RFP 기회가 어디에서 생기는지에 관한 정보를 센싱(sensing)해서 내부 관련팀에게 이 정보를 전달하고 제안서를 준비하도록 하는 역할을 하였다. 그런데 선제적 마케팅 상황에서는 영업 인력이 RFP 이전 단계로 앞서가서 고객의 필요, 욕구 및 문제점을 센싱하고, R&D, 제품개발팀 등과 같은 회사 내의 다른 팀들과 협업하여, 고객 문제에 대한 해결책을 담은 가치제안 방향을 설정하는 역할을 수행해야 한다. 즉 고객의 관점에서 내부의 사업수행팀과 협업하는 조율자(coordinator)의 역할이 점차 확대되어야 한다. 따라서 영업 인력은 과거에 비해 그 역할이 확대되고 있으며, 이에 따라 영업관리의 중요성이 커지고 있다.
- 영업 인력의 R&R을 구체화하기 위해서 1) 영업인력의 경력경로(career path), (2) 영업인력이 담당하는 마켓의 범위(market coverage), 그리고 (3) 고객의 유형을 고려해야 한다.
  - 영업 인력의 경력경로는 기술적 엔지니어 배경을 가진 영업 인력과 비즈니스 배경의 영업 인력의 차이를 고려하는 것을 말한다.
  - 영업 인력이 담당하는 마켓 범위의 경우 특정 지역 영업을 담당한 전문 영업 인력과 글로벌 영업을 담당할 제품 및 기술 전문 영업 인력에 대해 고려하는 것을 말한다.
  - 고객의 유형은 기존 고객을 관리하고 유지하는 것과 신규 핵심고객 account를 획득하는 것에 대한 영업 인력의 역할과 책임에 대해 고려하는 것이다.
- 영업인력 관리 프로세스는 (1) 영업 인력을 선발하고, (2) 영업 인력에 대한 교육훈련 및 관리를 하며, 그들에 의해 발생된 (3) 성과를 평가하여 보상하는 단계별로 효과적, 효율적으로 관리되어야 한다.

핵심 용어

영업효과성관리(SEM: Salesforce Effectiveness Management), 영업(마케팅)조직 관리, 영업(마케팅) 활동 프로세스 관리, 영업(마케팅) 인적자원관리(HRM: Human Resources Management), 핵심고객관리(KAM: Key Account Management), KAM 프로세스, PAM (Spec-In) 셀링, 영업단서 계획견본(Sales Lead Planning Template), 구매센터 의사결정 매트릭스 분석견본(Buying Center Decision Matrix Analysis Template), 판매전략견본(Selling Strategy Template), 판매커뮤니케이션견본(Sales Communication Template), 지역 중심형 영업 조직, 사업 · 제품 중심형 영업 조직, 고객 중심형 조직, 영업조직과 다른 조직 간 인터페이스 관리, 조직구조 관련 도구, 업무 프로세스 관련 도구, 인적자원관리 관련 도구, 조직문화 관련 도구, 영업(마케팅)활동 프로세스 관리, 영업(마케팅) 자원배분, 순마케팅공헌마진(NMC: Net Marketing Contribution), 영업 인력의 역할과 책임(R&R: Role & Responsibility), 영업맨 유형, 영업 인력관리 프로세스

생각 및 토론 과제

1. 여러분의 사업부를 중심으로 특정 고객으로부터 예상되는 프로젝트를 대상으로 이번 장에서 학습한 PAM 사전제안 선행영업견본을 작성해 보시오.

(1) 영업단서 계획견본(표 11-4 참조)

(2) 구매센터 의사결정 매트릭스 분석 견본(표 11-5 참조)

(3) 판매전략견본(표 11-6, 표 11-7, 표 11-8 참조)

(4) 판매커뮤니케이션견본(표 11-9, 그림 11-13, 표 11-10 참조)

2. 여러분의 사업부를 기준으로 생각하여 여러분의 동료들과 함께 KAM의 현재 상황(As-Is)을 논의 · 평가하고, 개선점을 반영한 KAM의 미래 모습(To-Be)을 논의 · 도출해 보시오.

제 12 장

선제적 B2B 마케팅의 통제

선제적 B2B 마케팅의 마지막 장이다. 3장에서 선제적 B2B 마케팅 프레임(그림 3-7 참조)을 제시하고 이에 따라 첫 번째 구성 영역인 마켓 센싱(시장지식 및 정보관리)을 2부에서, 두 번째 구성 영역 마케팅 및 영업전략을 3부에서, 세 번째 구성 영역 고객 대면 영업 활동을 4부에서, 그리고 마지막 구성 영역인 마케팅 및 영업효과성관리를 5부에서 살펴보고 있다. 11장에서는 영업효과성관리를, 그리고 이번 12장에서 선제적 B2B 마케팅의 통제를 고찰한다.

먼저 마케팅(영업) 통제 주제 토픽을 소개하는 가상 사례를 소개하고, PAM 통제 개념을 비유하는 사례를 설명한다. 그 후, PAM(ProActive b2b Marketing) 통제에 대해 알아본다. 그리고 통제 과정 중 마케팅 성과 측정, 마케팅 ROI(Return On Investment)와 마케팅 자원의 최적 배분을 상세히 살펴본다. 마지막으로 시장개척형(market driving) PAM의 성과 측정과 통제에 대해 학습한다.

■ 마케팅(영업) 통제 주제 토픽 소개 가상 사례[1)]

가상 사례로 마케팅 성과평가가 필요한 핵심적 이유를 알아본다. 표 12-1은 바이오헬스케어 B2B 기업의 성과, 주로 재무적 관점의 성과 및 기준연도를 포함하여 4년 치가 나타나 있다. 표를 보면 매출액, 이익 그리고 재무 성과 비율이 해가 갈수록 증진하고 있어 별문제는 없어 보이고, 사업을 잘 하는 것으로 보인다.

다음의 표 12-2는 해당 기업의 성과를 다른 측면에서 분석한 것이다. 바이오헬스케어 B2B 기업의 매출과 이익은 계속 증가하고 있는데, 해당 기업이 속한 시장은 그동안 어떠했는가를 살펴보았다. 전체 시장의 매출액 성장률을 조사한 결과, 전체 시장은 해당 기업의 매출 증가보다 더 빨리 성장하고 있다. 그 결과, 해당 기업의 시장점유율은

1) 채서일, 이성호(2017), Marketing, 6판, 비앤엠북스. 17장 가상 사례를 수정하여 제시함.

표 12-1 바이오헬스케어 B2B 기업의 성과

(단위: millions)

바이오헬스케어 B2B 기업의 성과	기준 연도	1년차	2년차	3년차
매출액	$254	$293	$337	$390
제조원가	$127	$139	$157	$175
총이익	$127	$154	$180	$215
마케팅과 영업비	$61	$67	$74	$82
일반관리비	$20	$23	$27	$31
기타 비용	$30	$35	$40	$47
세전 이익	$16	$29	$39	$55
재무성과 측정지표				
세전 매출이익률(세전 이익/매출액)	6.3%	9.9%	11.6%	14.1%
자산회전율(매출액/자산)	0.90	0.95	1.00	1.05
자산이익률(세전 이익/자산)	5.7%	9.4%	11.6%	14.8%

표 12-2 바이오헬스케어 B2B 기업의 시장성과 지표

바이오헬스케어 B2B 기업의 시장성과 지표	기준 연도	1년차	2년차	3년차
전체시장 매출액 성장률	20.5%	22.5%	21.4%	21.3%
바이오헬스케어 B2B 기업의 대출액 성장률	15.3%	15.4%	15.0%	15.7%
바이오헬스케어 B2B 기업의 시장점유율	10.0%	9.4%	8.9%	8.5%

해를 거듭할수록 조금씩 떨어졌다. 그림 12-1 은 이 상황을 명확하게 보여준다. 다시 말해 바이오헬스케어 B2B 기업의 성과는 그 기업의 과거와 비교했을 때는 별문제가 없어 보였지만, 비교 기준을 시장으로 봤더니 해당 기업의 성과는 다시 평가할 필요가 있음을 알게 되었다. 그래서 해당 기업은 자사의 시장점유율이 떨어진 원인을 발견하려고 각종 마케팅 성과지표를 조사하여 측정했다. 표 12-3 은 이러한 마케팅 성과지표의 상태들을 보여주고 있다. 먼저, 해당 기업은 자사의 제품 성능, 서비스 품질과 고객이 인식하는 가치를 조사했는데, 이 지표가 해를 거듭할수록 떨어지고 있음을 알았다. 중요한 것은 제품 성능과 서비스 품질 측면에서 경쟁사보다 경쟁력이 떨어지고 있다는 것이다. 나아가 해당 기업은 고객 관련 성과지표도 수집 · 분석했는데, 경쟁력 성과지표와 비슷하게 고객 만족이나 고객유지비율이 점차 떨어지고 있었다.

그림 12-1 바이오헬스케어 B2B 기업의 시장성과 지표

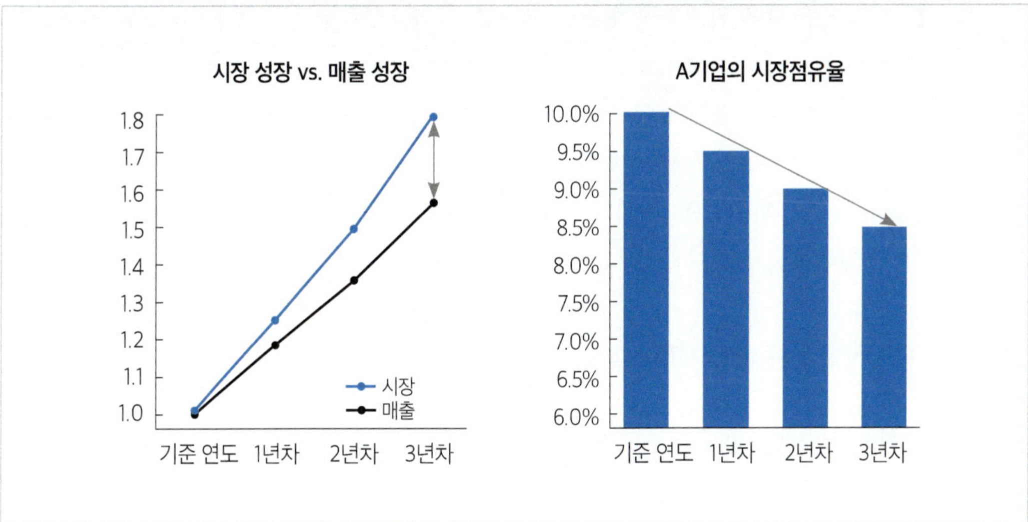

표 12-3 바이오헬스케어 B2B 기업의 성과

바이오헬스케어 B2B 기업의 마케팅 성과지표	기준 연도	1년차	2년차	3년차
바이오헬스케어 B2B 기업의 시장성과 지표				
전체시장 매출액 성장률	20.5%	22.5%	21.4%	21.3%
바이오헬스케어 B2B 기업의 매출액 성장률	15.3%	15.4%	15.0%	15.7%
바이오헬스케어 B2B 기업의 시장점유율	10.0%	9.4%	8.9%	8.5%
바이오헬스케어 B2B 기업의 경쟁력 성과지표-경쟁 대비 인덱스(경쟁과 동등하면 0)				
제품 성능 인덱스	19	17	15	11
서비스 품질 인덱스	0	-3	-7	-9
고객의 가치 인식 인덱스	28	25	16	8
바이오헬스케어 B2B 기업의 고객 관련 성과지표				
고객만족도 인덱스	78	73	68	64
고객 유지비율	77%	75%	69%	65%
고객 생애가치	$103	$96	$67	$45

사례는 이번 장 학습 주제인 마케팅 통제 토픽의 주요 포인트를 전달하기 위해 소개했다. 마케팅 성과평가가 왜 필요한지 그 이유를 이해했을 것이다. 마케팅 성과평가의 핵심적 역할은 시장, 경쟁 같은 외부적 관점에서 성과를 평가해 상대적으로 내부에 초점이 맞춰진 재무 성과평가를 보완하는 것이다. 재무적 성과는 단기적 관점에서의 성

과를 잘 반영하지만, 장기적 관점에서의 성과를 보여주는 데 한계를 가지고 있다. 반면 마케팅 성과 같은 비재무적 성과는 기업의 장기적 성과를 가늠할 수 있는 좋은 잣대 역할을 한다. 즉 forward-looking performance indicator로 기업의 미래 성과를 예측할 수 있는 지표이다. 오늘날 많은 기업의 주요 성공 요인(key success factor)은 비재무적 성과에서 측정되는 무형자산(예: 고객자산[customer equity], 브랜드자산[brand equity], 파트너 관계[partner relationship])인 경우가 많다. 기업은 재무적 성과뿐만 아니라, 비재무적 마케팅 성과를 함께 평가하며 서로를 보완적으로 사용해야 한다.

■ 마케팅 통제 비유 사례

선제적 마케팅을 운영하고 통제하는 것은 야구팀을 운영하고 통제하는 것에 비유될 수 있다. 어떠한 측면이 비슷한지 살펴보겠다. 먼저 프로야구 구단주는 팀의 전반적인 관리부터 재정적인 문제까지 모두 판단하고 결정해야 하므로 기업의 CEO에 비유될 수 있다. 흔히 야구팀 감독들이 선수 관리, 전략의 수립과 실행, 전력의 분석 등을 관리하는 것처럼, PAM 팀에서는 사업의 마케팅을 총괄하는 사업 본부장 또는 마케팅/영업 총괄 본부장이 이러한 역할을 담당한다. 또한 야구의 전력 분석가는 PAM 팀의 통제 매니저(control manager) 역할에 비유될 수 있으며, 세일즈 매니저의 경우는 자사의 판매 및 프로모션 등의 전략을 관리하고 계획하기 때문에 야구에서 타격 코치와 유사한 점이 많다고 할 수 있다. 또한 PAM 전략을 이행하는 것은 경기 레이스에서 승률을 관리하기 위해 전력을 집중할 경기들을 선택하는 것, 상대 팀에 따라 전략을 결정하는 것과 유사하다. **표 12-4** 처럼 PAM 팀의 활동은 친숙하게 이해될 수 있다.

표 12-4 PAM 팀 및 야구팀의 조직

PAM 팀	야구 팀	PAM 팀	야구 팀
CEO	구단주	PAM program	Play book
PAM Executive	감독	Sales Manager	타격 코치
PAM Control Manager	전력 분석가	Salesperson	타자
PAM Strategy	Race 승률 전략과 상대팀에 따른 승리 전략	Part of team	Rest of players

표 12-5 는 조직의 목표와 목표 달성을 위한 전략 수립의 앞 단계인 마켓 센싱의 내용을 보여주고 있다. 국내 프로야구팀 A와 파워비즈니스 기업 A의 북미 지역 PAM team의 목적과 목표를 미션, 장기(long-term), 연간(annual)으로 나누어 각 세부 항목을 표시했다. 목표 대부분은 기업의 존재 이유인 미션에서 파생된 것으로, 궁극적으로 미션을 달성하기 위한 세부 사항이라 생각하면 되겠다. 또한 마켓 센싱은 5장과 6장에서 배운 내용을 바탕으로 간략하게 서술한 것으로 생각하면 되겠다.

표 12-5 PAM 프로세스 대 야구팀의 비저닝과 마켓 센싱

20X1-20X3 3개년 전략		프로야구 팀 A (국내 리그)	파워비즈니스 기업 A의 PAM Team (북미 지역)
Goal & Objectives	미션	구단과 팬이 하나가 되는 명문 구단	글로벌 리더로서의 위상 구축
	장기	최고의 경기와 최상의 서비스 제공	기술력, 원가경쟁력 구축
	연간	우승 (V6: 여섯 번째의 Korean Series 우승)	사업 성장률 15% 증가
마켓 센싱	매크로	20X1년 올림픽 우승, 20X2년 WBC 준우승으로 야구에 대한 관심 증대	낙후된 파워(발전)설비에 대한 고객들의 불안함 증가
	고객	야구에 대한 관심 증대로 팬 층의 다양화	품질을 상대적으로 중요하게 생각하는 경향이 있음
	경쟁	유사한 전력을 가진 2개 팀과 실력 측면에서는 조금 떨어지지만 약진중인 3개 팀	Global Top-tier 위주로 구성된 경쟁자 및 새롭게 등장한 후발 기업들로 구성된 경쟁자 Set
	자사	기복 없는 능력을 가진 팀, 그러나 좌완 투수의 부재가 약점으로 파악됨	비용, 납기에는 강점을 가지고 있으나 품질과 브랜드 명성(brand repulation) 은 top-tier에 비해 떨어지는 편

[프로야구팀 A] 프로야구팀 A는 구단과 팬이 하나가 되는 명문 구단이 되고자 항상 최고의 경기와 최상의 서비스를 제공하며, 이를 통해 올해 통산 여섯 번째로 코리안 시리즈 우승에 도전한다. 이러한 목표를 설정한 후, 프로야구팀 A는 조사를 통해 20×1년 올림픽 야구 우승과 20×2년 WBC 준우승으로 야구에 관한 관심이 증가한 것이 야구팀 활성화에 대한 기회 요인이며 이를 통해 팬층이 다양해질 것으로 예측했다. 그러나 유사한 전력을 가진 2개 팀과 3강 구도를 이루며 우승을 향한 경쟁은 더 치열해질 것이며, 새롭게 전력을 정비한 중간 정도의 실력을 갖춘 3개 팀의 약진에 대해 대비를 해야 할 것으로 판단했다. 프로야구팀 A는 실력의 기복이 없기에 좌완 투수 문제를 해결한다면, 우승에 문제가 없을 것으로 판단하고, 그에 따른 전략을 설정하기로 했다(**표 12-5** 참조).

[파워비즈니스 기업 A] 기업 A 역시 글로벌 리더가 되기 위해 기술 및 원가경쟁력을

구축하여 올해 사업성장률 15%를 목표로 정했다. 마켓 센싱 분석 결과, 북미 지역의 낙후된 발전설비에 대한 고객의 불안함이 증가하고 있고, 이에 따라 앞으로 발주량이 증가할 것이며, 북미의 고객들은 품질을 중요하게 생각하는 경향이 있음을 파악했다. 이를 감안하여 예상되는 경쟁자를 파악할 때, global top-tier 위주로 구성된 경쟁자 셋(set)이 설정될 것이며 경쟁 강도도 심할 것으로 판단했다. 기업 A는 비용, 납기 측면에서 상대적 강점을 가지고 있지만, 품질과 브랜드 명성은 경쟁자 수준보다 조금 열세라는 사실을 생각해 향후 전략 방향을 설정하기로 했다(**표 12-5** 참조).

전사적 목적을 달성하기 위해 먼저 마켓 센싱으로 다양한 시장 기회들을 분석하여 가장 적절한 시장기회를 선택하고, 구체적인 STP 분석과 전략 방향을 설정한다. 그 이후, 선택한 표적시장(target market)에서 경쟁자와 자사의 역량을 고려하여 설정한 포지셔닝 전략을 실행한다. 포지셔닝 전략의 실행은 다양한 비즈니스 활동 실행으로 이루어지는데 이러한 실행은 크게 두 가지 관점에서 생각할 수 있다. 먼저 제품력과 기술력

표 12-6 PAM 관리 프로세스 대 야구팀의 관리 프로세스

20X1-20X3 전략			프로야구 팀 A (국내 리그)	파워비즈니스 기업 A의 PAM Team (북미 지역)
STP	포지셔닝		국내 프로리그에서 팬들 및 잠재적 팬들에게 역사와 전통의 구단으로 자리매김	북미지역에서 기술력을 바탕으로 EPC 사업 전반을 수행할 수 있는 신뢰도 높은 기업
마케팅 및 영업 실행	제품력 및 기술력	R&D	리그 최고의 2군 관리 및 운영	설계 자립을 위한 원전 I&C 기술 개발 공정 향상을 위한 일체형 원자로 헤드 기술개발
		M&A	외국인 선수 영입을 통해 팀의 부족함을 채움	발전기 원천기술 보유한 기업 P에 대한 M&A 성사
	외형적 브랜드 관리		마스코트와 캐치플레이를 통한 팀 홍보	CSR을 이용한 기업의 이미지 쇄신
실행 성과 측정 평가	재무성과 평가		기복 없는 역량을 통해 매 경기 최고의 경기를 보여줌으로써 팬들을 만족시키고 그에 따른 수익 증가	목표성장률을 상회하는 15%의 성장률을 달성했으며, 그에 따라 수익도 증가
	마켓 기반 평가		전통 구단으로 자리매김함에 따라 기존의 팬들을 유지하고, 새로운 여성 팬을 확대함으로써 타 구단 대비 연간회원 비율이 높은 것으로 나타남	시장 전체 성장률이 약 21%라는 것을 고려할 때, 자사의 목표인 사업 성장률 15% 달성은 재설정되어야 할 필요가 있다고 판단
	고객 기반 평가		팬들의 만족도가 높아짐. 연간 회원권 신규 및 재구매율 높아짐	고객만족도는 높아진 것으로 판단되지만, 실제 고객 유지(retention)는 낮은 것으로 나타남

증진 관리(management for enhancing product & technology competencies)는 기업 내부의 자원과 시스템의 변화를 실행하는 것으로 R&D, M&A, 전략적 제휴 등을 통해서 제품력의 실체를 구조적으로 변화, 실행하여 그 결과로 브랜드 명성을 향상하는 것이다. 한편 외형적 브랜드 관리(cosmetic brand management)는 브랜드 인지도(brand awareness)와 긍정적인 이미지 창출을 위한 활동 실행을 의미하며, 프로모션, CSR(Corporate Social Responsibility, 이하 CSR) 활동이 그 예가 될 수 있다.

[프로야구팀 A] 프로야구 A팀은 목표에 기초하여 국내 프로리그에서 팬 및 잠재적 팬에게 역사와 전통의 구단으로 자리매김하기 위해 리그 최고의 2군 관리 및 운영 시스템을 도입하였으며, 부족한 좌완 투수를 보강하기 위한 외국인 용병을 스카우트했다. 또한 팬들에게 서비스하기 위해 마스코트를 새롭게 단장하며 타 구단과 차별화된 캐치 플레이를 팀의 홍보 수단으로 활용하여 팬들의 만족을 이끌고자 노력하였다(**표 12-6** 참조).

이러한 노력으로 프로야구팀 A는 우승을 성취하였다. 이러한 성과를 지속해서 유지하기 위해 프로야구 A팀은 지금까지의 팀 활동과 관리 과정을 평가하였다(**표 12-6** 참조). 프로야구 A팀은 항상 기복이 없는 플레이를 통해서 팬들에게 매 경기 최고의 경기를 보여주었으며, 이를 통한 팬들의 만족이 바로 수익의 증가로 이어졌다고 분석했다. 즉 팀의 노력이 더 많은 팬을 확보하게 하는 계기가 되었으며, 이는 높은 연간 회원권의 판매로 연결되었다. 또한 야구 이외의 측면에서도 팬들에 대한 만족스러운 서비스를 제공함으로써 시너지효과가 발생했다고 평가했다. 세부적으로 살펴보면, 팀의 역량 측면에서 ① 기복 없는 플레이와 ② 좌완 투수의 보강, 근본 역량 이외의 측면에서 ③ 팬들의 성향을 파악하여 제공한 서비스를 들 수 있다. 팀 전체의 성적을 좌우할 수 있는 기복 없는 플레이는 팀 차원에서 실시한 2군 선수의 육성 및 관리에서 비롯되었다고 할 수 있다. 즉 1군의 선수들이 다치거나 부진할 경우 이를 대체할 2군 선수들이 존재했다. 나아가 ② 팀의 약점으로 판단되었던 좌완 투수의 부재에 대해서는 적절한 외국인 선수를 영입하는 전략이 효과적이었다. 마지막으로 ③ 마켓 센싱을 통해 팬들의 욕구를 정확히 파악하여 마스코트를 재정비하였던 것과 팬들이 원하는 캐치프레이즈를 전격적으로 사용함으로써 경기 이외의 부분에서 만족스러운 서비스를 제공한 것이 팬들의 만족도를 높이는 데 도움이 되었다. 이는 연간 회원권의 구매율 증가로 이어졌다.

[파워비즈니스 기업 A] 기업 A는 목표에 기초하여 도출한 기술력을 바탕으로 EPC 전 과정을 수행할 수 있는 신뢰도 높은 기업으로 자리매김하고자 하였다. 이를 위해 자사의 가용 자원을 파악한 결과 R&D가 가능하다고 판단한 원전 I&C 부문에서 자체 기술 개발 노력을 통해 설계 자립을 성취했으며, 일체형 원자로 헤드 기술 개발을 통해 설계

공정을 향상시켰다. 또한 M&A를 통해 핵심 부품인 발전기 모터에 대한 원천기술을 가짐으로써 전체적 기술력을 향상시켰다. 또한 브랜드 이미지를 쇄신하기 위해 CSR을 실천함으로써 상대적으로 약한 브랜드 파워를 높이면서 경쟁 기업에 대한 차별적 이미지 구축을 추구하였다(표 12-6 참조).

결론적으로 이러한 노력으로 기업 A는 애초 설정했던 목표인 사업성장률 15%를 달성했다. 사업 목표를 달성한 기업 A는 향후 사업전략을 수립하기 위해 사업추진 과정에 대한 평가를 통해 목표 달성에도 불구하고 미진한 문제점이 있었는지, 개선할 점은 무엇인지를 파악하기 위해 사업추진 결과를 다시 평가했다. 먼저 마켓 센싱에 문제점이 있었는지 살펴보았다. 북미 시장의 시장성과 매력도를 다시 한번 살펴보았으나, 문제가 없었으며 적절한 시장기회의 선택이었다고 평가할 수 있었다. 나아가 북미 시장 고객들의 니즈, 욕구와 가치를 다시 살펴보았을 때, 자사가 평가했던 기준과 유사한 것으로 나타났으며 이를 통해 시장 선택과 고객의 평가 기준이 관련된 마켓 센싱에도 문제가 없는 것으로 판단하였다. 마지막으로 북미 시장 고객의 평가 기준과 자사의 역량 간의 차이를 그림 12-2 같은 가치곡선(value curve) 분석을 통해 살펴보았다. 기업 A는 북미 시장 고객의 평가 기준인 품질과 브랜드 명성 측면에서 부족한 것으로 나타났으며, 비용, 납기, 엄격한 스펙 요구 조건(spec rigidity)에 대한 대응력 측면에서는 오히려 높은 수준을 가진 것으로 나타났다. 하지만, 전반적으로 북미 시장의 고객들이 원하는 평가 기준에 적합성이 높은 편으로 나타났다. 즉 전체적인 마켓 센싱 활동에는 문제가 없는 것으로 판단할 수 있었다.

그림 12-2 마켓 센싱 리뷰

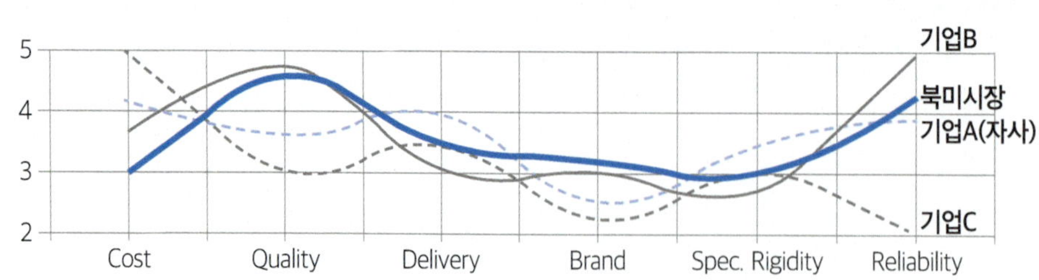

[파워비즈니스 기업 A] 포지셔닝과 사업실행 과정인 브랜드 관리(brand management) 측면을 살펴보았다. 먼저 기업 A는 '기술력을 바탕으로 EPC 전반을 수행할 수 있는 신뢰도 높은 기업'으로 자사를 포지셔닝하고자 하였다. 자사 분석 결과 품질, 브랜드 명성 측면을 제외하고 북미 시장 고객 평가 기준과 기업 A 제품 수준은 유사성이 높은 것으

로 분석되었고, 품질의 차이는 R&D와 M&A 등을 통해 기술력과 공정능력을 높임으로써 극복할 수 있으며, 브랜드 파워의 약점은 CSR을 통한 브랜드 관리를 통하여 보완한다는 전략을 수립하고 실행한 것에 별 문제점은 없었다고 평가하였다. 왜냐하면 이러한 활동 실행 후 기업 A에 대한 평가는 사업실행 전에 비해 의도했던 목표와 전략 방향으로 고객이 평가하고 있었기 때문이다(그림 12-3 참조).

그림 12-3 PAM 실행 이후 자사 역량 평가

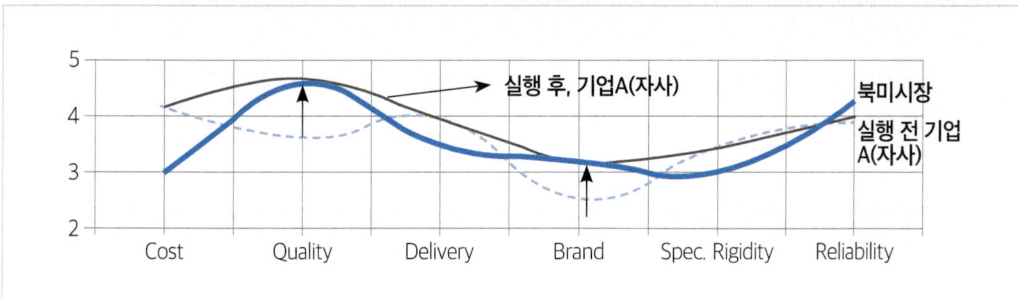

[파워비즈니스 기업 A] 전술한 활동 노력과 투자로 북미 시장에서 기업 A의 재무 성과는 20×0~20×1년에 비해 20×2~20×3년도에 상승한 것으로 나타났다(그림 12-4 참조). 즉 20×0~20×1년도 ROS(Return on Sales)와 ROA(Return on Asset) 상승률이 5~10% 안팎이었으나, 20×2~20×3년은 12~18%로 약 10% 정도의 재무 성과가 향상되었다. 즉 자사의 사업실행, 제품력과 기술력 증진 관리와 외형적 브랜드 관리 활동의 실행 결과가 긍정적이었다고 판단할 수 있었다.

그림 12-4 기업 A의 재무 성과

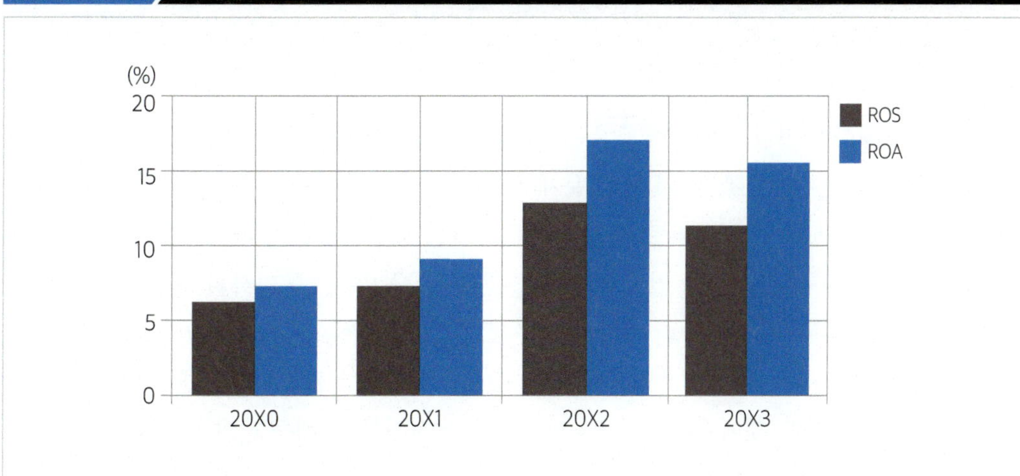

[파워비즈니스 기업 A] 다음은 재무 성과 외에 시장성과(market-oriented performance)를 리뷰했다. 수익성과는 향상되었을지 몰라도 그림 12-5를 통해 살펴본 결과 자사의 시장점유율과 판매성장률은 하락 추세를 보이고 있었다. 그렇다면 왜 ROA와 ROS는 증가하였는데 기업 A의 시장점유율과 판매성장률이 하락하였을까? 그 이유는 시장 전체의 성장률을 통해 알 수 있다. 시장의 규모는 매년 20% 이상 증가하고 있었으며, 이는 곧 시장의 확대를 의미한다. 결국 이러한 시장의 확대가 ROA와 ROS의 증가를 유도한 것이었다. 반면, 기업 A의 성장률은 시장의 평균 성장률에 미치지 못하면서 오히려 자사의 시장점유율은 하락하고 판매성장률 역시 감소하게 된 것이었다. 다양한 노력에도 불구하고 궁극적으로 기업 A는 목표 설정에 있어 전체 시장의 동향에 둔감한 것으로 평가되었다.

그림 12-5 기업 A의 시장성과

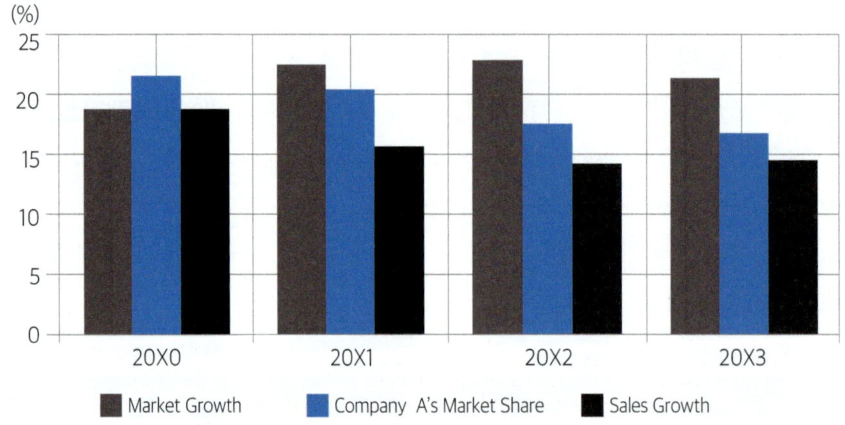

그렇다면 기업 A의 노력 중 무엇이 잘못되었을까? 다양한 문제점이 있겠지만, 크게 두 가지만 살펴보겠다. 가장 큰 문제점은 바로 '차별성'이었다. 그림 12-6처럼 자사가 대부분의 top-tier 기업의 포지션과 너무 유사한 방향으로 포지셔닝함으로써 자사의 역량에 비해 높은 성과를 얻지 못했다는 것을 알 수 있다. 즉 자사의 강점인 가격과 납기 측면을 추가하여 좀 더 차별성 있는 포지셔닝을 실행에 옮겼더라면 보다 더 긍정적인 성과를 얻을 수 있었으리라 판단했다. 또한 구조적으로 EPC의 수행에 있어서 각 기술을 보유하는 것에서 끝나는 것이 아니라, 각 사업부 및 기능 간의 유연성을 간과하였다고 판단했다. 즉, 각 EPC를 하기 위해서는 관련 사업부와 기능들이 유기적으로 움직여야 했는데, 이러한 부분을 신경 쓰지 못했기 때문에 더 큰 성과를 달성하지 못했다고 평가한 후, 향후의 새로운 전략 수립을 준비하기 시작했다.

그림 12-6 포지셔닝 맵

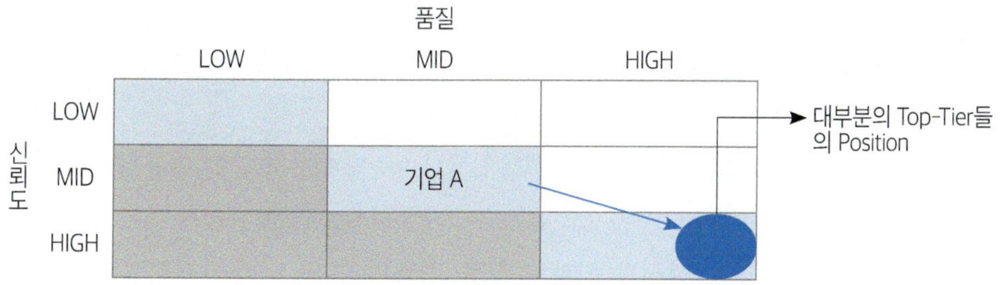

지금까지 비유 사례를 통해 PAM 과정에 대한 전반적인 프로세스와 이를 평가하는 것을 살펴보았다. 이 사례에서 선제적 마케팅전략을 수립할 때, 기업 A가 판단하기에 고객이 원하는 평가 기준에 미치지 못했던 요인들이 무엇이었는가? 품질과 브랜드 명성이었다. 이에 따라, 기업 A는 어떻게 대응했는가? 바로 R&D, M&A 등을 통해서 품질 향상 노력을 실행하였으며, 프로모션과 CSR을 통해 브랜드 인지도와 긍정적 이미지를 높이기 위해 노력하였다. 이러한 총체적인 사업실행 노력은 크게 R&D, M&A처럼 기업의 내부 자원 확충을 통해서 전사적으로 자사 역량을 증진하는 제품력과 기술력 증진 관리 노력 및 프로모션, CSR처럼 기업의 외형적 이미지를 개선하는 외형적 브랜드 관리로 구성될 수 있다. 이를 통해 기업은 자사의 목표인 성과 향상을 달성하고자 노력하는 것이다. 또한 기업 A는 성과를 돌아보면서 크게 두 가지 문제점을 파악하였다. 즉 차별성의 부족함과 유기적이지 못했던 조직의 실행 체계를 발견하였다. 따라서 기업 A는 이러한 문제점을 해결할 수 있도록 자사의 마케팅 활동들을 다시 수정하고 보완해야 한다. 이러한 과정을 마케팅 활동의 통제(controlling proactive marketing activities)라고 한다.

1절. PAM 통제

여기에서는 선제적 B2B 마케팅의 통제 과정, 통제 수준과 기준, 그리고 마케팅 성과 측정의 이해에 대해 학습한다.

1.1 PAM 통제 과정

마케팅 관리 체계는 B2B나 B2C나 동일하다. 즉 마케팅전략 및 활동의 기획(planning), 실행(implementation), 그리고 통제(control)로 구성된다(그림 12-7 참조).[2)]

통제는 성과기준의 설정과 성과의 측정, 성과의 평가, 그리고 의사결정에 반영하는 수정 활동의 세부 과정을 통해 이루어진다.

마케팅 학계는 실무계의 관심사인 마케팅 효율성 평가 부문을 심화 발전시켜 왔다. 마케팅 효율성 평가란 마케팅 생산성 분석이며, 평가 기준은 투입한 마케팅 자원 대비 성과를 얼마나 달성했는가이다. 투입된 마케팅 비용과 투자 대비 기업의 수익이나 매출, 시장점유율, 현금 유동성 등에 얼마만큼의 변화가 있었는지를 평가하는 것이다. 간접비로 인해 마케팅 및 판매 활동에 귀인(attribute) 시키는 비용을 정확하게 계산하기 어려운 점이 있지만, 일반적으로 규모가 큰 B2B 사업 맥락에서는 판관비와 마케팅 및 영

그림 12-7 마케팅 관리 체계와 통제 과정

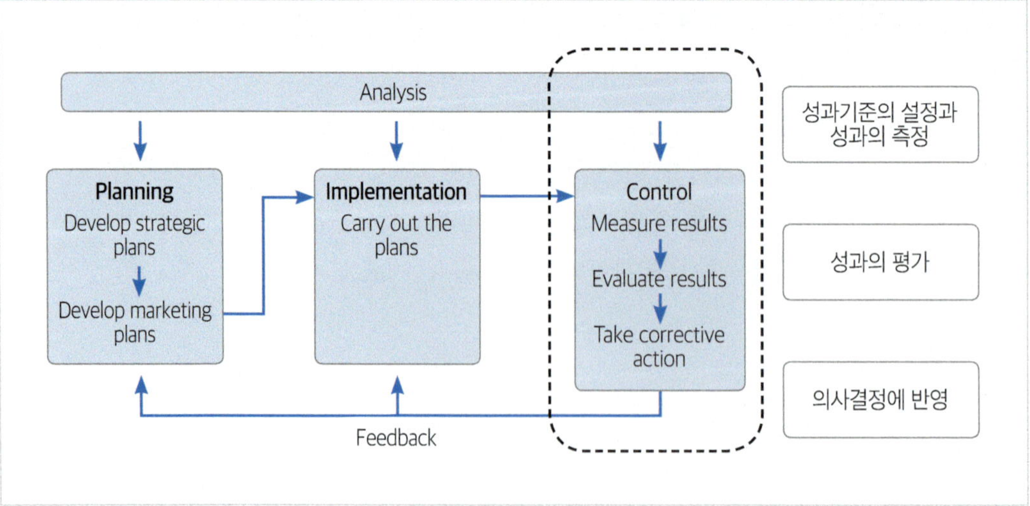

2) Ittner and Larcker(2000), Non-financial performance measures: What works and what doesn't, Financial Times, Oct. 16th.

업 인력의 인건비 비율이 크지는 않고, 이 정도를 마케팅 및 영업 판매 비용으로 처리하는 경우가 많다. 마케팅 효율성 평가 방법의 틀과 성과평가 방법은 본 저자의 서적 17장을 참조하길 바란다(그림 12-8 참조).[3] 현대 마케팅 성과평가모델 근저에는 마케팅 활동과 기업가치 사이의 가치사슬(Marketing-Firm Value Chain) 이해가 중요하다는 전제가 깔려 있다.

그림 12-8 마케팅 효율성 평가를 위한 마케팅 성과평가 방법의 틀

1.2 통제 수준과 기준

PAM 통제 활동을 잘 수행하기는 쉽지 않다. 먼저 마케팅 통제에 필요한 정보를 획득하기 어려운 경우도 많으며, 경우에 따라선 정보를 수집하는 데에 큰 비용이 수반될 수 있다. 둘째, 환경 변화의 많은 요인들이 통제하기 어렵거나 불가능할 수 있다. 셋째, PAM 활동과 성과 사이의 시간 차이(time lag)가 존재하기 때문에 활동에 대한 명확한 측정이 어려울 수 있다. 넷째, PAM 활동은 다양한 분야(예: 재무, 인사, 생산, R&D)와 공동 작업(collaboration)을 해서 성과가 도출되는 경우가 많아 정확한 인풋-아웃풋(input-output) 관

3) 채서일, 이성호(2017), Marketing, 6판, 비앤엠북스. 17장 참조.

계를 산정하기 어려울 수 있다. 이렇게 다양한 어려움이 있어서 마케팅 통제 프로세스를 수행하는 데 가장 중요한 것은 바로 통제의 기준을 정하는 것이라 할 수 있다. 통제 수준에 따른 통제 기준을 살펴본다.

B2B 마케팅 통제의 기준은 바로 'PAM의 목표'이며, 나아가서는 '기업의 사업 목표'이다. 비유 사례의 야구와 PAM의 예시를 통해 살펴보자. 기업의 사업 목표가 이윤 성장이었다면, 기업 A의 PAM은 성공했다고 할 수 있다. 순이익 혹은 ROA, ROS를 살펴보았을 때 결과적으로 이윤이 성장했기 때문이다. 하지만, 만약 기업의 사업 목표가 시장점유율의 상승이었다면 기업 A의 PAM은 목표를 달성하지 못한 것으로 평가할 수 있다. 기업 A의 이윤이나 매출은 증가했지만, 시장점유율은 증가하지 못했기 때문이다. 이처럼 마케팅 활동 통제의 기준은 목표에 따라 달라진다.

PAM 전략의 수립과 실행은 여러 수준에서 이루어진다. 다시 말해 최고 경영층에서부터 사원까지 모든 수준에서 PAM을 적용하고 수행한다. **표 12-7** 처럼 PAM 통제의 목적은 다양할 수 있다. 이러한 다양한 목적은 PAM을 적용하고 수행하는 수준별 기준에 의해 적절하게 통제된다.

표 12-7 PAM 통제 수준과 기준

PAM 통제 목적	통제 수준 및 기준	책임자
시장과 제품 측면에서 최적의 기회를 추구하고 있는지를 살펴보기 위해	전략적 통제	최고 관리자
계획한 결과를 달성했는지를 살펴보기 위해	연간 계획 통제	최고 관리자 중간 관리자
마케팅 전략에서 목적을 달성하기 위해 자원을 얼마나 효율적으로 사용하였는지를 살펴보기 위해	효율성 및 효과성 통제	중간 관리자
기업이 돈을 벌었는지 손해를 보았는지를 살펴보기 위해	수익 통제	마케팅 회계감사원

가장 상위 수준의 통제인 전략적 통제는 기업의 사업전략이 올바른 방향으로 가고 있는지 최고 관리자가 전체적으로 평가하는 것을 의미한다. 특히 수립한 전략이 계획대로 이행되었는지 판단하고 의도했던 결과가 나왔는지 평가한다. 비즈니스와 마케팅 환경의 빠른 변화에 따라 제품이나 시장의 상황에서 현재의 비즈니스 및 마케팅전략의 잠재적 영향이 언제라도 달라질 수 있음을 염두에 둔 통제이다. 새로운 제품, 시장으로 더 좋은 비즈니스 기회를 포착하기 위해 지속적인 통제가 필요하다.

연간계획 통제는 기업의 실제 연간 성과와 시장 평균과의 비교를 통하여 자사의 연간 성과를 평가하는 것이다. 즉 재무적 성과뿐만 아니라 시장을 중심으로 기업의 성과를 분석하고 파악한다. 이러한 분석은 최고 관리자 및 중간 관리자들에 의해 진행되며, 자사의 연간계획이 전사 목표에 부합하는지를 판단하는 것이다. 예를 들어, 자사의 성장 목표를 5%로 설정하고 이를 달성했다면, 자사의 목표를 달성한 것이라고 할 수 있을 것이다. 하지만 주의할 점은 만일 전체 시장의 성장률이 5%라면 성장이 아닌 유지 수준에 머물렀고 결과적으로 자사의 내년 목표는 수정되어야 할 것이다.

마케팅 효율성 및 효과성 통제는 얼마나 효율적으로 마케팅전략 요소에 자원을 배분하였으며, 자원이 목표 달성에 맞추어 사용된 정도를 살펴보는 것이다. 주로 마케팅 및 영업관리자가 살펴보며, 마케팅 효율성 및 효과성에 관한 성과 측정치(performance metrics) 뒤에서 상세히 학습한다.

수익 측면 통제는 기업의 사업부가 어떠한 세분시장에서 수익을 내고, 손해 봤는지를 설명하는 것이다. 수익 통제는 고객 세분시장(segment), 제품 라인(product lines), 지역 등의 분석 단위로 나누어 분석하는 것이 일반적이다.

지금까지 PAM의 통제란 무엇인지, 그리고 PAM 전략의 수립과 실행의 다양한 수준별로 어떻게 PAM 통제가 이루어지는지를 살펴보았다. 이와 같은 PAM 통제를 통해서 기업은 더 나은 미래의 성과를 위해 좀 더 체계적으로 자사의 목표와 PAM 전략의 실행과정을 수정할 수 있다. 즉 PAM의 목표와 동일한 성과평가 기준으로 성과를 수준(level)별로 분석하고 평가함으로써 앞으로 더 나은 방향으로 PAM 목표와 활동을 수정해 나가는 것이 바로 PAM 통제이다. 그렇다면, PAM이 얼마나 잘 되었는지 평가하는 구체적이고 객관적인 측정치가 필요하다. PAM을 통제하는 데 있어 세부적 기준이 되는 성과 측정치(performance metrics)에 대해 학습한다.

1.3 마케팅(영업) 성과 측정의 이해

B2B 비즈니스 맥락에서 강조할 만한 마케팅 성과 측정에 대해 이해하고자 한다. 즉 기업 관점에서는 무엇을 성과로 측정하는지에 관한 내용이다. 마케팅 및 영업 성과 측정의 이해를 위해 고려해야 할 질문들은 다음과 같다. 먼저 기업에서 마케팅과 영업이 어떠한 역할을 담당하는지 잘 감안해야 한다. 둘째, 기업은 어떠한 마케팅과 영업조직을 가지고 있는지 감안해야 한다. 주로 마케팅 및 영업 비용에 대한 측정을 위해 중요한 질문들이다. 제일 마지막으로 기업은 마케팅 및 영업 활동의 성과들을 어떻게 측정하고 있는지 혹은 측정할 수 있을지 항상 고심할 필요가 있다.

(1) B2B 사업 맥락에서의 마케팅(영업) 성과 측정의 이해

특히 B2B 사업 맥락에서 어떠한 성과를 측정할 것인가는 마케팅 활동에 들어가는 정량적 비용과 내용에 관한 정성적 평가 데이터를 쌓아야 할 것이다. 3장의 그림 3-1에서 살펴보았던 G 기업의 Go-to-Market 활동들 그리고 이와 비슷한 본 서적의 모델(그림 3-5와 그림 3-6 참조) 활동들에 대한 데이터를 잘 축적해야 한다. 그리고 매출액, 판매량 및 성장률, 시장점유율 및 성장률 같은 경쟁사 대비 마켓(시장) 성과와 마케팅 공헌이익, 마케팅 ROS, 마케팅 ROI 같은 마케팅 성과를 측정해야 한다(그림 12-9 참조).

그림 12-9 B2B 사업 맥락에서의 마케팅 활동 Input과 마켓 및 마케팅 성과평가

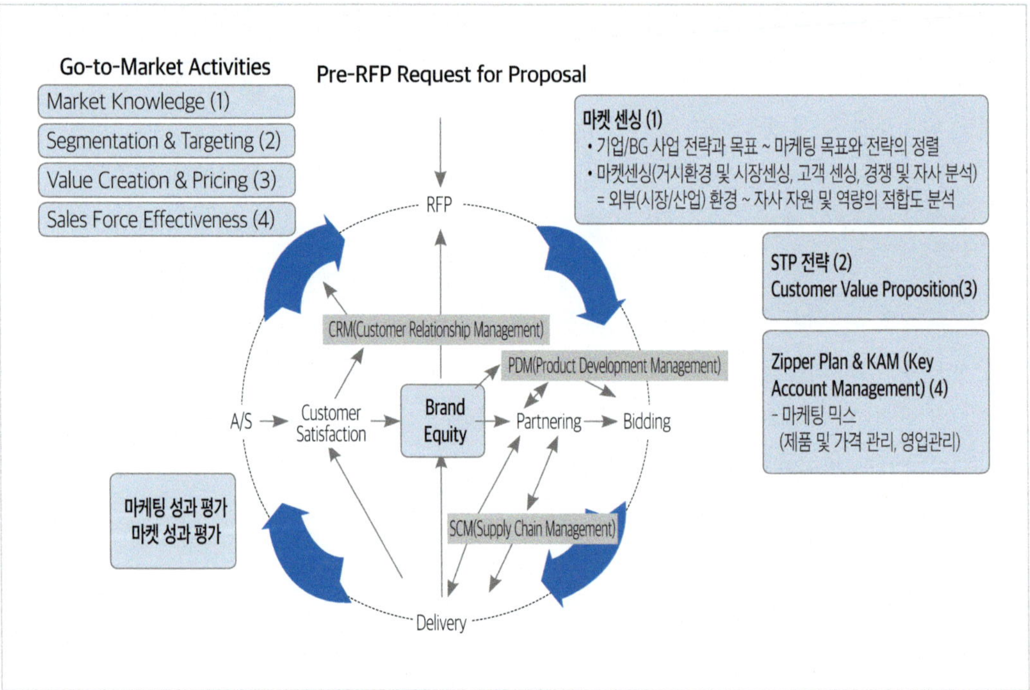

(2) PAM의 성과 측정(Performance Measurement)

표 12-8은 PAM 통제 수준에 따른 분석 도구(tools)를 두 가지 기준, 즉 재무 성과(financial performance)와 시장 기반 성과(market-based performance)의 관점에서 정리한 것이다. 이러한 도구가 어떠한 의미를 가지고 있고, 어떻게 기업의 성과를 측정하는지 살펴본다.

표 12-8 PAM 성과 측정 도구

구분	재무 성과	시장기반 성과
전략적 통제	마케팅 감사(Marketing Audit)	
연간 계획 통제	Sales Analysis (ROS) Sales Growth	Market Share
효율성 및 효과 통제	Cost Metrics, ROA	Market Share Development Index Net Marketing Contribution Margin Analysis
수익 통제	Profitability by product, territory, segment	Relative Market Profitability Ratio by product, territory, segment
기 타	–	Customer Retention and Acquisition Customer Satisfaction

우선 최고 관리자들의 전략적 통제의 기초 자료가 되는 성과분석인 마케팅 감사는 시장 환경과 기업 내부의 마케팅 활동에 대한 분석을 통해서 체계적으로 PAM 관리 과정을 평가하는 것이다. 기업이미지 증진을 위한 마케팅 활동, 고객 특성에 맞추어 고객을 만족시키기 위한 마케팅 활동, 경쟁자들의 활동에 비교한 마케팅 활동, 규제의 변화 또는 경제적 트렌드에 대응한 마케팅 활동 등을 평가하는 것으로서 기업 마케팅 활동의 강점과 약점을 종합적으로 평가하는 것이다. 이를 통해 미래의 기회에 대비한 기업의 마케팅 역량의 현재 상황(As-Is)을 평가하고, 개선점을 발견하여 이를 증진하기 위한 방향을 잡는 것을 목적으로 한다. 구체적으로는 마켓 센싱 역량, STP 전략 및 고객가치제안 수립 역량, 제품 및 가격관리 역량, 그리고 판매 및 영업 활동 역량 등을 평가한다. 즉 마케팅 역량 평가는 사업 목표 설정 및 목표 달성을 위한 실행 마케팅 역량을 최고 관리자가 종합적으로 평가하는 분석이다.

두 번째로, 연간계획 통제에 관한 성과 측정을 살펴본다. 연간계획 통제에서도 두 가지 측면, 즉 재무 성과와 시장 기반 성과 모두를 살펴본다. 판매 분석 데이터와 판매 증가율을 살펴보며, 이를 다시 시장점유율과 비교하여 자사의 성과를 평가한다. 즉 연간계획 통제를 위한 PAM 성과는 야구와 PAM의 비유 예시에서 살펴보았던 ROS(Return On Sale), 즉, 재무 성과 측정과 시장점유율 측정으로 구성된다.

- ROS = (Net Profit / Sales) × 100% or Gross Profit (% of Sales) − Marketing Expenses (% of Sales)
- Market Share = Our Sales / Total Market Sales

셋째, 효율성 및 효과 통제에서 사용되는 성과지표와 측정 방법은 기업의 자원이 얼마나 효율적으로 배분되었고 어느 정도의 효과를 산출했는지 중간 관리자가 파악하는 것이다. 따라서 기업이 사용한 자원이 산출한 성과를 살펴보는 것이 기본 개념이다. 즉 ROA와 같이 자산에 따른 이윤을 살펴보는 것이 기본이 된다. 또한 마케팅 측면에서는 시장점유율의 잠재 개발 정도와 순마케팅공헌마진 등을 분석한다.

- Cost Metrics: Cost of Goods Sold (% of Sales), Marketing & Sales Expenses (% of Sales), Overhead Expense (% of Sales)
- ROA = (Net Profit / Assets) × 100% or ROS / Expenses (% of Sales)
- Market Share Development Index = Realized Market Share / Market Share Potential × 100%
- Net Marketing Contribution Margin = Revenue × Gross Profit (%) − Marketing & Sales Expenses

수익 통제의 경우 수익성 계산은 아래의 식과 같이 매출에서 비용을 뺀 수익(profit)을 투입된 자본(invested capital)으로 나눔으로써 살펴볼 수 있다. 즉 수익성은 투자 대비 얼마의 이익을 얻었는지 판단하는 것이다. 이러한 수익 통제에 있어서 기업은 제품, 지역, 세분시장 각각의 수익성을 따로 계산하여 재무적 성과를 측정하고 평가한다. 또한 상대적 시장 수익성을 평가하는 것은 주요한 경쟁과 비교한 수익성을 평가하는 것이다.

- Profitability = Revenue − Cost / Invested Capital.
- Relative Profitability = Our Profitability / Average Profitability of Major (e.g., Big 4) Competitors

마지막으로 고객의 재구매, 신규고객의 획득 및 고객의 만족 같은 성과 측정은 마케팅 관점에서 성과를 살펴보는 것이다. 고객 만족 측정은 가장 기본적이면서 가장 영향력 있는 성과 측정 도구라고 할 수 있다. 왜냐하면 일반적으로 고객이 만족한 정도는 브랜드 명성과 수익성에 영향을 미치는 마케팅 역량의 핵심을 나타내기 때문이다. 또한 고객의 재구매는 실제로 기존 고객들이 얼마만큼 다시 제품을 구매했는지 조사하는 것으로 이는 고객 만족에 따라 증가하는 것으로 알려져 있다. 따라서 고객 만족과 재구매율 사이의 관계를 파악하고 객관화할 수 있다면, 장기적으로 시장의 경쟁 양상을 예측할 때 도움이 된다. 또한 마케팅 활동으로 획득한 신규고객 비즈니스의 정도도 마케팅 활동의 성과를 평가할 수 있는 측정 지표이다.

지금까지 살펴본 성과 측정이 필요한 이유는 성과분석을 통해서 PAM 활동이 자사의 목표를 얼마나 달성했는지를 판단하기 위해서이며, 또한 기업의 자원이 얼마나 효율적으로 배분되고 효과적으로 사용되었는지 알 수 있기 때문이다. 앞의 사례들에서 학습했듯이 기업은 성과를 측정하고 평가하는 데 있어서 기업 내부와 외부의 관점에서 평가해야만 기업의 성과를 더 정확히 파악하고 이에 따라 향후의 대응책을 더 잘 마련할 수 있다.

시장 기반 성과의 중요성에도 불구하고, 많은 기업의 마케팅관리자들은 성과에 대한 지식수준이 높지 않다고 한다. 그림 12-10은 마케팅관리자들의 마케팅 지식수준에 대한 조사를 시행한 결과를 보여준다. 마케팅관리자 대부분은 마케팅전략, 시장분석, 마케팅믹스전략과 관련한 지식수준은 일반적으로 높은 것으로 자평한다. 그러나 마케팅 수익성에 대해서는 낮은 지식수준을 가진 것으로 나타났다.

그림 12-10 마케팅관리자들의 마케팅 지식수준[4)]

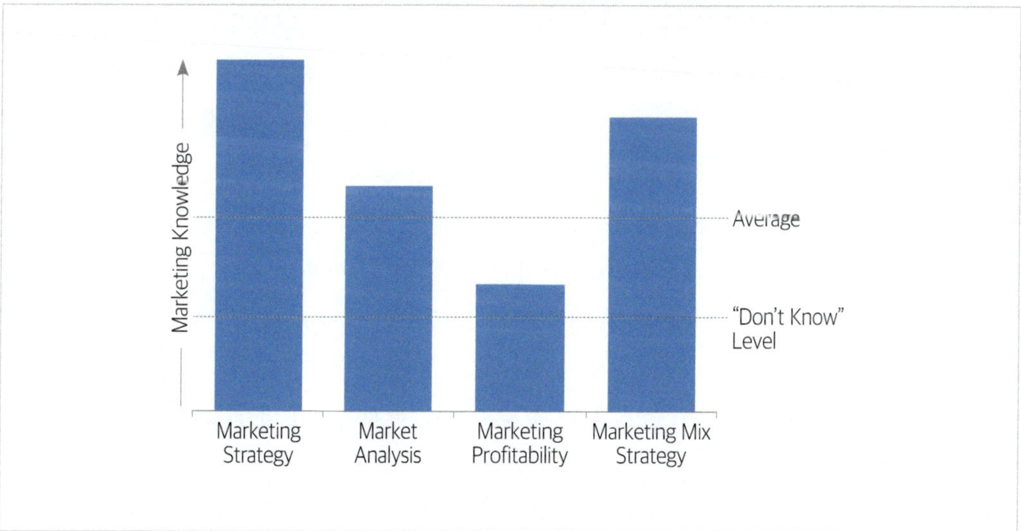

이처럼, 마케팅 성과는 그 중요도에 비해 상대적으로 평가가 어려움에 따라 낮은 관심을 보였던 분야라 할 수 있다. 성과에 영향을 미치는 환경 변화의 많은 요인들은 통제하기 어렵거나 불가능한 경우도 많이 있고, PAM 활동과 성과 사이의 시차(time lag)가 존재하기 때문에 PAM 활동의 효과 기간에 대한 명확한 측정이 어려울 수 있다. 또한

4) Best, R. J. (2013), Market-based management: Strategies for growing customer value and profitability, 6th ed., Pearson.

PAM 활동은 다양한 분야(예: 재무, 인사, 생산, R&D)와 공동 작업(collaboration)으로 성과가 도출되는 경우가 많아 PAM 활동에만 해당하는 정확한 인풋-아웃풋(input-output) 관계를 산정하기 어려울 수 있다. 그러나 최근 들어 마케팅 성과평가(marketing accountability)에 대한 다양한 학문적 연구들이 활발히 이루어지고 있으며 일부 기업들은 이러한 마케팅 성과 측정치를 실무에 적용하여 경쟁자에 비해 좋은 성과를 얻은 사례들이 적잖이 나타나고 있다. 따라서 자사의 마케팅 성과에 대한 체계적인 분석은 더욱더 중요해지고 있다. 기업은 PAM 성과평가를 함으로써 자사의 PAM을 과학적으로 관리할 수 있고, 지속해서 증가하는 마케팅 비용의 효율성을 높일 수 있다. 또한 기존의 제한적인 마케팅 성과평가 활동의 문제점들을 해결할 수 있으며, 체계적인 PAM 성과평가를 토대로 적절한 보상 기준을 마련할 수 있다.

마지막으로 마케팅 성과 측정에 있어 가장 핵심 개념인 순마케팅공헌이익(Net Marketing Contribution Margin, 이하 NMC) 개념을 상세히 살펴보겠다. 순마케팅공헌이익(NMC)을 측정하는 것은 마케팅 활동의 성과공헌도를 산출하는 것이다. NMC는 PAM을 실행함으로써 증가한 사업성과(예: 시장의 수요 창출, 시장점유율 증가, 평균 수주 가격 상승, 늘어난 마진 등) 에서 PAM에 사용된 비용을 빼서 구한다. 즉 NMC는 PAM 활동으로 발생할 수 있는 기업의 긍정적인 사업 결과 요인에서 그 비용을 제거함으로써 순수한 PAM 마케팅의 기여도가 얼마나 되는지를 살펴보는 것이다. 기업은 다음 **표 12-9** 에서처럼 마케팅 ROS를 통해 특정 수준의 판매에서 마케팅 공헌이익이 차지하는 부분(판매를 하기 위해 사용한 마케팅 비용, 즉 마케팅 활동의 효율성)을 살펴볼 수 있다.

또한 NMC를 활용해서 PAM 활동에 기업이 투자한 비용이 과연 효과가 있는지(즉, 마케팅 활동의 효과성)도 살펴볼 수 있다. 그것이 바로 마케팅 ROI, 즉 PAM 비용 대비 수익률이다. 다시 말해 PAM에 투입된 비용이 어느 정도의 효과를 나타냈는지를 파악하는 것이다. 이처럼 PAM performance 측정은 NMC를 활용해서 마케팅의 효율성과 효과성을 파악할 수 있다.

표 12-9 마케팅 ROS 및 ROI

구분	공식	설명
마케팅 ROS (Return on Sales)	(NMC / Sales) X 100% 또는 Gross Profit(% of Sales) – Marketing Expenses(% of Sales)	판매에서 마케팅 공헌이익이 차지하는 부분
마케팅 ROI (Return on Investment)	(NMC / Marketing Expenses) X 100% 또는 Marketing ROS(%) / Marketing Expenses (% of Sales)	마케팅 활동(비용)이 창출하는 마케팅 공헌이익

다음은 NMC를 이용해서 마케팅 활동의 성과공헌도를 평가하는 상황을 살펴본다. 상황 1에 해당하는 그림 12-11 은 기업의 사업이 1억 2천5백만 달러의 매출을 달성했고, 이 중 7천6백5십만 달러가 제조원가에 해당하여 총수익(gross profit)은 4천8백5십만 달러를 보인 경우이다(총수익률[gross profit margin]=38.8%). 그리고 총운영비는 3천8백5십만 달러에 달해 순이익(net profit)은 1천만 달러이다(순이익률[net profit margin]=8%). 나아가 총운영비를 마케팅 비용과 기타 비용으로 나누어 분석한 결과, 마케팅 비용은 4백만 달러에 해당하여 NMC는 4천4백5십만 달러를 보였다(NMC[%]=35.6%).

그림 12-11 NMC 상황 1

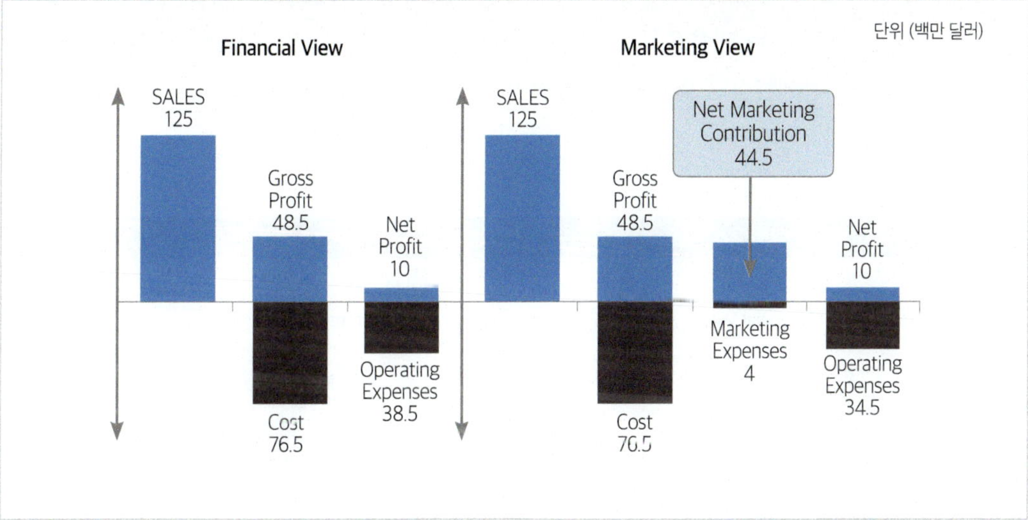

이 상황 1의 상황을 손익계산서 방식으로 표현하고 앞의 공식에 따라 마케팅 ROS와 ROA를 계산하면 다음과 같다.

Profit & Loss Statement	
Sales Revenue	125
(Cost of Goods Sold)	(76.5)
Gross Profit	48.5
(Total Operation Cost)	(38.5)
Net Profit	10
(Marketing Expenses)	(4)
Net Marketing Contribution	44.5

Profit & Loss Statement	
Sales Revenue	125
(Cost of Goods Sold)	(76.5)
Gross Profit	48.5
(Other Operating Cost)	(34.5)
Net Profit	10

마케팅 ROS = 44.5(NMC) / 125(Sales) × 100% = 35.6% 또는

38.8%(gross profit %) − 3.2% (Marketing Expenses %) = 35.6%

마케팅 ROI = 44.5(NMC) / 4(Marketing Expenses) × 100% = 11.125 또는

35.6%(마케팅 ROS) / 3.2%(마케팅 비용 %) = 11.125

그림 12-12의 상황 2는 상황 1의 경우와 비교할 때 한 가지만 다르다. 기업의 사업이 1억 2천5백만 달러의 매출을 달성했고, 이 중 7천6백5십만 달러가 제조원가에 해당하여 총수익은 4천8백5십만 달러를 보인 것은 똑같다. 그리고 총 운영비는 3천8백5십만 달러에 달해 순이익이 1천만 달러를 보이는 것도 동일하다. 그런데 총운영비를 마케팅 비용과 기타 비용으로 나누어 분석한 결과, 마케팅 비용은 1천만 달러에 해당하여 NMC가 3천8백5십만 달러를 보인 것이 다른 점이다(NMC[%]=30.8%). 즉 상황 1(35.6%)에 비해 상황 2의 경우(30.8%) 마케팅 활동의 성과공헌도가 낮다.

그림 12-12 NMC 상황 2

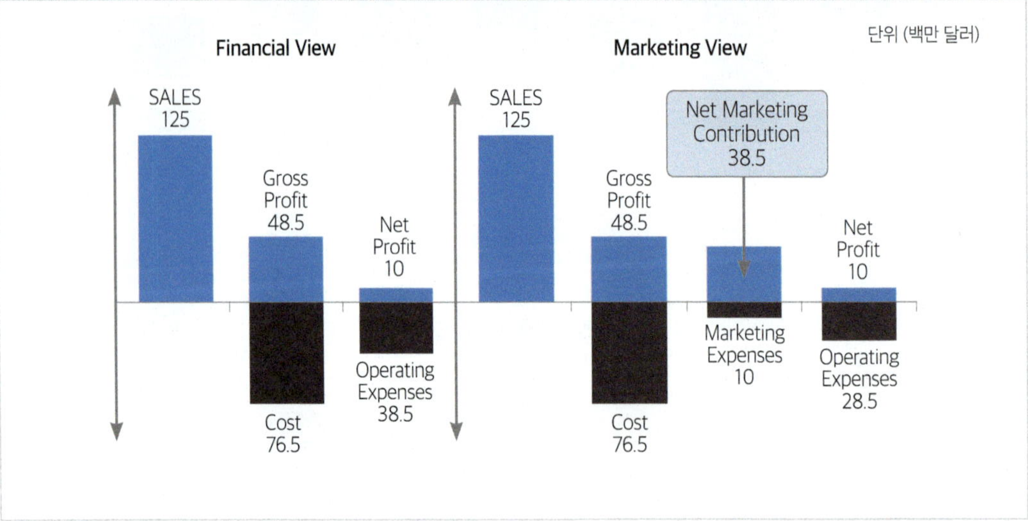

이렇게 NMC를 사업별, 시장별, 고객별, 시기별 등으로 구분하여 마케팅 활동의 효율성을 평가할 수 있고, 이에 따라 자원배분을 개선하여 마케팅 활동을 통제할 수 있다(11장 참조). 다음에서는 PAM 활동의 성과 중 미래 성과의 방향을 보여주는 고객 만족(customer satisfaction)과 마케팅자산(marketing equity) 개념과 그 관리에 대해 학습한다.

2절. 고객 만족(Customer Satisfaction)과 마케팅자산 (Marketing Equity)

여기에서는 마케팅 성과 측정치 중 장기적 및 미래 예측력을 갖춘 개념인 고객 만족의 측정과 관리, 브랜드자산의 측정과 관리, 그리고 고객자산에 대해 학습한다.

2.1 고객 만족(Customer Satisfaction)

(1) 측정

B2B 비즈니스의 경우 고객이 느끼는 공급기업에 대한 몰입, 신뢰, 관계 만족, 관계 품질이 비즈니스 결과에 중요하게 작용하는 만큼(그림 1-28 참조), 고객 만족을 중요하게 여겨서 측정하고 평가하는 편이다. 일반적인 학문적 모델에 따르면 그림 12-13 같은 모델에서의 개념들을 꾸준히 측정하여 평가하는 것이 필요할 것이다(공급사에 대한 고객사의 인지 품질, 고객의 기대, 고객의 인지 가치, 고객 만족, 고객 불평률, 고객충성도).

그림 12-13 고객 만족 모델[5)]

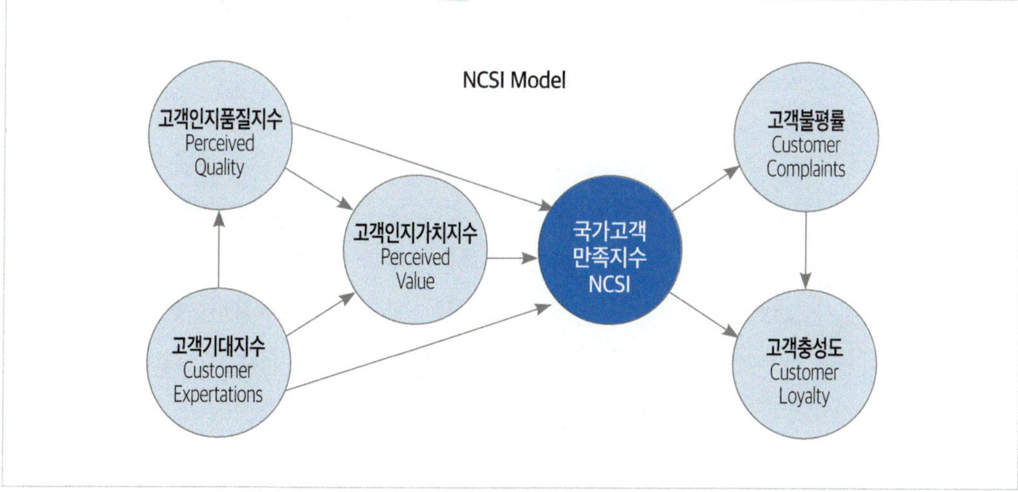

B2B 기업이 고객 만족에 대해서 생각해야 하는 질문들은 다음과 같다. 여러분의 기업은 고객 만족을 측정하고 있는가? 여러분의 기업에게 고객 만족은 의미 있는 성과지

5) http://www.ncsi.or.kr/ncsi/ncsi.list.asp?menuseqnum=8&siteid=0

표인가? 여러분의 기업이 고객 만족을 측정하는 데 겪고 있는 애로사항은 무엇인가?

그림 12-14는 D 기업의 고객 만족 측정에 대한 진화와 결과가 예시적으로 나타나 있다. 해당 기업은 정기적으로 연간 수시로 고객 만족을 조사하고, 지속적인 VOC(Voice of Customer)를 수집하여 사업부별로 사용하고 있음을 알 수 있다.

그림 12-14 D 기업의 고객 만족 조사 현황[6]

구분	정기 고객만족도 조사 방향
1차('07년)	신속대응체계 강화 • 고객 니즈에 대한 이해 및 응대체계 수립 • 적극적이고 책임감 있는 고객 응대 태도 확립
2차('10년)	기술역량 강화 • 취약분야(I&C 등)의 설계 기술 · 확보 요구 • 하도급 관리(품질, 기술력 등) 강화
3차('13년)	상호 교류 및 관계 강화 • 상호 기술교류 및 교육기회 확대 • 서비스 영역 확대 및 적극적인 참여 요청
4차('18년)	고객가치 창출 • 고객에게 가치제공 기회 창출 • 고객가치의 제공이 사업기회로 연계

* 기존 3년마다 진행하였으나, 2016년에는 고객만족도 조사에 대한 명확한 기준 마련으로 인해 시행되지 않았으며, 2018년 시행 예정임.

정기 고객만족도 결과

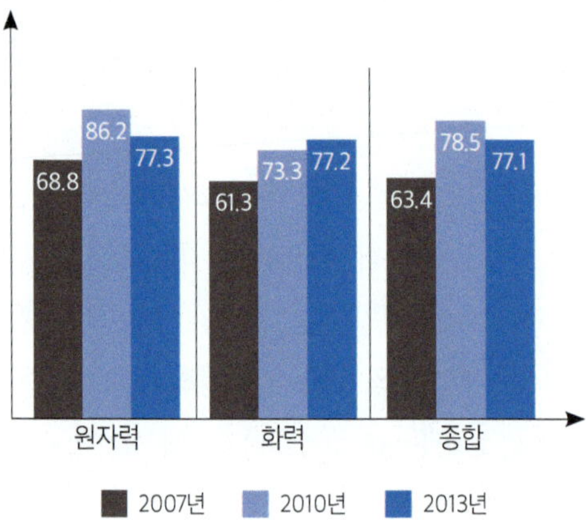

(2) 고객 만족 관리

고객의 평가 기준에 맞추고자 노력하는 것이 고객 만족을 위한 것이며, 이는 기업의 궁극적인 목표를 달성시키기 위한 것이다. 고객 만족은 기업이 고객에게 제공하는 가치(value)가 고객의 니즈(needs)와 기대를 넘어설 때 발생하며, 이와 반대로 기업이 제공한 가치가 고객의 니즈와 기대에 부응하지 못하는 경우 고객은 불만족하게 된다.[7]

그러면 고객 만족은 기업의 성과에 어떤 영향을 미치는가? 많은 B2B 사업의 경우 오랜 거래관계를 기반으로 고객이 만족하는 경우 고객의 유지(retention)와 재구매가 발생한다. 기업이 고객의 needs, wants를 정확히 파악하고 그에 맞게 가치제안(value proposition)을 개발해서 전달한다면 고객은 만족할 것이다. 만족한 고객은 충성도(loyalty)

6) 출처: 2015년, 2018년 D 기업 통합보고서

7) Oliver, R. L. (1980), A cognitive model of the antecedents and consequences of satisfaction decisions, Journal of marketing research, 17(4), 460-469. 고객 만족 분야에서 많은 설명이 있지만, 가장 영향력 있는 이론으로 기대불일치이론이 이 설명에 해당한다.

를 보인다. 또한 고객은 제품을 선택할 때, 기업이나 브랜드에 대한 자기 경험 외에 타 고객사의 추천(recommendation)이나 기업 및 브랜드 명성(brand reputation)에 영향을 받는다. 즉 타 고객사의 추천과 기업 및 브랜드 명성은 기업으로서는 추가적인 비용을 투자하지 않고 신규고객에게 제품을 판매할 수 있어서 효율적으로 기업의 성과에 영향을 미치는 것이다. 신규고객으로서도 제품에 대해 신뢰할 수 있고, 정보 수집 및 평가에 들어가는 자원을 절약하여 제품을 선택할 수 있는 이점이 있는 것이다. 따라서 기업이 성과를 높이기 위해서는 제품 품질을 향상시키는 노력과 동시에 신뢰를 쌓아 고객을 만족시키고 고객과의 호의적인 관계를 창출함으로써 고객을 유지하고 고객이 타 고객사에게 우리 기업을 추천할 수 있도록 노력해야 할 것이다.

고객 만족의 중요한 결과인 고객 유지와 고객 추천의 상대적 중요성을 주조/단조 사업과 파워비즈니스를 하는 기업의 예를 통해 살펴보자. 그림 12-15 와 같이 주조/단조 사업의 경우에는 비즈니스 사이클이 상대적으로 짧아서 고객 만족을 통해 고객이 유지될 수 있도록 노력해야 할 것이다. 한편, 파워비즈니스같이 비즈니스 사이클이 상대적으로 길고, 수주산업의 특성을 가진 경우에는 고객과의 재거래 관계가 쉽게 보장되지 않는다. 물론 고객 유지를 위해 최선의 노력을 기울여야 하겠지만, 이 경우에는 고객 만족을 통해 고객의 추천을 호의적으로 만드는 데 더 많은 신경을 써야 할 것이다. 일반적으로 비즈니스 사이클이 짧은 산업에서는 고객 유지가 중요하고, 비즈니스 사이클이 긴 산업인 경우에는 고객 유지뿐만 아니라 고객의 추천이 매우 중요하다.

그림 12-15 비즈니스 사이클이 다른 사업부

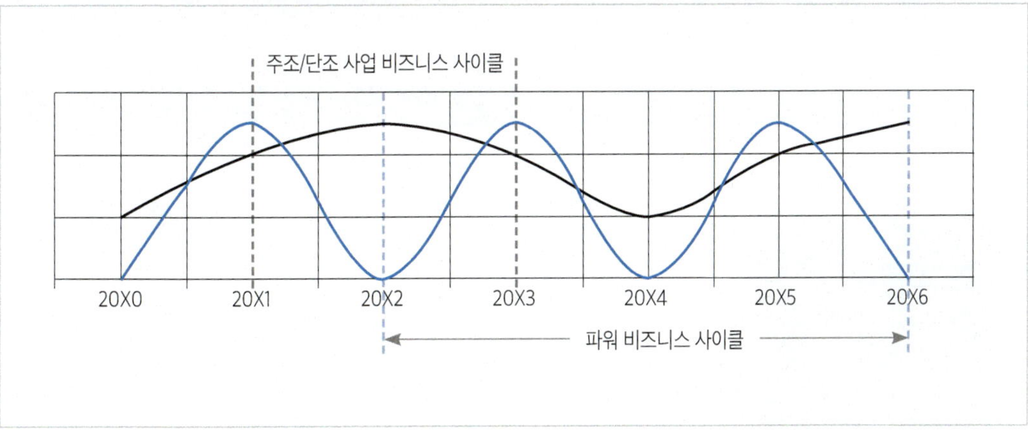

많은 산업에서 고객 만족에 따라 사업성과(예: NMC)가 올라가는 관계가 발견되고 있다. 그만큼 고객 유지와 고객 추천이 잘 되기 때문이다. 따라서 기업으로서는 고객 만족 경영시스템을 구축하고 고객과의 지속적인 관계와 신뢰를 쌓는 노력이 중요하다. 9장의 그림 9-11 에서 학습했던 내용 중 상대적으로 높은 가격을 수용하며 우리가 고객을 serve 하는 데 비용도 적게 드는 수동적 고객(passive customers)은 우리의 제품과 서비스에 만족하는 고객이다. 즉 기업이 고객 만족과 성과를 높이기 위해서는 처음부터 고객 선정을 잘 해야 할 것이다. RFP를 제시하는 모든 기업을 고객으로 봐서는 안 될 것이며, 마켓 센싱과 STP를 잘 수행해서 타깃(target) 고객을 잘 선정해야 한다.

[사례 스토리 : 고객 불만족관리의 중요성]

지금까지 고객 만족에 대해서 살펴보았는데 기업으로서는 만족하지 못하는 고객에 대한 관리도 신중하게 생각해야 한다. 불만족 고객은 크게 불평을 얘기하는 고객(do complain)과 얘기하지 않는 고객(don't complain)으로 구분할 수 있다. 그림 12-16 에서 볼 수 있듯이 불만족 고객 중 불평을 얘기하는 고객의 유지율은 90%에 이르지만, 불만족 고객 중 불평을 얘기하지 않는 고객의 유지율(retention)은 22%로 현저히 낮다. 보통 불만족 고객의 대부분(90%)은 불평을 얘기하지 않는다. 따라서 중요한 것은 고객으로 하여금 불만족을 얘기하도록 하는 프로세스를 갖추는 것이다. 예를 들어 파워비즈니스의 경우, 계약(contract) 때문에 기대가 형성되기 때문에 계약 이후 고객에 대한 서비스가 소홀해지면 전반적 고객 만족이 낮아질 수 있다. 이 부분에 대응하려면 계약 이후 고객들이 어떤 서비스를 필요로 하는지 규명해서 이 부분에 대해 적절한 서비스를 제공해 주어야 할 것이다. 예컨대, 발전소나 담수화 공장을 준공한 후 일정 기간 이내에 현장을 방문해서 운영효율성을 측정하고 효과적 관리를 위한 고객사 직원 재교육 등의 서비스를 제공한다면 고객 만족을 높일 수 있을 것이다.

그림 12-16 고객 만족, 불만족, 불평 간의 관계 예시

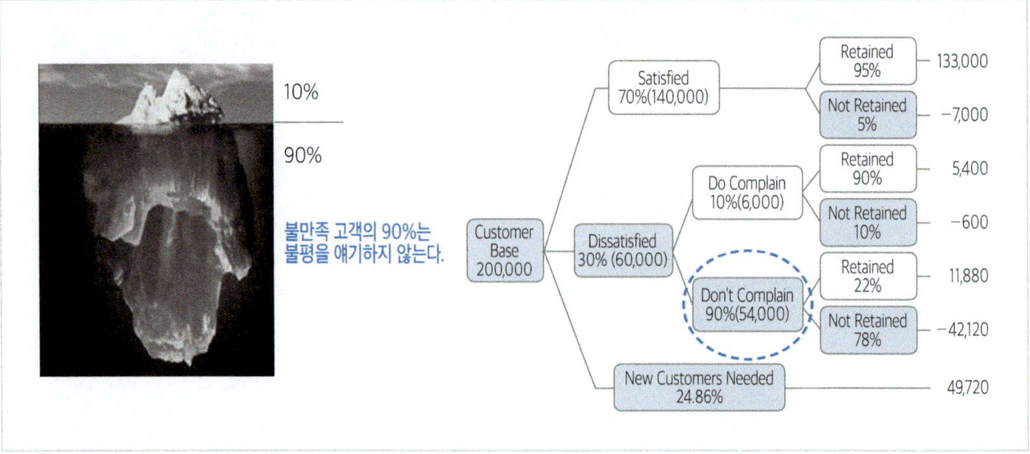

(3) 고객 관계(Customer Relationship)

최근 기업은 비용 및 제품의 경쟁력을 중시하는 관점을 넘어서서 고객의 만족을 극대화하는 방식으로 변화하고 있다. 고객 만족을 위해 노력하면 자연스럽게 고객과의 호의적인 관계가 형성된다. 즉 기업은 고객의 만족 이외에도 고객과의 관계를 지속해서 관리해 주어야 한다(10장의 3절 참조). 시장의 규제 완화, 빠른 기술 학습 및 모방 등으로 인해 경쟁은 점차 심화하고 있는데 이러한 상황에서도 기업들은 지속해서 제품과 서비스를 차별화하고 있다. 여기에서 중요하게 드러난 요인이 바로 고객과의 관계이다. 즉 기업은 고객과의 관계를 형성하고 이를 관리해야만 지속해서 고객의 needs, wants, expectations 등을 발견하고 고객이 원하는 정확한 가치를 파악할 수 있다. 이를 통해 기업은 효과적으로 사업/수주 기회를 발견할 수 있으며, 고객에게 최적화된 가치 제안을 할 수 있고, 나아가 성과 향상을 이룰 수 있다(그림 12-17 참조).

그림 12-17 CEO의 주요 관심사 변화[8]

CEO의 주요 관심사 변화 비교

과거	현재
1. 원가 경쟁력	1. 고객과의 관계
2. 고객 니즈의 변화	2. 원가 경쟁력
3. 주주의 가치	3. 정보기술의 효과적인 활용
4. 규제/탈규제	4. 변화 관리
5. 산업 Restructuring	5. 주주의 가치
6. 새로운 경쟁자들	6. 수익의 증가
7. 세계화(Globalization)	7. 산업 Restructuring
8. 환경적 이슈	8. 세계화(Globalization)
9. 지정학적(Geopolitical) 이슈	9. 부가가치된 공급자와의 관계 (Value-Added Supplier Relationships)

향후 수익원천에 관한 설문 결과

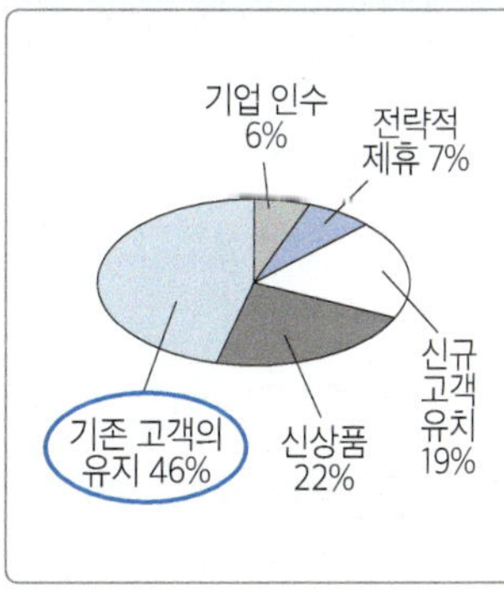

그렇다면 어떠한 방식으로 관계를 구축하고 유지해야 할까? 기업은 전방위로 부서 간 관계를 유지하며 고객을 관리해야 한다. 1장의 그림 1-6 처럼 기업의 영업 사원은 고객사의 구매 담당자와 지속적인 관계를 유지하여야 하며, 이를 통해 향후 발주 정보를 획득하는 등의 비즈니스 개발자(business developer)로서의 임무를 수행해야 한다. 또한 기업의 R&D 담당자는 고객의 R&D 담당자와 지속적인 관계를 유지함으로써 다양한 정

8) 출처: 글로벌 컨설팅 기업 A.T. Kearney의 글로벌 비즈니스 서베이 결과

보를 획득하고 이를 바탕으로 자사의 PDM(Product Development Management) 노력을 고객이 원하는 방향으로 이끌어갈 수 있을 것이다. 결국 이러한 총체적 관계(total relationship) 유지를 통해서 지속적인 성과를 만들어 낼 수 있을 것이다. 나아가 10장의 그림 10-15와 같이 고객가치 증진을 위한 기업 간 관계에 관한 선행요인 연구에 따라 관계의 폭(relationship breadth), 관계의 품질(relationship quality), 그리고 관계의 구성(relationship composition)을 감안하여 고객 관계를 개발하고 유지하는 것이 바람직하다.

2.2 브랜드자산(Brand Equity)

(1) 측정

브랜드자산은 제품 가치에 삼성, 현대, GE, SIEMENS 등과 같은 (기업) 브랜드 이름이 가져다주는 추가적인 가치를 말한다.[9] 이와 비슷하게 브랜드자산이란 "브랜드에 특별히 귀인(歸因)되는 마케팅 활동의 효과이며, 이는 제품에 대해 똑같은 마케팅 활동이 이루어지더라도 그 효과가 특정 브랜드 때문에 달라짐을 의미한다(...different outcomes result from the marketing of a product or service because of its brand than if the same product or service had not been identified by that brand)"라고 정의한다.[10] 브랜드자산은 매출 프리미엄(revenue premium)이며, 매출 프리미엄은 가격 프리미엄(같은 시장점유율이나 매출 수준이라면 시장 평균보다 높은 가격을 받음)과 점유율 프리미엄(같은 가격이라면 업계 평균보다 높은 점유율과 매출을 획득)으로 구성된다.[11] 즉 브랜드자산이란 브랜드의 자산적 · 화폐적 가치이며 브랜드에 대한 마케팅 활동의 장기적 효과를 나타내므로 마케팅전략과 활동의 효과성과 효율성을 평가하는 기준이 된다.

그림 12-18은 인터브랜드의 2023년 글로벌 톱 100 브랜드 가치 리스트에 수록된 브랜드를 보여주고 있다. ICT 브랜드 기업과 금융 기업 그리고 자동차 브랜드 기업은 B2C 사업뿐만 아니라 B2B 사업을 수행하고 있음을 감안하고, 나아가 GE나 SIEMENS 같은 전통적 B2B 브랜드까지 포함하면 B2B 맥락에서도 브랜드 가치와 자산은 매우 중요하게 작동하고 있다.

9) Park, C. S., & Srinivasan, V. (1994), A survey-based method for measuring and understanding brand equity and its extendibility, Journal of marketing research, 31(2), 271-288; Yoo, B., Donthu, N., & Lee, S. (2000), An examination of selected marketing mix elements and brand equity, Journal of the academy of marketing science, 28, 195-211.

10) Keller, K. L. (2013), Keller: Strategic Brand Management eBook GE 4th ed., Pearson Higher Ed.

11) Ailawadi, K. L., Lehmann, D. R., & Neslin, S. A. (2003), Revenue premium as an outcome measure of brand equity, Journal of marketing, 67(4), 1-17.

그림 12-18 Best Global Brands 2023 (Interbrand)[12)]

제품의 기능, 품질, 가격, 납기 등이 우월하면 이러한 제공 가치가 해당 기업의 브랜드 명성(brand reputation)을 증진시키게 된다. 이러한 현상은 **그림 12-19** 에서도 확인할 수 있다. 산업별 B2B 브랜드의 가치 비교를 보면 주식 가격에서 브랜드가 차지하는 비중은 평균 7%를 차지하고 있으며, 제지가 약 3% 정도로 가장 낮고 항공/방위가 약 12%

그림 12-19 산업별 B2B 브랜드의 가치 비교[13)]

산업	주식가격에서 브랜드 가치가 차지하는 비중
항공/방위	6.95% ● 11.83% 15.76%
소프트웨어	0.52% ● 5.84% 18.02%
의료기기	0.53% ● 5.99% 19.16%
사무용기기	4.26% ● 11.15% 18.37%
제지	0.99% ● 2.96% 6.70%
제약	0.87% ● 5.93% 14.72%
출판	0.78% ● 6.29% 18.98%
수송 기계	1.26% ● 6.66% 19.79%

주: 기업의 주가에서 브랜드 가치가 차지하는 영향력의 비중을 각 산업별로 비교한 것으로 ●는 산업 평균치를 나타냄

12) 출처: http://interbrand.com/best-brands/best-global-brands/2023/ranking/

13) 출처: CoreBrand(2006), Directory of Brand Equity-3rd Quarter; J. Gregory and D. Sexton(2007), "Hidden Wealth in B2B Brands," Harvard Business Review, March.

로 가장 높다. 또한 수송 기계 분야의 경우 브랜드가 주식 가격에서 차지하는 비율은 약 7% 정도이다. 따라서 B2B 시장에서도 실질적인 사업 노력이 브랜드 가치(자산)에 반영됨을 알 수 있다.

실제 우리나라의 B2B 기업들도 브랜드 가치를 측정하고 있다(그림 12-20 참조). 이를 토대로 브랜드자산 가치 증진을 위한 노력도 전개하고 있다(그림 12-21 참조). 예를 들어 D 기업의 경우 필리핀에서 수빅 석탄화력발전소 건설을 잘 수행하여 고객을 만족시키고 브랜드 명성을 구축한 결과 이를 활용하여 친환경 발전설비 기술을 적용한 '수빅 레돈도' 석탄화력발전소 2기 공사를 계약하는 사업성과를 획득하였다.

그림 12-20 글로벌 및 국내 리딩 브랜드와 비교 예시

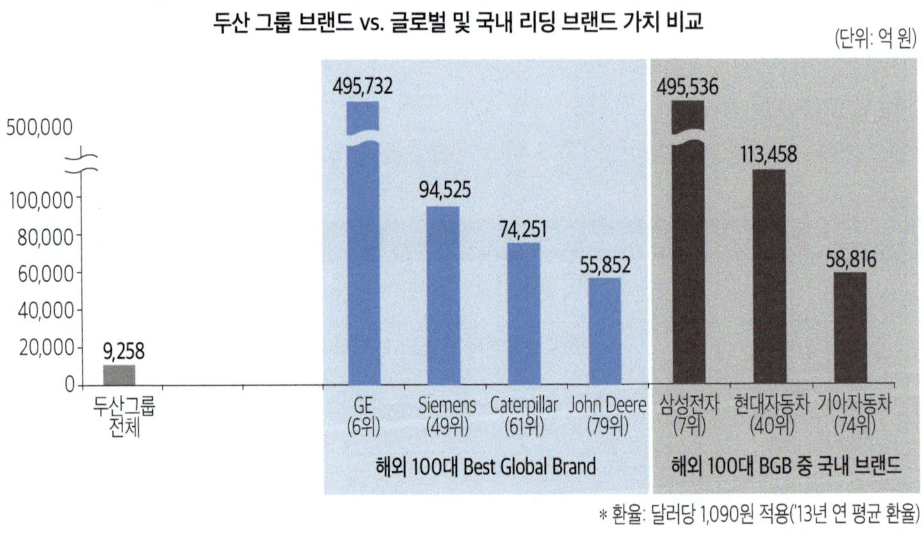

* '14년 인터브랜드 발표 Best Global Brand에서, 두산과 동일 산업군에 포함되는 GE가 49.6조, Caterpillar가 7.4조의 브랜드 가치를 보유한 것으로 분석되었음

그림 12-21 브랜드자산 증진을 위한 기업 노력의 예시 - 디 오픈 챔피언십(The Open Championship)

2016년 디 오픈 D 홍보 전시관

2016년 D 글로벌 비즈니스 포럼

이렇듯 중요한 브랜드자산을 설문지에 의한 서베이 방법으로 쉽게 측정할 수 있다면 지속해서 브랜드 가치를 추적하며 마케팅 활동의 브랜드 성과평가를 할 수 있을 것이다. 이를 위해서는 다음과 같은 간단한 질문을 사용하여 7점 또는 9점 척도로 측성할 수 있다.

- 제품이 거의 똑같다고 하더라도 다른 브랜드 대신 X를 구입하는 것이 합리적입니다(It makes sense to buy X instead of any other brand, even if they are the same),
- 다른 브랜드가 X와 동일한 기능을 제공하더라도 X를 구매하고 싶습니다(Even if another brand has same features as X, I would prefer to buy X).
- X만큼 좋은 다른 브랜드가 있다고 하더라도 우리는 X 구매를 선호합니다(If there is another brand as good as X, I prefer to buy X).
- 다른 브랜드가 X와 어떠한 측면에서도 다르지 않다고 하더라도 X를 구매하는 것이 더 현명해 보입니다(If another brand is not different from X in any way, it seems smarter to purchase X).[14]

14) Yoo, B., Donthu, N., & Lee, S. (2000), An examination of selected marketing mix elements and brand equity, Journal of the academy of marketing science, 28, 195-211.

(2) 브랜드자산의 개발과 관리

고객 만족과 고객과의 호의적 관계는 결국 해당 기업의 브랜드자산을 증진시키는 역할을 한다. 즉 제품의 기능, 품질, 가격, 납기 등이 우월하면 이러한 제공 가치가 고객의 만족도와 고객과의 호의적 관계, 나아가 해당 기업의 브랜드자산을 증진시키는 것이다. 과거와 달리 제품이 제공하는 실질적인 가치를 브랜드에 담기 위한 브랜드자산 개발과 관리(brand equity building and management) 노력에 많은 기업들이 신경을 쓰고 있다. 브랜드자산은 기업의 모든 속성에 대한 고객의 평가로 오랜 시간에 걸쳐 구축된다. 일단 높은 브랜드자산이 구축되면 이는 기업의 중요한 무형자산이 된다. 강력한 브랜드자산과 명성은 그 자체가 경쟁과의 차별화를 가능하게 함으로써 기업성과에 큰 영향을 미친다. 따라서 기업은 체계적인 활동으로 고객 만족, 고객과의 호의적 관계 및 브랜드자산을 높여 기업의 성과를 극대화해야 할 것이다.

기업이 총체적으로 사업을 잘 수행하는 것은 기업 역량을 증진시키는 것과 해당 기업의 인지도와 이미지를 향상시키는 것을 말한다. 기업의 목표에 따라 선택한 표적시장(target market)에서 고객의 니즈, 욕구 및 기대와 자사 역량 사이의 갭(gap)이 존재할 때, 이를 노 갭(no gap) 상황으로 바꾸는 사업전략 수립과 실행 전반의 관리를 총체적 사업수행 관리이다(그림 12-22 참조). 효과적인 사업수행 관리는 브랜드 명성과 기업성과에 긍정적 영향을 미친다. 이러한 사업수행 관리는 크게 제품력 및 기술력 증진 관리와 외형적 브랜드 관리로 분류할 수 있으며 이를 학습한다.

그림 12-22 강력한 브랜드를 키우고 관리하기 위한 마케팅 실행 수단의 틀

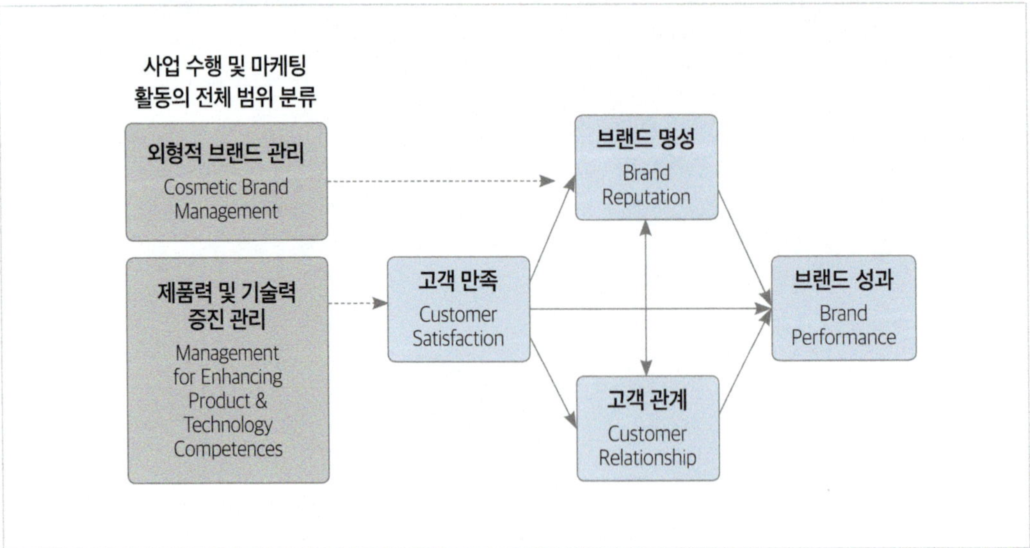

(2-1) 제품력 및 기술력 증진 관리(Management for Enhancing Product & Technology Competencies)

제품력 및 기술력 증진 관리는 기업 내부 자원의 확충, 활용이나 시스템의 변화를 통해서 기업의 역량을 향상시키는 활동들을 관리하는 것을 말하며, R&D, M&A 등을 통해 사업, 제품, 서비스 등의 내용을 구조적으로 변화시키는 기업 활동 관리를 의미한다. 한편 외형적 브랜드 관리(cosmetic brand management)는 말 그대로 화장하듯이 기업 브랜드의 외형을 관리하는 것을 말한다. 브랜드 네임(brand name), 로고(logo), 심벌(symbol) 등 브랜드 요소(elements)에 대한 관리와 프로모션 및 CSR 등의 활동들을 통해 브랜드 인지도(brand awareness)와 브랜드 이미지(brand image)를 향상하면서 브랜드 명성에 긍정적인 영향을 미치는 활동들을 관리한다. 먼저 제품력 및 기술력 증진 관리에 초점을 맞추어 학습하겠다.

지금까지 PAM 전략의 수립과 실행 과정을 학습했다. 제품력 및 기술력 증진 관리도 PAM 과정의 한 부분일까? 아니다. 정확히 말하자면 제품력 및 기술력 증진 관리는 PAM의 수준을 뛰어넘어 전사 수준의 활동을 관리하는 것이다. 즉 제품력 및 기술력 증진 관리는 기업의 모든 내부 자원을 파악한 후 그 자원을 효율적으로 배분해야 하므로 마케팅을 뛰어넘는 의사결정이다. 이러한 의사결정은 단시간에 해결되는 사안이 아니기 때문에 기업은 꾸준하게 사업전략을 수립하고 실행해야 한다. 또한 기업은 사업 목표를 달성하기 위해 PAM 수행 과정인 마켓 센싱을 통해 자사의 역량과 시장 및 고객의 기대치를 파악할 수 있고, STP 과정을 거쳐 포지셔닝 방향을 설정하게 된다. 이러한 PAM 과정을 바탕으로 포지셔닝 전략을 수행하기 위해 시장과 자사 역량을 고려하여 인적, 물적 자원의 배분과 기술 개발을 위한 제품력 및 기술력 증진 관리를 하게 된다. 따라서 PAM 과정은 시장, 고객 및 경쟁에 대한 자료와 정보를 제공하여 제품력과 기술력 증진 관리를 도와주는 역할을 해야 한다.

PAM이 제품력 및 기술력 증진 관리를 어떻게 도와줘야 하는지를 9장에서 학습했던 PDM(Product Development Management, 이하 PDM)과 SCM(Supply Chain Management, 이하 SCM)의 예시를 통해서 알아보자. 제품력 및 기술력 증진 관리를 위해 자사의 기술력으로 R&D를 통한 PDM을 하려면 어떤 정보가 필요할까? 현재 기술의 발전 동향, 자사의 현재 상황, 경쟁사의 동향, 고객의 선호, 사용할 수 있는 자원 등에 대한 정보가 필요할 것이다. 이러한 정보의 일부는 마켓 센싱을 통해 마련되어 자사가 목표로 하는 기술 발전 방향을 설정하는 데 도움을 줄 것이다. 또한 제품력 및 기술력 증진 관리에서 기업은 기술 발전을 위해 R&D, M&A, 파트너십(partnership) 방법으로 기존 제품의 개선과 신제품 개발에 초점을 맞추게 된다. 즉 기업은 PAM을 기반으로 현재 기술 동향과 자사, 경쟁사 분석을 통해 PDM 계획을 수립하게 된다. 따라서 PAM 전략을 기반으로 PDM의 기본 목표인 고객에게 제공하는 품질, 내구성, 효율성 등과 함께 상대적으로 매력적인 가격 설정을 통해 제품의 가치를 효과적으로 창조하고 전달할 수 있다.

이번에는 SCM의 예시를 통해서 PAM의 과정이 제품력 및 기술력 증진 관리를 어떻게 도와줄 수 있는지 살펴보겠다. 우리는 기술뿐만 아니라 전반적인 자원관리도 필요한데, SCM에 있어서는 어떠한 정보가 필요할까? SCM은 기업 내적 물류의 흐름뿐만 아니라 부품 원자재 같은 공급망 구성 요소들의 전반적인 자원관리를 위해 부품제공업자로부터 생산자, 유통업자, 고객에 이르는 물류의 흐름을 파악할 수 있는 정보가 필요하다. 이러한 정보는 기업 내의 부문별 최적화나 개별 기업 단위의 최적화에서 탈피하여 공급망의 구성 요소 간에 이루어지는 전체 프로세스의 최적화를 달성하는 것을 목표로 한다. 즉 PAM 전략의 목표인 고객에게 경쟁 대비 우월한 가치 창출과 전달이 SCM의 목표가 될 수 있다. SCM은 이러한 목표 달성을 위해 비즈니스 간 또는 비즈니스 내부에서의 제품, 서비스 및 정보의 이동을 효율적으로 지원하는 활동들로 고객에 대한 가치의 창출과 전달을 도울 수 있을 것이다.

PAM 전략의 수립과 실행 과정은 마켓 센싱으로 시작된다. 마켓 센싱을 통해 시장을 분석하고 가장 적절한 시장을 선택하는 STP 전략을 수립한다. 즉 선택한 표적시장(target market)의 요구 수준과 자사의 역량을 고려하여 포지셔닝 방향을 설정한다. 당장 포지셔닝을 실행하는 사업전략의 실행이 가능한 경우도 있지만, 역량을 증진하거나 확충해야 하는 일도 있을 것이다. **제품력 및 기술력 증진 관리는 역량을 증진시키거나 확충해야 할 때에 더욱 필요하다.** 제품력 및 기술력 증진 관리는 기업 내부 자원 활용과 시스템의 변화를 통한 관리로서 R&D, M&A 등을 통해 기업의 목표를 달성시키기 위한 관리 활동이다. 다시 말해 기술력과 제품력을 향상해 기업의 목표를 달성하는 것이다.

개인 고객을 대상으로 하는 B2C 사업에서는 오래전부터 기업이나 제품의 브랜드 가치를 조사해서 발표하고 있지만, B2B 시장에서는 주요 거래 품목이 부품, 기계, 원료, 소재와 같은 산업재이고 마케팅의 대상이 개인이 아닌 조직구매자(organization buyer)이기 때문에 브랜드의 가치는 상대적으로 중요시되지 않았다. 하지만 최근에 와서 B2B에서도 브랜드가 기업성과에 긍정적인 영향을 준다는 것을 인식하게 되었으며 그에 따라 브랜드자산과 명성은 점차 중요해지고 있다. 예를 들어 파워비즈니스 기업의 경우 브랜드 명성 증진을 위해서는 제품력 및 기술력 증진 관리가 특히 더 중요하다. EPC 사업의 경우 사업 규모가 크기 때문에 고객 입장에서 다양한 정보를 탐색하는 것은 당연하다. 더욱이 이러한 산업에서는 PQ(Pre-Qualification)가 활성화되어 있기 때문에 기업에 대한 정보 획득이 다른 산업에 비해 쉬운 편이다. 과거에 수주한 어떤 기업이 수행한 사업의 품질부터 고객 만족에 대한 자료까지 쉽게 얻을 수 있다. 따라서 단순히 외형적으로 브랜드를 꾸미는 것이 아니라 제품력과 기술력 증진을 통해서 자사의 역량을 향상해야 한다. 그래야 사업을 수행하고 고객 만족과 고객 관계를 유지해 나가면서 향후 이러한 실적 reference 정보로 pre-RFP 단계에서부터 고객을 설득할 수 있을 것이다.

제품력 및 기술력 증진 관리는 기본적으로 기업이 추구하는 도전적인 야심(ambition) 기반의 목표를 달성할 수 있도록 자사 역량을 증진해 성과 달성을 추구한다. 과거에는 넘보지 못했던 사업과 시장을 추구할 수 있도록 하는 것이 제품력 및 기술력 증진 관리의 역할이다. 예를 들어 그림 12-2 처럼 수익성 및 시장매력도가 높아 진입을 고려하였지만 자사 역량과의 갭(gap)이 많아 진입하지 못했던 시장을 공략하는 경우를 생각하면 제품력 및 기술력 증진 관리의 역할을 쉽게 이해할 수 있다. 이러한 시장에서 사업을 펼치기 위해 기업은 R&D, M&A 등을 통해 기업 역량을 향상해 시장에 진입, 사업을 획득하고 수행할 수 있을 것이다(그림 12-3 참조).

제품력 및 기술력 증진 관리를 통해서 기업은 최고의 성과를 얻기 위해 노력한다. 이에 따라 기업은 자사의 자원을 목표 달성을 위해 배분해야 한다. 기업은 어떻게 최적의 자원배분을 할 수 있을까? 바로 기준을 가지고 자원을 적절히 배분해야 한다. 제품력 및 기술력 증진 관리의 자원배분 기준에 대해서 살펴보자. 먼저 첫 번째 기준은 바로 기업의 사업 목표이다. 예를 들어 살펴보면, '야구와 PAM'의 비유 사례에서 기업은 'global leader로서의 위상 구축'이라는 전사적 미션을 토대로 기술력 및 원가경쟁력을 보유하여 올해 사업성장률 15% 증가를 목표로 설정하였다(표 12-5 참조). 그렇다면, 기업은 바로 R&D나 M&A에 투자하여 기술력을 향상시키는 활동 등에 기업 자원을 배분해야 할 것이다. 또 다른 자원배분 기준으로는 이익공헌도, 시장점유율, 판매 수준, 나아가 자사의 신규고객 증가율 등과 같은 성과지표들이 있다. 즉 수익성과 매력도 측면에서 기업의 각 사업부/기능마다 가중치를 주어 자원을 배분하는 것이다. 예를 통해 살펴보자. 한 중공업 기업의 부문별 수주 추이를 추적 분석한 결과 지속해서 건설사업부의 수주 추이가 낮게 나온다면 해당 기업은 지속해서 건설 부문에 자원을 투입하는 것을 재고할 것이다. 이 경우 발전 EPC 사업을 수행하는 건설 부분과 유사점이 많으며 낮은 수주 총량을 가진 건설 부문에 지속해서 자원을 투입하는 것보다는 EPC 부문과 건설 부문과의 통합을 통해 자원배분을 좀 더 효율적으로 하는 것이 나을 수 있다고 판단할 수 있을 것이다. 이처럼 제품력 및 기술력 증진 관리를 위해 자원을 배분할 때, 성과지표는 역시 중요한 기준이라 할 수 있다. PAM 맥락에서도 제품력 및 기술력 증진 관리의 자원배분과 관련성이 있는 평가 기준들을 가지고 지속해서 PAM 활동을 통제해야 할 것이다. 계획된 기간 내에 PAM에 얼마나 큰 비용을 들여야 하는가? 즉 마케팅 목적을 달성하기 위한 총예산을 얼마로 책정해야 하는가에 대한 문제를 고려해야 한다. PAM 활동에 책정된 비용들을 목적 달성을 위한 세부 활동들에 어떻게 잘 배분할 수 있을까? 즉 마켓 센싱, STP 전략 수립 등과 같은 각 PAM 활동에 대해 얼마씩 배분하는 것이 가장 목표 달성 가능성을 높이는지를 고려해야 할 것이다.

마지막으로, 목표를 달성하기 위해서 지역별, 제품별, Segment별로 가장 수익성이 높은 분야가 어디인지를 지속해서 파악해야 한다. 시장 및 기술의 변화가 빨라서 이러한 정보를 지속적으로 파악하여 제품력 및 기술력 증진 관리에 도움을 줄 수 있는 전략을 설정하는 것이 중요하다.

(2-2) 외형적 브랜드 관리(Cosmetic Brand Management)

외형적 브랜드 관리는 브랜드의 외형을 관리하는 것이라고 했다. 즉 브랜드 네임, 로고, 심벌 등 브랜드 요소(brand elements)에 대한 관리와 통합마케팅커뮤니케이션(IMC: Integrated Marketing Communications; 예: 광고, 트레이드 쇼, CSR, 영업/판매) 활동을 통한 브랜드자산과 명성에 긍정적인 영향을 미치도록 하는 활동들을 관리하는 것이다.

먼저 외형적 브랜드 관리의 브랜드 요소(brand elements) 관리에 대해서 살펴본다. 브랜드 요소는 브랜드 네임, 로고, 슬로건, 브랜드 스토리 등과 같은 요소들로 구성되어 있다. 흔히, 브랜드 요소 관리는 B2B 시장에서는 B2C 시장만큼의 중요성을 가지고 있지 않다고 알려졌지만, 브랜드 네임이라는 요소는 B2C 못지않게 기업에 중요한 요소로 작용할 수 있다. 일반적으로 기업은 브랜드 요소의 확립을 통해서 기업과 제품의 이미지를 만들 수 있으며, 경쟁 기업에 대한 차별성을 제공할 수 있다. 따라서 적절한 브랜드 요소를 사용하여 기업은 자사의 인지도와 이미지를 자사에 유리한 방향으로 설정할 수 있다. 또한 이러한 인지도와 이미지가 지속해서 호의적으로 확립되면 향후 브랜드 명성에 긍정적 영향을 줄 수 있으며, 궁극적으로 기업성과에도 긍정적 영향을 미칠 수 있다.

우선 브랜드 네임에 대해서 살펴보겠다. 제품이나 기업의 첫인상이라 할 수 있는 브랜드 네임은 고객에게 브랜드의 핵심 가치를 쉽고 명료하게 전달할 수 있다. 따라서 브랜드 요소 중 상대적으로 가장 가시적이고 중요한 요소이다. 그런데 기업 대부분은 브랜드 네임이 이미 확립되어 있는 경우가 많아서 이를 쉽게 바꿀 수 있는 경우는 흔치 않다. 그런데 이러한 상황에도 불구하고 글로벌화에 따른 신규 브랜드의 론칭, M&A, 파트너십 등으로 인해 브랜드 네임을 새로 만들거나 혼용해서 사용해야 할 경우 등이 발생한다. 즉 이 경우 기업은 어떤 식으로 대처해야 하는가에 대해 알아보자. M&A로 인해 두 개의 브랜드 네임이 혼재하는 경우가 발생할 수 있다. 다양한 상황에 대처하기 위해 브랜드 네임을 효과적으로 관리하는 원칙은 일관성과 우월성의 원칙이다. 일관성을 추구하여 하나의 브랜드 네임을 추구함으로써 기업은 홍보 및 브랜드 관리에 드는 비용을 효율적으로 통제할 수 있다. 즉 하나의 브랜드 네임을 통해 전 계열사와 이미지를 모두 관리하는 효과를 누릴 수 있을 것이다. 우월성 원칙은 바로 후광효과(halo effects)와 관련이 있다. 즉 우월한 브랜드 네임을 독립적 혹은 함께 사용하여 우월한 브랜드가 가진 명성을 후광으로 하여 기업의 가치상승에 도움을 주는 것이다. 우월한 브랜드 네임을 독립적으로 사용하는 것을 독립 브랜드 네이밍이라 하며, 함께 사용하는 것을 endorsed brand라고 한다. 그런데 단순히 우월성에 따라 브랜드 네임을 정하면, 브랜드 관리에 어려움이 존재할 수 있다. 예를 들어 독립적으로 우월한 브랜드 네임을 사용한다면 기업마다, 제품마다 사용하는 브랜드들이 다르기에 브랜드 네임 등 브랜드 요소 관리 비용이 증가하는 문제점이 발생할 수 있다. 한편 두 브랜드 네임을 혼합하여 사용하는 경우 한 브랜드 이름이 관련된 좋지 않은 사건들이 부정적 전이효과(negative spill-over effects)를 유발할 수도 있다. 결국 기업은 브랜드 네임 관리에 있어 자사의 명확한 기준을 확립해야 하며, 자사의 목표에 맞게 지속해서 브랜드 네임을 관리하는 것이 중요하다. 하나은행과 외환은행이 합병하여 은행의 브랜드 네임을 어떤 방식으로 진화하며 사용했는지와 우리은행의 브랜드 네임 진화는 흥미로운 예이다.

브랜드 요소 중 로고(logo)는 상품이나 기업 등의 조직에 적용되는 시각 디자인을 말한다. 로고의 목적은 고객들이 제품과 기업을 잘 인식하도록 하는 것으로 광고, 홍보의 효과를 높이는 것이다. 슬로건(slogan)은 브랜드에 관한 정보를 제공해 주는 짧은 문구로서 기업이 전달하고자 하는 의미가 함축되어 브랜드의 의미와 성격, 사업 영역 등을 보완적으로 표현하는 요소이다. 또한 기업은 이러한 요소들을 활용한 기업 정체성 시스템(corporate identity system)을 구축해야 한다. 나아가 브랜드 스토리는 단지 몇 개의 이미지나 슬로건으로 기능적 강점을 내세우기 힘든 상황에서 차별적인 이미지를 구축하기 위해 쉽게 이해할 수 있는 이야기를 활용하는 것이다. 이는 기업의 프로모션 주제(promotion theme)가 될 수 있으며 광고를 통해 유효하게 전달될 수 있다. 결국 브랜드 요소의 브랜드 네임, 로고, 슬로건, 스토리는 기업 브랜드 네임의 인지도 증진과 이미지 연상을 통해 브랜드 명성에 긍정적 영향을 줄 수 있다.

다음으로 외형적 브랜드 관리의 IMC에 대해 알아본다. 일반적으로 B2B 기업들은 고객이 한정되어 있고 거래 규모가 크기 때문에 불특정 다수를 대상으로 한 광고나 PR 홍보 전략보다는 맞춤형 판촉이나 세일즈 프로모션을 강조한다. 기업은 브랜드 인지도에 긍정적인 영향을 주기 위한 IMC 활동으로 첫째, 광고를 활용한다. 광고는 기업이미지

홍보 영상과 방송 광고, 전문 잡지와 신문 등의 인쇄 광고, 브로슈어와 제품 안내 및 규격서 또는 사보와 기술지 카탈로그, 뉴스레터 등을 통해 고객의 지식 요구를 충족시킬 수 있다. 두 번째로 트레이드 쇼(trade show; 예를 들어 CES)나 기술 세미나, 박람회 등을 통해 현장에서 제품에 대한 설명과 시연을 보여줌으로써 정보에 대한 고객의 니즈와 욕구를 충족시킬 수 있을 것이다. 세 번째는 CSR(Corporate Social Responsibility)이다. 그런데 이러한 CSR은 사실 대형 수주 산업에서는 외형적 브랜드 관리라기보다 제품력 및 기술력 증진 관리로 판단할 수 있을 만큼 중요한 이슈이다. 그 이유는 바로 고객의 관점 때문이다. 고객 대부분은 공급자 기업을 선정하는 데 있어 제품, 품질, 가격뿐 아니라 고객(예를 들어, 국가 혹은 community)에게 어떠한 공헌(contribution)을 해줄 수 있는가를 중요한 요인으로 평가한다.

인도 발전소 건설의 예를 통해서 CSR의 중요성과 영향을 알아보겠다. 인도 정부는 최근 자국민 고용 및 기술 인력의 양성을 수주의 요구 조건으로 하는 사항의 법제화를 준비하고 있다. 즉 인도의 발주처나 정부는 수주업체를 선정하는 데 있어 자국에 대한 공헌도를 중요한 업체 선정 요인으로 생각하고 있다는 것을 알 수 있다. 즉 CSR 활동은 특히 신흥국(emerging country)의 경우 더 중요한 요인으로 작용하기도 한다. 결국 CSR이란 기업의 본질적인 활동으로 인식되는 경제적 활동에서 한 걸음 더 나아가 보다 적극적으로 사회발전에 이바지하고자 하는 일련의 사회적 공헌 활동을 의미한다. 예를 들어 CSR로 어린이, 다문화가정, 독거노인 등 어려운 이웃을 위한 봉사활동을 할 수도 있고, 해당 국가의 노동력을 사용함으로써 고용을 창출하기도 하며, 나아가 기술 인력을 양성하기도 한다. 또한 최근 들어 주주 중심 자본주의가 공존공영으로 이어지는 선순환 고리를 만들어 내는 이해관계자 자본주의로 발전되며 등장한 ESG 경영은 CSR과 같은 사회공헌활동(사회적 가치 창출 및 지속)뿐만 아니라 환경가치 그리고 지배구조의 선진화로 확장 발전되는 추세를 잘 명심하여 브랜드 경영뿐만 아니라 기업 경영을 해야 할 것이다.[15]

기업은 왜 사회적 공헌 활동을 할까? 최근 기업들은 이러한 사회적 책임(CSR) 활동을 자사의 이미지를 긍정적으로 바꾸고, 브랜드에 대한 긍정적 지각을 유도하며, 나아가 브랜드 명성을 향상시킬 수 있는 요인으로 중요하게 생각하고 있다. 나아가 사회적으로 좋은 일을 함으로써 그 사회에서 성취한 부의 일부를 돌려줌으로써 책임 있는 기업시민(corporate citizen)이 되고자 하는 마음이 저변에 깔려 있는 경우도 있다. 과거 전경련의 사회공헌활동에 대한 조사 결과, 일반인의 92%가 사회공헌참여기업을 긍정적으로 지각하고 있었다. 즉 이러한 활동을 통해서 기업은 사회구성원의 긍정적인 인식을 확대할 수 있으며, 이러한 인식의 확대는 결국 브랜드 명성의 향상을 가져올 수 있을 것

15) 한상만 등(2023), 이해관계자중심경영, 박영사.

이다. 아울러 이러한 활동이 지속적으로 이루어질 때, 고객만족을 높이는 계기가 될 수 있으며 브랜드에 대한 고객의 호의를 높일 수 있을 것이다.

IMC의 마지막 도구로 영업(salesforce)의 영업/판매(selling) 활동을 살펴보자. 그 중요성은 10장과 11장에서 상세하게 학습했으므로 여기에서는 selling 활동만 간략하게 정리한다. 영업/판매 활동은 표적고객을 이해하고, 표적고객의 행동변화를 이끌어야 한다. B2B에서는 개별고객기업 각각에 대한 최선의 판매 전략을 설계하기 위해 전체 전략을 감안하여 자원을 배분해야 한다. 이를 위해 어떠한 영업 활동이 표적고객의 행동변화를 가져오는지 판단해야 하며 이를 중심으로 영업활동을 관리해야 한다. 영업은 ① 정확한 마켓 센싱을 통한 상황분석 능력과 ② 목표 달성을 위해 고객 어카운트(account) 상황에 맞게 영업활동을 적용, 실행할 수 있는 능력을 갖출 수 있도록 영업맨을 육성해야 한다. 즉 영업은 기업의 사업과 제품을 제대로 알리고 고객의 니즈에 필요한 제품과 제반 서비스 관련 정보를 잘 획득하여 기업 내부에 제공함으로써 수주 노력을 조율(coordinate)해야 한다. 수주가 되어 사업을 수행할 때에도 고객과 사업수행의 조율가(coordinator) 역할을 수행함으로써 고객만족과 고객과의 장기적인 발전 관계를 유지하는 데에 중요한 역할을 해야 한다. 결론적으로, 많은 B2B 사업에서 영업활동은 기업 및 브랜드 이미지에 결정적 영향을 미친다는 점을 명심해야 한다.

2.3 고객자산(Customer Equity)

ICT의 발전과 함께 국내외 마케팅 분야에서 고객관계관리라는 개념이 급속도로 확산되면서 또 다른 마케팅의 키워드로 자리 잡았다. CRM에 대한 정의는 논의하는 회사나 사람의 수만큼 다양하지만, 마케팅의 관점에서 살펴보면 '개별고객에게 중요한 가치가 무엇인지를 이해하는 과정이며, 이러한 정보를 이용하여 고객이 진정으로 원하는 편익을 제공하고, 그 결과로 고객이 기업과의 거래를 유지하고 증가시켜 기업이 수익성을 얻는 마케팅'이라고 할 수 있다.[16] 이러한 CRM의 확산과 때를 같이 하여 고객자산이라는 개념이 등장했다.[17] 고객자산은 기업과 고객과의 관계 가치를 의미하는 개념으로 Blattberg와 Deighton에 의해 처음 명명되어 소개되었다.[18] Rust 등은 한 기업의 고객자

16) Accenture, Arthur & Anderson, Cap Gemini Earnest & Young의 homepages; Barnes, J. G. (2001), Secrets of customer relationship management: It's all about how you make them fee, McGraw-Hill; Forrester 보고서(2001); Gartner 보고서(2001); 최정환, 이유재(2001), 죽은 CRM, 살아있는 CRM, 한언출판사.

17) Blattberg, R. C., Getz, G., and Thomas, J. S. (2001), Customer equity: Building and managing relationships as valuable assets; Rust, R. T., Zeithaml, V. A., and Lemon, K. N. (2001), Driving customer equity: How customer lifetime value is reshaping corporate strategy, Free Press 등.

18) Blattberg, R. C. and Deighton, J. (1996), Manage marketing by the customer equity test, Harvard Business Review, 74(July-August), 136-144.

산을 그 기업의 고객생애가치(customer lifetime value)를 현재 가치화한 총합이라고 정의하였다.[19] 즉 고객이 한 기업과의 관계를 유지하는 총기간인 고객수명주기 동안 그 기업의 제품이나 서비스를 구매할 때 가져다주는 수익을 예측하자는 것이다. 고객자산은 고객의 생애가치를 모두 합친 것이다.

(1) 고객자산 개념의 철학과 고객자산 산출 방법

기업의 수익은 과연 제품과 브랜드에서 나오는 것인가 아니면 그 제품을 사는 고객에게서 나오는 것인가라는 질문을 생각하면 고객자산 개념이 지향하는 고객 중심의 철학(customer focus or customer-centric philosophy)을 이해할 수 있다. 예를 들어 '갑'이라는 고객이 올해에 구매함으로써 우리에게 공헌한 수익이 250,000원이고, '을'이라는 고객이 공헌한 수익은 120,000원 정도라면 '갑'이 중요한 고객이다. 그러나 '갑'은 언제 다시 우리에게 구매할지 모르지만, '을'은 적어도 5년간은 1년에 120,000원 정도의 수익을 가져다 줄 것으로 보인다면 어떤 고객이 더 중요할까? 고객 중심의 철학은 단순히 고객을 중요하게 여긴다는 철학뿐 아니라 더 나아가 비즈니스에 대한 'outside-in' 관점을 시사하고 있다. outside-in 관점이란 기업을 운영하면서 제품이나 서비스보다 고객에 기반을 두고 고객이 원하는 제품이나 서비스라면 무엇이든 제공한다는 관점을 의미한다. 이러한 관점을 접한 많은 사람은 고객 중심 경영을 새로운 기업 경영 패러다임이라고 주장하기도 한다. 즉, 제품 또는 브랜드 중심의 마케팅 철학은 제품과 브랜드 라이프사이클, 제품과 브랜드 포트폴리오, 이윤과 비용 등을 중요하게 여기며 제품과 브랜드를 자산으로 인식하는 반면, 고객 중심의 마케팅 철학은 고객의 라이프사이클, 획득(acquisition)과 유지(retention)를 중요시하며 유지되는 고객 기반(customer base)을 자산으로 인식한다. **고객이 가져다주는 이익(customer profits)**은 **[고객으로부터의 수입(revenue)] − [고객에게 발생하는 비용(cost)]**을 의미한다. 그렇다면 고객생애가치란 **(현재까지의 고객 이익) + (그 고객으로부터 예측되는 이익)**을 의미한다. 이러한 고객생애가치는 기업과 고객 간의 관계를 이해하고 평가할 수 있는 체계적인 도구가 될 수 있다.[20] 산출된 가치에 따라 장기적으로 추구해야 할 핵심 고객군과 특성을 발견할 수 있으며, 고객군에 따라 마케팅 자원배분에 관한 효과적이며 효율적인 의사결정을 내릴 수 있다.

고객자산을 산출하는 방법은 매우 다양하게 소개되고 있는데, 그 내용은 학부 수준

19) Rust, R. T., Zeithaml, V. A., and Lemon, K. N. (2001), Driving customer equity: How customer lifetime value is reshaping corporate strategy, Free Press.

20) Jain, D. and Singh, S. S. (2002), Customer lifetime value research in marketing: A review and future directions, Journal of Interactive Marketing, 16(2), 34-46.

을 넘어서므로 다른 서적을 참고하기를 바라며 여기에서는 실무 적용에의 시사점이 높은 두 가지 모델만 소개하겠다.[21] 먼저 고객생애가치를 산출하는 규범적 모델(normative models of customer lifetime value)은 고객생애가치의 최종적인 산출과 활용, 즉 마케팅 의사결정과 자원배분에 초점을 맞춘 모델인데, 대표적인 모델로 Blattberg 등의 모델이 있다.[22] 이 모델에 따르면 고객자산은 **[신규고객으로부터의 이익(접촉한 가망 고객의 수×획득 확률×이윤)]−[획득 비용(가망 고객의 수×가망 고객 단위당 획득 마케팅 비용)]+$\Sigma_{\text{예측된 유지기간}}$ [획득한 신규고객이 유지될 때의 예측 이익(미래 각 단위 기간의 유지율×유지 고객의 이윤)]÷(현재가치화를 위한 할인율)**의 식에 의해 개별고객, 세분군 수준으로 산출할 수 있으며 이를 전부 합치면 그 기업의 고객자산 가치를 구할 수 있다.

다음으로는 고객생애가치를 매우 간략하게 구하는 방법인데, 이 방법은 Gupta 등이 제시하였다.[23] 이 모델에 따르면 고객생애가치는 다음과 같이 산출할 수 있다.

고객생애가치$=m\times(r / 1+i-r)$,
여기서 m=고객당 특정 기간당 이윤, r=고객 유지율, I=할인율(discount rate)

위 식에서 $(r / 1+i-r)$은 마진 승수(margin multiple)라고 하는데 마진 승수는 다음의 **표 12-10** 처럼 나타난다.

표 12-10 마진 승수(margin multiple)[24]

유지율	할인율			
	10%	12%	14%	16%
60%	1.20	1.15	1.11	1.07
70%	1.75	1.67	1.59	1.52
80%	2.67	2.50	2.35	2.22
90%	4.50	4.09	3.75	3.46

21) Kumar, V. and Reinartz, W. J. (2006), Customer relationship management: A databased approach. Wiley; 김형수, 김영걸(2014), 고객관계관리 전략: 원리와 응용, YOUNG.
22) Blattberg, R. C., Getz, G., and Thomas, J. S. (2001), Customer equity: Building and managing relationships as valuable assets, HBS Press.
23) Gupta, S., Lehmann, D. R., and Stuart, J. A. (2004), Valuing customers, Journal of marketing research, 41(1), 7-18.
24) Ibid.

즉 마진 승수는 할인율이 낮을수록(=기업이 우량할수록 미래가치를 현재 가치화한 금액이 많다), 또 고객 유지율이 높을수록 높게 나타나지만, 할인율이 높고 고객 유지율이 낮을수록 낮게 나타난다. 이렇게 산출한 고객 1인당 평균 고객생애가치에 고객 수를 곱하면 해당 기업의 고객자산 가치가 계산된다.

정리하면 브랜드자산과 고객자산과 같은 마케팅자산에 의한 마케팅 성과평가 분석은 마케팅에 투하되는 돈의 장기적 효과를 고려하여 마케팅 활동에 따른 마케팅자산의 변화를 성과평가 분석의 주안점으로 삼자는 것이다. 예를 들어, 삼성전자의 올림픽 후원, 현대자동차의 월드컵 후원 등과 같은 마케팅 활동은 이러한 방법에 따른 성과평가 분석이 적합하다.

(2) 고객자산의 활용

고객의 변화와 고객 라이프사이클, 그리고 고객자산 개념에 기반한 마케팅전략 방향으로 AER(Acquisition, Expansion, Retention) 전략이 등장했다.[25] 이 전략은 신규고객을 획득하고, 그다음 유지하기 위한 최고 전략은 고객에게 제품과 서비스를 확장(expansion)하는 것이라는 실증 연구 결과를 바탕으로 수립되었다. 고객가치, 즉 고객생애가치에 영향을 미치는 탄력성은 유지 탄력성(retention elasticity), 고객 마진 탄력성(customer margin elasticity), 고객획득 탄력성(customer acquisition elasticity) 순으로 밝혀졌는데,[26] 고객자산 가치를 증진하기 위한 전략의 우선순위는 먼저 신규고객을 획득하고, 획득한 고객과의 상호작용과 관계유지를 통해 추가 비즈니스를 확보해 나가면서 고객과의 관계 유지를 지속하는 순서로 진행되는 것이 바람직하다.

D 기업의 경우 빈탄 4 익스텐션 석탄화력발전소 같은 고객확장전략(customer expansion strategy)을 통해 고객유지전략을 펼치고 있다. 이 기업의 경우 **그림 12-23** 처럼 수주 전망의 기반이 대부분 고객 유지 및 확장에 토대로 둔 고객생애가치를 활용하는 것으로 해석할 수 있다.

25) Palmatier, R. W., & Sridhar, S. (2020), Marketing strategy: Based on first principles and data analytics, Bloomsbury Publishing.

26) Gupta, S., & Lehmann, D. (2005), Managing customers as investments the strategic value of customers in the long run, Wharton School Publishing.

그림 12-23 고객생애가치를 활용한 D 기업의 수주 전망분석 예시[27]

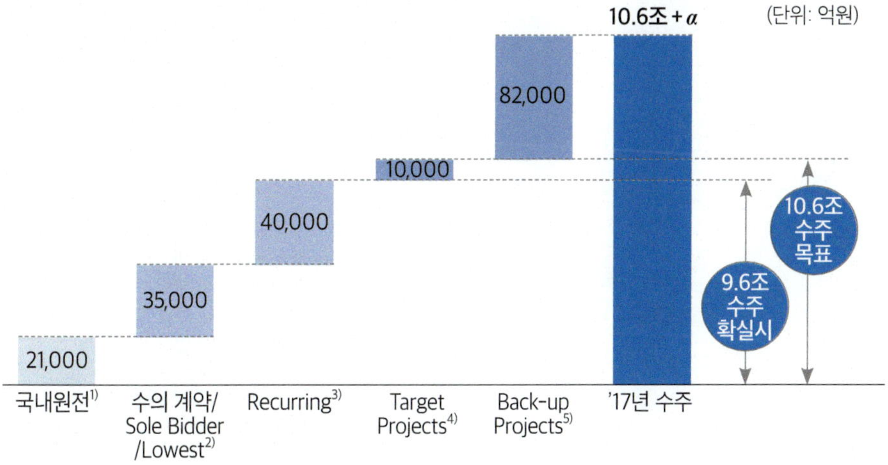

1) '14년 신고리 #5, 6 수주 실적 기준
2) 남아공 A CFB 1.2조, 베트남 석탄화력 0.7조, 국내 석탄화력 0.6조 등
3) 기자재 2.4조, 서비스 1.3조, 기타 0.3조/수주 Risk 낮고 지속, 반복적인 계약관계를 맺고 있는 PJTs ('12~'16년 평균 연 4.2조 원 수주)
4) 쿠웨이트 Water 0.8조, 오만 Water 0.2조 등
5) 인도 EPC 2.0조, 이집트 EPC 1.2조, 중앙아시아 EPC 0.6조, 사우디 RO 0.4조, 인도네시아 EPC 0.3조 등

또한 **그림 12-24** 처럼 D 기업의 경우 고객생애주기(customer life cycle)에 따라 고객관계관리 비즈니스를 수행하는 등 고객자산 관리 개념을 토대로 PAM 마케팅전략을 수행하고 있다. 이러한 고객 중심의 전략 수행은 해당 기업의 새로운 비즈니스모델의 수립과 실행으로 이어지기도 했다. **그림 12-25** 처럼 D 기업은 서비스 비즈니스 그룹을 신설하고 R&M(Renovation/Retrofit/Rehabilitation & Modernization) 비즈니스와 부품 비즈니스를 새로 추진하고 또한 Non-OEM(타사 파워 기자재) 사업의 서비스관리 비즈니스를 추진하기 시작했는데 이 전략은 고객생애가치와 고객자산 개념을 토대로 한 것이다.

27) D 기업의 2016년 연간 경영실적 및 2017년 경영계획

그림 12-24 고객생애가치에 따른 D 기업의 고객관계관리 예시[28)]

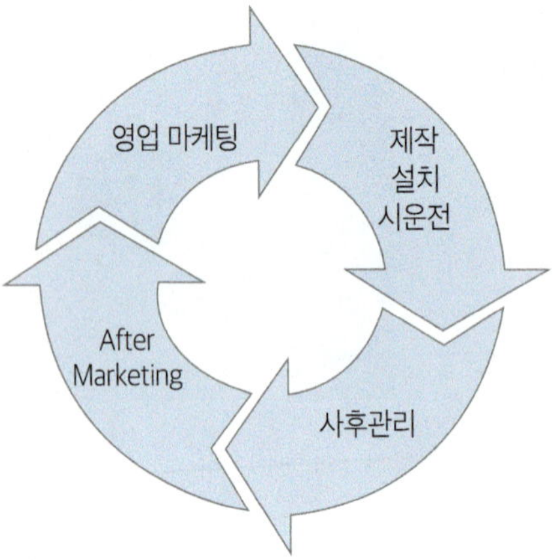

구분	세부 활동
Step 1. 영업 · 마케팅	• 다양한 고객 지원 활동 전개 • 지속적인 VOC 관리 • CS 표준 업무 기준 정립 • PAM 활동 • 기술교류회 및 세미나 지원 • 고객만족도 조사(연간, 정기)
Step 2. 제작 · 설치 · 시운전	• 제작(설계 & 엔지니어링) • 설치(품질 & 납기) • 시운전(성능 & 스펙)
Step 3. 사후관리(A/S)	• 전략적 Warranty 제도 운영 • 해외 Warranty 업무 체계 구축 • 설비 생애관리를 통한 신규사업 기회 창출 • 전략그룹사 기술지원 센터 운영 • 발전정지 신속 대응
Step 4. After Marketing	• 피드백 반영 • 고객사 사업지원을 통한 사업기회 발굴 • 지역 · 고객별 데이터베이스 관리 • 설비 생애관리를 통한 신규사업 기회 창출 • 발전사 기술협력협약 실행지원

그림 12-25 D 기업의 서비스 비즈니스 그룹 신설과 고객자산 활용 전략 방향 예시[29)]

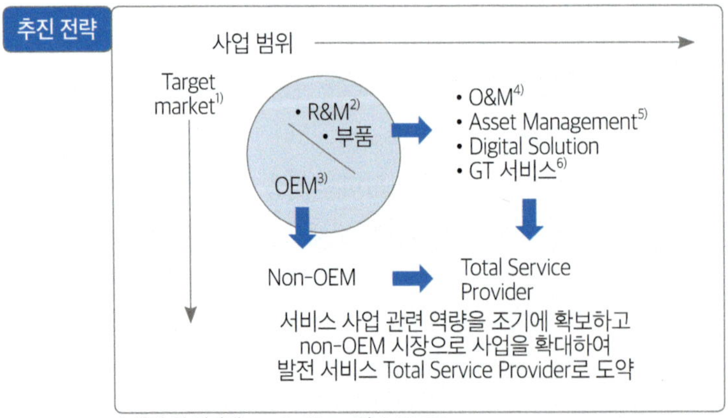

1) 화력 및 원자력 installed base 약 2,418GW
2) R&M: Renovation & Modernization, Retrofit이나 Rehabilitation과 혼용
3) OEM: Original Equipment Manufacturer, 당사 설계-제작 기자재
4) O&M: Operation & Maintenance
5) Asset Management: 발전소 전반의 정보통합을 통한 비용절감 및 운영효율 최적화
6) Gas Turbine hot parts 교체 등

28) 2016년 D 기업의 통합보고서
29) 2016년 D 기업의 연간 경영실적 및 2017년 경영계획

3절. 마케팅 ROI 및 마케팅 자원의 최적 배분

여기에서는 마케팅 성과의 효율성 측정의 핵심인 마케팅 ROI 개념을 간단히 살펴보고, 이 개념을 토대로 한 마케팅 자원의 최적 배분에 대해 살펴본다.

3.1 마케팅 ROI

앞의 '1.3 마케팅(영업) 성과 측정의 이해'에서 NMC를 토대로 마케팅 ROS와 ROI를 이미 살펴봤다. 그곳에서는 전체적 마케팅 활동 비용을 대상으로 ROI 산출을 학습했다. 이곳에서는 자원배분을 위한 ROMI(Return on Marketing Investment) 개념을 이해하고자 한다. 그림 12-26 에 ROMI의 개념을 도식화하여 제시하였다. 이 개념에서 가장 중요한 것은 투입과 산출 간 인과관계의 이해이다. 기업이 선택한 마케팅 성과(산출)를 달성하는 데 직접적인 영향을 미치는 요인/동인(투입)이 무엇인지 파악하는 것이 중요하다. 각 기업의 환경을 고려하면서, 인과관계를 바탕으로 기업이 선택한 마케팅 성과(return)에 영향을 미치는 핵심 마케팅 동인(marketing investment)이 무엇인지 찾는 것이 중요하다.

그림 12-26 ROMI(Return on Marketing Investment)의 이해

$$ROMI = \frac{\text{Return(산출)}}{\text{Marketing Investment(투입)}}$$

3.2 마케팅 자원의 최적 배분

성과평가의 목적은 평가 그 자체가 아니라 더 나은 의사결정을 내리기 위한 것이다. 이를 위해서는 다음과 같은 의사결정 관련 질문에 대답할 수 있어야 한다.

- 기업이 확인한 핵심 마케팅 동인들에게 어떻게 자원을 배분해야 하는가? 모든 동인에 균등하게 혹은 특정 동인에 더 많은 자원을 배분해야 하는가?
- 기업은 시장(예: segments, countries)별로 마케팅 자원을 어떻게 할당해야 마케팅 성과를 극대화할 수 있을까?
- 프로젝트별로 기업은 마케팅 자원을 어떻게 배분해야 마케팅 성과를 극대화할 수 있을까?
- 각 상품/상품군별로 기업은 마케팅 자원을 어떻게 배분해야 마케팅 성과를 극대화할 수 있을까?

그림 12-27은 최적 자원 배분된 상태의 모습을 예시적으로 보여주고 있다. 어떠한 방법으로 자원 배분되는지는 다른 사례를 통해 알아보겠다.

그림 12-27 최적 자원배분 모습 예시

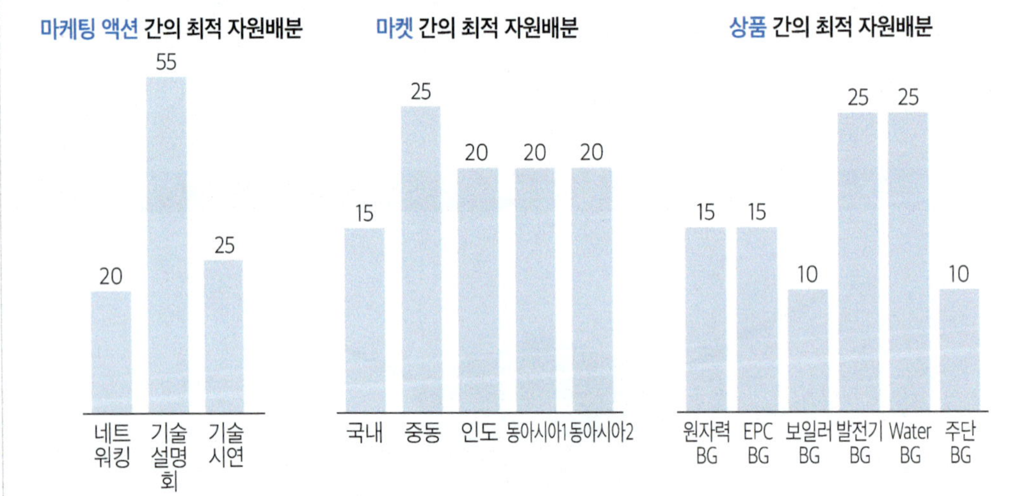

* 위의 예시에 나타난 자원할당은 임의적인 숫자임.

다국적 제약사 바이엘(Bayer)의 마케팅 자원배분 사례를 살펴본다.[30] 당시 회사 현황은 다음과 같았다. 매출액은 약 400억 US$ 이었고, 전 세계 106,000명의 직원이 근무하고 있었으며, 세전순이익(EBITDA)은 약 20%이었다. 그리고 마케팅 의사결정의 문제점으로는 각 지역 책임자가 마케팅 예산을 요청하면 이를 취합하여 마케팅 예산을 배정함에 따라 이 방식이 효율적이라 할 수 없었고 '감'에 의한 의사결정에 가까웠다. 즉 마케

30) Fischer, Albers, Wagner, and Frie(2010), available at http://techtv.mit.edu/tags/675-dynamics/videos/7500-bayer

팀 예산 배분은 각 지역 마케팅 책임자의 '협상력'에 달려 있었다. 계량 마케팅 전문가 팀에게 수익 극대화를 위한 마케팅 예산 할당 문제를 의뢰한 결과 해당 팀은 그림 12-28과 같이 문제를 설정하였다. 그리고 데이터는 다음과 같이 확보했다: 10년간의 분기별 마케팅 활동 및 판매 자료(40개의 데이터 포인트); 프랑스, 독일, 이탈리아, 스페인, 영국 등 5개국 데이터 확보; 고혈압제, 항감염제, 발기부전치료제, 당뇨병치료제 등 4개 제품군 데이터 확보; 525개의 자사 및 경쟁사 제품 데이터 확보. 그리고 종속변수는 판매량, 독립변수는 다음과 같이 설정하고 계량 모델을 개발하였다: 자사 및 경쟁사의 마케팅 비용 투입; 자사 및 경쟁사 제품가격; 브랜드 명성; 품질 평가; 제품 라이프사이클; 시장 진입순서; 국가 요인; 계절성. 모델의 적용과 결과는 그림 12-29에 제시되어 있다. 지

그림 12-28 수익 극대화를 위한 마케팅 예산 할당 문제 설정(바이엘 사례)

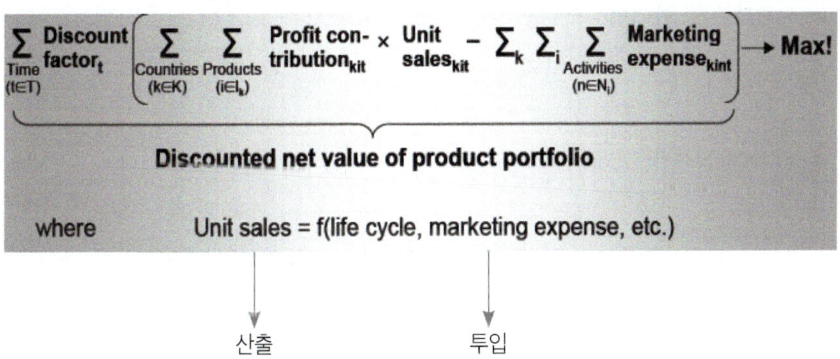

그림 12-29 마케팅 예산 할당을 위한 계량 모델의 적용과 효과(바이엘 사례)

(US$ millions)

구분	마케팅예산할당비율(년)			증가된 할인수익	
	구	신	차이	절대액 변화	상대적 변화율
Area A	22%	34%	+13	+185.64	+98.6%
Area B	5%	6%	+1	+3.73	+1.4%
Area C	33%	22%	−11	+152.82	+23.9%
Area D	40%	37%	−3	+343.54	+128.8%
Total	100%	100%	±0	+685.73	+54.9%

10% in EBITDA (US$ 380m) for Bayer's prescription drug business in 2008
(Bayer Annual Report 2008)

역별 배분을 과거 대비 새로운 방법으로 실험한 결과 수익은 매우 고무적으로 증가하였다(절대액 기준=685.73 증가; 상대적 비율 기준=54.9%). 전체 처방약 부문 세전순이익 증가도 10% 이상 웃돌았다.

3.3 요약

■ 마케팅 성과 측정의 필요성

- 기업의 성과는 재무적 관점뿐만 아니라 마켓에서의 상대적 위치를 고려한 마케팅 성과가 함께 통합되어 해석되어야 한다.
- 오늘날 마케팅이 창출할 수 있는 기업의 무형자산(예: 브랜드자산, 고객자산, 파트너십)은 기업의 미래 성공과 가치를 설명하는 핵심으로 떠오르고 있다.
- 여러분의 업에서 마케팅 관련 비용의 효율성과 효과성은 측정되고 관리되어야 한다.

■ 자사에 적절한 마케팅 성과지표의 선택

- 남들이 사용하고 있는 마케팅 성과지표가 우리 회사에 적합하지 않을 수 있음을 명심해야 한다.
- 자사가 세운 목표와 자사가 속한 산업의 특징에 따라 적절한 마케팅 성과지표를 선택해야 할 것이다.
- 성과지표의 선택은 종업원들의 보수체계, 나아가 그들의 업무 처리 초점과 행동에 영향을 미치므로 자사의 목표와 특성에 맞는 성과지표의 선택이 중요하다.

■ 자사가 선택한 성과지표에 핵심적 영향을 미칠 마케팅 활동의 발견

- 인과관계 분석을 통해 자사가 선택한 성과지표에 직접적, 핵심적 영향을 미칠 마케팅 활동들을 발견하여 이를 실무에서 어떻게 적용할지 생각해야 한다.

■ 마케팅 성과평가와 의사결정 반영

- 마케팅 성과평가는 단순히 기록이나 보고를 위한 과정이 아니라 향후 마케팅 관련 의사결정을 보다 효율적, 효과적으로 하기 위한 것이다.

• 마케팅 성과평가를 통해 기업의 한정된 자원은 더욱 효율적으로 배분 · 이용되어 기업의 수익을 극대화할 수 있도록 해야 한다.

■ **데이터와의 대화**

• 기술의 발전으로 데이터는 시장별, Segment별, 고객별로 축적될 수 있다. 이에 따라 고객별 혹은 프로젝트별로 생애가치(lifetime value)를 향상시키는 방안을 생각해야 한다.
• 데이터를 단순히 축적하는 것을 넘어 유의미하게 해석하여 의사결정에 반영해야 한다.

4절. 시장개척형 PAM의 성과 측정과 통제

본서에서는 시장개척형(market-driving) PAM과 시장지향형(market-driven) PAM을 개념화하고 설명했다. 시장지향형에 비해 시장개척형은 불확실성의 정도가 높아 현업에서 쉽게 적용하기 어려운 개념일 것이다. 4장에서는 각 마케팅 역량과 양손잡이 조직에 관해 설명했고 5장, 6장에서 탐색 혁신 및 시장개척형 마케팅을 위한 마켓 센싱을 고찰했다. 7장에서는 시장개척형 마케팅을 위한 세분시장 발견에 대해서 다루었고, 8장에서는 탐색형 혁신과 시장개척형 가치창출전략을 논의했다. 마지막 PAM의 통제에 있어 지금까지 설명한 마케팅 성과는 아무래도 사업이 상대적으로 명확한 시장지향형 마케팅에 해당한다고 할 수 있다. 이에 비해 막 떠오르거나(emerging) 개척하려 하는 시장의 사업 및 마케팅 성과의 경우 수익성 같은 시장성과가 미미할 수 있다. 이에 따라 시장개척형 PAM의 성과 측정과 통제에 대해 이곳에서 간략히 살펴본다.[31] 자세한 설명은 다음의 서적을 참조하길 바란다: 알렉산더 오스터왈더, 예스 피그누어, 프레더릭 에티엠블, 앨런 스미스(2021), 최강 기업의 탄생(The Invincible Company): 세계 최고의 상품, 서비스, 기업에게서 배우는 비즈니스 모델 전략, 유정식 역, 비즈니스북스.

31) 본서의 고찰도 《최강 기업의 탄생》을 기반으로 함.

■ 탐험 비즈니스 프로젝트의 주요 성과지표(KPI: Key Performance Indicator)

모든 탐험 비즈니스 프로젝트에서 다음 4가지의 주요 KPI를 추적할 필요가 있다.

- 리스크와 불확실성: 아이디어의 리스크를 지금까지 얼마나 줄였는가? ; 얼마나 많은 리스크가 남아 있는가?
- 기대 수익성: 재무 측면에서 아이디어의 가치가 얼마나 클 것인가?
- 학습 속도와 소요 시간: 지금까지 얼마나 많은 시간을 소요했는가? ; 그 시간에 얼마나 많은 것을 학습했는가?
- 비용: 아이디어를 테스트하는 데 얼마나 비용을 썼는가?

리스크와 불확실성 등 주요 KPI를 3가지 수준에서 측정해야 한다: 가설 수준, 비즈니스모델 수준, 포트폴리오 수준. 이 중에서 그림 12-30 은 비즈니스모델 수준에서 신규 비즈니스 프로젝트 지표를 보여주고 있다. 가설 기록에서는 리스크와 불확실성, 실험 기록에서는 비용, 학습 기록에서는 통찰, 신뢰수준, 리스크 경감을 평가하고, 결정으로는 다시 테스트할 것인가/보류인가/아이디어와 비즈니스모델을 유지하는가?/피벗해야 하는가를 정리하고 있다. 그리고 전체적으로 전체 비용, 혁신 리스크 수준, 매출잠재력과 비용구조에 의한 기대 수익 예측이 정리되어 있다.

그림 12-30 비즈니스모델 수준에서의 신규 프로젝트 주요 성과지표 예시

프로젝트 지표

이름	시작일	프로젝트 기간
프로젝트 A	2021년 9월 12일	8주

가설 기록		실험 기록		학습 기록			활동
이름	리스크 %	이름	비용 $	통찰 ✓ ? X	신뢰수준 #0~1	리스크 경감 = 리스크×신뢰 수준	다시 테스트, 보류 유지, 피벗
수용 가능성							
가설 1	10%	실험 1	$0.2K	✓	0.75	10% X 0.75 = 7.5%	유지
가설 2	7.5%	실험 2	$0.5K	X	1	0%	피벗
가설 3	7.5%	실험 3, 실험 4	$1.2K	✓	1	7.5% X 1 = 7.5%	유지
실현 가능성							
가설 7	15%	실험 9, 실험 10	$0.2K	✓	0.5	15% X 0.5 = 7.5%	유지
가설 8	10%	실험 11	$1K	?		0%	다시 테스트
생존 가능성							
가설 4	15%	실험 5	$1.3K	X	1	0%	피벗
가설 5	10%	실험 6, 실험 7	$0.5K	✓	0.5	10% X 0.5 = 5%	유지
적용 가능성							
가설 6	15%	실험 8	$0.2K	?		0%	다시 테스트
가설 9	10%	실험 12	$0.7K	✓	0.25	10% X 0.25 = 2.5%	유지

기대 수익

매출 잠재력: 10억 달러

비용 구조: 2억 5,000만 달러

전체 비용	혁신 리스크 수준	기대 수익
5,800달러	70%	7억 5,000만 달러

그리고 신규 비즈니스모델 포트폴리오 수준은 그림 12-30 에서 본 신규 프로젝트와 같은 모든 탐험 신규 프로젝트들을 정리하여 자원배분 또는 선택과 집중 의사결정을 하도록 한다(그림 12-31 참조).

그림 12-31 탐험 비즈니스모델 포트폴리오에서의 주요 성과지표 예시

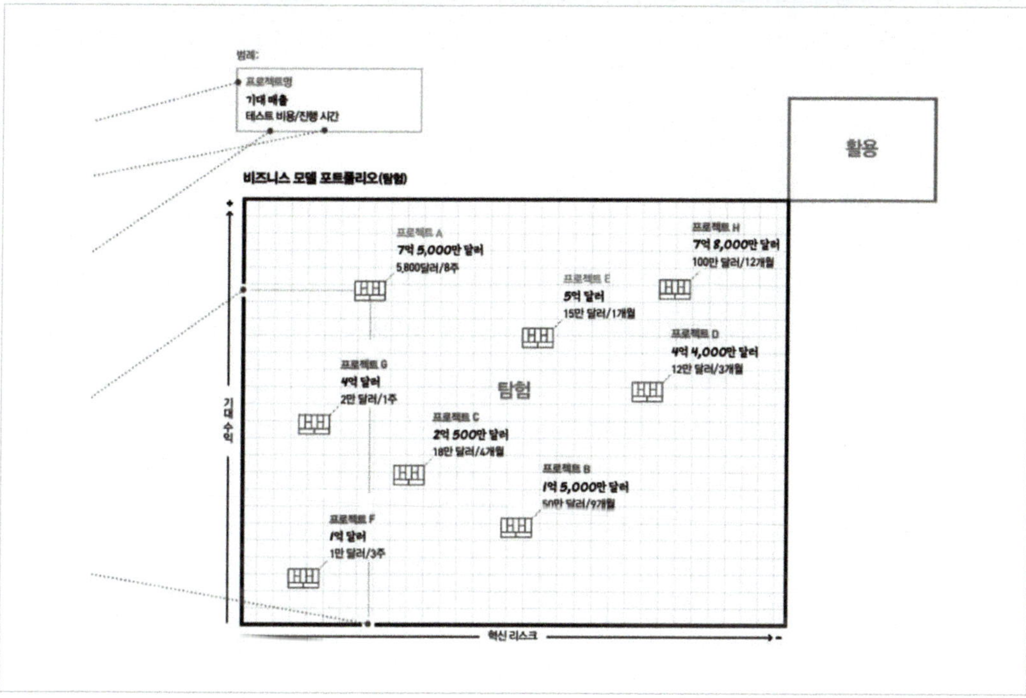

이러한 방식으로 탐험 신규 비즈니스 프로젝트의 주요 성과지표를 사용한 후, 실제 증액되는 투자의사 결정 실행으로 가기 위해서는 추가적인 프로젝트 스코어카드(기업의 핵심 전략과의 적합도, 리스크 경감도, 기회의 크기)로 다양한 조직 수준에서 프로젝트를 평가해 나간다. 이 부분은 전술한 서적을 참조하길 바란다. 탐험 및 시장개척형 비즈니스는 쉽게 개발되는 것이 아니라 매우 체계적인 평가 단계를 거쳐 진행됨을 알 수 있다. 그만큼 리스크가 있기 때문이며 벤처 투자의사 결정이 관련되기 때문이다.

이 장의 요약

이번 장의 주요 내용을 요약하면 다음과 같다.

- PAM 통제 프로세스는 PAM 활동에 대한 성과평가 기준을 설정하고, 실제 성과를 측정하고 그 결과를 바탕으로 PAM 활동을 수정하는 일련의 과정을 말한다. 즉 PAM 수행을 통하여 설정된 목표를 실질적으로 달성하였는가를 판단하는 것이다. 나아가, 피드백을 통해 PAM의 목표와 실행을 수정해 가는 행위 전부를 PAM 통제라고 한다.
- PAM 통제 활동을 수준별로 살펴보면 전략적 통제, 연간계획 통제, 효율성 및 효과성 통제 그리고 수익 통제가 있다.
- PAM 성과 측정치에는 재무 성과와 마켓 기반 성과 측정치가 있다. 재무 성과는 기업의 내부에 초점을 맞춰 과거 대비 성과가 얼마나 좋아지고 있는가를 살펴보는 것이며, 마켓 기반 성과나 마케팅 성과는 기업 외부와의 비교에 초점을 맞춰 성과를 살펴본다.
- 고객 만족은 기업이 고객에게 제공하는 가치가 고객의 니즈와 기대를 넘어설 때 발생하며, 이와 반대로 기업의 제공 가치가 고객의 니즈와 기대에 부응하지 못하는 경우 고객은 만족하지 못하게 된다. 고객 만족은 고객과의 호의적인 관계 창출에 영향을 미치고 이에 따라 고객 유지와 고객 recommendation을 유도한다. 즉 고객 만족과 고객과의 호의적 관계는 기업 브랜드자산 및 명성과 기업성과에 긍정적인 영향을 미친다.
- 기업의 총체적인 사업실행 노력은 크게 제품력 및 기술력 증진 관리 노력과 외형적 브랜드 관리 노력으로 구성된다.
  - 제품력 및 기술력 증진 관리는 기업 내부 자원의 확충, 활용과 시스템의 변화를 통해서 기업의 역량을 향상시키는 활동들을 관리함을 말하며, R&D, M&A 등을 통해 사업, 제품, 서비스 등의 내용을 구조적으로 변화시키는 기업 활동들에 대한 관리를 의미한다.
  - 외형적 브랜드 관리는 기업 브랜드의 외형을 관리하는 것을 말한다. 브랜드 네임, 로고, 심벌 등 브랜드 요소에 대한 관리와 IMC 관리 활동들을 통해 브랜드 인지도와 브랜드 이미지를 향상하고 이에 의해 브랜드자산에 긍정적인 영향을 미치는 활동들을 관리하는 것을 의미한다.
- 대형 수주 사업의 특성을 가진 B2B 사업의 경우 브랜드 명성 구축에 더 큰 영향을 미치는 활동은 제품력 및 기술력 증진 관리 활동이라 할 수 있다. 그 이유는 제품력 및 기술력 증진 관리는 기본적으로 기업이 추구하는 도전적(ambition-based) 목표를 달성할 수 있도록 자사 역량을 증진해 성과를 달성하는 것을 추구하는 것을 의미하기 때문이다. 즉 과거에는 넘보지 못했던 사업과 시장을 추구할 수 있도록 하는 것이 제품력 및 기술력 증진 관리의 역할이라고 할 수 있다.
- 한 기업의 고객자산은 그 기업의 고객생애가치(Customer Lifetime Value)를 현재 가치화한 총합이다.

즉 고객이 한 기업과의 관계를 유지하는 총기간인 고객수명주기 동안 그 기업의 제품이나 서비스를 구매할 때 가져다주는 수익을 예측하는 것이다. 고객자산은 고객의 생애가치를 모두 합친 것이다.

- 고객의 변화와 고객 라이프사이클, 그리고 고객자산 개념에 기반한 마케팅전략 방향으로 AER(Acquisition, Expansion, Retention) 전략이 등장했다. 고객자산 가치를 증진하기 위한 전략의 우선순위는 먼저 신규고객을 획득하고, 획득한 고객과의 상호작용과 관계유지를 통해 추가 비즈니스를 확보해 나가면서 고객과의 관계 유지를 지속하는 순서로 진행되는 것이 바람직하다. 이러한 전략은 KAM의 등장 등 B2B 비즈니스에서 이미 적극적으로 활용되고 있다.
- 인과관계 분석을 통해 기업이 선택한 성과지표에 직접적, 핵심적 영향을 미칠 마케팅 활동들을 발견하여 이를 실무에서 어떻게 적용할지 생각해야 한다.
  - 마케팅 성과평가는 단순히 기록이나 보고를 위한 과정이 아니라 향후 마케팅 관련 의사결정을 보다 효율적, 효과적으로 하기 위한 것이다.
  - 마케팅 성과평가를 통해 기업의 한정된 자원은 더욱 효율적으로 배분 · 이용되어 기업의 수익을 극대화할 수 있도록 해야 한다.
- PAM의 통제에 있어 막 떠오르거나(emerging) 개척하려 하는 시장의 사업 및 마케팅 성과의 경우 수익성 같은 시장성과가 미미할 수 있다. 이에 따라 시장개척형 PAM의 성과 측정과 통제에 대해서 별도의 고려가 있어야 할 것이다. 모든 탐험 비즈니스 프로젝트에서 다음 4가지의 주요 KPI를 추적할 필요가 있다.
  - 리스크와 불확실성: 아이디어의 리스크를 지금까지 얼마나 줄였는가? ; 얼마나 많은 리스크가 남아 있는가?
  - 기대 수익성: 재무 측면에서 아이디어의 가치가 얼마나 클 것인가?
  - 학습 속도와 소요 시간: 지금까지 얼마나 많은 시간을 소요했는가? ; 그 시간에 얼마나 많은 것을 학습했는가?
  - 비용: 아이디어를 테스트하는 데 얼마나 비용을 썼는가?
  - 리스크와 불확실성 등 주요 KPI를 3가지 수준에서 측정해야 한다: 가설 수준, 비즈니스모델 수준, 포트폴리오 수준.

핵심 용어

PAM 통제, 통제 수준과 기준, 전략적 통제, 연간계획 통제, 효율성 및 효과성 통제, 수익 통제, 마케팅(영업) 성과 측정, ROS, ROA, Market Share Development Index, NMC (Net Marketing Contribution Margin), 고객 만족(Customer Satisfaction), 마케팅자산(Marketing Equity), 브랜드자산(Brand Equity), 제품력 및 기술력 증진 관리, 외형적 브랜드 관리, 고객자산(Customer Equity), 고객생애가치(Customer

Lifetime Value), 마케팅 자원의 최적 배분, 리스크와 불확실성, 기대 수익성, 학습 속도와 소요 시간, 비용, 가설 수준, 비즈니스모델 수준, 포트폴리오 수준

생각 및 토론 과제

1. **여러분의 사업부를 중심으로 다음 질문에 대한 답을 작성하시오.**
   마케팅/영업 활동의 기획 및 수행 후 이 활동들이 통제되는 AS-IS를 기술하고, 부족한 점과 개선할 점들을 논의하시오.

2. **제품력 및 기술력 증진 관리와 외형적 브랜드 관리에 대한 학습 내용을 기반으로, 브랜드자산 증진을 위한 제품력 및 기술력 증진 관리 활동 측면과 외형적 브랜드 관리 활동 측면에서 개선될 필요가 있는 활동들에 대한 여러분의 아이디어를 제안하고 설명하시오.**

3. **자신이 속한 사업부의 목표/핵심 이슈는 무엇인가?**
   이 목표와 사업부가 속한 산업의 특징을 고려할 때 어떠한 산출 변수(특히 마케팅 산출 변수)를 사용하는 것이 가장 적절하다고 생각하는가?
   선택한 산출 변수에 핵심적으로 영향을 미칠 수 있는 동인(투입 변수)들은 어떤 것이 있는가?

CLOSING

맺음말

《선제적 B2B 마케팅 관리》 초판 작업을 마무리하였다. 본서 집필을 시작하며 목적으로 설정했던 혁신 유형(활용[exploitation] 혁신과 탐색[exploration] 혁신)에 따라 유효한 B2B 마케팅전략의 핵심 내용을 맞춤화하여 도출하여 설명하는 작업을 마쳤다. 다시 말해 신규 비즈니스 · 시장을 창출하는 혁신(시장개척형 혁신: market-driving innovation)에 적합한 B2B 마케팅전략 내용과 기존 비즈니스/시장을 발전시키는 혁신(시장지향적 혁신: market-driven innovation)에 적절한 B2B 마케팅전략 내용을 구분하여 제시하였다.

우리나라 대기업 맥락을 생각하면 시장개척형 혁신에 적합한 Strategic Partner B2B 가치창출/마케팅전략은 아직도 약하지만, 시장지향적 혁신에 적절한 Vendor 또는 VAS (Value-Added Supplier) B2B 가치창출/마케팅전략은 매우 강한 편이다. 좀 더 넓게 생각하면 우리나라 대기업은 0 to 1 (zero to one) 영역에서의 전략과 활동은 약하고 1 to global scale-up 영역에서의 전략과 활동은 강하다고 할 수 있다. 향후 시장개척형 가치창출 · 마케팅전략 내용은 더 발전시켜야 할 미래 과제이다. 즉 기업가적 마케팅(entrepreneurial marketing)에 대한 연구는 B2B 맥락뿐만 아니라 B2C 맥락에서도 중요한 향후 연구 · 집필 방향이다.

중요한 핵심 용어를 요약 · 제시하며 본서를 마친다.

■ 1부(선제적 B2B 마케팅 기초와 혁신)

B2B 마켓과 B2C 마켓의 경계, B2B 마케팅의 주요 특징(파생수요, 구매센터, 구매의 공식성, 관계, 토털 마케팅), 기업에서의 전략 위계(기능전략, 사업전략, 기업(그룹)전략), 기업 역량의 구분, 운영 역량: 공급사슬관리, 생산 · 운영관리, 개발 · 혁신관리, 마케팅 · 영업관리, 고객관리, 독특한 자산: 유형자산, 규모(Scale) 자산, 기술 · 특허 자산, 브랜드자산, 고객자산, 관리역량: 포트폴리오와 finance, M&A · JVs · 파트너십, 규제관리, 사업부전략과 자원배분 관리, 효과적 조직과 프로세스, B2B 마

케팅전략 유형, 시장지향적 선제적 마케팅(market-driven PAM), 시작개척형 선제적 마케팅(market-driving PAM), 마케팅 파워, 전략과 개발(Commercial Essentials), Go-to-Market 활동, 선제적 B2B 마케팅 역량 모델, 마켓 센싱, 마케팅 · 영업전략, 고객관계관리를 위한 영업활동, 마케팅 · 영업효과성 관리, 신시장 · 신역량 파괴적 혁신, 시장개척형(market-driving) 마케팅 혁신, 신역량 중심 파괴적 혁신, 신시장 중심 파괴적 혁신, 시장지향적(market-driven) 마케팅 혁신, 지속 · 점진적 혁신

■ **2부(마켓 센싱: 시장지식 및 정보관리)**

기업의 마켓 센싱 역량, 시장에 대한 이해(시장구조와 수요예측, 외부 환경분석), 경쟁환경 파악(경쟁자 분석, 자사 역량 평가), 고객가치 평가(고객 특성 파악, 고객가치 구성 요소, 고객의 소리), 거시환경분석, SWOT 분석, SWOT 전략(OS, TS, OW, TW), 포트폴리오 모델(별, 금송아지, 물음표, 개), 비즈니스 구매 프로세스, 구매센터 의사결정 매트릭스 분석 STP 분석과 전략, B2B 가치창출 전략 유형, Vendor, VAS, Strategic Partner, 토털 제품 시스템, 고객기업과 판매기업의 가치증진과 원가절감, 가치맵 분석, 차이점 강조형 가치제안 전달, 공감중심형 가치제안 전달, 효과적 판매 활동, 감사와 호혜의 효과, 지각된 불공정성의 관계 훼손

■ **3부(마케팅·영업전략)**

STP 분석과 전략, B2B 가치창출 전략 유형, Vendor, VAS, Strategic Partner, 토털 제품 시스템, 고객기업과 판매기업의 가치증진과 원가절감, 가치맵 분석

■ **4부(고객대면 영업활동)**

차이점 강조형 가치제안 전달, 공감중심형 가치제안 전달, 효과적 판매 활동, 감사와 호혜의 효과, 지각된 불공정성의 관계 훼손

■ **5부(마케팅·영업효과성 관리)**

KAM, PAM(Spec-in) Selling, 영업 · 마케팅조직구조, 영업 · 마케팅활동 프로세스 관리, 영업 · 마케팅 HRM, 마케팅 통제, 마케팅-기업가치 Chain의 이해, 고객 만족, 마케팅자산, 브랜드자산, 제품력 및 기술력 증진 관리, 외형적 브랜드 관리, 고객자산, 순마케팅공헌이익(NMC), 마케팅 ROS, 마케팅 ROI, 마케팅 자원배분, 탐색형(탐험형) 비즈니스 프로젝트에 대한 성과지표, 리스크와 불확실성, 기대 수익성, 학습 속도와 소요 시간, 비용

INDEX

찾아보기

◆ 국 문 ◆

ㄱ

가설 수준/ 486
가치 기반의 B2B 마케팅/ 34
가치 기반의 마케팅 관점/ 33
가치 전달/ 15, 17, 22, 33
가치 창출/ 3, 15, 16, 17, 21, 33
가치곡선/ 174
가치기반의 가격론/ 325, 330
가치기반의 가격전략/ 325
가치맵 분석/ 326, 329, 330, 331
가치사슬/ 178, 226
가치요소/ 350, 351, 356, 357, 358, 359, 360, 361, 363,368
가치용어 방정식/ 369, 372
가치의 유지 및 지속/ 16, 30, 33
가치의 이해와 발견/ 15, 19, 34
감사와 호혜의 파워/ 376
거래관계/ 286, 287, 290, 291
거시적 시장세분화/ 242, 243
거시환경분석/ 148, 150, 152, 154
GET 혜택/ 325, 328, 330
결정적 속성 분석/ 366, 367
결합식 평가방식/ 214
경계를 게을리하지 않는 시장학습/ 118
경쟁 및 자사분석/ 33
경쟁 입찰/ 323, 324
경쟁우위/ 47, 53, 54, 55, 56, 59, 60, 61, 70, 72, 73
경제적 요인/ 158
계약 및 주문 처리/ 211, 212
Go-getters형 마케팅/영업역량 조직/ 101
고객 만족/ 438, 454, 458, 459, 460, 461, 462, 463, 468, 471
고객 센싱/ 3, 21, 33
고객 중심형 영업조직/ 416, 418
고객가치의 문서화/ 371
고객가치의 선행적 시연/ 370
고객가치제안 역량의 비즈니스 스킬/ 372
고객가치제안/ 15, 21, 33, 349, 350, 351, 352, 355, 356, 364, 372, 373, 374
고객관계관리/ 308
고객관계관리를 위한 영업활동/ 95, 96, 97
고객생애가치/ 476, 477, 478, 479, 480
고객의 해결과제 분석/ 133
고객자산/ 440, 459, 475, 476, 477, 478, 479, 480, 484
고객중심의 가치발굴/ 223, 226
고객포트폴리오/ 323
공감중심형/ 364, 367, 368, 369, 370, 371, 373, 374
공급사슬관리/ 307
공급업체의 노하우/ 287
공급자 탐색/ 210
공급자의 교섭력/ 165

공급자의 선정/ 211
공정성/ 375, 380
과잉충족 고객분석/ 131
관계마케팅 연구의 주요 발견/ 38
관계마케팅/ 2, 7, 11, 33, 38, 39, 40
관계의 구성/ 381, 382
관계의 폭/ 381, 382, 383
관계의 품질/ 381, 382
관계지향성/ 284, 286
관리역량/ 73
교차탄력성/ 176
구매기업과 공급기업의 관계 이론들/ 33, 35
구매기업조직의 영향요인/ 205
구매문화/ 205
구매상황/ 204, 206
구매센터 의사결정 매트릭스 분석견본/ 409, 410
구매센터 의사결정 매트릭스 분석/ 199, 216, 217, 220, 221, 223
구매센터/ 3, 8, 9, 10, 13, 199, 200, 201, 205, 206, 209, 211, 216, 217, 220, 221, 222
구매의 공식성/ 10
구매의사결정 프로세스/ 7, 10, 11
구매자의 교섭력/ 165
구매자의 의사결정 규칙/ 213, 215, 216
구매자행동 영향요인/ 203
구매필요의 구체화/ 209, 210, 217
구매필요의 기술/ 208, 209, 217
급진적 혁신/ 106, 111, 130, 141
기능 간 갈등/ 63
기능전략/ 59
기대 수익성/ 486
GIVE 희생/ 325
기술/조직역량/ 111, 130, 131, 134
기업내부(inside) → 시장(out)/ 114, 117
기업발전전략/ 49, 50, 51, 54
기업역량/ 45, 69, 72
기업의 마켓 센싱 역량/ 147, 152, 154
기업의 자원몰입/ 337

ㄷ

다차원척도분석/ 176
단일제품-전체시장도달전략/ 261
단일제품집중화전략/ 263
대량맞춤화/ 265, 266, 316, 342
대체품의 위협/ 165
독특한 자산/ 73
동적 역량/ 116 ,117

ㄹ

리스크와 불확실성/ 486

ㅁ

마케팅 믹스/ 305, 306, 307
마케팅 실행/ 305, 311
마케팅 영향요인/ 203, 204
마케팅 자원의 최적 배분/ 481
마케팅(영업) 성과 측정/ 451, 452, 481
마케팅/영업전략/ 94, 95, 99
마케팅/영업효과성관리/ 97, 98, 99, 100
마케팅자산/ 458, 459, 478
마케팅전략센터/ 66, 67
마켓 센싱/ 3, 9, 33, 86, 87, 88, 91, 92, 93, 95, 101, 146, 147, 152, 153, 154, 183, 189, 190, 194
모든 이점 강조형/ 364
문제인식/ 207, 208, 209, 217
미시적 시장세분화/ 242, 243

ㅂ

Value 캔버스 분석/ 133
범기능적 협업/ 65, 66
보완적 평가방식/ 213
복수제품-전체시장도달전략/ 262
본 단계/ 313, 314
부분시장도달전략/ 263
불공정성/ 381, 382, 383
불연속적 혁신/ 110

브랜드자산/ 440, 459, 464, 466, 467, 468, 470, 472, 478, 484
비보완적 평가방식/ 214
비소비 세분시장/ 277
비소비(사람, 맥락) 분석/ 132
비용/ 486
비즈니스 구매자행동/ 201, 202, 203, 216
비즈니스 구매프로세스/ 202, 204, 207, 211, 216
비즈니스 구매행동 모델/ 199, 201
비즈니스모델 수준/ 486
비즈니스모델/ 45, 69, 70, 71, 72, 73
비즈니스전략과 NPD전략의 정렬/ 339
BCG 매트릭스/ 188
B2B 관계마케팅전략 유형/ 45, 76, 77
B2B 마케팅 역량/ 100
B2B 마케팅/ 2, 3, 5, 7, 10, 11, 12, 13, 14, 15, 16, 17, 18, 21, 22, 23, 28, 29, 30, 32, 33, 34, 35
B2B 마케팅의 통제/ 3, 16
B2B 마켓/ 3, 5, 6, 8, 16, 17

ㅅ

4P/ 304, 305, 308, 309
사업·제품 중심형 영업조직/ 416, 417
사업부수준의 비즈니스전략/ 62
사전 마케팅/ 314, 315, 321
사전편집식 평가방식/ 215
사회적 관계/ 378, 379, 383
사후 단계/ 313, 314
산업생태계/ 162
서비스 및 고객 중심의 관점/ 224
서비스 지배논리/ 224, 309
서비스 지원/ 287, 288
선동자 비즈니스 역할/ 84
선택적 전문화전략/ 264
성공 신드롬/ 135
성장목표와 성장격차/ 123
세분시장 매력도/ 240, 257, 258, 259, 260
세분시장 평가/ 254, 257, 260, 261
세분시장 프로파일링/ 248, 249
세분시장과 자사와의 적합성/ 259
세분시장의 경쟁강도/ 257, 258
소비자/기술 매트릭스/ 108, 110
소비제약요인 분석/ 132
소비제약요인/ 278
수단-목적 연쇄 모형/ 218, 219, 227
수익 통제/ 450, 451, 453, 454
순마케팅공헌마진/ 423, 424
SWOT 기반의 전략/ 184
STEEP 분석/ 155
시너지/ 48, 55, 56, 73
시장 분석/ 154, 161
시장(outside) → 기업내부(in)/ 115, 117
시장/사업영역/ 111, 130, 134
시장개발속도/ 287
시장개척형 마켓 센싱/ 190, 194
시장개척형 선제적 마케팅/ 77, 284
시장구조 분석/ 165
시장매력도 분석/ 163
시장세분화/ 3, 15, 34, 237, 238, 240, 241, 242, 243, 245, 247, 248, 253, 254, 255, 257
시장의 외형적 요인/ 163
시장의 파괴가능성/ 124
시장전문화전략/ 263
시장지식 능력/ 154
시장지식/ 147, 152, 153, 154, 189
시장지향적 마케팅역량/ 113, 114, 115
시장지향적 선제적 마케팅/ 77, 284
시장지향조직의 역량/ 115
신뢰와 몰입/ 284, 287
신시장 중심의 N형 파괴적/시장지향적 혁신/ 131
신시장/신역량 중심의 D형 파괴적/시장개척형 혁신/ 132
신역량 중심의 N형 파괴적/시장지향적 혁신/ 132
신제품개발 과정/ 336, 337, 338
신제품개발 전략/ 336, 337, 339

신제품개발/ 301, 304, 335, 336, 337, 338, 339, 340, 341, 342
실행자 비즈니스 역할/ 85
실현화/ 139
CVP분석/ 334
CVP의 전달/ 364, 365

ㅇ

액션형 마케팅/영업역량 조직/ 101
양손잡이 조직/ 134, 137, 138
어디에서 경쟁할 것인가/ 58
어떻게 경쟁할 것인가/ 47, 57, 59
업무 프로세스 관련 도구/ 420
NPD포트폴리오 관리/ 340
연간계획 통제/ 450, 453
영업 인력관리 프로세스/ 428
영업 인력의 역할과 책임/ 425, 428
영업(마케팅) 인적자원관리/ 393, 424
영업(마케팅) 자원배분/ 421, 423
영업(마케팅)조직 관리/ 393, 416, 424
영업(마케팅)활동 프로세스 관리/ 393, 421, 424
영업(마케팅)활동 프로세스 관리/ 393,/421,/424
영업단서 계획견본/ 409
영업맨 유형/ 426,427
영업조직과 다른 조직 간 인터페이스 관리/ 420
영업효과성관리/ 389, 392, 393, 416, 421, 424
영업효과성관리/ 3
OW 전략/ 184
OS 전략/ 184
오픈 마케팅/ 119
외부(시장)로부터 내부로 변화를 강조하는 문화/ 154
외형적 브랜드 관리/ 442, 443, 445, 447, 468, 469, 472, 473, 474
운영비/ 287
운영역량/ 72, 73
ERRC 프레임워크/ 359, 360, 361, 363
인구통계적/사회문화적 요인/ 155
인적 상호작용/ 287, 288
인적자원관리 관련 도구/ 420, 421

ㅈ

자연환경적 요인/ 157
잠재적 진입자의 위협/ 165
적응적 마케팅역량/ 117, 118, 120, 121
적응적 판매활동/ 375, 376, 383
전략의 구성요인/ 46, 47
전략의 위계/ 48
전략적 통제/ 450, 453
전략적 포지셔닝 맵/ 268, 269
전사수준의 기업그룹전략/ 58
전체시장도달전략/ 261
점진적 혁신/ 106
정치/법률적 요인/ 159
제안요청서 전달과 제안서 접수/ 211
제품/시장 그리드 Frame/ 51
제품력 및 기술력 증진 관리/ 468, 469, 470,471, 472, 474
제품전문화전략/ 264
조직 정렬/ 103, 134, 135, 136
조직구조 관련 도구/ 420
조직구조 모델/ 135, 137, 138
조직문화 관련 도구/ 421
존속적 혁신/ 106, 107, 129
종이호랑이형 마케팅/영업역량 조직/ 101
주문자별 개발 제품 또는 구성품/부품 유형/ 315
주문자별 디자인 제품/ 315, 316
지각 가치/ 330, 331, 332, 333
지역 중심형 영업조직/ 416, 417
진정한 경제적 가치/ 330, 331, 332, 333

ㅊ

차이점 강조형/ 364, 365
책임분담차트/ 66, 67, 68, 69
챔피언형 마케팅/영업역량 조직/ 100
총수명주기 비용/ 302, 304, 320

ㅋ

카탈로그 제품 및 표준화된 원자재와 공급물품 유형/ 315
KAM 프로세스/ 399, 400, 405
QDCTR의 조합/ 287, 291

ㅌ

탐색역량/ 113, 116, 117, 121, 122, 135, 136
탐색혁신/ 199, 223
토털 마케팅/ 7, 13, 14, 37
토털 제품 시스템/ 313, 315, 316, 319
통제 수준과 기준/ 448, 449, 450
통합자 비즈니스 역할/ 85
TS 전략/ 184
TW 전략/ 184

ㅍ

5 Forces 모델분석/ 165
피괴적 비즈니스모델 혁신/ 129
파괴적 혁신/ 106, 107, 109, 110, 111, 112, 121, 122, 127, 128, 129, 134
파생 수요/ 8
파트너관계/ 286
판매센터/ 221, 222, 226
판매전략견본/ 410, 411, 412, 413
판매커뮤니케이션견본/ 412, 416
포지셔닝 맵/ 267, 268, 269
포지셔닝 유형/ 273
포지셔닝/ 3, 14, 15, 33, 34, 235, 236, 239, 241, 254, 255, 266, 267, 268, 269, 270, 271, 272, 273, 274, 275, 276, 277
포지션/ 239, 241, 255, 269, 270, 271, 272, 273, 274, 275, 276
포트폴리오 수준/ 486, 487
표적시장선정/ 235, 236, 238, 248, 254, 255, 256, 257, 260, 261, 265
PAM (Spec-In) 셀링/ 406
PAM 통제/ 437, 448, 449, 450, 451, 452
피드백/ 212, 217
Fishbein의 평가이론/ 361, 363

ㅎ

학습 속도와 소요 시간/ 486
핵심 비즈니스 프로세스/ 307, 308, 309, 312
핵심 역량/ 116, 117, 118
핵심고객관리/ 389, 392, 393, 395, 397, 399, 402
핵심오퍼링/ 288
혁신 전략의 전제 이해/ 122
혁신사업 포트폴리오/ 124, 125
혁신자 비즈니스 역할/ 84
혁신전략에 대한 태도와 문화/ 126
현재 시장 내의 경쟁/ 165
활용역량/ 113, 114, 115, 116, 135, 136
획득비용/ 284, 287, 288
효과적 판매활동/ 3
효율성 및 효과성 통제/ 450, 451

◆ 영 문 ◆

A

adaptive marketing capabilities/ 117
All Benefits/ 364
ambidextrous organization/ 134
ASB(Adaptive Selling Behaviors)/ 375

B

Brand Equity/ 440, 452, 464, 468, 481
business skill/ 372
buyer-supplier relationships/ 33, 35
Buying Center Decision Matrix Analysis Template/ 409
buying center/ 3, 8, 200, 201, 205, 216, 217
buying situations/ 204, 206

C

capabilities of market-driven organizations/ 115
Contact Authority/ 381, 382
core competence/ 114
corporate development strategy/ 50, 54

CRM/ 308, 309, 310, 311, 312, 314
CRM-based selling behaviors/ 95, 96, 97
cross elasticity/ 176
cross-functional collaboration/ 65, 66
custom-designed product/ 315, 316
Customer Equity/ 440, 475
Customer Lifetime Value/ 476, 477
Customer Satisfaction/ 452, 453, 458, 459, 468, 481
customer value proposition/15,21
CVP(Customer Value Proposition)/ 349, 351, 352, 355, 356, 359, 360, 364, 365, 366, 367, 368, 369, 370, 371, 372, 373, 374, 375

D

derived demand/ 8
discontinuous innovation/ 110
disruptive innovation/ 106, 110, 129
dynamic capability/ 116

E

effective selling behaviors/ 3
effectuation/ 139
exploiting capability/ 114
exploring capability/ 116

F

fairness/ 375, 380
Favorable Points of Difference/ 364, 365
formality/ 10

G

gain points/ 325, 329, 330

H

how to compete/ 59, 61
HRM(Human Resources Management)/ 389, 393, 424, 428

I

implementers/ 85
incremental innovation/ 106
innovators/ 84
instigators/ 84
integrators/ 85

K

KAM(Key Account Management)/ 389, 391, 392, 393, 394, 395, 396, 397, 398, 399, 400, 403, 404, 405, 406, 408, 420

L

life-cycle cost/ 302, 320

M

major findings of relationship marketing research/ 38
market knowledge competence/ 154
market sensing & intelligence/ 91, 93
market sensing capability/ 154
Market Share Development Index/ 453, 454
market-driven PAM/ 284, 288, 290, 291
market-driven proactive marketing/ 77
market-driving PAM/ 284, 288, 293
market-driving proactive marketing/ 77
Marketing Equity/ 458, 459
marketing & sales strategy/ 94, 95
marketing strategy center/ 66, 67
marketing/salesforce effectiveness management/ 97, 98 ,99, 100
MDS(Multi-Dimensional Scaling)/ 176

N

NMC(Net Marketing Contribution Margin)/ 456, 457, 458, 461, 481
NMC(Net Marketing Contribution)/ 423
NPD/ 335, 336, 337, 338, 339, 340, 341, 342

O

OBR/ 325
open marketing/ 119

organizational alignment/ 135, 136
outside-in organizational culture/ 154

P

pain points/ 325, 329, 330, 331
PAM selling/ 393, 408
PDM/ 307, 308, 309, 310, 311, 312, 314
perceived value/ 330
power of gratitude and reciprocation/ 376
Proactive Demonstration/ 370
purchasing Chessboard/ 75, 76

R

R&R(Role & Responsibility)/ 403, 420, 425, 426, 428
radical innovation/ 106
Relationship Breadth/ 381, 382
Relationship Composition/ 381, 382
relationship marketing/ 7, 11, 33, 38
Relationship Quality/ 381, 382
Resonating Focus/ 364, 367
Resource Commitment/ 337
responsibility charting/ 66, 67
ROA/ 445, 446, 450, 453, 454, 457
ROS/ 445, 446, 449, 450, 452, 453, 454, 456, 457, 458, 481

S

Sales Communication Template/ 412
Sales Lead Planning Template/ 409
sales effectiveness management/ 3
SCM/ 301, 307, 308, 309, 310, 311, 312, 314
Selling Strategy Template/ 410, 412
SEM(Salesforce Effectiveness Management)/ 392, 393
service dominant logic/ 309
SIC Code/ 174
STP/ 3, 15
Strategic Partner/ 287, 288, 289, 290, 292, 293, 294, 295, 296, 297, 323, 325, 335, 353, 364, 367, 368, 369, 371, 373, 374
Sustaining Innovation/ 106

T

the determinant attributes analysis/ 366, 367
total marketing/ 13
total product system/ 313, 315, 316, 319
True Economic Value/ 330, 331

U

unfairness/ 381, 382, 383

V

value creation/ 3, 15, 21
value curve/ 174
value delivery/ 15, 22, 34
Value Documenters/ 371
value elements/ 350, 356, 357, 359, 363
value identification/ 15, 19
value map/ 325, 329
value sustainment/ 16, 30
Value Word Equations/ 369, 372
value-based B2B marketing/ 34
value-based marketing perspective/ 33
value-based pricing/ 325
VAS/ 287, 288, 289, 290, 291, 292, 293, 294, 296, 304, 323, 325, 353, 364, 366, 367, 373, 374
Vendor/ 288, 289, 290, 291, 292, 293, 294, 323, 325, 353, 364, 366,367, 373, 374
vigilant market learning/ 118

W

where to compete/ 58

저자 약력 ▸▸▸ 이성호

이성호 교수는 1996년부터 서울시립대학교 경영학부 교수로 재직 중이며, 고려대학교 경영학과를 졸업하고 University of Wisconsin-Madison 에서 경영학 석사학위(M.B.A.)를 받았으며, University of Illinois at Urbana-Champaign에서 마케팅을 전공하여 경영학 박사학위(Ph.D.)를 취득했다.

주된 관심 분야는 소비자행동, 브랜드 및 고객자산관리, 마케팅전략이며, 이러한 관심 분야에서 활발한 연구 및 저술 활동을 하고 있다. 그의 이런 연구 노력은 *JAMS(Journal of the Academy of Marketing Science), JR&CS(-Journal of Retailing & Consumer Services), JSM(Journal of Strategic Marketing), JIC(Journal of Internet Commerce), IJR&DM(International Journal of Retail & Distribution Management), ACR(Advances in Consumer Research), AMJ(Asia Marketing Journal), JDC(Journal of Distribution Science)* 등 국제·국내 저명학술지에 실린 약 60편의 논문에 잘 반영되어 있다. 또한 '기술창업의 이해'. '마케팅', '마케팅의 미래준비' 등의 저서와 '파괴적 혁신 실행 매뉴얼'이라는 역서를 출간하고, 기업의 마케팅역량(marketing capability), 앙트러프러너십 마케팅(entrepreneurial marketing)에 관한 연구와 강의에 큰 노력을 기울이고 있다.

학술 및 교내봉사활동 외에 정통부, 서울시 투자기관, 대기업과 금융권 등에 대한 기업 경영 교육활동과 자문 활동도 활발히 수행해 오고 있다.

〈주요 경력〉

- 現 한국경영학회 감사(부회장), 한국마케팅학회 고문, 한국창업학회 고문, 기업의 outside directors 등
- 前 서울시립대학교 교수회 회장, 서울시립대학교 대학평의원회 의장, 서울시립대학교 경영대학장 겸 경영대학원장, 서울시립대학교 대학언론사 주간, 서울시립대학교 학생부처장, 삼성경제연구소 수석연구원, 일리노이 주립대학교 연구 조교와 강사, 제일기획 마케터, 정통부 경영평가위원회 전문위원, 서울시 투자기관 경영평가단 교수, 한국마케팅학회 35대 회장, 한국창업학회 18대 회장, 한국경영학회 수석부회장, Asia Marketing Journal 편집위원장/편집위원, 한국창업학회지 편집위원장, 마케팅관리연구 편집위원, 한국경영교육인증원 인증위원회 위원장, 기아자동차 마케팅자문단 교수, 기업의 outside directors 등

〈주요 논문〉

- Kim, J., Chu, W., & *Lee, Sungho* (2022). Emotional and cognitive determinants of retail salespersons' emotional labor and adaptive selling behavior. *Journal of Distribution Science,* 20(9), 109-126. [Sales Management; Retail Management]
- Chang, W., Song, J., & *Lee, Sungho* (2020). Observation of other's preferential treatment as a constructive catalyst for improved repatronize intentions. *Journal of Retailing & Consumer Services,* 57(Nov.), 102244. [Customer Management]
- *Lee, Sungho,* Bu, K., Kim, J., & Song, J. (2020). The editorial for the special session papers of ICAMA-KAS 2020 international conference: BTS as a paradigm changer in martech and or innovation. *Asia Marketing Journal,* 22(4), 171-173. [Marketing Innovation]
- Yang, Y. L., *Lee, Sungho,* & Kim, S. (2018). Locus of legitimacy and startup resource acquisition strategies: Evidence from social enterprises in South Korea and Taiwan. *Asia Pacific Journal of Innovation and Entrepreneurship,* 12(1), 32-44. [Resource Acquisition, Social Startup]

- Shin, S., & *Lee, Sungho* (2016). An examination of firms' strategic orientations, innovativeness and performance with large Korean companies. *Asia Pacific Journal of Innovation and Entrepreneurship,* 11(1), 183-202. [Innovation; Large Organizations]
- *Lee, Sungho,* Monroe, K. B., & Rosa, J. A. (2015). Consumer evaluations of brand Extensions positioned by attribute information. In Manrai A., M. H. (eds), *Global Perspectives in Marketing for the 21st Century.* Developments in Marketing Science: Proceedings of the Academy of Marketing Science. Springer, Cham, 361. [Brand Extension; Brand Equity]
- Shin, S., *Lee, Sungho,* Aiken, K. D., & Chaiy, S. (2012). Made in versus shipped from: Country-of-delivery origin effects and the role of perceived risk. *Journal of Internet Commerce,* 11(3), 187-207. [Digital Consumer Behavior; Consumer Information Processing; Country of Delivery Origin]
- Park, J. E., *Lee, Sungho,* & Morgan, R. M. (2011). A negative side of outsourcing marketing functions and market-based learning process. *Journal of Strategic Marketing,* 19(5), 471-486. [Strategic Marketing; Market-based Learning; Marketing Capabilities]
- *Lee, Sungho,* Yoon, S., Kim, S., & Kang, J. (2006). The integrated effects of market-oriented culture and marketing strategy on firm performance. *Journal of Strategic Marketing,* 14(3), 245-261. [Strategic Marketing; Market-based Learning; Marketing Capabilities]
- Suri, R., Manchanda, R., & *Lee, Sungho* (2004). Comparing the effectiveness of fixed and discounted prices in the U.S. and S. Korea. *International Journal of Retail and Distribution Management,* 32(6), 328-336. [Cross-Cultural Consumer Behavior; Behavioral Pricing; Consumer Information Processing]
- Yoo, B., Donthu, N., & *Lee, Sungho* (2000). An examination of selected marketing mix elements and brand equity. *Journal of the Academy of Marketing Science,* 28(2), 197-213. [Brand Management; Brand Equity]
- Suri, R., *Lee, Sungho,* & Monroe, K. B. (1997). Simultaneous presentation of savings on the individual items in a bundle: To tell or not to tell? *Advances in Consumer Research,* Vol. 24, eds. Brucks. M. & MacInnis, D. J., Provo, UT : Association for Consumer Research. [Price Perception; Behavioral Pricing]

〈저서〉

- Strategies for brand management: Bridging academia and practice, forthcoming 2024, Aug., Eurasian Research Institute.
- 기술창업의 이해, 학현사.
- 경영교육 뉴패러다임, 매일경제신문사.
- 최신경영학의 이해, 비앤엠북스.
- 마케팅의 미래준비, 비앤엠북스.
- 마케팅(Marketing), 6판, 비앤엠북스.
- 고객자산관리와 마케팅프로세스의 변화, 비앤엠북스.
- 파괴적 혁신 실행 매뉴얼(번역서), 옥당.

〈저자 홈페이지〉

https://sites.google.com/view/prof-shlee

저자와의
협의하에
인지생략

선제적 B2B 마케팅 관리

2024년 09월 02일 초판 인쇄
2024년 09월 09일 초판 1쇄 발행

저 자 : 이성호
발행인 : 정광식
발행처 : **비앤엠 북스**
서울시 금천구 가산디지털1로 70, B1-103(호서대벤처타워)
등 록 2004. 12. 29. 제313-2004-00298호
전 화 02-2627-5710~13, 팩스 02-2627-5720
홈페이지 www.대학교재.net
이 메 일 bnmbook@daum.net

정가 35,000원 ISBN 978-89-6821-212-3